不正会計

早期発見の視点と実務対応

公認会計士・
公認不正検査士
宇澤亜弓

清文社

推薦の辞

　多くの企業が株式会社の形態をとっているのは、資本主義経済の基盤となった株式会社制度が多くの資本を結合し、経済活動を拡大するために生み出されたからである。その制度は、所有権である株式を自由に譲渡するための証券市場とともに発展してきた。上場会社は、証券市場の公正性と信頼性を守り一般の投資家を保護するために定められたルールに従う義務を負い、市場への参加者は、ディスクロージャーがルールに従って適正に行われていることを前提として投資を行う。上場会社を"Public Company"、その会計の監査人を"Certified Public Accountant"と呼ぶのは、証券市場が一般大衆（Public）から広く投資を集める制度であるからであり、その利益（Public Interest）はディスクロージャーの制度基盤の上に、そして、不正会計を許さない仕組みのうえに成り立っているのである。

　証券市場の法律やルールは社会の変化とその要請に伴い改定がなされてきたが、残念ながら、不正会計は止むことを知らない。不正会計は、企業の不正であるが、犯すのはその内部の人間であり、防止する為にはその行動を研究する必要がある。日本の企業社会では不正という言葉に目を背けがちであるが、本書は不正会計に真正面から取り組んでいる。宇澤氏は一般社団法人日本公認不正検査士協会の理事として、その監査法人での監査実務と警視庁や証券取引等監視委員会での不正調査の貴重な経験をもとに、不正会計をはじめとする企業不正と格闘する人々の為に努力を続けている。その強く高い志が込められた本書は、不正会計の防止と発見の実務に関与する人々だけではなく、経営者にも必携である。

平成24年8月

　　　　　　　　　　立教大学 大学院 ビジネスデザイン研究科 教授
　　　　　　　　　　一般社団法人 日本公認不正検査士協会（ACFE JAPAN） 理事長
　　　　　　　　　　　　　　　　　　　　　　濱田 眞樹人

はじめに

不正会計は、投資者、取引先、金融機関等の財務情報の利用者の判断を誤らせる行為であり、特に、上場会社による不正会計は、証券市場全体の信頼性を失墜させ、国民経済の健全な発展を阻害するとともに、資本主義の根幹を腐らす極めて悪質な行為である。このような不正会計事案は、過去から現在まで絶えることなくいくつもの事案が生じている。また、不正が、動機・正当性・機会といういわゆる「不正のトライアングル」の成立により生じることから、今後も不正会計が発生するリスクは、常に存在することとなる。したがって、不正会計事案の未然防止が、公正な証券市場の確立に資するものであり、また、財務情報の利用者に不測の損害を被らせないために必要となる。そして、万が一にも不正会計が生じた場合には、不正会計を早期に発見し、適切な対応を行うことが、不正会計による様々な悪影響を最小限に止めるために重要となる。

しかし、不正会計に関しては、不正行為実行者が不正会計の発覚を避けるために事実の隠蔽、証憑類の偽造・変造、関係者との共謀等を行うことから、その発見は困難であり、経済犯罪の完全犯罪であるといわれることがある。本当にそうなのであろうか。

本書では、完全犯罪としての不正会計などはなく、また、不正会計が、貸借対照表や損益計算書等の財務諸表等の虚偽の記載を目的とする限りにおいては、その兆候もまた財務諸表等に表れるのであり、必ず不正会計は発覚するということについての理解を得るため、不正会計に係る調査の基本的思考、不正会計の手口及びその兆候等について説明するとともに、具体的な事例を用いて「不正会計」を明らかにすることに努めた。

不正会計は、内部統制及びコーポレート・ガバナンスの固有の限界から生じ、ゆえに、いかに完璧と思われる内部統制制度やコーポレート・ガバナンスを構築したとしても、潜在的な不正会計のリスクを常に組織に内在することとなる。しかし、事後的に、不正の「発見」を目的とする不正発見志向型の内部統制制度を整備・運用することにより、内部牽制機能を中心とした不正の「予防」を目的と

した内部統制の固有の限界による不正会計リスクを最小化するとともに、もって不正会計の未然防止及び早期発見に資するものと考える。

　そして、不正会計リスクは、将来にわたって常に存在し続けることから、不正会計の未然防止・早期発見のためには、上場会社及び市場関係者の絶え間ない不断の努力が求められることとなる。ゆえに、本書が、上場会社関係者を始めとする市場関係者において、その取組みに係る何らかの気付きのきっかけとなり、不正会計の未然防止・早期発見に役立ち、市場規律の強化に資することとなれば、まさに望外の喜びである。そして、その結果、不正会計に手を染めることにより自らの人生に大きな重荷を背負うこととなる人が、一人でも少なくなることを心から祈らざるを得ない。

　なお、本書は、筆者の監査法人での約9年間の実務経験、及び、警視庁刑事部捜査第二課及び証券取引等監視委員会事務局特別調査課における約12年間の捜査・調査の経験に基づいたものである。捜査・調査上知り得た事項に関しての守秘義務については、当然のことながら、十分に配慮したところではあるが、常に有事の発想で物事を見る調査・捜査の視点について、不正会計の未然防止・早期発見に有用と思われるものは、できる限り反映させたつもりである。

　したがって、本書は、監査法人での勤務において未熟な筆者に仕事とは何か、監査とは何かについて指導頂いた上司及び先輩方、また、警視庁及び証券取引等監視委員会事務局での勤務において捜査・調査のイロハから被疑者・嫌疑者を送致・告発することの重さを指導頂いた上司及び先輩方の「仕事」の結晶であるともいえる。また、本書の出版の機会を頂いた株式会社清文社の橋詰守氏及び執筆に関し不慣れな筆者を細やかに支えて頂いた中塚一樹氏には大変お世話になった。心より感謝を申し上げたい。

　最後に、本書の執筆は、家族の協力なしにはできなかったことである。本当にありがとう。

平成24年8月

　　　　　　　　　　　　　　　　　公認会計士宇澤事務所代表
　　　　　　　　　　　　　　　　　公認会計士・公認不正検査士　**宇澤　亜弓**

■目次

第一部 不正会計―理論と法的枠組み

第1章 金融商品取引法の目的 …………………………………… 3

① 国民経済の健全な発展と投資者保護　3
② 公正な価格形成とは　4
　　1．公正な価格形成　4
　　2．適正な開示とは　5
　　3．公正な取引の必要性　6
　　4．公正な価格形成と不正会計及び不公正取引について　6
③ 金融商品取引法の体系　7

第2章 金融商品取引法における開示制度 …………………………… 10

① 有価証券届出書　10
　　1．有価証券届出書とは　10
　　2．有価証券届出書の記載内容　10
　　3．提出期日　12
　　4．提出先　13
② 有価証券報告書　13
　　1．有価証券報告書とは　13
　　2．有価証券報告書の記載内容　13
　　3．提出期日　14
　　4．提出先　15
③ 四半期報告書　16
　　1．四半期報告書とは　16

２．四半期報告書の記載内容　　16
　　　３．提出期日　　16
　　　４．提出先　　16
④　臨時報告書　17
　　　１．臨時報告書とは　　17
　　　２．臨時報告書の提出事由　　17
　　　３．提出期日及び提出先　　18

第3章　開示制度の実効性確保のための諸制度 ……………………… 20

①　監査証明制度　21
　　　１．財務計算に関する書類に係る監査証明　　22
　　　２．内部統制報告書に係る監査証明　　22
　　　３．監査証明制度の実効性確保のための諸制度　　24
②　開示検査　30
③　訂正命令　31
④　課徴金制度　32
⑤　刑事責任　35
⑥　民事責任　35

第4章　不正会計の社会的意味 ……………………………………… 36

第二部　不正会計─原因と予防

第1章　不正会計の発生原因 ………………………………………… 41

①　不正のトライアングル　41
②　内部統制の欠陥　41

③　コーポレート・ガバナンスの機能不全　43

第2章　不正会計の予防 …………………………………………… 46

① 総論　46
② 内部統制について　47
③ コーポレート・ガバナンスについて　48
④ 不正会計の予防のためのセーフティネット　48
　　1．総論　48
　　2．内部通報制度について　51

第三部　不正会計—早期発見とその対応

第1章　不正会計の早期発見 ……………………………………… 57

① 不正会計について　57
　　1．不正会計とは　57
　　2．不正会計と会計事実　58
② 早期発見の必要性　61
③ 不正会計の発見とは　62
　　1．不正会計の端緒の把握　62
　　2．不正会計の端緒情報の掘り下げ　65

第2章　早期発見のための視点 …………………………………… 66

① 端緒としての違和感　66
　　1．違和感とは　67
　　2．健全な懐疑心　68
　　3．問題意識・経験・知識　69

4．不正会計の端緒の種類　71
　　　5．具体的な手口の想定　72
② **結論としての納得感**　73
　　　1．当初の違和感が解消されるまで調べる　74
　　　2．「仮説」と「検証」の繰り返し　76
　　　3．創意工夫と試行錯誤　79
　　　4．基本に忠実な事実確認　81
　　　5．関係者の話の裏を取る　82
　　　6．不正会計は完全犯罪ではない　83
③ **「有事」としての不正会計への対応**　85

第3章　財務諸表を利用した不正会計の端緒の把握　87

① **不正会計の端緒について**　87
② **端緒把握のための視点**　88
　　　1．分析のための視点　88
　　　2．基本は疑って読む　88
　　　3．全体の状況を把握する　89
　　　4．資産から読む　107
③ **主な資産の読み方**　110
　　　1．売掛金　111
　　　2．棚卸資産　117
　　　3．貸付金　124
　　　4．有形固定資産　133
　　　5．無形固定資産　139
　　　6．その他　154

第4章　不正会計の手口とその発見方法　166

① **不正会計の手口**　166
② **不正会計の兆候と事実の解明**　170

1．不正会計の兆候－端緒としての違和感　170
　　2．不正会計の事実の解明－結論としての納得感　170
③ 売上高の過大計上　172
　　1．売上の前倒し計上　172
　　2．売上の水増し計上　185
　　3．売上の前倒し・水増し計上等（工事進行基準の不適切な適用）　189
　　4．売上の架空計上（伝票等のみ）　199
　　5．売上の架空計上（仮装取引を伴うもの－資金循環取引）　207
　　6．売上の架空計上（仮装取引を伴うもの－資金循環取引以外）　230
　　7．特別利益の架空計上・過大計上　243
④ 売上原価・販管費等の過少計上　246
　　1．実原価の資産への付替え　247
　　2．架空原価の資産への付替え　256
　　3．原価及び費用の未計上・過少計上　257
　　4．評価損の不計上・過少計上　263
　　5．引当金・減価償却費の不計上・過少計上　275
　　6．減損損失の不計上・過少計上　298
　　7．特別損失の不計上・過少計上　304
⑤ 連結はずし　307
　　1．連結の範囲　307
　　2．子会社売却　319
　　3．損失飛ばし　321
⑥ 資本の過大計上（架空増資等）　322
　　1．架空増資（見せ金）　323
　　2．架空増資（現物出資）　328
⑦ 役員・従業員不正に起因する不正会計　331
　　1．背任的支出　331
　　2．その他　335
⑧ 組み合わせとしての手口　335

第5章　早期発見のための仕組み ……………………………………… 337

① 総論　337
② 内部統制における視点　338
  1．「不正会計を発見するための内部統制」という考え方　338
  2．財務数値を利用した不正会計発見のための内部統制　340
  3．有効な内部通報制度の整備・運用　341
③ 監査役監査における視点　341
④ 会計監査における視点　343
  1．会計監査と不正会計　343
  2．平時の監査と有事の監査　344
  3．「監査の限界」と「監査の失敗」について　347
  4．監査計画からの視点　352
  5．監査手続からの視点　354
⑤ その他　358

第6章　不正会計への対応 ……………………………………………… 359

① 不正会計の発覚　359
  1．社内における端緒　359
  2．社外における端緒　361
② 社内調査の実施　362
  1．端緒情報の見極め　362
  2．端緒情報の内容　363
  3．調査方法及び調査担当部署等　366
  4．証拠の保全　367
  5．関係者等へのヒアリングの実施　367
  6．調査報告書等の作成　368
③ 証券取引所への報告　368
④ 開示関係　368

1．適時開示　368
　　　2．法定開示書類に係る提出期限までの提出　369
　　　3．税務処理　369
⑤　調査・捜査機関への対応　370

第四部　不正会計―事例からの検討

第1章　犯則事件・刑事事件 …………………………………373

①　過去の犯則事件・刑事事件　373
②　事件の概要　377
　　　1．メディア・リンクス事件　377
　　　2．サンビシ事件　397
　　　3．アイ・エックス・アイ事件　418
　　　4．プロデュース事件　440
　　　5．エフオーアイ事件　456

第2章　課徴金事案 ……………………………………………485

①　過去の課徴金事案　485
②　事案の概要　492
　　　メビックス事案　492

第五部　不正会計―市場規律の強化への取り組み

第1章　上場会社の取り組み ……………………………………525

① 証券市場の商品である株式の実態としての上場会社　525
② 商品の品質管理としてのコーポレート・ガバナンスと内部統制　526
③ 不正を許さない企業体質の構築　527

第 2 章　証券取引所の取り組み……………………………………………531

① 自主規制機関としての証券取引所　531
② 上場に関する事項　532
　　1．形式要件　532
　　2．上場審査　534
③ 上場廃止に関する事項　535
　　1．上場廃止基準について　535
　　2．虚偽記載審査について　539
④ その他の上場会社への自主規制　543
　　1．特設注意市場銘柄への指定　543
　　2．改善報告書　543
　　3．開示注意銘柄　544
　　4．公表措置　544
　　5．上場契約違約金　544

第 3 章　日本証券業協会の取り組み……………………………………546

第 4 章　日本公認会計士協会の取り組み……………………………548

第 5 章　当局（金融庁・証券取引等監視委員会）の取り組み………551

① 金融庁　551
　　1．金融庁アクションプラン　551
　　2．企業会計審議会監査部会の取り組み　552

② 証券取引等監視委員会　　553

第6章　その他市場関係者の取り組み……………………………………554

① 日本弁護士連合会　　554
② 不動産鑑定協会・国交省　　554
　　1．不動産鑑定と市場の公正性　　554
　　2．国交省・不動産鑑定協会の対応　　555

第一部

不正会計
理論と法的枠組み

第一部では、不正会計に係る理論と枠組みとして、金融商品取引法における開示制度の意義を明らかにし、当該開示制度及び開示制度の実効性を確保するための諸制度の概要について説明する。そして、金融商品取引法の枠組みの中での不正会計の社会的意味について説明する。

第1章 金融商品取引法の目的

ここでは、不正会計の未然防止・早期発見の重要性についての理解を深めるため、金融商品取引法（以下、「金商法」という。）の枠組みの中で不正会計について考察するとともに、不正会計が社会に与える影響について説明する。

1 国民経済の健全な発展と投資者保護

金商法の第1条では、その目的として、

> （目的）
> 第1条　この法律は、企業内容等の開示の制度を整備するとともに、金融商品取引業を行う者に関し必要な事項を定め、金融商品取引所の適切な運営を確保すること等により、有価証券の発行及び金融商品等の取引等を公正にし、有価証券の流通を円滑にするほか、資本市場の機能の十全な発揮による金融商品等の公正な価格形成等を図り、もつて国民経済の健全な発展及び投資者の保護に資することを目的とする。

と定めている。

条文の文言どおりに解釈すれば、金商法の目的は、「国民経済の健全な発展及び投資者の保護に資すること」となる。金商法は、資本市場に係る法律であり、資本市場の健全な発展は、国民経済の発展に寄与することから、これは単なる法文上のお題目ではなく、実質的な意味での金商法の目的であると考える。

ところで、金商法がその目的をどのように実現しようとしているかというと、「資本市場の機能の十全な発揮による金融商品等の公正な価格形成等を図り」、もって国民経済の健全な発展及び投資者の保護に資することを目的としており、「公正な価格形成」を図ることによって、金商法の目的を実現しようとしている。

この意味において、実質的な金商法の目的は、「公正な価格形成」を図ることといえよう。

2　公正な価格形成とは

1．公正な価格形成

　公正な価格形成とは、投資者の投資判断の過程が公正であることを意味し、投資者の投資判断の基礎となる「適正な開示」と「公正な取引」が確保されることが必要となる。

　証券市場における株価の成立過程を考えると、証券市場における株価は、株式の売買取引が行われることによって成立する。株式の売買は、当該株式の売り手と買い手が同一の価格で、それぞれ株式の売り注文と買い注文を出したことによって成立する。

　株式の売り手及び買い手となる投資者は、売買するか否かの投資判断を行う際に、売買対象となる株式の発行体である上場会社の事業内容や業績等の企業内容等に係る開示情報を参考に当該発行体に関する情報を収集する。それとともに当該株式の現時点での株価、ないしは過去からの株価の推移等を把握することによって、現在の株価が高いのか安いのかを判断するとともに、当該株式を買うのか、買わないのか、あるいは、売るのか、売らないのかの判断を行うこととなる。これが投資者の投資判断の形成過程であり、当該投資判断に対して、「開示情報」及び「株価」が重要な影響を与えることとなる。したがって、このような投資判断に重要な影響を与える「開示情報」は、「適正な開示情報」であることが求められ、また、「株価」に関しては、仮装売買や馴合売買等によって成立した偽りの株価ではない「公正な取引」によって成立した株価であることが求められることとなる。

　したがって、公正な価格形成とは、証券市場において成立している株価が企業の実態を適正に反映しているという意味での「公正」を求めているものではなく、あくまでも株価の「形成過程」、すなわち、適正な開示と公正な取引により

投資者の投資判断が行われることを意味するのである。証券市場には、様々な投資判断を行う投資者が参加することにより、同一銘柄に対して、売り注文と買い注文が出され、その結果として取引が成立し、株価が形成される。重要なのは、投資者が自己責任の原則に基づき投資判断を行える市場環境を整備することであり、それが金商法の役割となる。

以下、「適正な開示」及び「公正な取引」について説明する。

2．適正な開示とは

証券市場において売買される株式の「実体」は、発行体、すなわち、当該株式を発行した株式会社そのものである。したがって、投資者は、売買を考えている株式の価値を知るために、発行体の内容を調べることとなる。この際、金商法で定められた法定開示書類である有価証券届出書、有価証券報告書、四半期報告書等の企業内容等に係る開示書類や、当該株式を上場している証券取引所の規則等に基づいて行われる適時開示情報等に基づいて、発行体の企業内容を把握するのである。さらには、これらの開示情報に記載された内容及びその他の情報に基づいて作成され、発行される『会社四季報』（東洋経済社）や『日経会社情報』（日本経済新聞社）等の出版物や、これらの開示情報に基づいてアナリストが分析し、経営者等に対してヒアリング等を行って作成したアナリスト・レポート等を参考にする場合もあるであろう。いずれにしても、投資者は、有価証券報告書等の法定開示書類をベースにした開示情報に基づき、発行体について知ることとなる。

この際、この法定開示書類の記載内容が適正でない場合、すなわち、不正会計等による財務諸表の虚偽記載や、その他の記載内容の虚偽記載がなされていた場合には、投資者は誤った情報に基づき投資判断を行い、その結果、自己責任に基づかない不測の損害を被ることになる。適正な開示と自己責任の原則は表裏一体の関係にあるといえる。

したがって、企業内容等の適正な開示は、投資者の投資判断にとって極めて重要であり、公正な価格形成を実現するためには不可欠の要素となるのである。

3．公正な取引の必要性

　当該発行体についての情報を得た後、投資者は、投資者が開示情報に基づき判断した当該株式の価値について、証券市場において、その時点で成立している株価、ないしは過去からの株価の推移と対比させることにより、売買に係る投資判断として意思決定を行うこととなる。

　したがって、公正な価格形成の実現に当たっては、「適正な開示」情報と対比される株価もまた「公正」であることが求められる。株価が公正であるということは、株価が売買取引の結果として成立するものであることから、この売り手と買い手の売買、すなわち「取引」が「公正」であることを意味する。

　例えば、仮装売買や馴合売買等の偽りの取引による相場操縦の結果として成立した株価は、公正な株価ではないことは当然である。相場操縦を行っていた者が高値で売り抜いた場合には、今まで株価が上昇傾向にあったところ、急激に株価が下がってしまうのである。投資者が、このような偽りの株価を投資の判断の根拠としていた場合には、投資者は自己責任に基づかない不測の損害を被ることになる。したがって、投資判断の基礎となる「株価」が公正であることは、当該株価を成立させた取引自体が公正であることに他ならないのである。

4．公正な価格形成と不正会計及び不公正取引について

　以上のとおり、公正な価格形成は、投資者の投資判断に係る「適正な開示」と「公正な取引」により実現されることとなる。

　金商法において、適正な開示の実現を妨げる①有価証券届出書及び有価証券報告書等の開示書類に係る虚偽記載については、虚偽有価証券報告書等提出罪（金商法第197条等）として罰則規定を設けている。

　また、公正な取引の実現を妨げる②仮装売買や馴合売買等による相場操縦については、相場操縦罪（金商法第159条）として罰則規定を設けている。

　さらに、適正な開示と公正な取引の実現を妨げる③投資者の投資判断に重要な影響を与える企業内容等に係る重要事実を公表前に知り得た会社関係者等が、当該事実公表前に取引を行う不公正な取引であり、かつ、適時かつ適切な企業内容

等の開示制度の趣旨を損なう取引については、内部者取引（インサイダー取引）（金商法第166条等）として、④相場の変動や有価証券の取引を目的として、風説の流布や偽計等により企業内容等に係る不適正な開示を行う行為については、風説の流布・偽計等（金商法第158条）として、そして、⑤有価証券等の取引に関して不正の手段、計画又は技巧等をした場合の不正行為については、不正行為の禁止（金商法第157条）として罰則規定を設けている。

これらの罰則規定のほか、金商法においては、「適正な開示」及び「公正な取引」を確保するための様々な規定を設けている

3 金融商品取引法の体系

金商法第1条における目的をわかりやすく示すと図1のようになる。

図1のとおり、金商法の目的は、「国民経済の健全な発展及び投資者の保護」であり、これを実現するための実質的な目的としては「公正な価格形成」である。また、公正な価格形成を図るために、金商法においては、企業内容等の開示

図1　金商法の目的

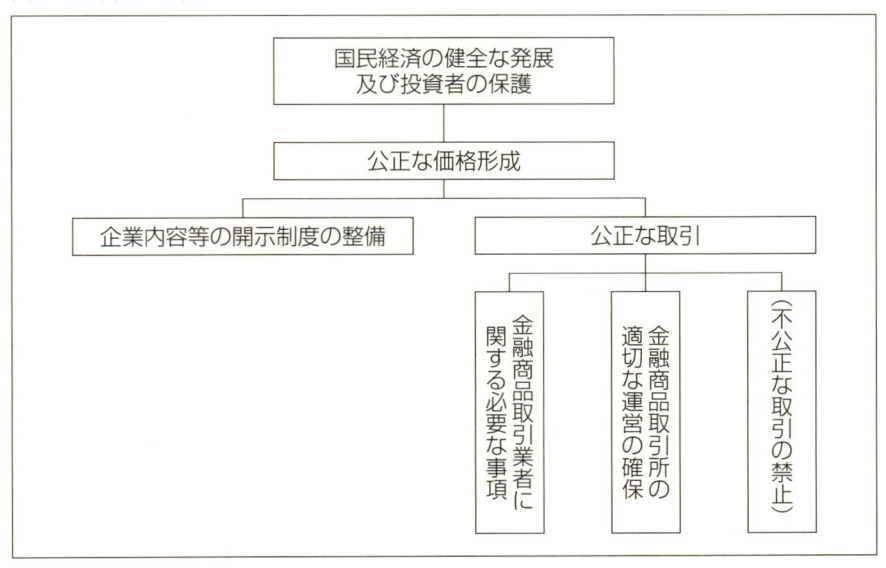

制度を整備することにより「適正な開示」の確保に努めるとともに、市場参加者である金融商品取引業者に関する必要な事項を定め、また、金融商品取引所の適切な運営の確保すること等により「公正な取引」の実現を図ろうとする。

金商法は、この目的を実現するための法律として第227条までの枝番を含めた約1,000条の条文で構成され、その体系は以下のとおりとなっている。

第一章	総則（第1条－第2条）
第二章	企業内容等の開示（第2条の2－第27条）
第二章の二	公開買付けに関する開示（第27条の2－第27条の22の4）
第二章の三	株券等の大量保有の状況に関する開示（第27条の23－第27条の30）
第二章の四	開示用電子処理組織による手続の特例等（第27条の30の2－第27条の30の11）
第二章の五	特定証券情報等の提供又は公表（第27条の31－第27条の35）
第三章	金融商品取引業者等（第28条－第65条の6）
第三章の二	金融商品仲介業者（第66条－第66条の26）
第三章の三	信用格付業者（第66条の27－第66条の49）
第四章	金融商品取引業協会（第67条－第79条の19）
第四章の二	投資者保護基金（第79条の20－第79条の80）
第五章	金融商品取引所（第80条－第154条の2）
第五章の二	外国金融商品取引所（第155条－第156条）
第五章の三	金融商品取引清算機関等（第156条の2－第156条の22）
第五章の四	証券金融会社（第156条の23－第156条の37）
第五章の五	指定紛争解決機関（第156条の38－第156条の61）
第六章	有価証券の取引等に関する規制（第157条－第171条の2）
第六章の二	課徴金（第172条－第185条の21）
第七章	雑則（第186条－第196条の2）
第八章	罰則（第197条－第209条）
第九章	犯則事件の調査等（第210条－第227条）

第一章において金商法の目的及び定義が総則として規定されている。

　続いて第二章関係では、適正な企業内等の開示制度の整備を規定し、まず開示制度の重要性がここで強調されている。

　第三章から第五章までは、証券市場の参加者である金融取引業者に関する業者規制や金融商品取引所の適切な運営を確保するための規定が定められている。これにより「有価証券の発行及び金融商品等の取引等を公正にし、有価証券の流通を円滑にする」ことを実現しようとするのである。

　第六章関係では、公正な取引を確保するため不正行為の禁止（金商法第157条）、風説の流布、偽計、暴行又は脅迫の禁止（金商法第158条）、相場操縦行為等の禁止（金商法第159条）、会社関係者の禁止行為（インサイダー取引の禁止）（金商法第166条）等が定められている。また、これら不公正な取引及び開示書類の虚偽記載に係る課徴金制度が定められている。

　第八章では、上記不公正な取引及び開示書類の虚偽記載に係る罰則規定が定められ、第九章ではこれらの犯則事件を調査する証券取引等監視委員会の権限が規定されている。

第2章 金融商品取引法における開示制度

ここでは、公正な価格形成を実現するための重要な制度である企業内等の開示制度の概要について説明する。

1　有価証券届出書

1．有価証券届出書とは

有価証券届出書とは、有価証券の募集又は売出しを行おうとする者が提出する開示書類である（金商法第5条）。有価証券届出書は、発行市場において新規に発行される有価証券の取得に係る投資者の投資判断に資するものであり、有価証券の発行に係る開示書類であることから発行開示書類とよばれる。

2．有価証券届出書の記載内容

有価証券届書の種類及び記載内容は、企業内容等の開示に関する内閣府令（以下、「開示府令」という。）において、届出の目的（新規公開、上場会社による新株発行、組織再編成等）に応じて記載内容が定められている（開示府令第二号様式関係）。

有価証券届出書の主な記載内容は、以下のとおりである。

(1)　証券情報

証券情報は、「当該募集又は売出しに関する事項」であり（金商法第5条第1項第1号）、具体的には、①発行価格、②資本組入額、③申込証拠金、④申込取扱場所、⑤引受人の氏名又は名称及びその住所、⑥引受株式数及び引受けの条件等である（開示府令第9条）。

(2) 企業情報

　企業情報は、「当該会社の商号、当該会社の属する企業集団及び当該会社の経理の状況その他事業の内容に関する重要な事項その他の公益又は投資者保護のため必用かつ適当なものとして内閣府令で定める事項」であり（金商法第5条第1項第2号）、具体的には、①企業の概況、②事業の状況、③設備の状況、④提出会社の状況、⑤経理の状況、⑥提出会社の株式事務の概要、⑦提出会社の参考情報である（開示府令第二号様式）。貸借対照表及び損益計算書等の財務諸表は、⑤経理の状況に掲載される。

(3) 特別情報

　特別情報には、有価証券届出書提出会社の最近の財務諸表として、最近5事業年度（6か月を1事業年度とする会社にあっては10事業年度）の貸借対照表、損益計算書（製造原価明細書及び売上原価明細書を除く）、株主資本等変動計算書及びキャッシュ・フロー計算書（キャッシュ・フロー計算書については、記載省略可）のうち、企業情報の経理の状況に掲載された以外のものが、経理の状況の記載に準じて記載される（開示府令第二号様式（記載上の注意）(83)）。

(4) 株式公開情報

　株式公開情報には、①特別利害関係者等の株式等の移動状況、②第三者割当等の概況、③株主の状況が記載される（開示府令第二号の四様式）。

　①特別利害関係者等の株式等の移動状況には、最近事業年度の末日の2年前の日から有価証券届出書の提出日までにおいて、特別利害関係者等が提出会社の発行する株式、新株予約権又は新株予約権付社債の譲渡又は譲受け（新株予約権及び新株予約権付社債に係る新株予約権の行使を含む。以下、「株式等の移動」という。）を行った場合の移動年月日、氏名又は名称、取得者の住所又は所在地、提出会社との関係、価格、移動理由、1株当たりの株価の算定根拠等が記載される（開示府令第二号の四様式（記載上の注意）(12)）。

　②第三者割当等の概況には、「第三者割当等による株式等の発行の内容」として、その種類、発行数、発行価格、資本組入額、発行価額の総額、資本組入額の

総額、保有期間等に関する確約、1株当たりの株価の算定根拠等が記載される。また、「取得者の概況」として、取得者の氏名又は名称、取得者の住所及び所在地、取得者と提出会社との関係の記載が、「取得者の株式等の移動状況」として、最近事業年度の末日の1年前から有価証券届出書提出日までの間において、取得者が当該第三者割当増資等による株式等の発行により取得した株式等（最近事業年度の末日の1年前の日から有価証券届出書提出日までの間に取得したものに限る）の譲渡を行った場合又は返還を受けた場合には、①に準じた記載がされる（開示府令第二号の四様式（記載上の注意）(13)）。

③株主の状況には、有価証券届出書提出日現在の株主の状況について記載される（開示府令第二号の四様式（記載上の注意）(14)）。

3．提出期日

有価証券届出書には提出期日はないが、有価証券の募集又は売出しを行う者は、内閣総理大臣に届出を行わないと有価証券の募集又は売出しが行えないことから（金商法第4条第1項）、効力発生との関係で実質的な提出期日が決まってくる。

有価証券届出書の届出の効力は、内閣総理大臣が届出を受理した日から原則15日を経過した日にその効力を生じる（金商法第8条第1項）。この届出が受理された日と効力発生日との間を待機期間といい、15日間の待機期間が必要なことから、受理された日の翌日から16日目が効力発生日となる。待機期間の趣旨は、発行者等がその有価証券に関する情報、発行者の事業内容・財務内容を周知させる周知期間であるとともに、投資者が当該有価証券を購入するかどうかの熟慮期間であるとされる[1]。

この待機期間については、内閣総理大臣が、有価証券届出書の内容が公衆に容易に理解されると認められる場合、又は有価証券届出書の提出者に係る企業情報がすでに公衆に広範に提供されていると認める場合においては、待機期間の短縮が認められている（金商法第8条第3項）。有価証券届書を組込方式又は参照方式で作成する場合の待機期間は、概ね7日間である（企業内容等開示ガイドライン8

---

[1] 財団法人企業財務制度研究会編著『証券取引法における新「ディスクロージャ制度」詳解』（税務研究会出版局、2001年）109頁

－2）。この期間の短縮は、届出者から期間短縮の取扱いについて申し出が必要となっている（企業内容等開示ガイドライン8－1）。

4．提出先

有価証券届出書は、①資本金が50億円以上の上場会社及び外国会社は、関東財務局長に、②資本金の額が50億円未満の上場会社及び未上場会社は、本店又は主たる事務所の所在地を管轄する財務局長に提出する（金商法第5条第1項、同第194条の7第1項・第6項、金商法施行令第39条第2項）。

管轄財務局長等に提出された有価証券届出書は、その後、公衆縦覧に供され（金商法第25条第1項）、上場有価証券に係る有価証券届出書は、併せて当該金融商品取引所に遅滞なく提出することになっている（金商法第6条第1項第1号）。

2　有価証券報告書

1．有価証券報告書とは

有価証券報告書とは、上場会社等の有価証券の発行者が、事業年度ごとに、当該会社の属する企業集団及び当該会社の経理の状況その他事業の内容に関する重要な事項等を記載した報告書である（金商法第24条第1項）。

有価証券報告書は、開示制度の中心をなす開示書類であり、すでに市場に流通している有価証券に係る継続的な開示書類であることから継続開示書類と呼ばれる。

有価証券報告書の提出義務者は、主に上場会社（金融商品取引所に上場されている有価証券（金商法第24条第1項第1号））及び店頭登録会社（流通状況が前号に掲げる有価証券に準ずるものとして政令で定める有価証券（金商法第24条第1項第2号、金商法施行令第3条））である。

2．有価証券報告書の記載内容

上場会社及び店頭登録会社（以下、「上場会社等」という。）が作成する有価証券報告書は、第三号様式で作成され（開示府令第15条）、「企業情報」及び「提出会

社の保証会社等の情報」が掲載される（開示府令第三号様式）。

　このうち「企業情報」の具体的な記載内容は、有価証券届出書と同様に、①企業の概況、②事業の状況、③設備の状況、④提出会社の状況、⑤経理の状況、⑥提出会社の株式事務の概要、⑦提出会社の参考情報である（開示府令第三号様式参照）。貸借対照表及び損益計算書等の財務諸表は、⑤経理の状況に掲載される。

3．提出期日

　有価証券報告書の提出期日は、毎事業年度経過後3か月以内である（金商法第24条第1項）[2]。

　この提出期日との関係で、有価証券報告書は、毎事業年度経過後3か月以内の提出であることを理由にタイムリー・ディスクロージャーという観点から、投資判断のための開示情報としての有用性がないのではないかという指摘がある。すなわち、投資者の投資判断は日々行われており、決算日後3か月も経てから開示される情報を投資家は参考にしていないのではないかという指摘である。

　金商法における企業内容等の開示制度においては、有価証券報告書以外に、タイムリー・ディスクロージャーの観点から、四半期報告書が各四半期終了後45日以内に提出され（金商法第24条の4の7第1項）、また、金商法に基づく開示制度以外にあっては、金融商品取引所の規則に基づく適時開示制度[3]があり、投資者の投資判断に影響を及ぼすべき事象が発生した都度、当該事実等に係る情報開示を行うことを求めている。このように日々変化する企業活動の過程において、投資者の投資判断に重要な影響を与える事実等が生じた場合には、これを適時かつ適切に投資者等に開示することとなっている。そして、この四半期報告書及び適時開示情報に虚偽記載があった場合には、これらの結果の集約としての有価証券

---

[2]　平成21年12月の開示府令改正前は、定時株主総会において報告した計算書類が有価証券報告書の添付書類となっていたことから（改正前開示府令第17条第1項第1号）、従来は実務上、定時株主総会の終了した日あるいはその翌営業日に有価証券報告書を提出していた。しかし、平成21年12月の開示府令の改正によって、添付書類に「有価証券報告書を定時株主総会前に提出する場合には、定時株主総会に報告しようとするもの又はその承認を受けようとするもの」が含まれたことから、定時株主総会前の有価証券報告書の提出も可能となった。

[3]　「適時開示とは、上場有価証券の発行者が、当該発行者およびその上場有価証券に関する投資者の投資判断に影響を及ぼすべき情報を、証券取引所の規則における規定に従い投資者に開示することをいう」久保幸年著『適時開示ハンドブック第2版』（中央経済社、平成19年6月）7頁参照

報告書においても虚偽記載が含まれることとなる。

　したがって、有価証券報告書の一つの重要な役割は、四半期報告書及び適時開示情報等の結果を集約した当該会計期間における企業内容等の適正な開示を行うこととなる。そして、企業活動の成果は、有価証券報告書に掲載される「経理の状況」に集約され、財務諸表に係る監査証明制度により、企業とは独立の第三者である公認会計士又は監査法人による監査によりその適正性が担保されることとなる。また、当該財務諸表の記載内容の適正性を確保することにより、間接的に適時開示情報や四半期報告書の適正な開示を求めることになるのである。

　さらに、有価証券報告書の提出後の情報利用の観点でいえば、有価証券報告書の内容は、様々な情報に派生して伝播するのであって、例えば、投資者が投資判断の参考とすることが多い『会社四季報』（東洋経済社）や『日経会社情報』（日本経済新聞社）等の記載内容やその他の投資情報は、基本的に有価証券報告書の記載内容と整合することから、仮に有価証券報告書に係る虚偽記載が行われていた場合には、当該虚偽の情報が様々な媒体を経由して、伝播することにより、当該虚偽の情報を利用した投資者の投資判断を誤らせることになるのである。例えば、不正会計等により有価証券報告書に掲載される損益計算書上の利益を不正に水増ししていた場合には、この虚偽の利益に関する情報が、様々な媒体を経由して有価証券報告書を利用しない投資者に対しても伝わることとなる。

　したがって、有価証券報告書を直接に利用しない投資者であっても、有価証券報告書の記載内容に基づいた情報を利用することにより、間接的に有価証券報告書を利用していることになるのである。

4．提出先

　有価証券報告書は、①資本金が50億円以上の上場会社及び外国会社は、関東財務局長に、②資本金の額が50億円未満の上場会社及び未上場会社は、本店又は主たる事務所の所在地を管轄する財務局長に提出する（金商法第24条第1項、同第194条の7第1項・第6項、金商法施行令第39条第2項）。

　管轄財務局長等に提出された有価証券報告書は、その後、公衆縦覧に供され（金商法第25条第1項）、上場有価証券に係る有価証券報告書は、併せて当該金融商

品取引所に遅滞なく提出することになっている（金商法第24条第7項、同第6条第1項第1号）。

3 四半期報告書

1．四半期報告書とは

　四半期報告書とは、有価証券報告書提出会社のうち上場会社等が、その事業年度の期間を3か月ごとに区分した各期間ごとに、当該会社の属する企業集団の経理の状況その他の公益又は投資者保護のため必要かつ適当なものとして内閣府令で定める事項を記載した報告書である（金商法第24条の4の7第1項）。

2．四半期報告書の記載内容

　四半期報告書の記載内容は、企業情報及び提出会社の保証会社等の情報である（開示府令第17条の15、同第四号の三様式）。企業情報の記載内容は、①企業の概況、②事業の状況、③提出会社の状況及び④経理の状況である（開示府令第四号の三様式）。

3．提出期日

　四半期報告書の提出期日は、原則として、事業年度の期間を3か月ごとに区分した期間の経過後45日以内である（金商法第24条の4の7第1項）。

4．提出先

　四半期報告書は、①資本金が50億円以上の上場会社及び外国会社は、関東財務局長に、②資本金の額が50億円未満の上場会社及び未上場会社は、本店又は主たる事務所の所在地を管轄する財務局長に提出する（金商法第24条の4の7第1項、同第194条の7第1項・第6項、金商法施行令第39条第2項）。

　管轄財務局長等に提出された四半期報告書は、その後、公衆縦覧に供され（金商法第25条第1項）、上場有価証券に係る四半期報告書は、併せて当該金融商品取

引所に遅滞なく提出することになっている（金商法第24条の4の7第5項、同第6条第1項第1号）。

4 臨時報告書

1．臨時報告書とは

　臨時報告書とは、有価証券報告書提出会社において、公益又は投資者の保護のために必要かつ適当なものとして内閣府令で定める事実が生じた場合に遅滞なく提出する報告書である（金商法第24条の5第4項）。

　臨時報告書の記載様式は、第五号の三様式である（開示府令第19条第2項）。

　臨時報告書は、継続開示である有価証券報告書の提出会社において、投資者の投資判断に資する重要な事実が生じた場合に、当該重要事実の発生を知らしめるために開示される報告書であるが、実質的には、証券取引所の規則に基づき行われる適時開示情報がその役割を果たしている。臨時報告書と適時開示制度は、臨時報告書においては虚偽記載及び不提出に係る罰則規定によって実効性が確保されていること（金商法第197条の2第6項、同第200条第5項）及び適時開示制度は、上場規則違反による上場廃止を含む措置が講じられることによりその実効性が確保されており、罰則規定及び上場廃止等の措置によりその実効性を確保することで、臨時報告書及び適時開示制度が相互に補完する形で制度が運用されている。

2．臨時報告書の提出事由

　臨時報告書を提出すべき事実は、以下のとおりである（開示府令第19条第2項各号）。

第1号	外国における有価証券の発行
第2号	私募債及び外国での50名未満の募集
第2の2号	募集又は売出しの届出を要しない新株予約権証券の取得又は勧誘
第3号	親会社又は特定子会社の異動
第4号	主要株主の異動

第5号	重要な災害の発生
第6号	訴訟の提起又は解決
第6の2号	株式交換の決定
第6の3号	株式移転の決定
第7号	吸収分割の決定
第7の2号	新設分割の決定
第7の3号	吸収合併の決定
第7の4号	新設合併の決定
第8号	事業の譲渡若しくは譲受けの決定
第9号	代表取締役の異動
第9の2号	株主総会の決議事項の決議
第9の3号	株主総会前開示の場合の決議の修正又は否決
第9の4号	監査人の異動
第10号	破産手続開始の申立て等
第11号	債権の取立不能又は取立遅延のおそれ
第12号	財政状態等に著しい影響を与える事象
第13号	連結子会社に係る重要な災害
第14号	連結子会社に対する訴訟の提起等
第14の2号	連結子会社の株式交換
第14の3号	連結子会社の株式移転
第15号	連結子会社の吸収分割
第15の2号	連結子会社の新設分割
第15の3号	連結子会社の吸収合併
第15の4号	連結子会社の新設合併
第16号	連結子会社の事業の譲渡若しくは譲受け
第17号	連結子会社の破産手続開始の申立て等
第18号	連結子会社における債権等の取立不能等
第19号	連結会社の財政状態等に著しい影響を与える事象の発生

3．提出期日及び提出先

　提出事由に該当する場合は、遅滞なく①資本金が50億円以上の上場会社及び外国会社は、関東財務局長に、②資本金の額が50億円未満の上場会社及び未上場会社は、本店又は主たる事務所の所在地を管轄する財務局長に提出する（金商法第

24条の５第４項、同第194条の７第１項・第６項、金商法施行令第39条第２項)。

　管轄財務局長等に提出された臨時報告書は、その後、公衆縦覧に供され（金商法第25条第１項)、上場有価証券に係る臨時報告書は、併せて当該金融商品取引所に遅滞なく提出することになっている（金商法第24条の５第６項、金商法第６条第１項第１号)。

第3章 開示制度の実効性確保のための諸制度

　企業内容等の開示制度は、自己責任の原則に基づく投資者の投資判断の基礎となる企業内容等の開示を行う制度である。この開示制度に基づき、上場会社による企業内容等に係る適正な情報開示が行われることにより、証券市場における公正な価格形成の実現を図り、もって国民経済の健全な発展及び投資者の保護に資するものとなる。

　当該開示制度の実効性は、①上場会社の経営者が、自社の有効なコーポレート・ガバナンスを確立し、また、有効な内部統制の整備・運用を図ることにより、証券市場の商品としての「株式」の品質を確保するとともに、②投資者の投資判断に有用な企業内容等について適正に開示することにより確保されるべきものである。ゆえに開示制度の実効性の確保に係る責任は、第一義的には経営者が担うべきものである。

　その上で、株式等の有価証券を発行・流通させる証券市場の運営を行う金融商品取引所が、自主規制機関として、証券市場で取り扱う有価証券の品質を確保すべく、上場基準及び上場廃止基準等に係る規則を定め、開示体制に問題のある企業の証券市場からの排除等を含めた対応をすることで、開示制度の実効性を確保することとなる。

　さらに金商法においては、上場会社の企業内容等の開示の適正性について、特に財務諸表の適正性確保の観点から、上場会社から独立した第三者である公認会計士又は監査法人（以下、「公認会計士等」という。）による財務諸表等に係る監査証明制度を設け、さらに行政に対して開示検査、課徴金勧告、刑事告発等の権限を付与するとともに、開示書類に虚偽記載等があった場合の民事責任の規定を設けることにより、開示制度の実効性の確保を図っている。

　ここで、特に重要なことは、証券市場における公正な価格形成を図るための企

業内容等の開示制度は、各上場会社が適正な開示を行うことによりその実効性が確保されることから、各上場会社の自発的な適正な開示が求められるところであるが、必ずしも適正な開示を行う会社ばかりではないということを前提に、証券取引所の規則や金商法の規定によりその実効性を制度的な対応をもって確保しようとしていることである。その中でも、公認会計士等による監査証明制度は、企業内容等の開示の適正性を担保するための最も重要な制度となる。

以下では、金商法に規定された企業内容等の開示の適正性を確保するための監査証明制度、開示検査権限、課徴金制度、告発義務（刑事責任）及び民事責任について説明する。

1　監査証明制度

企業内容等の開示制度において、特に重要な開示情報となるのが有価証券届出書、有価証券報告書及び四半期報告書における「経理の状況」等に記載される貸借対照表、損益計算書その他の財務計算に関する書類（以下、「財務計算に関する書類」という。）である。この財務計算に関する書類の作成責任は経営者にあるが、その財務計算に関する書類が、一般に公正妥当と認められた企業会計の基準に準拠して作成されているかどうかを企業とは独立の第三者である公認会計士等が監査を行い、監査意見の表明を行うのが監査証明制度である。

さらに、財務計算に関する書類を作成するに当たっての前提となる、企業の財務報告に係る内部統制の有効性に関する経営者の評価と、当該評価に対する公認会計士等による監査が義務付けられている。

監査証明制度は、開示情報の信用性を担保するための制度として設けられており、証券市場の要である「公正な価格形成」に資する開示制度における信用付与機能を有していることから、公認会計士等の監査の証券市場における役割は極めて重要である[4]。

以下、財務計算に関する書類及び内部統制報告書に対する監査証明制度の概要を説明する。

1．財務計算に関する書類に係る監査証明

　金融商品取引所に上場されている有価証券の発行者等は、有価証券報告書等の開示書類に掲載する財務計算に関する書類について、発行者等と特別の利害関係のない公認会計士等による監査証明を受けなければならない（金商法第193条の2第1項）。

　証券市場における企業内容等に係る適正な開示は、第一義的には、開示主体となる上場会社等がその義務を負うところであるが、当該上場会社等が適正な開示を自ら行わない可能性がある。したがって監査証明制度は、特に上場会社等が開示する財務計算に関する書類の適正性に関して上場会社等とは独立の第三者である公認会計士等による監査を行うことを求めた制度であり、証券市場における適正な開示制度の実効性を担保するための最も重要な制度の一つである。

2．内部統制報告書に係る監査証明

　内部統制報告書制度は、平成18年6月に成立した金商法により、上場会社を対象に財務報告に係る内部統制の経営者による評価と、当該評価に対する公認会計士等による監査証明の義務付けをその内容とするものであり、平成20年4月1日以後開始する事業年度から適用されることとなった。

　この内部統制報告書の導入の経緯は、平成17年頃、日本において、メディア・リンクス事件、西武鉄道事件、カネボウ事件と悪質な虚偽記載事件が相次いでいたところ、米国においても、エンロン事件等の悪質な虚偽記載事件が生じており、内部統制の重要性が認識され、企業改革法（サーベインズ＝オクスリー法）、いわゆるＳＯＸ法が施行され、証券取引委員会（ＳＥＣ）登録企業の経営者に財務報告に係る内部統制の有効性を評価した内部統制報告書の作成及び当該内部統制報告書に係る公認会計士等による監査が義務付けられ、その流れを受け、我が国においても上記の内部統制報告書制度が設けられたものである。

4　公認会計士法第1条において、「公認会計士の使命」として「公認会計士は、監査及び会計の専門家として、独立した立場において、財務書類その他の財務に関する情報の信頼性を確保することにより、会社等の公正な事業活動、投資者及び債権者の保護等を図り、もって国民経済の健全な発展に寄与することを使命とする」と規定する。

ここで注意が必要なことは、内部統制自体の歴史は古く、従来から公認会計士等による監査の前提として内部統制の整備・運用状況に係る評価は行われており、現代監査の基本的な柱となる「試査」の範囲を決定するためには不可欠であったところであり、また、新規上場を行う場合には、上場会社としての組織的運営が求められることから、内部統制の整備・運用が上場時の審査においても重要な項目となっており、当該制度の導入により、内部統制制度が本格的に導入されたわけではないということである。

　したがって、内部統制報告書の意義としては、当該内部統制の整備・運用状況について内部統制報告書として、改めて経営者による意見を表明させ、内部統制の整備・運用に係る認識を持たせることにあると考える。

　以上のことを背景に、上場会社は、事業年度ごとに当該会社の属する企業集団及び当該会社に係る財務計算に関する書類その他の情報の適正性を確保するために必要な体制について、経営者が評価した内部統制報告書を有価証券報告書と併せて提出することとなった（金商法第24条の4の4第1項、内部統制府令第3条）。この内部統制報告書の用語、様式及び作成方法については、内部統制府令の定めるところによるが、内部統制府令において定めのない事項については、一般に公正妥当と認められる財務報告に係る内部統制の評価の基準に従うものとされている（金商法第24条の4の4第1項、内部統制府令第1条第1項）。

　なお、「財務報告に係る内部統制の評価及び監査の基準」（以下、「内部統制基準」という。）及び「財務報告に係る内部統制の評価及び監査に関する実施基準」（企業会計審議会、平成19年2月15日）は、一般に公正妥当と認められる財務報告に係る内部統制の「評価」の基準に該当するものとされている（内部統制府令第1条第4項）。

　経営者による財務報告に係る内部統制の評価結果の表明には、
① 　財務報告に係る内部統制は有効である旨
② 　評価手続の一部が実施できなかったが、財務報告に係る内部統制は有効である旨並びに実施できなかった評価手続及びその理由
③ 　開示すべき重要な不備があり、財務報告に係る内部統制は有効でない旨並びにその開示すべき重要な不備の内容及びそれが是正されない理由

④　重要な評価手続が実施できなかったため、財務報告に係る内部統制の評価結果を表明できない旨並びに実施できなかった評価手続及びその理由

がある（内部統制基準のⅡの4の（5）評価結果）。

　さらにこの内部統制報告書には、上場会社と特別の利害関係のない公認会計士等の監査証明を受けなければならない（金商法第193条の2第2項）。内部統制報告書に係る監査証明は、内部統制報告書の監査を実施した公認会計士等が作成する内部統制監査報告書により行うものとし、その作成は、内部統制府令の定めるところによるもののほか、一般に公正妥当と認められる財務報告に係る内部統制の監査に関する基準及び慣行に従って実施された監査の結果に基づいて作成されなければならない（金商法第192条の2第5項、内部統制府令第1条第2項、同第3項）。

　なお、「財務報告に係る内部統制の評価及び監査の基準」及び「財務報告に係る内部統制の評価及び監査に関する実施基準」（企業会計審議会、平成19年2月15日）は、一般に公正妥当と認められる財務報告に係る内部統制の「監査」の基準に該当するものとされている（内部統制府令第1条第4項）。さらに公認会計士協会から公表された監査・保証実務委員会第82号「財務報告に係る内部統制の監査に関する実務上の取扱い」（日本公認会計士協会、平成19年10月24日）も事実上、会員である公認会計士を拘束することから一般に公正妥当と認められる財務報告に係る内部統制の監査に関する基準に該当するものと考える。

3．監査証明制度の実効性確保のための諸制度

　ここでは、公認会計士等による監査証明制度の実効性を確保するための諸制度について説明する。

　監査証明制度は、上場会社等が開示する財務計算に関する書類の適正性に関して、上場会社等とは独立の第三者である公認会計士等が監査証明を行う制度であり、開示制度の実効性を確保するための柱となる制度である。そして、当該監査証明制度は、監査意見の表明を行う過程において、監査の批判的機能と指導的機能[5]を相互補完的に機能させることにより、適正な開示を実現させることとなる。しかし、財務諸表の二重責任の原則のもとでは、財務諸表の作成責任は経営者にあることから、どのような財務諸表を作成するかは、最終的には経営者の判断と

なり、いくら是正を求めたとしても是正されない可能性も残ることとなる。もちろん、このような状況においては、監査の批判的機能を発揮し、監査意見の表明を通じて、問題点の指摘等を行えば良いのであるが、会社の協力を得られず、当該問題点に係る具体的な事実等の把握が行えないことから、監査の批判的機能が十分に発揮できない場面もまた想定されるところである。また、監査意見のオピニオンショッピングとも思われるような監査人の交代が行われる場合もあり、そのような場合には、結局のところ、適正な開示が実現できないおそれもある。

このように、監査証明制度は、上場会社と公認会計士等との間の監査契約に基づき、会社の協力を得て、監査を行わざるを得ないところに制度としての脆さが潜在的に潜んでいることとなる。

したがって、金商法及び公認会計士法等においては、監査証明制度の実効性を確保すべく、以下の諸制度を手当てしている。

（1） 意見告知

財務計算に関する書類又は内部統制報告書の監査証明を行う公認会計士等の異動が、上場会社の業務執行を決定する機関により決定された場合又は当該公認会計士等の異動があった場合には、当該上場会社は、臨時報告書を提出し、当該臨時報告書に「異動の決定又は異動に至つた理由及び経緯」を記載するとともに（開示府令第19条第2項第9の4号（4））、この上場会社の説明等に対する公認会計士等の意見を記載しなければならならず（同条同項同号ハ（5））、また、公認会計士等が当該意見を表明しない場合には、その旨及びその理由（当該上場会社が当該公認会計士等に対し、当該意見の表明を求めるために講じた措置の内容を含む。）（同条同項同号ハ（6））を記載しなければならないこととなっている。

---

5 現在の監査実務においては、監査の指導的機能は抑制的に機能している。これは、公認会計士等の指導が不正会計の指導との誤解を避けるためという面があるものと考えられるが、適正な開示制度の実現を図るためには、監査の指導的機能も必要であると考えられる。上場会社として適正な開示が行える体制の整備が当然の前提となるが、その上で、監査における指導的機能が果たす役割もまた大きいと考えられる。監査の批判的機能を発揮すべき問題と指導的機能を発揮すべき問題とは質的に異なるものであり、そして、監査の指導的機能が不正会計の指南と誤認される問題もまた質的には異なるものである。指導的機能の発揮を過剰に萎縮した状況は、適正な開示制度の実現に当たっては望ましくないと考える。

これは監査人の独立性や監査人としての地位が脅かされる形での交代を防止するという観点で平成20年4月より導入された制度であり[6]、併せてオピニオンショッピングが疑われるような場合の公認会計士等の交代に関して、監査人であった公認会計士等に意見告知の機会を設けるとともに、臨時報告書に記載すべき公認会計士等の意見に関して、臨時報告書を作成すべき上場会社が、前任監査人が出したものをそのまま記載しないと臨時報告書の虚偽記載になるという解釈[7]も併せて、もって、監査証明制度の実効性を確保しようとするものである。

　なお、当該制度は、平成20年3月28日改正の企業内容等の開示に関する内閣府令の改正により設けられたが、併せて、証券取引所における有価証券上場規程等が改正され、従来の公認会計士等の異動に係る適時開示において、同様の内容（公認会計士等の意見等の記載）の記載が求められることとなった（東京証券取引所有価証券上場規程第402条第1号ａｊ、同条第2号ｔ）。

（2）　法令違反等事実の通知
1　制度の概要

　公認会計士等が、上場会社等の財務計算に関する書類に係る監査証明業務を行うに当たって、有価証券届出書及び有価証券報告書等の提出者（以下、「特定発行者」という。）における法令に違反する事実その他の財務計算に関する書類の適正性の確保に影響を及ぼすおそれがある事実（以下、「法令違反等事実」という。）を発見した時は、当該事実の内容及び当該事実に係る法令違反の是正その他の適切な措置を取るべき旨を記載した書面により、遅滞なく、当該特定発行者の監査役又は監事その他これらに準ずる者（適切な措置をとることについてほかに適切な者がある場合には当該者）に対して通知しなければならない（金商法第193条の3第1項、監査証明府令第7条）。

　当該通知を行ったにも関わらず、一定の期間が経過した後であっても、①法令違反等事実が、特定発行者の財務計算に関する書類の適正性の確保に重大な

---

[6]　「改正公認会計士法施行をめぐって」（会計・監査ジャーナルVol.20 No.7（平成20年7月号））18頁（小宮山発言）。
[7]　「改正公認会計士法施行をめぐって」（会計・監査ジャーナルVol.20 No.7（平成20年7月号））18頁（小宮山発言）。

影響を及ぼすおそれがある場合、かつ、②通知を受けた特定発行者の監査役等が適切な措置を取らない場合であって、公認会計士等が当該重大な影響を防止する必要があると認めるときは、当該事項に関する意見を金融庁長官に申し出なければならない。この場合において、公認会計士等は、あらかじめ金融庁長官に申し出をする旨を当該特定発行者に書面で通知をする必要がある（金商法第193条の3第2項、監査証明府令第8条）。

なお、ここで「一定の期間」とは、公認会計士等が、特定発行者に対して通知を行った日から、①有価証券報告書（金商法第24条第1項）の提出期限（決算日から3か月以内）の6週間前の日、又は通知日から起算して2週間を経過した日のいずれか遅い日、②四半期報告書（金商法第24条の4の7第1項）又は半期報告書（法第24条の5第1項）の提出期限の前日のいずれかの日までの期間である（金商法施行令第36条）。また、当該規定に違反した者は、30万円以下の過料に処せられる（金商法第208条の2第4項・第5項・第6項）。

当該規定に係る実務上の取扱いについては、日本公認会計士協会より、平成20年11月5日付で、法規委員会研究報告第9号「法令違反等事実発見への対応に関するQ＆A」が公表されている。

2 制度の趣旨

本制度は、監査人の地位の強化を目的として、平成19年の公認会計士法等の一部を改正する法律による金商法の一部改正により設けられた制度ある。

そもそも、監査人が違法行為を発見した場合には、それが財務書類の重要な虚偽の表示の原因となるかどうかにかかわらず経営者及び監査役等へその内容の報告をしなければならない[8]（会社法第397条第1項並びに監査基準委員会報告書第11号「違法行為」（日本公認会計士協会、平成9年3月25日）第16項、監査基準委員会報告書第35号「財務諸表の監査における不正への対応」（日本公認会計士協会、平成18年10月24日）第93項及び第95項）。

しかし、監査証明制度が会社との契約を前提に、会社の協力が得られなければ、適切な対応が得られないという監査上の制約[9]があったことから、本制度

---

[8] 法規委員会研究報告第9号「法令違反等事実発見への対応に関するQ＆A」（公認会計士協会、平成20年11月5日）、前文

を設けることにより、法令違反の他、財務書類の適正性に影響を及ぼすおそれがある事実を発見した場合には、本制度に基づき、監査役等に通知した後、監査役等において適切な措置が取られなかった場合で、必要と認められる場合には、当該制度に基づき、金融庁長官への申し出を義務付け、もって、監査人の地位を強化するとともに、適正な開示制度の運用を担保しようとするものである。

(3) 公認会計士法における懲戒

公認会計士法上の懲戒処分は、①戒告、②2年以内の業務停止、③登録の抹消である（公認会計士法第29条）。

公認会計士が、「故意」に、虚偽、錯誤又は脱漏のある財務書類を虚偽、錯誤及び脱漏のないものとして証明した場合には、内閣総理大臣により「2年以内の業務停止」又は「登録の抹消」の懲戒処分を受けることとなる（公認会計士法第30条第1項、同法第29条）。

また、公認会計士が、「相当の注意を怠り」、重大な虚偽、錯誤又は脱漏のある財務書類を重大な虚偽、錯誤及び脱漏のないものとして証明した場合には、内閣総理大臣により「戒告」又は「2年以内の業務停止」の懲戒処分を受けることとなる（公認会計士法第30条第2項、同法29条）。

さらに、監査法人が虚偽、錯誤、又は脱漏のある財務書類を虚偽、錯誤及び脱漏のないものとして証明した場合に、当該証明に係る業務を執行した社員である公認会計士に故意又は相当の注意を怠った事実があるときは、それぞれ、公認会計士の処分に準じて懲戒処分が行われることとなる（公認会計士法第30条第3項）。

なお、監査法人自体に対しても、①社員の故意により、虚偽、錯誤又は脱漏のある財務書類を虚偽、錯誤及び脱漏のないものとして証明したとき、②社員が相当の注意を怠ったことにより、重大な虚偽、錯誤又は脱漏のある財務書類を重大な虚偽、錯誤及び脱漏のないものとして証明したとき、③公認会計士法若しくは

---

9 監査の批判的機能の発揮により当該制約が最小化できるものと考えるが、実際問題として、一方で上場廃止のリスク、損害賠償請求等の訴訟リスクとのバランスの中で当該制約が監査の適正化を阻害している要因であると考えられる。

公認会計士法に基づく命令に違反し、又は運営が著しく不当と認められるとき等は、当該監査法人に対し、戒告し、業務管理体制（公認会計士法第34条の13第1項）の改善を命じ、2年以内の期間を定めて業務の全部若しくは一部の停止を命じ、又は解散を命じることができる（公認会計士法第34条の21第2項）。また、この処分は、当該社員である公認会計士に対する懲戒処分（公認会計士法第30条等）を併せて行うことを妨げるものではない（公認会計士法第34条の21第6項）。

（4） 公認会計士法における課徴金制度

公認会計士・監査法人に係る違反行為を適切に抑止する観点から、平成20年4月より公認会計士・監査法人に対する課徴金制度が公認会計士法上導入された[10]。

公認会計士法における課徴金制度は、内閣総理大臣は、公認会計士又は監査法人が、故意に、虚偽、錯誤又は脱漏のある財務書類を虚偽、錯誤及び脱漏のないものとして証明した場合には、一定の場合を除き[11]、当該証明を受けた上場会社の財務書類に係る会計期間における監査報酬の1.5倍に相当する額の課徴金を国庫に納付することを命じなければならない（公認会計士法第31条の2第1項第1号、同法第30条第1項、同法第34条の21の2第1項第1号、同法第34条の21第2項第1号、公認会計士法施行令第14条）。

また、内閣総理大臣は、公認会計士又は監査法人が、相当の注意を怠り、重大な虚偽、錯誤又は脱漏のある財務書類を重大な虚偽、錯誤及び脱漏のないものとして証明した場合には、一定の場合を除き[12]、当該証明を受けた上場会社の財務書類に係る会計期間における監査報酬に相当する額の課徴金を国庫に納付することを命じなければならない（公認会計士法第31条の2第1項第2号、同法第30条第2項、同法第34条の21の2第1項第2号、同法第34条の21第2項第2号、公認会計士法施行令第14条）。

なお、これらの課徴金納付命令に係る内閣総理大臣の権限は、金融庁長官に委任されており（公認会計士法第49条の4）、また、課徴金納付命令を行うためには、

---

10 「公認会計士法等の一部を改正する法律（平成19年法律第99号）」（平成19年6月20日成立）。
11 公認会計士法第31条の2第2項、同法第34条の21の2第2項
12 公認会計士法第31条の2第2項、同法第34条の21の2第2項

審判手続を経なければならないこととなっている（公認会計士法第34条の40以下（同法第5章の5））。

（5） 罰則規定

金商法では、有価証券届出書及び有価証券報告書等の開示書類に係る虚偽記載について、金商法第197条第1項において、10年以下の懲役若しくは1,000万円以下の罰金又はこれらの併科としている。

当該罰則規定に係る主体は、当該開示書類の提出者であるが、監査人である公認会計士が、当該虚偽の記載について故意である場合には、共犯として同様に罰せられることとなる（刑法第65条）。

2　開示検査

開示検査とは、適正な開示制度の実効性確保のため、金商法が行政に対して与えている検査の権限である（金商法第26条（届出者等に対する報告の徴取及び検査））。

開示検査の内容については、金商法第26条において、内閣総理大臣は、公益又は投資者保護のため必要かつ適当であると認めるときは、①縦覧書類を提出した者、②提出すべきであると認められる者、③有価証券の引受人その他の関係者、④参考人に対し、参考となるべき報告若しくは資料の提出を命じ、又は当該職員をしてその者の帳簿書類その他の物件を検査させることができることとなっている。

なお、開示検査に係る権限主体は、内閣総理大臣から金融庁長官に委任され（金商法第194条の7第1項）、金融庁長官は、効力発生前の有価証券届出書及び発行登録書については管轄財務局長に委任し（金商法第194条の7第6項、金商法施行令第39条第2項第16号）、効力発生前の有価証券届出書及び発行登録書以外の開示検査の権限については、証券取引等監視委員会に委任している（金商法第194条の7第3項、金商法施行令第38条の2第1項第1号、同第2号）。さらに証券取引等監視委員会は、管轄財務局長等に当該権限の委任を行っている（金商法第197条の7第7項、金商法施行令第44条の3第1項）が、証券取引等監視委員会は、管轄財務

局長に委任した権限についても、証券取引等監視委員会が行うことを妨げないとされている（金商法施行令第44条の3第1項ただし書）。

以上のことから、効力発生前の有価証券届出書及び発行登録書に係る開示検査の権限は、管轄財務局長が有し、効力発生後の有価証券届出書及び発行登録書、及び有価証券報告書等のその他の縦覧書類に係る開示検査権限については、証券取引等監視委員会[13]及び管轄財務局長が有していることとなる。

なお、当該規定による開示検査権限の行使に対して①報告若しくは資料を提出せず、又は虚偽の報告若しくは資料を提出した者（金商法第205条第5号）及び②検査を拒み、妨げ、又は忌避した者（金商法第205条第6号）については、6か月以下の懲役又は50万円以下の罰金に処し、又はこれを併科することとなっている。また、法人に対する両罰規定（50万円以下の罰金）も規定されている（金商法第207条第1項第6号）。

3 訂正命令

(1) 訂正届出書及び訂正報告書

訂正届出書及び訂正報告書（以下、「訂正届出書等」という。）には、届出書及び有価証券報告書（以下、「届出書等」という。）の記載すべき重要な事項の変更その他公益又は投資者の保護のため当該書類の内容を訂正する必要がある場合に届出者又は提出者（以下、「届出者等」という。）が自発的に訂正を行う訂正届出書等（金商法第7条、同法第24条の2）と、金融庁長官による訂正届出書等の訂正命令に基づき届出者等が訂正を行う訂正届出書等（金商法第9条、同法第10条、同法第24条の2）がある。

以下、ここでは、訂正命令に基づく訂正届出書等の概要について説明する。

13　平成23年7月に証券取引等監視委員会事務局の組織が変更となり、従来の「課徴金・開示検査課」が「開示検査課」と「取引調査課」に分離する形でそれぞれ新設されることとなった。このことは、開示検査課としてさらに当該開示検査権限の行使を強化していくことの現れとみることができよう。

(2) 発行開示書類に係る訂正命令

　発行開示書類に係る訂正命令は、有価証券届出書（金商法第5条第1項）若しくは訂正届出書（第7条）に①形式上の不備、又はその書類に記載すべき重要な事項の記載が不十分であると認められるとき（金商法第9条第1項）、又は有価証券届出書に②重要な事項について虚偽の記載があり、又は記載すべき重要な事項若しくは誤解を生じさせないために必要な重要な事実の記載が欠けていることを発見したとき（金商法第10条第1項）は、金融庁長官が届出者に対して訂正届出書の提出を命じることができるものである。

(3) 継続開示書類に係る訂正命令

　継続開示書類に係る訂正命令は、有価証券報告書及びその添付書類若しくは訂正報告書に①形式上の不備、又はその書類に記載すべき重要な事項の記載が不十分であると認められるとき（金商法第24条の2第1項、同法第9条第1項）、又は有価証券報告書について②重要な事項について虚偽の記載があり、又は記載すべき重要な事項若しくは誤解を生じさせないために必要な重要な事実の記載が欠けていることを発見したとき（金商法第24条の2第1項、同法第10条第1項）は、金融庁長官が有価証券報告書の提出者に対して訂正報告書の提出を命じることができるものである。

4　課徴金制度

(1) 課徴金制度導入の経緯

　課徴金制度は、金商法に係る違反行為の抑止を図り、規制の実効性を確保するという行政目的を達成するため、違反行為を行った者に対して金銭的負担を課す行政上の措置である[14]。

　証券市場の取引は、日々変化し、また、新たな取引が生じることから、証券市場における違法行為に対しては、機動的に、迅速かつ適切な対応を行う必要があ

14　三井秀範編著『課徴金制度と民事賠償責任　条解証券取引法』（社団法人金融財政事情研究会、平成17年1月）13頁

る。しかしながら、従来の虚偽記載や不公正取引に係る制裁手段である刑事罰は、一罰百戒的な意味において市場規律の確保に資するものではあるが、厳格な構成要件が要求され、迅速性に欠ける点は否めない。また、刑事罰は、その運用に当たっては、抑制的に行う必要性があることから、その適用は悪質な事件に限られ、それ以外の刑事罰を科すに至らない程度の違反行為は、結果として放置されることとなる。この刑事罰との隙間を埋めるべく、また、行政処分というエンフォースメント手段の実効性を確保するため、行政上の手段が必要であった。

このような経緯から平成16年の証券取引法の改正により発行開示書類の虚偽記載等に係る課徴金制度が導入されることとなったが、当該制度は、憲法第39条で禁止する二重処罰の禁止との関係で、行政制裁ではなく、不当な経済的利得のはく奪という制度として導入されたことから、課徴金の水準は、抑止のための必要最小限の水準として、違反者が違反行為によって得た経済的利得相当額を基準としつつ、対象行為ごとに具体的な算出方法を規定するものとなった[15]。なお、制度の導入当初は募集・売出額の1％（株券等の場合には2％）であったが、平成20年金商法改正により募集・売出額の2.25％（株券等の場合には4.5％）に引き上げられ、その抑止力の強化が図られている（金商法第172条の2第1項）。

また、平成16年金商法改正時おいては、発行開示書類のみが課徴金の対象となっていたが、平成17年改正により継続開示書類もその対象となり、当初は、課徴金の水準が300万円又は時価総額の10万分の3（0.003％）のいずれか高い方（半期・臨時報告書等の場合はその半額）であったところ、平成20年金商法改正により600万円又は時価総額の10万分の6（0.006％）のいずれか高い方（四半期・半期・臨時報告書等の場合はその半額）に引き上げられている（金商法第172条の4第1項）。

さらに平成20年改正においては、課徴金の減額、加算制度が導入され、開示書類の虚偽記載について当局の調査前に自己申告を行った場合には、課徴金の額を半額に減算し（金商法第185条の7第12項）、過去5年以内に課徴金納付命令を受けた者が、再度課徴金納付命令を受ける場合には課徴金の額を1.5倍にすることとなった（金商法第185条の7第13項）。

---

15 三井秀範編著『課徴金制度と民事賠償責任 条解証券取引法』（社団法人金融財政事情研究会、平成17年1月）13頁

(2) 主な課徴金対象

課徴金の対象となる金商法上の違法行為は、①発行開示書類・継続開示書類の虚偽記載、②不公正取引（内部者取引、相場操縦行為、風説の流布・偽計）である。

(3) 発行開示書類に係る課徴金制度

重要な事項につき虚偽の記載があり、又は記載すべき重要な事項の記載が欠けている発行開示書類を提出した発行者が、当該発行開示書類に基づく募集又は売出し（当該発行者が所有する有価証券の売出しに限る。）により有価証券を取得させ、又は売り付けた時は、内閣総理大臣は、当該発行者に対し、発行価額の総額又は売出し価額の総額の2.25％（株券等の場合は4.5％）の額に相当する額の課徴金納付命令を行わなければならない（金商法第172条の2第1項）。

なお、発行開示書類の虚偽記載に係る課徴金は、重要な事項につき虚偽の記載があり、又は記載すべき重要な事項の記載が欠けている場合に課されることから、発行開示書類に虚偽の記載があった場合、又は記載すべき事項の記載が欠けていた場合であっても、当該事項が「重要」でない場合には、課徴金の対象とならない。

また、重要な事項につき虚偽の記載があり、又は記載すべき重要な事項の記載が欠けている場合には内閣総理大臣（金融庁長官）は、課徴金納付命令を行わなければ「ならない」ことから、当該課徴金納付命令についての行政裁量はないこととなる。

(4) 有価証券報告書等に係る課徴金制度

発行者が、重要な事項につき虚偽の記載があり、又は記載すべき重要な事項の記載が欠けている有価証券報告書等を提出したときは、内閣総理大臣は、当該発行者に対し、600万円又は時価総額の10万分の6のいずれか高い方に相当する額の課徴金納付命令を行わなければならない（金商法第172条の4第1項）。

なお、四半期・半期・臨時報告書等に係る課徴金の額は、有価証券報告書等に係る課徴金の額の2分の1とする（金商法第172条の4第2項）。

継続開示書類に係る課徴金制度も発行開示書類に係る課徴金制度と同様に重要

でない事項に係る虚偽記載は、課徴金の対象とはならないが、重要な事項に係る虚偽記載に関しては、行政裁量の余地はなく、課徴金納付命令が行われることとなる。

5　刑事責任

金商法では、有価証券届出書及び有価証券報告書等の開示書類に係る虚偽記載について、金商法第197条第1項において、10年以下の懲役若しくは1,000万円以下の罰金、又はこれらの併科としている。

6　民事責任

金商法上、①有価証券届出書、発行登録書、目論見書[16]等の発行開示書類に係る虚偽記載について、発行者、発行者の役員、売出人、公認会計士・監査法人及び元引受金融商品取引業者等に対する損害賠償責任（金商法第18条第1項、同法第21条）が、また、②有価証券報告書等の継続開示書類に係る虚偽記載について、発行者、発行者の役員、公認会計士・監査法人に対する損害賠償責任（金商法第21条の2、同法第22条、同法第24条の4）が規定されている。

虚偽記載に係る民事責任規定については、昭和23年証券取引法制定当初より設けられていたが、賠償額の立証が困難であったことからあまり活用されていなかった。その後、平成16年改正において、①賠償額の推定規定（金商法第21条の2）が設けられ、また、②課徴金納付命令の審判手続における利害関係人による事件記録の閲覧・謄写制度の導入されたこと（金商法第185条の13）により[17]、今後、虚偽記載に係る民事責任の追及が増加するものと考えられる。

16　目論見書の虚偽記載に関しては、金商法上の罰則規定はないが、会社法の罰則規定の適用がある（会社法第964条（虚偽文書行使等の罪）（5年以下の懲役若しくは5百万円以下の罰金又はこれらの併科））。

17　三井秀範編著『課徴金制度と民事賠償責任―条解証券取引法』（金融財政事情研究会、平成17年1月）141頁

第4章 不正会計の社会的意味

　証券市場は、資本主義経済における社会的なインフラであり、公正な証券市場の確立が我が国経済の健全な発展及び投資者の保護に資することとなる。公正な証券市場とは、当該証券市場において公正な価格形成が図られることであり、それは、適正な開示及び公正な取引が確保されることによって実現できるものである。

　この意味において、企業内容等の開示制度は、公正な証券市場の確立を公正な取引とともに支える二本柱の一つであり、自己責任の原則に基づく投資者の投資判断が行われるにあたって極めて重要な制度となる。このため、不正会計はその適正な開示の実現を妨げる阻害要因となり、証券市場においては極めて悪質な行為となる。そして不正会計が発覚した証券市場においては、それが例え1社であったとしても当該証券市場全体に係る信頼性が失墜し、国内における直接金融市場としての機能を損なうとともに、海外諸国における証券市場との比較優位を損なわせ、証券市場の有する金融機能の十分な発揮がなされず、もって我が国経済の健全な発展及び投資者の保護の実現を妨げるものとなる。

　このようなマクロ的な観点においても不正会計の与える社会的影響は大きいのであるが、さらにミクロ的な観点においてもその影響は大である。不正会計を行った上場会社は、上場廃止のリスクが生じるとともに、さらには事業の継続さえも困難な状況に陥る場合がある。このような状況においては、株主、取引先、金融機関、そして、従業員等が不測の損害を被ることになる。このうち従業員にとっては、その人生を大きく変える要因となってしまうのである。

　不正会計の動機は様々であるが、特に日本的な特徴としては、「会社の存続のため」「従業員を守るため」「取引先を守るため」等が考えられる。不正会計に係る不正行為実行者が経営者である場合においては、自己の地位保全という点は否

めないものの、自らの金銭的な利得が動機となるよりも、会社のためという動機が多いと考えられる。しかしながら、近視眼的に不正会計をとらえるならば、不正会計は一時的な延命策となり得るのであろうが、その状況を俯瞰してみるならば、不正会計による延命策は、実態としての状況をさらに悪化させるだけであり、例えていうならば、不正会計という麻薬に手を染めて体を蝕まれていくのと同じである。本当であれば、開示制度の趣旨に鑑み、その企業内容等に係る実態を適切に様々な利害関係者に開示することによって、それぞれの利害関係者がどのようにするかを判断することにより、実際は被害が最小限度に止められることになるのである。

　不正会計を行う経営者等は、潜在的にそのような不正行為を行うことに関しての資質を有しているわけではなく、普通の人間が、会社の経営状況が極めて悪化し、その改善策としての方策が尽きた時に、最後、究極の選択として、実態を明らかにするか、又は不正会計を行うかの選択を迫られた挙句の判断なのである。人間の心は思うよりも弱いものである。平時においては、あり得ない話であっても、いざという局面においては、悪魔の囁きに心を動かされてしまうのである。しかし、このような判断は、不正会計の与える社会的影響を鑑みるに決して是とできるものではない。

　したがって、このような不正会計は、まずは予防を行うことが、証券市場の公正性の確立にとって極めて重要であるが、しかし、一方で不正会計の完全な予防は不可能である。このため、不正会計の発生を最小限に止めるための予防の措置を採るとともに、不正会計が生じてしまった場合に、その被害を最小限に止めるために早期に発見できるための手当てが重要となる。そして、これこそが経営者及び従業員を守るための唯一の方法となるのである。

第二部

不正会計
原因と予防

第二部では、不正会計の発生原因となる内部統制の欠陥及びコーポレート・ガバナンスの機能不全について説明する。そして、不正会計の予防に資する内部統制及びコーポレート・ガバナンスの在り方について考えるとともに、不正会計の抑止力としての内部通報制度について説明する。

第1章　不正会計の発生原因

1　不正のトライアングル

　犯罪学者であるドナルド・クレッシーが提唱した不正行為の発生の仕組みについての仮説である「不正のトライアングル」[17]に基づけば、不正の発生は、①動機・プレッシャー、②正当化、③機会の3つの不正リスク要因がすべてそろった時に発生するとしている[18]。

　不正のトライアングルのうち、「動機・プレッシャー」及び「正当化」については、突き詰めていえば個人の内面に生じる問題であるが、「機会」については、個人に与えられたまさに「機会」であり、それは内部統制の欠陥ないしはコーポレート・ガバナンスの機能不全が原因となる。

2　内部統制の欠陥

　内部統制とは、①業務の有効性及び効率性、②財務報告の信頼性、③事業活動に関わる法令等の遵守並びに④資産の保全の4つの目的が達成されているとの合理的な保証を得るために、業務に組み込まれ、組織内のすべての者によって遂行されるプロセス[19]であるが、不正会計は、内部統制の欠陥が原因となり生じるこ

---

[17]　八田進二監修『【事例でみる】企業不正の理論と対応』（同文舘出版、平成23年10月）11頁－17頁
[18]　平成18年10月24日に日本公認会計士協会が公表した監査基準委員会報告書第35号「財務諸表の監査における不正への対応」（最終改正平成20年3月25日）においても、不正は、不正に関与しようとする「動機・プレッシャー」、不正を実行する「機会」、不正行為に対する「姿勢・正当化」に関係するとし、このうち「機会」については、「部門の責任者や特定の内部統制の不備を知っている者など、内部統制を無視できる立場にいる者は、不正な財務報告や資産の流用を実行する機会を有している」としている（同報告書第12項）。

ととなる。

　内部統制の欠陥は、基本的には①内部統制の整備の欠陥と②内部統制の運用の失敗に大別できる。

（１）　内部統制の整備の欠陥

　内部統制プロセスは、①統制環境、②リスク評価と対応、③統制活動、④情報と伝達、⑤モニタリング（監視活動）及び⑥ＩＴ（情報技術への対応）の６つの基本的要素から構成されるところ[20]、内部統制の整備の欠陥とは、財務報告の信頼性に重要な影響を及ぼす当該６つの基本的要素に何らかの瑕疵があることをいう。

　例えば、①統制環境においては、適切な経営組織が構築されておらず、業務活動に対する権限と責任が適切に付与されていない場合、承認と報告の指揮命令系統が適切に構築されていない場合等が挙げられる。

　②リスク評価と対応においては、事業の急成長や新技術の導入、新たなビジネスモデルや新規事業の採用又は新製品の販売開始等により内部統制の整備が追い付かない場合や既存の内部統制が機能しない場合等が挙げられる。

　③統制活動においては、情報システムに係る全般統制（データ・センターとネットワーク運営、システム・ソフトウェアの取得・変更・保守、アクセス・コントロール、アプリケーション・システムの取得・開発・保守等の共通の統制活動）の不備や業務処理統制（個々のアプリケーション・システムにおいて、開始された取引が承認され、漏れなく正確に記録・処理されることを担保する統制活動）の不備等が挙げられる。

　④情報と伝達においては、取引や会計事象を開始、記録、処理及び報告し、資産・負債・資本を適正に計上するための手続と記録から構成されている会計システム等の情報システムの不備等が挙げられる。

　⑤モニタリング（監視活動）においては、日常業務に組み込まれた日常的監視活動と独立的評価からなる監視活動の不備が挙げられる。日常的監視活動の不備は、監視活動が必要な日常業務に対してそもそも日常的監視活動が組み込まれて

19　企業会計審議会「財務報告に係る内部統制の評価及び監査の基準」平成19年２月15日
20　企業会計審議会「財務報告に係る内部統制の評価及び監査の基準」平成19年２月15日

いない場合等がある。また、独立的評価の不備に関しては、独立的評価を行うべき内部監査部門が構築されていない、ないしは事業活動に比し、ヒト・モノ・カネの経営資源が割り振られていない場合等がある。

⑥ＩＴ（情報技術）への対応においては、上記①から⑤までのいずれにも横断的に関与する不備が挙げられるであろう。

（２）　内部統制の運用の失敗

内部統制の運用の失敗は、内部統制の運用自体が人的な要因に依拠せざるを得ないことから、基本的には人的な要因がその原因となる。

「財務報告に係る内部統制基準」（企業会計審議会、平成19年2月15日）（以下、「内部統制基準」という。）においても内部統制の固有の限界として、

・内部統制は、判断の誤り、不注意、複数の担当者による共謀によって有効に機能しなくなる場合がある。
・内部統制は、当初想定していなかった組織内外の環境の変化や非定型的な取引等には、必ずしも対応しない場合がある。
・内部統制の整備及び運用に際しては、費用と便益との比較衡量が求められる。
・経営者が不当な目的の為に内部統制を無視ないし無効ならしめることがある。

として、主として、担当者の判断誤り・不注意・共謀、経営者の内部統制の無視等の人的な要因が内部統制の限界であることを示唆している。

3　コーポレート・ガバナンスの機能不全

株式会社のコーポレート・ガバナンスにつき、以下、本書では公開大会社（監査役会設置会社）を前提にする（会社法第327条第1項、同法第328条第1項）。

株式会社においては、株主総会の決議で選任され（会社法第329条第1項）、株主から経営に関する委託を受けた取締役（会社法第330条）で構成する取締役会（会社法第362条第1項）が、①会社の業務執行を決定し、②取締役の職務の執行を監督し、③代表取締役の選定・解職を行うこととなっている（会社法第362条第2項）。

こららの取締役会の職務のうち、「①会社の業務執行の決定」に関しては、取

締役会において決定すべき業務執行のうち、ア．重要な財産の処分及び譲受け、イ．多額の借財、ウ．支配人その他の重要な使用人の選任及び解任、エ．支店その他の重要な組織の設置、変更及び廃止、オ．社債発行事項その他の社債を引き受ける者の募集に関する重要な事項として法務省令で定める事項、カ．取締役の職務の執行が法令及び定款に適合することを確保するための体制（法令遵守体制）及びその他株式会社の業務の適正を確保するために必要なものとして法務省令で定める体制（内部統制）の整備、キ．定款の定めに基づく役員の責任の一部免除の決定については、原則として取締役会の専決事項であり、取締役会で選任した代表取締役及び業務執行取締役に委任することはできない（会社法第362条第4項）が、それ以外の日常業務に属する事項等については、代表取締役及び業務執行取締役に対して委任することができる。

その上で、取締役会は、代表取締役等に委任した「②取締役の職務の執行を監督」し、必要があれば「③代表取締役の選定・解職」を行うこととされている。

この代表取締役の解職権限を取締役会に持たせることにより（会社法第362条第2項第3号）、取締役会の代表取締役に対する監督権限の実効性を制度的に担保しようとしているのである。

さらに、取締役の職務の執行については、監査役が監査することとなっている（会社法第381条第1項）。監査役の監査は、株主総会の決議で選任された監査役（会社法第329条第1項）で構成される監査役会（会社法第390条第1項）が決定した監査の方針、会社の業務及び財産の状況の調査の方法その他監査役の職務の執行に関する事項に基づき行われる（会社法第390条第2項第3号）。監査役は、いつでも取締役等に対して事業の報告を求め、又は会社及び子会社の業務及び財産の状況の調査をする権限を有している（会社法第381条第2項・第3項）。そして、監査役は、①取締役が不正の行為を行う、若しくはそのおそれがあると認めるときや、②法令若しくは定款に違反する事実若しくは著しく不当な事実があると認めるときは、遅滞なくその旨を取締役会に報告する義務を有する（会社法第382条）。さらに、監査役は、取締役が会社の目的の範囲外の行為その他法令若しくは定款に違反する行為をし、又はこれらの行為をするおそれがある場合において、当該行為によって当該会社に著しい損害が生ずるおそれがあるときは、当該取締役に対

し、その行為をやめることを請求することができることとなっている（会社法第385条第1項）。

また、会社の作成する株式会社の計算書類及びその附属明細書、臨時計算書類並びに連結計算書類に関しては、代表取締役にその作成責任があるところ、それらについては、株主総会の決議で選任された会社とは独立の第三者である会計監査人（会社法第329条第1項）が監査することとなっている（会社法第396条第1項）。

このように会社法においては、株式会社の機関について定めており、コーポレート・ガバナンスに係る制度的な手当がなされているところである。そして、上場会社に関しては、取引所規則に基づくコーポレート・ガバナンスの強化に関する様々な対応がなされているところである。

しかし、それでも現実に不正会計をはじめとする経営者不正が後を絶たない状況である。であれば、会社法における制度設計に不備があるのであろうか。それとも何か別の理由に基づくものであろうか。

結論をいえば、コーポレート・ガバナンスに係る会社法や取引所規則等による制度設計がなされているにも関わらず、経営者不正が後を絶たない理由は、コーポレート・ガバナンスに係る固有の限界に起因するものであると考える。すなわち、コーポレート・ガバナンスの整備・運用はすべて「ヒト」によって行われるという点において限界があるということである。どのように制度設計したところでそれを運用する「ヒト」に問題があった場合には、結局のところその制度は機能しなくなってしまうのである。機能しない取締役会、機能しない監査役会、機能しない会計監査人。これはすべてヒトに起因するものである。もちろん、「ヒト」に依拠しないで制度的にコーポレート・ガバナンスの実効性を確保できる仕組みがあればそれに勝るものはなく、したがって、より有効なコーポレート・ガバナンスが実現できるような制度・仕組みを考え続けることは大事である。しかし、現状の会社法や取引所規則により設計されている制度もまたその運用次第では極めて実効性のある有用な制度なのである。

したがって、コーポレート・ガバナンスを考える場合には、制度設計も大事であるが、それをどのように運用「させる」のかが最も大事となる。

第2章 不正会計の予防

1 総論

　公正な証券市場の確立のため、そして、上場会社自身にとっては、不正会計の発覚に伴うレピュテーション・リスク等の様々なリスクを回避するために、不正会計は、「起こさないこと」が肝要であり、そのためには不正会計の予防という観点が重要となる。

　不正会計の発生する原因の一つには、内部統制の欠陥及びコーポレート・ガバナンスの機能不全があり、不正会計を予防するためには、有効な内部統制の整備・運用及び有効なコーポレート・ガバナンスの構築が大前提となる。

　しかし、上場会社においては、内部統制の整備・運用状況及びコーポレート・ガバナンスの状況については、上場時には上場審査において、また、上場後も会計監査において、内部統制の整備・運用状況を対象として審査・監査がなされており、建前としては内部統制の整備・運用及びコーポレート・ガバナンスの構築は行われているはずである。それにも関わらず不正会計が後を絶たないのである。

　不正会計が生じた場合、当該上場会社において、第三者調査委員会や外部調査委員会等の調査委員会が設置され、当該調査に係る報告書が公表されている。その多くで指摘していることは、①経営者にモノを言えない企業風土であった、②内部統制が形骸化していた等である。ゆえに経営者不正、従業員不正に関わらず、外形的には内部統制は整備され、また、コーポレート・ガバナンスもそれなりに構築されていたにも関わらず、それを運用する人が故意に内部統制の整備面での穴をつき、又は共謀等により内部統制を無効化するような形で行った行為が不正会計の原因となるのである。したがって、基本的には不正会計は、内部統制

及びコーポレート・ガバナンスの固有の限界から生じるものであり、その意味において、内部統制及びコーポレート・ガバナンスは、究極的には不正会計に対して無力なのである。

しかし、だからといって内部統制の整備・運用及びコーポレート・ガバナンスの構築は無意味かというと決してそうではない。内部統制及びコーポレート・ガバナンスのないところは、まさに不正天国となってしまうのであり、そうであるからこそ、まずは内部統制の整備・運用及びコーポレート・ガバナンスの構築が大前提となるのである。もちろん、この内部統制及びコーポレート・ガバナンスが形ばかりのものではなく、真に有効に機能するものでなければならないことはいうまでもない。

2 内部統制について

内部統制の整備・運用は、上場会社である限りにおいては当然のことであるが、内部統制の欠陥に起因する不正会計が後を絶たない。

上場会社にあっては、株式上場時にその時点での組織体制にあった内部統制の整備・運用が求められる。また、上場前・上場後の公認会計士等による監査においても財務報告に係る内部統制の整備・運用状況に対してチェックが行われる。それにもかかわらず不正会計が発覚した後の第三者委員会の調査報告書においては、必ず内部統制の整備・運用に係る不備が指摘されるのである。

これは、内部統制に対する経営者・従業員の意識の問題に起因すると考える。内部統制の運用に関する意識の問題としては、経営者・従業員が、内部統制の重要性を認識せず、これを形骸化させることにより、不正のトライアングルのうちの「機会」が生じることになる。また、内部統制の整備に関する意識の問題としては、内部統制自体が当初から単なる形式的なものに過ぎず、経営者・従業員が内部統制の重要性を認識していなかったことが考えられる。

したがって、内部統制の目的の一つである「不正会計の予防手段」としての意味を今一度見つめ直し、現在の内部統制が形骸化していないかを再検討する必要がある。内部統制の整備・運用に当たっては、企業環境及び事業活動の変化に伴

う内部統制の整備・運用の見直しを適時に行い、変化に対応しなければならない。そのためには、真の問題意識を持ち、内部統制の整備・運用に係る改善を継続していくことが肝要であると考える。

不正会計の予防は、証券市場を活用する上場会社の責務として、また、自社の信用棄損等を招くレピュテーション・リスクを回避するためにも必要不可欠なことであり、「財務報告の信頼性の確保」をその目的の一つとする内部統制の整備・運用の充実・強化を継続的に図っていくことが大事となる。

3　コーポレート・ガバナンスについて

会社法や取引所規則等において、コーポレート・ガバナンスに係る制度設計がなされているにも関わらず、経営者不正が後を絶たない理由として、コーポレート・ガバナンスに係る固有の限界に起因すると考える。

すなわち、コーポレート・ガバナンスも「ヒト」が運用する限りにおいては、制度設計当初の目的が果たせない危険性を潜在的に有するということであり、それをどのように運用「させる」かが重要になってくる。

これは、要は「ヒト」の問題であるという意味において、極めて難しい問題であるが、どのように仕組みとして「させる」のかという観点で、次に、このようなコーポレート・ガバナンスの固有の限界に起因して生じる経営者等による会計不正の予防のためのセーフティネットとしての内部通報制度の活用について説明する。

4　不正会計の予防のためのセーフティネット

1．総論

1　従業員による不正会計と経営者による不正会計

不正会計は、その他の企業不正と同様に、その行為者が誰かによって、「従業員による不正会計」と「経営者による不正会計」とに区分できる。

従業員による不正会計が発生するかどうかは、内部統制の整備・運用状況に大きく依存しており、その予防のためには「有効な」内部統制の整備・運用を確保することが肝要となる。しかし、内部統制の運用は「ヒト」が行うことであり、ゆえに内部統制制度自体が、「ヒト」による内部統制の無機能化に起因する従業員による不正会計の発生リスクを潜在的に有しているという意味で、完璧な内部統制は存在しない。したがって、有効な内部統制の整備・運用だけで従業員による不正会計が完全に防げるものではない。内部統制の固有の限界である。

　そして、経営者による不正会計もまた、内部統制の枠外で生じることから内部統制の固有の限界に起因して生じるものである。しかし、経営者の職務執行の妥当性・適法性に関しては、本来、取締役会の監督、監査役（会）の監査、会計監査人の会計監査等のコーポレート・ガバナンスによる牽制機能が効いており、コーポレート・ガバナンスが有効に機能している限り、経営者による不正会計の発生する可能性は小さくなる。

　ゆえに経営者による不正会計が発生するかどうかは、コーポレート・ガバナンスが有効に機能しているかどうかに依存する。しかし、コーポレート・ガバナンスもまた「ヒト」が行うことであり、この「ヒト」によるコーポレート・ガバナンスの無機能化に起因して経営者による不正会計が生じる危険性がある。コーポレート・ガバナンスの固有の限界である。

2 **経営者による不正会計の影響**

　経営者による不正会計は、経営者の権限が大きいことから、その影響は、一般的に従業員による不正会計の比ではない。ゆえに経営者による不正会計に対して、「内部統制も機能せず、また、コーポレート・ガバナンスも機能しない状況で行われることから、何ら打つ手はない」と諦めてしまった場合には、その影響は甚大である。しかも、多くの経営者不正の場合、従業員が全く知らない状況で行われるのではなく、経営者の手足として不正会計に係る実務的な作業を行う従業員がいるのであって、少なくとも一部の従業員はその経営者不正に気付いているのである。そして、このような場合において多くは経営者がワンマン経営者であって、経営者に対し誰も逆らえないような企業風土があり、

経営者不正に気付きながらも声をあげることができない状況であったりするのである。

しかし、経営者による不正会計を知りながら、これを黙認して放置した結果、その影響をより大きくしてしまった場合には、悪質な不正会計（虚偽記載）を理由とする上場廃止ばかりではなく、民事再生、会社更生、破産等の会社の継続自体が困難な状況に至ってしまう可能性さえある。

このような経営者不正に気付いた場合、何もせずにただ経営者不正が発覚しないことを祈りながら過ごすしかないのであろうか。もちろん、そのような会社に嫌気がさして転職をすることも可能であろう。しかし、その会社が好きで、その仕事が好きでその会社に勤めていたにも関わらず、そのような経営者の姿勢が原因で転職をしなければならないのも理不尽である。

このように経営者不正が発覚した場合には、その会社の従業員の人生に大きな影響が及ぶのである。突然に会社がなくなり、転職せざるを得ない状況に追い込まれる。その状況を想像して頂きたい。そうなってしまった場合に、経営者不正だから仕方がなかったと諦めがつくであろうか。

また、経営者不正が発覚した場合には、当然のことながら様々な会社の利害関係者にもその影響が及ぶ。株主に対しては、株価の下落等の損失生じさせるとともに、取引先や金融機関に対しては、不測の損害を被らせることとなる。そして、さらには不正会計の発覚が、日本の証券市場全体の信頼を失墜させることにもなり、その影響は甚大である。

確かに、このような経営者不正の場合に、それを声に出して止めさせるのは勇気のいる話であり、また、現実的にも難しいかもしれない。しかし、一方で、それが発覚した場合には、会社の継続性さえも危ぶまれる状況に追い込まれるのである。また、上場会社として、経営者不正という瑕疵がありながら、企業内容等の不適正な開示を行い、投資者の投資判断を誤らせ、公正な証券市場の確立を阻害することになるのである。

したがって、大事なのはこのような状況に至らないように、経営者不正及び従業員不正を予防すること、ないしは早期発見による問題の芽が小さいうちに解消してしまうことである。このような観点で、経営者に対する抑止力とな

り、また、経営者不正、従業員不正による不正会計の予防のためのセーフティネットとなる内部通報制度の在り方について考えてみたい。

2．内部通報制度について

(1) 内部通報制度の有用性

　有効な内部通報制度を整備・運用することは、経営者のコンプライアンス意識を従業員に知らしめ、これにより従業員のコンプライアンス意識を高めることになる[21]。内部統制の固有の限界は、内部統制は「ヒト」が運用するものであり、どのような内部統制を整備したとしても内部統制を無機能化する方法を探し出してしまうことにある。したがって、この内部統制を運用する「ヒト」のコンプライアンス意識を高めるとともに、有効な内部通報制度を整備し、これを従業員等に周知する。そして、有効に運用することによって、従業員不正が生じてしまった場合でも早期に発見できる仕組みとして機能させ、従業員不正に対する抑止力として、また、経営者不正に対する抑止力とするのである。

① 経営者に対する抑止力としての内部通報制度

　　経営者が有効な内部通報制度の仕組みを作ることにより、経営者自身が不正に手を染めないようにするための環境作りになると考える。経営者不正が起こりやすい企業環境と、経営者不正が起こりにくい企業環境の違いは、ガバナンスの状況や企業の規模、組織の在り方等に依存するところがあるが、どのような状況にあっても不正のトライアングルである動機・機会・正当性がそろった時には、すべての経営者に不正の誘惑が存在する場面が生じる可能性があるのである。

　　もちろん、普段は、自らが不正を働くなどとは露ほども思わないことが多いであろうし、実際に不正を起こさない経営者の方が圧倒的に多い。しかし、いざそのような場面、すなわち、不正のトライアングルがそろった場面において「不正」という麻薬のような誘惑に打ち勝てる経営者ばかりでないことも事実

---

[21]「内部通報制度の運用は、経営トップのコンプライアンス経営に対する姿勢を社内に浸透させるものである」（山口利昭『内部告発・内部通報―その「光」と「影」―』（財団法人経済産業調査会、平成22年7月）14頁）

である。過去の経営者不正に起因する不正会計においては、そのほとんどが真面目に事業に取り組んでいた経営者であり、不正など思いもよらなかったはずである。

　しかし、不正会計をしなければ、会社がつぶれてしまう、従業員を路頭に迷わせてしまう、取引先に迷惑をかけてしまう等々の想いが、不正会計への一歩を踏み出させてしまうのである。もちろん、自らの地位を守るためや、自らの利得を図るために不正に手を染める者もいるかもしれないが、そのような経営者ばかりではなく、会社、従業員、取引先等を守るためにその「特効薬」としての不正会計の誘惑に負け、いけないとわかっていながら不正会計を行ってしまうのである。

　もちろん、そのような不正会計は、特効薬でも何でもなく、単に一時的に「痛み」を忘れさせてくれるだけの「麻薬」であり、一度その麻薬に手を出してしまうと体がボロボロになりながらも止められなくなってしまうのである。その結果、いずれは不正会計が発覚し、守っていたつもりの会社、従業員、取引先等への被害をさらに大きくしてしまっているのである。本当であれば、不正会計などせず、企業の財政状態、経営成績及びキャッシュ・フローの状況等の実態をきちんと開示することにより、従業員や取引先等のステークホルダーがそれぞれ適切な判断をしていたはずなのであるにもかかわらずである。

　このようなことは、平時においては、いうまでもなく頭では理解できていることである。しかし、実際にそのような場面においても冷静な判断ができるかどうか、すなわち、会社がつぶれてしまう可能性があっても正しい開示を行うべきとの判断は、非常に難しい判断とならざるを得ないと思われる。

　したがって、そのような場面において、不正という麻薬に手を出してしまった場合には、内部通報制度によってしかるべく通報され、その事実が明るみに出てしまうという仕組みを、会社を、従業員を、取引先を、そして、自分自身を守るために平時において構築しておく必要があると考える。このような内部通報制度の存在が、経営者不正に係る抑止力となる。

[2]　不正の早期発見の手段としての内部通報制度

　有効な内部通報制度は、経営者不正だけでなく、当然に従業員不正の抑止に

も効果が期待できる。従業員が不正のトライアングルに直面した際に、不正を行うと内部通報制度によって誰かに通報され発覚してしまうのではないかという思いが、従業員に不正を行わせることを思いとどまらせる。すなわち、有効な内部通報制度は、犯罪者を作らないための仕組みであるともいえよう。

　経営者にしても従業員にしても「ヒト」である限りにおいては、「魔が差して」不正に手を染めてしまう可能性がある。そして、有効な内部通報制度の整備・運用が、不正を行った場合には発覚してしまうというおそれから不正を行うことを躊躇させるという意味で、従業員を、そして、経営者自身を不正から守ることであるといえよう。

　そして、有効な内部通報制度は、不正の早期発見という観点からも重要である。内部統制の固有の限界がある限り、完璧な内部統制制度の構築は不可能である。したがって、まずは有効な内部統制を整備・運用することを前提として、その固有の限界を内部通報制度により補完するのである。その結果、いずれは明らかになってしまうという意味で不正を抑止し、万が一、経営者不正又は従業員不正が生じた場合には、早期に発見するための仕組みとして機能するのである。

(2) 有効な内部通報制度の構築

　それでは、そのような有効な内部通報制度とはどのようなものか。内部通報制度もその運用は「ヒト」が行うことであることから、当然に制度としての固有の限界を有することとなる。したがって、仕組みとして完全な内部通報制度があるわけではない。

　もちろん、有効な運用が期待できる内部通報制度の在り方を考えるのであれば、内部通報制度の窓口をどこにするか、実名通報に限るか、匿名通報を認めるか、通報手段としてどこまで認めるか等々様々な検討すべき点はあるが[22]、有効な内部通報制度が構築できるか否かは、結局のところ、経営者がどれだけ真剣に有効な内部通報制度の構築に取り組んだかによるものと考える[23]。

　そして、従業員はその経営者の姿勢、すなわち、経営者が自らに対する抑止力としての内部通報制度として、また、不正の早期発見の手段としての内部通報制

度として、いかに有効な内部通報制度の構築に真剣に取り組んでいるのかをみているのである。その結果が、従業員のコンプライアンス意識を醸成することになり、不正を許さない企業風土が築かれるのである。

ゆえに有効な内部通報制度の在り方としては、各社の状況に応じて、それぞれ最も有効に機能するであろうと思われる方法を真剣に考え、整備・運用する他はないと考える[24]。

---

22 内部通報制度の在り方については、山口利昭『内部告発・内部通報―その「光」と「影」―』(財団法人経済産業調査会、平成22年7月)、國廣正他『コンプライアンスのための内部通報制度』(日本経済新聞社、平成18年3月)等が参考となる。
23 オリンパス事件を例にすれば、オリンパスにおいては、従来コンプライアンス室を通報窓口とするヘルプラインを導入していたところ、内部通報制度設計の担当者(コンプライアンス室)及び監査役会から外部通報窓口の設置が提起されたが、これにオリンパス事件に係る不正行為実行者である監査役が強く反対したことから、外部通報窓口の設置が実現されなかった(「調査報告書」(オリンパス株式会社第三者委員会、平成23年12月6日)128頁参照)。
24 内部統制制度や内部通報制度等の仕組みとしての「制度」が有効に機能するかどうかは、その制度の構築に当たって、また、その制度の運用に当たって、いかに当該制度の趣旨を実現できるように真剣に、かつ、徹底的に考えたかによって決まる。そして、実際に運用することによって想定しきれなかった問題点を把握し、これを改善する。この繰り返しが大事となる。

郵便はがき

料金受取人払郵便

神田支店承認

5160

差出有効期間
平成26年6月
9日まで
（切手不要）

1 0 1 - 8 7 9 1

5 1 8

東京都千代田区内神田1－6－6
（ＭＩＦビル5階）

株式会社 清文社 行

ご住所 〒（　　　　　　　　　　）

ビル名	（　　階　　　号室）
貴社名	
	部　　　　　　課

ふりがな
お名前

電話番号	ご職業
Ｅ－mail	

※本カードにご記入の個人情報は小社の商品情報のご案内、またはアンケート等を送付する目的にのみ使用いたします。

愛読者カード

　ご購読ありがとうございます。今後の出版企画の参考にさせていただきますので、ぜひ皆様のご意見をお聞かせください。

■本書のタイトル（書名をお書きください）

1. 本書をお求めの動機

1. 書店でみて（　　　　　　　　　　　）　2. 案内書をみて
3. 新聞広告（　　　　　　　　　　　　）　4. 雑誌広告（　　　　　　　　　　）
5. 書籍・新刊紹介（　　　　　　　　　）　6. 人にすすめられて
7. その他（　　　　　　　　　　　　　）

2. 本書に対するご感想（内容、装幀など）

3. どんな出版をご希望ですか（著者・企画・テーマなど）

■小社新刊案内（無料）を希望する　1. 郵送希望　2. メール希望

第三部

不正会計
早期発見とその対応

第三部では、不正会計の発見に関して、その端緒に直面した際に不正会計のわずかな綻びから真実を明らかにしていくための考え方について説明する。そして、その不正会計の端緒を従来の内部統制の枠組みにおいて把握する仕組み、すなわち、①不正会計に係る情報を吸い上げるための仕組みとしての内部統制を考えるとともに、②より積極的に不正会計の端緒を発見するための内部統制の仕組みを考えたい。また、不正会計の端緒に直面する関係者（内部監査人、監査役、公認会計士等）にとっても不正会計の発見のために有用な視点を提示したい。

第1章 不正会計の早期発見

1 不正会計について

1．不正会計とは

　ここでは、まず本書における不正会計とは何かについて説明する。

　不正会計といった場合、粉飾決算、虚偽記載、粉飾経理、不正経理処理、利益操作等の類似の用語があるが、いずれも基本的には同義であり[25]、貸借対照表、損益計算書及びキャッシュ・フロー計算書等の財務諸表等に係る真実とは異なる虚偽の表示、すなわち、財務諸表等に係る虚偽記載を意味する。

　監査基準委員会報告書第35号「財務諸表の監査における不正への対応」（以下、「報告書第35号」という。）（日本公認会計士協会、平成18年10月24日）では、財務諸表に係る虚偽の表示は、「不正」又は「誤謬」から生ずるとする（報告書第35号第4項）。

　「誤謬」とは、財務諸表の意図的でない虚偽の表示であって、金額又は開示の脱漏を含み、①財務諸表の基礎となるデータの収集又は処理上の誤り、②事実の見落としや誤解から生ずる会計上の見積りの誤り、③認識、測定、分類、表示又は開示に関する会計基準の適用誤り等であるとする（報告書第35号第5項）。

　「不正」とは、財務諸表の意図的な虚偽の表示であって、不当又は違法な利益を得るために他者を欺く行為を含み、経営者、取締役等、監査役等、従業員又は第三者による意図的な行為であるとする（報告書第35号第6項）。

25　金融商品取引上の開示書類に係る虚偽記載（金商法第197条、同第172条の2、同172条の4等）の場合には、財務諸表に係る虚偽記載に限定されないことから不正会計よりも広義となる。

そして、「不正」には、「不正な財務報告」と「資産の流用」があるとし（報告書第35号第7項）、「不正な財務報告」とは、計上すべき金額を計上しないこと又は必要な開示を行わないことを含む、財務諸表の利用者を欺くために財務諸表に意図的な虚偽の表示を行うことであり、①財務諸表の基礎となる会計記録や証憑書類の改ざん、偽造又は変造、②取引、会計事象又は重要な情報の財務諸表における不実表示や意図的な除外、③金額、分類、表示又は開示に関する意図的な会計基準の不適切な適用等であるとする（報告書第35号第8項）。

　このように報告書第35号においては、財務諸表の虚偽記載の原因について、不正と誤謬があるとし、その違いを「意図的」であるか否かによって区分する。

　ここで、本書における不正会計とは、基本的には「不正」に起因する財務諸表の意図的な虚偽記載を意味することとする[26]。

2．不正会計と会計事実

(1)　不正会計と会計

　不正会計とは、財務諸表等の意図的な虚偽記載である。

　ここで、そもそも会計とは何であるかを考えた場合に、その学術的な定義は様々であるところ、本書では、会計とは、会計事実の認識・測定・表示であると考える。すなわち、会計は、事実に基づき、一般に公正妥当と認められる企業会計の基準に準拠して、会計事実として認識し、貨幣価値をもって測定し、表示するプロセスとなる。

　したがって、「会計」においては、この会計処理を行うべき会計事実をどのように把握するかが最も重要となる。不正会計は、この会計事実がないにもかかわらず、あるいは会計事実とは異なる会計処理を行うことであり、不正会計であるか否かの見極めは、この事実が何であるかを見極めることとなる。

　例えば、資金循環取引を手口とする架空売上の計上を手段とする不正会計にお

26　したがって、本書においては、不正会計の発見に当たっては、不正会計が財務諸表の「意図的」な虚偽記載であることから、当然にその発覚を避けるための事実等の隠蔽・隠滅・偽造・虚偽説明・共謀等が行われていることを前提に説明する。もちろん、当該不正会計の発見に当たっては、不正に起因する財務諸表の虚偽記載ばかりではなく、誤謬に起因する財務諸表の虚偽記載の発見にも資するものではあるが、まずは「意図的である」ことを念頭において調査等に当たることが肝要となる。

いては、売掛金（架空）の回収を装った資金取引が行われる。不正会計としての会計処理は、事実は単なる資金取引であるにもかかわらず、これを売掛金の回収取引として処理することとなる。

売掛金の回収とは、本来であれば、会社が財貨又は役務を得意先に提供したことに対して受け取った対価に係る得意先からの現金等の回収であるところ、この例では、当該回収資金は、会社の自己資金を複数の取引先等を迂回させて自社に還流させた資金であり、単に自己資金の回収にしか過ぎないのである。したがって、この場合には、正しくは、当該資金の支出時に用いた勘定科目の反対仕訳を行わなければならない。

不正会計の方法として、このような会計事実があるにもかかわらず、会計事実とは異なる会計処理を行う場合以外に、会計事実がないにもかかわらず、会計処理を行う場合がある。

例えば、売上取引に係る事実がないにもかかわらず伝票処理だけで売上を計上してしまう「売上の架空計上」や、収益の計上基準として検収基準等を採用している場合に、未だ検収という事実がないにもかかわらず売上を計上してしまう「売上の前倒し計上」等である。

（2） 不正会計と選択可能な会計処理と見積り

会計基準等に準拠しない不適切な会計処理も、要は発生した会計事実とは異なる会計処理を行うことであり、不正会計の方法の一つとなる。

この場合、問題となるのは、ある会計事実に対して、選択可能な複数の会計処理が認められている場合である。しかし、突き詰めて考えれば、特定の会計事実に対して採られるべき会計処理は一つであり、選択可能な複数の会計処理が認められる場合があったとしても、それは会計処理が複数存在することを意味するだけであって、同一の会計「事実」に対して、異なる会計処理が認められるという意味ではない。

例えば、棚卸資産の評価方法には複数存在するが、それは棚卸資産という一般化した資産について複数の評価方法が存在するだけのことであり、好き勝手にどのような評価方法を選択してもいいわけではない。なぜ、その評価方法を選択し

たかの合理的な説明ができなければならないのである。これは、今後、本格的に導入されることとなるIFRSにおける原則主義と同様の発想であるが、過去の日本における会計基準もまた根本は同じ発想なのである。

　また、会計処理に当たっては、見積りを要する場合がある。しかし、この見積りも「事実」と離れた見積りはなく、様々な入手可能な事実としての前提を基に、合理的な判断としての見積りとなるのである。当然のことながら、見積りである限りにおいては、誤差が生じる可能性はある。しかし、誤差が生じることが問題なのではなく、当該見積りに係る判断を合理的な前提事実に基づいて判断したのか、それとも当該見積りに係る判断を恣意的に行ったのかが問題となるのである。

　例えば、工事損失引当金の計上に関しては、期末時点での総工事原価が売上高を大幅に上回ることが確実と思料される「事実」があった場合には、当該工事契約に係る損失を、工事損失引当金として計上しなければならない。当該事実を認識しているにもかかわらず、工事損失引当を計上しないのは不正会計となるのである。すなわち、不正会計か否かの見極めとなるのは、総工事原価が売上高を大幅に上回ることが確実と思料される「事実」の有無及びその認識なのである[27]。

　ここでの事実とは、「財貨を引き渡した」という直接的な事実のほか、工事損失引当金を計上しなければならないことを示唆する「原材料の高騰」による総工事原価の大幅な増加見込や、貸倒引当金の計上の必要性を示唆する「得意先の財政状態等の悪化」という間接的な事実を含むものである。

　したがって、不正会計であるか否かの見極めは、当該会計処理の前提となる会計事実が何であるかに帰結する。不正会計は、会計処理の前提となる会計事実が

---

[27] この場合において、「大幅」とは何か、「確実」とはどの程度なのかという抽象的な問題に係る指摘がされることがあるが、それはあくまでも当該会社の実態に基づき総合的に勘案すべき判断である。このような曖昧さをもって不正会計に係る課徴金処分、犯則事件化の曖昧さを指摘する場合もあるが、いずれも「重要な虚偽記載」に係る処分であり、軽微な曖昧さに係る誤差は、そもそもこれらの処分の対処となり得ない。仮に、結果、重要な虚偽記載となり得る見積り誤りがあった場合には、当該見積りに係る前提となる事実の認識に過失があったのであれば、内部統制等の問題となるのであり、その場合には、行政処分としての課徴金処分の対象となろう。これに対して、当該事実を故意に認識しない、あるいは、認識したとしても故意に虚偽の記載を行った場合には、刑事事件となる可能性が生じるのである。

ないにもかかわらず会計処理を行うこと、あるいは会計事実とは異なる会計処理を行うことであり、この会計処理の前提となった会計事実が何であるかがすべての基本となる。

2 早期発見の必要性

　公正な証券市場の確立には、証券市場において「公正な価格形成」が実現していることが不可欠であり、それは、「適正な開示」と「公正な取引」によって成立し得るものである。不正会計はこの「適正な開示」の実現を阻害するものであり、公正な証券市場の確立のためには、不正会計の未然防止が求められる。

　また、財務諸表の利用者に不測の損害を与えないため、そして、上場会社としては、会社に対する信用を失墜させないためにも、不正会計を起こさないことが肝要であり、そのためにもまた不正会計の未然防止が求められることとなる。しかしながら、不正会計の予防のための手段である内部統制及びコーポレート・ガバナンスにはそれぞれ固有の限界があり、不正会計の完全な予防は不可能である。

　どのような不正も同じであるが、不正行為が「ヒト」の行為である限り、悪いことをしようとする者は必ず出てくるのであり、内部統制をどのように整備・運用したとしてもその抜け穴を探してくる。また、そもそも経営者による不正会計は、内部統制の枠外で行われることから、内部統制が有効に機能しない。コーポレート・ガバナンスも同様である。「ヒト」が行為の主体となる限りにおいては、どのような制度を構築しようとも限界がある。

　したがって、証券市場の公正性を阻害し、会社の信用を毀損する不正会計に関しては、予防という観点からの有効な内部統制の整備・運用及び有効なコーポレート・ガバナンスの構築が大事であることは言うまでもないが、それとともに内部統制の欠陥やコーポレート・ガバナンスの無機能化に起因する不正会計の発生を想定し、当該不正会計を早期に発見し、影響が少ないうちに対応する体制を作ることが重要となる。その結果、不正会計を早期に発見し、不祥事の芽が小さいうちに適切に処理することで、証券市場に対する影響や財務諸表の利用者に係る不測の損害及び自社に対する信用の毀損の程度を最小限に止めることができる

のである。

　例えば、課徴金リスクの観点でいえば、不正会計を早期に発見し適切に対応することで、当該虚偽記載の程度が「重要な虚偽記載」に至らない場合には、課徴金勧告の対象とならない場合もあるであろうし、また、早期発見によるリニエンシー制度の利用により、仮に「重要な虚偽記載」と認定された場合であっても課徴金額が減免される可能性もある。

　いずれにしても自らが不正会計を早期に発見し、これに適切に対応するという自発的な対応は、組織に対する信用の毀損を最小限に止めることになろう。

　したがって、開示制度の重要性が高まる中、不正会計の早期発見が、公正な証券市場の確立及び自社のリスク管理という観点からも重要となるのである。

3　不正会計の発見とは

　すでに不正会計の早期発見の重要性について説明したところであるが、そもそも「不正会計の発見」とはどういうことか。

　本書では、不正会計の発見とは、

①　不正会計の端緒を把握し、

②　端緒を掘り下げ、事実関係を明らかにする

という2つのプロセスからなる行為であると考える。

　この2つのプロセスのうち①不正会計の端緒を把握する、ということに関しては、「端緒としての違和感」をどのように得るかということが重要となる。そして、②端緒を掘り下げ、事実関係を明らかにする、ということに関しては、「結論としての納得感」をどのように得るかということが重要となる。

1．不正会計の端緒の把握

　不正会計の発見は、当然のことながら、まずはその端緒を把握することが出発点となる。

　不正会計の端緒とは、不正会計の兆候となる事象であり、不正会計が行われているかもしれないという合理的な疑義を呈する事実や情報等である。このような

事実や情報をいかに把握するかということが、不正会計の発見において重要となる。

不正会計の端緒をいかに把握するかという点については、「仕組みの問題」と「人の問題」の2つの問題がある。

(1) 仕組みの問題

不正会計の端緒は、例えば、内部通報による内部関係者からの情報提供や、内部監査の過程等の内部統制の枠組みにおいて把握できる場合がある。また、公認会計士等による監査の過程においてその端緒が把握される場合や取引先からの問い合わせ等がその端緒となる場合もある。

このように不正会計の端緒の把握は、様々な場面において行われるが、不正会計の「早期発見」という観点で特に重要なのは、会社外部において不正会計の端緒が発覚する以前に、内部監査や内部通報制度等の内部統制の「仕組み」を通じて、不正会計に係る端緒情報を吸い上げることができる仕組みをいかに構築するかということである。さらには、不正会計の端緒情報の吸い上げに加えて、不正会計の端緒を積極的に発見するための内部統制の仕組みを構築することが肝要と考える。

不正会計の端緒を内部統制の枠内でいかに吸い上げるかという観点では、内部通報制度の充実化が有効であろう。巷間内部通報制度は役に立たないという話も聞くが、これは役に立たない内部通報制度を構築したがゆえの当然の帰結であり、内部通報制度という「道具」自体に問題があるわけではない。真に機能する内部通報制度の整備・運用は、不正会計の端緒の早期把握に資するものである。

また、不正会計の端緒を積極的に発見するための内部統制の仕組みという観点では、従来の内部統制の議論では、不正を起こさせないことをその目的の一つとして内部統制の整備・運用を考え、職務分掌・職務権限といった内部牽制組織を中心にデザインされているところであるが、一方で、内部統制の固有の限界として「ヒト」が運用する限り、内部統制の不備や内部統制の機能を無効化する形で「不正」が行われ、その結果、不正会計が生じる原因となるのである。

ここでは、その内部統制の固有の限界を前提として、不正会計を発見すること

を目的とする内部統制の構築を図ることの必要性を強調したい。

この点については、「第三部 第5章 早期発見のための仕組み」において説明する。

(2) 人の問題

内部監査や内部通報制度の仕組み等を通じて把握できた不正会計の端緒に対してどのように対応するかが次の問題となる。

例えば、内部通報制度がある場合には、そこには様々な情報が提供されることが想定される。真に対応すべき不正会計の存在を窺わせる情報や、単なる誹謗中傷等の類とさほど変わらない真偽が定かでない情報等が混在していることは想像に難くない。このような状況で、玉石混淆する様々な情報に直面する担当者が、真に対応すべき情報は何かを見極め、適切な対応をするためには、「違和感」が重要なキーワードとなる。すなわち、様々な情報の中から「これはおかしいぞ」という内容の情報を漏れなく拾い出すことが、不正会計の早期発見につながるのであり、この「これはおかしいぞ」という感覚が「違和感」なのである。

特に不正会計発見の端緒となる事実ないしは情報は、不正会計の兆候を端的に示す特異な内容のものであるばかりではなく、日常業務の中で把握できる些細な情報でもその端緒情報となり得る可能性がある。すなわち、不正会計の発見の端緒となる事実又は情報は、必ずしも不正会計が行われていたことを示す確かな事実・情報ばかりではなく、不正会計が行われているかも知れないという合理的な疑いを持つに足る程度の事実・情報であっても端緒情報となり得るのである。

したがって、ここで最も重要なことは、不正会計の端緒となる事実又は情報は、普段の仕事をしている自分たちの目の前にあるということであり、当該事実や情報に直面して、「何かおかしい」と感じる違和感こそが、不正会計の発見において最も重要となるということである。

この違和感がない、ないしは違和感を大事にしないばかりに不正会計をその芽の小さいうちに摘むことに失敗するのである。これは、内部通報制度の運用上の問題として、内部関係者等から情報提供があったにも関わらず当該情報の重要性を認知しないまま放置し、当該内部関係者等が外部に対して内部告発をしてしまうことによってより大きな問題へ発展させてしまう場合と同様の話である。

したがって、不正会計の端緒を把握するというプロセスにおいては、「端緒としての違和感」をどのように得るかが重要となる。そして、「違和感」は、人が感じるものである限りにおいて、人の問題となるのである。

2．不正会計の端緒情報の掘り下げ

不正会計の端緒を把握した場合、次に当該端緒情報が真実であるか否か、すなわち、不正会計が本当に行われているのかどうかを事実に基づいて確認することとなる。

これが「端緒を掘り下げ、事実関係を明らかにする」というプロセスとなる。

端緒の把握が「違和感」という個人の資質に依拠するものであるところ、この「端緒を掘り下げ、事実関係を明らかにする」というプロセスは、不正会計の原因となる行為（以下、「不正行為」という。）を行っている者等を相手にする点において、端緒の把握というプロセス以上に困難を伴う場合が想定される。不正行為の実行者は、何らかの動機・目的をもって当該不正行為を行っており、当該不正行為が発覚しないように隠蔽・隠滅・偽造・虚偽説明・共謀等を行っている可能性が十分に考えられることから、単純な事実確認等では当該不正行為が発覚しない可能性が高いということである。

したがって、このような可能性を念頭におき、把握した端緒情報の真偽を判断するために事実を収集し、様々な角度から検討するプロセスにおいては、「結論としての納得感」をどのように得るかが重要となるのである。

以下では、不正会計の発見の2つのプロセスにおいて重要な①端緒としての違和感、②結論としての納得感についてさらに詳しく説明する。

第2章 早期発見のための視点

 不正会計の発見は、①不正会計の端緒を把握する、②端緒を掘り下げ、事実関係を明らかにするという2つのプロセスからなる。ここでは、不正会計の早期発見のための視点として、それぞれのプロセスについて、①不正会計の端緒を把握する際の「端緒としての違和感」をどのように得るか、②端緒を掘り下げ、事実関係を明らかにする際の「結論としての納得感」をどのように得るかについて説明する。

1 端緒としての違和感

 端緒としての違和感とは、不正会計に係る端緒を得るために必要な感覚である。不正会計に係る端緒には、明らかに不正会計の兆候を示す事実や情報である場合もあれば、一見、何の問題もないかのように見える事実や情報であることも多い。このような様々な事実や情報の中から、適切に不正会計の端緒を把握するための感覚が「違和感」となる。
 「違和感」とは、不正会計の兆候を示す情報等に直面した際に「何かおかしい」と感じる感覚であり、この違和感によって不正会計の端緒を把握することが可能となるのである。
 ここでは、端緒としての違和感に関して、
① 違和感とは
② 健全な懐疑心
③ 問題意識・経験・知識
④ 不正会計の端緒の種類
⑤ 具体的な手口の想定

について、以下、説明する。

1．違和感とは

違和感とは、不正会計の兆候を示す端緒に直面した際に「何かおかしい」と感じる感覚のことである。

例えば、内部通報制度の運用面において、しばし問題となるのは、数多く寄せられる情報のうち、真に迅速に対応すべき情報は何かという見極めが難しいという点である。内部通報制度において寄せられる情報の中には、明らかに不正や法令遵守違反等が生じていると判断できる情報もあれば、単に誹謗中傷やいやがらせ等としか思われないものもある。また、そのどちらかとも見極めがつかないような情報もある。

そのような様々な情報の中から真に対応すべき情報である不正の兆候を示す端緒情報に直面した際に「何かおかしい」と感じることができる「違和感」が大事となる。端緒情報に直面した際に、何ら違和感を覚えなかった結果、当該端緒情報を放置してしまった場合には、その端緒情報の陰に潜む不正等の問題をより大きく、より悪化させてしまうことになるのである。

この「違和感」の例として、例えば、期中において、自社の子会社の資金繰りが苦しいという話を聞いていたとしよう。その理由は、業績が悪い、多額の設備投資をした等色々な理由があるかも知れないが、とりあえず、資金繰りが苦しいという状況だけは把握していたとする。そして、期末を過ぎて、その子会社から年度決算に係る財務諸表が提出されたとする。その時に、当期の業績が黒字であった場合、どのように思うか。一つには「子会社では、期中は資金繰りが厳しいと言っていたが、決算は黒字で良かった、良かった」と素直に喜ぶか。それとも、「あれ？　何で黒字になるんだろう。期中は資金繰りが厳しいと言っていたのに？」と疑問に思うか。

この違いである。もちろん、期中において資金繰りが厳しいと言っても、年度決算では黒字になることはいくらでもあろう。業績が急に伸びている場合や多額の設備投資をした場合等々いくらでもその例を挙げることはできる。しかし、そのような情報に接した時に安易に問題のない解釈をしてしまうのではなく、「な

ぜなのだろうか？」という素直な疑問が浮かぶかどうかが「違和感」の本質なのである。

ただし、何から何までおかしい、おかしいと疑問を呈するだけでは、これは逆に何から何まで疑問を抱かないと同じである。他の業務に支障が生じる可能性がある限りにおいては、何も疑問を抱かないよりも害は大きいかも知れない。日々の業務活動の過程における様々な情報に直面した際に、違和感を持つべき情報に適切に「何かおかしい」と感じることができるかどうか。そこが重要となる。この違いが、次の「健全な懐疑心」に基づいた違和感であるかどうかということになる。

2．健全な懐疑心

懐疑心とは、「事柄の本質などについて、疑って考える」[28]心構えであり、「違和感」の根底にある考え方となる。

この懐疑心と似た言葉として「猜疑心」があるが、これは「人を疑ったりねたんだりする」[29]ことである。この違いは何かというと、猜疑心は、ある一定の事象に対して、合理的な根拠なくやみくもに疑うだけであるが、懐疑心は、自己の問題意識や知識や経験等に基づいて、その事象の実態（本質）に対して合理的な疑問を抱くことであり、合理的な根拠があるかないかがその違いとなる。

例えば、子会社から今期の決算に関する報告を受けた場合に、売掛金や棚卸資産等の増減等の状況から、不正会計の兆候の可能性を把握して、この売掛金や棚卸資産の増減理由及びその内容等について「違和感」を持つことは健全な懐疑心に基づく合理的な疑いとなる。

一方で、同じ状況において、単に「売上高が前年よりも多いのは粉飾をしているからではないか」とか、「利益が出ているのは粉飾しているからだろう」などというのは「猜疑心」に基づく何ら合理的な根拠のない疑いである。

したがって、不正会計の端緒を把握するための「違和感」とは、本人の問題意識・経験・知識に基づく合理的な根拠のある疑いである「健全な懐疑心」に支え

28　柴田武・山田進編『類語大辞典』（講談社、平成14年11月）
29　柴田武・山田進編『類語大辞典』（講談社、平成14年11月）

られたものでなければならないのである。そうでなければ、やみくもに疑うだけとなってしまい、その結果、何ら不正会計の発見につながらないばかりか、オオカミ少年の如く、最後には誰にも相手にされなくなってしまうのである。

なお、合理的な根拠のある疑いとは、決して、不正会計の端緒情報について不正会計の兆候を示す合理的な根拠があるということを意味するものではない。「おかしい」と感じるその対象事象が、本来様々な背景があるところ、一つには不正会計の兆候となり得る可能性が、過去の経験等から想定できるという程度の疑いという意味である。したがって、この疑いに基づいて、事実確認をすれば、当該事象が不正会計の兆候であるかどうかの見極めが可能であるという性質のものであり、その結果、何ら不正とは関係のない理由等であれば、それで良しとし、不正の可能性が高くなればさらに調査を進めることとなる。

これに対して、猜疑心に基づく疑いは、やみくもに疑うだけであり、どのような事実を確認すれば、真偽の見極めができるかどうかもわからないような類であり、何ら発展性のない疑いとなる。

3．問題意識・経験・知識

違和感を持つかどうかは、結局のところ、その「ヒト」次第である。「違和感」が「何かおかしい」と感じる感覚である限りにおいては、それはまさにその人が感じるかどうかの「ヒト」の問題であり、ある人が「何かおかしい」と感じても、別の人は何も思わないということは往々にして良くあることである。

では、この違いは何か。それは、その人の有する問題意識・経験・知識の違いから生じるものであると考える。

例えば、不正会計の端緒を把握する場合において、不正会計の手口を知らないと端緒情報に直面したとしてもおかしいと感じることはできないであろう。もちろん、不正会計の手口は、個々の事案ごとに異なっており、全く同じ手口というものはなく、すべての不正会計の手口に精通することは不可能に近い話ではあるが、それでもある程度のパターン化されたところでの不正会計の手口を知っていることは、不正会計の端緒に係る事実や情報に直面した際に、当該事実や情報から「違和感」を得るための一つの前提となろう。もちろん、簿記等の会計の「知

識」をある程度は有していることも必要であろう。

　さらに、不正会計の原因となる行為は、通常の企業活動等を装った行為によって仮装・隠蔽・隠滅されることが多く、会社の業務に関する知識、すなわち、仕入業務、製造業務、販売業務等の業務知識や経験がなければ、不正会計の端緒に直面した際に「違和感」を得ることは難しいであろう。この場合の「違和感」は、仮装・隠蔽・隠滅された取引等に係る事実・情報を得た際に、本来の業務等に係る事実・情報との差異に気付くことにより得られるものである。もちろん、その気付きは明確な差異の認識ではなく、「何か違うな」という程度の気付きである。しかし、この「何か違うな」という「違和感」が不正会計の発見のための端緒となり得るのであり、本来の業務に関する知識がなければ、このような仮装・隠蔽・隠滅された行為に係る「差異」、すなわち、不正会計に係る不正行為の「綻び」を見つけることは難しい。

　また、過去に不正調査や不正処理等に係る業務に携わった経験のある人であれば、一つの事実からさらにその奥にある全体像等を想像することも比較的容易に行えるであろう。一見して普通に見える事実等であっても、それは氷山の一角に過ぎず、水面下には「不正」等の大きな氷山が潜んでいることを想像できるかどうかは、経験の有無に影響されるところも少なくはない。

　このように不正会計の端緒に直面した際に「違和感」を得られるかどうかは、その人の有する知識や経験に左右されることとなるが、最も重要なのは「問題意識」であると考える。

　この問題意識は、言い方を変えれば、先の「健全な懐疑心」を有しているかどうかにも共通することであるが、何らからの情報や事実に直面した際に、「なんでこうなるのだろうか」、「本当にこれで良いのだろうか」、「理解できないが、どういうことなのだろうか」といった「何かおかしい」と感じることができるかどうかということである。

　問題意識がない場合には、例えば、何か報告や連絡を受けた際にその内容等について認識はするものの、その内容の「正しさ」や「意味」について深く考えることなく、当該内容を右から左へ流すだけになる。そうであるならばせっかく不正会計の端緒となり得る事実や情報等に直面したとしても、何となくやり過ごし

てしまい、「違和感」を得ることなく端緒情報を見逃してしまうのである。

　不正会計の端緒を把握することを常に意識して、様々な情報に当たることにより、不正会計の端緒を把握することが可能となる。たとえ知識や経験があったとしても問題意識がないところに端緒の把握はなく、逆に問題意識があれば、知識や経験の不足は、自ら調べる、又は良く知っている人に聞くなどによる対応が可能となるのであり、この問題意識を有するか否かが、不正会計の端緒を把握するための「違和感」を得るに当たって最も大事なこととなる。

4．不正会計の端緒の種類

　それでは、不正会計の端緒にはどのようなものがあるのであろうか。

　不正会計の端緒には、内部通報制度を通じて内部関係者から得られた具体的な話や、取引先からの問い合わせ、内部監査の過程で把握することができた不良債権、不良資産の存在、事業計画の策定の過程で把握された特定部門の異常な業績の下方修正等のほか、様々な端緒があり、それらの把握をきっかけに不正会計の存在が明らかになる。

　では、そのような不正会計の端緒となり得る事実や情報というのは、不正会計の兆候を示す特別なものばかりなのであろうか。結論をいえば、そのような明らかに不正会計の兆候を示す特別な事実や情報ばかりではなく、日常の業務活動において目の前にある一見すると通常の企業活動に係る事実や情報に見えるものが不正会計の端緒となる場合もある。

　企業活動は、その会社に関係する様々な人が関与することによって成り立っている。内部統制の基本的な考え方もそこにあり、不正等の防止を一つの目的として、内部牽制組織のように相互に人が関わり合いを持つ仕組みを作り込んでいくのである。ただし、内部統制の固有の限界、すなわち、そのような仕組みを作り込んだとしても「ヒト」がすることである限りにおいては、その仕組みを無効化することにより不正が行われてしまうのである。

　それでは、内部統制の仕組みが無効化された結果、不正の発覚が不可能になるかというとそうではなく、不正行為が行われた痕跡を何ら他の人に感知されないように消し去ることもまた難しく、どこかに不正行為の綻びを残すことになり、

この不正行為の綻びが不正の発覚の端緒となる。特に不正会計の原因となる類の不正であれば、その綻びは、不正行為が行われた結果としての実態と財務数値の乖離として生じてくる。例えば、資金横領等が行われた場合には、実際の預金残高がないにも関わらず、貸借対照表上は現預金として計上され、また、循環取引を行った結果、実際には在庫等の資産がないにも関わらず、貸借対照表上は、棚卸資産として計上される

さらに、不正の発覚を避けるための不正行為者による事実等の隠蔽・隠滅・証憑類の偽造・虚偽説明・虚偽報告等の「作為」が生じるが、この「作為」が不正の発覚の端緒となるのである。そして、その不正発覚の端緒は、当該不正行為が通常の業務の中で行われている限りにおいては、誰しもがその端緒に接触する可能性を有しているのである。

このように不正会計発見の端緒は、実は普段接している事実や情報に潜んでいることも多いのである。そして、その不正会計の端緒を把握できるかどうかは、その端緒に気付くか否かの問題であり、まさに「違和感」を得るかどうか、「おかしい」と感じるかどうかの問題なのである。

様々な不正会計発見の端緒となり得る事実や情報がある中で、財務数値を利用した不正会計の発見は、違和感のきっかけとなる端緒の一つに過ぎない。しかし、特に不正会計の原因となる不正が行われていた場合には、必ず財務数値にその影響が反映されることから、有用な不正会計発見ための手段となる。

5．具体的な手口の想定

不正会計の端緒を把握するための「違和感」として重要なことは、不正会計の手口を想定できるか否かということである。特に財務数値を利用してその端緒を把握しようとした場合には、どのような手口が不正会計の手段として用いられているのか、ということを想定する必要がある。

もちろん、事細かくその手口を想定する必要もないし、また、そのようなことはほとんどの場合、不可能に近いであろう。

では、どのような意味か。

それは、例えば、損益計算書を数期間比較してみたところ、売上高総利益率、

いわゆる粗利率が大きく変動していることがわかったとしよう。これについて、粗利率が毎期そんなに変動するのはおかしいから粉飾をしているはずだ、というのでは、まだ、不正会計の端緒の把握とは言えない。ここからさらに詳細に検討を行い、例えば、セグメント別で売上高、売上原価、売上総利益等を把握し、セグメント別に粗利率を求め、その結果、例えば、当期に立ち上がった新規事業に係る粗利率が異常に高いということが判明したとする。当該新規事業は、まだ少数の限られた人員で、しかも当該事業に係る情報開示が社内においても極めて少ないとなった場合に「何かおかしい」「どうなっているんだろう」という疑問が生じてくるのである。これが「違和感」である。

そして、この場合、当該新規事業において、もしかしたら架空売上等を計上しているかもしれないという疑義が生じ、これに関しての事実確認等を行っていくことにより不正会計の原因となる不正の有無を明らかにしていくのである。

不正会計の端緒を把握するための「違和感」は、その先に不正会計の手口を想定できることが、さらに端緒情報に係る事実の掘り下げを行うために必要となる。

2　結論としての納得感

端緒の把握がどちらかというと「違和感」という個人の資質に基づくものであった。これに対して「端緒を掘り下げていき、事実関係を明らかにする」というプロセスにおいては、不正会計の原因となる不正行為を行った者等を相手にする点において、端緒の把握というプロセス以上に困難を伴う場合が想定される。不正行為を行った相手方は何らかの動機・目的をもって当該行為を行っていることから、当該行為が発覚しないように事実等の隠蔽・隠滅・偽造・虚偽説明・共謀等を行っている可能性が十分に考えられるからである。

また、不正会計の事実が露呈して、これが端緒となり、当該不正会計に係る調査を行う場合は別として、不正会計の可能性としての端緒の把握により事実関係を明らかにしていくという過程においては、本当に不正会計が行われているか否かが定かでないという半信半疑の状態で調査を進めていかざるを得ないという点で困難さを伴うものである。

したがって、このような可能性を前提に、端緒情報の真偽を判断するための事実を集め、これらを様々な角度から検討することによって判断していく「端緒を掘り下げ、事実関係を明らかにする」というプロセスにおいては、「結論としての納得感」をどのように得るかが重要となるのである。

ここでは、「結論としての納得感」に関して、

① 当初の違和感が解消されるまで調べる
② 「仮説」と「検証」の繰り返し
③ 創意工夫と試行錯誤
④ 基本に忠実な事実確認
⑤ 関係者の話の裏を取る
⑥ 不正会計は完全犯罪ではない

について、以下、説明する。

1．当初の違和感が解消されるまで調べる

この「結論としての納得感」を得るための過程において重要なことは、不正会計の端緒を把握した当初の違和感が解消されるまで調べるということである。

不正会計に係る仮装取引等の関与者は、その発覚を避けたいという動機を有することから、端緒情報の確度が高ければ高いほど真実の発覚を回避すべく調査担当者に対して事実等を隠蔽・隠滅し、偽造した証憑類を提示し、取引等に係る虚偽の説明を行うのである。

不正会計の手口の一つである資金循環取引を例に説明する。

架空売上の計上に伴う架空売掛金等について、あたかも実際に回収できたかのように装うための仮装取引である資金循環取引は、当該仮装取引に係る原資として、仕入取引等に係る債務の支払名目で支出した資金を用いることから、多額の仕掛品や製品等名目の架空在庫が貸借対照表に計上されることにその特徴がある[30]。したがって、資金循環取引を手口とする不正会計の発見に関しては、貸借対照表に計上されている棚卸資産等の資産の実在性を検証することが事実解明の

---

30 資金循環取引については、「第三部 不正会計－早期発見と対応 第4章 不正会計の手口とその発見方法 3 売上高の過大計上 5．売上の架空計上（仮装取引を伴うもの－資金循環取引）」を参照。

ための調査事項として最も重要となる。

したがって、不正調査の担当者は、まずは当該資産の実在性を検証すべく、当該資産の保有場所における実地棚卸の立会又は現物確認(以下、「現物確認等」という。)を要求することになるのであるが、この際、当該不正行為の関係者は、「仕掛品等の在庫は、外部倉庫に保管しているので自社の倉庫にはない」等の抗弁を行うこととなる。これに対して、さらに外部倉庫における現物確認等を要求すると、当該関係者は、「今は外部倉庫の繁忙期なので外部倉庫に赴いても対応してもらえない」、「他社の製品等も保管していることから機密保持の観点から外部倉庫での実地棚卸の立会はできないことになっている」等の外部倉庫における現物確認等ができない理由を色々と出してくるのである。これに対して、さらに強く現物確認等を要求すると「外部倉庫との契約が切られたら責任が取れるのか」「何の権限があってそこまで要求するのか」「ここまで騒ぎを大きくして何も問題がなかったらどうしてくれるんだ」等の責任問題になることを強調したり、半ば恫喝的な反論をしたりすることになる。この段階で、多くの場合、調査担当者は悩みながらも保管証明等を得られること等を条件として、「ま、いいか」と架空在庫の疑義がある棚卸資産に係る現物確認等を諦めてしまうのである。

しかし、実は、相手方が現物確認等を拒否すればするほど怪しいのである。確かに、実際に時期等によっては、外部倉庫等の業務の都合により実施が困難な場合もあるであろう。しかし、一般的な常識をもって考えれば、自社が委託保管している製品等の現物確認さえもできない外部倉庫は、そもそも胡散臭いのであって、通常の感覚でいえば、外部倉庫の都合で現物確認等ができないということはあり得ない状況なのである。

したがって、よくよく考えなければならないのは、そもそもは棚卸資産等の増加等の兆候に「違和感」を持ち、資金循環取引を手口とする不正会計の端緒を把握したのであるから、この「違和感」は、棚卸資産の現物を確認しない限り解消されないのである。

ましてや本当に不正会計であったならば、当然に証拠の隠蔽・隠滅、証憑類の偽造、関係者の口裏合わせ等が行われている可能性が高いことから、いくら外部倉庫の保管証明を入手したとしてもそれ自体が偽造されている可能性があり、そ

うであるならば外部倉庫による保管証明の入手は当該違和感の解消に何ら寄与するものではなく、結果、不正会計の発見につながらないのである。

なお、このような状況で難しいのは、結局のところどこまで調べれば良いのかということである。

把握した不正会計の端緒が、本当に不正会計の存在を示すものであるという保証があるのであれば、不正会計を行っている事実（証拠）を入手できるまでとことん調べれば良いであろうが、実際に調査を行っている過程においては、当該端緒情報が、本当に不正会計の存在を示しているかどうかわからないのであり、ここに不正調査に係る悩みが存在するのである。暗闇の中で小さな灯りを頼りに歩くが如く、本当にあるかどうかわからない不正を明らかにする調査、特に自らがその端緒を把握し、未だ発覚していない不正に係る調査を行う場合は、不正があるはずだという思いと、もしかしたら不正はないかも知れないという思いを抱きながら調査を進めることとなる。調査が思うように進まない時には、やはり不正はなかったのではないかという思いが強くなる。それでも、得られた端緒を信じ、あきらめずに進むためには強い気持ちと信念が必要となるのである。

とはいえ、実際には存在しない不正会計に関して、とことん調査することは経営資源の無駄であるばかりでなく、会社の業務の遂行上の支障となる場合もある。

したがって、どこかの時点で、当該端緒情報の真偽を「見極め」、調査の継続の可否を判断せざるを得ないのである。この「見極め」に関しては、次の「「仮説」と「検証」の繰り返し」において併せて説明する。

2．「仮説」と「検証」の繰り返し

不正会計に係る端緒情報を把握した後、結論としての納得感を得るために事実関係を明らかにしていく場合に考えなければならないことは、「どのように」事実関係を明らかにしていくかということである。

端緒情報の内容にもよるが、当該端緒情報が不正会計の存在を示す場合には、当該不正会計に係る手口が想定できるはずである。「取引先Aを利用して架空売上を計上している」「役員が子会社から資金を私的に流用している」「帳簿上は正常在庫となっているが、会社の倉庫には不良在庫が多く保管されている」等であ

る。

　したがって、まず不正会計に係る端緒情報を把握した場合には、この端緒情報から想定される手口を「仮説」として設け、当該「仮説」を裏付けるために、実際にこの端緒情報が示す手口が行われているとするならば、どのような事実関係になっているかを想定し、これを確認するための「検証」を行うこととなる。

　先ほどの例でいえば、端緒情報が「取引先Aを利用して架空売上を計上している」という内容であった場合、その手口は架空売上であり、この内容が本当であるならば、取引先Aに対する売掛金の回収が滞っている可能性がある。したがって、まずは、取引先Aからの入金状況を確認することになろう。この際、併せて取引先Aとの取引の全体を把握するための資料や、取引先Aの自社における担当者、さらに、取引先Aに対する売上に対応する原価について、仕入先や当該仕入先との取引の全体、当該仕入先への仕入対価の支払状況等、当該仕入先からの仕入れた商品・原材料等の在庫状況等を確認し、必要があれば当該在庫に係る現物確認等を行うこととなる。

　このようにして得られた新たな情報や事実関係等に基づき、改めて端緒情報と照らし合わせた上で、当初の違和感、すなわち、「取引先Aを利用して架空売上を計上している」という疑義が解消されたのかどうかを検討する。解消されたのであれば、当該端緒情報が真実ではなかったとの結論で調査は終了である。

　しかし、まだ違和感が残るのであれば、新たに把握した事実等も併せて、さらに「仮説」を設け、「検証」を行うこととなる。例えば、入金事実が確認できたとしても、同時に得たその他の事実から、当該入金が仮装取引による入金の可能性が残るかもしれない。その場合には、例えば、この仮装取引の原資となる資金取引の有無を確認していくことになる。

　基本的には、このような「仮説」と「検証」の繰り返しであり、当初の「違和感」が解消されるまで続けるべきであると考える。ただし、実務上の問題として、この「仮説」と「検証」の繰り返しをいつまでも続けるわけにはいかない。どこかの時点で端緒情報の真偽について判断をしなければならないのである。この判断において重要なのが「見極め」という発想である。

　端緒情報はあくまでも端緒情報にしか過ぎず、実際に不正会計が行われている

ことを何ら保証するものではない。「もしかしたら不正が行われているかもしれない」という程度の不正会計の兆候にしか過ぎない場合もある。

したがって、この「仮説」と「検証」を繰り返す過程において、常に端緒情報の真偽を見極められるような事実の収集に努め、得られた事実に基づいて適切に「見極め」の判断を行う必要がある。端緒情報から手口を想定し、端緒情報が事実であれば、このような事実があるはずだと。そして、そのような事実の有無を確認し、想定された事実があれば、さらに新たに把握された事実に基づいて「仮説」を立て、当該「仮説」を裏付ける事実の収集に努める。そして、不正会計の発見に至るのである。

また、想定された事実がなければ、その他に端緒情報を裏付けられる事実があるかないかを検討し、そのような事実があればさらに調査を進め、なければ、当該端緒情報を裏付けるに足る事実がなかったとして調査を終了することになる。この過程を常に「見極め」を意識して行わなければならない。

その他の留意すべき点として、この「仮説」と「検証」の繰り返しにおける「仮説」が合理的な推測であることが前提となることが挙げられる。突飛な仮説や妄想に近い仮説を立て、それを闇雲に検証しようとしても、仮説自体が現実的ではなければ、いつまでたっても妥当な結論が得られないまま調査を続けなければならなくなる。また、このような仮説に基づいた調査に対応させられる側も甚だ迷惑でしかない。

もちろん、「突飛な発想」が現実を打破し、不正会計の事実を明らかにする可能性があることは否定しないが、常に「突飛な発想」に基づき仮説を立てていると自らが「オオカミ少年」的な存在になってしまう危険性がある。

以上のことから、まずは不正会計に係る端緒情報に基づき、当該内容から合理的に推測される手口等を「仮説」として設け、当該仮説に関する裏付けとしての「検証」を行い、新たに得られた事実関係等と合わせて、当該端緒情報の真偽を判断し、疑義が解消されたのであれば調査は終了し、未だ疑義が解消されないのであれば、さらに「仮説」を設け、それに係る「検証」を行うこととなる。

また、未だ発覚していない不正に関する調査においては、その開始とともに調査の終了を意識しながら進めていくことが重要である。一度始めた調査を終了す

る場合、時によっては極めて重大な判断を求められる場合がある。本当に不正はなかったのか、見逃してしまっただけではないのか。そのような悩みを本質的に抱えるのが、不正調査、特に不正の存在が明らかでない場合の不正調査である。終わりなき旅をいつまでも続けるわけにはいかない。ある時点で調査終了の判断をしなければならないのである。そのためには常に調査の終了を念頭に置き、どのような事実を得ることが「見極め」につながるのかを考えながら調査を進めていくことが大事となる。

3．創意工夫と試行錯誤

　「結論としての納得感」を得る過程が難しいのは、不正会計の行為者が、事実の隠蔽・隠滅・証憑類の偽造・関係者の口裏合わせ等を行い、普通に質問・確認を行ったとしても騙されたり、ごまかされたりする可能性があるなど、真実を見えにくい状態にしているからである。したがって、このような状況の中で、把握した不正会計に係る端緒情報に基づき、「仮説」と「検証」を繰り返しながら真実に近づくためには、創意工夫と試行錯誤が大事である。

　ここでの創意工夫とは、不正行為者が、意図的に不正行為に係る事実の発覚を避けようとしている状況で、不正行為者に対して普通に確認したとしても、通り一遍のありきたりの回答しか得られないことから、工夫を凝らして相手方にボロを出させるような質問や確認手法を考えるということである。例えば、不正の疑いのある取引に係る証憑類を確認しようとする場合には、不正の疑いのある取引だけに特定して証憑類の依頼・確認をするのではなく、その他の正常な取引も含めて証憑類の提出の依頼をし、相手方に調査の意図を気付かせないようにしながら、正常な取引と不正の疑いのある取引のそれぞれの証憑類を比較し、差異（証憑類の形式と内容に関する「違い」等）を把握し[31]、当該差異の原因[32]を追及するのである。このような「方法」に関しての創意工夫が必要となるのである。

31　不正行為者が、証憑類の偽造等の「作為」をした場合、完璧な偽造を行うことは難しく、ゆえに正常な取引に係る証憑類との比較により、その不正行為の端緒を把握するが可能となる。印字に用いられている字体、筆跡、印影、担当部署や担当者等の異同等に着目をして比較検討する。また、偽造した証憑類を複写した場合には、正常な取引に係る証憑類との差異の把握が困難な場合もあることから、やはり「原本」を確認することが、不正調査における基本となる。

なお、創意工夫の観点でいえば、調査手法に関して思い込みやタブー等を排除し、所与の前提をできる限り少なくし、自由な発想に基づき調査方法を検討すべきである。もちろん、社内で行われる不正調査に関しては様々な制約があることは当然のことなのであるが、果たして本当にそれが実現不可能な所与の前提としての制約であるのかを常に疑問を呈しながら考えるべきであろう。もしかしたら、その制約は単なる思い込みであって、やってみたら何のことはなくできてしまったということもあり得るであろう。また、仮に当該制約が本当に実現不可能であった場合には、それで諦めてしまうのではなく、同様の調査結果が得られる別の代替可能な方法の有無についても検討すべきである。

　また、「仮説」と「検証」の繰り返しは、なかなか思うように調査が進まないのが実情かと思われる。特に未だ発覚していない不正会計について、何らかの端緒を得たことによって調査を始める場合には、暗闇の中で前を進むが如く、一歩一歩手探りで進まなければならない。一歩進んでは、周りの状況を確認し、次に進むべき方向を考え、そして、また一歩進むのである。したがって、このような状況での「仮説」と「検証」は、まさに試行錯誤であり、創意工夫に基づいた調査を行い、その結果、当初想定していた結果が得られなくとも、新たに得られた事実等に基づき、また、仮説を設定し、検証を行う。そして、一度確認した程度では不正を示す事実等が把握できなかったとしても、当該端緒を得た時の「違和感」が解消されない限りは、再度視点を変え、別の角度から検討をしていく。その繰り返しである。

　不正会計の調査は、どの事案も異なっており、臨機応変に対応する必要がある。そして、不正会計の調査にセオリーなどなく、要は真実の解明に当たって、今、何ができるのか、何をすべきなのかを考え、創意工夫と試行錯誤を重ねることにより、不正会計の発見へとつながるのである。

32　例えば、不正の疑いのある取引に関しては、担当者がすべて同一であった場合には、当該担当者の所属部署・役職等の基本的事項に加え、なぜ、当該担当者がこれらの取引に関与しているのかを職務権限及び職務分掌等の観点も加味し、さらに詳細な調査を行うこととなる。

4．基本に忠実な事実確認

「結論としての納得感」を得るために端緒情報に基づき事実関係を明らかにしていく過程で、当該端緒情報の真偽を判断するに当たっての「事実の確認」を行うこととなる。この「事実の確認」については、当然のことながら基本に忠実に行う必要がある。事実の確認に当たっての基本とは、原本確認、現物確認、そして、数字の検証である。

不正会計の原因となる不正行為については、不正行為が発覚しないように証拠の隠蔽・隠滅、証憑類の偽造・虚偽記載、関係者の口裏合わせ等が行われている可能性があり、調査対象となる事実や取引等の真偽を判断するためには、基本に忠実に原本を確認し、現物を確認し、そして、資料等については数字の検証を行い、その上で、端緒情報の真偽を判断することとなる。

原本確認については、例えば、契約書、注文書、納品書、検収書、請求書、普通預金通帳等の取引の存在を示す証憑類について確認をする際には必ず原本を確認する必要があるということである。これらの証憑類をその原本ではなく、写し等で代替し、確認しようものならそれこそ相手の思うツボである。なぜなら、不正会計の疑いで事実確認を行っている中、証憑類が偽造されている可能性があることは、容易に想像がつくのであって、にもかかわらず原本ではなく、写しをもって代替することはあまりにも不用意である。

現物確認についても同様である。在庫の実在性を確認することによって端緒情報の真偽が判断できる場合に、当該在庫が外部倉庫に保管されていることから、これを外部倉庫による保管証明を入手することによって代替してしまうことは、絶対に避けなければならない。せっかく不正会計の端緒を把握し、事実の解明まであと一歩というところで、その機会をふいにするようなものである。保管証明が偽造されている・外部倉庫が協力者となって内容虚偽の保管証明書を作成する可能性があるにもかかわらず、現物確認を保管証明書で代替してしまうことはあまりにも不用意である。

また、数字の検証については、単純な話ではあるのだが、入手した資料については、必ずタテの計算やヨコの計算をして検算を行うということである。例え

ば、売上取引の一覧を提出させ、内容を検討したところ問題のある取引は無かったと判断したが、実は資料提出者が不正な取引をその資料から削除していたために不正な取引が把握できなかっただけであり、当該資料における取引の合計額が全体の金額に一致しなかったということもあり得るのである。これは検算をしていたら不正な取引が発覚していたかもしれないという一例である。

これら事実確認の基本動作である原本確認、現物確認、数字の検証は、当たり前のことであり、強調するほどのものではないと思われるかも知れない。にもかかわらず、ここでは重ねてその重要性を強調する。なぜか。それは実際にそのような場面になった時に、相手方は不正行為の発覚を避けるため、あの手この手で原本確認・現物確認・数字の検証の実施を回避させようとするからである。

5．関係者の話の裏を取る

把握した不正会計の端緒情報に基づき「端緒を掘り下げ、事実関係を明らかにする」過程において、関係者から話を聞くことがある。この際に、誰しもが思うことは、聴取の相手が「本当のことを話しているのかどうか」ということである。

人は、基本的には自分の都合の良い話をする傾向がある。また、故意にではなくとも誤解や思い込みなどにより事実と異なる話をしてしまう場合がある。ましてや、不正会計の発覚を避けたいという動機をもつ相手ならば、最初の段階からすべて正直に話しをさせることは余程のことがない限りは難しいであろう。

したがって、関係者から話を聞くだけでは、何が真実で何が嘘かわからなくなり、自ら思考の迷路に迷い込んでしまう危険性がある。そのような危険性を避けるためには、原則として、相手方の聴取した話の内容について、証憑類、管理資料、メール、手帳等にて確認する必要があることはいうまでもなく、そのためには、聴取の際に、できるだけ具体的に裏が取れるような形で話を聞くことが大事となる。

また、利害が共通しない複数の者を聴取の相手方として選び、これらの者の話の整合性を取ることも関係者の話の真偽を見極めるための一つの方法となる。

なお、関係者の話の裏を取るために様々な証拠となる物の原本確認・現物確認・数字の検証を行うことになるが、その際も「基本に忠実」に行うべきことは

前述のとおりである。

6．不正会計は完全犯罪ではない

　不正会計は完全犯罪であるという見解がある。

　例えば、不正会計に関して、行為者はあたかも正常な取引を装い、納品書や請求書等の証憑類を偽造し、取引先と口裏を合わせるからその発見は難しいという。確かにその一面について否定はしないし、「難しい」という点に関してはそのとおりである。しかし、だからといってそこで思考停止に陥ってしまったのでは、見つかるものも見つからなくなってしまう。それは何故か。その発見は難しいと考え、諦めてしまうことに問題があるからである。

　誤解をおそれずにいえば、不正調査はある意味、不正行為者との知恵比べである。不正行為者が必死に隠そうとしている事実について、あの手この手を使ってその事実を抉り出すのである。当然、不正調査には制約もあり限界もある。しかし、その一定の制約や限界の中で試行錯誤を重ねながら、創意工夫をもって調査を行い、その結果、不正行為のわずかな綻びを見つけ出し、事実を明らかにするのである。

　したがって、思考停止に陥ることが不正調査の最たる阻害要因であり、これを取り除けるのは自らの意志のみである。

　確かに、資金循環取引等が不正会計の手口として用いられていた場合においては、個々の取引を個別に検討すれば、証憑類を偽造して通常の取引を装い、取引先は架空取引であることを知らずに正常な取引という認識をもって当該取引を行っている場合が多く、不正会計に係る架空取引であることは、一見わからないかも知れない。

　しかし、全体的な観点から見れば、資金循環取引が行われた結果、貸借対照表には多額の架空の仕掛品等の在庫が計上されているのである。そして、この多額の仕掛品等の在庫計上という貸借対照表上の兆候が、資金循環取引を手口とする不正会計の端緒となる違和感を惹起する事実なのである。不正、特に財務諸表等に影響を与える会計不正の原因となる不正は、必ず財務諸表にその兆しが表れる。

　したがって、財務諸表の資金循環取引が行われている可能性を示す兆候が表れ

たのであれば、仕掛品等の在庫の実在性、すなわち、実際に在庫の現物があるのか否かという観点で調査を進めることによって、不正会計の発見へとつながるのである。

　また、不正会計の端緒は、実は身近にある可能性もある。資金循環取引を行った結果、貸借対諸表には多額の在庫が計上されているが、これらの在庫が実際にはどこにあるのか？　このような疑問を持つ従業員がいてもおかしくない。工場等で自分たちが作っている以上に製品が売れているのはなぜか？　このような疑問を持つ従業員がいてもおかしくはない。このように不正会計の綻びに気付く立場にある人も多い。誰かが何かに気付く可能性があるのである。

　したがって、不正会計の完全犯罪は不可能であると考える。一定の内部統制やコーポレート・ガバナンスを前提にし、複雑かつ多数の取引があり、また、多くの人が関わり合いを持つ企業活動において、異常な取引である「不正」がその中に紛れ込んだ場合に、何の綻びも生じさせないことは不可能である。不正の実行行為者は、当該不正が発覚しないように、それらを糊塗するための様々な隠蔽・隠滅工作をしなければならず、逆にその隠蔽・隠滅工作が不正発覚の端緒ともなり得るのである。

　隠蔽・隠滅工作によって通常は「騙される」と考え、隠蔽・隠滅工作があるがゆえに発覚しないと考える。しかし、不正調査においては、その隠蔽・隠滅工作自体が「作為」としてまさに不正を示す事実となる。すなわち、不正を隠蔽・隠滅するために通常の取引を装うために、注文書・納品書・検収書・請求書等を偽造したりすることもあるが、これがまさに不正の綻びになるのである。そのような事実をいかに把握するか、これが重要となる。

　しかし、この不正の綻びは、時にはわずかな綻びでしかなく、それがゆえに発見が困難なのであるが、それでも綻びはあるのである。この綻びをどのように見つけるか、これらの綻びに直面した際に「違和感」をどのように得るか、これが不正調査にとっての要となる。

　あきらめない、綻びは必ずどこかにある。

3 「有事」としての不正会計への対応

　不正会計の発見とは、①不正会計の端緒を把握する、②端緒を掘り下げ、事実関係を明らかにするという2つのプロセスからなり、それぞれのプロセスについて、不正会計の早期発見のための視点として、①不正会計の端緒を把握する際の「端緒としての違和感」をどのように得るか、②端緒を掘り下げ、事実関係を明らかにする際の「結論としての納得感」をどのように得るかについて説明した。

　ここで不正会計の現状を鑑みれば、犯則事件については、平成4年に証券取引等監視委員会が設立された後、その後、約20年の間に24件の告発件数（発行体ベース）、課徴金事案については、平成17年に課徴金制度が施行された後、約7年の間に55件の勧告件数（平成24年7月末現在）となっている。このほか、不適切な会計処理を行ったとして自主的に開示・訂正を行っている上場会社も数多くある。とはいえ、上場会社数が、約3,800社前後あることを考えると犯則事件、課徴金事案までに至る事案は、ごくわずかであることがわかる。もちろん、その他にも社内において発覚し、その影響が少ないうちに是正した場合や、公認会計士等による監査において発覚し、訂正に応じている場合もあるかとは思うが、全体からすればやはりその割合は少ないであろう。

　したがって、多くの会社にとって不正会計はある意味「他人事」になっているものと考えられる。不正会計が生じている状況を「有事」とすれば、多くの会社は不正会計が生じていない「平時」の状態にあるといえるであろう。

　しかし、不正会計は、ある者にとって、「動機・プレッシャー」・「機会」・「正当性」が備わった時に不正会計が芽生えるのである。今が平時だからといってもその後もその状態が続くことを何ら保証するものではない。そして、いったん不正会計の芽が育ち、大きな問題となった後に発覚した場合には、証券市場の信頼性を失墜させ、市場全体、ひいては日本経済に大きな影響を与えるとともに、その会社の信用は著しく毀損し、資金調達リスク、取引リスク、損害賠償リスク、上場廃止リスクなどの様々なリスクが生じ、最悪、会社としての事業の継続さえも困難な状況に追い込まれてしまうのである。そのような状態になって、今まで

誇りに思っていた職を、そして、職場を失い、守るべきものを守れなくなるような状態になって初めて事の重大性に気付くのである。

様々な不正会計事件・事案が生じると周りは、なぜ、それまでその問題に気付かなかったのか、なぜ、それまでその問題を放置していたのかと首をかしげる。取締役は何をしていたのか、監査役は何をしていたのか、監査法人は何をしていたのか、従業員は何をしていたのかと。

平時の状態が長く続くと、万が一、不正会計等の端緒を把握したとしても、どうにかなるであろう、誰かが何とかするであろうと思い込み、それらをやり過ごしてしまう。あるいは、問題だと思って調査をするものの、不正行為者の隠蔽・隠滅・偽造・虚偽説明等の事実を明らかにするまであと一歩というところで、有事であるにもかかわらず、平時における対応をしてしまい、その不正を暴くまでに至らないのである。

繰り返すが、多くの会社にとっては不正会計のない平時の状態であると信じている。しかし、ある時点での「平時」の状態が、将来に渡って不変である保証は何もないのである。そして、数は少ないかも知れないが、万が一、刑事事件等に至った場合には、それはそこにいる人々の人生を大きく変える出来事となってしまうのである。そして、その影響を大きく受けることになってしまう当事者はあなた自身なのである。他の誰かのせいにしても状況は変わらない。

したがって、万が一、不正会計の端緒を把握した場合には、頭を「平時」から「有事」に切り替え、事の真実を明らかにするため最善の努力を尽くすほかはない。

また、時の経過とともに日々状況は変化する。「有事」の芽は、「平時」において芽生えるのである。「有事」の芽が大きくなる前に、早期に発見し、早期に対応するという問題意識が常に求められるのである。

第3章 財務諸表を利用した不正会計の端緒の把握

1 不正会計の端緒について

　不正会計の端緒には、内部通報制度を通じて内部関係者から得られた具体的な話や、取引先からの問い合わせ、内部監査の過程で把握することができた不良債権、不良資産の存在、事業計画の策定の過程で把握された特定部門の異常な業績の下方修正等のほか、様々な端緒があり、それらの把握をきっかけに不正会計の存在が明らかになる。

　この様々な不正会計の端緒のうちの一つとして、財務諸表の分析を挙げることができる。不正会計が貸借対照表、損益計算書及びキャッシュ・フロー計算書等の財務諸表に係る虚偽の記載であることから、その兆候が財務諸表にも表れ、財務諸表の分析を行うことによりその端緒の把握を行うことができるのである。

　もちろん、すべての不正会計の端緒の把握が財務諸表の分析により可能となるわけではなく、財務諸表の分析だけでは把握しきれない不正会計も当然にある。不正会計の早期発見に当たっては、可能な限り漏れなくその端緒を把握するために、有効なコーポレート・ガバナンスの確立や、有効な内部監査の実施、有効な内部通報制度の運用等を重ね合わせることが肝要であり、それとともに併せて不正会計の端緒の把握を目的とした財務諸表の分析を行うことが、不正会計の早期発見のために有用となるのである。

　しかし、悪質な不正会計であればあるほど、その兆候は財務諸表に表れることとなる。

　以下、財務諸表の分析による不正会計の端緒の把握について説明するが、ここで何よりも大切になるのは、「違和感」である。そして、その「違和感」とは、会

社の実態とそれを反映したはずである財務諸表のそれぞれの数値が、実態と異なるのではないかという疑問なのであり、会社のビジネスを理解し、会社の取引を理解し、その上で、会社の財務諸表を見つめ直した時に「違和感」が生じるのである。

2　端緒把握のための視点

1．分析のための視点

　財務諸表等の財務情報を利用した財務分析による不正会計の端緒の把握は、自社の財務諸表等、子会社等の財務諸表等、得意先（上場会社・非上場会社）の財務諸表等、貸付先（上場会社・非上場会社）の財務諸表等を対象に行うことができる。また、これ以外の場面であっても財務情報として把握可能な対象であれば、同様に適用が可能である。事業部門等に係る財務数値等がその例としてあげることができる。

　なお、財務諸表等の財務情報を利用した財務分析による不正会計の端緒の把握は、基本的には、財務諸表等に係る財務情報を利用した分析となるが、これ以外にも様々な情報を利用することにより、より詳細な分析・検討が可能となる。分析対象会社が上場会社であれば、有価証券届出書及び有価証券報告書等の制度開示書類に記載されている財務情報以外の定性情報や、取引所規則に基づく適時開示情報等を利用することが分析に有用である。また、非上場会社であれば、民間サービスによる企業情報等を利用することも有用である。

2．基本は疑って読む

　財務分析により不正会計の端緒を把握しようとする場合に、一番重要な視点は、何よりもまず対象となる財務諸表において不正会計が行われているのではないか、と疑って財務諸表を読むことである。

　例えば、推移分析においても、方法としては前期と当期の計上額の比較であり、単純な数字の比較でしかないが、その増減理由を解釈しようとした場合に

は、様々な解釈をすることが可能である。

　この際、基本的にはこの増減等が何か不正会計の兆候ではないかという視点で考えていくのである。この数字の動きが不正会計の兆候であれば、別の勘定科目にこのような動きがあるはずであると仮説を立て、その勘定科目の推移をみて検証する。その繰り返しとなる。

　そして、その繰り返しの結果、不正会計の兆候を示す動きが把握できれば、これが不正会計の端緒となり、当該端緒から想定される不正会計の手口を見極めるための事実関係を明らかにすることで、不正会計の発見につながることとなる。また、その繰り返しの結果、不正会計の可能性が排除されたならば、この財務諸表上、不正会計が行われている可能性は極めて低いという判断に至るのである。

　このようにまずは財務諸表を疑って読むことが基本となる[33]。

3．全体の状況を把握する

　財務分析により不正会計の端緒を把握するためには、まずは分析の対象となる会社や事業部門（以下、「分析対象会社」という。）の全体の状況、すなわち、過去からの経営成績、財政状態及びキャッシュ・フローの状況等の把握がその前提となる。

　全体の状況の把握は、分析対象会社が上場会社である場合には、有価証券報告書等[34]を利用することで可能となるが、分析対象会社が子会社等で非上場会社の場合には、当該会社の決算書が入手できる場合にはこれを用い、入手できない場合には、帝国データバンク等の企業情報提供サービス等を利用して入手した財務数値に基づき行うこととなろう。また、事業部門等を分析対象とする場合には、当該事業部門に係る入手可能な財務数値（事業部門別損益等）に基づき全体の状況を把握することとなる。

　なお、この財務分析の対象とする期は概ね直近3期から5期程度が相当と考え

---

[33] もちろん、やみくもに疑ってばかりでいても仕方がないのであるが、この点に関しては、「第三部　不正会計－早期発見とその対応　第2章　早期発見のための視点」を参照のこと。いずれにしても「疑う」ことが端緒の把握につながることは間違いない。

[34] 例えば、有価証券報告書の「第一部　企業情報」の「第1　企業の概況」の「1　主要な経営指標等の推移」等

るが、財務分析の目的によっては、それよりも長い期間を対象とすることもあり得る。

　全体の状況を把握する目的としては、①財務分析の前提となる基本情報の把握、②不正会計の動機の存在の検討等があり、以下、これらについて説明する。

（１）　財務分析の前提となる基本情報の把握

　不正会計の端緒を把握する目的での財務分析においては、まずは、その分析対象会社の財政状態、経営成績及びキャッシュ・フローの状況等を把握し、これにより分析対象会社の実態をイメージするための骨組みを作る必要がある。ただし、そうはいっても、対象となる会社等の財務諸表を最初から事細かに分析するわけではない。まずは、アウトラインとしての売上高、損益、キャッシュ・フロー及び純資産等の状況である基本情報について把握すれば良い。そして、詳細については、分析対象会社の主な資産の状況を把握したうえで、それらの増減分析の過程において行っていくこととなる。

1　基本情報把握の必要性

　不正会計の発見は、まずはその端緒を把握することが重要である。そして、その不正会計の端緒を財務諸表の分析により得られるかどうかは、財務諸表を読むことにより「違和感」が得られるかどうかということに尽きる。

　ここで、不正会計の端緒の把握につながる「違和感」とは、分析対象会社の財務諸表を読むことにより得られる会社の「実態のイメージ（財務諸表上の数値）」とその会社の「実態」とを対比させることから得られるギャップであり、いかにこの会社の実態を財務数値からイメージできるかが不正会計の端緒を把握できるか否かの分水嶺となる。財務諸表から会社の実態がイメージできない場合には、財務数値はただの数字となり、そこから語られるものはない。しかし、財務諸表からその実態がイメージできる場合には、財務数値が雄弁に物語るストーリーに耳を傾けることにより、「何かおかしい」と感じることができるのである。

　なお、ここで注意が必要なのは、財務分析を行うことにより不正会計の端緒の把握ができるか否かは、財務数値から会社の実態を「イメージ」できるかどうか、そして、この「イメージ」と「実態」を対比させることにより違和感を得ら

れるかどうかと説明したが、そうであれば、「実態」を知らなければ、違和感が得られないのではないかという疑問である。

この疑問に対する答えは「否」である。もちろん、会社の実態を知っていることは、全く知らないよりかは違和感を得やすくなるのは当然のことであろう。しかし、実態を知らなくても「違和感」を得ることは可能である。なぜなら、一般的なビジネスでの常識を前提に「実態」を想定し、対比させることも「違和感」を得るためには有用であるからである。

もう少し具体的に説明すると、「違和感」とは、①財務諸表から得られる会社の実態のイメージと、②実際に知っている会社の実態ないしは一般的なビジネス等における常識的な感覚との「差異」であるということである。例えば、子会社の財務諸表を分析するにあたって、自らがその子会社に出向等の経験があり、その会社の業務の内容（売上取引、仕入取引、製造活動等）を良く知っている場合には、その会社の実態のイメージは得られやすく、また、財務諸表上の数値との「差異」も把握しやすくなるであろう。今期の子会社の工場の稼働率は低下しているということを知っていた場合に、業績としての売上高が増加している場合には、「なぜ工場の稼働率が低下しているのに売上高が増加したのだろうか？」という違和感である。

これに対して、今後、自社が投資をするか否かという観点で、ある業界に属する会社の中から任意に抽出した会社の財務諸表を分析する場合、その会社の実際の業務の具体的な内容までは把握していないことが多いと思うが、その場合には、一般的な業務内容（売上取引、仕入取引、製造活動等）を前提に、その会社の財務数値との「差異」を把握していくこととなる。例えば、この分析対象会社の期末の売掛金の残高が、当該期における売上高の2倍に相当する金額であったとしよう。つまり、売掛金の滞留期間が2年以上であるという場合である。この場合、分析対象会社の売上取引に係る当該財務数値から想定される実態は、売り上げてから2年間は入金がないというビジネスモデルとなっているということが想定される。売上計上基準が、出荷基準であれば、出荷後、約2年間も売上代金の入金がない、ないしは、検収基準であれば、検収後、約2年間は売上代金の入金がないということを意味する。

これに対して、一般的に売掛金は、売上計上後、1か月から3か月後に入金される場合がほとんどであろう。もちろん、業種・業態によっては、長短の差があるかもしれないが、通常の営業循環過程、すなわち、モノを仕入れて、製造して、販売して、代金を回収して、また、モノを仕入れてという過程に鑑みれば、売掛金の決済期間が2年という長期というのは「違和感」が生じるところである。資金繰りという観点でもこのようなビジネスモデルは、ある意味破綻しているとも考えられ、これでは、資金がいくらあっても足りないことから「違和感」が生じるところである。さらには、債権管理という観点からも、経済状況の変化が激しい中で2年間という月日が得意先の経営状況等に変化をもたらし、債権の回収が不可能になるおそれもあり、これをどのように考えているかについても「違和感」が生じるところである。したがって、このような「違和感」に基づけば、この分析対象会社の売上高と売掛金は「何かおかしい」ということになり、このような「違和感」がまさに不正会計発見の端緒となり得るのである。

　このように財務諸表から読み取れる会社の実態のイメージと、知っているあるいはあるべき会社の実態との乖離が「違和感」となる。ゆえに、「違和感」を把握するためには会社の実態のイメージを持つことが重要であり、そのためにまずは、以下で説明する売上高、損益状況、キャッシュ・フローの状況、財政状態等の推移を把握することにより会社の実態のイメージの骨組みを作り、その上で重要な資産の状況に係る増減分析等を行い、これらの財務数値に意味づけをすることによって、骨組みに肉付けをしていくのである。そうして得られた会社の実態のイメージと知っているあるいはあるべき会社の実態とを比較・検討することにより、違和感を得ていくこととなるのである。

2　売上高

　分析対象会社の実態を把握する場合には、まずは、売上高の状況について把握する必要がある。売上高は増加傾向にあるのか、減少傾向にあるのか、それとも増減を繰り返しているのか。これにより、分析対象会社の業績が順調に伸びているのか、それとも悪化傾向にあるのか等を把握するのである。これが分析対象会社の企業実態をイメージする上での骨組みの一つとなる。ここから、重要な資産に係る増減分析と併せて、さらになぜ業績が伸びているのか、なぜ業績が悪化し

ているのか等について情報を収集・分析することにより、この骨組みに肉付けをしていくことになる。

③ 損益の状況

売上高の推移を把握した上で、売上総利益、営業損益、経常損益、当期損益等の損益の状況を把握する。黒字が続いているのか、赤字が続いているのか、それとも赤字で推移していたところ、黒字へと転換しているのか。

基本的には、当期損益が黒字の状態にあるときは、不正会計の可能性を念頭に分析を行うこととなる。なぜならば、実態が赤字であるからこそ、不正会計を行い黒字に見せかけようとするからである。もちろん、当期損益が赤字であっても不正会計が行われる可能性はある。分析対象会社が債務超過の場合ないしはその可能性がある場合、又は継続企業の前提に関する注記の記載の可能性や、財務制限条項に抵触する可能性等がある場合には、これらの回避のための赤字幅の縮小を目的とした不正会計が行われる可能性があることから、当該会社に係る財務分析を行う場合には、不正会計の可能性を念頭に分析を行うことになる。

したがって、当期損益が赤字であったとしても不正会計の可能性自体は排除すべきではないが、不正会計の可能性という観点からは、当期損益が黒字の場合には、赤字の場合と比較して、相対的にその可能性が高くなるのである。

④ キャッシュ・フローの状況

売上高の状況及び損益の状況を把握した後にキャッシュ・フローの状況を把握する。

キャッシュ・フローには、①営業活動によるキャッシュ・フロー（以下、「営業ＣＦ」という。）、②投資活動によるキャッシュ・フロー（以下、「投資ＣＦ」という。）、③財務活動によるキャッシュ・フロー（以下、「財務ＣＦ」という。）があり、これらを特に損益の状況との関係で判断していくことになる。

以下、損益と各キャッシュ・フローとの関係について説明する。全部で16通りの組み合わせとなる。なお、ここで「損益」については、最終損益である当期純損益を意味することとする。

基本的には、①損益が黒字で、②営業ＣＦないしは投資ＣＦが赤字の場合には注意が必要となる。なぜなら、上記のとおり、損益が黒字の場合には、不正会計

が行われている可能性を潜在的に有していることと、営業ＣＦ及び投資ＣＦの赤字は不正会計のための仮装取引に係る原資の支出による赤字である可能性があるためである。

これに対して、財務ＣＦが赤字であって、その内容が、借入金の返済や社債の償還等による赤字の場合には、実際に借入金の返済や社債の償還等による資金支出があることを意味するため、この返済原資等を営業ＣＦの黒字で確保している場合には、不正会計の可能性は相対的に低くなる。なぜなら、実際の営業活動から獲得された資金を負債の返済原資にしていることから、当該営業活動が実取引に基づくものである蓋然性が高くなるためである。

以下、損益とキャッシュ・フローのそれぞれの組み合わせについて説明する。

NO.	損益	キャッシュ・フロー			視点
		営業	投資	財務	
①	黒	黒	黒	黒	すべてが黒字である場合、一見業績等は良さそうに見えるのであるが、営業ＣＦが黒字であるにもかかわらず、財務ＣＦが黒字、すなわち、何らかの資金調達を行っている点に違和感があり、当該資金調達の方法（増資・借入等）及びその使途について注意が必要である。
②	黒	黒	黒	赤	財務ＣＦだけが赤字の場合、特に借入金の返済ないしは社債の償還による赤字の場合で当該返済原資が主に営業ＣＦの黒字による場合は、当該営業ＣＦが実取引に基づくものである可能性が高くなることから、相対的に不正会計の可能性は低くなる。ただし、投資ＣＦの黒字の内容によっては不正会計の疑義が生じることがあるので注意は必要である。
③	黒	黒	赤	黒	損益が黒字で、投資ＣＦだけが赤字の場合は、資金循環取引等の仮装取引による不正会計が思料されることから注意が必要である。特に投資ＣＦの赤字理由が、ソフトウェア等の無形固定資産の取得による増加である場合には、当該ソフトウェア等の資産の実在性に留意する必要がある。財務ＣＦの黒字の要因としての借入、社債の発行、増資等による資金調達の結果である場合には、当該資金を原資として仮装取引を行っている可能性が高くなる。

NO.	損益	キャッシュ・フロー			視点
		営業	投資	財務	
④	黒	黒	赤	赤	損益が黒字で、投資ＣＦが赤字の場合であることから、③同様に注意が必要であるが、財務ＣＦが赤字であるため、その内容によっては、不正会計の可能性は相対的に低くなる。例えば、財務ＣＦの赤字が多額の借入金等の返済による多額の赤字の場合で、その返済原資が営業ＣＦの黒字である場合には、当該営業ＣＦが実取引に基づくものである可能性が高くなる。
⑤	黒	赤	黒	黒	損益が黒字で、営業ＣＦのみが赤字の場合、資金循環取引等の仮装取引による不正会計が思料されることから注意が必要である。特に財務ＣＦが黒字であるため仮装取引に係る原資を借入金や増資で調達している可能性が考えられることから、営業ＣＦの赤字理由、財務ＣＦの黒字理由等を把握し、営業ＣＦの赤字理由が、棚卸資産等の資産の増加によるものである場合には資金循環取引の可能性が高くなるので、特に注意が必要である。
⑥	黒	赤	黒	赤	基本的には⑤と同じく資金循環取引等による不正会計の疑義があるところであるが、財務ＣＦが赤字であることから、不正会計の疑いは弱くなる。ただし、財務ＣＦの赤字理由・赤字額、投資ＣＦの黒字理由等に留意する必要がある。
⑦	黒	赤	赤	黒	営業ＣＦ及び投資ＣＦが赤字で、財務ＣＦが黒字であることから、③及び⑤同様に不正会計の可能性が高くなる。財務ＣＦの黒字により仮装取引に係る原資を調達し、これにより資金循環取引を行った結果、営業ＣＦの赤字（棚卸資産の増加等）、投資ＣＦの赤字（無形固定資産（ソフトウェア等）の増加）となった可能性がある。この場合、棚卸資産の実在性、ソフトウェア等の実在性が不正会計の有無の見極めの要点となる。
⑧	黒	赤	赤	赤	損益が黒字で、ＣＦがすべて赤字の場合、それぞれのＣＦの赤字理由に注目する。営業ＣＦ及び投資ＣＦの赤字が不正会計の兆候を示しているところ、財

NO.	損益	キャッシュ・フロー			視点
		営業	投資	財務	
					務ＣＦの赤字は実取引の可能性も示しており、これらの内容を慎重に検討する必要がある。例えば、前期の財務ＣＦが増資等により多額の黒字となっており、前期に調達した資金を原資に仮装取引を行っている可能性も考えられるところである。
⑨	赤	黒	黒	黒	損益が赤字で、ＣＦがすべて黒字であるため、業績不振のため資金調達を行い、かつ、事業規模が縮小している状況（営業ＣＦの黒字、投資ＣＦの黒字）が窺える。基本的に不正会計の可能性は低い。
⑩	赤	黒	黒	赤	損益及び財務ＣＦが赤字であることから業績不振のため資金調達も困難な状況にある場合が考えられる。事業規模も縮小していると思料される状況であり、基本的には不正会計の可能性は低いと考えられる。
⑪	赤	黒	赤	黒	損益が赤字であることから不正会計の可能性は低くなるが、財務ＣＦが黒字で、投資ＣＦが赤字であることから、赤字幅を縮小するための不正会計を行っている可能性は考えられる。
⑫	赤	黒	赤	赤	損益が赤字で、財務ＣＦが赤字であることから、不正会計の可能性は低いと考えられる。ただし、投資ＣＦの赤字の内容及び財務ＣＦの赤字の程度には留意が必要である。
⑬	赤	赤	黒	黒	損益が赤字ではあるが、営業ＣＦが赤字であり、財務ＣＦは黒字となっていることから、赤字幅を縮小するための資金循環取引等の不正会計が行われている可能性は考えられる。
⑭	赤	赤	黒	赤	損益が赤字であり、財務ＣＦが赤字であることから不正会計の可能性は低いと考えられる。ただし、営業ＣＦの赤字の原因及び財務ＣＦの赤字の程度には留意が必要である。

NO.	損益	キャッシュ・フロー			視点
		営業	投資	財務	
⑮	赤	赤	赤	黒	損益は赤字であるが、営業ＣＦが赤字で、財務ＣＦが黒字であることから、資金循環取引等の不正会計の疑義があり、赤字幅の縮小のため等の不正会計の可能性について留意が必要である。
⑯	赤	赤	赤	赤	損益及びすべてのＣＦが赤字であることから不正会計の可能性は低いと考えられるが、営業ＣＦ及び投資ＣＦの赤字の内容、財務ＣＦの赤字の程度に留意が必要である。

　ここに挙げた着眼点はいずれもキャッシュ・フローの状況に係る分析の一例である。実際には、損益の状況、財政状態等と併せて分析対象会社の全体像を把握した後、キャッシュ・フローの状況を詳細に検討していくこととなる。

　ここで重要なことは、要は不正会計が行われているかも知れないという観点でどのように損益とキャッシュ・フローの関係を見ていくのかということである。損益が黒字であっても、営業キャッシュ・フローが赤字であるというのは、通常の企業活動においても起こり得ることであり、必ずしもそれが不正会計の兆候となるものではない。しかし、一方で、不正会計を行っている場合には、その兆候の一つとして、損益が黒字、かつ、営業キャッシュ・フローが赤字として表れる。したがって、財務諸表の分析により不正会計の端緒を把握しようとする場合には、まずは当該財務諸表が粉飾されているという視点で分析すべきであり、その意味で、損益とキャッシュ・フローの関係を上記の視点でとらえる必要がある。

5　純資産の状況

　純資産の状況も分析対象会社の実態を把握するにあたっては、重要な事項となる。特に純資産の状況は、後述の「（２）不正会計の動機の存在の検討」において掲げる不正会計の動機の存在の有無の把握に資することから、分析対象会社の実態を把握するための有用な情報となる。

　例えば、分析対象会社が前期において債務超過であった場合には、上場廃止基準である２期連続の債務超過となることを避けるため、不正会計を行うことの動機が生じることとなる。また、金融機関からの資金調達について、純資産維持条

項等の財務制限条項が付されている場合に、純資産の状況が当該財務制限条項に抵触する可能性がある場合には、これを避けるための不正会計を行うことの動機が生じることとなる。

このように純資産の状況は、不正会計の動機の有無を推察するために有用な情報であり、当該純資産の状況を把握した上で不正会計の端緒の把握のための財務分析を行うことが重要となる。

6 会計監査人の異動状況[35]

会計監査人の異動状況の把握も分析対象会社の状況を把握するにあたって、参考となる事項である[36]。

会計監査人の異動は、原則として、定時株主総会において、会計監査人の任期満了に伴う退任とともに、新たな会計監査人の選任決議がなされることにより行われる（会社法第329条、同第344条第1項）。

しかし、例外的に会計監査人の異動が、定時株主総会以外の期中において行われる場合がある（一時会計監査人の選任（会社法第346条第4項）等）。この場合には、何らかの会計的な問題が会社と会計監査人との間で生じた可能性が考えられ、まずは、不正会計の存在を疑うこととなる。もちろん、会計監査人の異動が期中に行われた場合のすべてについて不正会計が存在していることを意味するわけではない。しかし、多くの場合、被監査会社と会計監査人との間に何か問題が生じたことから、通常の時期とは異なる時期に会計監査人の異動が行われるのであって、そうであるならば、不正会計の発見という視点からは、まずは不正会計の存在を疑い、その観点で財務諸表の分析を行うことが有用である。

また、いわゆる大手監査法人から中小監査法人への異動も不正会計の存在の疑義を抱かせる事由となる。会計監査人の期中異動と同様に、必ずしも大手監査法人から中小監査法人への異動が、不正会計の存在を意味するものではない。監査費用の問題も大手監査法人から中小監査法人へと異動する理由の一つとなる。し

---

35 メディア・リンクス事件、プロデュース事件を参照のこと。
36 オリンパス事件においても会計監査人の異動が行われている。前任の会計監査人であった大手監査法人がオリンパスに対して指摘した事項（買収価額が高すぎる等）について、オリンパスでは、会計監査人が経営判断に踏み込んだとして前任の監査法人を解任し、後任の大手監査法人を新たに選任した。

かし、注意しなければならないのは、その中には不正会計の存在の発覚を避けるため、会計監査人を変更する場合や、大手監査法人において監査証明業務の受嘱のリスクが高いと判断され、監査契約の更新を断られた場合等も含まれることから、不正会計発見という観点からは、まずは外形的に大手監査法人から中小監査法人への会計監査人を不正会計発見のためのきっかけとして利用することとなるのである。

7 適時開示情報等

分析対象会社の実態を把握するという意味では、分析対象会社の適時開示情報等から分析対象会社がどのような状況にあるのかを把握することも有用である。

適時開示情報は、取引所の上場規程等の規則に基づき、上場会社が、投資者の投資判断に資するため適時かつ適切に重要な会社情報の開示を行うものである。適時開示情報には、①決定事実、②発生事実、③決算内容及び決算関係情報、④子会社の情報がある。

①決定事実とは、取締役会、常務会・経営会議及び代表取締役等による決議・決定等の自己決定されたものをいい、例えば、新株発行、合併・会社分割・株式交換等、解散、自己株式取得及び固定資産譲渡・譲受、公認会計士の異動等である。②発生事実とは、会社の決定により生じる事実ではなく、会社において発生した事実をいい、例えば、災害に起因する損害又は業務の遂行の過程で生じた損害、上場廃止の原因となる事実、訴訟の提起又は判決等、公認会計士等の異動等である。③決算内容及び決算関係情報は、そのままのとおり、決算内容の開示、業績予想の修正等、配当予想の修正等である。④子会社の情報は、子会社に関する決定事実、発生事実及び業績予想の修正等である。

以上の適時開示情報は、そもそも投資者の投資判断に有用な情報であることから、当該上場会社の状況を把握するためにも有用な情報となり、適時開示情報を把握することで、不正会計発見のための財務分析に深みが出てくるのである。

(2) 不正会計の動機の存在の検討

不正会計が、意図的な財務諸表の虚偽記載であることから、その背後には必ず不正会計を行うことの動機がある。この動機については様々なものがあるが、以

下ではその典型的なものについて説明する。

　もちろん、以下のような状況が、必ずしも不正会計が行われていることを意味するわけではないが不正のトライアングルである「動機・プレッシャー」・「正当化」・「機会」が揃った時に不正が発生することから、不正会計の動機が生じる以下のような状況においては、不正会計の発見という観点からは、まずは不正会計の存在を疑い財務諸表等の分析を行うことがその第一歩となる。

1　債務超過の可能性

　債務超過とは、貸借対照表において、資産の部の額よりも負債の部の額が大きくなること、すなわち、負債の総額が資産の総額を超過した状態をいう。債務超過の状態は、過去の損失の累積額が、資本金等の額を超えることにより「純資産の部」がマイナスとなった状態であり、財務体質が極めて悪化していることを意味する。この債務超過の状態が2期連続で続くと上場廃止となる[37]。

　したがって、前期において債務超過の状態に陥った場合には、2期連続での債務超過を回避するために不正会計を行うことの動機が生じることとなる。

　この場合には、単に損益計算書上の赤字を黒字に装うといった不正会計ばかりではなく、損益計算書の赤字額を少なく見せかける不正会計や、架空増資等による不正会計の可能性が思料されるところである。

2　継続企業の前提に関する注記の可能性

　継続企業の前提に関する注記とは、貸借対照日において、①単独で又は複合して継続企業の前提に重要な疑義を生じさせるような事象又は状況が存在する場合であって、②当該事象又は状況を解消し、又は改善するための対応をしてもなお継続企業の前提に関する重要な不確実性が認められる時に、継続企業の前提に関する事項として、

・当該事象又は状況が存在する旨及びその内容
・当該事象又は状況を解消し、又は改善するための対応策
・当該重要な不確実性が認められる旨及びその理由
・財務諸表は継続企業を前提として作成されており、当該重要な不確実性の影

---

[37] 東京証券取引所の場合、有価証券上場規程第601条（5）参照。

響を財務諸表に反映していない旨
の事項を財務諸表に注記することをいう[38]。

ここで「継続企業の前提に重要な疑義を生じさせるような事象又は状況」とは、

- **財務指標関係**
  売上高の著しい減少
  継続的な営業損失の発生又は営業キャッシュ・フローのマイナス
  重要な営業損失、経常損失又は当期純損失の計上
  重要なマイナスの営業キャッシュ・フローの計上
  債務超過
- **財務活動関係**
  営業債務の返済の困難性
  借入金の返済条項の不履行又は履行の困難性
  社債等の償還の困難性
  新たな資金調達の困難性
  債務免除の要請
  売却を予定している重要な資産の処分の困難性
  配当優先株式に対する配当の遅延又は中止
- **営業活動関係**
  主要な仕入先からの与信又は取引継続の拒絶
  重要な市場又は得意先の喪失
  事業活動に不可欠な重要な権利の失効
  事業活動に不可欠な人材の流出
  事業活動の継続に不可欠な重要な資産の毀損又は喪失又は処分
  法令等に基づく事業活動の制約
- **その他**
  巨額な損害賠償金の負担の可能性
  ブランド・イメージの著しい悪化

---

38 監査・保証実務委員会報告第74号「継続企業の前提に関する開示について」（平成14年11月6日、公認会計士協会）第7項

等の事象又は状況をいう[39]。

　継続企業の前提に関する注記は、企業が将来にわたって事業活動を継続するとの前提について、監査人が検討することに対する社会の期待が存在することから、平成14年の監査基準の改定に伴い導入された制度である[40]。この背景には、平成10年前後から監査人が監査報告書において適正意見を表明した直後に倒産する事例が相次いだことから[41]、監査制度に対する社会の期待と当時の監査制度の間の期待ギャップを埋める必要があったこと、また、米国をはじめとする主要国の監査基準ならびに国際監査基準（ＩＳＡ）においては、すでに継続企業の前提に係る監査人の検討が制度化されていたことにある[42]。

　したがって、この継続企業の前提に関する注記が付されることは、企業が将来にわたって事業活動をするとの前提[43]について疑義が生じていることを意味し、その結果、当該注記を付すことが一種の会社の信用情報という性格を帯びることとなる。この結果、株価や金融機関に対する信用力の問題となり、直接・間接を問わず会社の資金調達力等に影響を及ぼすことになるため、会社としては、この継続企業の前提に関する注記の記載を避けたいという動機が生じることとなる。

　特に上記の「継続企業の前提に重要な疑義を生じさせるような事象又は状況」の例示項目のうち「財務指標関係」は、主として財務諸表に関わるものであることから、継続企業の前提に関する注記の記載を回避するための不正会計の動機となり得るものである。

　このため、特に前期において継続企業の前提に関する注記を記載した会社にあっては、当該注記の解消が経営上の課題の一つとなる。そして、本来であれば、事業の見直し、新製品・新サービスの開発、コストの見直し等による当該注記の解消を図ることになるのであるが、中には安易に不正会計を行うことにより

39　財務諸表等規則ガイドライン8の27-2、監査・保証実務委員会報告第74号「継続企業の前提に関する開示について」（平成14年11月6日、公認会計士協会）第4項
40　平成14年改訂監査基準前文三6（1）
41　盛田良久等編著『監査論第2版』（中央経済社、平成21年11月）402頁
42　平成14年改訂監査基準前文三6（1）
43　企業会計の理論を形成するための基礎概念である会計公準として、①企業実体の公準、②継続企業の公準、③貨幣的測定の公準がある（安藤英義等編集代表『会計学大辞典第五版』（中央経済社、平成19年5月）125頁）。継続企業の前提に関する注記は、このうち②継続企業の公準に関して生じる実務上の期待ギャップを埋める制度となる。

解消を図ろうとする会社もあり、当該注記が付される可能性がある場合、ないしは、当該注記が付された後、翌期において当該注記の記載が解消されている場合には、不正会計の存在を前提に財務諸表等の分析を行うこととなる。

③ 第三者割当増資等のファイナンスの状況

　債務超過や継続企業の前提に関する注記を解消するための手段として増資を行う場合がある。一般的には、このような業績や財政状態が悪化している会社において、公募増資による資金調達を行うことは実務上困難な場合が多い。そのため、業務提携や資本提携を行うことにより自社及び当該提携先にメリットがある会社を割当先とする第三者割当による新株及び新株予約権の発行（以下、「第三者割当増資」という。）を行うこととなる。

　しかし、このような第三者割当増資であったとしても債務超過や継続企業の前提に関する注記がなされているような会社の新株等を引き受ける会社を見つけることは困難が予想される。もちろん、具体的に業務提携等により割当先企業においても業務上のシナジー効果が得られるような場合は当然にはあるが、必ずしもそのような会社ばかりではないのが実際のところである。

　そこで割当先に何らかのメリットのある方法での第三者割当増資が出てくることになる。そもそも第三者割当増資は、発行会社の新株等を引き受ける会社において、当該新株等の引受けに業務上・資本上のメリットがあることから、当該株式を長期に渡って保有し、発行会社との関係を強化するためのものである。また、発行会社においても調達した資金をもとに事業活動を行い、この結果、企業価値が高まることにより、発行会社の既存株主にとっても一時的な希釈化によるデメリットを補えるものと考えられていた。

　ところが、近年においては、割当先において、第三者割当増資により引き受けた新株を市場等ですぐに売却してしまうケースが多くなってきたのである。

　その理由としては、割当先にメリットのある第三者割当増資の方法として、下方修正条項付の転換社債（Moving Strike Convertible Bond）（以下、「ＭＳＣＢ」という。）が利用されることとなったためである[44]。ＭＳＣＢとは、転換社債から株式への転換価額に市場の株価の動きに応じた下方修正条項が付されているものである。したがって、ＭＳＣＢの引受先は、株価が下落したとしても常にその転換

価額は株価よりも低くなることから、引受先における転換による株価の下落によるリスクを極力排除した仕組みとなっている。

このことから、例えば、ＭＳＣＢの引受先が、信用取引による売りから入り、株価を下げる中、ＭＳＣＢを市場価額よりも低い価額で株式に転換し、当該新株を市場で売却し、利益を得るとともに、当該新株の売却によりさらに市場価額を下げ、最終的には、信用取引を反対売買によりさらに利益を得るという手段に用いられていた。このように割当先に利益をもたらすＭＳＣＢを用いることによって、債務超過や継続企業の前提に関する注記を解消しようとする会社が見受けられることとなった。

しかし、このようなＭＳＣＢは、それ自体は、会社の資金調達の一手段であるが、その発行条件及び利用方法次第では株式の希薄化などによって既存株主に不利益をもたらし得るものであることから、取引所等の対応が厳格化[45]し、次第にその件数が減少することとなった。

このような状況の中で、債務超過や継続企業の前提に関する注記等を回避するための第三者割当増資として行われるようになったのが、不適切な第三者割当増資であった。具体的には、希薄化率が300％を超える第三者割当増資など、上場会社の資金調達方法としては疑義を抱かざるを得ないようなものである。しかし、これに対しても取引所等の対応が厳格化[46]したことにより、割当先にメリットのある第三者割当増資を行うことが困難な状況となっていったのである。

このような状況の中、債務超過や継続企業の前提に関する注記を回避するために見せ金による架空増資や現物出資を悪用した架空増資が増えていくことになった。このため、証券取引等監視委員会では、このような第三者割当増資という発行市場における不公正な取引について、不公正ファイナンスという枠組みで市場

44　平成14年商法改正後の現行制度上は、行使価額に下方修正条項が定められた新株予約権付社債（会社法第２条第22項）（ＭＳＣＢ）及び新株予約権（会社法第２条第21項）（ＭＳワラント）が同様の効果を有する。

45　平成19年６月には「ＭＳＣＢ等の発行及び開示並びに第三者割当増資等の開示に関する要請について」（東京証券取引所）が公表され、平成19年11月にはＭＳＣＢの開示に関連した有価証券上場規程の一部が改正された。

46　東京証券取引所では、平成21年８月24日施行の有価証券上場規程の改正により希釈化率が300％を超える第三者割当増資を行った場合には、原則として上場廃止となることとした。

監視を強化し、悪質なものについては、以下のとおり犯則事件として告発をおこなっている。

- ・ペイントハウス事件（偽計（見せ金））（平成21年7月14日告発）
- ・ユニオンホールディングス事件（偽計（見せ金）（平成21年12月24日告発）
- ・トランスデジタル事件（偽計（見せ金））（平成22年3月26日告発）
- ・ＮＥＳＴＡＧＥ事件（偽計（現物出資））（平成23年8月2日告発）
- ・井上工業事件（偽計（見せ金））（平成23年12月12日告発）
- ・セラーテムテクノロジー事件（偽計（見せ金）（平成24年3月26日告発）

架空増資事件は、過去においても公正証書原本不実記載等罪（刑法第157条）として事件化されていた[47]が、上記のような背景を伴い、近年は金商法（偽計）違反（金商法第158条）として処理されている。

このように、従来は発行市場における金商法違反は、有価証券届出書に係る虚偽記載が主であり、その他の内部者取引、相場操縦等は、流通市場における不公正取引として位置付けられてきたところ、不適切な第三者割当増資の増加に伴い、発行市場においても第三者割当増資を中心に開示書類の虚偽記載、内部者取引、相場操縦、そして、風説の流布・偽計等が併せて行われることなったことから、このような様々な金商法違反を伴うファイナンスという意味において、不公正ファイナンスが注視されるようになった。

以上のことから、最近の証券市場の動向に鑑み、債務超過や継続企業の前提に関する注記の可能性がある会社が第三者割当増資を行った場合には、当該第三者割当増資の割当先、内容、必要性等と併せて、不正会計の可能性を念頭に財務諸表等の分析を行うこととなる。

④ 財務制限条項等の抵触の可能性

財務制限条項とは、協調融資取引（シンジケートローン）等に際して、金融機関が債務者（上場会社等）に貸付を行うに当たって、「債務者の財政状態、経営成績が一定の条件に該当する場合には、債務者は借入金について期限の利益を失い直ちに一括返済の義務を負う」とする契約上の条項をいう。コベナンツ（Covenants:

---

[47] 駿河屋事件、丸石自転車事件

あらかじめ設定した条件に該当する事象が生じた場合に、その効力が発生する条項）の一種である。協調融資取引の場合、原則、銀行取引約定書の適用対象外となるため無担保・無保証の取引もあることから、参加金融機関が融資対象企業の財政状態及び経営成績等を確認するための条項である。

財務制限条項には、純資産維持条項、利益維持条項、現預金維持条項等がある。純資産維持条項としては、純資産額が○○円以上を維持、自己資本比率が○○％以上を維持、純資産額が前期決算期の○○％を維持等の条件が、利益維持条項としては、経常利益が黒字を維持等がある。

財務制限条項に関しては、有価証券報告書等の「事業等のリスク」において記載される。

このように財務制限条項に抵触した場合には、上場会社は、借入金に係る期限の利益（約定による返済期日までは返済義務を負わない）を喪失することにより、資金繰りに重大な影響を与える可能性が生じるため、財務制限条項に抵触するか否かは、参加金融機関にとっては当然のことながら、投資者にとっても投資判断に重要な影響を与える事項であることは明らかである。

なお、実務上、財務制限条項に抵触した場合であっても直ちに返済を求められない場合も多いが、財務制限条項に抵触するような状態にあることの開示を行うことが投資者の投資判断を行うに当たって重要であることに変わりはない。

したがって、このような財制限条項に抵触する可能性がある会社又は抵触した会社においては、当該財務制限条項に抵触したことを隠蔽するため、又は、財務制限条項に抵触することを回避するための不正会計の動機が存在することなることから、このような会社の財務分析に当たっては、不正会計の存在を念頭に行うべきこととなる。

5 自己の地位保全等

不正会計の動機という観点では、経営者の自己の地位保全のための不正会計が考えられる。例えば、業績不振による経営者責任の追及を避けるため不正会計を行うような場合等である。外形的には、代表取締役の在任期間が長期間にわたっている場合や、配当の実施状況等がその一つの切り口となる。

したがって、このような会社の財務分析を行う場合には、潜在的に不正会計の

動機があることを前提に財務分析を行うこととなる。

⑥ その他

以上、例示的に不正会計の動機が存在すると考えられる状況について説明した。

ただし、不正会計の動機は、それぞれの会社毎に異なるものであり、必ずしも上記に掲げた場合に限られない。類似の動機もあれば、特有の動機もある。したがって、有価証券報告書等の開示書類や適時開示情報、さらには、新聞・雑誌等の記事情報等と併せて分析対象会社の状況を把握し、不正会計を行うことの動機が思料される場合においては、不正会計の存在を前提に財務分析を行うことになる。

なお、不正会計は、不正会計の動機に基づき行われることから、当該動機が財務諸表のどのような記載に係るものかを推測し、その観点で財務分析を行うことが有用であると考える。

4．資産から読む

(1) 資産から読むとは

財務諸表には、貸借対照表、損益計算書及びキャッシュ・フロー計算書等があるが、不正会計の端緒を把握するという趣旨では、貸借対照表を中心に、その中でも特に「資産」に焦点を当て分析することが有用である。

「粉飾」といった場合、一般的に売上の過大計上や原価・費用の過少計上による利益の過大計上を意味する。したがって、不正会計が行われている場合、それはまさに損益計算書の虚偽記載として表示されるのであるが、損益計算書上は、正常な取引と架空取引等の異常な取引が混在してしまうことを原因として、その端緒の把握が困難になる。また、損益計算書に計上される売上取引や費用取引等の損益取引は、期間損益の原則に基づき実現ないしは発生した期間の損益として計上されることから、前期以前の会計期間との取引の関連性がない。

これに対して、粉飾等の不正会計が行われた場合、ほぼすべての場合において貸借対照表にその影響が派生する。

例えば、不正会計の手口として、架空売上が計上された場合には、当該架空売上の計上に伴い架空売掛金もまた計上されることになるのである。

手口	借方		貸方	
架空売上高の計上	BS	売掛金（架空）	売上高（架空）	PL

　そして、不正会計が行われた会計期間において計上された「売掛金」は、回収されない限り、貸借対照表上の資産として翌期以降も計上され続けることになる。しかし、売掛金が長期間に渡って未回収の状態、すなわち、滞留している場合には、期末時点においてその回収可能性を検討し、回収不能と判断された場合には、当該売掛金に係る回収不能見込み額として貸倒引当金を設定し、当該期における回収不能見込額を貸倒引当金繰入額として費用計上しなければならなくなる。

　もちろん、当該売掛金は、架空債権であることから、そのままにしておけば回収されることはないため、本来は全額回収不能となるのであるが、粉飾をしたにもかかわらず多額の損失を計上しては粉飾をした意味がなくなってしまうため、貸倒引当金の設定に係る損失計上を避けるため、当該売掛金があたかも回収されたかのように装う仮装取引を行うこととなる。例えば、自社の現預金等を、何らかの名目（買掛金等の支払債務の決済名目、貸付金の貸付名目、ソフトウェア等の取得名目等）で支出し、これをいったん簿外化したうえで、当該架空売掛金に係る得意先からの債権回収名目で、再び自社名義の預金口座に入金するのである。

　この結果、架空資産であった当該架空売掛金は入金済みとなり貸借対照表上から消えることとなるが、一方で当該売掛金の回収原資となった自己資金を自社の預金口座から出金する際に、資産取得名目等で支出したことから、結果として新たな架空資産が貸借対照表に計上されることとなる。

　例えば、買掛金等の債務支払名目であれば、当該債務は架空債務であり、この架空債務を計上する際の相手勘定は「原材料仕入」、「商品仕入」等となるが、当該仕入を当期の原価に含めると、その結果、架空売掛金に係る貸倒引当金を設定したのと同様に原価等が増加し、利益が減少してしまう。したがって、この利益の減少を避けるため、当該架空仕入を期末の在庫として計上する。その結果、期末の貸借対照表上は、架空売掛金の代わりに架空在庫が計上され、前期以前に行った不正会計の膿が、貸借対照表上、ずっと引き継がれていくことになる。そ

して、この不正会計の膿は、不正会計が毎期継続して行われ続けるほどその金額は多額となり、貸借対照表に占める割合が多くなるのである。

したがって、不正会計、特に粉飾は、損益計算書上の虚偽記載なのであるが、その影響は貸借対照表にもおよび、そして、その不正会計の膿は、貸借対照表に沈澱していくが如く、貸借対照表を蝕み、徐々にその姿を現していくのである。

したがって、不正会計の端緒の把握のための財務諸表の分析を行う場合には、貸借対照表、特に「資産」に焦点をあてることが有用であり、早いタイミングでその徴候を把握することが大事となる。

なお、不正会計の結果が、貸借対照表の「負債」に影響することもあるが、この場合、負債の過大計上となるのではなく、負債の過少計上、すなわち、簿外負債となることが多い。簿外負債に焦点を当てることは難しいため、基本的には資産に焦点を当て分析を行うこととなる。

(2) 資産の著増減の判断基準

「資産から読む」とは具体的にはどのようにすることか。

それは、各資産の毎期の金額の推移等に著しい増減があるかどうか、すなわち、著増減の有無を把握し、当該著増減の原因分析を行うということである。

資産の著増減の判断に当たって基本的な分析となるのが、期間比較である。期間比較すべき数値は、金額、構成比、滞留期間、回転期間等である。この比較すべき期間は、事業年度末はもちろんのこと四半期事業年度末における残高も併せて分析・検討することは不正会計の端緒の把握に当たっては有用である。

金額の期間比較には、当該資産科目全体の計上金額の推移や内訳別の金額の推移等がある。

構成比の期間比較には、総資産に占める構成比のほか、流動資産、有形固定資産、無形固定資産、投資等の当該資産の属する区分における構成比がある。

滞留期間は、主に売掛金に係る比率であり、回転期間は、主に棚卸資産に係る比率であり、これらについては、後述「3　主な資産の読み方」においてそれぞれ説明する。

(3) 手口を想定する

　このように当該資産に係る期間比較又は年度分析等を行い、その著増減の有無又は異常値等を把握し、当該著増減等の原因を想定することになるが、この際、単に当該資産の著増減理由等を経営分析的に検討するのではなく、当該著増減が何らかの不正会計の手口の徴候を示すものではないかという観点で検討することが肝要となる。すなわち、常に分析のその先に不正会計の手口を意識し、当該財務数値に係る傾向等が何らかの不正会計の手口の兆候ではないかという視点で分析を行うことが、不正会計発見のための財務分析においては最も重要となる。

　そして、そのためには不正会計の手口を知り、財務諸表、特に貸借対照表上、どのような傾向が出るのかを理解しておく必要がある。不正会計の手口に関しては、後述「第4章　不正会計の手口とその発見方法」において説明する。

3　主な資産の読み方

　資産から読む場合、重要な資産について検討することになるが、どの資産が重要であるかは、会社の業種・業態等によって異なっており、相対的な重要性とならざるを得ない。

　ここでは、一般的に重要な資産となり得る資産科目について、その資産の読み方について説明する。なお、それぞれの説明において疑義が生じる手口についても触れているが、なぜそのような手口の存在が疑われるかについては、後述「第4章　不正会計の手口とその発見方法」において説明する。

　なお、ここで説明する分析方法や検討方法については、基本的には、一般的に用いられる分析方法や検討方法と大きく異なるものではない。本質的な違いは、その「視点」であり、今、目の前にある財務諸表の背後に不正会計の存在を「意識的」にイメージできるかどうか、そして、財務諸表を通して不正会計の兆候を把握できた場合には、その時点で平時対応から有事対応へと頭を「意識的」に切り替えることができるかどうかということである。

　不正会計を発見するための特別な分析方法や検討方法があるわけではない。分析方法や検討方法はあくまでも単なる「道具」に過ぎず、要はこの「道具」をど

のように使うかの使い手の問題となる。

　不正会計の端緒を把握するための財務分析の方法は、一般的な実務において用いられる財務分析の方法である推移分析等を基本とする。したがって、使い手の意識が、平時を前提としていた場合には、又は、無意識のうちに平時の認識のままである場合には、結局のところ、不正会計を発見しようとしても、その感覚は平時での経営分析目的や業務改善目的等のままであることから、財務分析の結果、不正会計の端緒の把握に至ることは難しいであろう。また、当然のことながら財務諸表に係る財務分析により不正会計の端緒を把握するためには、不正会計の手口の内容を知り、それぞれの手口が行われた結果、どのような兆候が財務諸表に表れるかを知っておかなければならない。

　また、不正会計の端緒に基づき、当該端緒を掘り下げ、事実確認を行う際においても、平時における経営分析目的、業務改善目的等の分析・質問・確認等の一般的な手法は、当然に不正会計という有事の場面においても有用であるが、有事の場面において平時の感覚でそれらの手法を用いたとしても、不正会計の実行者等の証拠の隠蔽・隠滅、証憑類の偽造・虚偽記載、関係者の口裏合わせ等により騙されてしまうだけである。

　したがって、以下の主な資産等の推移から不正会計の兆候を把握するためには、また、当該兆候を掘り下げ事実関係を明らかにしていくためには、頭を有事に切り替え、把握した不正会計の兆候の内容に応じて、不正会計か否かを見極めるための事実を判断し、当該事実に係る確認は、妥協を許さず基本に忠実に行うべきことが肝要となる。

　なお、以下で説明する分析方法はあくまでも例示にしか過ぎない。不正会計の早期発見にあたっては、何よりも「違和感」が大事であり、この「違和感」は人によってそれぞれ異なるものである。各自のセンスによって、創意工夫をすることによって、以下の例示を参考にそれぞれの感覚で違和感を得やすい分析方法等を創り出して頂きたい。

１．売掛金

　売掛金とは、得意先との間の通常の取引に基づいて発生した営業上の未収金を

いう[48]。

　売掛金は、架空売上を計上した場合、それに対応して架空売掛金が計上される場合が多く、不正会計の発見に当たって特に重要な勘定科目である。

（1）　期間比較

　売掛金に着目する場合、まずは、毎期の売掛金残高の推移を把握する。売掛金残高は、どのような推移をしているのか、増加傾向にあるのか、減少傾向にあるのか、それとも増減を繰り返しているのか。この期間比較は、事業年度末の売掛金残高だけではなく、四半期末及びデータが入手可能であれば月次での期間比較も不正会計の端緒の把握にあたっては有用である。

　基本的には、売掛金が増加傾向にある場合には、不正会計の疑義が高まることになる。したがって、その場合には、売上高等のその他の勘定科目の推移や売掛金の滞留期間等の推移と併せて売掛金の増加理由を詳細に検討する必要がある。

（2）　売上高との関係

　売掛金の増減理由を検討するために、毎期の売上高の推移を併せてみることになる。売上高の増減傾向と売掛金の増減傾向には関連性があるのかないのか。売上高が増加傾向にあるときは、売掛金残高も増加傾向にあることが多い。また、逆もしかりである。売上高が増加傾向にある場合であっても、売上高の増加以上に売掛金残高が急増している場合には、「売上の前倒し計上」や「売上の架空計上」等の不正会計の手口の存在が疑われる。期末直前での押し込み販売や、期末直前での利益確保のための架空売上の計上である。

　エフオーアイ事件[49]では、上場時の有価証券届出書によれば、上場直前期である平成21年3月期においてエフオーアイの連結売上高は、118億5,596万円であったところ、連結ベースでの売掛金残高は、228億9,595万円と、売上高の2倍近い売掛金が計上されていた（**売掛金－図1**）。売掛金と売上高との関係でいえば、通

48　安藤英義・新田忠誓・伊藤邦雄・廣本敏郎編『会計学大辞典第五版』（中央経済社、平成19年5月）61頁
49　エフオーアイ事件の詳細については、「第四部　不正会計－事例からの検討　第1章　犯則事件・刑事事件　2　事件の概要　5．エフオーアイ事件」を参照のこと。

売掛金-図1 株式会社エフオーアイ「有価証券届出書（平成21年10月16日提出分）」[50]

2 【財務諸表等】
（1）【財務諸表】
① 【貸借対照表】

(単位：千円)

	前事業年度 (平成20年3月31日)	当事業年度 (平成21年3月31日)
資産の部		
流動資産		
現金及び預金	1,328,194	2,630,336
売掛金	18,211,985	22,895,952
仕掛品	2,580,948	3,325,763
前払費用	64,800	88,781

(略)

② 【損益計算書】

(単位：千円)

	前事業年度 (自 平成19年4月1日 至 平成20年3月31日)	当事業年度 (自 平成20年4月1日 至 平成21年3月31日)
売上高		
製品売上高	9,496,817	11,855,960
売上高合計	9,496,817	11,855,960
売上原価		
当期製品製造原価	5,345,711	※1 6,754,572
製品売上原価	5,345,711	6,754,572
製品保証引当金繰入額	176,754	260,943
売上総利益	3,974,350	4,840,444
販売費及び一般管理費	※2,3 2,174,224	※2,3 2,373,858

常のビジネスモデルで考えれば、年間の売上高の2倍近い売掛金が残るということは、異常であり、違和感が生じるところである。これは、前年度の売掛金がほとんど回収できていないことを意味し、事業の継続性という観点からも通常であればおかしいと感じる現象であり、そもそも売上高の計上基準がおかしいのか[51]、または、長期滞留債権ないしは架空債権の存在が想定できるところである。いずれにしても不正会計の兆候となり得る事象である。

---

50 金融庁のEDINETにより開示された書類より抜粋。
　（注）本書で掲載している有価証券報告書及び有価証券届出書はすべて、過去に掲載されたものの含め、EDINETにより開示されたものより抜粋しています。
51 エフオーアイの売上高の計上基準は、「設置完了基準」を採用していた。

なお、エフオーアイの平成21年3月期の実際の売上高は約5億円であったとのことである[52]。

また、売上高との比較においては、四半期毎の売上高と売掛金残高との比較も有用である。どの時点で不正会計の動機が生じたのかの判明に資する場合がある。さらに、入手可能である場合には、月次での状況の把握も有用であると考える。どの時点で売掛金が増加傾向にあるのかを把握するためにはできる限り期間を短く区切った方がわかりやすくなる。事業年度よりも四半期、四半期よりも月次である。

月次による分析ができるのは、自社ないしは子会社等の経理データが入手可能な場合に限られるが、月次で分析することにより売掛金の増加の傾向（期末月、四半期期末月に増加するのか、売上高の推移と無関係に毎月増加しているのか、ある月に突然増加したのか等）の有無が把握できる。売掛金の増加の傾向がわかれば、それに対応する売上取引に着目してさらに詳細を調べていくこととなる。

(3) 滞留期間

売掛金の滞留期間とは、売掛金の回収にどの程度の期間を有しているかを示すものである。

売掛金の滞留期間の計算方法は、以下のとおりであり、簡便的に算定した売掛金の期中平均残高を、年間の売上高を12か月（あるいは365日）で割ることにより求めた平均的な1か月（あるいは1日）の売上高で除すことにより、売上高の何

$$売掛金の滞留期間 = \frac{（前期末売掛金残高＋当期末売掛金残高）÷ 2}{売上高 ÷ 12} \text{（か月）}$$

又は、

$$売掛金の滞留期間 = \frac{（前期末売掛金残高＋当期末売掛金残高）÷ 2}{売上高 ÷ 365} \text{（日）}$$

52　平成22年7月21日付日本経済新聞朝刊「続発する不正会計・上」

か月分（何日分）に当たる売掛金が計上されているかを求めるものである。

　例えば、売掛金の決済条件が「月末締め、翌月末払い」であった場合には、貸借対照表に計上されている売掛金の残高は、基本的に決算月に計上された売掛金のみとなり、この場合、売掛金の滞留期間は、概ね1か月程度となる。「概ね」というのは、売上の計上時期に季節変動や時期によって多い少ないという違いがある場合には、若干1か月を前後する場合があるからである。

　この売掛金の滞留期間は、有価証券報告書の「経理の状況」のおける「主な資産及び負債の内容」において「売掛金」が主な資産に該当する場合には併せて滞留状況として滞留期間を記載することとなっている[53]。

　滞留期間については、当該会社の業種・業態等も併せて検討し、3か月を超える場合や、年々長期化傾向にある場合には売上の前倒し計上、売上の架空計上等の可能性を想定し留意が必要である。

　エフオーアイ事件では、上場時の有価証券届出書によれば、上場直前期である平成21年3月期においてエフオーアイの連結売上高は、118億5,596万円であったところ、連結ベースでの売掛金残高は、228億9,595万円と、売上高の2倍近い売掛金が計上されていた。この結果、売掛金の滞留状況は、「633日」（1.7年）となっていた（売掛金－図2）。約2年近くも売掛金が回収できないというビジネスモデルはやはり異常であろう。そして、この感覚が「違和感」となる。

（4）　相手先別の明細

　全体として売掛金が増加傾向にあり、不正会計の兆候がある場合には、さらに売掛金の相手先別の明細を入手することが有用である。また、当該相手先別明細を複数年度に渡って入手できる場合に、これを期間比較することにより、特定の得意先に対する売掛金の残高が年々増加していることが判明した場合には、当該得意先に対する売上取引等を中心に調査を進めていくことになる。その他、会社の実態と比較して関連性のない得意先や、毎年、売掛金の計上額が端数のないラウンドの金額になっている得意先など調査を要する得意先の把握に資することに

53　企業内容等の開示に関する内閣府令第三号様式（有価証券報告書）（記載上の注意（53））、第二号様式（有価証券届出書）（記載上の注意（73））

売掛金－図2　株式会社エフオーアイ「有価証券届出書（平成21年10月16日提出分）」

ロ　売掛金の発生及び回収並びに滞留状況					
前期繰越高 （千円） （A）	当期発生高 （千円） （B）	当期回収高 （千円） （C）	次期繰越高 （千円） （D）	回収率（％） $\dfrac{(C)}{(A)+(B)}\times 100$	滞留期間（日） $\dfrac{\dfrac{(A)+(D)}{2}}{\dfrac{(B)}{365}}$
18,211,895	11,856,164	7,172,107	22,895,952	23.9	633

（注）　消費税等の会計処理は税抜方式を採用しておりますが、上記金額には消費税等が含まれております。

なる。

　この相手先別の明細は、社内調査であれば、当然に経理部等で作成しており、法人税確定申告書においてもその内訳明細が添付されている。

　また、他社のものであれば、上場会社の場合には、当該会社の有価証券報告書の「経理の状況」における「主な資産及び負債の内容」において、金額の多い順に上位5社程度が記載されており[54]、同じく有価証券報告書上の「事業の状況」における「生産、受注及び販売の状況」に記載される受注及び販売の状況と主要な販売先（売上高の10％以上）に係る相手先別の販売実績等の記載[55]が参考となる。

　その他、非上場会社の場合であれば、帝国データバンク等の民間の企業情報サービスを利用することにより主要な販売先等の把握が可能となる。

（5）　年齢調べ

　年齢調べとは、売掛金の計上日から現在までの滞留期間を調べることである。

　前記売掛金の滞留期間の算定は、売掛金全体に係るオーバーオール的な分析方法であるが、年齢調べは、個別の売掛金についてその滞留期間を調べることとなる。したがって、年齢調べは、売掛金毎に、発生年月日、回収状況等の情報が必要となることから、自社ないしは子会社等に対する調査において可能となる方法である。

54　企業内容等の開示に関する内閣府令第三号様式（有価証券報告書）（記載上の注意（53））、第二号様式（有価証券届出書）（記載上の注意（73））
55　企業内容等の開示に関する内閣府令第三号様式（有価証券報告書）（記載上の注意（11））、第二号様式（有価証券届出書）（記載上の注意（31））

この年齢調べにおいて、滞留期間が長期化しているものを把握した場合には、当該売掛金については、架空債権の可能性、ないしは貸倒引当金の過少計上の可能性があることから、さらに詳細な調査を行うこととなる。

　例えば、架空債権の観点でいえば、長期滞留売掛金の相手先の傾向（特定の取引先だけなのか、複数の取引先に分かれているのか等）及び取引先の概要、計上時期の偏り（特定の時期（決算期末日前・四半期決算期末日前等）に集中しているのか、特に規則性はないのか）、当該債権発生原因となる売上取引に係る証憑類（稟議、見積書、注文請書、製造指示書、出荷指示書、納品書、検収書、請求書等）や取引の内容等を把握し、さらに当該取引による利益の状況や対応する原価に係る仕入先等、当該取引先に係るその他の取引の状況及び入金状況等についても確認し、これらを総合的に勘案して売上の前倒し計上、売上の水増し計上、売上の架空計上等の可能性を検討し、さらにその事実解明のための端緒を把握するのである。

　また、貸倒引当金の過少計上の観点でいえば、当該長期滞留債権に係る貸倒引当金の設定状況及びその理由等を経理部等から入手するとともに、さらに当該取引先の直近の財務諸表を入手し、貸倒引当金の設定状況に関する判断の妥当性等を検討することとなる。

2．棚卸資産

　棚卸資産とは、直接又は間接に販売を目的として保有される財貨等であり[56]、具体的には、商品、製品、半製品、原材料、仕掛品、販売用不動産等の会社の在庫等である。棚卸資産の内容は、会社毎に異なることから、ここではすべて「棚卸資産」としてまとめて説明する。

　棚卸資産を利用した不正会計の手口には、実際原価を棚卸資産に付け替えて架空利益を計上する方法や、又は、仮装取引に係る架空原価を棚卸資産に付け替えて架空利益を計上する方法があり、売掛金と同様に不正会計の発見に当たって特に重要な勘定科目となる。

56　安藤英義・新田忠誓・伊藤邦雄・廣本敏郎編『会計学大辞典第五版』（中央経済社、平成19年5月）912頁

「棚卸資産」が、不正会計の兆候を発見するための重要な資産となる会社は、主に不動産業や製造業等を主な事業とする会社であり、サービス業等の棚卸資産をあまり抱えない会社にあっては、棚卸資産に不正会計の兆候が出る可能性は少ない。

　しかし、逆に会社の行う事業から判断して、通常は棚卸資産が計上されることがないにもかかわらず、多額の棚卸資産が計上されていた場合には、当該棚卸資産の増加理由について特段の留意が必要となる。例えば、新規事業の開始により棚卸資産が突然に増加した場合には、当該新規事業に係る売上高及び利益等の状況を把握し、新規事業の開始早々に利益が計上されていた場合等には、不正会計の可能性を念頭に検討を行うこととなる。

　なお、例えば、製造業における生産形態と想定される棚卸資産に係る不正会計の手口の関係は、例えば、以下のとおりである。

生産時期	生産品種・生産量	生産方式	不正会計の手口
受注生産[57]	多品種少量	個別生産	実原価の棚卸資産への付替え 架空原価の棚卸資産への付替え （評価損の不計上・過少計上）
見込生産[58]	少品種多量 中品種中量 変種変量	ロット生産 連続生産	評価損の不計上・過少計上 （実原価の棚卸資産への付替え） （架空原価の棚卸資産への付替え）

　受注生産の場合、基本的には個別原価計算が採用されることから、架空の仕掛品、製品等の在庫計上が容易となる。なぜなら、架空製番や架空のプロジェクト番号を個別に採番し、これに架空原価を付けることにより架空在庫の計上が可能となるからであり、標準規格製品等の少品種多量生産における総合原価計算等を採用する場合よりも架空在庫の計上が相対的にしやすくなる。この結果、生産形態が受注生産の場合、「実原価の棚卸資産への付替え」や「架空原価の棚卸資産への付替え」による架空在庫の計上による不正会計が行われる可能性が高くな

---

[57] 顧客が定めた仕様の製品を生産者が生産する形態（JIS規格：Z8141-3204）
[58] 生産者が市場の需要を見越して企画・設計した製品を生産し、不特定な顧客を対象として市場に製品を出荷する形態（JIS規格：Z8141-3203）

る[59]。もちろん、滞留在庫、不良在庫等に係る「評価損の不計上・過少計上」の可能性もなくなるわけではないが、受注生産の場合、相対的に利益の水増しのための架空在庫の計上の有無に留意すべきであろう。

一方、見込生産の場合には、ロット別総合原価計算等が採用されることから、架空在庫の計上の可能性は、個別原価計算を採用している場合よりも少なく、受注見込の誤り等を原因とする滞留在庫・不良在庫等に係る「評価損の不計上・過少計上」の可能性が高くなる。ただし、これらはあくまでも相対的なやりやすさであり、不正会計の発見に係る調査時において、生産形態によって不正会計の手口の可能性を排除すべきではない。

(1) 期間比較

棚卸資産に着目する場合、まずは、毎期の棚卸資産残高の推移を把握する。棚卸資産残高は、どのような推移をしているのか、増加傾向にあるのか、減少傾向にあるのか、それとも増減を繰り返しているのか。この期間比較は、事業年度末の棚卸資産残高だけではなく、四半期事業年度末やデータが入手可能であれば、月次での期間比較も不正会計の端緒の把握にあたっては有用である。

基本的には、棚卸資産が増加傾向にある場合には、不正会計の疑義が高まることになる。したがって、その場合には、売上高等のその他の勘定科目の推移や棚卸資産の回転期間等の推移と併せて棚卸資産の増加理由を詳細に検討する必要がある。

(2) 売上高との関係

売上高と棚卸資産との関係を示す指標としては、次に説明する回転期間があるが、ここでは、売上高と棚卸資産との金額ベースの比較について説明する。

棚卸資産の増減は、受注や仕入、製造のタイミングによっては、必ずしも売上高と同様の増減をするとは限らないが、基本的には、売上高が増加傾向にある場合は、棚卸資産も増加する傾向にある。ただし、毎期の売上高の推移が増加傾向にある中で、棚卸資産の増加傾向が売上高よりも著しい場合（棚卸資産－図1）

---

59 過去の犯則事件の多くはこの生産形態である。

には、「実原価の棚卸資産への付替え」や「架空原価の棚卸資産への付替え」による架空利益の計上の疑義が生じる。特に売上高も増加し、棚卸資産はさらに増加するような場合には、資金循環取引等による「架空売上の計上」及び「架空原価の棚卸資産への付替え」が疑われる状況となる。

なお、この兆候は、次の回転期間の長期化としても表れるものである。

プロデュース[60]では、平成18年6月期の売上高が前年対比で189.3％（＝

棚卸資産－図1　株式会社プロデュース「有価証券報告書（平成18年6月期）」

【財務諸表等】
（1）【財務諸表】
①【貸借対照表】

区分	注記番号	前事業年度 （平成17年6月30日）		当事業年度 （平成18年6月30日）	
		金額（千円）	構成比（％）	金額（千円）	構成比（％）
（資産の部） Ⅰ　流動資産 　1　現金及び預金 　2　受取手形 　3　売掛金 　4　原材料 　5　仕掛品 　6　前渡金	※1,5	288,964 84,270 654,029 12,638 240,016 192		623,634 476,554 947,126 49,712 2,031,789 ―	

（略）

②【損益計算書】

区分	注記番号	前事業年度 （自　平成16年7月1日 至　平成17年6月30日）		当事業年度 （自　平成17年7月1日 至　平成18年6月30日）	
		金額（千円）	百分比（％）	金額（千円）	百分比（％）
Ⅰ　売上高		3,109,763	100.0	5,885,618	100.0
Ⅱ　売上原価 　1　当期製品製造原価 　　　売上総利益		2,550,350 559,413	82.0 18.0	4,728,269 1,157,349	80.3 19.7
Ⅲ　販売費および一般管理費 　1　役員報酬 　2　給与手当		49,760 43,315		57,460 101,612	

58億8,561万8,000円÷31億976万3,000円）の増加とほぼ倍増するとともに仕掛品残高が前年対比846.5％（＝20億3,178万9,000円÷2億4,001万6,000円）と急増している（棚卸資産－図１）。

当該増加理由については、一般的に「受注の増加による仕掛品の増加」等がその理由となると思料され、実際にプロデュースの同期の有価証券報告書における【生産、受注及び販売の状況】においては、平成18年６月期末の受注高の前年同期比が249.5％、同期末時点での受注残高の前年同期比が486.8％として記載されている（棚卸資産－図２）。

しかし、そうであっても仕掛品残高の増え方が異常であること、また、そもそも受注高がなぜ当該期において急増したのかも含めて、「違和感」のあるところであり、不正会計の可能性を念頭に詳細な検討を必要とする場面であろう。

なお、このような売上高と棚卸資産との関係を不正会計の兆候として認識するのは、基本的には、棚卸資産に金額的な重要性がある会社の場合である。ここでの金額的重要性とは、①総資産に占める棚卸資産の割合が大きい場合、又は、②損益計算書の当期純利益等の利益額に対する割合が大きい場合をいう。

①総資産に占める棚卸資産の割合が大きい場合には、棚卸資産が当該会社における重要な資産となることから、仮に棚卸資産に架空利益の計上のための実原価又は架空原価の付替えが行われていた場合には、財務諸表に与える影響が大きい

棚卸資産－図２　株式会社プロデュース「有価証券報告書（平成18年６月期）」

（２）受注実績
当事業年度における受注実績を事業区分別に示すと、次のとおりであります。

事業区分	受注高（千円）	前年同期比（％）	受注残高（千円）	前年同期比（％）
３Ｄアプリケーション事業	3,860,524	232.2	1,297,428	540.6
ファンクションアナライズ事業	2,806,728	314.1	1,127,824	424.0
カスタマイズ事業	1,933,460	216.9	991,841	506.0
合計	8,600,712	249.5	3,417,094	486.8

（注）　上記の金額には、消費税等は含まれておりません。

60　プロデュース事件の詳細については、「第四部　不正会計－事例からの検討　第１章　犯則事件・刑事事件　２　事件の概要　４．プロデュース事件」を参照のこと。

と考えられる。また、②損益計算書の当期純利益等の利益額に対する割合が大きい場合は、棚卸資産の総資産に占める割合が低かったとしても、①と同様に棚卸資産に架空利益の計上のための実原価又は架空原価の付替えが行われていたならば、当期純利益等の利益が大きく変わってしまう可能性が考えられる。

したがって、貸借対照表に占める棚卸資産の割合が小さい場合で、かつ、損益計算書の当期純利益と比較しても、棚卸資産の重要性が乏しい場合には、仮に不正会計を行っていたとしても、棚卸資産への実原価又は架空原価の付替えによる架空利益の計上額自体が少ないことが想定されることから、「実原価の棚卸資産への付替え」や「架空原価の棚卸資産への付替え」を手口とする不正会計の可能性は乏しいと考えられる。ただし、この見極めの判断で難しいのは、棚卸資産の金額的重要性が乏しい場合であっても、把握した増減が不正会計の芽生えである可能性も考えられることである。したがって、このような「可能性を切る」判断を行う場合には、必ずしも金額的重要性のみで判断するのではなく、その他の情報も参考にして、棚卸資産に係るその他の不正会計等の可能性の有無、ないしは、棚卸資産以外における不正会計の兆候の有無を総合的に勘案し、判断すべきことに留意が必要である。

その他、毎期の売上高の推移があまり増加していないにもかかわらず、棚卸資産が年々増加傾向にある場合には、不正会計の手口としては、「実原価の棚卸資産への付替え」による架空利益の計上、あるいは、「評価損の不計上・過少計上」による利益の過大計上が考えられる。

売上高があまり増加していないということからすると「架空売上の計上」の可能性は少なく、したがって、棚卸資産の増加の原因が、架空売掛金の回収に係る仮装取引等により計上された「架空原価の棚卸資産への付替え」による架空利益の計上の可能性は乏しいと考えられる。ただし、一方で、実際の売上高が年々減少傾向にあるところ、架空売上高を計上し、その結果、毎期の売上高がそれほど増加していないように見えるだけの可能性も考えられることから、その見極めに当たっては、売掛金の増減状況等も考慮し、慎重に行う必要がある。

(3) 回転期間（回転率）

　棚卸資産の回転期間とは、棚卸資産の在庫期間を示すものである。

　棚卸資産の回転期間の計算方法は、簡便的に算定した棚卸資産の期中平均残高を、年間の売上高を12か月（あるいは365日）で割ることにより求めた平均的な1か月（あるいは1日）の売上高で除すことにより、売上高の何か月分（何日分）に相当する棚卸資産が計上されているかを求めるものである。

　なお、棚卸資産の回転期間という場合には、一般的には、分母に「売上原価」を用いるが、ここでは不正会計の端緒の把握という目的により「売上高」との関連性を把握するため「売上高」を用いて計算している。

　また、ここでは「棚卸資産」としているが、実際には、商品、製品、半製品、原材料、仕掛品、販売用不動産等の区分に応じて、それぞれの回転期間を求めることが有用な場合もあることから、分析対象会社の特徴に応じて、その計算に用いる区分等を判断する必要がある。

　なお、この回転期間の逆数が、回転率となり、1年間の売上高を計上するために棚卸資産を何回転させる必要があるかを示す指標となる。

$$\text{棚卸資産の回転月数} = \frac{(\text{前期末棚卸資産残高} + \text{当期末棚卸資産残高}) \div 2}{\text{売上高} \div 12} \text{（か月）}$$

又は、

$$\text{棚卸資産の回転日数} = \frac{(\text{前期末棚卸資産残高} + \text{当期末棚卸資産残高}) \div 2}{\text{売上高} \div 365} \text{（日）}$$

　棚卸資産の回転期間は、一般的には、①資金の効率的運用という観点から回転期間は短い方が望ましいが、一方で、②在庫不足等による機会損失を避けるために適正な在庫水準の確保という観点も考慮して、各社の適正な回転期間を想定し、この適正な回転期間と比較して、実際の回転期間が長期化傾向にある場合には、当該長期化の原因分析（販売不振、生産工程の不具合による生産期間の長期化・不良品の大量発生、需要予測の誤りによる過剰在庫等）を行い、これに対処するための改善策の策定及び実施を行うこととなる。

これに対して、不正会計の端緒の把握という観点からは、棚卸資産の回転期間の長期化は、「実原価の棚卸資産への付替え」、「架空原価の棚卸資産への付替え」及び「評価損の不計上・過少計上」を手口とする不正会計の兆候を示すものとなる。すなわち、貸借対照表に計上されている棚卸資産に、実原価及び架空原価を付け替えた結果としての棚卸資産（架空資産）が含まれることから、棚卸資産の回転期間が長期化するのである。

　したがって、棚卸資産の回転期間が長期化傾向にある場合には、当該会社の財政状態及び経営成績の状況等を踏まえて、不正会計の兆候としても認識する必要がある。

(4) 滞留期間

　滞留期間とは、例えば、受注生産等の形態をとっている場合において、個別の棚卸資産（製品、仕掛品等）について、在庫としての保有期間をいう。

　貸借対照表上の棚卸資産の計上額の推移から、金額の増加、回転期間の長期化等の傾向が認められる場合で、かつ、内部管理資料等を確認できる場合には、個別の棚卸資産の滞留期間を把握することは不正調査等において有用である。

　当該滞留期間が、当該会社におけるその他の同種の棚卸資産と比較して、長期間となっている場合には、架空在庫の可能性を検討するとともに、併せて評価損の計上の要否を判断し、「評価損の不計上・過少計上」による不正会計の可能性を検討することとなる。

3．貸付金

　貸付金とは、金銭消費貸借契約等の契約に基づき、金銭を貸し付けた場合に生ずる債権である。貸付金には回収予定が1年以内か否かによって短期貸付金及び長期貸付金の別があるが、ここではその区分はせずにすべて「貸付金」とする。

　貸付金は、その貸付先を経由して、仮装取引に係る原資（「架空売上の計上」、「（売掛金の）評価損の不計上・過少計上」、「資本の過大計上（架空増資等）」等）や、実質的な子会社に対する資金提供（「連結はずし」）となる可能性があることから、どのような会社にあっても着目すべき資産科目となる。特に経営者不正と

いう観点からは、経営者主導の不正会計の場合、役員等への貸付名目による支出により仮装取引の原資を捻出する可能性や、役員等による不正な支出（会社法違反（特別背任）、業務上横領）を原因とする不正会計の可能性があることから[61]、役員等への貸付金には十分に注意が必要である。

また、当該貸付金が実態を伴う貸付金であったとしても、貸付先の経営状況等の悪化による当該貸付債権に係る「評価損の不計上・過少計上」の可能性もあり、貸付金の推移及び貸付先の状況については留意が必要である。

(1) 期間比較

貸付金に着目する場合、まずは毎期の貸付金残高の推移を把握する。貸付金残高は、どのような推移をしているのか、増加傾向にあるのか、減少傾向にあるのか、それとも増減を繰り返しているのか。この期間比較は、事業年度末の貸付金残高だけではなく、四半期末及びデータが入手可能であれば月次での期間比較も不正会計の端緒の把握にあたっては有用である。

基本的には、貸付金が増加傾向にある場合には、不正会計の疑義が高まることになる。したがって、その場合には、さらに売上高等のその他の勘定科目の推移等と併せて貸付金の増加理由を詳細に検討する必要がある。

サンビシは[62]、平成17年10月28日に民事再生手続き開始の申立てを行い、その後、同年12月28日に東海財務局長に提出した半期報告書において、毎期7億円で推移していた短期貸付金が平成17年9月末に約39億円に急増し、併せて多額の貸倒引当金が計上されることとなった（**貸付金－図1、図2**）。この短期貸付金がサンビシ商事に対する貸付金であった。

この事件では、会社破たん後にその兆候が財務諸表に表れたものであるが、会

---

61 役員の特別背任的支出が、虚偽記載に係る課徴金事案となったものにローソンエンターメディア事件がある。株式会社ローソンエンターメディア（ジャスダック）の専務取締役らが取引先である株式会社プレジールに対して多額の資金を不正に支出していたことにより回収不能債権が生じていたことから、証券取引等監視委員会が平成22年11月24日に貸倒引当金の過少計上による虚偽記載に係る課徴金勧告を行った。なお、当該役員らについては、平成22年6月1日に東京地検特捜部に会社法（特別背任）違反で逮捕、同年同月21日に東京地裁に起訴され、平成23年3月25日に懲役8年の実刑判決が下されている。
62 サンビシ事件の詳細については、「第四部 不正会計－事例からの検討 第1章 犯則事件・刑事事件 2 事件の概要 2．サンビシ事件」を参照のこと。

貸付金－図1　サンビシ株式会社「有価証券報告書（平成17年3月期）」

【財務諸表等】
（1）【財務諸表】
①【貸借対照表】

区分	注記番号	前事業年度 （平成16年3月31日現在）		当事業年度 （平成17年3月31日現在）	
		金額（千円）	構成比（％）	金額（千円）	構成比（％）
（資産の部） I　流動資産					
（略）					
10．短期貸付金		700,000		700,000	
11．繰延税金資産		14,266		52,425	
12．その他		44,094		52,542	

貸付金－図2　サンビシ株式会社「半期報告書（平成17年9月期）」

1【中間財務諸表等】
（1）【中間財務諸表】
①【中間貸借対照表】

区分	注記番号	前中間会計期間末 （平成16年9月30日現在）		当中間会計期間末 （平成17年9月30日現在）		前事業年度の 要約貸借対照表 （平成17年3月31日現在）	
		金額（千円）	構成比（％）	金額（千円）	構成比（％）	金額（千円）	構成比（％）
（資産の部） I　流動資産							
（略）							
9．貯蔵品		5,299		3,640		6,593	
10．短期貸付金		700,000		3,939,000		700,000	
11．繰延税金資産		12,638		—		52,425	
12．その他		67,463		67,303		52,542	
13．貸倒引当金		—		△4,623,433		—	
流動資産合計		5,281,295	44.1	2,786,816	40.2	7,332,139	59.9

社内部では、その状況は様々な場面で把握できていたと思料され、その意味では、貸付金の推移等を把握することは不正会計の端緒の把握という観点からは重要であると考えられる。

(2) 貸付金と売上高の関係

「架空売上の計上」を行った場合、架空売上の計上に伴い架空売掛金が計上されることとなるが、架空売掛金は、架空であるがゆえに当然にそのままでは回収されることはなく、何の手当もしなければ滞留債権となり、貸倒引当金の計上が不可避となる。したがって、不正会計が行われている場合、その多くは架空売掛金の回収を装うための仮装取引を行うこととなるが、最も多いと思われる手口が資金循環取引による仮装取引である。また、その他に取引先等に対する貸し付けを装い、当該貸付名目で支出した資金を用いてあたかも架空売掛金が回収できたかのように装う仮装取引も想定されるところである。

この場合、財務諸表上の兆候としては、売上高は、架空売上の計上により増加する傾向にあるが、売掛金については、架空売上とともに計上された架空売掛金について、回収を装った仮装取引が行われることにより異常な増加は示さないこととなる。しかし、当該仮装取引の原資を貸付金名目で支出した場合には、貸付金残高が増加することから、この結果、①売上高の増加、②損益計算書上の利益の計上及び③貸付金の増加によるキャッシュ・フロー計算書の投資活動によるキャッシュ・フローの赤字としてその兆候が財務諸表に表れることとなる。貸付金については、短期間での回収が予定されている売掛金とは異なり、約定内容によっては、返済までの期間を長期とすることにより、その発覚を遅らせ、さらなる仮装行為を行うための時間稼ぎを行うことが可能となる。

なお、この場合の貸付金の貸付先としては、休眠会社や仮装取引のために設立したダミー会社を用いて売掛金の回収を装った仮装入金を行う場合や、実際の取引先等を利用して行う場合等が考えられよう[63]。

また、この他、売上高の推移が増加傾向にない場合であっても、貸付金が特段の理由もなく増加傾向にある場合には、取引先等の経営状況の悪化から回収困難になった実取引に基づく売掛金に係る貸倒引当金の計上を避けるために仮装取引

---

63 実際の取引先が利用できる場合には、当該取引先に架空の売上、ないしは売上の押し込み販売等を行い、当該売上取引に係る売掛金の回収原資を、取引先に対する貸付金名目で資金提供する場合も考えられる。この場合には、売掛金の得意先と貸付金の相手先とが重複することとなり、あまりにも露骨な手口であることから実際に用いられることは少ないと考えられるが、何が起きるか分からないのが不正会計の実際であり、得意先と貸付先とが重複する場合には、特に注意が必要である。

が行われている可能性も考えられる（「貸倒引当金の不計上・過少計上」）。ただし、売上高の推移が増加傾向にない場合であっても、実際の売上高の推移が減少傾向にある中、架空売上を計上することにより著増減が生じない場合も考えられることから、貸付金及びその他の資産の増減状況と併せて常に架空売上の計上の可能性を念頭に置く必要があることはいうまでもない。

(3)　貸付金と増資の関係

貸付金は、ある意味、単に資金を社外に流出させるだけの取引であり、仕入等のように金銭の支払いの対価としての財物を受け取らないため、様々な仮装取引に係る原資を捻出させるための使いやすい名目となる。

例えば、債務超過等により上場廃止の可能性がある場合や、金融機関からの資金調達に係る財務制限上等に抵触する可能性のある会社において、債務超過の回避、又は財務制限条項の抵触を避けるための資本増強の手段として増資を行いたいにもかかわらず業績等が悪いことから公募増資ができず、また、第三者割当増資を行いたくともそのような財政状態等が悪化している会社の増資の引受先がなく、合法的な手段では対応できなくなった場合に、第三者等と共謀の上、見せ金による架空増資を行うことが考えられる（いわゆる「不公正ファイナンス」）。

この場合、引受先となる第三者から払い込まれた資金を、直ちに当該第三者に還流させようとした場合、社外に流出させる名目が必要となるが、その際に用いられるのが貸付金となる。また、さらに悪質な場合には、自己資金を貸付金名目で支出し、当該資金をもって第三者割当増資等に係る払込み資金に流用する可能性も考えられる。

したがって、第三者割当増資等の前後に、貸付金が急増した場合には「資本の過大計上（架空増資等）」の兆候として認識し、注意が必要となる。

(4)　貸付先の状況

貸付金の明細が入手できる場合[64]には、相手先別の貸付金残高の推移を把握することが有用である。毎期、特定の相手先が貸付先となっているのか、貸付金残高が急増している相手先はないか、会社の事業とは関係のない相手先はないか

等々である。

　なお、多額の貸付先が役員や役員のファミリー企業等となっている場合には、経営者不正という観点から注意が必要となる。経営者主導の不正会計が行われる場合、役員等への貸付名目による支出により仮装取引の原資を捻出する可能性や役員等による不正な支出（会社法違反（特別背任）、業務上横領）を原因とする不正会計の可能性があることから、特に役員等への貸付金には注意が必要である。

　これに関して、直接的に不正会計が問題となった事件ではないが、会社の代表取締役会長に対する貸付金が問題となった事例がある。大王製紙事件は、平成23年9月に発覚した事件であり、大王製紙の連結子会社が、大王製紙の代表取締役会長[65]の個人的用途のためにこの代表取締役会長に多額の資金を貸し付け[66]、その後、平成23年11月22日にこの代表取締役会長が東京地検に特別背任の容疑で逮捕されたという事件である。

　大王製紙の平成23年3月期の有価証券報告書においては、連結貸借対照表上、長期貸付金について、著増減が認められる状況ではなく、貸付金の推移の把握だけでは問題の兆候の発覚に至らないように見える（**貸付金－図3**）。しかし、同じ有価証券報告書においては、「関連当事者との取引」として、以下の開示がなされていた（**貸付金－図4**）。

　この「関連当事者との取引」において、平成23年3月期末時点において、大王製紙の連結子会社が、代表取締役社長（当時）個人に対して23億5,000万円もの多額の貸し付けを行っていたこと及びエリエール商工株式会社（親族のファミリー企業・非連結子会社）に対して17億円もの多額の貸し付け[67]を行っていたことが開示されており、その貸付金の合計は40億5,000万円にもなっていた（**貸付金－図4**）。いずれも前期である平成22年3月期末時点の「関連当事者との取引」に同様の記

64　貸付金が、主な資産に該当する場合（総資産の5％超）には、有価証券報告書等の「経理の状況」における「主な資産及び負債の内容」においてその内訳明細が記載されることとなる（企業内容等の開示に関する内閣府令第三号様式（有価証券報告書）（記載上の注意）(53)）、第二号様式（有価証券届出書）（記載上の注意）(73) e）

65　平成23年6月開催の定時株主総会で代表取締役社長から代表取締役会長に異動

66　平成23年10月27日付「調査報告書」（大王製紙株式会社元会長への貸付金問題に関する特別調査委員会）。

67　平成23年10月27日付「調査報告書」（大王製紙株式会社元会長への貸付金問題に関する特別調査委員会）によれば、エリール商工への貸し付けは、元会長への迂回融資であった。

第3章　財務諸表を利用した不正会計の端緒の把握　　129

貸付金-図3　大王製紙株式会社「有価証券報告書（平成23年3月期）」

1【連結財務諸表等】
　（1）【連結財務諸表】
　　①【連結貸借対照表】

（単位：百万円）

	前連結会計年度 （平成22年3月31日）	当連結会計年度 （平成23年3月31日）
資産の部		
（略）		
投資その他の資産		
投資有価証券	※2　31,503	※2　29,150
長期貸付金	4,651	5,030
繰延税金資産	11,008	11,694

貸付金-図4　大王製紙株式会社「有価証券報告書（平成23年3月期）」

2．連結財務諸表提出会社の連結子会社と関連当事者との取引
　連結財務諸表提出会社の役員等

種類	会社等の名称又は氏名	所在地	資本金又は出資金（百万円）	事業の内容又は職業	議決権等の所有（被所有）割合（％）	関連当事者との関係	取引の内容	取引金額（百万円）	科目	期末残高（百万円）
役員及びその近親者	■■■	—	—	当社代表取締役社長	（被所有）直接1.0%	—	資金の貸付（注1）	2,350	短期貸付金	2,350
							利息の受取（注1）	18	未収入金	18
役員が議決権の過半数を所有している会社等（当該会社等の子会社を含む）	エリエール商工（株）	香川県三豊市	30	ゴルフ場経営紙・板紙製品の仕入・販売	（被所有）直接0.5%	役員の兼任	原材料の仕入（注2）	57	買掛金	24
							資金の貸付（注1）	2,250	短期貸付金	1,700
	エリエール総業（株）	愛媛県四国中央市	30	福利厚生施設の運営	（被所有）直接3.5%	役員の兼任	福利厚生施設の使用（注3）	10	未払金	11
							株式の売却（注4）	93	—	—
	エリエール産業（株）	愛媛県四国中央市	25	ゴルフ場経営	（被所有）直接2.3%	役員の兼任	株式の売却（注4）	46	—	—

載はなく、平成23年3月期において発生した貸付金であったことがわかる。

　なお、大王製紙の平成23年3月期末時点での総資産（連結）は約6,845億円、純資産（連結）は約1,296億円と資産ベースでみた当該貸付金の金額的重要性は相対的に大きくはない。しかし、損益ベースでみた場合には、大王製紙の過去の当期純損益（連結）の推移が、

　平成19年3月期　　　106億2,500万円

平成20年3月期	47億2,900万円
平成21年3月期	1億1,800万円
平成22年3月期	15億5,400万円
平成23年3月期	▲80億8,400万円

であったことからすると、当該貸付金の金額的重要性が乏しいとはいえない状況であったと考えられる。したがって、貸付金の推移のみではなく、関連当事者との取引に係る注記内容と大王製紙の経営成績の状況等を併せて判断した場合には、貸付金が、経営者不正の兆候を示していたといえよう[68]。

貸付金の相手先の属性に関しては、役員以外に個人か法人か、個人であれば、従業員かその他の個人ということになるが、このうち、従業員に対する社内規定に基づく貸付金に関しては、一般的には不正会計に係る疑義は生じてこない。ただし、従業員に対する貸付金であっても貸付件数が多い、金額が多額、貸付時期が偏っている等の何らかの違和感がある場合には、当該従業員の実在性（本当に従業員がいるのかどうか等）や貸付方法（給与支払口座への振込か、現金払いか等）まで確認する必要が生じる場合もあると考える。なお、過去においては、「給与の架空計上による資金の還流」が手口として行われた事案がある[69]ことからも従業員に対する貸付金であったとしても状況から判断して不自然な点がある場合には、さらに詳細について事実確認も含め検討する必要がある。

また、貸付先が、役員でも従業員でもないその他の個人である場合には、特に注意が必要である。貸し付けを実行している会社が上場会社である場合には、個人に対して多額の貸し付けを行うことは、貸し付け行為の経済合理性から判断して、余程のことがない限りあり得ないと思えるが、実際に個人に対して多額の貸

---

[68] 大王製紙事件に関しては、有価証券報告書上、逮捕事実となる貸付金が開示されていたにもかかわらず、代表取締役会長が逮捕されるという事件に至ったということは、取締役会、監査役、会計監査人がそれぞれ有効に機能していなかった結果であると考えられ、コーポレート・ガバナンスが機能不全に陥っていた事例と考えられよう。なお、会計監査人としては、当該代表取締役会長に対する貸付金の実行についての当否の判断を問われるものではない。しかし、個人である代表取締役会長に対する約40億円もの多額の貸付金に関しては、不正会計に係る仮装取引の原資となる可能性を念頭に、回収可能性の観点から貸付理由、担保の有無、社内手続きの妥当性、監査役の意見等を総合的に勘案すべきであったと考える。

[69] シニアコミュニケーション事案（課徴金）（平成22年6月4日付「外部調査委員会調査報告書」株式会社シニアコミュニケーション外部調査委員会）

し付けを行うことはあり得る。その際には、当該個人に対する貸付理由等について確認していくこととなるが、このような場合、例えば、特別なプロジェクト（不動産関係、海外関係等）を依頼しているコンサルタントで当面の活動資金が必要であるからその活動資金を融資しているとか、今後の新規事業計画に関して、その市場調査等を依頼しており、そのための関係強化の融資である等のわかるようなわからない理由を説明された場合には、このような話だけを聞いて納得してしまうと後が大変なことになる。本当にその必要性があるのかどうか、そもそもそれらのプロジェクト等の当該会社における必要性、実現可能性等があるのかどうか、さらには当該取引に係る経済合理性を示す根拠を求め、総合的に勘案して判断すべきであろう。その場合、念頭に置くべきは、当該貸付金が仮装取引等の原資になっている可能性や、第三者に対する特別背任的な支出となっている可能性等であり、これらを常に意識することにより、当該貸付取引に係る詳細を確認していく過程で、枝葉の説明で納得してしまい、当初の問題意識を見失うという事態を避けることができるのである。事後的に見た場合に、木を見て森を見ざるという状況だったということがないようにすべきである。

また、貸付先が法人の場合には、当該貸付先に係る取引上の関係、融資の必要性等を検討し、当該貸付取引に係る経済合理性を検討することとなる。

いずれにしても、貸付金残高が増加傾向にあり、売上高その他の科目の増減との関連から不正会計の兆候を示す場合には、単に回収可能性の判断に止まることなく、さらに当該貸付金が仮装取引等に係る原資としての架空債権ではないかという観点で検討する必要がある。不正会計の兆候を示した時点で、平時対応から有事対応へと切り替え、その疑義が濃厚であればあるほど、その事実関係に確認に当たっては、基本に忠実に行うことが求められる。

（5） 滞留状況（年齢調べ）

貸付金の滞留状況とは、貸付金に係る金銭消費貸借契約等に基づく約定弁済日からの滞留状況をいう。これは基本的には、公表資料等からは把握できないことから、社内における管理資料が入手できる場合の留意事項となる。

財務諸表上の貸付金残高の推移に著増減、特に著しい増加が認められる場合に

は、その増加理由を分析するために個別の貸付金の滞留状況を把握することは有用である。例えば、貸付金残高の増加が長期滞留貸付金の増加によるものであった場合には、当該長期滞留貸付金が、仮装取引に係る原資を貸付金名目で支出したことによる架空債権であることから長期間回収がないのか（架空売上の計上等）、それとも実取引に係る貸付金であるが、貸付先の経営状況の悪化による滞留なのかどうか等の視点で検討することとなる（貸倒引当金の不計上・過少計上）。

　すなわち、長期滞留貸付金に関しては、一般的には、滞留貸付金の把握、滞留貸付金の回収可能性の検討（貸倒引当金の計上要否）、回収のための貸付先との回収交渉の計画・実績等が重要となるが、不正会計の端緒の把握という観点からは、長期滞留貸付金は、仮装取引に係る原資を捻出するための架空債権の可能性を念頭に、貸付金の相手先の属性、貸付理由の経済合理性、弁済条件、滞留理由等の検討が必要となる。その上で、さらに実取引に係る貸付金であった場合の当該長期滞留貸付金に係る貸倒引当金の計上の妥当性を検討することとなる。

　したがって、貸付金の増加が長期滞留貸付金の増加を理由とする場合等には、最初から当該貸付金の滞留が単に貸付先の資金繰り状況が困難であることに起因しているという前提から入るのではなく、会社の経営成績や財政状態等を考慮の上、当該貸付金が仮装取引の原資を捻出するために用いられた架空資産としての貸付金である可能性までも含めての検討が必要となる。もちろん、すべての滞留貸付金についてこのような疑義を呈することは実務的ではなく、財務分析の対象となる会社の状況（債務超過の可能性、継続企業の前提に関する注記の要否、財務制限条項の抵触の可能性、上場直前期等）を踏まえて、さらに当該会社の経営成績及び財政状態等から判断し、売上高及び貸付金等の推移に関して不正会計の兆候が認識できる場合に、その見極めの要点が長期滞留貸付金である場合には、当該長期滞留貸付金に係る事実関係については、上記項目に係る事実関係の解明は妥協を許さずに行うべきであるということである。

4．有形固定資産

　有形固定資産とは、土地、建物及び付属設備、構築物、機械装置、車両運搬具及び建設仮勘定等の1年以上使用することを目的として企業が保有する有形の資

産をいう[70]。

　不正会計の観点からは、有形固定資産取得名目で支出された資金が、仮装取引の原資となる可能性（架空売上の計上）や、減損損失の不計上・過少計上の可能性が考えられる。

　有形固定資産は、減価償却を通じて費用化されることから、仮装取引の原資を架空仕入によって捻出する場合よりも損益に与える影響は緩やかとなり、また、有形固定資産は長期保有目的の資産であることから、不正会計の発覚を遅らせることが可能となる。

　すなわち、架空仕入を用いた場合は、当該架空仕入を計上した期の売上原価とすると利益の水増し額が少なくなってしまうため、多くの場合、棚卸資産として計上することとなるが、棚卸資産として資産計上された場合には、今度は、毎期、実地棚卸や評価損の計上の要否の検討を行わなければならず、不正会計が発覚する可能性が高まることになる。これに対して、有形固定資産の場合には、毎期の費用化は減価償却を通じて行われることからその損益に与える影響は相対的に軽微となり、また、現物確認等が行われる場合があるものの毎期実地棚卸の対象となる棚卸資産に比べ、相対的に不正会計の事実を隠蔽しやすい資産科目となるのである。また、会社の業種・業態によっては、有形固定資産の計上額が多額となり、不正会計に係る仮装取引の結果としての有形固定資産が、当該有形固定資産全体に占める割合が相対的に少ない場合には、数字上、架空資産である有形固定資産が、本来の有形固定資産に紛れて見えにくくなり、さらにその発覚を遅らせる要因ともなる。

　なお、有形固定資産について着目する場合には、会社の事業の実態を把握し、当該会社における有形固定資産の位置付けについて把握しておく必要がある。製造業等であれば、相対的に有形固定資産の重要性は高くなるであろう。イメージする企業の実態と数字の乖離が違和感となる。数字をただ眺めていたのでは、不正会計の兆候は把握できない。入手可能な様々な情報からその企業の実態をイメージし、それに対しての有形固定資産の計上額等を対比させることにより、違

70　安藤英義・新田忠誓・伊藤邦雄・廣本敏郎編『会計学大辞典第五版』（中央経済社、平成19年5月）1309頁

和感が生じるのである。

（1） 期間比較

　有形固定資産に着目する場合、まずは、毎期の有形固定資産残高の推移を把握する。有形固定資産残高は、どのような推移をしているのか、増加傾向にあるのか、減少傾向にあるのか、それとも増減を繰り返しているのか。この期間比較は、事業年度末の有形固定資産残高だけではなく、四半期末及びデータが入手可能であれば月次での期間比較も不正会計の端緒の把握にあたっては有用である。

　なお、有形固定資産には、上記のとおり、土地、建物及び付属設備、構築物、機械装置、車両運搬具及び建設仮勘定等があることから、その推移の把握にあっては、各資産について行うことが有用である。有形固定資産の全体の金額の推移を把握し、さらに資産科目別にその金額の推移を把握するのである。

　有形固定資産については、基本的には、売掛金や貸付金のようにその推移が増加傾向にあるからといって、すぐに不正会計の疑義が生じるものではなく、その増減理由の把握の過程で不正会計の兆候を把握することとなる。例えば、以下で説明する「有形固定資産と売上高との関係」等のように有形固定資産の推移をその他の関連する勘定科目との比較で把握し、不正会計の兆候の有無を検討することとなる。

　なお、資産別の推移の中で「建設仮勘定」が増加している場合には、特に留意が必要となる。

　ここで、建設仮勘定とは、営業の用に供する目的の有形固定資産を建設した場合における支出等（手付金、資材、資材購入のための前渡金等）について、当該有形固定資産が完成するまでの間、一時的に計上する勘定科目であり、完成し実際に使用される時点で適切な資産に振り替えられることとなる[71]。

　不正会計が行われる場合、仮勘定が用いられることが多い。これは、仮勘定の場合、本勘定への振替えと比較した場合、相対的にその手続きが緩やかであることがその理由の一つとして考えられるであろう。したがって、建設仮勘定が増加

71　安藤英義・新田忠誓・伊藤邦雄・廣本敏郎編『会計学大辞典第五版』（中央経済社、平成19年5月）427頁

傾向にある場合には、会社の実態等と照らし合わせ、その増加理由を把握するとともに、売上高等のその他の項目と比較検討し、不正会計の兆候の有無を特に慎重に検討する必要がある。特に有形固定資産に占める建設仮勘定の割合が高い場合には、企業実態との乖離という意味においても注意が必要となるであろう。

この「建設仮勘定」については、ニイウスコー事件において、資金循環取引に係る架空売掛金の回収原資の支出名目に使われていたと思料される状況であった。

ニイウスコー株式会社（以下、「ニイウスコー」という。）の平成17年6月期においては建設仮勘定の残高はゼロであったが、翌期の平成18年6月期では、その残高は、約46億円と急増している。平成17年6月期の有形固定資産残高が約19億円であったことからもその増加は著しい状況であった（**有形固定資産－図1**）。

なお、ニイウスコーの平成18年6月期の単体の貸借対照表には、建設仮勘定は計上されていないことから、当該建設仮勘定は、連結子会社において計上されていたと思料される状況であった（**有形固定資産－図2**）。

そこで、ニイウスコーの平成18年6月期の有価証券報告書の「設備の状況」の記載をみると、この建設仮勘定が、ニイウスコーの連結子会社であるニイウス株式会社（以下、「ニイウス」という。）において計上されていたことが判明した（**有形固定資産－図3**）。

そして、不正会計発覚後の平成20年5月22日にニイウスコーが関東財務局長に提出した平成18年6月期の有価証券報告書の訂正報告書によれば、訂正前の建設仮勘定の計上額約46億円に対して、訂正後の建設仮勘定の残高は、約19億円と大幅に減少していることがわかる（**有形固定資産－図4**）。

以上のことから、ニイウスコーでは、平成18年6月期において、子会社であるニイウスにおいて、実際に有形固定資産（建設仮勘定）の取得を行ったのを奇貨として、当該取引名目で仮装取引に係る原資を捻出し、不正会計に係る架空売上等を計上していたと推察される状況であった[72]。

---

[72] ニイウスコーでは、建設仮勘定の他、ソフトウェア勘定及びソフトウェア仮勘定も不正会計に係る架空売上計上のために用いていたと思料される状況であった。

有形固定資産－図1　ニイウスコー株式会社「有価証券報告書（平成18年6月期）」

1 【連結財務諸表等】
　（1）【連結財務諸表】
　　①【連結貸借対照表】

		前連結会計年度 (平成17年6月30日)		当連結会計年度 (平成18年6月30日)	
区分	注記番号	金額（千円）	構成比(%)	金額（千円）	構成比(%)
(資産の部) Ⅰ　流動資産					
		(略)			
Ⅱ　固定資産 　1．有形固定資産					
(1)建物		1,646,173		1,816,694	
減価償却累計額		△359,826	1,286,346	△499,683	1,317,011
(2)工具器具及び備品		337,553		480,947	
減価償却累計額		△183,208	154,344	△155,247	325,700
(3)土地			469,024		797,880
(4)建設仮勘定			―		4,650,651
有形固定資産合計			1,909,715	4.0	7,091,243	10.0

有形固定資産－図2　ニイウスコー株式会社「有価証券報告書（平成18年6月期）」

2 【財務諸表等】
　（1）【財務諸表】
　　①【貸借対照表】

		前事業年度 (平成17年6月30日)		当事業年度 (平成18年6月30日)	
区分	注記番号	金額（千円）	構成比(%)	金額（千円）	構成比(%)
(資産の部) Ⅰ　流動資産					
		(略)			
Ⅱ　固定資産 　1．有形固定資産					
(1)建物		1,499,427		1,684,755	
減価償却累計額		△356,810	1,142,616	△475,605	1,209,149
(2)工具器具及び備品		200,341		237,624	
減価償却累計額		△78,230	122,111	△101,661	135,963
(3)土地			469,024		797,880
有形固定資産合計			1,733,752	4.0	2,142,993	8.2

有形固定資産－図3　ニイウスコー株式会社「有価証券報告書（平成18年6月期）」

第3【設備の状況】
1【設備投資等の概要】
　当連結会計年度において実施した設備投資の総額は12,637百万円で、その主なものは次のとおりです。
　ASPサービスを中心とした新サービス・ビジネスのソリューションの投資等で、有形固定資産の取得1,061百万円、無形固定資産の取得11,575百万円となっております。
2【主要な設備の状況】
　当社グループにおける主要な設備は、次のとおりであります。
（1）提出会社

（略）

（2）国内子会社

会社名	事業所名（所在地）	設備の内容	帳簿価額（千円）				従業員数（人）
			建物	工具器具及び備品	建設仮勘定	合計	
ニイウス（株）	本社（東京都中央区）	建物付属設備及びコンピュータ機器	―	165,665	4,650,651	4,816,316	432（166）

有形固定資産－図4　ニイウスコー株式会社「訂正有価証券報告書（平成18年6月期）」

1【連結財務諸表等】
（1）【連結財務諸表】
①【連結貸借対照表】

区分	注記番号	前連結会計年度（平成17年6月30日）		当連結会計年度（平成18年6月30日）	
		金額（千円）	構成比（％）	金額（千円）	構成比（％）
（資産の部）					
（略）					
Ⅱ　固定資産					
1．有形固定資産					
（1）建物		1,646,173		1,816,694	
減価償却累計額		△359,826	1,286,346	△499,683	1,317,011
（2）工具器具及び備品		337,553		480,947	
減価償却累計額		△183,208	154,344	△155,247	325,700
（3）土地			469,024		797,880
（4）建設仮勘定			―		1,914,529
有形固定資産合計			1,909,715	5.1	4,355,121	8.0

(2) 有形固定資産と売上高の関係

　前記のとおり、有形固定資産については、基本的には、売掛金や貸付金のようにその推移が増加傾向にあるからといって、直ちに不正会計の疑義が生じるものではないが、売上高等のその他の勘定科目との関係と併せて不正会計の兆候を把握することとなる。例えば、①売上高が急増している中、②売掛金は増加しているものの滞留期間は前期以前とそれほど変わらず、また、③貸付金等のその他の資産の増加も見られない中で、④有形固定資産が急増しているような場合には、不正会計の兆候として留意が必要であろう。すなわち、そのような場合には、資金循環取引等の仮装取引を手口とする不正会計が行われている可能性があり、その原資を有形固定資産取得名目で捻出し、架空資産としての有形固定資産が多額に計上されたことによる有形固定資産の増加であるという疑義が生じるからである。その上で、当該有形固定資産の増減理由を把握することにより不正会計の端緒の把握へとつなげていくのである。

　また、有形固定資産と売上高との関係では、生産実態を示す指標の一つとして有形固定資産の規模を参考とする。例えば、売上高は著しい増加傾向にあるにもかかわらず、有形固定資産残高については、著増減がない場合には、これを「違和感」として売上高の状況と生産実態についての検討の切り口とするのである。

　このような検討は、有価証券報告書等の開示書類等に基づき行う場合には、有価証券報告書等におけるその他の記載（「生産、受注及び販売実績等」等）と併せてその整合性を検討することとなる。また、社内等における調査であれば、生産実績等に係る管理資料や各種証憑類に基づき、その原因分析を行うこととなる。いずれにしても、売上高との関係で有形固定資産の著増減の有無を端緒として、まずは、その原因を把握し、これを掘り下げていくことになる。

　ここでもやはり、企業実態と財務数値の乖離をどのように違和感として把握していくかが大事となる。

5．無形固定資産

　無形固定資産は、物財として所有するものではないが、無形の財産として所有するものであり、長期にわたって経営に利用され、何らかの経済的ベネフィット

をもたらすことが期待される財であり、その性質によって、①法律上の権利を有するもの（特許権、借地権、地上権、商標権、実用新案権、意匠権、鉱業権、漁業権等）と、②経済的な事実上の財産（ソフトウェア、営業権（のれん））とがある[73]。

　無形固定資産は、その性質上、無形であり、目に見えないことから、不正会計のための手段として用いられた場合、その検証等が難しく、その見極めが困難であるところに特徴があり[74]、それゆえ、不正会計の手段として用いられる可能性が高いことから注意が必要な資産科目となる。

　不正会計の観点からは、無形固定資産取得名目で支出された資金が、仮装取引の原資となる可能性（架空売上の計上、資金循環取引）や、減損損失の不計上・過少計上の可能性が考えられる。また、役員等による不正な支出（会社法違反（特別背任）、業務上横領）を原因とする不正会計の可能性も考えられる。

（1）　期間比較

　無形固定資産に着目する場合、まずは、毎期の無形固定資産残高の推移を把握する。無形固定資産残高は、どのような推移をしているのか、増加傾向にあるのか、減少傾向にあるのか、それとも増減を繰り返しているのか。この期間比較は、事業年度末の無形固定資産残高だけではなく、四半期末及びデータが入手可能であれば月次での期間比較も不正会計の端緒の把握にあたっては有用である。

　基本的には、無形固定資産が増加傾向にある場合には、不正会計の疑義が高まることになる。したがって、その場合には、さらに売上高等のその他の勘定科目の推移等と併せて無形固定資産の増加理由を詳細に検討する必要がある。

　なお、無形固定資産には、上記のとおり、特許権、借地権、地上権、商標権、ソフトウェア、のれん等があることから、その推移の把握にあっては、各資産について行うことが有用である。無形固定資産全体の金額の推移を把握し、さらに

---

[73]　安藤英義・新田忠誓・伊藤邦雄・廣本敏郎編『会計学大辞典第五版』（中央経済社、平成19年5月）1275頁-1276頁
[74]　法律上の権利であれば、契約書やその他各種の証明書等がその存在を立証することとなるが、これらの書証は、偽造等の余地がある。また、ソフトウェア等については、当該ソフトウェアを記録する媒体が物理的な物として存在することもあるが、その価値自体は、当該媒体に記録されるプログラム等であり、一見してその価値を判断できるものではない。

資産科目別にその金額の推移を把握するのである。

（2） 無形固定資産と売上高

　無形固定資産は、当該資産が無形であるがゆえに不正会計に係る仮装取引等に用いられやすい性質を有している。

　例えば、仮装取引を伴う「架空売上の計上」等においては、当該仮装取引に係る原資を無形固定資産取得名目で支出する可能性があり、その場合には、架空の無形固定資産が計上されることとなる。

　この場合、売上高が増加傾向にあり、無形固定資産もまた著しい増加を示すことから、その他の資産の状況（売掛金の滞留期間や棚卸資産の回転期間の長期化、貸付金の増加等）と併せて検討し、資金循環取引に係る原資が無形固定資産取得名目で支出されている疑いが濃い場合には、当該無形固定資産の増加を不正会計の端緒として、無形固定資産の実在性の検討を中心に検討していくこととなる。

（3） ソフトウェア・ソフトウェア仮勘定について

　ここでは、無形固定資産のうち、特に不正会計の手段として用いられる可能性があるソフトウェア及びソフトウェア仮勘定（以下、「ソフトウェア等」という。）について説明する。

　ソフトウェアとは、コンピュータを機能させるように指令を組み合わせて表現したプログラム等であり[75]、コンピュータに一定の仕事を行わせるためのプログラムやシステム仕様書、フローチャート等の関連文書を含むものである[76]。また、ソフトウェア仮勘定とは、期末時点において仕掛中のソフトウェアの制作原価等を計上する勘定科目である。

　ソフトウェア等に係るプログラム等は、基本的には無形の資産であり、その価値の判断に当たっては、システム等の専門知識が必要であることから、不正会計に係る仮装取引に用いられた場合には、その発覚が困難になるという性質を有す

---

[75] 「研究開発費等に係る会計基準」（企業会計審議会、平成10年3月13日）
[76] 会計制度委員会報告第12号「研究開発費及びソフトウェアの会計処理に関する実務指針」（日本公認会計士協会、平成11年3月31日）第6項

るものである。

　ソフトウェア等を利用した不正会計事件として、ニイウスコー事件がある。

　ニイウスコーの有価証券報告書（平成18年６月期）に掲載されている連結貸借対照表をみると、平成18年６月期末時点での「ソフトウェア」及び「ソフトウェア仮勘定」の残高が、平成17年６月期末時点での残高と比較して著しく増加していることがわかる（ソフトウェアー図１）。

　当該資産の増加は、資金循環取引に係る架空売掛金の回収原資をソフトウェア等の取得名目で支出したことによる増加と思料される状況であった。

　前記のとおり、ソフトウェア等に係るプログラム等は、基本的には無形の資産であり、その価値の判断に当たっては、システム等の専門知識が必要であることから、不正会計に係る仮装取引に用いられた場合には、その発覚が困難になるという性質を有するものである。したがって、当該資産が著しく増加していた場合には、不正会計の可能性を前提に連結損益計算書や連結キャッシュ・フロー計算書等のその他の財務諸表等や開示情報等と併せて分析を行うこととなる。

（４）　のれんについて

　ここでは、無形固定資産のうち、特に不正会計の手段として用いられる可能性があるのれんについて説明する。

　のれん（暖簾）とは、営業の譲受け又は子会社取得時（パーチェス法）に認識される無形固定資産であり、営業の譲受け又は子会社取得（以下、「企業結合」という。）時において、当該営業の譲受け又は子会社の取得原価（取得のために支払った対価）が、受け入れた資産及び引き受けた負債の純額よりも多い場合の当該超過額が「のれん（取得原価＞資産・負債の純額）」又は「負ののれん（取得原価＜資産・負債の純額）」として計上されることとなる[77]。いわゆる自家創設暖簾は現行の会計基準上は認められていない。

　企業結合のための取得原価は、被取得企業から受け入れた資産及び引き受けた負債に対して配分され、それぞれ取得企業の資産及び負債として貸借対照表に計

---

[77]　企業会計基準第21号「企業結合に関する会計基準」（企業会計基準委員会、改正平成20年12月26日）第31項

ソフトウェアー図1　ニイウスコー株式会社「有価証券報告書(平成18年6月期)」

1【連結財務諸表等】
　(1)【連結財務諸表】
　　①【連結貸借対照表】

区分	注記番号	前連結会計年度 (平成17年6月30日)		当連結会計年度 (平成18年6月30日)	
		金額(千円)	構成比(%)	金額(千円)	構成比(%)
(資産の部)					
		(略)			
Ⅱ　固定資産					
1．有形固定資産					
(1)建物		1,646,173		1,816,694	
減価償却累計額		△359,826　1,286,346		△499,683　1,317,011	
		(略)			
2．無形固定資産					
(1)ソフトウェア		2,811,323		8,358,151	
(2)電話加入権		10,146		5,573	
(3)ソフトウェア仮勘定		2,035,775		8,820,196	
(4)連結調整勘定		550,877		1,658,397	
(5)著作権		－		475,000	
(6)営業権		－		302,798	
(7)その他		－		1,330	
無形固定資産合計		5,408,122	11.3	19,621,447	27.6

　上されることとなるが、その配分は、当該資産及び負債のうち企業結合日時点において識別可能なもの（識別可能資産及び負債）の企業結合日時点の時価を基礎として、当該資産及び負債に対して配分される[78]。受け入れた資産の中に、法律上の権利などに分離して譲渡可能な無形資産が含まれる場合には、当該無形資産は識別可能なものとして取り扱われる[79]。また、この識別可能な資産及び負債の範囲は、被取得企業の企業結合日前の貸借対照表において計上されていたかどうかにかかわらず、企業がそれらに対して対価を支払って取得した場合、原則とし

78　企業会計基準第21号「企業結合に関する会計基準」（企業会計基準委員会、改正平成20年12月26日）第28項
79　企業会計基準第21号「企業結合に関する会計基準」（企業会計基準委員会、改正平成20年12月26日）第30項

て、我が国において一般に公正妥当と認められる企業会計の基準の下で認識されるものに限定される[80]。

したがって、「のれん（または負ののれん）」とは、営業の譲受けないしは子会社を取得した場合に、取得原価を無形資産も含めて識別可能資産及び負債に配分し、その結果、取得原価と識別可能資産及び負債の純額との差額として計上されるものである。

一般的にのれんが生じる原因については、超過収益力であるとされるが、負ののれんも生じうることから、必ずしもそればかりではないが、ここでは基本的にはのれんの源泉は超過収益力であるとして、以下の説明をすることとする。

のれんについては、上記のとおり、企業結合時に「その対価として支払った金額」が、受け入れた資産及び引き受けた負債の純額よりも多い場合に生じるものであり、原則として実際の「金銭の支出」を伴うものであること、また、のれんが超過収益力という物理的に確認が困難なものをその源泉とするものであり、その計上根拠に恣意性が入り込む余地があることから、架空売上等に係る仮装取引等の原資や、役員等の背任的支出の原資を支出する際の名目として用いられる可能性があり、不正会計の観点からは特に注意が必要な資産科目となる。

・オリンパス事件

のれんが不正会計の手段として用いられた事件としては、オリンパス事件が記憶に新しいところである。

オリンパス株式会社（以下、「オリンパス」という。）においては、平成初期の頃の損失飛ばしを隠蔽するために、あたかもＭ＆Ａを行っていたかのように装った仮装取引を行い、当該仮装取引に係る原資を捻出するため、会計上、多額ののれんが生じたかのように会計処理を行っていたものである。

オリンパスの連結貸借対照表において、のれんは、平成19年3月期は約787億円が計上されていたところ、翌期の平成20年3月期においては、約2,998億円と前期と比較して約2,210億円増加していたことがわかる（のれん－図1）。この結果、平成20年3月期ののれん計上額は、オリンパスの総資産の約22％を

80　企業会計基準第21号「企業結合に関する会計基準」（企業会計基準委員会、改正平成20年12月26日）第99項

のれん－図1　オリンパス株式会社「有価証券報告書（平成20年3月期）」

1　【連結財務諸表等】
　（1）【連結財務諸表】
　　①【連結貸借対照表】

区分	注記番号	前連結会計年度 （平成19年3月31日現在）		当連結会計年度 （平成20年3月31日現在）	
		金額（百万円）	構成比（％）	金額（百万円）	構成比（％）
（資産の部）					
		（略）			
流動資産合計		572,838	52.5	543,305	40.0
Ⅱ　固定資産					
1　有形固定資産					
（1）建物及び構築物	※3	128,497		126,260	
減価償却累計額		65,197	63,300	64,955	61,305
		（略）			
有形固定資産合計			140,089	12.8	150,036	11.1
2　無形固定資産					
（1）のれん			78,718		299,800	
（2）その他			21,633		104,230	
無形固定資産合計			100,351	9.2	404,030	29.7
3　投資その他の資産					
		（略）			
貸倒引当金			△483		△415	
投資その他の資産合計			278,522	25.5	260,978	19.2
固定資産合計			518,962	47.5	815,044	60.0
資産合計			1,091,800	100	1,358,349	100

占める資産となった。

　当該のれんの発生状況をオリンパスの有価証券報告書（平成20年3月期）において確認すると、キャッシュ・フロー計算書の注記において、Gyrus Group PLC 他29社（以下、「Gyrus Group PLC 等」という。）の株式の取得により208,450百万円ののれんが発生したことが記載されている（のれん図－2）。

　Gyrus Group PLC 等の株式の取得価額が259,735百万円であり、これに対して、Gyrus Group PLC 等の純資産価額は、51,285百万円であり、差額208,450

のれん-図2　オリンパス株式会社「有価証券報告書(平成20年3月期)」

(連結キャッシュ・フロー計算書関係)	
前連結会計年度 (自　平成18年4月1日 至　平成19年3月31日)	当連結会計年度 (自　平成19年4月1日 至　平成20年3月31日)
	(略)
	※2　株式の取得により新たに連結子会社となった会社の資産及び負債の主な内訳 株式の取得により新たにGyrus Group PLC 他29社を連結したことに伴う連結開始時の主な資産及び負債の内訳並びに株式の取得価額と取得による支出(純額)との関係は次のとおりである。 売上債権　　　　　　　　　　　　7,611百万円 たな卸資産　　　　　　　　　　 10,033百万円 その他流動資産　　　　　　　　 11,535百万円 有形固定資産　　　　　　　　　　7,508百万円 のれん　　　　　　　　　　　　208,450百万円 その他無形固定資産　　　　　　 87,591百万円 投資その他の資産　　　　　　　　2,927百万円 仕入債務　　　　　　　　　　　△1,635百万円 短期借入金　　　　　　　　　 △28,401百万円 その他流動負債　　　　　　　 △12,352百万円 長期借入金　　　　　　　　　　△2,293百万円 その他固定負債　　　　　　　 △24,737百万円 少数株主持分　　　　　　　　　　△124百万円 支配獲得時までの持分法適用 後の連結貸借対照表計上額　　　△6,378百万円 小計:Gyrus Group PLC 他29社 の取得価額　　　　　　　　　　259,735百万円 購入代金の未払額　　　　　　　 20,468百万円 Gyrus Group PLC 他29社の現金 及び現金同等物　　　　　　　　　7,033百万円 差引:Gyrus Group PLC 他29社 の取得による支出　　　　　　　232,234百万円

百万円がのれんとして計上されていたのである。

　上記のとおり、のれんは、基本的に被取得企業に係る超過収益力を意味するものであり、オリンパスにおいては、純資産が約500億円程度の会社に対して、超過収益力としてののれんを約2100億円程度見込んでいたことになる。これは、Gyrus Group PLC 等について、将来の事業計画上、相当程度の多額の利益が計上される見込みとなっていたことになる。

企業買収の基本は、優良な会社をいかに安く買収するかである。したがって、純資産価額が約500億円程度の会社に対して、超過収益力として約2100億円程度見込んでいたということであれば、当該買収価額の適正性に「違和感」を抱かざるを得ない状況であったと考えられる。

　なお、のれんの計上額が高すぎる場合、何が問題となるのか。のれんは、被買収企業の株式を取得するための対価と、被買収企業を子会社化することにより取得することとなる資産及び負債の差額との差額であり、のれんの計上額が多額となるのは、受け入れる資産及び負債と比較して、株式の取得価額が高くなることに起因する。そして、株式の取得価額は、原則として被買収企業の「評価」により決定される。

　したがって、のれんの計上額が高すぎる場合に何が問題となるかというと、この「評価」が高すぎることが問題になるのであるが、不正会計の視点でいうならば、この「評価」が高すぎることの背景に様々な不正の想定が必要となる。

　例えば、①今回のオリンパス事件のように不正会計のための仮装取引に係る原資を捻出するために企業買収名目で被買収企業を過大に評価し、当該原資を併せて支出する場合が想定できる。また、②不正会計の手口としての資金循環取引に係る原資を捻出するための場合も想定できよう。さらには、③経営者等が特別背任的支出のように、自己又は第三者の利得を図るために企業買収名目で会社資金を支出することも想定できる。また、そもそも、④当該被買収企業を取得するために当該株式の売買の相手方に対する利益供与である場合も想定できよう。

　繰り返しになるが、のれんが多額になるということは、当該被買収企業を取得することによって得られる資産及び負債の純額と比較して、相対的に取得価額が高すぎることに起因するのである。もちろん、被買収企業を取得することによって得られる資産及び負債の純額を超える「価値」を取得価額に織り込んでいる場合もあるであろう。しかし、そうであるならば、その「価値」を合理的に説明できなければならない。例えば、ディスカウント・キャッシュ・フロー法（以下、「ＤＣＦ法」という。）により企業価値が評価されていた場合には、ＤＣＦ法による企業価値算定のための基礎情報となる当該被買収企業の事

業計画等の合理性が問題となる。

　もちろん、事業計画は計画であって将来の予測であることから、当然に不確実性が伴うものであるが、そうであっても、当該事業計画を算定する基礎となる「合理的な根拠」がなければならない。その確からしさをどこまで詰めていくのか、これが不確実な予測を可能な限り確からしいものにするのである。

　したがって、のれんが多額に計上されている場合には、①不正会計に係る仮装取引の原資として支出されている可能性及び②特別背任的な支出の可能性を前提に、当該のれんが計上されることとなった根拠としての企業価値算定の根拠を合理的に判断できるまで求めていくことになる。

・グッドウィル・グループ事件

　オリンパス事件に同様にのれんがその端緒となり得る事件として、グッドウィル・グループ事件がある。

　グッドウィル・グループ株式会社（東京証券取引所市場第一部：証券コード4723）（以下、「グッドウィル・グループ」という。）は、子会社であったコムスン（訪問介護等の介護ビジネス）の介護報酬不正請求やグッドウィル（人材派遣業等）の違法派遣等の不祥事等により業績が悪化し、平成21年6月に事業再生ＡＤＲ手続きを申請し、同年10月29日に上場廃止になった。

　グッドウィル・グループ事件は、不正会計事件ではないが、企業買収に係る仲介者の脱税事件となったものであり、その特徴がグッドウィル・グループの連結財務諸表上、のれんの著増減という形で表れていた事件である。

　グッドウィル・グループの平成19年6月期の有価証券報告書をみると連結貸借対照表上ののれんが前期と比較して31,269百万円（＝64,247百万円－32,978百万円）増加していることが把握できる（のれん－図3）。

　同じくグッドウィル・グループの平成19年6月期の有価証券報告書における連結キャッシュ・フロー計算書の注記をみると、平成19年6月期ののれんの増加の原因は、主に株式会社グッドウィル・プレミアム（以下、「グッドウィル・プレミアム」という。）及び株式会社バンテクノ（以下、「バンテクノ」という。）の連結子会社化に伴うのれんであったことがわかる（のれん－図4）。

のれん－図３　グッドウィル・グループ株式会社「有価証券報告書（平成19年６月期）」

１　【連結財務諸表等】
　（１）【連結財務諸表】
　　①　【連結貸借対照表】

区分	注記番号	前連結会計年度 （平成18年６月30日）		当連結会計年度 （平成19年６月30日）	
		金額（百万円）	構成比（％）	金額（百万円）	構成比（％）
（資産の部） Ⅰ　流動資産 　１　現金及び預金	※１	16,315		59,601	
(略)					
Ⅱ　固定資産 　１　有形固定資産 　　（１）建物及び構築物	※１	14,719		37,690	
(略)					
有形固定資産合計		45,479	32.6	67,382	18.4
２　無形固定資産					
（１）のれん		32,978		64,247	
（２）ソフトウェア		346		1,472	
（３）その他		215		10,272	
無形固定資産合計		33,540	24.0	75,992	20.7

のれん－図4　グッドウィル・グループ株式会社「有価証券報告書（平成19年6月期）」

前連結会計年度 （自　平成17年7月1日 至　平成18年6月30日）	当連結会計年度 （自　平成18年7月1日 至　平成19年6月30日）
（連結キャッシュ・フロー計算書関係）	
（略）	
2　※2　株式の取得により新たに連結子会社となった会社の資産および負債の内訳 　株式の取得により新たに連結したことに伴う連結開始時の資産および負債の内訳ならびに株式の取得価額と取得のための支出（純額）との関係は以下のとおりであります。 （1）㈱フードスコープ	2　※2　株式の取得により新たに連結子会社となった会社の資産および負債の内訳 　株式の取得により新たに連結したことに伴う連結開始時の資産および負債の内訳ならびに株式の取得価額と取得のための支出（純額）との関係は以下のとおりであります。 （1）フジオーネ・テクノ・ソリューションズ㈱
（略）	
（5）Food Scope MIDTOWN, LLC 　流動資産　　　　　　　　　3百万円 　固定資産　　　　　　　　　228 　のれん　　　　　　　　　　66 　流動負債　　　　　　　　△37 　固定負債　　　　　　　　△259 　支配獲得時の当社グループ持分　　　　　　　△2 　Food Scope MIDTOWN, LLCの取得価額　　　　― 　Food Scope MIDTOWN, LLCの現金及び現金同等物　　　　　　　　　― 　差引：Food Scope MIDTOWN, LLC取得のための支出　　　　　　　　　―	（5）㈱グッドウィル・プレミア 　流動資産　　　　　148,830百万円 　固定資産　　　　　　46,898 　のれん　　　　　　　22,173 　流動負債　　　　　△101,991 　固定負債　　　　　△17,000 　少数株主持分　　　△25,323 　支配獲得時の当社グループ持分　　　　　　　△1,058 　㈱グッドウィル・プレミアの取得価額　　　　72,528 　㈱グッドウィル・プレミアの現金及び現金同等物　　　　　　　　56,882 　差引：㈱グッドウィル・プレミア取得のための支出　　　　　　　15,645
（略）	
（6）Food Scope L.A., LLC 　流動資産　　　　　　　　　0百万円 　のれん　　　　　　　　　　3 　流動負債　　　　　　　　△3 　支配獲得時の当社グループ持分　　　　　　　△0 　Food Scope L.A., LLCの取得価額　　　　　― 　Food Scope L.A., LLCの現金及び現金同等物　　　　― 　差引：Food Scope L.A., LLC取得のための支出　　　　　　　― （7）Food Scope NY, LLC	（6）㈱バンテクノ 　流動資産　　　　　　5,915百万円 　固定資産　　　　　　1,853 　のれん　　　　　　　11,703 　流動負債　　　　　△2,792 　固定負債　　　　　△893 　㈱バンテクノの取得価額　　　　　　　　15,786 　㈱バンテクノの現金及び現金同等物　　　　　　3,291 　差引：㈱バンテクノ取得のための支出　　　　　12,494

	グッドウィル・プレミアム	22,173百万円
	バンクテクノ	11,703百万円
	合計	33,873百万円

　グッドウィル・プレミアム及びバンテクノの連結子会社化に係る経緯は、以下のとおりである。

　なお、グッドウィル・プレミアムは、株式会社クリスタル（以下、「クリスタル」という。）が平成19年5月に商号変更を行った会社であり、バンクテクノは、クリスタルの子会社化と同時に子会社化した会社である。

適時開示日	タイトル	内容
平成18年10月31日	人材サービス向け投資ファンド「人材サービスファンド」への出資のお知らせ	人材サービスファンドに対し883億円の出資をした（出資比率100%）。
平成18年11月18日	株式会社クリスタルの株式持分の取得による子会社化及び連結対象化等に関するお知らせ	人材サービスファンドが、平成18年10月31日に、株式会社クリスタルの発行済み株式総数の90.92%を保有するコリンシアン投資事業有限責任組合弐号（以下、「組合弐号」という。）に883億円を出資した（出資比率74.45%）。その後、平成18年11月6日にクリスタルの取締役をグッドウィル・グループから3名、さらに同年同月17日に3名を選出した結果、クリスタルの取締役の過半数（11名のうち6名）を占めることとなったため、クリスタルが連結子会社となった。
同上	株式会社クリスタルの連結業績について	平成18年3月期のクリスタルの連結業績を開示。
平成18年11月22日	「株式会社クリスタルの株式持分の取得による子会社化及び連結対象化等に関するお知らせ」の訂正について	平成18年11月18日付「株式会社クリスタルの株式持分の取得による子会社化及び連結対象化等に関するお知らせ」において、

		取締役の過半を占めることとなった同年同月17日にクリスタルが子会社となった旨開示したが、実際には、クリスタルの発行済み株式総数の67%を間接保有することとなった平成18年10月31日付でクリスタルを連結子会社とした旨。
同上	「人材サービスファンド投資事業有限責任組合」と「コリンシアン投資事業有限責任組合弐号」の連結対象子会社化に関するお知らせ	平成18年10月31日付で「人材サービスファンド投資事業有限責任組合」と「コリンシアン投資事業有限責任組合弐号」を連結対象子会社化した旨
平成18年12月11日	東京証券取引所からの「改善報告書」提出請求について	重要な会社情報（子会社の異動）に関する情報開示に遅延及び訂正があった件について、適時開示に関わる社内管理体制の不備に起因するものであり、不適切な開示であると認められることから、適時開示を適切に行うための体制について改善の必要性が高いと認められるため、改善報告書の提出を求められた旨
平成18年12月25日	東京証券取引所への「改善報告書」の提出について	平成18年12月11日付で東京証券取引所より提出を求められた改善報告書の提出をした旨
平成18年12月28日	株式会社クリスタルの株式取得価額決定に至る経緯について	株式会社クリスタル及び株式会社バンテクノの株式取得価額決定の経緯

　このクリスタル及びバンテクノの買収に関して、平成21年11月12日にコリンシアン投資事業有限責任組合弐号を設立したコリンシアンパートナーズの役員が法人税法（脱税）違反で逮捕され[81]、また、海外逃亡中であった公認会計士が

81　平成21年11月12日付日本経済新聞夕刊

韓国で身柄を拘束され、平成22年2月10日に韓国当局から身柄の引き渡しを受け、同日、法人税法（脱税）違反で逮捕されている[82]。

これは、コリンシアン投資事業有限責任組合弐号がグッドウィル・グループから人材サービスファンドを経由して調達した資金約880億円で、クリスタルの創業者からクリスタル株式等を約500億円で取得し、残った資金380億円のうち約180億円についてコリンシアンパートナーズが取得し、これに関して、架空の損失や経費を計上するなどしてコリンシアンパートナーズの所得約50億円を隠し20億円超の法人税を免れたというものであった[83]。

本事件は、結果として、当該買収に関与した者に係る脱税事件となったが、そもそもグッドウィル・グループが約880億円で取得したクリスタル株式等は、コリンシアン投資事業有限責任組合弐号がクリスタルの創業者から約500億円で取得したものであり、差額約380億円が実質的には買収に係る手数料相当額となっていた。当該手数料は、企業買収実務においては、異常に高額な手数料となっている。

クリスタル株式の取得価額の決定の経緯については、グッドウィル・グループが平成18年12月28日付で「株式会社クリスタルの株式取得価額決定に至る経緯」として適時開示を行っているが、その詳細は不明であり、また、当時の代表取締役会長が非上場会社であるクリスタル株式の取得に際してデュー・ディリジェンスは行わなかった旨発言している[84]。

この結果、本件のクリスタル等の株式取得によりグッドウィル・グループの連結貸借対照表に約338億円もの多額ののれんが計上されることとなった。

本事件は、仲介をしたファンド等の関与者の脱税事件であり、当該関与者等からは、当該手数料相当額の実態についてグッドウィル・グループ側には事実の開示がなかった可能性が高いと思料される状況であった。したがって、ある意味、詐欺的な部分もあったかも知れないが、一方で、グッドウィル・グループ側ではその取得価額の決定の経緯の不透明性やクリスタルに係るデュー・ディリジェンスの不実施等、多額ののれんの計上に関して、ある意味無防備で

---

[82] 平成22年2月11日付日本経済新聞朝刊
[83] 平成21年11月12日付日本経済新聞朝刊
[84] 『週刊東洋経済』（平成19年1月13日号）「請負最大手クリスタルを1300億円で買った理由」

あったところも否定できない。

　以上のことから、本事件は、多額ののれんの計上に当たっては、のれんの発生原因等について、株主に対する説明責任や不正会計の観点も含めて慎重な判断が必要であるとする一つの教訓となろう。

6．その他

(1)　その他の資産

　以上、一般的に重要な資産となり得る「売掛金」、「棚卸資産」、「貸付金」、「有形固定資産」及び「無形固定資産（ソフトウェア等、のれん）」について、不正会計の発見の観点で「資産を読む」場合のそれぞれの留意点等について説明した。

　しかし、不正会計発見の観点で把握すべき重要な資産は何かというとそれは個々の会社ごとに異なるものであり、まずは分析対象となる会社の貸借対照表から当該会社における重要な資産が何かを判断することが、不正会計発見のための財務分析における第一歩となる。

　なお、資産の重要性の判断に関しては、基本的には、金額（貸借対照表計上額）が一つの目安となる。ただし、金額で判断する場合においては、単年度で判断するとたまたま当該期だけ金額が減少していた可能性も考えられることから、複数期の貸借対照表を参考にすることが望ましい。

(2)　損益から読む

　ここまで不正会計の兆候の把握に当たっては、資産から読むことが有用であると説明した。では、不正会計の兆候の把握に当たっては、損益計算書、すなわち損益から読むことは無用なのであろうか。

　結論をいえば、損益から読むこともまた有用であるといえる。ただし、損益計算書は、期間計算損益を目的としたものであり、損益計算書に計上された取引金額は、当該会計期間において発生・実現した費用収益であって、特別損益項目を除き、原則として過年度の影響を受けるものではない。不正会計の兆候を把握するに当たって、資産から読むことが有用であるのは、貸借対照表における資産科目は、毎期末時点での残高が計上されており、当該残高には当期以前に計上され

た資産も含まれることから、過去の不正会計による膿ともいうべき「歪み」が当期末の残高として計上され、当該資産科目に沈殿していくことによって、不正会計の兆候として表れるからである。

　これに対して、基本的に当期の損益を計上する損益計算書においては、真実の取引と架空の取引が混在し、その兆候を把握することが困難な状況となる。ただし、当期の損益を計上する損益計算書においても特別損益項目については、過去の不正会計の歪みを特別損失として計上する場合や、架空の利益を特別利益として計上する場合があることから、不正会計の兆候を把握するための端緒となり得るのである。

　以上のことをさらに具体的に説明する。

　不正会計は、実際の取引とは異なる、ないしは、実際には取引がないにも関わらず、あたかも取引があったかのように装って会計処理を行うものであり、その結果、真実とは異なる取引が財務諸表に計上されることとなる。この際、損益計算書においては、真実の取引と架空の取引が混在し、損益計算書を一見しただけではその区別はつかない。一方で、損益科目について会計処理を行う場合には、多くの場合、その相手勘定として貸借対照表科目が用いられる。「売上高」(P/L)を計上する場合の相手勘定が「売掛金」(B/S)となり、「仕入高」(P/L)を計上する場合の相手勘定が「買掛金」(B/S)となるのである。

　したがって、架空の損益取引を計上した場合には、架空の資産・負債科目が計上され、過年度に計上した資産・負債が継続して計上される貸借対照表において不正会計の「歪み」が毎年度蓄積していき、徐々にその兆候を示してくるのである。例えば、架空売上を計上した場合には、相手勘定として架空の「売掛金」が計上されるが、当該売掛金は、架空であるがゆえにそのままにしておいた場合には、貸借対照表上の「売掛金」として計上されたままになる。これが「歪み」である。そして、当該架空売掛金が回収されたかのように装う仮装取引を行った場合には、当該仮装取引に係る原資を何らかの名目で支出することとなる。それは、仕入取引名目であったり、ソフトウェア等の取得名目であったりする。そして、仕入取引名目の場合には、当該支出をそのまま売上原価として処理をしてしまうと利益が出ないことから、当該仕入分を棚卸資産等の資産に付け替えること

となり、貸借対照表に架空資産である棚卸資産が計上されることとなる。ソフトウェア等の取得名目の場合も同様に架空資産が貸借対照表に計上されることとなる。これが「歪み」である。

すなわち、一度、不正会計を始めてしまうと、常に財務諸表に「歪み」が生じ、これらの「歪み」を仮装取引等で消そうとしても、結局、新たな「歪み」を生じさせることとなる。そして、不正会計を継続していく中で、その歪みが徐々に多額となり、財務諸表に不正会計の兆候として顕著に表れてくるのである。したがって、不正会計の発見という観点では、形式的には、貸借対照表に計上された金額的重要性のある資産について、まず、不正会計の結果の「歪み」としての可能性を検討するのである。そして、損益計算書、キャッシュ・フロー計算書等のその他の財務諸表等と比較することにより、さらに詳細な検討を行うのである。

もちろん、「歪み」という意味では、損益計算書上に計上された架空売上等も真実と異なるという意味で「歪み」なのであるが、上記のとおり、損益計算書は、過年度の影響を原則として受けないことから、損益計算書から「歪み」の兆候を把握することは、貸借対照表から「歪み」を把握する場合と比較して、相対的に難しくなる。ただし、上記のとおり、貸借対照表上の「歪み」も損益計算書等のその他の財務諸表等との比較により不正会計の兆候として把握することとなるため、損益計算書の分析が不要であるという意味ではない。

ここで留意すべきは、ただ漫然と損益計算書を眺めるだけでは、不正会計の端緒を把握することは難しく、基本的には資産からの検討を主に、損益からの検討はその補完的な位置付けとなるということである。

1 特別損益

損益計算書を眺めるだけで不正会計の端緒が把握できるとするならば、それは多額の特別損益が計上された場合である。

特別損益とは、当該会計期間において発生した臨時かつ巨額な損益であり、固定資産売却損益等の臨時損益と、過年度における引当金の過不足修正額等の前期損益修正がある（企業会計原則注解注12）。

A 特別損失

企業会計原則注解注12において、①臨時損失として、固定資産売却損や転売

以外の目的で取得した有価証券の売却損を、②前期損益修正として、過年度における引当金の過不足修正額、過年度における減価償却の過不足修正額、過年度における棚卸資産評価の訂正額を特別損失として例示している。

不正会計を行った場合、その財務諸表には不正会計の結果としての「歪み」が資産科目を中心に表れるのであるが、この「歪み」は内部監査、会計監査、デュー・ディリジェンス等の場面において不正会計発見の端緒となり得るものである。

したがって、不正会計の実行者は、何かの機会にその「歪み」を整理したいと考える。例えば、不正会計に利用していた事業からの撤退という名目で過去の不正会計による「歪み」、すなわち、貸借対照表に計上されていた架空資産を損失処理し、損益計算書において、特別損失として多額の事業撤退損失を計上するのである。特に不正会計のための仮装取引に多く用いられる売上債権、棚卸資産、ソフトウェア等に係る特別損失の計上については留意が必要である。

ここでニイウスコー事件を例にみることとする。

ニイウスコーの平成19年6月期の有価証券報告書に掲載されている連結損益計算書上、特別損失として「事業撤退損失」約207億円が計上されている。当該事業撤退損失は、連結損益計算書に係る注記において、医療事業からの撤退に係る損失である旨が注記されている（**特別損益−図1**）。

これに対して、不正会計発覚後のニイウスコーの平成19年6月期の有価証券報告書の訂正報告書における連結損益計算書において計上されている「事業撤退損失」は約145億円であり、訂正前の207億円とは約62億円もの差額が生じている（**特別損益−図2**）。

この差額は、当該事業撤退損失の内訳のうち、主にソフトウェアについて生じている。訂正前の当該事業撤退損失のうち「ソフトウェア」に係る金額は約83億円であり、訂正後の金額は約44億円であり、差額約39億円が架空資産であったソフトウェア等に係る金額であったと思料される状況である。

なお、ニイウスコーは、平成19年6月期の期中である平成19年2月22日に「平成19年6月期中間期および通期業績予想（連結および個別）の修正ならびに配当予想の修正に関するお知らせ」と題する適時開示を行っている。

特別損益-図1　ニイウスコー株式会社「有価証券報告書(平成19年6月期)」

区分	注記番号	前連結会計年度 (自　平成17年7月1日 至　平成18年6月30日)		当連結会計年度 (自　平成18年7月1日 至　平成19年6月30日)	
		金額(千円)	百分比(％)	金額(千円)	百分比(％)
Ⅶ　特別損失					
1．商品評価損		―		1,884,245	
2．固定資産除却損	※5	35,068		153,499	
3．固定資産売却損	※4	―		22,876	
4．投資有価証券評価損				880,713	
5．会員権評価損		8,350		5,400	
6．貸倒引当金繰入額		―		2,177,328	
7．事務所統合移転費用				733,710	
8．事業撤退損失	※7	―		20,717,438	
9．減損損失	※6	―	43,418	0.1	2,699,553	29,274,767	48.4
税金等調整前当期純利益又は税金等調整前当期純損失(△)			5,856,670	7.6		△29,716,933	△49.2

(略)

(連結損益計算書関係)

前連結会計年度 (自　平成17年7月1日 至　平成18年6月30日)	当連結会計年度 (自　平成18年7月1日 至　平成19年6月30日)
※1．販売費及び一般管理費のうち主要な費目及び金額は次のとおりです。 　　給料手当等　　　　　　　3,524,470千円	※1．販売費及び一般管理費のうち主要な費目及び金額は次のとおりです。 　　給料手当等　　　　　　　3,542,482千円

(略)

前連結会計年度 (自　平成17年7月1日 至　平成18年6月30日)	当連結会計年度 (自　平成18年7月1日 至　平成19年6月30日)
―――	※7．(事業撤退損失) 　医療事業から撤退することが明らかになったため、当連結会計年度において当該事業に係る資産を除却処理し、係る損失を事業撤退損失として特別損失に計上しております。これにより税金等調整前当期純損失が20,717,438千円増加しております。 　除却処理した資産の内訳は、商品980,787千円、仕掛品748,687千円、工具器具備品930千円、著作権1,126,954千円、ソフトウェア8,385,197千円、ソフトウェア仮勘定4,669,990千円、長期前払費用802,346千円、リース資産4,002,544千円であります。

特別損益－図2 　ニイウスコー株式会社「有価証券報告書の訂正報告書（平成19年6月期）」

区分	注記番号	前連結会計年度 （自　平成17年7月1日 　至　平成18年6月30日）		当連結会計年度 （自　平成18年7月1日 　至　平成19年6月30日）	
		金額（千円）	百分比（％）	金額（千円）	百分比（％）
Ⅶ　特別損失					
1．固定資産除却損	※5	35,068		136,455	
2．固定資産売却損	※4	―		22,876	
3．投資有価証券評価損		―		880,713	
4．会員権評価損		8,350		5,400	
5．貸倒引当金繰入額		―		2,177,328	
6．事務所統合移転費用		―		733,710	
7．事業撤退損失	※7	―		14,514,525	
8．商品評価損				704,845	
9．減損損失	※6	―　　　43,418	0.1	828,658　　20,004,514	37.7
税金等調整前当期純損失		3,351,978	△6.3	24,229,315	△45.7

（略）

（連結損益計算書関係）

前連結会計年度 （自　平成17年7月1日 　至　平成18年6月30日）	当連結会計年度 （自　平成18年7月1日 　至　平成19年6月30日）
※1．販売費及び一般管理費のうち主要な費目及び金額は次のとおりです。	※1．販売費及び一般管理費のうち主要な費目及び金額は次のとおりです。

（略）

前連結会計年度 （自　平成17年7月1日 　至　平成18年6月30日）	当連結会計年度 （自　平成18年7月1日 　至　平成19年6月30日）
―――	※7．（事業撤退損失） 　医療事業から撤退することが明らかになったため、当連結会計年度において当該事業に係る資産を除却処理し、係る損失を事業撤退損失として特別損失に計上しております。これにより税金等調整前当期純損失が14,514,525千円増加しております。 　除却処理した資産の内訳は、仕掛品748,687千円、工具器具備品930千円、著作権755,704千円、ソフトウェア4,456,597千円、ソフトウェア仮勘定4,669,990千円、長期前払費用802,346千円、リース資産3,080,268千円であります。

当該適時開示においてニイウスコーでは、平成19年6月22日に平成19年6月期中間期及び通期業績予想（連結及び個別）の修正を行ったが、その理由は、貸倒引当金の計上1,337百万円及びソフトウェアの評価損の計上1,356百万円等の特別損失の計上としていた。

　多額の特別損失、特に棚卸資産やソフトウェア等に係る評価損の計上は、過去における不正会計の歪みを特別損失として損失処理した可能性が考えられることから、特に注意が必要である。したがって、この適時開示を端緒に、ニイウスコーの財務諸表等を分析することにより不正会計の兆候に至る可能性があったものと考える。

　以上ことから、ニイウスコーの上記適時開示ないしは有価証券報告書に掲載されている連結損益計算書において、当該特別損失の計上という事実を把握した場合には、不正会計の歪みを特別損失として計上した可能性を念頭に、ニイウスコーの連結財務諸表等に係る財務分析により資金循環取引を手口とする不正会計の端緒を把握できた可能性が思料される状況であったといえよう。

B　特別利益

　多額の特別利益の計上もまた不正会計の手口の一つとなり得るものである。

　企業会計原則注解注12において、①臨時損益として、固定資産売却益や転売以外の目的で取得した有価証券の売却益を、②前期損益修正として、過年度における引当金の過不足修正額、過年度における減価償却の過不足修正額、過年度における棚卸資産評価の訂正額、過年度償却済債権の取立額を特別利益として例示している。

　なお、臨時損益である固定資産売却益に関しては、建物や土地などの不動産のほか、子会社株式の売却等による利益等が考えられる。

　このような特別利益は、通常の企業活動の中で発生し得る利益であり、それ自体が必ずしも不正会計の兆候を示すものではない。しかし、一方で、古くから不正会計の手段として特別利益の計上が利用されてきたこともまた事実である。例えば、その一例として、関係会社間の土地や設備等の固定資産の売買に係る売却益の計上等が挙げられる[85]。この方法は、関係会社を利用して、将来の買い戻し等を前提に一時的な売買をする等によりあたかも固定資産を売却し

たかのように取引を装い、架空の売却益を特別利益として計上するのである。なお、現在では、昭和53年3月期からの連結財務諸表制度の導入、平成12年3月期からの連結財務諸表の作成に係る子会社等の範囲に係る実質支配力基準の導入等から関係会社を利用した固定資産売却益の計上による不正会計は困難になったものの、関係会社以外のペーパーカンパニーやその他の協力会社等を利用した同様の手口による不正会計が起こり得る可能性は、現在も十分にある。

以上のことから、損益計算書ないしは適時開示等で特別利益の計上を把握した場合には、架空利益を計上することの動機を当該会社の経営状況及び財政状態等に係る分析から把握し、また、この売却益が生じる取引の相手先の代表者、所在地、事業の内容及び業績等の属性を把握し、当該取引の経済合理性を検討することにより不正会計の兆候を把握することが可能となる。

2 利益率等の推移

売上総利益率（粗利率）、営業利益率、経常利益率等の損益計算書関連項目に係る利益率の分析も不正会計の兆候を把握するために有用であると考える。ただし、利益率等の分析は、その内容が、利益率等の期間比較等を行った結果、利益率が改善されている、ないしは悪化しているというに止まる場合には、不正会計の兆候の把握に至るのは困難である。利益率の変化に関して、その原因分析を行い、不正会計の手口等が想定できるところまで落とし込むことが肝要となる。すなわち、利益率等の推移を端緒にして、さらに詳細な原因分析を行い、資産サイドの観点から不正会計の手口の兆候を把握するという方法になる。

例えば、粗利率が前期と比較して悪化していた場合に、売上高が前年同期と同じ水準にあるにも関わらず、売上原価が増加していたことが粗利率悪化の直接的な原因であったとしよう。ここでは、会社が営む事業そのものについては大きな変化はなかったとする。そして、売上原価の増加原因を分析したところ、棚卸資産が前期比で大幅に減少していたことがわかるとする。さらに、当該棚卸資産については、前期までは、売上高の増加に伴い棚卸資産の期末残高も増加してお

---

85 監査委員会報告第27号「関係会社間の取引に係る土地・設備等の売却益の計上についての監査上の取扱い」（日本公認会計士協会監査委員会、昭和52年8月8日）参照。当該委員会報告は、昭和50年末の東邦産業の土地の売買を悪用した粉飾決算をきっかけにとりまとめられた報告書である。

り、その結果、損益が黒、営業ＣＦがマイナス、そして、棚卸資産の増加といういわゆる資金循環取引の三徴候が表れていたことが把握できたとしよう。

　この結果、当期の粗利率の悪化、すなわち、売上原価率の上昇は、前期以前までに資金循環取引を手口とする不正会計が行われていたところ、当期に、過去において不正会計を行っていたことにより計上されていた架空資産である棚卸資産を売上原価として処理し、過去の不正会計の歪みを精算したことに起因するものと考えられるのである。

　もちろん、この粗利率の悪化が通常の企業活動に伴い生じたものである可能性は当然にあり得るし、その可能性の方が高いかも知れない。しかし、不正会計の発見という観点では、わずかに得られた端緒に基づき、不正会計の可能性を想定し、それがストーリーとして組み立てられるのであれば、それに関して、事実を確認し、不正会計であるか否かの判断をしていけば良いのである。なお、この確認をすべき「事実」は不正会計の見極めが行える「事実」でなくてはならない。不正会計の見極めが行える「事実」をどのように考えるかは、想定される不正会計のスキームに依存する。例えば、資金循環取引が想定される場合の棚卸資産の実在性の検証等である。

　いずれにしても不正会計の想定ができない限り、不正会計の発見は不可能となる。やみくもに疑うことはきりがなく、弊害が生じることになるが、やみくもに信じることもまた不正会計の発見にはつながらないのである。

（3）　比率分析

　経営分析において財務比率分析は良く行われることである。この比率分析もまた不正会計の兆候を把握するためには有用であると考えるが、すでに説明したとおり、不正会計の兆候は、主として資産の著増減として表れることから、貸借対照表について「資産から読む」ことが不正会計の兆候を把握する最も効果的な方法であると考える。ただし、金額ベースでの資産の推移を一見しただけでは、増減の状況が把握できない場合もある。また、その他の資産科目、損益科目との関係における推移も一見しただけでは把握できない場合も多い。

　そこで、財務比率を用いて、これを比較分析することにより不正会計の兆候を

把握することもまた有用であると考える。比率分析は、財務諸表における各勘定科目等の金額を基に算定した比率を用いて行われるという意味では、財務諸表における金額を用いて分析を行っているわけであり、「資産から読む」という観点での財務分析と同じであり、何ら変わるところはない。ただし、実際の計上額から離れて、比率に変えて分析を行う場合には、その実態が見えにくくなるという難点がある。分析のための分析になってしまうというリスクである。

したがって、不正会計の発見のための手段としての財務比率による比率分析においては、分析のための分析に陥らないことが肝要である。それぞれの財務比率が「資産」のどのような動きを意味しているのかを理解し、それを念頭に分析を行うのである。そして、それぞれの「資産」の動きからどのような不正会計の手口が想定されるかを考えるのである。この過程を財務比率による分析で把握しようとするのが比率分析なのである。

本書では、比率分析に関しては、不正会計の発見に有用ないくつかの財務比率（売掛金滞留期間等）について、関連する箇所において触れている。

(4) その他の定性情報等の活用

不正会計の端緒は、主に貸借対照表における資産に着目をすることによって得られるが、不正会計の端緒としての「違和感」は、会社の実態と財務諸表との乖離をいかに感じることができるかにかかっている。

したがって、財務諸表等に係る財務分析に併せて、さらに有価証券報告書等の開示書類や適時開示情報及びその他の定性情報等を活用し、不正会計の端緒を把握するための財務分析の実効性をより高めることも大事である。

例えば、有価証券報告書等に記載されている【主要な経営指標等の推移】のうち「従業員数」に関しても売上高の推移と対比させることにより、従業員数がそれほど増加していないにも関わらず売上高が倍々で増えている場合に「何かおかしい」と感じることができるであろう。これが違和感である。この違和感を端緒に売上高の増加理由等を分析し、主な資産等の著増減と併せて不正会計の兆候の把握へとつなげていくのである。

また、有価証券報告書等に記載されている【事業のリスク等】についてもまさ

に会社の事業上のリスクが記載されていることから、その内容を端緒に詳細な財務分析を行い、不正会計の兆候の把握へとつなげていくのである。例えば、エフオーアイにおいては、上場時の有価証券届出書の【事業等のリスク】において「（３）財務関するリスク　①売掛金回収期間の長期化」として、売掛金の滞留期間が長期化していることについての説明を行っている（**定性情報－図１**）。これにより①（売掛金の回収が技術検収完了後であるにも関わらず）設置完了基準という収益計上基準を採用していること、②売掛金の回収期間が1.9年となっており、売上計上後、約２年間は売掛金の回収がない（ゆえに売掛金の期末残高が、年間の売上高のほぼ倍になっている）という異常な状況が示されている。これだけでも不正会計の端緒としては十分であると考える。

定性情報-図1　エフオーアイ株式会社「有価証券届出書（上場時）」

4　【事業等のリスク】
　本書に記載した事業の状況、経理の状況等に関する事項のうち、投資者の判断に重要な影響を及ぼす可能性のある事項には、以下のようなものがあります。
　また、必ずしも上記のリスク要因に該当しない事項についても、投資者の投資判断上重要であると考えられる事項については、投資者に対する積極的な情報開示の観点から開示しておりますが、以下の記載事項は、当社株式への投資に関連するリスクを全て網羅するものではありません。

（略）

（3）　財務に関するリスク
①売掛金回収期間の長期化
　当社グループが販売する製品は、設置される顧客の生産ラインにより「初号機」と「リピート機」に分類できます。「初号機」は新設量産ライン向けの製品販売であり、当初、良品歩留率が数％からスタートし、目標歩留率を確保するまでのプロセス・インテグレーション期間が長期化することが一般的であります。また、「初号機」を販売する際の売掛金回収は、技術検収完了後の回収が標準であるため、設置完了基準による売上計上から売掛金回収まで概ね1年6ケ月から2年6ケ月の期間を要する傾向があります。これに対して、「リピート機」を販売する際の売掛金回収は、一般的に、出荷後60日程度で70～80％の売掛金回収が可能となり、売上計上から売掛金金額の回収が6ケ月程度で完了する傾向があります。
　当社グループは、独自の技術による製品を開発し、自社製品の販売を開始してからの期間も比較的短く、売上高の大半が「初号機」であるため、売掛金回収期間は次の表のとおり長期となっており、売掛金額が売上高に比べて多額であります。（「初号機」比率、「リピート機」比率は、当期における当社製品売上合計に対する各金額の割合を記載しております。）

回次	第11期	第12期	第13期	第14期	第15期
決算年月	平成17年3月期	平成18年3月期	平成19年3月期	平成20年3月期	平成21年3月期
売上高（千円）	3,138,985	4,825,416	7,053,976	9,496,817	11,855,960
期末売掛金額（千円）	4,630,727	7,787,691	13,430,261	18,211,895	22,895,952
売掛金回収期間（年）	1.5	1.6	1.9	1.9	1.9
「初号機」比率（％）	100.0	95.1	90.0	70.9	60.4
「リピート機」比率（％）	―	4.9	10.0	29.1	39.6

　以上のとおり、財務諸表等に係る財務分析に併せて、さらに有価証券報告書等の開示書類や適時開示情報及びその他の定性情報等を活用し、不正会計の端緒を把握するための財務分析の実効性をより高めることが大事である。

第4章 不正会計の手口とその発見方法

　ここでは、典型的な不正会計の手口とその発見方法について説明する。

　不正会計の手口は、細かく見ていけば、それぞれの手口はケースバイケースであり、全く同じ方法で行われている不正会計の手口はない。また、今後に対処すべきこととなる不正会計の手口もこれまでの手口と同じものはなく、個別具体的に対応していかざるを得ないものばかりである。

　したがって、過去の不正会計の手口から学ぶべきものはその枠組みであり、それを基礎として、いかなる態様の不正会計の手口にも対応できる柔軟な発想が求められるのである。

　基礎なき応用は現実に対応できず、応用なき基礎もまた現実に対応できない。

1　不正会計の手口

　不正会計は、会社の組織や業務に対応する形で行われるものであり、その手口もそれぞれに対応して行われることから、細かく見れば、何一つ同じ手口のものがないのが実態である。したがって、今後も様々な手口による不正会計が行われる可能性があり、それらをすべて網羅的に例示することは不可能である。

　しかし、様々な手口について、その特徴や性格に基づいた分類は可能である。例えば、証券取引等監視委員会が毎年公表している「金融商品取引法における課徴金事例集（平成23年6月）」に掲載されている過去の課徴金事例に係る不適正な会計処理の類型は、以下のとおりである。

① 売上高
　・売上の前倒し計上
　・売上の過大計上
　・架空売上の計上
② 売上原価
　・売上原価の過少計上
　・売上原価の繰延べ
　・架空仕入の計上
　・売上原価の未成工事への付替えによる費用の繰延べ
③ 販売費及び一般管理費
　・費用の過少計上
　・販売費及び一般管理費の過少計上
　・貸倒引当金の過少計上
　・費用の無形固定資産への付替え
④ 営業外・特別利益
　・社債の評価益の過大計上
　・匿名組合清算配当金の過大計上
　・引当金の不計上
　・経営統合の際の特別利益（負ののれん）の過大計上
⑤ 営業外費用
　・貸倒損失の過少計上
⑥ 特別損失
　・減損損失の過少計上
　・減損損失の不計上
　・関係会社損失引当金の過少計上
　・貸倒引当金の過少計上
　・非上場株式の評価損の過少計上
　・ソフトウェア仮勘定に係る除却損失の過少計上
　・のれんの一括償却による損失の不計上
　・債務保証損失引当金の不計上
⑦ 資産
　・売上債権の過大計上
　・棚卸資産の過大計上
　・棚卸資産の架空計上
　・（長期）未収入金の過大計上
　・前渡金の過大計上
　・有形固定資産の過大計上

・無形固定資産（のれん）の過大計上
　　　・無形固定資産（ソフトウェア）の架空計上
　　　・著作権の過大計上
　　　・関係会社株式の過大計上
　　　・投資有価証券の過大計上
　　　・破産・更生債権等の過大計上
　　　・貸付金の過大計上
　　　・リース資産の架空計上
　　　・繰延税金資産の過大計上
　　⑧　負債
　　　・前受金の過少計上
　　　・退職給付引当金の過少計上
　　　・未払金の過少計上
　　⑨　連結
　　　・子会社の連結はずし

　これら不正会計の手口を知ることは、不正会計に係る端緒情報に直面した際に「違和感」を得るために必要なことである。しかし、不正会計の手口を知っているだけでは、不正会計の発見につながらないこともまた事実である。大事なのは、財務諸表等を利用した分析を行うことによって、不正会計が行われている兆候をいかに把握するかということであり、そして、その兆候から不正会計の手口を想定し、さらに想定される不正会計の手口に係る事実確認をいかに行うかを考えることができるようになることである。

　そのため不正会計の手口を知ることは重要であるが、知ること自体が目的ではなく、不正会計の手口に係る「知識」を不正調査の道具として使うために必要なのであり、考えるべきはその「使い方」なのである。もちろん、その「使い方」は会社の業種・業態の違いや組織の違いによって異なるであろうし、また、使う人の置かれている状況等にもよって異なり、どの場面でも共通に使える方法はない。しかし、「基本」としての不正会計の手口を知ることは大事であり、「基本」を知ることでそれぞれの人の創意工夫によって様々な状況に対応するための「応用」ができることとなる。

　以下、本書では、不正会計の手口について、以下の区分に応じて説明する。

> ① 売上高等の過大計上
> ・売上の前倒し計上
> ・売上の水増し計上
> ・売上の前倒し・水増し計上（工事進行基準の不適切な適用）
> ・売上の架空計上（伝票等のみ）
> ・売上の架空計上（仮装取引を伴うもの－資金循環取引）
> ・売上の架空計上（仮装取引を伴うもの－資金循環取引以外）
> ・特別利益の架空計上・過大計上
> ② 売上原価・販管費等の過少計上
> ・実原価の資産への付替え
> ・架空原価の資産への付替え
> ・費用の未計上・過少計上
> ・評価損の不計上・過少計上
> ・引当金・減価償却費の不計上・過少計上
> ・減損損失の不計上・過少計上
> ・特別損失の不計上・過少計上
> ③ 連結はずし
> ・連結等の範囲
> ・子会社等の売却
> ④ 資本の過大計上（架空増資等）
> ・架空増資（見せ金）
> ・架空増資（現物出資）
> ⑤ 役員・従業員不正に起因する虚偽記載
> ・背任的支出
> ・その他
> ⑦ 組合せとしての手口

　以下の不正会計の手口に係る説明において、各手口の事例を紹介するが、当該事例については、証券取引等監視委員会による

・金融商品取引法における課徴金事例集（平成20年6月）（以下、「課徴金事例集平成20年6月」という。）

・金融商品取引法における課徴金事例集（平成21年6月）（以下、「課徴金事例集平成21年6月」という。）

・金融商品取引法における課徴金事例集（平成22年6月）（以下、「課徴金事例集平成22年6月」という。）

- 金融商品取引法における課徴金事例集（平成23年6月）（以下、「課徴金事例集平成23年6月」という。）
- 金融商品取引法における課徴金事例集（平成24年7月）（以下、「課徴金事例集平成24年7月」という。）

を参照した。

なお、課徴金事例集における事例には、故意による不正会計の事例だけではなく、誤謬による事例も含まれている。ここでは、参考のために誤謬による事例についても併せて紹介した。

2　不正会計の兆候と事実の解明

以下の不正会計の手口の説明においては、当該手口の概要について説明するとともに、併せて当該手口の財務諸表等における兆候としての「端緒としての違和感」と、当該手口の兆候を把握した場合における事実解明の方法としての「結論としての納得感」についてそれぞれの手口に関連して説明する。

1．不正会計の兆候－端緒としての違和感

不正会計の手口の概要とその不正会計が行われた場合にどのような兆候が財務諸表等に表れるかについて説明する。不正会計の手口と財務諸表等における兆候を知ることは、財務諸表等を利用した財務分析、特に貸借対照表を検討した際に把握される特定の資産の著増減等からどのような不正会計の手口が存在する可能性があるのかを想定する際に有用となる。

2．不正会計の事実の解明－結論としての納得感

不正会計の兆候を把握した場合、事実解明をどのようにおこなうか、すなわち、結論としての納得感を得るための事実関係の見極めをどのように行うかについて説明する。

不正会計の事実の解明は、①端緒に基づく事実解明と、②不正会計を明らかにするという2つのプロセスからなる。

例えば、資金循環取引を手口とする不正会計の兆候を把握した場合、当該端緒に基づく「事実解明」のための事実関係の見極めとして、棚卸資産の実在性や売上取引に係るエンドユーザーの把握等を行うこととなる。この場合、資産の実在性の検証の目的は、当該資産が架空資産と想定されることからのモノが「無い」という事実の解明であり、売上取引に係るエンドユーザーの把握の目的は、エンドユーザーがいないと想定されることからの「いない」という事実の解明である。

　しかし、「無い」、「いない」という無の証明は、実務上難しい面を有する。また、仮に証明できたとしても、そのことのみをもって当該手口による不正会計が明らかになるのではない。その他、売上取引に係る証憑等の偽造等が明らかになったとしても、当該手口に係る不正会計が明らかになるわけではない。あくまでも不正会計の疑いが強まったということに止まる。

　したがって、不正会計を明らかにするためには、資産の実在性が確認できないことから架空資産である蓋然性が極めて高くなったこと、又は売上取引に係る証憑等の偽造が明らかになったこと等の不正会計の存在が強く推認される事実を得た上で、当該事実に基づき、不正行為実行者等の関係者から事実関係を明らかにさせることによって、初めて不正会計が明らかになるのである。

　すなわち、端緒に基づく事実解明の過程で、不正会計の存在を間接的に立証し得る事実等の証拠を収集し、最終的には、それらの事実に基づき、不正行為実行者らから事実の告白としての供述を得ることによって、不正会計が明らかになるのである[86]。

　以上のとおり、端緒に基づく事実解明を行う過程で、不正会計の存在を強く疑わせる事実等の証拠をどのようにして収集していくのかが「端緒に基づく事実解明」であり、これを基に不正行為実行者等からいかに真実を明らかにさせるかが「不正会計を明らかにする」こととなる。以下、各手口についての「結論としての納得感」を得るための方法は、主に「端緒に基づく事実解明」について説明する。

86　不正会計に係る不正行為の首謀者が、調査等に協力をしない場合には、本人からの供述を得ることはできないが、これを理由に不正会計の解明ができなくなるわけではない。その他の関係者等の供述及び事実関係を示す証拠等によっても不正会計が明らかにすることはできる。

「不正会計を明らかにする」ことについては、「第三部 不正会計－早期発見とその対応 第6章 不正会計への対応」においてその概要について説明する。

3 売上高の過大計上

不正会計の手口として最も多いのがこの売上高の過大計上である。なお、売上高の過大計上にも全くの架空売上の計上から、実取引の前倒し計上、水増し計上等様々なバリエーションがある。

ここでは、
① 売上の前倒し計上
② 売上の水増し計上
③ 売上の前倒し・水増し計上等（工事進行基準の不適切な適用）
④ 売上の架空計上（伝票等のみ）
⑤ 売上の架空計上（仮装取引を伴うもの－資金循環取引）
⑥ 売上の架空計上（仮装取引を伴うもの－資金循環取引以外のもの）

について説明する。

1．売上の前倒し計上

(1) 手口の概要

売上の前倒し計上とは、会計期末時点において、収益である売上高の計上基準を満たしていない売上取引について、当該売上を当期の売上高として計上することである。基本的には実取引を前提に行われる手口である[87]。

我が国の一般に公正妥当と認められた企業会計の基準の一つである企業会計原則においては、収益の計上基準として実現主義を採用しており（企業会計原則第二損益計算書原則三B）、①第三者に対して財貨又は役務の提供が行われ、かつ、②流動性のある対価を受け取ることが実現の要件とされる[88]。当該実現主義に基づく収益の計上基準には、現金基準、出荷基準、検収基準、割賦基準、工事完成

---

[87] 売上の前倒し計上といっても、前倒し計上時点で、受注自体がない、製品の製造もおこなっていないようなケースは、売上の架空計上（伝票等のみ）であると考える。

基準、工事進行基準等、各社の企業活動の実態に即して収益が「実現」する要件を満たした時点で収益を計上する基準が定められている。

ここで、出荷基準とは、工場等において製品等を大量生産し、卸業者等と反復継続的に取引が行われる場合に工場等から得意先（販売先）に対して出荷された時点をもって収益を計上する基準であり、工場等からの出荷をもって短期間で得意先に搬送される確実性が高く、かつ、製品の品質等が均一であること等から不良品等の発生する確率が極めて低いことが過去の経験則から認められ、また、当該対価についても出荷日と時間的に近接する日をもって得意先（販売先）が仕入債務として認識すると認められることから、製品の工場からの出荷という「事実」をもって、収益が実現したとする基準である。

検収基準は、得意先の仕様等にしたがって製品を製造する受注生産等の会社で採用する収益の計上基準である。製造装置等を製造するメーカーやソフトウェア等を制作するソフトウェア会社等で採用する基準である。検収基準は、工場において製造した製品である製造装置を工場から出荷後、得意先の指定する納品場所に搬入・設置後、当該製品を用いて試作品等を製造し、一定の基準を満たすことによって検収を行い、代金の支払い（得意先での債務の認識）が行われる場合に当該検収という事実をもって収益の認識を行う基準である。

したがって、売上の前倒し計上とは、①未だ第三者に対して財貨又は役務の提供を行っていない状況で売上を計上すること、又は、②財貨又は役務の提供を行ってはいるものの未だ対価を受け取っていない状況で売上を計上することであり、例えば、①製品等の受注をしただけであるにも関わらず売上高を計上する、役務提供に関する契約を締結しただけであるにも関わらず売上高を計上する、②製品を出荷し、得意先に納品はしたが、未だ検収が終了していないにもかかわらず売上高を計上すること等である。

なお、売上の前倒し計上は、収益の「認識」の問題となる。すなわち、会計とは、会計事実の認識・測定・表示であるところ、売上の前倒し計上とは、売上（収益）という会計事実を認識してはならない時点で認識し、売上高として計上す

---

88 染谷恭次郎『現代財務会計〔改訂増補第4版〕』（中央経済社、平成4年5月）40頁、斉藤静樹等責任編集『企業会計の基礎概念』（中央経済社、平成23年4月）257頁

ることであり、損益計算書の虚偽記載（粉飾）の手口となる。

　以下、この「売上の前倒し計上」に関して、その発見の端緒と調査方法について説明する。

(2) 発見の端緒と調査方法
1 端緒としての違和感
・売掛金の滞留期間

　売上の前倒し計上を行った場合には、貸借対照表の「売掛金」にその傾向が表れる。売上の前倒し計上は、上記のとおり、売上の計上基準を満たしていないにもかかわらず売上を計上することである。したがって、実取引を前提とするならば、売上の前倒し計上に伴い計上された売掛金については、得意先において、実際の売上の計上基準を満たした時点（出荷、引渡し、検収等）で当該取引に係る仕入債務を認識し、その時点を基準に通常の決済条件（月末締め翌月末払い等）により決済が行われることとなる。

　したがって、当該売上の前倒し計上に伴い計上された売掛金の計上日から決済までの期間（滞留期間）は、通常の売上に係る売掛金よりも前倒し計上した分だけ長くなるのである。そして、この前倒しのタイミングが本来の売上計上日よりも前になればなるほど、当該売掛金の滞留期間も長期化することとなる。

　この結果、売上の前倒し計上を手口として不正会計を行った会社の売掛金残高は、不正会計を行っていない場合と比較して、本来計上してはいけない売掛金が計上されているという意味で前倒し計上した分だけ増加し、売掛金の滞留期間は、実際の決済条件と比較して長期化する傾向が生じることとなる。

　したがって、売掛金の滞留期間が長期化している場合には、売上の前倒し計上を手口とする不正会計の可能性を考えることとなる。

・売上の前倒し計上の特徴

　不正会計の始期において多額の売上の前倒し計上を行うということは、当該手口が実取引を前提にすることから、あまり想定されない。もちろん、最初から多額の売上の前倒し計上を行うということもあり得なくはないであろうが、最初はやむに止まれず、一時的なものとして計上する場合が多いと考えられる

ことから、その影響額は比較的軽微であり、当該始期において、その端緒を財務諸表分析から把握することは困難であると思料される。

　しかし、売上の前倒し計上は、翌期の売上の先食いであり、基本的に業績が悪化している状況においては、翌期においても余程のことがない限りは業績が良くないと考えられ、しかも、本来翌期において計上すべき売上を当期において前倒し計上してしまっていることから、翌期においては、さらに業績は悪化することとなる。

　したがって、翌期においては、当期よりも多額の売上の前倒し計上を行う場合が多くなり、しかも、当期の売上の前倒し計上分を穴埋めして、さらに業績の悪化を糊塗するために売上の前倒し計上を行うことから、その売上の前倒し計上の額は年々増加していくこととなる[89]。この結果、売上の前倒しによる売掛金等に係る影響額は相対的に大きくなり、その結果、売掛金の滞留期間の長期化という兆候が表れるのである。

2　結論としての納得感

　財務分析等により売上の前倒し計上を手口とする不正会計の兆候を把握した場合には、結論としての納得感を得るために、不正会計の兆候が事実か否かを見極めのための事実確認を行う。実取引を前提に売上の前倒しを行っていた場合を想定すると、取引自体は実取引であることから、問題は収益計上の時期となる。

・売掛金の年齢調べ

　　売掛金の滞留期間が長期化している場合は、個別の債権の年齢調べを行い、長期滞留債権の有無を把握する。

　　長期滞留となっている債権が特にないにもかかわらず、全体の滞留期間が長期化している場合には、売上の前倒し計上等の可能性が高くなる。なぜなら、長期滞留債権がある場合には、個別具体的な滞留原因があるはずであり、その

89　不正会計が経営者等にとって一種の麻薬であると例えられる所以である。今回だけ、今期だけと思って、不正会計を行ったところ、結局のところ、業績等が回復せずさらに大掛かりな不正会計へと発展させてしまうのである。一度手を染めてしまうとなかなか後戻りができなくなってしまうのである。そして、その結果、会社、従業員、家族の全てを失うこととなる。そうならないためにも、この不正会計の誘惑は常にあるところ、決してそれに手を染めてはいけないことは経営者等が強く自戒すべきことであると考える。

場合には、架空売上の計上、貸倒引当金の過少計上等のその他の不正会計が疑われるが、そうではなく、全体として滞留期間が長期化している場合には、決済条件の変更等の名目により、本来の決済条件を満たす売上計上基準よりも前倒しで売上を計上している可能性が生じることとなる。もちろん、本当に決済条件等の変更により実態の滞留期間が長期化している可能性もあるが、その可能性を安易に信じることなく、当該決済条件等の変更に係る合理的な理由の存在を確認することとなる。

　また、長期間に渡って未回収となっている債権があった場合には、当該債権の発生原因、滞留原因等の把握を行うが、当該原因の解明に当たっては、不正会計に係る事実解明の端緒となり得る可能性があることから、慎重に行うこととなる。留意すべきは、担当者等から回答を得た場合に簡単に納得してしまうことなく、「なんでそうなるのか？」、「本当にそうなのか？」を繰り返し、真実の原因の解明に努めるべきである。

　なお、長期滞留状態となっている個別の売上債権が把握できた場合には、売上の前倒し計上の可能性のほか、①実取引に基づき発生した売上債権であるが、得意先の財政状態等の悪化により回収が困難になっている場合（貸倒引当金の不計上・過少計上）、②売上の前倒し計上を行ったところ、実際の売上取引に至らなかった場合（結果としての売上の架空計上）、③売上の架空計上等の不正会計の疑義が生じることとなる。

・**売上債権に係る残高確認**

　売上の前倒し計上の場合、基本的に、得意先では通常の検収等により取引を認識しているのに対し、会社側は本来の収益計上のタイミングよりも前に収益計上を行っていることから、売上債権に係る残高確認を行うことにより、売上債権の計上額と得意先の認識額との差異を把握することができる。ただし、不正会計の疑義が生じた場合には、すでに有事であると考えられ、不正会計の実行者らは、残高確認による不正会計の発覚を避けるため、様々な偽装行為を行う可能性があることに留意すべきである。

　したがって、安易に残高確認の回答結果を信じることがないようにするとともに、①残高確認に係る手続きは、基本に忠実に行い、発送先の選定[90]、発送

先の所在地の確認、発送先の担当部署[91]等の妥当性の確認、郵便ポスト等への投函の実施等は自らが確実に行うこと、②回答額との不一致による差異[92]については、不正会計に係る事実解明の糸口となる可能性が高いことから、当該差異の原因分析は、担当者等の説明を資料等の裏付けなく安易に信用せずに、また、安易に妥協することなく、事実に基づいて詰めていくこと、③回答が一致した場合[93]であっても、会社の実態及びその他の取引の状況等から判断して、回答が一致したことが不自然な場合には、取引を個別に検証する等を追加し、詳細に調査をし、回答が一致したことに係る合理的な理由を把握すること、④回答がない場合には、架空債権である可能性が高いことから、代替手続を行うことになるが、架空売上が想定される場合には、得意先に対する電話照会、訪問等の具体的な行動を伴う調査を検討する必要があること、⑤残高確認に係る回答書等の様式、筆跡、印影、担当者等についても比較検討を行い、類似のものや不自然なものがないかどうかに留意する必要がある。

　なお、不正会計の実行者等である会社担当者らによる想定される偽装行為等としては、①残高確認状の発送を会社担当者が行うことにより実際には残高確認状を発送せず、会社担当者の手許に残した残高確認状に得意先の社判や担当者印を市販の印鑑や印鑑業者に発注して作成した印鑑等を用いて押印した後、監査人に残高確認状を郵送してしまう、②残高確認状を監査人が郵便ポストに投函した後に回収してしまう[94]（その後は①と同様）、③残高確認状の発送先を得

90　「①売上債権の確認先選定に際して、会社が何らかの理由を挙げ確認状発送の見合わせを主張する場合、そこに監査リスクが潜んでいる場合が多い。②サンプリングにおいては、「一定金額以上基準」は適当でない。確認先は、すべての対象項目について抽出機会が与えられるようにアットランダムな方法によるべきである。③確認先の選定に当たって用いる債権リストから一部の債権が除外されていることがある。リストの網羅性、合計計算の正確性に十分留意しなければならない。」（日本公認会計士協会監査業務審査会「監査提言集」平成22年7月1日）

91　「残高確認書の送付先が取引担当者であるなど、経理部門（債権管理部門）以外の場合には、送付先の妥当性について職業的専門家としての懐疑心をもって、より慎重な検討を行うべきである」（日本公認会計士協会監査業務審査会「監査提言集」平成22年7月1日）

92　「確認状回答と会社帳簿との相違は、問題発見のためのきっかけの宝庫である。確認結果の回答差異調整は、大変重要な手続であることから、会社帳簿記録の適正性判断のために慎重な対応が必要である」（日本公認会計士協会監査業務審査会「監査提言集」平成22年7月1日）

93　「確認状の回答が「一致」として回収されても、他の状況との整合性を考慮したときに、差異が発生していないことが異常であると考えるべき場合もある」（日本公認会計士協会監査業務審査会「監査提言集」平成22年7月1日）

意先の経理部門ではなく、実際の担当者宛にして、当該担当者から事務処理の誤り等を理由に残高確認状を回収してしまう（その後は①と同様）、④③と同様に発送先を得意先の担当者にして担当者を買収の上、残高確認状を回収してしまう等の偽造・隠蔽工作等の可能性が考えられる。このため売上債権等に係る残高確認だけでは、事実の解明に至らない場合もあり得る。逆にいうと、売上の前倒し計上等の疑義がある場合に、残高確認状の回答のみで、この疑惑が否定されるわけではないことには注意が必要である。

- **売上取引に係る証憑類の調査**

売上の前倒し計上の場合、収益計上の基礎となる事実（出荷、納品、検収等）の根拠となる証憑類の検証により収益の計上時期の妥当性を判断することとなる。ただし、不正会計が行われている場合には、当該証憑類の偽造や証拠の隠蔽、その他の仮装行為等が行われている可能性が十分に考えられることから、証憑類の記載内容の確認と併せて、当該証憑類の形式面での検証が必要となる。この場合、証憑類の様式、会社側の担当者、受注者、会社側の社判・個人印の印影、得意先の担当者、得意先の発注者、得意先の社判・個人印の印影等について、売上に係る取引全体において比較検討し、何らかの規則性等の有無の把握に努めることとなる。例えば、本来の様式とは異なる様式で作成されている取引や、会社側の担当者が本来は販売部門の人間でなければならないのに管理部門の人間が担当者となっている取引等のように、何らかの差異が生じている証憑類に係る取引について着目することとなる。

また、証憑類の確認を行う場合には、必ず原本にて確認をしなければならない。売上の前倒し計上の疑義がある場合には、その収益計上時期の根拠となる証憑類の真実性がその見極めのための根拠となる。しかし、これらの証憑類については、偽造等の可能性もあることから、必ず当該証憑類の原本を確認し、判断しなければならない。不正会計の実行者は、不正会計の発覚を防ぐためには、証憑類の偽造ぐらいは簡単に行うのである。また、証憑類の原本を求めた時に、原本を提出せず、原本を提出できないことの理由をあれこれと言い始

94　シニアコミュニケーション事案（課徴金）（平成22年6月4日付「外部調査委員会調査報告書」株式会社シニアコミュニケーション外部調査委員会）参照

た場合には、当該証憑類が偽造されている可能性が高くなると考えるべきである。ゆえに、売上取引の計上時期の根拠となる証憑類について写しを用いて検証した場合には、自ら真相の解明に至らない道を選んでいるようなものであることを認識すべきである。

・売上債権に係る入金状況等の確認

　売掛金等の回収条件が特殊な場合は、その合理的な理由の有無を確認する。

　売上の前倒し計上の場合、本来の収益計上のタイミングよりも前倒しで計上することから、得意先においては仕入取引を認識しておらず、一部売掛金について本来の決済条件（例えば、月末締めの翌月末回収等）と異なる場合が想定される。この場合、当該決済条件が異なることについて、合理的な理由がない場合には、売上の前倒しである可能性が高いと考えるべきである。

　なお、この際、売掛金の決済条件が異なることについて、①（出荷基準等の場合）毎月の売掛金の回収は定額であり、差額分については、翌月以降に回収される、②（検収基準等の場合）売掛金の9割については、検収月の翌月末に回収されるが、残り1割については、製品である「機械装置」等が稼働した後、一定期間経過後に支払われる等の理由である場合には注意が必要である。このような通常の決済条件と異なる決済条件は、毎月の売掛金の計上額と実際の回収額との対応関係を不明確にすることにより、滞留分に係るチェック等を困難にさせる目的が窺われるからである。

（3）　事例

　「売上の前倒し計上」を手口とした主な不正会計の事例は、以下のとおりである。

・丸善事案（課徴金事例集平成20年6月・事例29）

> 　当社の部長らは、引渡し前の工事物件について、引渡書を偽造する等して売上を前倒し計上し、また、工事物件の原価を翌期以降の他の工事物件の原価として付け替えるなどの方法により原価の計上を先送りして、利益を過大に計上した。

※手口の詳細については「不適切な会計処理に関する調査結果及び当社の対応方針のご報告」（丸善株式会社、平成19年4月24日）を参照のこと。
※大学、図書館等の教育関連の設備関連事業を行う旧環境デザイン事業部の事業部長及び仕入購買部署長の主体的関与者2名が、管理本部・コンプライアンス等担当取締役に対し、自己の不適切な行為（不適切な会計処理の指示・実施）を申告して発覚。また、本件に関しては、一般職員を含めた事業部として相当広い範囲の者が、伝聞を含むものの本件事実の存在に感づいていながらこれを看過していた[95]。

・ミサワホーム九州事案（課徴金事例集平成20年6月・事例30）

> 当社は、売上の計上基準として建物引渡完了日基準を採用しているにもかかわらず、未完工で引渡未了の物件につき、工事が完了し建物引渡済であると仮装して売上の前倒し計上を行うこと等により、過大な利益を計上していた。
> 当社は、監査法人に対し、物件視察にあたっては当該売上の前倒し計上を行った物件についてあたかも引渡が完了し入居済であるかのように偽装したり、建物引取書を偽造するなどして虚偽の説明を行うことにより組織的な隠蔽工作を行っていた。

※手口の詳細については「業績に影響を与える事象の発生について」（ミサワホーム九州株式会社、平成18年12月18日）を参照のこと。
※会計監査人による会計監査において、一部工事未了の物件の売上計上が見受けられ、売上計上時期を証明できる書類が不整備との指摘を受け発覚した[96]。
※虚偽記載を理由として平成19年1月29日付で上場廃止（福岡証券取引所）となった[97]。
※監査法人に対する具体的な偽装行為は、「業績に影響を与える事象の発生について」（ミサワホーム九州株式会社、平成18年12月18日）を参照のこと。

---

95 「不適切な会計処理に関する調査結果及び当社の対応方針のご報告」（丸善株式会社、平成19年4月24日）。
96 「業績に影響を与える事象の発生について」（ミサワホーム九州株式会社、平成18年12月18日）。
97 「当社株式の上場廃止に関するお知らせ」（ミサワホーム九州株式会社、平成18年12月28日）。

・セタ事案（課徴金事例集平成20年6月・事例35）

> 　当社は、決算期末以降に出荷・納品される予定の製品について、未確定な受注であるにもかかわらず、確定受注として決算期末までに出荷・納品がなされたものとして売上を前倒し計上するとともに、これを適正な売上高とみせかけるために原始証票を含む一部の書類を偽造または改竄する等して利益を過大に計上していた。

※元代表取締役及び元専務らが、各営業支店長や物流管理課等に指示を行い、実行させた。これらの具体的な手口は、「平成19年3月期の売上処理についての調査結果のお知らせ」（株式会社セタ、平成19年10月2日）を参照のこと。

・平和奥田事案（課徴金事例集平成21年6月・事例38）

> (1) 不動産事業売上の不適正な計上
> 　当社は、不動産事業売上において架空売上の計上、売上の前倒し計上により利益を過大に計上した。

※虚偽記載を理由として平成20年8月15日に大阪証券取引所市場第二部上場廃止[98]
※手口の詳細については、「不適正な会計処理等に伴う過年度決算修正に関する外部調査委員会 内部調査委員会の最終報告並びに当社の対応について」（平和奥田株式会社、平成20年5月2日）を参照のこと。

・プラコー事案（課徴金事例集平成21年6月・事例49）

> (1) 売上の前倒し計上
> 　当社は、検収基準により売上を計上していたが、出荷は完了しているものの検収が完了していなかったり、出荷が間に合わず翌期初めの出荷となった機械について、顧客に検収書の発行を依頼するなどして、売上の前倒し計上を行った。

※監査法人の指摘により発覚。監査法人の指摘事項は、「売上計上基準の変更及び過年度決算短信等の訂正について」（株式会社プラコー、平成20年8月29日）を参照のこと。

---

[98] 「上場廃止等の決定に関するお知らせ」（平和奥田株式会社、平成20年7月15日）

・ゼンテック・テクノロジー・ジャパン事案（課徴金事例集平成21年6月・事例50）

> （1）架空売上の計上・売上の前倒し計上
> 　　当社は、
> 　① 発注書や受注書を不正に作成して架空売上を計上し、また、
> 　② ソフトウェア使用許諾契約について、実際には交渉中であったにもかかわらず、契約日を偽った契約書を不正に作成し、売上を前倒し計上する
> ことにより、売上を過大に計上した。

※手口の詳細については、「不適切な会計処理に関する調査委員会の最終報告について」（株式会社ゼンテック・テクノロジー・ジャパン、平成21年2月17日）を参照のこと。

・メビックス、エムスリー事案（課徴金事例集平成23年6月・事例21）

> （1）売上の前倒し計上
> 　　A社（注：メビックス）は、医療関係者から、大規模臨床試験に係る様々な業務を受託している。この大規模臨床試験は、数年に亘り継続するものであるが、当該受託料については、受託時に入金されるのが慣例となっていた。
> 　　A社では、当該取引について従来から売上計上基準を設け、既に入金済みの業務であっても、月次で提供した業務に応じて売上計上することとしていた。
> 　　また、A社は医療関係者が独自の事務局機能を有していないことから、医療関係者から契約書や検収書などに使用する印章を預かり保管していた。
> 　　A社の営業部門は、過度な売上予算達成のプレッシャーから、実際には売上に計上するための業務実績がないにもかかわらず、預かっていた印章を使用し、契約書や検収書を偽造するなどして、当該業務実績があるかのように装い、売上を前倒し計上していた。

※手口の詳細については、「当社子会社メビックス株式会社の過去決算に係る調査結果について」（エムスリー株式会社、平成22年4月21日）を参照のこと。
※本件は、エムスリーによるメビックスの完全子会社化後、メビックスの従業員からエムスリーへの通報により発覚した[99]。

---

99 「当社子会社メビックス株式会社の過去決算に係る調査結果について」（エムスリー株式会社、平成22年4月21日）

・ユニバーサルソリューションシステムズ事案（課徴金事例集平成23年6月・事例24)

> (1) 売上の前倒し計上
> 　当社は、ＡＳＰ事業（インターネットを通じたコンピューターアプリケーションの提供サービス）を行っており、それに付随して、顧客のビジネスモデルに応じて追加機能を付加するためのシステム開発業務を行っているが、当該システム開発に係る売上の計上基準として「検収基準」を採用しており、システム開発が完了し、追加機能が付加された時点で、顧客から検収書を受領し、売上に計上することとしていた。
> 　しかし、当社は、実際には当該システム開発が完了していないにもかかわらず、顧客に検収書の発行を要請し、これを受領することで、あたかも検収が完了し、売上が計上できるかのように装い、売上を前倒し計上していた。

※手口の詳細については、「社外調査委員会の調査報告書に関するお知らせ」（ユニバーサルソリューションシステムズ株式会社、平成22年4月19日）を参照のこと。

・ＳＢＩネットシステムズ事案（課徴金事例集平成24年7月・事例19)

> 　3　事案の概要
> (1) 情報セキュリティ製品の販売、ライセンス許諾を主な事業としていた当社は、東証マザーズ市場に上場後、2期連続で赤字となっていた。また、多額の社債を発行していたこともあり、当社は、赤字決算回避に対する重圧から、以下(2)、(3)、(4)に挙げる行為を行った。
> (2) 省略
> (3) 当社は、Ａ社の見積書、発注書、請求書等を偽造し、翌期に計上すべきソフトウェアライセンスの販売による売上を前倒しで計上した。
> (4) 省略

※手口の詳細については「外部調査委員会調査報告書の受領に関するお知らせ」（ＳＢＩネットシステムズ株式会社、平成22年12月10日）参照のこと。

・**東研事案**（課徴金事例集平成24年7月・事例21）

　3　事案の概要
(1)　電子機器等の製造・販売を主な業務としていた当社は、上場会社として相応の売上を計上し、上場を維持したいと考えていた。このため、当社は売上計画の達成を社員に厳しく課していた。
　　しかし、当社は、近年、受注等の減少により財務状況が悪化し、社員への重圧は更に増大していた。
(2)　重圧を受けた営業担当社員は、売上計画の達成のため、取引先からの受注が見込みの段階であるにもかかわらず、取引先から注文書を前倒しで入手したり、自社において注文書を偽造作成したりしていた。また、取引先からの受注がないにもかかわらず、注文書と受領書を偽造していた。さらに取引先から取り消された注文についても、取消しの手続きを行わなかった。これらによって出荷されたこととされた商品は、営業担当社員のロッカー等に保管するなどして、実地棚卸による指摘を免れていた。

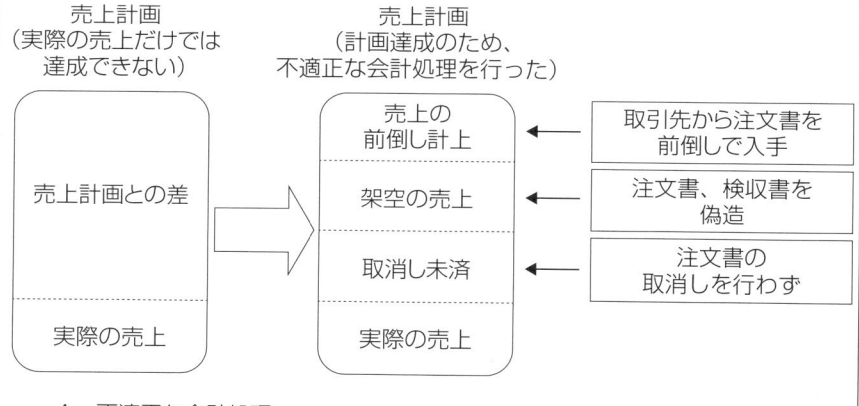

売上計画 （実際の売上だけでは 達成できない）	売上計画 （計画達成のため、 不適正な会計処理を行った）	
売上計画との差	売上の 前倒し計上	← 取引先から注文書を 前倒しで入手
	架空の売上	← 注文書、検収書を 偽造
	取消し未済	← 注文書の 取消しを行わず
実際の売上	実際の売上	

　4　不適正な会計処理
(1)　売上の前倒し計上
　　当社は、売上計上基準に出荷基準及び検収基準を採用していたが、特に半期、通期の決算期末において、取引先からの受注がまだ見込み段階であるにもかかわらず、取引先からの証憑類を前倒しで入手したり、これらの証憑類を偽造したりして、翌期以降の売上とすべきものを、あたかも当期中の売上であるかのように装い売上を前倒し計上した。
(2)　省略
(3)　省略

※手口の詳細については「第三者調査委員会報告書の受領に関するお知らせ」（株式会社東研、平成23年5月18日）を参照のこと。

2．売上の水増し計上

(1) 手口の概要

　売上の水増し計上とは、本来の取引金額に架空の取引金額を水増しして売上計上することである。基本的には実取引を前提に行われる手口である。

　会計事実の認識・測定・表示の観点では、「測定」において問題となる方法である。売上の水増し計上は、財貨又は役務の提供を行うことから、この会計事実に基づき売上取引を認識することは妥当なのであるが、その対価の受け取りに関して、受け取った対価以上に売上取引を過大に計上するという意味で測定の場面での問題となる。

　この結果、水増し分相当の架空売上が計上されるため、売上の水増し計上は、損益計算書の虚偽記載（粉飾）の手口となる。そして、売上の水増し計上に係る会計処理を行う際に、売上高の相手勘定として「売掛金」勘定を用いることが一般的であり、この結果、貸借対照表には架空の売掛金が計上されることとなる。

　また、収益の実現の観点からは、売上の水増し計上は、財貨又は役務の提供を行ったが、その受け取る対価以上に収益を計上する方法であり、水増し分は架空売上計上となる。ここが売上の前倒し計上と異なる点である。売上の前倒し計上の場合、実際の財貨又は役務の提供が行われることにより、不正会計としての瑕疵は、損益計算書における期間損益上の瑕疵は残るものの、貸借対照表上の瑕疵は、売上の前倒し計上に係る売掛金は実際に回収されることから、結果として治癒されることになる。これに対して、売上の水増し計上の場合には、架空取引である売上の水増し計上に係る売掛金は架空債権であることから、そのままでは回収されることはなく、貸借対照表の瑕疵として計上され続けることとなる。

　以下、この「売上の水増し計上」に関して、その発見の端緒と調査方法について説明する。

(2) 発見の端緒と調査方法

① 端緒としての違和感

　売上の水増し計上を行った場合には、貸借対照表の「売掛金」にその傾向が表

れる。売上の水増し計上は、本来の取引金額に架空の取引金額を水増しして売上計上することであり、この結果、実際の売掛金に加えて架空の売掛金が計上されることとなる。当該架空売掛金は、架空であることから当然に何もしなければ回収されることなく滞留し、貸借対照表上に売掛金として計上されたままとなる。

したがって、売上の水増し計上を手口として不正会計を行った場合の売掛金残高は、不正会計を行っていない場合と比較して、水増し計上した分だけ増加することとなる。そして、当該架空債権が多額となり、売掛金全体に占める割合が増えれば増えるほど、貸借対照表における「売掛金」の計上額が売上高と比較して多額となり、この結果、売掛金の滞留期間が長期化するのである[100]。

このため売掛金の滞留期間が長期化している場合には、売上の前倒し計上と併せて、売上の水増し計上を手口とする不正会計の可能性も考えることとなる。

なお、売上の水増し計上においても、売上の前倒し計上と同様に実取引が前提となることから、不正会計の始期において多額の売上の水増し計上を行うということは、あまり想定されない。このため不正会計の早期発見という観点からは、その始期において財務諸表に係る財務分析よりその端緒を把握するというのは難しい場合が多いであろう。ただし、売上の前倒し計上と異なるのは、水増し計上分は架空取引であることから、その金額に制約はなく、極端な場合には始期において多額の水増し計上が行われる可能性はある。

また、ここでは、架空の売掛金が回収されないまま貸借対照表に計上されている場合を想定したが、実際には、滞留売掛金については、貸倒引当金の計上の要否が問題となり、貸倒引当金を計上しなければならない場合には、貸倒引当金繰入額・貸倒損失等の費用計上が求められてしまうため、そもそも業績が良くないことから不正会計を行っているにも関わらず、売掛金に係る貸倒引当金繰入額等を計上した場合には、さらに業績が悪化することから、当該架空売掛金をあたか

---

100 不正会計が行われていない場合には、通常の決済条件に基づき、当期以前に計上された売掛金は回収され、売掛金残高は減少する。この結果、期末の売掛金残高は、主として、当期に計上された売上高に対応するもので、通常の決済条件に基づき未決済がなされていないものとなるはずであり、その結果、当期の売上高と期末の売掛金残高の関係は、実態としての決済条件をその傾向（売掛金の滞留期間）として表すことになる。したがって、実際の決済条件が長期化すれば当然に売掛金の滞留期間も長期化することになるが、実態に何ら変更がないにもかかわらず、売掛金の滞留期間だけが長期化する場合には、何らかの不正会計の存在が想定されることとなる。

も回収したかのように装う仮装取引が行われることが多い。そして、この場合には、架空売掛金を回収するための原資を捻出する際に、何らかの名目で支出することにより、別の架空資産が計上されることとなる。

2 結論としての納得感

　財務分析等により売上の水増し計上を手口とする不正会計の兆候を把握した場合には、結論としての納得感を得るために、不正会計の兆候が事実か否かを見極めるための事実確認を行うこととなる。

　実取引を前提にした売上の水増し計上を行っていた場合を想定すると、売上の前倒し計上とは異なり、収益の計上のタイミングには問題はなく、その計上額の妥当性が問題となる。ただし、事実確認の方法に関しては、得意先との関係においては、収益計上のタイミングのずれによる金額の差異の把握及びその原因分析（売上の前倒し計上）と収益計上額のずれによる金額の差異の把握及びその原因分析（売上の水増し計上）の違いであり、いずれも売掛金の計上額の差異として認識できることから、「第三部　不正会計－早期発見とその対応　第4章　不正会計の手口とその発見方法　3　売上高の過大計上　1．売上の前倒し計上」で説明した以下の方法と基本的な考え方は同じである。

・売上債権に係る残高確認等

　　売上の水増し計上の場合、得意先では本来の取引額により取引を認識しているのに対し、会社側は本来の取引額に水増しして収益計上を行っていることから、売掛金等の売上債権に係る得意先に対する残高確認等を行うことによりその事実関係がわかる。

　　当該手続に係る留意事項等については、「第三部　不正会計－早期発見とその対応　第4章　不正会計の手口とその発見方法　3　売上高の過大計上　1．売上の前倒し計上　（2）発見の端緒と調査方法　2結論としての納得感」の「売上債権に係る残高確認等」を参照のこと。

・売上取引に係る証憑類の調査

　　売上の水増し計上の場合、収益計上額の基礎となる事実（契約書、注文書等）に係る根拠となる証憑類の検証により収益の計上額の妥当性を判断することとなる。

当該手続に係るその他の留意事項等については、「第三部 不正会計－早期発見とその対応 第4章 不正会計の手口とその発見方法 3 売上高の過大計上 1．売上の前倒し計上 （2）発見の端緒と調査方法 ②結論としての納得感」の「売上債権に係る残高確認等」を参照のこと。

・売掛金の年齢調べ

売掛金の年齢調べに係る留意事項等については、「第三部 不正会計－早期発見とその対応 第4章 不正会計の手口とその発見方法 3 売上高の過大計上 1．売上の前倒し計上 （2）発見の端緒と調査方法 ②結論としての納得感」の「売掛金の年齢調べ」を参照のこと。

・売上債権に係る入金状況等

売上債権に係る入金状況等の確認に係る留意事項等については、「第三部 不正会計－早期発見とその対応 第4章 不正会計の手口とその発見方法 3 売上高の過大計上 1．売上の前倒し計上 （2）発見の端緒と調査方法 ②結論としての納得感」の「売上債権に係る入金状況等」を参照のこと。

（3） 事例

・アルデプロ事案（課徴金事例集平成22年6月・事例30）

> (1) 当社は、不動産の売却について、売却先から不動産を仕入れ、差額を現金で決済する契約を予定していたが、契約の直前に売却先の資金の用意が困難になったことから、仕入物件と売却物件とをほぼ同額であるとして取引することとした。このため、本来は交換取引とすべきところ、当社は決済の当日に当社から仕入代金として引出した資金を、そのまま当社の口座に入金して売却先から代金支払いがあったように装っていた。これにより、売上の過大計上を行った。
> 　なお、交換取引により保有する物件については、簿価と時価との差額につき評価損を計上すべきところ、当社は、他社への売却等を装うことなどにより評価損の計上を回避した。

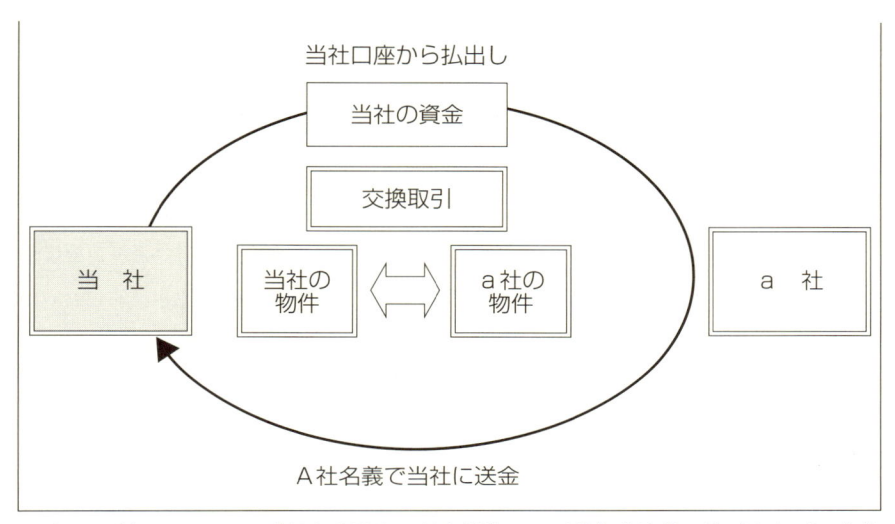

```
         当社口座から払出し
            ┌─────────┐
            │ 当社の資金 │
            ┌─────────┐
            │  交換取引  │
┌─────┐    ┌─────┐  ┌─────┐    ┌─────┐
│ 当 社 │    │当社の│⇔│a社の│    │ a 社 │
│     │    │物件 │  │物件 │    │     │
└─────┘    └─────┘  └─────┘    └─────┘
         Ａ社名義で当社に送金
```

※手口の詳細については「調査委員会の調査報告および過年度決算の修正ならびに当社第22回定時株主総会招集ご通知に関するお知らせ」（株式会社アルデプロ、平成21年10月23日）を参照のこと。

・ＳＢＲ事案（課徴金事例集平成22年6月・事例35）

> (3) 立替金事業において、業績目標達成のため、契約上に規定された以上の手数料を、顧客の同意を得ることなく過大に計上することにより、売上を過大に計上した。

※手口の詳細については「外部調査委員会による調査報告書のご報告について」（株式会社ＳＢＲ、平成21年7月8日）を参照のこと。

3．売上の前倒し・水増し計上等（工事進行基準の不適切な適用）

(1) 手口の概要

　仕事の完成に対して対価が支払われる請負契約のうち、土木、建築、造船や一定の機械装置の製造等、基本的な仕様や作業内容を顧客の指図に基づいて行う「工事契約」[101]の収益認識基準については、工事契約に関して、①工事の進行途上においても、その進捗部分について成果の確実性が認められる場合には「工事進行基準」を適用し、②この要件を満たさない場合には「工事完成基準」を適用す

ることとなっている[102]。

　また、受注制作のソフトウェアについても、工事契約に準じて工事進行基準を適用することとなっており[103]、以下、土木、建築、造船や一定の機械装置の製造等のほか、基本的な仕様や作業内容を顧客の指示に基づいて行う受注制作のソフトウェア等も含めて説明する。

　ここで工事進行基準とは、工事契約に関して、「工事収益総額」（工事契約において定められた、施行者が受け取る対価の総額）、「工事原価総額」（工事契約において定められた、施行者の義務を果たすための支出の総額をいい、工事原価は、原価計算基準に従って適正に算定される。）及び「決算日における工事進捗度」を合理的に見積り、これに応じて当期の工事収益及び工事原価を認識する方法をいう[104]。

$$\text{決算日における工事進捗度} = \frac{\text{（当期）工事原価}}{\text{工事原価総額（予定）}}$$

$$\text{当期の工事収益（売上高）} = \text{工事収益総額} \times \text{決算日における工事進捗度} - \text{前期までに計上した工事収益}$$

　なお、工事進行基準の適用要件である「成果の確実性が認められる場合」とは、工事収益総額、工事原価総額及び決算日における工事進捗度が信頼性をもって見積もることができる場合をいう[105]。また、工事完成基準とは、工事契約に関して、工事が完成し、目的物の引渡しを行った時点で、工事収益及び工事原価を認識する方法をいう[106]。

　以上のように、工事契約に係る収益計上基準である工事進行基準は、その算定

101　企業会計基準第15号「工事契約に関する会計基準」（企業会計基準委員会、平成19年12月17日）第4項
102　企業会計基準第15号「工事契約に関する会計基準」（企業会計基準委員会、平成19年12月17日）第9項
103　企業会計基準第15号「工事契約に関する会計基準」（企業会計基準委員会、平成19年12月17日）第5項、「研究開発費等に係る会計基準」（企業会計審議会、平成10年3月13日）第四の1
104　企業会計基準第15号「工事契約に関する会計基準」（企業会計基準委員会、平成19年12月17日）第6項（3）、（5）、（6）
105　企業会計基準第15号「工事契約に関する会計基準」（企業会計基準委員会、平成19年12月17日）第9項
106　企業会計基準第15号「工事契約に関する会計基準」（企業会計基準委員会、平成19年12月17日）第6項（4）

過程において、見積りを用いることから恣意性が入る余地があることや、当該基準を採用する業種が土木・建築・ソフトウェア等に係る情報産業等と広く採用されることから、不正会計の手口として用いられることが多い。

この工事進行基準を悪用した不正会計の手口には、①工事収益総額の過大見積、②工事原価総額（予定）の過少見積等が考えられ、実取引を前提にした場合には、基本的には、未だ収益計上できないものを収益計上してしまうという意味において、収益計上の金額及びタイミングの問題であり、本質的には、「売上の前倒し計上」ないしは「売上の水増し計上」と同じである。また、当該手口の場合、③発生した工事原価を別の工事原価に付け替えてしまう場合も考えられることから、この場合には「実原価の資産への付替え」と同じであり、このため、工事進行基準を悪用した場合には、複合的な不正会計の手口となる。

以下、この「売上の前倒し・水増し計上等（工事進行基準の不適切な適用）」に関して、その発見の端緒と調査方法について説明する。

（2） 発見の端緒と調査方法
1 端緒としての違和感

工事進行基準の不適切な適用による売上の前倒し・水増し計上を行った場合には、「売掛金」ないしは「完成工事未収入金」[107]にその傾向が表れる。ただし、工事進行基準を採用している場合には、出荷基準、検収基準等の場合と比べて、着手金や中間金等の支払いにより、売上と売掛金等との対応関係が不明確になることが多く、その傾向がわかりにくくなることが考えられる。

とはいえ、工事進行基準を悪用して売上の前倒し・水増しを行った場合には、実際の工事の進捗と収益の計上との対応関係がアンバランスとなり、それが貸借対照表における売掛金ないしは完成工事未収入金に傾向として表れる（売掛金等

---

107 工事進行基準を適用した結果、工事の進捗において計上される未収入額は、法的には未だ債権とはいえないが、工事進行基準は、法的には対価に対する請求権を未だ獲得していない状況であっても、会計上はこれと同視し得る程度に成果の確実性が高まった場合にこれを収益として認識するものであり、この場合の未収入額は、会計上は法的債権に準ずるものと考えることができるため、工事進行基準の適用により計上される未収入額は、金銭債権として取り扱うこととされている（企業会計基準第15号「工事契約に関する会計基準」（企業会計基準委員会、平成19年12月17日）第59項）。

の滞留期間の長期化等）ことは、売上の前倒し計上及び売上の水増し計上と同様であり、売掛金ないしは完成工事未収入金に係る推移分析を行うことでその兆候を把握することが可能となる。

　また、実原価である工事原価の資産への付替えを行った場合には、「棚卸資産」ないしは「未成工事支出金」[108]にその傾向が表れることとなる。この点に関しては、「第三部　不正会計－早期発見とその対応　第三章 財務諸表を利用した不正会計の端緒の把握　3　主な資産の読み方　2．棚卸資産」及び「第三部　不正会計－早期発見とその対応　第4章 不正会計の手口とその発見方法　4　売上原価・販管費等の過少計上　1．実原価の資産への付替え」を参照のこと。

② 　**結論としての納得感**

　工事進行基準の不適切な適用による「売上の前倒し・水増し計上等」を手口とする不正会計の兆候を財務分析等により把握した場合には、結論としての納得感を得るために、不正会計の兆候が事実か否かを見極めるための事実確認を行うこととなる。

・**工事進行基準による計算過程の妥当性の検証**

　当該手口は、工事進行基準の不適切な適用であり、その算定が恣意的に行われていることが問題となるため、基本的には、その算定過程の検証が主となる。

　この場合、

$$\text{決算日における工事進捗度} = \frac{\text{（当期）工事原価}}{\text{工事原価総額（予定）}}$$

$$\text{当期の工事収益（売上高）} = \text{工事収益総額} \times \text{決算日における工事進捗度} - \text{前期までに計上した工事収益}$$

のそれぞれの算定過程のうち、特に見積要素がある「工事原価総額（予定）」や「工事収益総額」について、恣意的な運用等がなされていないかの観点からその妥当性について検証することとなる。

---

[108] 未成工事支出金とは、工事進行基準を適用する場合の発生した工事原価のうち、未だ損益計算書に計上されていない部分をいう（企業会計基準第15号「工事契約に関する会計基準」（企業会計基準委員会、平成19年12月17日）第14項）。

また、工事進行基準自体が、見積りを用いることから、恣意的な適用がなされる危険性を有する算定方法であり、そのような恣意的な適用がなされないための内部管理体制の整備・運用が求められる。したがって、不正会計発見のための調査等においても、①工事契約に関する実行予算や工事原価等に関する管理体制[109]や②ソフトウェアの開発途上において信頼性をもって工事原価総額を見積もるための原価の発生やその見積りに対する高度な管理体制等[110]の内部統制の整備・運用状況の確認が必要となる。

　すなわち、工事進行基準の適用が恣意的にならないようにするための規程・マニュアル等の整備状況についての「内容」の妥当性の検証及び当該規程・マニュアル等に即した運用状況についての「計算過程」の妥当性の検証等を行うこととなる。具体的には、解釈に幅のある規定等の有無を把握するとともに、当該規定の運用において、不正会計の原因となる拡大解釈等の有無について確認することとなる。

・**売掛金、完成工事未収入金等について**

　工事進行基準の適用により計上された債権は、通常の債権と異なり、法的には対価に対する請求権を未だ獲得していない状況である[111]。したがって、通常の売上債権であれば、「収益の計上」と「売上債権の入金状況」との対比が、会社の「収益計上の意思」と得意先等の「仕入計上の意思」の不一致という形でその「差異」が明らかになり、不正会計発見の端緒となる場合があるが、工事進行基準の場合には、収益の計上と売上債権の入金状況との対応関係が法的には明確ではないことから、計上と入金との対応関係という形で不正会計の端緒が必ずしも表面化するものではない。ただし、契約内容等によっては、収益の計上と売上債権に係る入金との関係から、その事実解明のための端緒が得られる場合も想定されることから、思い込みや先入観を排除して、基本的な点に

109　企業会計基準第15号「工事契約に関する会計基準」（企業会計基準委員会、平成19年12月17日）第50項

110　企業会計基準第15号「工事契約に関する会計基準」（企業会計基準委員会、平成19年12月17日）第51項

111　企業会計基準第15号「工事契約に関する会計基準」（企業会計基準委員会、平成19年12月17日）第59項

ついては必ず確認すべきことはいうまでもない。

　また、売掛金及び完成工事未収入金に関しては、長期滞留債権の有無を把握し、長期滞留債権がある場合には、当該債権の発生原因及び滞留原因について確認すべきである。これは基本的な事項ではあるが、不正会計事案においては、この確認が疎かになっていたことが、不正会計の発見を遅らせていた理由の一つとして挙げられることがある。

　さらに、ここでは実取引を前提に説明をしているが、工事進行基準の不適切な適用による売上げの前倒しがあまりにも早い時期に行われた場合には、当該売上が失注や工事の失敗により、結果として実取引を伴わない「架空売上」になる可能性も考えられる。この場合には、当該架空売上に伴い計上された売上債権は架空債権となり、この架空債権回収のための仮装取引等が行われなければ、当該架空債権は、長期滞留債権として計上されたままになる。この長期滞留債権に係る発生原因及び滞留原因等を解明することが、当該手口による不正会計の発見に係る事実解明の端緒となり得る。

　なお、工事進行基準に係るその他の不正会計の手口として、工事進行基準を悪用した「架空売上」も想定されることから、この可能性も念頭に事実解明を行う必要がある。

- **棚卸資産、未成工事支出金等について**

　工事進行基準が適用される土木、建築、造船や一定の機械装置の製造等の基本的な仕様や作業内容を顧客の指図に基づいて行う「工事契約」に係る棚卸資産等は、その仕掛状態における価値の測定が困難であり、実地棚卸や現物確認等によりその棚卸資産としての計上額の妥当性の検証が困難な場合が多い。

　しかし、そもそも不正会計は、その実態と財務数値が乖離することであることから、棚卸資産や未成工事支出金として計上されている案件に係る現場視察等は、その事実解明のための端緒となり得るものであり、その実施については、十分に検討する必要がある。

　特に工事進行基準を悪用した場合には、実原価を架空の棚卸資産として計上して資産に付け替える可能性があるが、この場合には、現物確認等が事実解明のために有用な手段となる。なお、現物確認等を実施する場合には、効果的な

現物確認等のための実施方法等について事前の準備が必要である。

また、棚卸資産等の滞留状況についても留意が必要である。特に長期に渡って仕掛状態の案件については、その滞留原因を把握しなければならない。

・**工事損失引当金について**

工事契約について、工事原価総額等（工事原価総額のほか、販売直接経費がある場合にはその見積額を含めた額）が工事収益総額を超過する可能性が高く、かつ、その金額を合理的に見積もることができる場合には、その超過すると見込まれる額（以下、「工事損失」という。）のうち、当該工事契約に関して既に計上された損益の額を控除した残額を、工事損失が見込まれた間の損失として処理し、工事損失引当金を計上しなければならない[112]。

なお、当該工事損失引当金については、当該工事契約について適用されている工事契約に係る認識基準が工事進行基準であるか工事完成基準であるかにかかわらず、また、工事の進捗の程度にかかわらず計上しなければならない[113]。

不正会計の手口としての「売上の前倒し・水増し計上等（工事進行基準の不適切な適用）」の兆候を把握し、結論としての納得感を得るための事実確認を行う過程において、工事損失引当金の計上の要否も併せて検討する必要がある。

（3） 事例

不正会計の手口としての「売上の前倒し・水増し計上等（工事進行基準の不適切な適用）」の主な事例は、以下のとおりである（「実原価の資産への付替え」等も含む）。

---

112 企業会計基準第15号「工事契約に関する会計基準」（企業会計基準委員会、平成19年12月27日）第19項
113 企業会計基準第15号「工事契約に関する会計基準」（企業会計基準委員会、平成19年12月27日）第20項

・TTG事案（課徴金事例集平成20年6月・事例26）

> 当社は、完成工事の外注費を他の未成工事に付替えることで、当該工事の原価を引き下げるとともに、付け替えた外注費の費用計上を翌期以降に繰り延べた。

・IHI事案（課徴金事例集平成21年6月・事例36）

> 当社は、長期大規模工事について工事進行基準により収益を認識していたが、当該基準が適用されるべき工事において、
> ① 具体的なコストダウン（原価削減）施策の検討を行わないまま、コストダウン効果を認識する、
> ② 原材料価格の上昇などによりコストダウン効果の見直しを行うべきであったにもかかわらず、これを行わない、
> ③ 客先の合意を得ていない請負金額の増額をコストダウン効果として評価することにより、不適正にコストダウン効果を認識して総発生原価見通しを過少に見積もったり、
> ④ 工事発注などの事実により期末までに認識可能な工事原価を総発生原価見通しに含めない
> ⑤ 下請業者への支払いの蓋然性が高い工事原価を総発生原価見通しに含めない
> ⑥ 海外子会社の原価把握の遅れ等により工事原価を総発生原価見通しに含めないことにより、工事の総発生原価見通しを過少に見積もっていた。
> この結果、工事進捗率が上昇し売上高が過大に計上されていたほか、実際発生原価（売上原価）の過少計上、赤字工事に備える受注工事損失引当金等の過少計上により、利益が過大に計上されていた。
> （参考）工事進行基準は、長期の請負工事について、各決算期末において工事進捗率に応じて売上を計上して収益を認識する会計処理である。すなわち、工事進行基準は、工事全体で発生する工事原価を見積もった「総発生原価見通し」に対して、当期までに実際に発生した「実際発生原価」の割合を工事進捗率とし、当該工事進捗率に応じて請負金額の一部を売上に計上することにより収益を認識する方法である。このため、仮に総発生原価見通しを過少に見積もれば、同じ実際発生原価であっても工事進捗率が高くなり、売上が過大に計上されることとなる。

※手口の詳細については「社内調査委員会の調査報告書について」（株式会社IHI、平成19年12月12日）を参照のこと。

※平成19年9月10日開催の経営会議において利益計画の総点検が付議された際に、エネルギー事業本部及び環境・プラントセクターにおける大幅な損益の見通しの悪化に係る報告が端緒となり発覚した[114]。これにより平成19年9月28日に「業績予想の修正に関するお知らせ」を開示。

・真柄建設事案（課徴金事例集平成21年6月・事例37）

> (1) 当社のA支店では、工事原価を市場価格よりも相当に低い単価で見積もり、それをもとに一定の粗利益率を確保するとした工事予算額を厳守させたため、
> ① 工事進行基準が適用される工事において、総工事原価が過少に見積もられることにより、工事進捗率が高くなり売上が過大に計上されたほか、赤字工事にもかかわらず黒字工事として工事損失引当金の計上を回避した。
> ② 工事予算額を超過しそうな工事案件の工事原価を過少に計上し、計上しなかった工事原価を簿外で繰り延べ、翌期以降の別の工事案件に付け替えること（工事原価の付替え）等により、利益を過大に計上した。
> (2) また、工事進行基準が適用される工事において、実際発生原価を過大に計上することにより工事進捗率を嵩上げし、売上を過大に計上した。

※平成19年12月3日に大阪支店長より、当該支店の過去の工事において不適切な原価処理がなされている旨の報告により発覚[115]。
※売上の過大計上に係る具体的な手口は、「不適切な原価処理に関する社内調査委員会の中間調査結果の報告について」（真柄建設株式会社、平成20年2月4日）を参照のこと。

・平和奥田事案（課徴金事例集平成21年6月・事例38）

> (2) 工事進行基準の不適正な適用
>   当社は、工事進行基準が適用される工事において、総発生原価を過少に見積もることにより、売上を過大に計上するとともに、工事損失引当金の計上を回避した。

※虚偽記載を理由として平成20年8月15日に大阪証券取引所市場第二部上場廃止[116]

---

114 「社内調査委員会の調査報告書について」（株式会社ＩＨＩ、平成19年12月12日）
115 「業績に影響を与える事象の発生並びに第66期半期報告書提出遅延について」（真柄建設株式会社、平成19年12月20日）
116 「上場廃止等の決定に関するお知らせ」（平和奥田株式会社、平成20年7月15日）

※手口の詳細ついては「不適正な会計処理等に伴う過年度決算修正に関する外部調査委員会 内部調査委員会の最終報告並びに当社の対応について」（平和奥田株式会社、平成20年5月2日）を参照のこと。

・シニアコミュニケーション事案（課徴金事例集平成23年6月・事例20）

(1) 売上の前倒し計上

当社は、コンサルティング業務及びプロモーション業務のうち、受注金額が一定額以上のものについては売上計上基準として「進行基準」を採用していた。この「進行基準」とは、業務に関与した営業担当者の直接作業時間により業務の進捗度を把握し、進捗度を配賦基準として売上を計上するものとされていた。

しかし、当社は、当期の利益目標を達成するために、業務期間の前半に売上の大部分を計上できるよう、実際の業務の進捗状況に関わりなく進行基準表を作成し、これに基づく進捗度を配賦基準として、売上を前倒し計上していた。

なお、当社は、進捗度の基礎となる直接作業時間を集計できるような体制を有しておらず、そもそも、当社が採用した「進行基準」により進捗度を把握することさえ不可能なものであった。

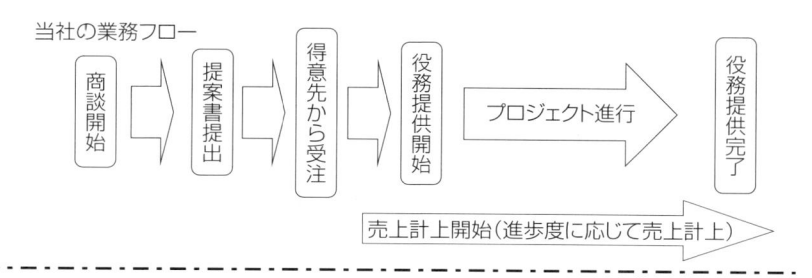

当社の業務フロー

商談開始 → 提案書提出 → 得意先から受注 → 役務提供開始 → プロジェクト進行 → 役務提供完了

売上計上開始（進捗度に応じて売上計上）

進行基準表を恣意的に作成（イメージ）　本来行われているはずであった進行基準表作成の流れ

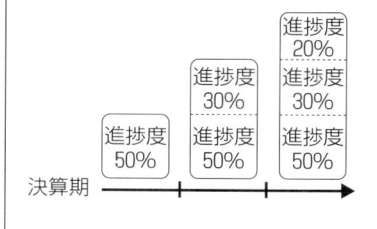

決算期　進捗度50%　進捗度50%　進捗度50%　進捗度30%　進捗度30%　進捗度20%

各業務に関与した担当者が、日別タイムシートに直接作業時間を記入

↓

日別タイムシートの直接作業時間を業務ごとに案件別人件費表に記入

↓

案件別人件費表で把握された人件費月額を進行基準表に転記し、各人件費月額の総人件費に対する発生割合により進捗度を把握

(2) 架空売上の計上

　　当社は、(1)の売上の前倒し計上を行った結果、成約に至らないもの、途中で契約金額が減額され受注金額を下回り、実際には入金が見込めないものが生じてきた。本来なら既に売上計上したものの取消が必要であったが、取引受注前の引合い段階の案件を利用して、又は引合いもない案件でも過去の取引先の名称を無断で用いて、取引先の発注書及び検収書などの証憑を偽造することにより、受注及び検収が完了しているという外観を作り出すなどにより、架空の売上を計上していた。

　　また、当社の役員3名は、上記架空売上に係る滞留債権に対する貸倒損失の計上回避及び本件不適正な売上計上の発覚の隠蔽を目的として、①3名が株式上場時の売出し等により得た資金、②3名の株式担保融資による借入金、③退職した元従業員の給与（人件費）の名目で支出した資金、及び④架空のソフトウェアの開発業務委託費の名目で支出した資金を用いて、ＡＴＭ又はネットバンキングの借名口座から取引先名義で当社口座に入金し、架空売上による売掛金の回収を偽装することにより、架空売上が発覚しないようにしていた。

※手口の詳細ついては、「外部調査委員会による調査報告書のご報告について」（株式会社シニアコミュニケーション、平成22年6月4日）を参照のこと。

4．売上の架空計上（伝票等のみ）

(1) 手口の概要

　売上の架空計上（伝票等のみ）とは、売上取引としての事実がないにもかかわらず売上を計上する不正会計の手口である。会計とは、「会計事実」を認識・測定・表示をすることであるところ、当該手口は、売上高計上の根拠となる「会計事実」がないにもかかわらず売上を計上することであり、全くの架空取引の計上となる。

　なお、本書では、架空売上の計上については、①売上取引に係る会計事実があたかもあるかのように装って会計処理を行う方法（「売上の架空計上（仮装取引を伴うもの－資金循環取引）」、「売上の架空計上（仮装取引を伴うもの－資金循環取引以外）」）と②この「売上の架空計上（伝票等のみ）」に区分して説明する。

　伝票等のみによる売上の架空計上は、売上取引としての会計事実がないにもかかわらず、関係証憑類の偽造等によりあたかも売上取引が存在するような外形を

作出して行われる手口である。ここで、「関係証憑類」としては、会計伝票のほか、見積書（控）、注文書・発注書、注文請書（控）、納品書、検収書、請求書等の証憑類（これらを「伝票等」という。）等が存在することになるが、これらはいずれも偽造等により作成されたものとなる。

これらの伝票等だけによる売上の架空計上は、その他の手口に比較すると単純な方法であり、伝票等による架空売上の計上に際して計上された架空の売掛金等は、回収のための仮装取引も行われることなく貸借対照表に売上債権として計上されたままであることから、当該架空債権の長期滞留債権化や残高確認等の実施による不正会計の顕在化が、その発覚の端緒となり、比較的発覚しやすい不正会計の手口となる。したがって、当該手口単独ではあまり多くは行われず、その他の不正会計の手口との組み合わせで行われることが多い。

以下、この「売上の架空計上（伝票等のみ）」に関して、その発見の端緒と調査方法について説明する。

(2) 発見の端緒と調査方法
1 端緒としての違和感
・売掛金残高の著増減

伝票等による売上の架空計上を行った場合には、貸借対照表の「売掛金」にその傾向が表れる。売上の架空計上は、会計処理の前提となる売上取引としての事実（会計事実）がないにもかかわらず、売上計上することであり、この結果、架空の売掛金が計上されることとなる。当該架空売掛金は、架空であることから当然に何もしなければ回収されることなく滞留し、貸借対照表上に売掛金として計上されたままとなる。

したがって、伝票等による売上の架空計上を手口として不正会計を行った場合の売掛金残高は、不正会計を行っていない場合と比較して、架空計上分だけ増加することとなる。そして、当該架空債権が多額となり、売掛金全体に占める割合が増えれば増えるほど、貸借対照表における「売掛金」の計上額が売上高と比較して多額となり、この結果、売掛金の滞留期間が長期化するのである。

このため売掛金の滞留期間が長期化している場合には、すでに説明した売上

の前倒し計上、売上の水増し計上と併せて、伝票等による架空売上を手口とする不正会計の可能性を想定することとなる。

② 結論としての納得感

　財務分析等により「売上げの架空計上（伝票等のみ）」を手口とする不正会計の兆候を把握した場合には、結論としての納得感を得るために、不正会計の兆候が事実か否かを見極めるための事実確認を行うこことなる。

　売上の架空計上（伝票等のみ）は、会計事実として売上取引がないにもかかわらず売上計上を行うものであり、その他の手口と比較して単純な手口となる。

　この場合には、当該架空売上に係る架空売掛金の回収を装うための仮装取引が行われず、売上債権は計上されたままとなることから、当該架空売上債権の把握がその事実解明のための糸口となる。

・売掛金の年齢調べ

　長期滞留債権の把握を目的に個別の売上債権の年齢調べを行う。

　長期間滞留状況となっている個別の売上債権が把握できた場合には、実取引を前提に回収可能性等を検討し、当該売上債権に係る貸倒引当金の設定状況の妥当性について検証するとともに、架空債権である可能性を念頭に、当該売上債権の発生原因及び滞留原因について把握することとなる。

　なお、当該売上債権に係る残高確認の留意事項については、「第三部 不正会計－早期発見とその対応　第4章 不正会計の手口とその発見方法　3 売上高の過大計上　1．売上の前倒し計上　（2）発見の端緒と調査方法　②結論としての納得感」の「売掛金の年齢調べ」を参照のこと。

・売上債権に係る残高確認

　「売上の架空計上（伝票等のみ）」の場合、得意先は、当該取引に係る認識がなく、当然に当該取引に係る債務を認識していないことから、売上債権の計上額と得意先の認識額との差異を把握することを目的に売上債権に係る残高確認を行う。

　なお、当該売上債権に係る残高確認の留意事項については、「第三部 不正会計－早期発見とその対応　第4章 不正会計の手口とその発見方法　3 売上高の過大計上　1．売上の前倒し計上　（2）発見の端緒と調査方法　②結論と

しての納得感」の「売上債権に係る残高確認」を参照のこと。

・売上取引に係る証憑類の調査

　伝票等の処理による架空売上の場合には、当該売上取引に係る証憑類について、偽造・改竄等が行われている可能性が高いことから、特に各証憑類に係る筆跡、印影、担当者等について比較検討を行い、違和感のあるもの、類似のもの等の不自然なものがないかについて特に留意することとなる。

　なお、売上取引の実在性という観点での証憑類の確認を行った場合には、不正行為実行者らが当該証憑類の偽造等を行っている可能性があり、当該証憑類の「存在」の確認に止まる限りにおいては、真実の発見に至らない可能性が高い[117]。逆に、不正行為実行者らが証憑類の偽造等を行っているのであれば、当該証憑類全体の比較を行うことにより、本来の証憑類との「差異」を把握し、当該差異を端緒として事実解明を行うこととなる。

　したがって、不正会計の手口として「売上の架空計上（伝票等のみ）」の兆候を把握した場合に、売上取引に係る証憑類の調査を行う際には、偽装行為等により当該証憑類があることを前提に、その上で、これらの証憑類に係る偽装行為等の作為の痕跡の発見が主たる目的であることに留意して行うべきである。

・売上債権に係る入金状況等の確認

　伝票等の処理による架空売上の場合には、入金を装った仮装行為等がない。ただし、今まで長期滞留債権であったにもかかわらず、調査開始後、ないしは調査の直前に当該長期滞留債権に係る入金が行われた場合には、当該入金に関しての特段の理由がない限り（以前から回収交渉をしていたところ、分割弁済等の合意ができており、当該入金がそれに該当する場合等）は、仮装取引である可能性もあることから、この入金の経緯等をさらに具体的に調査することとなる。

[3] 事例

　不正会計の手口としての「売上の架空計上（伝票等のみ）」の主な事例は、以下のとおりである。

---

[117] 「契約書等の証憑が揃っていることと取引が実在することとは必ずしも同じでない場合があるので注意が必要である」（日本公認会計士協会監査業務審査会「監査提言集」平成22年7月1日）。

- **ネクストウェア事案**（課徴金事例集平成20年6月・事例24）（改善報告書（ネクストウェア株式会社））

> 　　当社元社員は、当社在籍中に、当社の販売先名義の注文書、受領書等の証憑類を偽造し、これら偽造した証憑類を用いることにより、現実には存在しない当該販売先からの注文があるかのように装い、架空売上を計上した。

※手口の詳細は、平成18年10月18日付ネクストウェア株式会社作成の株式会社大阪証券取引所に対する「改善報告書」を参照のこと。

- **日特建設事案**（課徴金事例集平成20年6月・事例32）

> 　　当社の連結子会社の役員は、利益を過大に計上するため、当該連結子会社について、①リース資産の減価償却費の過少計上、②リース収入（売上）の架空計上を行うとともに、その見合いとして架空のリース資産を計上した。そして、同役員は、監査法人の監査にあたり、リース資産台帳の該当ページを抜き取り、リース資産の架空計上を隠蔽していた。

※手口の詳細については「社内調査委員会最終報告について」（日特建設株式会社、平成19年7月12日）を参照のこと。
※子会社役員からの報告により発覚。

- **ゼンテック・テクノロジー・ジャパン事案**（課徴金事例集平成21年6月・事例50）

> 　(1)　架空売上の計上・売上の前倒し計上
> 　　　当社は、
> 　　①　発注書や受注書を不正に作成して架空売上を計上し、また、
> 　　②　ソフトウェア使用許諾契約について、実際には交渉中であったにもかかわらず、契約日を偽った契約書を不正に作成し、売上を前倒し計上する
> 　　ことにより、売上を過大に計上した。

※詳細な手口の内容ついては「不適切な会計処理に関する調査委員会の最終報告について」（株式会社ゼンテック・テクノロジー・ジャパン、平成21年2月17日）を参照のこと。

・ＳＢＲ事案（課徴金事例集平成22年6月・事例35）

(2) 立替事業においては、債権回収のリスクに対して取引信用保険を付保していたが、取引先毎の債権残高が多額になってくると、付保されている支払限度額を債権残高が超過してしまうため、超過分の債権回収を行い、付保されている限度内に債権残高を抑えることが必要となった。

しかし、早急に債権残高を圧縮することは難しかったことから、当社は、得意先の関係会社名や架空の会社名に債権残高を付け替えることにより、取引先1件当たりの債権残高を圧縮していたもので、これにより、外形上は新規案件が発生することとなり、当該架空新規案件についても、その整合性を持たせるため、手数料（売上）を架空に計上した。

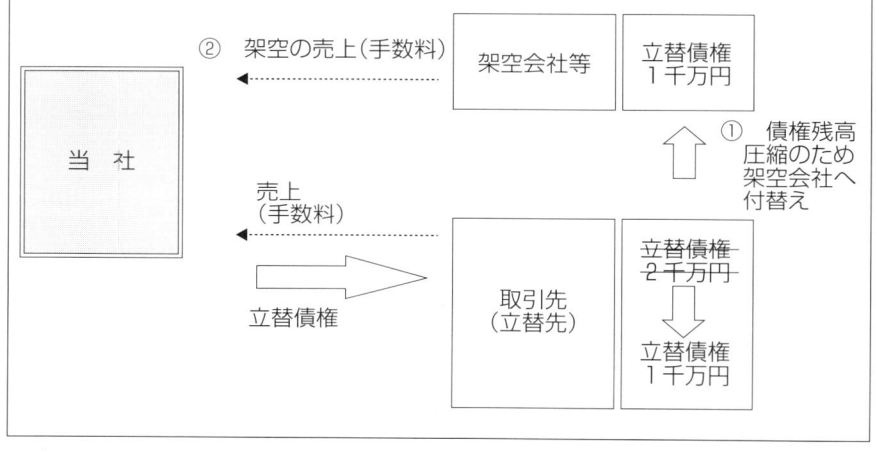

```
                                   ┌─────────┐┌─────────┐
           ② 架空の売上（手数料）    │架空会社等││立替債権 │
       ◀┄┄┄┄┄┄┄┄┄┄┄┄┄┄┄┄┄┄┄┄┄┄┄┄┄┄│         ││1千万円  │
┌────┐                              └─────────┘└─────────┘
│    │                                    ⇧   ① 債権残高
│当 社│                                       圧縮のため
│    │                                       架空会社へ
│    │        売上                             付替え
│    │       （手数料）                  ┌─────────┐
│    │  ◀┄┄┄┄┄┄┄┄┄┄┄┄┄┄┄┄┄┄┄┄┄┄┄┄┄┄    │立替債権 │
│    │                                   │2千万円  │
│    │        ⇨                         ├─────────┤
│    │       立替債権                    │取引先   │
└────┘                                   │(立替先) │
                                          ├─────────┤
                                          │立替債権 │
                                          │1千万円  │
                                          └─────────┘
```

※手口の詳細については「外部調査委員会による調査報告書のご報告について」（株式会社ＳＢＲ、平成21年7月8日）を参照のこと。

・東研事案（課徴金事例集平成24年7月・事例21）

3 事案の概要
(1) 電子機器等の製造・販売を主な業務としていた当社は、上場会社として相応の売上を計上し、上場を維持したいと考えていた。このため、当社は売上計画の達成を社員に厳しく課していた。

しかし、当社は近年、受注等の減少により財務状況が悪化し、社員への重圧は更に増大していた。
(2) 重圧を受けた営業担当社員は、売上計画の達成のため、取引先からの

受注が見込みの段階であるにもかかわらず、取引先から注文書を前倒しで入手したり、自社において注文書を偽造作成したりしていた。また、取引先からの受注がないにもかかわらず、注文書と受領書を偽造していた。さらに取引先から取り消された注文についても、取消しの手続きを行わなかった。これらによって出荷されたこととされた商品は、営業担当社員のロッカー等に保管するなどして、実地棚卸による指摘を免れていた。

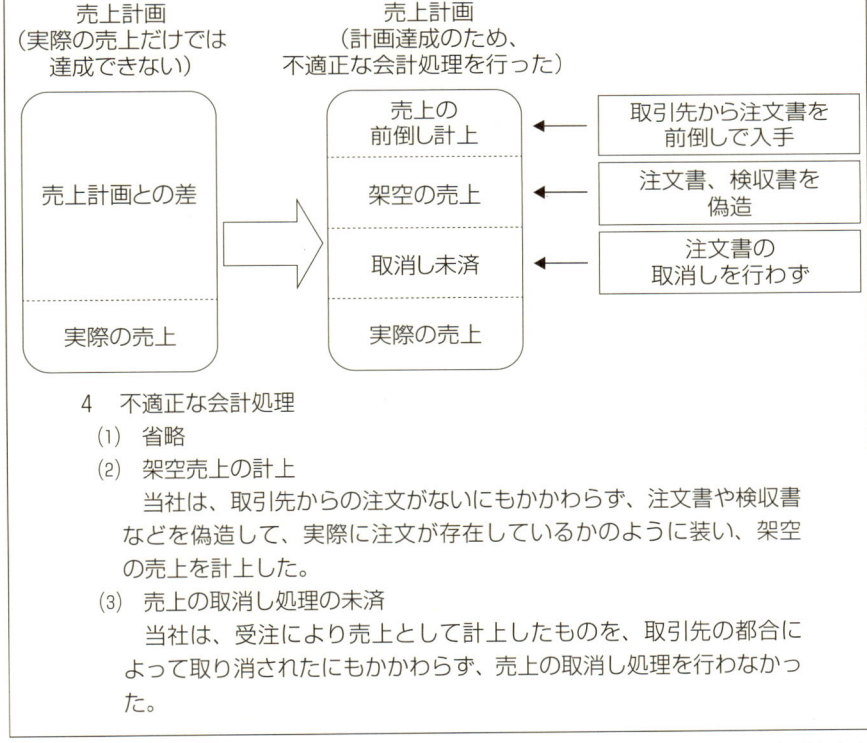

売上計画 （実際の売上だけでは 達成できない）	売上計画 （計画達成のため、 不適正な会計処理を行った）	
売上計画との差	売上の 前倒し計上	← 取引先から注文書を 前倒しで入手
	架空の売上	← 注文書、検収書を 偽造
	取消し未済	← 注文書の 取消しを行わず
実際の売上	実際の売上	

4 不適正な会計処理
(1) 省略
(2) 架空売上の計上
　　当社は、取引先からの注文がないにもかかわらず、注文書や検収書などを偽造して、実際に注文が存在しているかのように装い、架空の売上を計上した。
(3) 売上の取消し処理の未済
　　当社は、受注により売上として計上したものを、取引先の都合によって取り消されたにもかかわらず、売上の取消し処理を行わなかった。

※手口の詳細については「第三者調査委員会報告書の受領に関するお知らせ」（株式会社東研、平成23年5月18日）を参照のこと。

・京王ズホールディングス事案（課徴金事例集平成24年7月・事例24）

3　事案の概要
(1)　省略
(2)　当社は、取引先B社から委託を受けて、携帯電話の販売代理店業務を行っていた。当社は、B社との間で、一定の期間における携帯電話販売による新規契約回線数に係るインセンティブを受領する内容の合意書を締結した。
　　しかし、当社は、合意書の締結前の時点で、合意書の成立が見込まれたことをもって、財貨・用役の提供が何ら完了していなかったにもかかわらず、売上を計上していた。
　　※　本件において「インセンティブ」とは、携帯電話等の販売促進のために、電気通信事業者が、契約実績に応じて販売代理店に支払う奨励金のことをいう。
(3)　省略
(4)　当社は、E社との合弁会社を設立し、保険募集のテレマーケティング事業を開始するとともに、上記合弁会社は、E社の連結子会社である保険総括代理店に対し、保険代理店を営むことに係るロイヤリティを継続的に支払っていた。

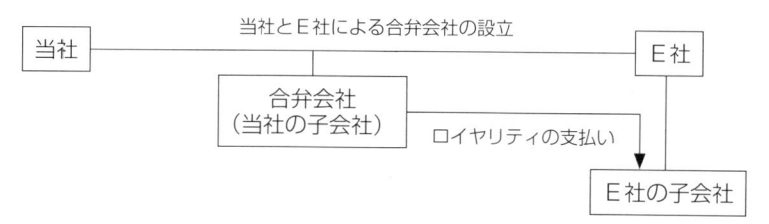

```
                 当社とE社による合弁会社の設立
  [当社]─────────────────────────────[E社]
           │                          │
           │   [合弁会社              │
           │   （当社の子会社）]      │
           │        ロイヤリティの支払い│
           │                          ▼
           │                     [E社の子会社]
```

　その後、当社は、E社との間で合弁事業の解消について協議を開始したが、E社との間で、支払済みのロイヤリティの返還を含む、合弁事業の清算方法に係る正式な合意が成立していなかったにもかかわらず、合意は成立したものとして、ロイヤリティの返還額を売上として計上した（実際にロイヤリティの返還についてE社との合意がなされ、その返還があったとしても、本来、売上として計上すべきものではなく、費用の減額とすべきものであった）。

```
      合弁事業の解消について協議
当社 ----------------------------------- E社
           │
         合弁会社
```

解消の合意が成立していないにもかかわらず、ロイヤリティの返還があったものとして売上を計上
（本来、ロイヤリティの返還額は費用の減額とすべきものであり、売上として計上すべきものではない）

4　不適正な会計処理
 (1)　省略
 (2)　インセンティブに係る売上の過大計上
　　当社は、財貨・用役の提供が何ら完了していなかったにもかかわらず、B社との間でインセンティブに関する合意が成立することを見込んで、合意成立前に目標達成時のインセンティブ相当額を見積もり、売上を計上した。
 (3)　省略
 (4)　支払手数料の返還名目で行った売上の過大計上
　　当社は、E社との合弁事業の解消に際し、解消について合意が成立していないにもかかわらずロイヤリティの返還があったものとして売上を計上した。なお、実際にロイヤリティの返還について合意がなされ、その返還があったとしても、売上として計上すべきものではなく、費用の減額とすべきものであった。

※手口の詳細については「第三者調査委員会による最終報告書の公表について」（株式会社京王ズホールディングス、平成23年11月17日）を参照のこと。

5．売上の架空計上（仮装取引を伴うもの－資金循環取引）

(1)　手口の概要

① 資金循環取引とは

　資金循環取引とは、会社が仕入取引等の名目で支出した自らの資金等を利用して、当該資金を協力会社等の取引先を経由させ、自社に還流させることにより、当該資金の自社への入金を売掛金の回収取引として装う仮装取引を利用した不正会計の手口をいう[118]。

　資金循環取引を利用した架空売上を行うきっかけは各社毎に異なるが、多くの

118　資金循環取引も資金取引による仮装取引を伴うものであることから、広義においては、「売上の架空計上（仮装取引を伴うもの）」となる。本書では、資金循環取引に関しては、商社的取引やスルー取引等の業界の慣行として行われる取引を悪用した資金取引を伴う仮装取引について、狭義の資金循環取引として説明する。

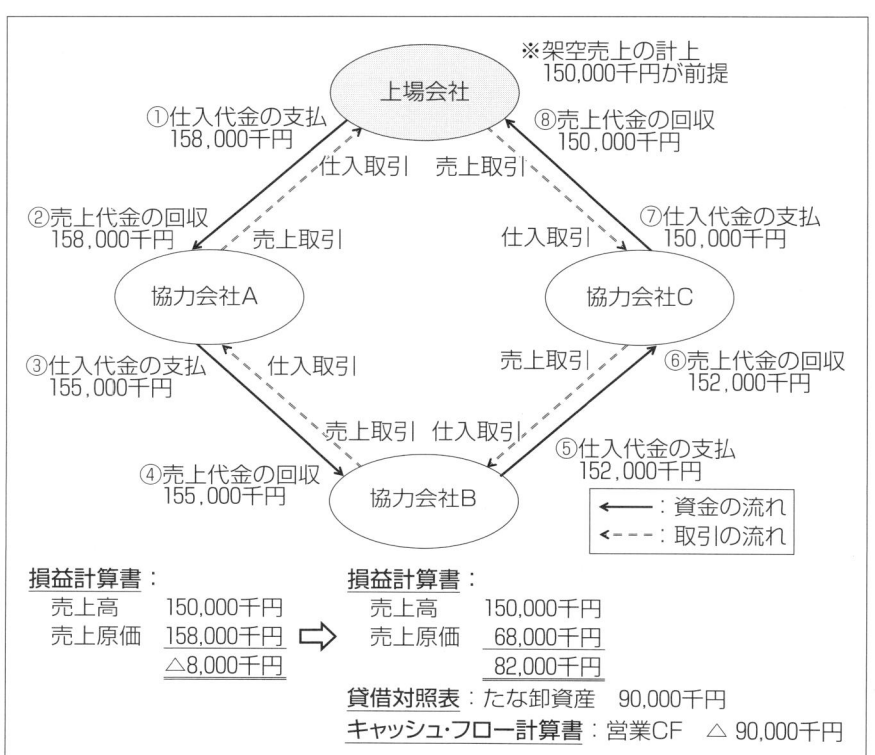

```
                            ※架空売上の計上
                              150,000千円が前提
              上場会社
  ①仕入代金の支払        ⑧売上代金の回収
   158,000千円            150,000千円
         仕入取引  売上取引
  ②売上代金の回収         ⑦仕入代金の支払
   158,000千円     仕入取引  150,000千円
       売上取引
    協力会社A              協力会社C
  ③仕入代金の支払         ⑥売上代金の回収
   155,000千円  仕入取引  売上取引  152,000千円
         売上取引  仕入取引
  ④売上代金の回収         ⑤仕入代金の支払
   155,000千円            152,000千円
              協力会社B
                            ←──── : 資金の流れ
                            ←---- : 取引の流れ
```

損益計算書：
売上高　150,000千円
売上原価　158,000千円
△8,000千円

⇒

損益計算書：
売上高　150,000千円
売上原価　68,000千円
82,000千円

貸借対照表： たな卸資産　90,000千円
キャッシュ・フロー計算書： 営業CF　△90,000千円

1. 協力会社C社に対する架空売上の計上が前提
2. 協力会社C社に対する架空売上に係る架空売掛金150,000千円の回収（⑧）を仮装するために資金循環取引を計画
3. 上場会社（不正会計を行う会社）が，協力会社A社，協力会社B社，協力会社C社に取引（商流取引，スルー取引，帳合取引等）をもちかける。
4. 資金の流れが決まったら，仕入取引名目等で資金を支払い（①），その後，②→③→④→⑤→⑥→⑦→⑧と資金が流れ，売掛金の回収名目で資金を回収する。
5. 協力会社A,協力会社B及び協力会社Cには，手数料相当の利益（売上高－売上原価）を支払うことになるため，150,000千円の回収（⑧）するために，それよりも多額の158,000千円を支払うこととなる（②）（各協力会社は資金を受け取り，その中から利益を引いて次の会社へ資金を払う）。
6. 資金循環取引を行う場合，架空売上よりも多額の架空仕入等を計上することになるため，利益の水増しのため，架空原価の一部を資産（棚卸資産等）に付け替える（架空資産の計上）。
7. 一般的に，商社的取引，スルー取引，帳合取引の当該業界に慣行としてある取引形態を装うため，協力会社A等は，当該取引が架空であることを知らないことが多い（知っている場合には共犯になる可能性あり）。
8. 当該手口を用いる場合には，実際の商品・製品等は存在せず，単に資金と伝票だけの取引であることが多い（実際の財物の転売とは異なる手口である）。

場合、架空売上の計上に伴う架空売掛金の回収を装うために行われることとなる。

自社の資金を支出する際には、原材料等の仕入、外注費の支払い、商品の仕入等の名目で発生した買掛金（架空）の支払い名目で行われる。そして、その後、取引先等の複数の協力会社を経由して、最終的に自社の売掛金（架空）の回収名目で資金を回収する。

会社は、通常、その属する業界の慣行等により商流取引、商社的取引、スルー取引、帳合取引等の取引が行われていることを奇貨として、協力会社となる取引先等に取引をもちかける。協力会社は、手数料としての口銭を得ることや、取引先間での取引口座を開設できることをメリットに取引に参加する。

協力会社に入る手数料としての口銭は、わずかである。取引代金の概ね数パーセントというのが多い。これは、自社の資金を利用する会社としては、資金が協力会社を経由して循環している過程で、手数料等の名目で目減りしてしまうと回収する資金がそれだけ少なくなり、架空売掛金の回収額が減少するとともに資金自体も減少してしまうことから、できるだけ少ない手数料で資金を回そうとするためである。また、実務的にもこのような取引は、単に書類のやり取りだけで済むため、特に煩雑な手間がかかるわけでもないことから、もともと手数料の少ない取引ではある。ただし、中には協力会社がなかなか見つからない場合には、協力会社をつなぎとめておくため、比較的多額の手数料を支払う場合もある。

また、協力会社における資金循環取引の特徴としては、多くの場合、当該取引に係る入金が先に行われた後、指定の支払先に出金が行われるという点である。このため、協力会社にとっては、①売上高が計上できる取引であること、②少額であっても利益の出る取引であること、③債権回収に係るリスクの少ない取引であること等のメリットがあることから、当該取引に協力することのインセンティブが生じるのである。なお、資金循環取引のバリエーションとして、協力会社において支払いが先行する場合や、間にリース会社等が入る場合等もある。

資金循環取引に関して、利益率が低い取引であるとの説明がなされる場合があるが、これはあくまでも資金循環取引の協力会社の立場から見ての説明である。不正会計の手口としての資金循環取引において、単純に資金の流れに着目した場合には、同一の資金循環取引に係る支出額に係る仕入高と入金額に係る売上高を

比較すると必ず支出額が多くなることから、当該スキームは、本質的には赤字のスキームとなる。ただし、実際の会計処理においては、一つの資金循環取引に係る資金の支出時の会計処理と資金の入金時の会計処理は、同一の資金取引であることがわからないようにするため異なる売上と仕入として認識される。異なる売上と仕入の意味は、対応する売上高と売上原価としての組み合わせになっていないということである[119]。

したがって、資金循環取引の入金取引に係る売掛金に対応する売上高の原価は別の資金循環取引の支払いに係る仕入取引や実原価を付替えて対応させることにより、損益計算書上、利益が生じるようにしており、それも実態は赤字であることが多いことから、当該赤字を上回る黒字を計上するために利益幅の大きい大型案件として計上されることが多い。

なお、協力会社においては、このような商社的取引等は、一般的に商品・製品を製造元や仕入れ元からエンドユーザーに直接配送することが多く、注文書や発注書等の書類のやり取りだけで、現物を確認しないまま取引が完結するため、資金循環取引に参加してしまった場合であっても、当該取引が架空取引であることの認識がないまま行われてしまうことが多い。もちろん、協力会社も当該取引が架空取引であること及びその結果、特定の上場会社の損益計算書の虚偽記載が生じていることを認識している場合には、当該協力会社は共犯になり得る可能性が生じることとなる。

2 資金循環取引の三徴候

当該手口の場合は、粉飾のために行っていることから、損益計算書は黒字となることが多いが、キャッシュ・フロー計算書における営業ＣＦは赤字となることが多い。

資金循環取引における支出額は、協力会社等に対する手数料を支払うことか

---

[119] 資金循環取引のスキームから考えれば明らかであるが、当該資金循環は、すでに売上計上された売上高に係る売掛金の回収のために、仕入名目で当該回収原資を支出するのであり、売上高はすでに計上済みであり、仕入は、今後の売上に対応するものである。したがって、会計処理上は、同一の資金循環に係る売上と仕入は会計上の個別対応をすることはない。ただし、当該スキームは必ず仕入高の方が多く計上されるため、当該スキームを全体としてみた場合には、本質的には赤字のスキームとなるのであり、そのため、損益計算書上の利益の水増しを図るため、当該スキームに係る仕入を資産に付け替える（架空資産の計上）のである。

ら、必ず入金額を上回ることとなる。資金循環取引の支出時には、仕入取引に係る買掛金等の支払名目で支出処理され、入金時には売上取引に係る売掛金の回収名目で入金処理がされる。このため、資金循環取引を行った場合には、原則として、売上高よりも多額の仕入高が計上されることとなる。この仕入高と売上高を単純に損益計算書に計上した場合には、粉飾のために行っているにもかかわらず、必ず赤字になってしまう。したがって、このような状況を避けるため、架空仕入高を棚卸資産に付け替えることにより、売上原価の計上額を少なくし、損益計算書上の利益が出るようにする。このため、棚卸資産の計上額が、損益計算書上の利益の水増し分だけ多く計上されることとなることから、キャッシュ・フロー計算書上の営業ＣＦはこの棚卸資産の増加を原因として赤字となるのである。

このように資金循環取引を手口とする不正会計が行われた場合には、財務諸表上は、
① 損益計算書の当期純利益が黒字
② キャッシュ・フロー計算書の営業ＣＦがマイナス
③ 貸借対照表上の資産のうち、棚卸資産の増加
という兆候が表れることになる。

すなわち、資金循環取引を手口とする不正会計が行われた場合には、財務諸表において、損益が黒、営業ＣＦがマイナス、資産が増加という「資金循環取引の三徴候」が表れることとなる。

③ **資金循環取引の原資**について

資金循環取引の三徴候以外に、資金循環取引が行われた場合の財務諸表に表れる特徴の一つとして、キャッシュ・フロー計算書における財務ＣＦがプラスになる場合が多いということが挙げられる。

資金循環取引は、売掛金等の回収を装うための資金を、仕入名目等で支出し、当該資金が協力会社数社を経由して、売掛金の回収名目で還流することから、若干の協力会社に対する手数料相当額が目減りするもののその全額が回収され、同じ資金が何回も循環するというイメージを持つ場合がある。

しかし、実態としては、そもそも不正会計を行わざるを得ないような業績が悪化している会社においては、本業の運転資金も必要であり、常に資金不足に陥っ

ているような状況である。したがって、手持ち資金については、資金循環取引に用いるとともに運転資金として費消されることから、徐々に減少していくことになる。そのため、資金循環取引に用いる資金が不足するため、増資や金融機関等から資金調達を行い、当該調達資金を用いて資金循環取引を行うとともに、通常の運転資金に費消しながら、また徐々に手持ち資金を減らしていくこととなる。

したがって、この繰り返しを行うことから、資金循環取引が行われている場合の多くは、財務ＣＦは比較的多額のプラスとなる場合が多い。

4 資金循環取引のバリエーション

上記において、損益が黒、営業ＣＦがマイナス、資産が増加という財務諸表上の兆候を資金循環取引の三徴候であると説明したが、この三徴候は、あくまでも資金循環取引の基本形ともいうべきものであり、実際の個別の事案では、それぞれの会社の状況に応じて様々な形態を伴うこととなる。

ここでは、この資金循環取引のバリエーションについて、①資金循環取引に係る原資の「支出形態」の違いによるバリエーションと②資金循環取引の原資の「資金調達形態」の違いによるバリエーションについて説明する。

・資金循環取引に係る原資の「支出形態」の違いによるバリエーション

　　資金循環取引は、架空売上の計上に伴う架空売掛金の回収を装うため、自社の資金等を原資として、当該資金を、協力会社等を経由して自社に還流させることにより、あたかも当該売掛金が回収されたかのように装う仮装取引の一つである。

　　当該架空債権の回収原資となる自社の資金を支出する際に、何らかの名目で支出することになるのであるが、この原資の支出形態の違いによるバリエーションとして、主に以下の名目による支出が想定することができる。

　　①　原材料等に係る仕入債務の決済名目による支出
　　②　外注費等に係る仕入債務の決済名目による支出
　　③　商品等に係る仕入債務の決済名目による支出
　　④　有形固定資産（機械装置等）の取得名目による支出
　　⑤　無形固定資産（ソフトウェア等）の取得名目による支出
　　⑥　投資等（貸付金等）の取得等名目による支出

⑦　その他の名目による支出

　このうち、①から③については、それぞれ会社の事業の形態等に応じて、その支出名目が決まってくる。例えば、製造業であれば、①や②の原材料の仕入や外注費の発生等に係る債務の支払い名目で支出されることが多いであろう。原材料の仕入を行う製造形態であれば、多額の原材料の仕入等は不自然ではなく、したがって、これに伴う資金の支出も不自然ではない。また、実態として外注先を利用することが多い場合には、外注先への支払名目での多額の資金支出も不自然ではない。また、卸売業であれば、③の商品等の仕入名目で支出することを考えるであろう。このようにそれぞれの会社の事業形態に応じて、一見して不自然にはならない名目で資金循環取引の原資が支出されることとなる。

　なお、資金循環取引は、その特徴の一つして、資金循環取引に係る支出額（架空の商品等の仕入に係る債務の決済名目による支出額）と資金循環取引に係る入金額（架空の売掛金の回収名目による入金額）とを比較すると、資金循環の過程において、協力会社に対する手数料相当額の支払いがあることから、必ず支出額が入金額よりも大きくなるという特徴がある。このため、支出に係る「仕入高等」と入金に係る「売上高」とを比較すると必ず仕入高等の額が大きくなり、資金循環取引は、損益的にみると本質的に赤字を発生させるスキームとなる。

　しかしながら、もともと業績が良くないことから不正会計を行うのであり、資金循環取引を行った結果、さらに赤字額を増やすことは、資金循環取引を行うこと自体が無意味となってしまう。このため、損益計算書上の利益を水増しするために、当該資金循環取引に係る仕入高等を、月末ないし期末の時点において、棚卸資産に付け替えることから、貸借対照表上の棚卸資産が増加することになる。この結果、キャッシュ・フロー計算書上は、当該棚卸資産の増加を原因として営業ＣＦがマイナスになる。これが「損益が黒、営業ＣＦがマイナス、資産が増加」という資金循環取引の三徴候（基本形）となるのである。

　これに対して、④から⑥については、いずれも固定資産の取得名目で資金循環取引の原資を支出する。この場合には、①から③までとは異なり、固定資産の取得名目による支出であることから、資金循環取引の損益に与える影響は、架空売上の計上のみとなり、対応する原価は、実原価又は架空原価の一部を利

益が生じるように付け替えることから、プラスの影響のみとなる。

　なお、貸借対照表上は、資金循環取引に係る支出取引により計上された架空の固定資産が計上されたことにより固定資産の増加としてその兆候が表れる。また、キャッシュ・フロー計算書上は、当該固定資産の増加を原因とする「投資ＣＦのマイナス」としてその兆候が表れることになる。

　したがって、④から⑥の場合においては、「損益が黒、投資ＣＦがマイナス、資産（固定資産）が増加」という兆候が財務諸表に表れることとなる。

- **資金循環取引の原資の「資金調達形態」の違いによるバリエーション**

　不正会計の手口としての資金循環取引は、自社の資金を利用して、当該資金を、協力会社等を経由して自社に還流させるスキームである。したがって、協力会社等に支払う手数料相当額を除いた金額が自社に還流することから、一見同じ資金を使い回しすることにより、いくらでも資金循環取引が可能となるかのように思える。しかし、不正会計を行う会社はそもそも業績が悪いことから、運転資金が不足していることが多い。このため、資金循環取引に利用した資金も自社に還流することにより、自社の運転資金等に費消されてしまい、次の循環取引に係る原資としての資金が不足する状況となる。

　したがって、資金循環取引は、その循環過程のみに着目をすれば、当該スキームに係るキャッシュ・フローは概ねプラスマイナスゼロになるのであるが、会社全体からすれば、基本的には業績の悪化等により資金不足が生じている状態であり、このため、資金循環取引を手口とする不正会計を行っている会社においては、資金循環取引に係る原資の調達及び運転資金の調達のために多額の資金調達を行っている場合が多い。この結果、資金循環取引を手口とする不正会計を行っている場合には、財務諸表上、資金循環取引の三徴候に加え、「財務ＣＦが多額のプラス」という兆候が表れることとなる。

　なお、この場合には表向の業績は良いにもかかわらず多額の資金を調達しているような状況となる。

　この資金循環取引等の原資に係る資金調達方法としては、①公募ないし第三者割当による新株又は新株予約権の発行、②銀行等の金融機関からの借入金等による資金調達、③協力会社等にリース会社を入れることによるリース取引名

目での資金調達、④簿外債務による資金調達、⑤その他の資金調達等がある。

　①公募ないし第三者割当による新株又は新株予約権の発行により資金調達を行った場合には、当該資金調達以前にすでに資金循環取引を手口とする不正会計を行っている場合が多く、その場合には、併せて当該公募等に係る有価証券届出書に掲載される財務諸表等において不正会計が行われている場合が想定される[120]。上場前から当該手口による不正会計を行っている場合には、上場時の公募による調達資金をさらに当該手口に係る原資に用いる悪質なケースもある。なお、当該手口に係る原資を増資により調達しているような場合には、自己資本比率が高くなることから一見すると優良会社に見えてしまう場合があることに留意すべきである。

　また、②銀行等の金融機関からの借入金等による資金調達の場合には、その資金調達の方法（銀行等への説明、提出する証憑類（粉飾した決算書、偽造した注文書等））によって、刑法犯としての詐欺罪に抵触する可能性も考えられる。

　③協力会社等にリース会社を入れることによるリース取引名目での資金調達を行う場合とは、例えば、協力会社が、リース会社に機械装置等を売却し、当該機械装置等について不正会計を行う会社がリース契約をリース会社と締結する。この際、協力会社等がリース会社に売却した機械装置については、架空資産であり実際の機械装置等は存在しない[121]のであるが、当該資金循環取引に係るスキーム上は、これは不正会計を行う会社がその他の協力会社を経由して売却したものとなる。そして、不正会計を行った会社においては、当該売却代金は、リース会社が機械装置を仕入れた協力会社に支払った代金が循環して、自社に還流することになる。そして、当該会社では、リース料名目で月々支払うことにより実質的にリース会社から資金調達をした資金を返済していくことになる。

120　有価証券届出書に係る不正会計は、刑事罰の対象となる場合には、資金調達に係る不正会計として悪質性が強くなり、課徴金処分の対象となる場合には課徴金額が多額となる。
121　一般的にリース会社は、リース物件に関しては、現物確認を行うが、当該手口を用いる場合には、不正行為実行者らが、リース会社によるリース物件に係る現物確認を不要とするように働きかけることによって、現物確認が行われないことになる。

④リース契約

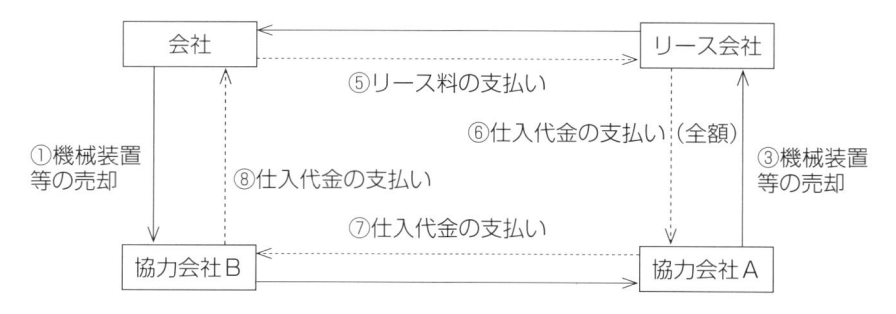

```
  会社  ←------→  リース会社
   ↑   ⑤リース料の支払い
   |   ⑥仕入代金の支払い（全額）
①機械装置         ③機械装置
等の売却  ⑧仕入代金の支払い  等の売却
   ↓             ↓
  協力会社B ←------→ 協力会社A
          ⑦仕入代金の支払い
```

②機械装置等の売却

　また、④簿外債務による資金調達は、簿外で振り出した支払手形を担保にして資金を調達する方法や経営者の個人的な資金（創業者利得等）を原資にする場合等がある。ただし、この場合には、当該資金調達が簿外で行われ、貸借対照表上は、負債として計上されないことから、その傾向が財務ＣＦに表れないこととなる。しかし、簿外債務の返済を、会社資金を用いて行う場合には、資産等の取得名目で当該資金が支出され、この結果、架空資産等が貸借対照表に計上されることから、貸借対照表上の資産の増加として、営業ＣＦ又は投資ＣＦのマイナスとしてその兆候が表れることになる。

　なお、⑤その他の資金調達としては、社債の発行等が考えられるが、今後、事案ごとに様々な方法により行われる可能性が思料されるところである。

　以下、この「売上の架空計上（仮装取引を伴うもの－資金循環取引）」に関して、その発見の端緒と調査方法について説明する。

(2) 発見の端緒と調査方法

1 端緒としての違和感

　資金循環取引を手口とする不正会計が行われた場合には、損益が黒、キャッシュ・フローがマイナス、資産が増加という「資金循環取引の三徴候」が財務諸表に表れることから、財務分析によりその端緒を把握することが可能となる。ただし、注意が必要なのは、この資金循環取引の三徴候が出ていたとしても実態は何ら不正を行っていない会社もまた多いということである[122]。したがって、単に

資金循環取引の三徴候が出ていたからといって、即座に不正会計の端緒となるわけではない。当該兆候を不正会計に対するアラームとして利用し、当該兆候を把握した場合には、不正会計の可能性を念頭に、さらに詳細に財務分析を行うとともに、当該会社の業種・業態等の定性情報等の分析を行い、資金循環取引の可能性を検討していくことになる。

なお、前記のとおり、資金循環取引は、その原資の支出時の会計処理の違いによりキャッシュ・フローのマイナスが、営業ＣＦに生じるか、投資ＣＦに生じるかの違いがある。資金循環取引の原資を原材料、商品等の仕入名目で支出した場合には、これにより計上される架空原価等は、期末時点においては、棚卸資産として貸借対照表に計上されることから、営業ＣＦがマイナスとなる。ソフトウェア等の取得名目や第三者等に対する資金の貸付名目で当該原資を支出した場合には、投資ＣＦのマイナスとしてその兆候が表れることになる。

また、資金循環取引を手口とする不正会計を行っている場合には、資金循環取引等の原資に係る資金調達を行っている場合が多く、この結果としての「財務ＣＦが多額のプラス」も当該手口に係る財務諸表上の兆候の一つとなる。

2 結論としての納得感

財務分析等により資金循環取引を手口とする不正会計の兆候を把握した場合には、結論としての納得感を得るために、不正会計の兆候が事実か否かを見極めるための事実確認を行うこことなる。

資金循環取引が行われた場合には、架空売上に係る架空売掛金の回収を装うための仮装取引が行われ、その結果、何らかの架空資産が計上されることから、当該架空資産に係る事実解明が不正会計発見のための糸口となる。

・棚卸資産の実在性について

　資金循環取引が行われた場合の財務諸表上の兆候の一つとして、多額の「棚卸資産」の計上が挙げられる。これは、資金循環取引に係る原資を支出する際

122　新興市場に上場した不動産業を営む新興企業において、資金循環取引の三徴候がみられる場合がある。株式上場に伴う調達資金を利用して、多くの販売用不動産を仕入れるのである。この場合、数多く仕入れた不動産の売却により利益はでるもののできるだけ多くの不動産を仕入れることから、棚卸資産としての販売用不動産の増加が著しく、結果、損益が黒、営業ＣＦがマイナス（販売用不動産の仕入）、資産が増加（販売用不動産の増加）という資金循環取引の三徴候が表れることとなる。

に、原材料、外注費、商品等の仕入名目等で支出することが多く、また、資金循環取引自体は本質的に赤字となるスキームであることから、損益計算書の利益の水増しを図るため、資金循環取引により計上された架空原価等を棚卸資産に付替えることにより表れる兆候である。

この利益の水増しのために貸借対照表に計上された棚卸資産は、架空原価が付替えられたものであることから、当然に架空資産であり、実在しないものである。このため、当該手口により不正会計が行われているか否かの事実関係を見極めるためには、当該棚卸資産の実在性について、現物確認等を行えば良いことになる。

しかしながら、このようにいうのは簡単なのであるが、不正行為実行者にとっては、不正会計の発覚を回避するため、架空資産に係る現物確認等の実施に対しては、何としてでも抵抗することになる。もちろん、あからさまに拒否をすれば、怪しまれてしまうことから、あの手この手を駆使して現物確認等をさせないための、あるいは実施できたとしてもあたかも実物が存在するかのような偽装行為等を行うこととなる。

最も簡単な方法は、外部倉庫に保管してあるという旨の抗弁であろう。ゆえに外部倉庫からの保管証明書等を入手することによって現物確認等の代替手続とするのである。もちろん、その際には、当該外部倉庫の保管証明書等の偽造、変造、第三者である外部倉庫の担当者等との共謀による内容虚偽の保管証明書等の発行等が行われることになるのである。

したがって、資金循環取引を手口とする不正会計の兆候を把握した場合には、当該手口の特徴として、何らかの架空資産が多額に計上されることになるため、当該資産の実在性について現物を確認することにより、その見極めが行えるのであるから、偽造や共謀により作成されてしまう可能性のある外部倉庫の保管証明書でその実在性の検証に係る手続きを代替することなく、必ず外部倉庫での現物確認等を行うことが大事となる。

しかし、一方で、不正行為実行者である会社担当者らからは、「外部倉庫での現物確認等は、今まで行ったことはない」、「外部倉庫は現在繁忙期であるため、対応できない」、「外部倉庫は、特殊な倉庫であるため、機密保持等の観点

から外部者が立ち入ることができない」等々の外部倉庫での現物確認等ができないことの理由を山ほど聞くことになるのである。

　それでも何とか現物確認等の実施を会社担当者らに依頼すると今度は、「そんな無理を言うと外部倉庫との契約が切られてしまう」、「何か問題が生じた場合には責任が取れるのか」等々の半ば恫喝とも言わんばかりの抗弁がなされることなる。

　しかし、現物確認等の手続きは、たかだか現物を確認するだけのことである。確かに相手がある話であるため外部倉庫の業務の状況によっては、日程等の調整は必要にはなるかもしれない。しかし、それでもそんな大げさな話になるようなことではないのである。ゆえに会社担当者が抵抗すればするほど怪しくなるのであり、抵抗すればするほど不正会計の可能性が高くなるのである。

　とはいえ、想像に難くないのであるが、もし、この不正会計の端緒を何の情報もなく、自らが財務分析等で把握した場合は、信じられるのは自分だけということになる。すなわち、本当に不正会計が行われているかどうかの保証がない中で、自らの違和感を信じてその事実解明に当たらなければならないということである。この時の心境は、確信と不安との間を揺れ動くこととなる。しかも、会社担当者は半ば恫喝に近い抗弁をしてくるのである。これでもし何もなかったら…。このような心境の中で、自らの「違和感」を信じて調査に取り組むことは、実際にはなかなか難しいことだということは、予め認識しておくべきであろう。結論を言えば、それでも取り組まないといけないのであるから。

　多くの場合、このような状況において「ま、いいか」と逃げてしまうのである。「外部倉庫の保管証明書は取れている」、「今までもそうしてきたから」、「本当に不正会計が行われていればもう発覚しているはず」等々の言い訳が次々に自分の心の中に生じるのである。この結果、不正会計の兆候を見逃してしまったケースは多くあると思われる。

　もちろん、このような心境に追い込まれるのは理解できるところである。人間の心は比較的弱いものであり、いざという場面において、その心の弱さが露呈するのである。したがって、そのような状況においても、自らの「違和感」を信じることができるように、常に有事の場面を想定して、その心構えを備え

第4章　不正会計の手口とその発見方法

ておくとともに、自らの違和感が真実であるか否かを「見極める」ための事実が何かを判断できるようにしなければならい。そのためには、財務分析等を行う場合には、様々な角度から様々な検討を行い、不正会計の可能性について十分に検討し、また、過去の不正会計の事例等についても把握しておくべきであると考える。

また、現物確認等が行える場合であっても、不正会計の発覚を避けるため、箱の中身を詰替えておく、外見だけは完成したかのように装う、不良品等をあたかも良品のように見せかける等の様々な仮装行為が行われている可能性があることを念頭に、事前準備を念入りに行い、現場では細心の注意を払い現物確認等を行うこととなる。

なお、このような場合においては、相手方となる不正会計の実行者らも嫌な気持ちになっているのである。常に不正会計の発覚をおそれ、さらに自らの嫌なところを探り出そうとされているのであるから、その心境は、調査をする側と同様に追い込まれているのであり、ある意味、チキンレースの状態である。引いた方が負けなのである。そして、架空資産であると思料される棚卸資産の現物確認等の実施を求めている中で、不正会計の実行者による真実の告白や不正会計の証拠等の把握等の不正会計の事実を解明する端緒が得られることとなるのである。不正会計に完全犯罪はなく、必ずどこかに綻びはあるのである。ゆえに、結論としての納得感が得られるまでは、基本に忠実に、かつ、妥協を許さず、事実解明に当たることが必要となる。

・**仕掛品の実在性**について

不正会計の手口として使われることが多い棚卸資産は、「仕掛品」[123]である。仕掛品は、まさに仕掛中の棚卸資産であり、現物とその評価額との関係が一見してわかりにくことを奇貨として不正会計の手口として使われることとなる。また、このため現物確認等の機会において、現物確認をしない、又は、形式的

---

123 「仕掛品については、現物からは評価のポイントが分かりづらいことを理由に、現物確認を省略するケースが見受けられるが、そこを付かれた不正事例が散見される。仕掛品の基本部品の確認や工事進行基準の進捗率の外観の確認は、監査証拠として有意義なものである」(日本公認会計士協会監査業務審査会「監査提言集」平成22年7月1日)

な確認のみに止まる場合もある。しかし、これでは不正会計の実行者らの思うツボである。したがって、特に不正会計の兆候を把握した場合には、仕掛品に関してその実在性を検証する手続きとして、現物確認等を行い、その評価額に係る合理的な根拠等の把握に努めなければならない。

不正会計の場面においては、当該資産が架空又は過大評価となっている。そのような状況において、まさに百聞は一見にしかずなのである。現物を確認することにより、また、その過程において多くの事実が得られることとなる。そして、その中から事実解明のための端緒が得られることとなるのである。

・外注費に係る外注先への確認

当該手口による不正会計が行われる場合、資金循環取引に係る原資を支出するための名目として、「外注費」に係る買掛債務の決済名目で行われることが多い。したがって、当該手口に係る不正会計の兆候を把握した場合の事実解明のための方法の一つとして、当該外注先に対する取引等の確認が考えられる。

この場合、外注先への確認は、単なる取引の有無の確認に止まるのではなく、実際の委託作業の内容、当該作業工程に係る現場視察及び作業仕掛品等の現物確認まで行うべきである[124]。

資金循環取引が行われていた場合には、それぞれの外注先においては、実際の作業等の付加価値が生じる役務の提供等が行われていない可能性が高く、単に入金及び出金の資金取引及び当該資金取引に係る取引名目での発注書、請求書等の証憑類のみがあるだけであると想定される。したがって、外注先での取引の実態を把握することは、事実関係の見極めのための効果的な方法となる。

なお、実際に当該手口による不正会計が行われていた場合には、当該不正会計の発覚を避けるため、外注先への確認の実施について、不正会計の実行者らによる抵抗があるものと考えられる。これは、外部倉庫に保管されているとす

---

[124] 「一つのプロジェクトにおいて、原価の内容のほとんどが外注費で、しかも特定の外注先によるものであるような場合には、会社の担当者に理由を質問するとともに、外注先へ往査し、作業内容等を聴取することが有効な場合がある。また、外注先への注文書の日付と外注先からの作業完了報告書の日付を基に、例えば特定の外注先が、極めて短期間に多くの作業を行い、多額の外注費を受け取っているような場合には、外注先へ往査し、当該作業の内容等を聴取することが有効な場合がある。」（会長通牒平成23年第3号「循環取引等不適切な会計処理への監査上の対応等について」（平成23年9月15日、日本公認会計士協会会長）の「4.監査手続実施上の留意事項」の「（5）外注先等への往査」

る仕掛品等に係る現物確認等の場合と同じである。これに関しては、前記「・棚卸資産の実在性について」を参照のこと。

・その他の資産の実在性について

　資金循環取引に係る原資の支出形態は、原材料、外注費、商品等の仕入名目ばかりではなく、その他の資産の取得名目で行われる場合もある。ソフトウェアの取得名目であったり、建物や機械装置等の取得名目であったり、資金の貸し付け名目であったりする。いずれの場合も、それぞれの会社の実態に照らして、その営む事業との整合性が取れる形で行われることから、個々の取引を見る限りにおいては違和感が生じないのであるが、全体としてみた場合、貸借対照表の当該資産の著しい増加としてその兆候が表れることとなる。

　したがって、棚卸資産の場合と同様に当該資産の実在性について、現物確認等により検証し、不正会計の兆候に係る事実関係の見極めを行うことになる。

　しかし、この場合において、例えば、ソフトウェア等の無形固定資産については、その価値の評価が問題となる。当該手口に係る見極めの判断基準として「実在性」の観点で、当該資産が実際にあるのかないのかが問題となるのであるが、ソフトウェア等の無形固定資産の場合、そもそも無形であるがゆえに、例えば、ソフトウェアを記録した媒体（CD-ROM）等が1枚存在することによって実在するとの抗弁が想定される。通常、このようなソフトウェアの「価値」を検証するためには専門的な知識等を要することから、外形的に判断することにより不正行為実行者らの抗弁を受け入れざるを得ない状況が作り出されてしまうのであるが、このような場合であっても、その他の内部・外部の専門家等を利用し、対応しなければならない。

　また、その他の有形固定資産であっても土地や建物、機械装置等の評価が困難なものが仮装取引の道具として利用される可能性もある。さらに、全くの「モノ」が存在しなければ、たやすく不正会計が発覚することから、それに代替する価値が著しく低い「モノ」を用意する可能性もある。このような場合に「モノ」があるからといって安易に納得してしまうことは避けるべきであり、その評価が問題となることを意識すべきである。そして、その「モノ」の価値を算定する根拠の有無や、算定する根拠の内容等までしつこく確認する必要が

ある。

　さらに、資金循環取引に係る原資の支出が、貸付金名目で行われていた場合には、現物確認すべき「モノ」がないことからその見極めは、その他の「モノ」と比較して難しくなる。このことは、貸付債権の実在性を確認する手続きである残高確認等の手続きも貸付先が共謀している場合やそもそも架空の貸付先であり不正行為実行者らの道具としての貸付先である場合もあり得ることからも想像に難くない。

　この場合においては、貸付理由、貸付金の使途、貸付残高の増加理由、貸付金の実行に係る社内の意思決定過程等について細かく検証し、不自然な点を浮き彫りにしていくことになる。また、特定の貸付先に対しては、ヒアリングを行う等の手続きも検討すべきであろう。いずれにせよ、貸付金の実在性の検証という形で、意識が個別の貸付金の実在性について向かう場合には、証憑類の偽造等により安易に騙されてしまう可能性が高い。したがって、一歩引いて俯瞰した状態で、会社のビジネスモデルの一環としての貸付金の位置付けを確認し、当該貸付金に係る違和感がある時は、この違和感が解消されるまでは、枝葉に捉われることなく、当該貸付金の実在性について検証することとなる。

　以上、その他の資産の実在性について説明をしたが、不正会計発見の考え方としては、事実が会計処理と異なることを確認していくのであるが、反面、正しいことを確認できればそれは一つの結論となるのである。ゆえに、どちらつかずの中途半端な結論が問題となるのであって、しつこくしつこく事実確認を行い、その結果、正しいことが確認できればそれも一つの結論であると考えるべきである。

・売上取引に係る証憑類の調査

　資金循環取引を手口とする架空売上の計上の場合、当該売上取引に係る証憑類については、取引自体が協力会社を巻き込んで通常の取引として行われていることから、通常の取引に係る証憑類は、一通り揃っている可能性が高いと考えられる[125]。したがって、売上取引の実在性という観点での証憑類の確認は、

125　「契約書等の証憑が揃っていることと取引が実在することとは必ずしも同じでない場合があるので注意が必要である」（日本公認会計士協会監査業務審査会「監査提言集」平成22年7月1日）。

あまり意味がないと思われる。

しかし、資金循環取引も不正会計の手口であることから、当該売上取引に係る証憑類を確認することで、実取引に係る証憑類と資金循環取引に係る証憑類の差異を把握できる可能性がある。実取引に係る証憑類と資金循環取引に係る証憑類の差異とは、資金循環取引は、あくまでも架空取引であることから、実取引に係る証憑類と比較した際に把握できる架空取引と実取引との本質的な差異のことであり、例えば、実取引であれば、営業担当者の印が証憑類に押印されているところ、架空取引の証憑類には、管理部門の担当者の印が押印されている等の差異である。このような些細な差異であっても、事実解明にとっては、重要な事実となる。

資金循環取引も「ヒト」が行うことであり、不正行為実行者ら十分に気を付けて行っていたとしても、思わぬ落とし穴があるかもしれないのである。そして、その落とし穴が、証憑類に表れている可能性がある。それが綻びである。したがって、資金循環取引が想定される場合であっても、証憑類は揃っているからみても意味がないなどと最初から思い込まず、実取引と架空取引との差異を意識しながら、まずは確認をしてみることである。そこに何か大きな事実が潜んでいるかもしれないのである。

・売上取引に係るエンドユーザーの把握

資金循環取引を手口とする架空売上の場合、各売上取引に係るエンドユーザーを明らかにできるかどうかが、当該売上取引が、架空取引であるか否かの見極めのポイントとなる。

資金循環取引は架空取引であり、実態のない取引なのであるが、資金循環取引に係る協力会社においては、多くの場合、当該取引について不正な取引としての認識はなく[126]、正常な取引としてこれを行っている。なぜなら、様々な業界において、外形的には循環取引と変わらない取引、すなわち、単に伝票処理と資金決済だけの実際にモノが自社を経由しない（直送）取引等が、実取引として行われており、協力会社においてもそれが架空取引か実取引かの区別が簡

---

[126] 仮に協力会社が架空取引であることを認識した上で「協力」していた場合には、当該協力会社も共犯ないしは幇助犯になる可能性がある。

単にはできないからである。

このためこれらの協力会社に対するヒアリングや売上債権等に係る残高確認等を実施したとしても正常な取引として行っていた旨の回答が得られるだけで、不正会計の端緒を得られない場合が多い。ただし、協力会社に対するヒアリングが必ずしも無意味ではないのは、協力会社に対してヒアリング等を行った場合に①協力会社においては、モノは実際には確認しない、ないし役務等のサービスの提供もしないこと（これによって協力会社においては、実際に財貨又は用役の提供がないことを確認する）、②売買代金の決済関係（資金循環取引の多くは協力会社の預金口座に入金された資金を用いて支払いに充てられることから、この事実の把握によって資金循環取引である可能性が高くなる）、③当該取引に係る指示が誰からだされているのか（これによって不正会計に係る仮装取引の実行行為者や指示命令関係が明らかとなる）等に係る事実確認できるからである。これらの情報は、事実解明にあたっては有用な情報となり得る。

しかし、それだけでは、不正会計に係る確たる証拠が得られない。そこで資金循環取引の特質、すなわち、自社の仕入取引が最終的には自社の売上取引につながってしまうという性質から、本来の正常な取引であればあるべき「エンドユーザー」を明らかにできるかどうかが、当該取引が架空取引であるか否かの見極めのポイントとなる。

（3） 事例

「売上の架空計上（仮装取引を伴うもの－資金循環取引）」を手口とする主な不正会計の事例は、以下のとおりである。なお、刑事事件としては、メディア・リンクス事件、アイ・エックス・アイ事件、プロデュース事件、ニイウスコー事件等がある。

・ネットマークス事案（課徴金事例集平成20年6月・事例34）

> 当社社員は、Ａ社に対していわゆる「貸し」を作ろうとの目論見から、Ａ社から依頼された代金の立替払いを行ったが、その後、Ａ社からは立替代金の支払いを受けられなかった。
> また、別途Ａ社からの依頼により、Ｂ町が進めていたＩＴプロジェクトのためのソフトウェアをＡ社に先行発注したところ、Ｂ町において同プロジェクトの予算化が見送られ、当該ソフトウェアは納品できないまま在庫として残った。
> 当該社員は、Ａ社から立替代金の弁済が受けられないことやソフトウェアの在庫の取扱いに苦慮し、当該在庫に立替代金を上乗せして他社に転売した。その後、当該他社に他の転売先を斡旋するなどして次々と転売を繰り返し、商流の中で当社が買い取り再度他社に販売するという循環取引を4年間にわたり繰り返した。
> 訂正報告書に係る有価証券報告書の訂正作業は、上記架空売上及び架空仕入の計上とは関係のない事項についての変更（売上高及び仕入高について総額表示から純額表示への変更）を行ったものにすぎず、当該訂正報告書にも虚偽の連結当期純損益の額が記載された。

※手口の詳細については「不適切な取引に伴う過年度決算訂正に関する外部調査委員会の調査報告について」（株式会社ネットマークス、平成19年9月14日）を参照のこと。

・アイ・ビー・イーホールディングス事案（課徴金事例集平成21年6月・事例43）

> 当社は、過年度において、循環取引やスルー取引により、ソフトウェアの架空売上を計上する一方、仕入れた架空のソフトウェアを無形固定資産として資産計上し、また架空資産についてリース契約を活用して費用の繰り延べを行い、利益を過大に計上していた。
> そして、新たな循環取引が行われなくなった第Ａ期以降も、架空のソフトウェアが資産計上され、または、リース契約の対象とされたままで、無形固定資産の過大計上、未払金の過少計上等により純資産額が過大に計上されていた。

※手口の詳細については「外部調査委員会調査報告書の受領に関するお知らせ」（株式会社アイ・ビー・イーホールディングス、平成21年2月12日）を参照のこと。
※虚偽記載を理由として平成21年5月1日に東京証券取引所マザーズ市場上場廃止[127]。なお、東京証券取引所による上場廃止理由は、「当社株式の上場廃止に関するお知らせ」（株式会社アイ・ビー・イーホールディングス、平成21年3月31日）を参照のこと。

・リンク・ワン事案（課徴金事例集平成22年6月・事例31）

(1) Xエリアのエリア営業権（特定店舗を当該エリア内に展開できる権利）の売却取引に際して、当社は、a社に出店の意思や資金がないことを知りながら、一時的に協力会社を経由してa社に資金提供し、当該資金でエリア営業権の購入代金に充当することとして、エリア営業権の売却が成立したかのように装い、売上を過大に計上し、不適正に利益を計上していた。

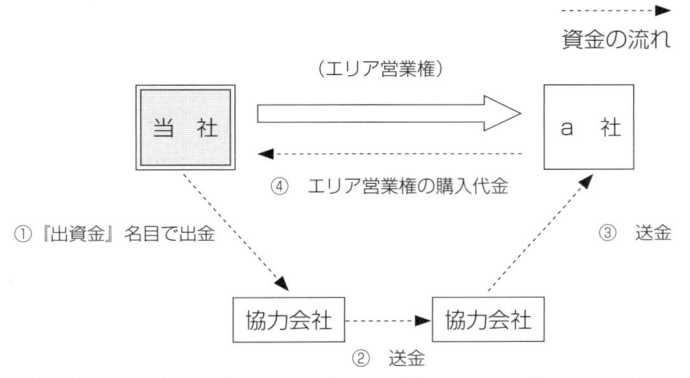

```
                                            ------▶
                                            資金の流れ

                    （エリア営業権）
        ┌──────┐  ━━━━━━━━━▶  ┌──────┐
        │ 当  社 │                    │ a  社 │
        └──────┘  ◀ - - - - - - -     └──────┘
                  ④ エリア営業権の購入代金
           ┊                              ▲
           ┊                              ┊
    ①『出資金』名目で出金              ③ 送金
           ▼                              ┊
        ┌──────┐ - - - - ▶ ┌──────┐
        │協力会社│              │協力会社│
        └──────┘              └──────┘
                    ② 送金
```

(2) Yエリアのエリア営業権の売却取引に際しては、店舗内装工事で取引のあった会社に依頼し、工事発注代金にエリア営業権の代金を水増しして購入者（協力会社の子会社）に資金を提供し、当該資金でエリア営業権の売却が成立したかのように装い、売上を過大に計上し、不適正に利益を計上していた。

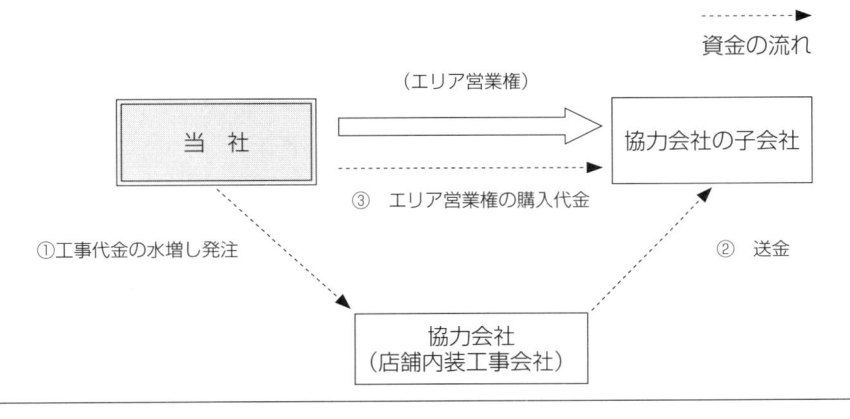

```
                                            ------▶
                                            資金の流れ

                    （エリア営業権）
        ┌──────┐  ━━━━━━━━━▶  ┌────────────┐
        │ 当  社 │                    │協力会社の子会社│
        └──────┘  ◀ - - - - - - -     └────────────┘
                  ③ エリア営業権の購入代金
           ┊                              ▲
           ┊                              ┊
    ①工事代金の水増し発注              ② 送金
           ▼                              ┊
              ┌──────────────┐
              │   協力会社     │
              │（店舗内装工事会社）│
              └──────────────┘
```

---

127 「当社株式の上場廃止に関するお知らせ」（株式会社アイ・ビー・イーホールディングス、平成21年3月31日）

※手口の詳細については、「外部調査委員会調査報告書の受領に関するお知らせ」（株式会社リンク・ワン、平成22年2月25日）を参照。

・**大水事案**（課徴金事例集平成22年6月・事例32）

(1) 営業担当部長は、当社とａ社との間に協力会社を介在させ、一定の粗利益率で利益を上乗せして概ね2～3ヶ月のサイクルで循環取引を行い、架空売上を計上する等により利益を捻出した。

(2) 商品相場の下落等により、当社が抱え込んだ不良在庫に多額の含み損が発生したことから、ａ社との間で循環取引を行い、ａ社から商品を買い戻す際に販売価格を市場価格まで引き下げ、発生した含み損をａ社に付け替えた。これにより、不良在庫の含み損が顕在化せず、損失処理が回避された。

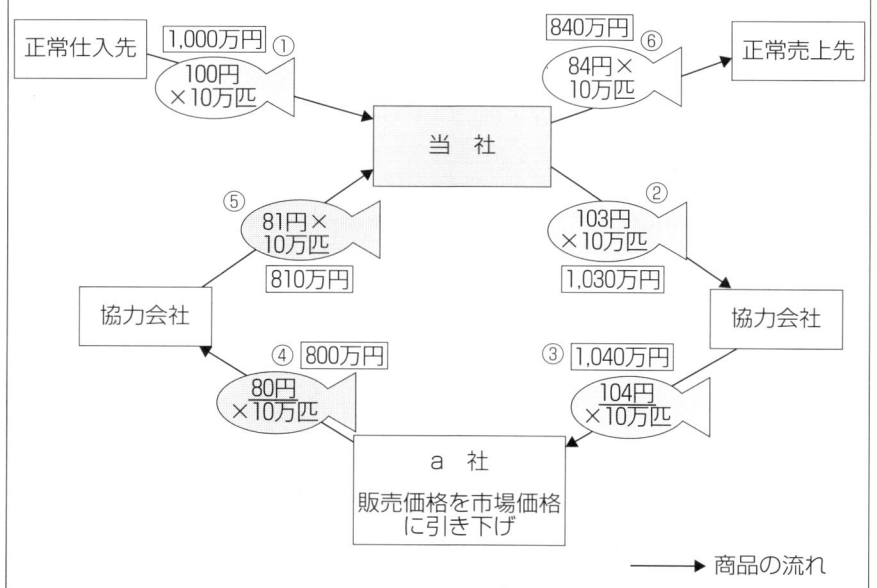

```
正常仕入先 ──①1,000万円(100円×10万匹)──→ 当社 ──⑥840万円(84円×10万匹)──→ 正常売上先
                                             │
     ⑤81円×10万匹                              ②103円×10万匹
     810万円                                   1,030万円
     ↑                                        ↓
  協力会社                                     協力会社
     ↑                                        ↓
     ④800万円(80円×10万匹)                    ③1,040万円(104円×10万匹)
                    ａ社
          販売価格を市場価格に引き下げ
```

──→ 商品の流れ

(3) 上記(1)(2)により、決済資金が不足するａ社に資金を提供するため、当社は、ａ社から商品を仕入れたように偽装し、運送業者を介在させ、当該仕入代金を上乗せした運送費を運送会社に支払うなどして、当該上乗せした架空の仕入代金により、ａ社に資金を提供した。

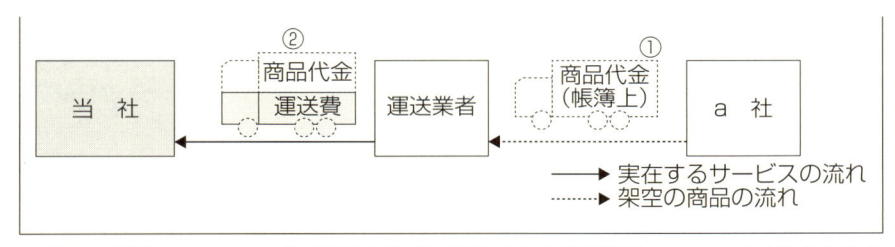

```
                    ②                           ①
                 ┌─商品代金─┐              ┌─商品代金─┐
                 │  運送費  │              │ （帳簿上）│
    ┌──────┐    ↓         ┌──────┐       ↓         ┌──────┐
    │ 当 社 │◀──────────── │運送業者│◀──────────── │ a 社 │
    └──────┘               └──────┘                 └──────┘
```

```
        ────▶ 実在するサービスの流れ
        ┄┄┄▶ 架空の商品の流れ
```

※手口の詳細については、「不適切な取引に関する調査概要報告について」（株式会社大水、平成21年2月17日）を参照のこと。

・**アクロディア事案**（課徴金事例集平成23年6月・事例22）

> (1) 架空売上の計上
>   当社の子会社A社は、架空のソフトウェア（システム開発に係るソフトウェア）や架空の営業権（携帯サイトの営業権）を取得する名目で資金を支出し、当該資金を複数の会社を経由して当社及びA社に還流させるなどして、当社及びA社において、①インターネットサイト等の制作、②インターネットサイト広告枠の販売及び③ソフトウェアライセンスの売上との名目で架空の売上を計上していた。
>   なお、当社は、本件の不適正な取引を、証憑を偽造して行っていた。
> (2) ソフトウェア資産及びのれんの架空計上
>   A社は、ソフトウェア資産を第A期から第A＋1期第3四半期にかけて、営業権を第A期にそれぞれ取得していたとしていたが、当該資産の取得名目で支出された資金が架空売上に係る売掛金回収の原資となっており、また、当該資産の実在性も認められないものであった。
>   したがって、当社は、当該ソフトウェア資産及び営業権（のれん）を当該期において架空に計上していたものである。

※手口の詳細については「不適切な会計処理等に関する調査結果等のご報告」（株式会社アクロディア、平成22年8月13日）を参照のこと。

・**メルシャン事案**（課徴金事例集平成23年6月・事例26）

> (1) 架空売上の計上
>   当社の水産飼料事業部は、養殖業者等に対して、養殖魚用配合飼料等の架空の売上を計上するとともに、架空の棚卸資産（原料・飼料）を製造委託先経由で取得したこととして資金を支出し、当該資金を最終的に当社に

還流させることで、架空売上に係る売掛金の回収を装っていた。

また、この架空取引により、当社には架空の棚卸資産（原料・飼料）が多額に計上されることとなり、当該棚卸資産は長期滞留状態となった。このため、会計監査等において架空在庫が発覚する恐れが生じた同事業部は、この架空の棚卸資産（在庫）を販売したことにして、さらに架空の売上を計上するとともに、上記と同様の方法により、架空売上に係る売掛金の回収があったかのように装っていた。

このようにして、架空売上と架空仕入を繰り返すことより、当社は利益を過大に計上していた。

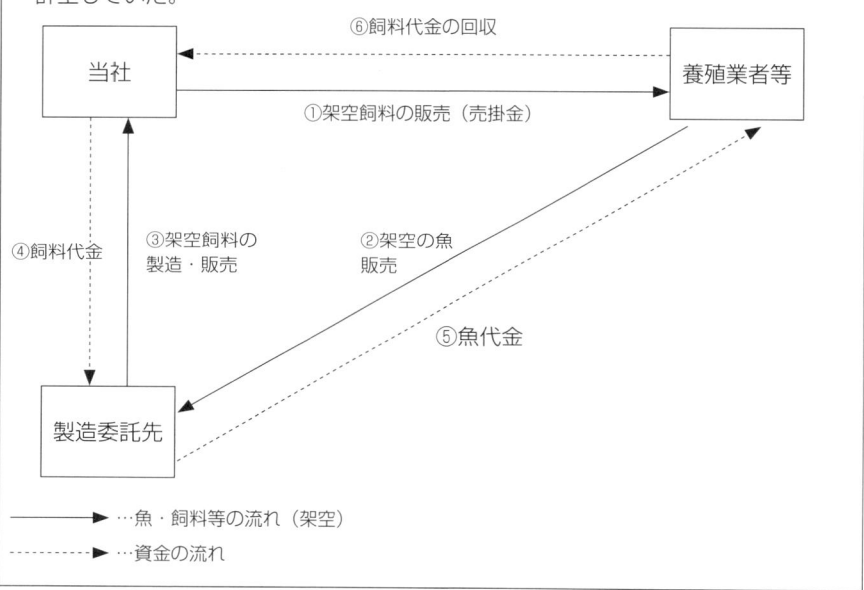

```
                    ⑥飼料代金の回収
        ┌─────┐ ←──────────── ┌───────┐
        │ 当社 │                │養殖業者等│
        └─────┘ ──────────────→└───────┘
                    ①架空飼料の販売（売掛金）
           ↑  ↓
    ④飼料代金  ③架空飼料の    ②架空の魚販売
           │  製造・販売
           │  ↓
        ┌─────┐       ⑤魚代金
        │製造委託先│ ←──────────
        └─────┘
```

──▶ …魚・飼料等の流れ（架空）
┄┄▶ …資金の流れ

※手口の詳細については「第三者委員会の報告について」（キリンホールディングス株式会社（注：メルシャンは、キリンホールディングスの連結子会社であったためキリンホールディングス第三者委員会として調査を実施）、平成22年11月5日）を参照のこと。

6．売上の架空計上（仮装取引を伴うもの－資金循環取引以外）

(1) 手口の概要

「売上の架空計上（仮装取引を伴うもの－資金循環取引以外）」は、売上取引としての事実がないにも関わらず売上を計上するという点では、「売上の架空計上（伝票等のみ）」及び「売上の架空計上（仮装取引を伴うもの－資金循環取引）」と同じ

である。

「売上の架空計上（伝票等のみ）」では、架空売上の計上に伴い計上された売掛金等の売上債権については、売上債権として計上されたままであることから、当該売上債権は、滞留債権となり、公認会計士等による監査や社内の調査等において、不正会計が発覚する端緒となってしまう。また、当該売掛債権を放置することにより滞留債権化した場合には、当該売上債権に係る貸倒引当金の計上を余儀なくされ、貸倒引当金繰入額ないし貸倒損失として費用計上することにより損益をさらに悪化させてしまう要因となる。したがって、これを避けるため、当該架空売掛金等をあたかも回収したかのように装うための仮装取引を伴う不正会計の手口が、「売上の架空計上（仮装取引を伴うもの－資金循環取引以外）」である。

この仮装取引の方法としては、①資金取引を伴う仮装取引と②資金取引を伴わない仮装取引がある。

①「資金取引を伴う仮装取引」の代表的な手口の例が資金循環取引であるが、資金循環取引については、「第三部 不正会計－早期発見とその対応 第4章 不正会計の手口とその発見方法 3 売上高の過大計上 5．売上の架空計上（仮装取引を伴うもの－資金循環取引）」においてその手口の詳細を説明することから、ここでは資金循環取引以外の仮装取引について説明する[128]。資金循環取引以外の資金取引を利用した仮装取引の例としては、例えば、簿外で出金した現金を用いて架空売掛金の回収を装う場合や、ペーパーカンパニー等を利用して資金取引を行い、これを売掛金の回収取引として装う方法等がある。

②「資金取引を伴わない仮装取引」とは、文字通り、資金取引を行わずに架空売掛金を帳簿上から落とす方法をいう。例えば、債権譲渡、事業譲渡、代物弁済等の取引を仮装し、当該売上債権を消し込むのである。債権譲渡であれば、第三者に当該債権を譲渡し、この譲渡対価を未収とする仮装取引を行うのである。この場合でも架空債権である「未収入金」が新たに発生することになるが、滞留債

---

[128] 本書では、資金循環取引について、スルー取引、商社的取引、帳合取引等の商慣習として存在していた取引名目で、その他の協力会社を利用して取引を仮装して取引を行う場合とする（狭義の資金循環取引）。そして、資金循環取引以外の資金取引を利用した仮装取引については、上記のペーパーカンパニー等を利用する方法（広義の資金循環取引）も含めて、その他の資金取引を伴う仮装取引全般に区分した。

権を新規債権に変えられるというメリットがある。事業譲渡もまた債権譲渡と同様に、自社の事業の一部等に係る譲渡取引を仮装し、当該譲渡資産に架空の売上債権を含めてしまうのである。また、代物弁済であれば、架空の売上債権の回収を金銭以外の資産による回収を装うことにより当該売上債権を消し込むのである。この結果、その他の架空資産又は資産の評価が過大となっている資産が貸借対照表に計上されることとなる。このように、資金取引を用いないもののその他の取引を仮装することにより当該売上債権を貸借対照表の資産から落とす方法である。

以下、この「売上の架空計上（仮装取引を伴うもの－資金循環取引以外）」に関して、その発見の端緒と調査方法について説明する。

（2） 発見の端緒と調査方法
1 端緒としての違和感

売上の架空計上（仮装取引を伴うもの－資金循環取引以外）を行った場合には、架空売掛金が滞留債権化することにより、不正会計の発見の端緒となってしまうことや、当該債権に係る貸倒引当金の計上による損益の悪化を避けるため、あたかも当該債権が回収されたかのように装う仮装取引を伴うことから、売掛金の滞留期間が長期化しないという特徴がある。この点が、「売上の前倒し計上」、「売上の水増し計上」及び「売上の架空計上（伝票等のみ）」と異なる点である。

もちろん、架空売上の計上のタイミングと仮装取引のタイミングによっては、売掛金の滞留期間に変化が生じる場合もあるが、上記のその他の不正会計の手口と比較すると売掛金の滞留期間に変化はみられない。

なお、ここでの仮装取引の方法としては、①資金取引を伴う仮装取引と②資金取引を伴わない仮装取引があり、それぞれが行われた場合、財務諸表上、以下の兆候が表れることとなる。

・売掛金以外の資産科目の増加

　①資金取引を伴う仮装取引が行われた場合には、主として、貸借対照表の「棚卸資産」、「有形固定資産」、「無形固定資産（ソフトウェア等）」及び「投資（貸付金等）」等の資産の残高の増加としてその傾向が表れる。

当該手口は、架空売掛金の滞留化を端緒とする不正会計の発覚等を避けるため、当該債権の回収を装った資金取引を伴う仮装取引を行うものである。この仮装取引の原資を支出する際に、多くの場合、資産取得名目（月末ないしは期末で棚卸資産に付け替えられる原材料、外注費等を含む。）で行われ、架空売上の計上が多額になればなるほど、当該架空売上に係る架空売掛金の回収を装った仮装取引が多く行われることとなり、この結果、貸借対照表上の特定の資産が多額に計上されることになる。

　この仮装取引により計上される資産は、当該取引が仮装取引であることが発覚しないように、会社の事業を前提に不自然ではないような取引となるように構築された当該仮装取引に係るスキームに基づき計上される資産となる。したがって、多くの場合は、原材料の仕入れ、外注費の発生、商品等の仕入名目で仮装取引が行われ、これらは月末ないしは期末において「棚卸資産」に付け替えられることとなる。その他、ソフトウェア等の無形固定資産の取得や貸付名目での資金の支出等が考えられるが、必ずしもこれらに限られるものではなく、個々の会社の事業等に基づき様々なケースがあることに留意する必要がある。ただし、いずれの場合であっても、個々の会社でみた場合には、様々な資産に分散させて計上されることは少なく、多くの場合は、特定の資産に偏りが生じることとなる。

　この結果、貸借対照表の特定の資産の増加という現象が、売上高の状況及び損益の状況と併せて判断した場合に、当該手口による不正会計の兆候を示すものとなるのである。したがって、売掛金以外の資産科目に著しい増加があった場合には、当該手口による不正会計の疑義が生じることとなるのであるが、この兆候は、資金循環取引を手口とする場合も同様の兆候が表れることには留意が必要である。

　なお、資金取引を伴う仮装取引が行われた場合であっても、当該資金の原資が、簿外債務により調達された場合には、仮装取引に係る原資の支出がないことから、この時点での資産の増加はない。しかし、簿外債務により調達した資金が売掛金の回収名目で自社に入金になった後、当該簿外債務を返済するために、自社から出金する必要が生じることとなる。この結果、仮装取引に係る原

資の返済時に、当該返済原資が、資産取得名目で支出されることから、当該会社の貸借対照表上、何らかの資産の増加という兆候が表れることとなる。当然に当該資産は架空資産となる。

ゆえに当該手口による不正会計が行われた場合には、貸借対照表において、多額の特定の資産が計上されるという兆候が表れるとともに、キャッシュ・フロー計算書においては、営業ＣＦ又は投資ＣＦの多額のマイナスとしてその兆候が表れることとなるのである。

・売掛金の減少を伴う特殊な取引

　資金取引を伴わない仮装取引の例としては、会計処理上、その他の資産の増加、又は、その他の負債の減少とともに売掛金の減少を伴う特殊な取引が想定される。例えば、第三者に対して売掛金等の債権の譲渡を行う（含むファクタリング）場合や、事業譲渡に伴う売掛金を含む資産・負債の譲渡の場合、売掛金の回収を代物弁済、又は売掛金を現物出資財産とする現物出資等により行う場合等である。これにより、架空売掛金の滞留化による不正会計の発覚を避けるのであるが、一方で、売掛金の減少を伴う特殊な取引として表面化することにより、不正会計発見の端緒となり得るのである。

② 結論としての納得感

　財務分析等により仮装取引を伴う架空売上の計上を手口とする不正会計の兆候を把握した場合には、結論としての納得感を得るために、不正会計の兆候が事実か否かを見極めるための事実確認を行うこととなる。

　当該手口による不正会計が行われた場合には、架空売上に係る売掛金（架空）の回収を装うための仮装取引が行われ、その結果、何らかの架空資産が計上されることから、当該架空資産の実態の把握がその事実解明のための糸口となる。

　結論としての納得感を得るために行うべき事実確認等は、資金取引を伴う仮装取引が行われていると想定される場合には、基本的には仮装取引に係る原資をどのように支出したかによるが、これらは会社の資産の状況に応じて判断することとなる。

・棚卸資産の実在性について

　資金取引を伴う仮装取引が行われた場合の財務諸表上の兆候の一つとして、

貸借対照表における多額の「棚卸資産」の計上が挙げられる。これは、仮装取引に係る原資を支出する際に原材料、外注費、商品等の仕入名目で支出することが多く、また、不正会計を行う会社は基本的に赤字体質であることから、損益計算書の利益の水増しを図るため、当該仮装取引により計上された架空原価等を棚卸資産に付け替えることにより表れる兆候である。

この棚卸資産は、仮装取引に係る架空原価等を付け替えたものであり、当然に架空資産であることから、当該手口による不正会計が行われているか否かの見極めは、現物確認等による当該資産の実在性の検証により可能となる。当該手続に係る留意事項等については、「第三部 不正会計－早期発見とその対応 第4章 不正会計の手口とその発見方法 3 売上高の過大計上 5．売上の架空計上（仮装取引を伴うもの－資金循環取引）（2）発見の端緒と調査方法 ②結論としての納得感」の「棚卸資産の実在性について」を参照のこと。

- 仕掛品の実在性について

  仕掛品の実在性についても、「第三部 不正会計－早期発見とその対応 第4章 不正会計の手口とその発見方法 3 売上高の過大計上 5．売上の架空計上（仮装取引を伴うもの－資金循環取引）（2）発見の端緒と調査方法 ②結論としての納得感」の「仕掛品の実在性について」を参照のこと。

- その他の資産の実在性について

  その他の資産の実在性についても、「第三部 不正会計－早期発見とその対応 第4章 不正会計の手口とその発見方法 3 売上高の過大計上 5．売上の架空計上（仮装取引を伴うもの－資金循環取引）（2）発見の端緒と調査方法 ②結論としての納得感」の「その他の資産の実在性について」を参照のこと。

  なお、資金取引を伴わない仮装取引の場合には、売掛金等の減少を伴う債権譲渡、事業譲渡、代物弁済、現物出資等が行われていれば、当該取引に係る状況について証憑類及び当該取引に係る社内の意思決定過程等について検証するとともに、受け入れた資産等の実在性を検証することとなる。

- 外注費に係る外注先への確認

  外注費に係る外注先への確認についても、「第三部 不正会計－早期発見とその対応 第4章 不正会計の手口とその発見方法 3 売上高の過大計上 5．

売上の架空計上（仮装取引を伴うもの－資金循環取引）（2）発見の端緒と調査方法　②結論としての納得感」の「外注費に係る外注先への確認」を参照のこと。

・**売上債権に係る残高確認**

　当該手口の場合、資金循環取引の場合とは異なり、多くの場合、売上取引が得意先等の認識のない架空売上である可能性が高いことから、得意先に対する残高確認もまた事実解明のための有用な方法である考えられる。

　なお、当該売上債権に係る残高確認の留意事項については、「第三部　不正会計－早期発見とその対応　第4章　不正会計の手口とその発見方法　3　売上高の過大計上　1．売上の前倒し計上　（2）発見の端緒と調査方法　②結論としての納得感」の「売上債権に係る残高確認」を参照のこと。

・**売上取引に係る証憑類の調査**

　資金循環取引のように協力会社との間ではあたかも実取引として行われている取引とは異なり、資金循環取引以外の仮装取引を手口とする架空売上の計上の場合、当該売上取引に係る証憑類について、偽造・改竄等が行われている可能性が高いことから、各証憑類に係る筆跡、印影、担当者等について比較検討を行い、違和感のあるもの、類似のもの等の不自然なものがないかについて特に留意することとなる。

　なお、当該売上取引に係る証憑類の調査の留意事項については、「第三部　不正会計－早期発見とその対応　第4章　不正会計の手口とその発見方法　3　売上高の過大計上　4．売上の架空計上（伝票等のみ）（2）発見の端緒と調査方法　②結論としての納得感」の「売上債権に係る残高確認」を参照のこと。

・**売上債権の入金状況の確認**

　資金取引による仮装取引を伴う架空売上の場合、架空売上に係る売上債権の回収を装った仮装取引が行われることになるため、基本的には入金事実があることになる。ただし、資金循環取引の場合と異なり、当該入金取引は、実際の取引先ではなく、ペーパーカンパニーやダミー会社等を利用した取引となることから、得意先からの入金事実を装うために、振り込み取引に係る振込人名義を得意先に変えること等が想定されるのであり、入金事実に係る証憑類を確認したとしても何ら得るものがない可能性はある。しかし、このような思い込み

ゆえに入金事実に係る証憑類を確認しないという判断はないと考える。どのような仮装取引が行われていたとしても人が行う限りにおいては、何らかのミスをしている可能性があり、これが事実解明の端緒となり得る場合がある。そして、このようなミスをした場合には、不正会計の発覚を避けるため、当該証憑類に係る偽造・変造等が行われる可能性があることから、不正行為実行者等から提出される証憑類等は写しで提出されることとなる。したがって、このような状況においては、原本を確認することが事実解明の端緒となり得る可能性が高くなる。このため、事実解明のための端緒を把握するためには、売上債権の入金に係る証憑類等を確認するとともに、確認の際には必ず原本を確認するということを徹底すべきである。

(3) 事例

「売上の架空計上（仮装取引を伴うもの－資金循環取引以外）」を手口とする不正会計の主な事例は、以下のとおりである。

・アスキーソリューションズ事案（課徴金事例集平成20年6月・事例25）

> 当社は、大型システム開発プロジェクトに関して、成果物を納品した事実がないにもかかわらず、偽装した検収書に基づいてＡ社に対する売上を過大に計上し、これに伴い売上債権も過大に計上された。
> （略）
> 加えて、当社は、未回収のＡ社に対する架空の売上債権を回収したことにするため、取引先のＣ社に前渡金名目で弁済資金を支払ったうえ、Ｃ社からＡ社を通じて当社に当該弁済資金を振り込ませ、もって売上債権が回収されたかのように偽装した。この結果、売上債権に代わり、Ｃ社に対する前渡金が過大に計上されることとなった。

※手口の詳細については「過年度決算の一部訂正並びに平成20年3月期（第26期）半期報告書提出遅延に関するお知らせ」（株式会社アスキーソリューションズ、平成19年12月27日）を参照のこと。
※アスキーソリューションズにおいては、オリックス株式会社（以下、「オリックス」という。）を割当先とする第三者割当増資を行う予定であったところ、オリックスに

よる継続的なデュー・ディリジェンスによりアスキーソリューションズの決算内容に疑義が生じたことが、不正会計発覚の端緒となった[129]。
※また、これ以前の平成19年4月6日付「特別損失の計上及び通期業績予想の修正に関するお知らせ」と題する適時開示において、ソリューション事業の大型受託案件について売上を計上することができないことが確実となり、これに伴い仕掛品の再評価を行った結果、約280百万円の特別損失を計上することとなった旨開示しているが、アスキーソリューションズ事案に係る架空売上等は当該大型受託案件に関連して計上されたものであり、当該適時開示がその端緒となり得る可能性はあったものと考えられる。

・**平和奥田事案**（課徴金事例集平成21年6月・事例38）

> (1) 不動産事業売上の不適正な計上
>   当社は、不動産事業売上げにおいて架空売上の計上、売上の前倒し計上により利益を過大に計上した。
>   （略）
> (4) 延滞債権への貸倒引当金の不適切な処理
>   迂回資金により延滞債権等の回収を装うこと等により貸倒引当金の計上を回避した。

※手口の詳細については「不適正な会計処理等に伴う過年度決算修正に関する外部調査委員会 内部調査委員会の最終報告並びに当社の対応について」（平和奥田株式会社、平成20年5月2日）を参照のこと。
※虚偽記載を理由として平成20年8月15日に大阪証券取引所市場第二部上場廃止[130]

・**トラステックスホールディングス事案**（課徴金事例集平成21年6月・事例40）

> 当社は、貨物運送業務の委託先である委託事業主に貨物軽自動車を販売して売上を計上するとともに、その多くの場合、委託事業主は、当社が債務保証契約を締結している信販会社との間でオートローンを組んでいたが、
> (1) 車輌売買契約解約に伴う売上及び車輌売買代金債権の取り消しの回避
>   当社は、委託事業主との車輌売買契約が解約された際、本来であれば計上した売上を取り消すべきところ、当該委託事業主に対する債権があるかのような合意書を偽造し、売上の取消し処理を回避するとともに、長期未

---

129 「第三者割当増資の結果に関するお知らせ」（株式会社アスキーソリューションズ、平成19年11月16日）
130 「上場廃止等の決定に関するお知らせ」（平和奥田株式会社、平成20年7月15日）

収入金等として資産に計上した。

※手口の詳細については、「不適切な会計処理に関する特別調査委員会の最終報告について」（トラステックスホールディングス株式会社、平成20年11月20日）を参照のこと。
※虚偽記載を理由として平成21年1月13日に大阪証券取引所市場第二部上場廃止[131]

・サイバーファーム事案（課徴金事例集平成21年6月・事例48）

> 　　当社は、取引先に対するコンサルティング及びソフトウェア取引について、実際には商品としての価値が整わないまま、第A期に売上を前倒し計上することにより利益を過大に計上し、第A＋1期に当該売上を取り消した。

※平成21年1月30日に破産手続開始決定[132]

・アルデプロ事案（課徴金事例集平成22年6月・事例30）

> ⑶　当社は、中古マンション物件に係る不動産信託受益権（以下「受益権」という。）の売却に際して、一定の時期までに受益権を買戻す旨の覚書を締結した上で売却（買戻し条件付売買）し、本来売上計上できない売上を計上した。
> ⑷　当社は中古マンション物件の売却取引について、売上先から現金で入金されたかのように経理処理し、架空の売上を計上した。

※手口の詳細については「調査委員会の調査報告および過年度決算の修正ならびに当社第22回定時株主総会招集ご通知に関するお知らせ」（株式会社アルデプロ、平成21年10月23日）を参照のこと。

131　「上場廃止等の決定に関するお知らせ」（トラステックスホールディングス株式会社、平成21年1月13日）
132　「破産手続開始決定のお知らせ」（株式会社サイバーファーム、平成21年1月30日）

・ジャパン・デジタル・コンテンツ信託事案（課徴金事例集平成22年6月・事例33）

(1) A－1期において、当社は、a社が出資する匿名組合の管理会社（b社）に対し、実態と著しく乖離した価格で著作物利用許諾権を売り上げた。一方、当社は、c社に匿名組合出資を行い、c社がa社からソフトウェアを購入したこととし、当社からc社、a社、b社、当社へと資金を循環させていた。これにより、当社は、架空売上を計上して利益を過大計上するとともに、無形固定資産（ソフトウェア）を過大に計上した。

A期には、c社がa社から架空のコンサルティング料等を受け、この資金で、当社はc社から匿名組合分配金を受けた。一方、当社は、d社等に架空の匿名組合出資を行うことなどにより、当社からd社等を通じて、a社、c社、当社へと資金を循環させていた。これにより、当社は利益を過大計上するとともに、出資金等を過大に計上した。

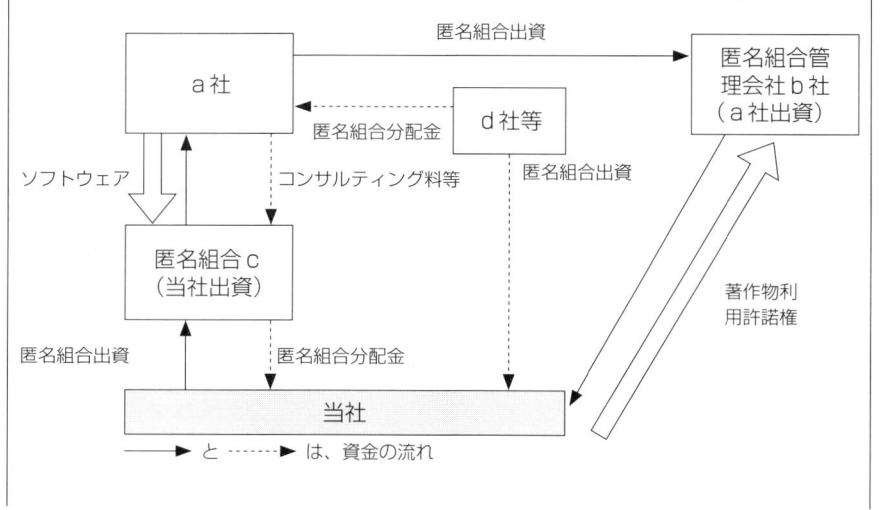

(2) A期において、e社がf社からシステムを購入するに当たってe社から当社に資金融通の依頼があり、当該システム売買にかかるビジネスの実在性に疑義があったにもかかわらず、この取引に商社的に介入することに応じた。そして、当社は、当該システムの仕入代金を融通するとともに、e社への売上を計上した。これにより、実在性の疑われる売上を計上して利益を過大に計上するとともに、同額の売掛金が過大に計上された。

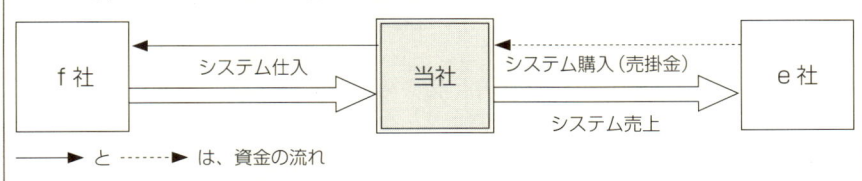

```
┌────┐  システム仕入  ┌────┐  システム購入（売掛金）  ┌────┐
│f社 │ ←──────────── │当社│ ────────────────────→ │e社 │
└────┘                └────┘                            └────┘
                              システム売上
```

──→ と ┄┄→ は、資金の流れ

なお、a社及びe社は、社長の知人が代表取締役を務めていた会社のグループ会社である。

(3) g社から、架空のシステム構築等を請け負ったなどとして売上を計上し、A期及びA＋1期に利益を過大計上した。そして、当社と親密な関係にあるh社などに資金を貸し付け、h社等からg社のグループ会社に対し、架空のコンサルティング料として支払うことにより、資金を循環させていた。

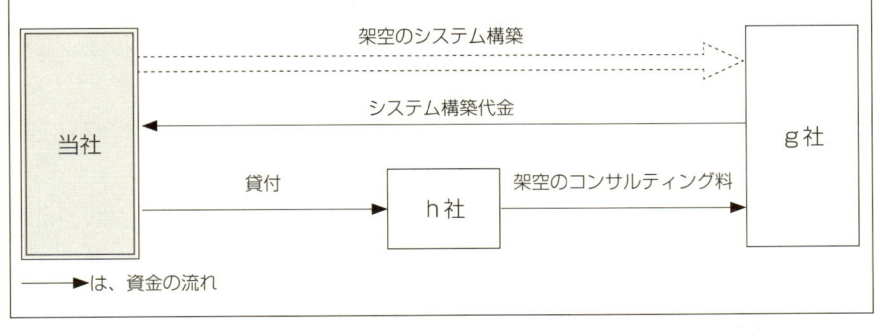

```
┌────┐      架空のシステム構築       ┌────┐
│    │ ┄┄┄┄┄┄┄┄┄┄┄┄┄┄┄┄┄┄┄→ │    │
│当社│      システム構築代金         │g社 │
│    │ ←──────────────────────────── │    │
│    │  貸付   ┌──┐ 架空のコンサルティング料 │    │
│    │ ────→ │h社│ ─────────────────→ │    │
└────┘         └──┘                    └────┘
```

──→ は、資金の流れ

※手口の詳細は「外部調査委員会の調査報告書（要旨）の公表について」（ジャパン・デジタル・コンテンツ信託株式会社、平成21年3月23日）を参照のこと。

・ＳＢＩネットシステムズ事案（課徴金事例集平成24年7月・事例19）

3　事案の概要
(1) 情報セキュリティ製品の販売、ライセンス許諾を主な事業としていた当社は、東証マザーズ市場に上場後、2期連続で赤字となっていた。また、多額の社債を発行していたこともあり、当社は、赤字決算回避に対する重圧から、以下(2)、(3)、(4)に挙げる行為を行った。
(2) 当社は、A社にソフトウェアライセンスを販売する予定であったが、A社からは購入を見合わせたい旨の意向を受けていた。にもかかわらず当社は、A社に転売先のあっせんと利益の確保を約束し、当該ライセンスを購入させた。

その後、当社は、転売先としてB社をあっせんし、A社からB社へライセンスを転売させた。当社はB社にも転売先のあっせんと購入資金の手当を約束しており、当社が出資していた投資事業組合や、当社の社員が経営する会社からB社に融資を行い、ライセンスの購入代金に当てさせた。

その後、当該ライセンスは、当社のあっせんによりB社から複数の者に転売されたが、最終的にはC社に転売され、当社は、C社に架空のソフトウェア購入代金を支払い、それをライセンスの購入資金に当てさせ、不正行為の終結を図った。

①当社は、A社に転売先B社のあっせんを約束し、ソフトウェアライセンスを販売した。

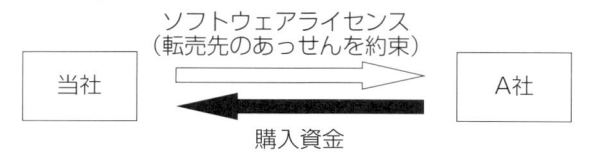

②当社は、B社にも転売先のあっせんと購入資金の手当を約束し、ライセンスを購入させた。

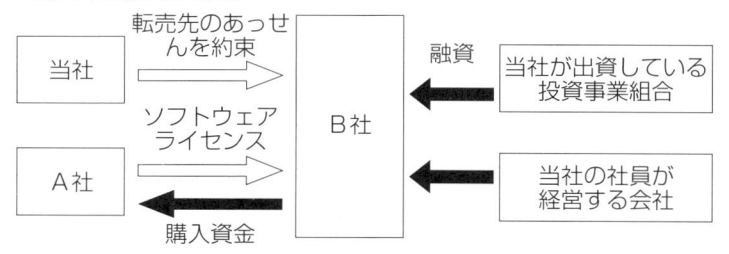

③その後ライセンスは、当社のあっせんによりB社から複数の者に転売され、最終的にはC社に転売された。

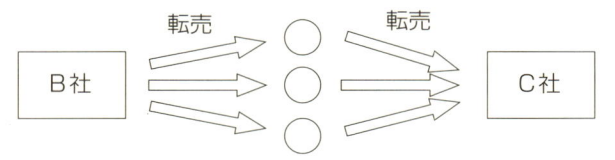

④当社は、C社に架空のソフトウェア購入代金を支払い、それをライセンスの購入資金に当てさせた。

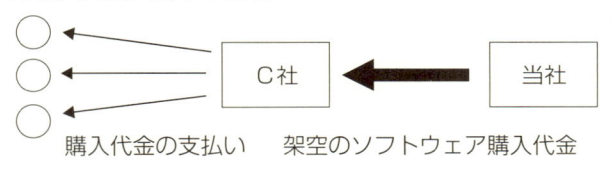

購入代金の支払い　架空のソフトウェア購入代金

(3)、(4)は省略

4　不適正な会計処理
(1) 架空売上の計上
　　当社は、実態のないライセンス販売を行い、これを販売先に次々と転売させ、その最終転売先に対して、架空の名目で出金した資金を提供する資金循環によって、架空の売上を計上した。

※手口の詳細については「外部調査委員会調査報告書の受領に関するお知らせ」(ＳＢＩネットシステムズ株式会社、平成22年12月10日) 参照のこと。

7．特別利益の架空計上・過大計上

(1) 手口の概要

　不正会計の手口としての「特別利益の架空計上・過大計上」は、特別利益[133]としての事実が発生していないにもかかわらず、ないしは発生はしているのだが、故意に当該事実の発生に係る特別利益の計上額を過大にすることにより、損益計算書の利益を水増しする方法である。

133　特別利益については、「第三部　不正会計－早期発見とその対応　第3章　財務諸表を利用した不正会計の端緒の把握　3　主な資産の読み方　5．その他　(2) 損益から読む」を参照のこと。

（2） 発見の端緒と調査方法

1　端緒としての違和感

　特別利益は、売上高等の通常の営業活動に伴い発生する収益等以外の利益であって、当期に発生した事実に基づき認識・計上すべき臨時かつ巨額の利益である。

　「特別利益の架空計上・過大計上」は、損益計算書上、特別利益として計上されることから、その端緒の把握は比較的容易な手口となる。

　なお、特別利益が計上されている場合において、例えば、継続企業の前提に関する注記を避けるため（重要な営業損失、経常損失又は当期純損失の計上）、ないしは債務超過を避けるため等の不正会計の動機が存在すると思料される状況においては、「特別利益の架空計上・過大計上」の疑義が生じることとなる。

2　結論としての納得感

　財務分析等により「特別利益の架空計上・過大計上」を手口とする不正会計の兆候を把握した場合には、結論としての納得感を得るために、不正会計の兆候が事実か否かを見極めるための事実確認を行うこことなる。

・**特別利益として計上すべき事実の把握**

　　会社の実態を把握する中で、特別利益として計上すべき事実を把握した場合には、当該事実の詳細、特別利益計上の要否、その判断に係る合理的根拠の有無及び当該根拠の適切性について検証することとなる。

（3） 事例

　「特別利益の架空計上・過大計上」を手口とする不正会計の主な事例は、以下のとおりである。

・DPGホールディングス事案（課徴金事例集平成24年7月・事例20）

3　事案の概要
(1)　当社の子会社A社は、当社の子会社となる以前に、B社から事業を譲り受けることになっていた。その際、A社は、A社の代表取締役aから、架空の金銭消費貸借契約によって2億円を借り入れたこととし、更にA社は、B社からの領収書を偽造するなどして、これを事業買収のための資金としてB社へ支払ったことにした。実際には、A社は、代表取締役aから借入れは行っておらず、またB社への支払も行ってはいなかった。

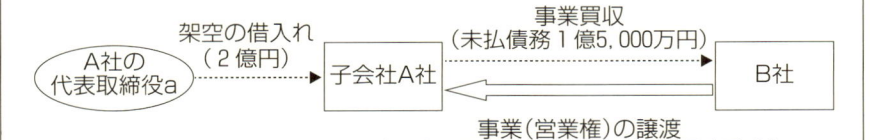

```
                架空の借入れ              事業買収
  ┌──────┐    （2億円）    ┌──────┐（未払債務1億5,000万円）┌────┐
  │ A社の   │ . . . . . . . >│         │─────────────────>│    │
  │代表取締役a│                │子会社A社 │                       │ B社│
  └──────┘                └──────┘<─────────────────└────┘
                                        事業（営業権）の譲渡
                                  （1億5,000万円＋5,000万円の過大計上）
```

(2)　その後、当社とA社は、株式交換に向けた協議を進めた。この際、A社は、代表取締役aを含む複数の個人投資家から新たに2億円を借り入れたことにし、この借入金を用いて、代表取締役aへ返済を行ったように装った。個人投資家からの借入れも、代表取締役への返済も、全て架空の取引であった。

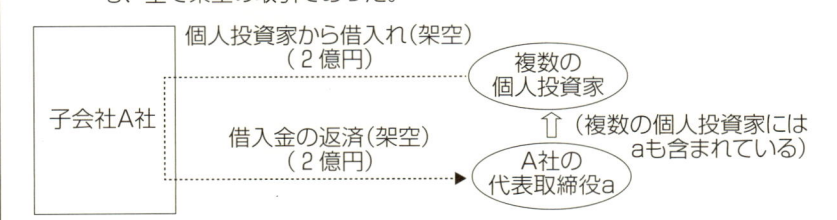

```
              個人投資家から借入れ（架空）
                   （2億円）           ┌──────┐
  ┌──────┐. . . . . . . . . . . . . >│ 複数の │
  │        │                          │個人投資家│
  │        │                          └──────┘
  │子会社A社│                              ↑（複数の個人投資家には
  │        │    借入金の返済（架空）       │  aも含まれている）
  │        │       （2億円）          ┌──────┐
  │        │─────────────────────> │ A社の   │
  └──────┘                          │代表取締役a│
                                      └──────┘
```

第4章　不正会計の手口とその発見方法　　245

(3) A社は、架空の借入れ2億円のうちから1億6,000万円を現物出資として受けたことにし、上記個人投資家に対し総額1億6,000万円の第三者割当増資を行った。また、架空の借入れの残額4,000万円については、個人投資家から債権放棄を受けたとして債務免除益を計上した。

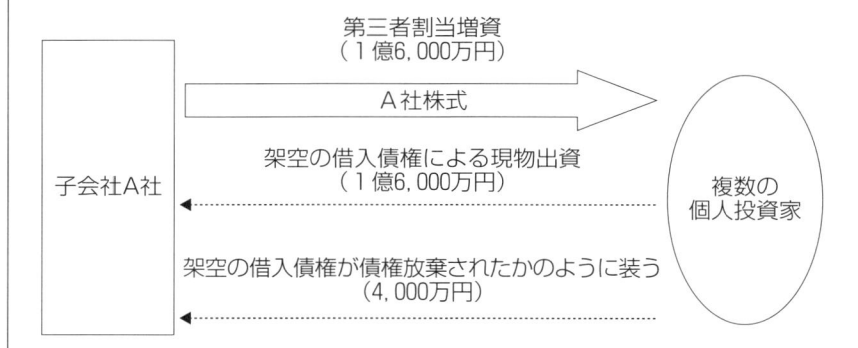

```
                    第三者割当増資
                   （1億6,000万円）
         ───────────────────────────▶
                    A社株式

子会社A社     架空の借入債権による現物出資        複数の
            （1億6,000万円）                個人投資家
         ◀───────────────────────────

           架空の借入債権が債権放棄されたかのように装う
                    （4,000万円）
         ◀───────────────────────────
```

(4) その後、当社は、個人投資家との間で当社株式とA社株式の株式交換を行った。

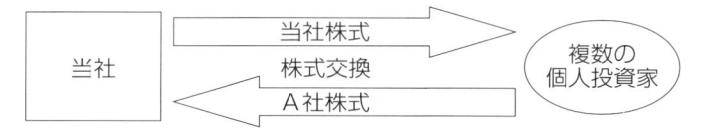

```
                    当社株式
         ───────────────────────────▶
当社              株式交換              複数の
                                    個人投資家
                    A社株式
         ◀───────────────────────────
```

4 不適正な会計処理
 (1) 省略
 (2) 債務免除益の架空計上
　当社は、個人投資家から債権放棄を受けたことにしていたが、この債権自体が架空のものであることから、債務免除益は発生せず、架空の計上を行ったことになる。

※手口の詳細は「第三者調査委員会の調査報告書の受領に関するお知らせ」（株式会社ＤＰＧホールディングス、平成23年4月18日）参照のこと。

4　売上原価・販管費等の過少計上

　売上高の過大計上と併せて行われることが多い不正会計の手口が、売上原価・販管費等の過少計上である。

ここでは、
① 実原価の資産への付替え
② 架空原価の資産への付替え
③ 原価及び費用の未計上・過少計上
④ 評価損の不計上・過少計上
⑤ 引当金・減価償却費の不計上・過少計上
⑥ 減損損失の不計上・過少計上
⑦ 特別損失の不計上・過少計上

について説明する。

1．実原価の資産への付替え

（1） 手口の概要

実際に発生した原価（以下、「実原価」という。）については、費用収益対応の原則に基づき、対応する売上高が計上される期に売上原価として計上しなければならない[134]。

不正会計の手口としての「実原価の資産への付替え」は、当期に売上計上した売上高に対応する実原価について、本来であれば、損益計算書上、売上原価として計上しなければならないところ、損益計算書の利益を水増しするために、当該実原価の一部又は全部を貸借対照表上の資産である棚卸資産等へ付け替えて資産計上してしまう方法である。この結果、資産計上された棚卸資産等は、資産としての実態はない架空資産、ないしは水増し計上された資産となる。

この手口は、架空売上の計上の有無とは関係なく行われ、付け替えられた原価等は実際に発生した原価であること、また、棚卸資産等の期末在庫の金額等を改ざんすること等の会計帳簿や証憑類の偽造・変造等のみにより実施可能な手口であることから、その他の不正会計の手口と比べた場合、比較的容易に行えてしまう手口である。さらには、実際に棚卸資産としての実態があるものに実原価を付け替えた場合には、棚卸資産としての実物自体が存在することから、結局のとこ

---

[134] 企業会計原則 第二損益計算書原則 三C

ろ評価の問題にすり替えられてしまい、その発覚が困難になる可能性もある。

なお、当期の売上高に対応すべき売上原価を資産に付け替える場合に利用される資産科目は、棚卸資産のほか、建設仮勘定や機械装置等の有形固定資産が利用される場合があり、そのバリエーションも多々ある点に留意が必要である。

また、当該手口は、収益の計上基準として工事進行基準が採用される場合に用いられることがある。①当期に完成し売り上げた工事案件に係る原価や②赤字案件に係る原価等を翌期以降に完成予定の工事案件の原価に付け替えてしまう等により、当期の売上高に対応すべき売上原価等を翌期以降に繰り延べてしまうのである。この場合には、主に未成工事支出金等の資産科目が用いられることとなる。

（2） 発見の端緒と調査方法

1 端緒としての違和感

・資産から読む

実原価の資産への付替えが行われた場合には、当該実原価が何らかの資産に計上されることから、特定の資産の増加という兆候が表れることとなる。資産へ付け替えられた実原価は、翌期以降において、その他の売上高等に対応する原価として処理をしなければならないのである[135]が、翌期以降の業績も良くない場合には、資産として計上されたまま滞留していくことになる。この結果、当該手口が行われ続けることにより、特定の資産の残高が年々増加していくため[136]、貸借対照表にその兆候が表れることとなる。

ここで注意すべきことは、特定の資産の増加という貸借対照表上の兆候は、その他の不正会計の手口によっても表れる兆候であるということである。例えば、仮装取引伴う架空売上の計上（資金循環取引及び資金循環取引外の資金取引

---

[135] この場合には不正会計の結果としての期間損益計算上の瑕疵は残るものの、貸借対照表上の瑕疵が治癒されてしまうことから、その発見は困難になるが、その影響の程度は軽微となる。問題は、当該手口による不正会計が継続して行われていた場合にどのように発見するかということとである。

[136] もちろん、特定の資産を利用し続けると不正会計が発覚してしまうおそれがあることから、複数の資産科目を利用して振り分けてしまう可能性があるが、多くの場合、実際の企業活動等の結果として装う必要があり、そのためには多くの虚偽の説明、帳票類の偽造・変造のパターンが必要となり、その結果、それ自体が不正会計の発覚の端緒となる可能性があることから、複数の資産科目の利用の可能性自体を否定する必要はないが、そのような場合は限定的であると考えるべきである。

を伴う仮装取引）を手口とする不正会計の場合において同様の兆候が表れることはすでに説明したとおりである。

したがって、不正会計の手口をより具体的に想定するためには、その他の財務諸表等に係る分析結果と併せて判断していくことになるが、多くの場合、複数の不正会計の手口が併用されることが多いことから、その他の手口の可能性も念頭に事実解明のための方法等を検討する必要がある。

・**製造原価明細書における他勘定振替高について**

実原価を棚卸資産以外の有形固定資産等に付け替える場合には、製造原価明細書にその兆候が表れる。

製造原価明細書は、損益計算書における当期製品製造原価について、当期の総製造原価を材料費、労務費、間接費（又は経費）に区分して期首仕掛品原価に加え、これから期末仕掛品原価を控除する等の方式により表示したものであり[137]、損益計算書に添付しなければならない明細書である[138]。また、他勘定振替高とは、製品勘定等の増減高について販売、生産又は仕入以外の理由による増減がある場合に別に掲記[139]する際に用いられる勘定科目である。例えば、①製品等を見本として使用した場合の見本費や②製品等を自ら使用したことによる機械装置等へ振替える場合等である。

したがって、実原価を有形固定資産等へ付け替える場合には、製造原価明細書上、他勘定振替高として表示され、これにより実原価の有形固定資産等への付替え状況が把握できることとなる。当該振替高が多額となる場合には、損益計算書上の利益の水増しのための実原価の資産への付替えの可能性が生じることから、資産の状況と併せて、留意が必要となる。

なお、当該製造原価明細書は、単体の損益計算書のみに求められる明細書であり、連結損益計算書に係る製造原価明細書は添付されないことに留意が必要である。したがって、連結貸借対照表上の機械装置等が増加していた場合であって、単体の貸借対照表上の機械装置等との残高を比較すると、その多くが

---

[137] 財務諸表等規則ガイドライン75-2
[138] 財務諸表等規則第75条第2項
[139] 財務諸表等規則第76条

単体で計上されていたことが判明した場合においては、その増加原因の分析の一つとして製造原価明細書を参照し、他勘定振替による機械装置等の増加が多い場合には、実原価の資産への付替えを手口とする不正会計の可能性を視野に入れることとなる。

2 結論としての納得感

財務分析等により「実原価の資産への付替え」を手口とする不正会計の兆候を把握した場合には、結論としての納得感を得るために、不正会計の兆候が事実か否かを見極めるための事実確認を行うこことなる。

当該手口による不正会計が行われた場合には、当期の売上高に対応させるべき実原価が棚卸資産等の資産に付け替えられ、その結果、何らかの資産が架空計上されるか、ないしは資産の水増し計上がされることから、当該架空資産の実態の把握がその事実解明のための糸口となる。

・棚卸資産及びその他の資産の実在性

　棚卸資産及びその他の資産の実在性の検証に係る留意事項は、「第三部 不正会計－早期発見とその対応　第4章 不正会計の手口とその発見方法　3 売上高の過大計上　5．売上の架空計上（仮装取引を伴うもの－資金循環取引）（2）発見の端緒と調査方法　2 結論として納得感」の「棚卸資産の実在性について」及び「その他の資産の実在性について」を参照のこと。

・棚卸資産及びその他の資産の計上額の妥当性

　当期の売上高に対応する売上原価を期末時点で実在する棚卸資産に付け替えた場合、当該棚卸資産残高の水増し計上となる。

　この場合、基本的には原価計算の問題となるのであるが、原価計算の方法が個別原価計算の場合には、①原価計算の過程において付替えの作為を行う場合と、②原価計算の基礎となる材料費、労務費、間接費（又は経費）の発生時点において、関連付ける製造番号等に作為を行う場合等が考えられる。したがって、このような原価計算の過程を検証することにより、当該原価計算方法の妥当性を確認することとなる。

　しかし、通常は、資料間の整合性をとるように実原価を付け替えるための作為が行われていると考えられることから、併せて棚卸資産等に係る現物を確認

することにより、実態と原価計算方法等の間に乖離がないか否かを確認することが大事である。この点は、感覚的な話になるが、単に原価計算の過程等について紙ベースで検討するだけでなく、実態をみて判断することも実際の事実解明のための検証においては重要であると考える。

また、原価計算の方法が総合原価計算の場合には、単純な期末在庫の水増し計上等が想定されることから、上記の棚卸資産の実在性の検証の過程において、事実解明のための糸口が把握できるものと考える。

その他の資産の計上額の妥当性の検証についても同様である。

・他勘定振替高の検証

有形固定資産等への他勘定振替を把握した場合には、当該振替内容の検証を行う。明細の入手、原価の集計方法の検証、他勘定振替に係る手続関係の検証、現物の確認等を行うことにより事実解明の糸口を把握することとなる。

(3) 事例

「実原価の資産への付替え」を手口とした主な不正会計の事例は、以下のとおりである。

・エー・アンド・アイシステム事案（課徴金事例集平成20年6月・事例27）

> 当社は、大型システム構築プロジェクト案件について、Ａ社とＢ社との間の取引を仲介してａ％のマージンを得ることとなっていたところ、当該プロジェクト案件の要件定義の工程においてＰ円の売上を計上し、Ｐ円からａ％を割り引いたＱ円を売上原価として（Ｐ－Ｑ）円の利益を計上した。
>
> しかし、調査の結果、要件定義工程の作業工数等からすれば、Ｐ円の売上に対応する仕入原価はＲ円（＞Ｐ円）であり、決算期末において、Ｒ円のうちＱ円が売上原価として、残りの（Ｒ－Ｑ）円が仕掛品（たな卸資産）として計上されていることが判明した。
>
> すなわち、当社は本件プロジェクト案件全体としてａ％のマージンを得ることになっていたが、要件定義工程に限れば、Ｐ円の売上に対し、それを超えるＲ円の仕入を行う契約になっており、当決算期においては（Ｒ－Ｐ）円の損失が生じるはずであった。しかし、当社は、仕掛品（たな卸資産）として（Ｒ－Ｑ）円の売上原価の計上を繰り延べたために、当決算期において同額の利益が過大に計上されることとなった。
>
> （注）要件定義：システムの開発・設計の工程に入る前に、ユーザーの要求

を実現するために必要な前提事項等を整理し、システム化する範囲や仕様を明確にする工程。

（当社の不適切な会計処理）

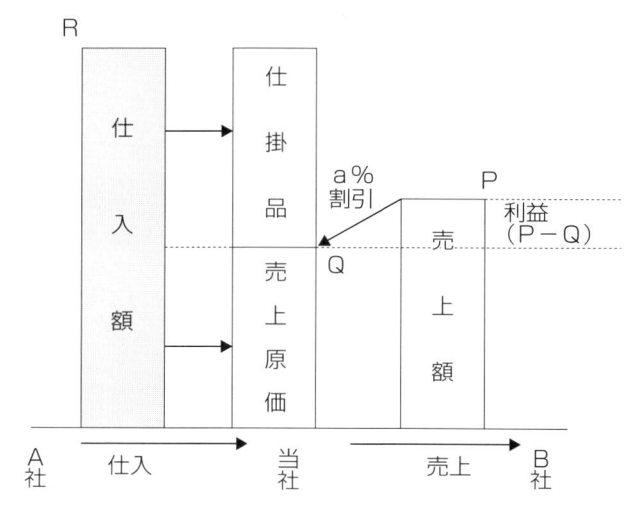

```
R ┃ 仕入額 ┃ → ┃ 仕掛品 ┃
              ┃ 売上原価 ┃ → Q ──a％割引──→ P ┃ 売上額 ┃  利益（P－Q）

  A社 ──仕入──→ 当社 ──売上──→ B社
```

（正当な会計処理）

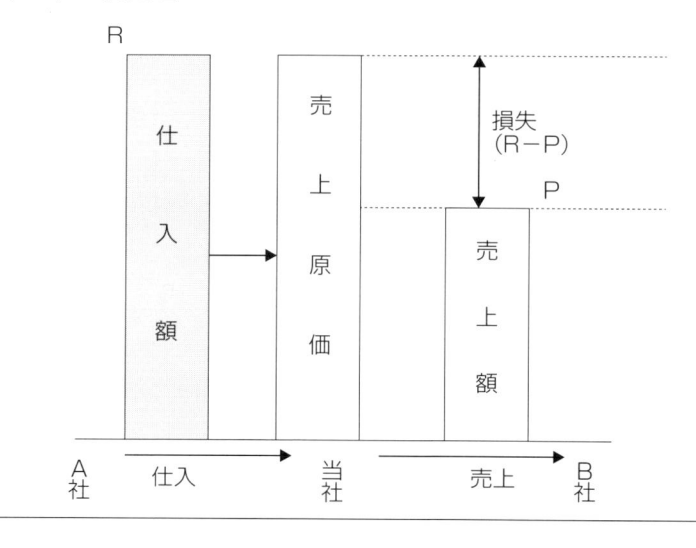

```
R ┃ 仕入額 ┃ → ┃ 売上原価 ┃                       損失（R－P）
                                  P ┃ 売上額 ┃

  A社 ──仕入──→ 当社 ──売上──→ B社
```

・丸善事案（課徴金事例集平成20年6月・事例29）

> 当社の部長らは、引渡し前の工事物件について、引渡書を偽造する等して売上を前倒し計上し、また、工事物件の原価を翌期以降の他の工事物件の原価として付け替えるなどの方法により原価の計上を先送りして、利益を過大に計上した。

※手口の詳細については「「不適切な会計処理に関する調査結果及び当社の対応方針のご報告」（丸善株式会社、平成19年4月24日）を参照のこと。
※大学、図書館等の教育関連の設備関連事業を行う旧環境デザイン事業部の事業部長及び仕入購買部署長の主体的関与者2名が、管理本部・コンプライアンス等担当取締役に対し、自己の不適切な行為（不適切な会計処理の指示・実施）を申告して発覚。また、本件に関しては、一般職員を含めた事業部として相当広い範囲の者が、伝聞を含むものの本件事実の存在に感づいていながらこれを看過していた[140]。

・東日カーライフグループ事案（課徴金事例集平成20年6月・事例31）

> 当社の子会社は、売上原価や営業費等の各種費用について、その計上を翌期以降に繰り延べたり、その一部を不算入としたりするなどして、売上原価並びに販売費及び一般管理費を過少に計上した。

※会計監査人である監査法人による会計監査において、子会社間の債権債務の額の差異についての指摘が発覚の端緒となった[141]。
※本件は、連結子会社において会計関連のシステムの不具合を契機に手作業による修正等、不適切な経理処理から誤った子会社の財務諸表が作成・報告され、不適切な開示の原因となった[142]。

---

140 「不適切な会計処理に関する調査結果及び当社の対応方針のご報告」（丸善株式会社、平成19年4月24日）より。
141 「株式会社東京証券取引所への「改善報告書」の提出について」（株式会社東日カーライフグループ、平成19年2月9日）添付の「改善報告書」より。
142 「株式会社東京証券取引所への「改善報告書」の提出について」（株式会社東日カーライフグループ、平成19年2月9日）添付の「改善報告書」より。

・**真柄建設事案**（課徴金事例集平成21年6月・事例37）

> (1) 当社のA支店では、工事原価を市場価格よりも相当に低い単価で見積もり、それをもとに一定の粗利益率を確保するとした工事予算額を厳守させたため、
> ① 工事進行基準が適用される工事において、総工事原価が過少に見積もられることにより、工事進捗率が高くなり売上が過大に計上されたほか、赤字工事にもかかわらず黒字工事として工事損失引当金の計上を回避した。
> ② 工事予算額を超過しそうな工事案件の工事原価を過少に計上し、計上しなかった工事原価を簿外で繰り延べ、翌期以降の別の工事案件に付け替えること（工事原価の付替え）等により、利益を過大に計上した。
> (2) また、工事進行基準が適用される工事において、実際発生原価を過大に計上することにより工事進捗率を嵩上げし、売上を過大に計上した。

※手口の詳細については「業績に影響を与える事象の発生並びに第66期半期報告書提出遅延について」（真柄建設株式会社、平成19年12月20日）を参照のこと。
※平成19年12月3日に大阪支店長より、当該支店の過去の工事において不適切な原価処理がなされている旨の報告により発覚[143]。
※売上の過大計上に係る具体的な手口は、「不適切な原価処理に関する社内調査委員会の中間調査結果の報告について」（真柄建設株式会社、平成20年2月4日）を参照のこと。

・**クリムゾン事案**（課徴金事例集平成21年6月・事例51）

> 当社は、
> ① アウトレット店舗の実地棚卸の結果を記載した棚卸原票に、実在しない架空の商品を在庫として記載することにより、期末の在庫数量を水増しする、
> ② 評価単価の低い倉庫在庫を評価単価の高いアウトレット店舗の在庫として計上することにより、期末の在庫評価額を増額する、
> ③ アウトレット店舗の在庫の評価を恣意的に高く評価し、期末の在庫評価額を増額する
> ことにより、期末商品棚卸高を過大に計上した。
> この結果、売上原価が圧縮され過少に計上されることとなり、利益を過大に計上した。

---

143 「業績に影響を与える事象の発生並びに第66期半期報告書提出遅延について」（真柄建設株式会社、平成19年12月20日）

※手口の詳細については「ジャスダック証券取引所への「改善報告書」の提出」（株式会社クリムゾン、平成20年2月8日）を参照のこと。

・中道機械事案（課徴金事例集平成21年6月・事例52）

> 当社のＡ部において、仕掛品に係る架空伝票を作成して原価ファイルに挿入したり、材料費・加工費等の作業時間を集計した発注原価報告書を改ざんするなどして、期末仕掛品残高を過大に計上することにより、当該決算期の製造原価を過少に計上し、利益及び純資産額を過大に計上していた。

※不正行為の実行者である制作事業部管理課社員の申告により発覚[144]。
※不正行為の詳細については、「当社社員による不正行為に関する社内調査委員会の最終報告について」（中道機械株式会社、平成20年3月28日）を参照のこと。

・フタバ産業事案（課徴金事例集平成22年6月・事例34）

> (2) 海外子会社向けに金型等を製造し販売する場合、販売するまでは当該製造原価を仕掛品に計上し、売上計上後は仕掛品から売上原価に振り替えることとされていたが、これら海外子会社向け金型等の売上を計上しながら、それに対応する仕掛品を売上原価に振り替えず、仕掛品に計上したままとなっていた。
> (3) 自動車メーカーから受注している溶接ライン設備については、設計・仕様の変更等が長期にわたることがあり、事業年度ごとに売上高と売上原価を対応させることが困難であったことから、経理部門が、当該設備の売上原価の一部について、将来的に追加の売上があるものと勝手に判断し、費用処理を行わずに仕掛品に計上したままとなっていた。
> (4) 新しい生産ラインの性能確認・調整のための試しトライ費用等である据付調整費については、金型等と同様に建設仮勘定又は仕掛品に計上し、量産開始時等に振り替えて費用化することとなっていたが、据付調整費の根拠となる証憑の保存がなく金額の妥当性が検証できないものや、原価（労務費・材料費など）の配賦計算に合理性が認められないものを建設仮勘定や仕掛品として計上したままとなっていた。

※手口の詳細については「社内調査委員会の調査報告書について」（フタバ産業株式会社、平成21年3月10日）を参照のこと。

---

[144]「業績に影響を与える事象の発生について」（中道機械株式会社、平成20年2月17日）

2．架空原価の資産への付替え

（1） 手口の概要

仮装取引を伴う架空売上の計上を行った場合、架空売上に係る売掛金の回収を装うため、原材料、外注費等の支払名目により当該回収原資を支出することとなる。当該取引は仮装取引のための単なる資金取引に過ぎないため、当該資金取引により計上された原材料や外注費等は架空原価となる。

しかし、不正会計を行っている場合においては、架空原価であっても損益計算書上は原価として計上せざるを得ないことから、損益計算書上の利益の水増しを図るため、当該架空原価を資産に付け替える不正会計の手口が「架空原価の資産への付替え」となる。

（2） 発見の端緒と調査方法

① 端緒としての違和感

不正会計の手口としての架空原価の資産への付替えは、「架空売上の計上（仮装取引を伴うもの－資金循環取引）」及び「架空売上の計上（仮装取引を伴うもの－資金循環取引以外）」が行われた場合には、必ずこの手口が用いられることとなる。

この結果、貸借対照表の特定の資産の著しい増加としてその傾向が表れることになる。

② 結論としての納得感

財務分析等により架空原価の資産への付替えを手口とする不正会計の兆候を把握した場合には、結論としての納得感を得るために、不正会計の兆候が事実か否かを見極めるための事実確認を行うこことなる。

・**棚卸資産およびその他の資産の実在性**

棚卸資産及びその他の資産の実在性の検証に係る留意事項は、「第三部 不正会計－早期発見とその対応　第4章 不正会計の手口とその発見方法　3 売上高の過大計上　5．売上の架空計上（仮装取引を伴うもの－資金循環取引）（2）発見の端緒と調査方法　②結論としての納得感」の「棚卸資産の実在性について」及び「その他の資産の実在性について」を参照のこと。

(3) 事例

「架空原価の資産への付替え」を手口とする不正会計の主な事例については、「第三部 不正会計－早期発見とその対応 第4章 不正会計の手口とその発見方法 3．売上高の過大計上 5．売上の架空計上（仮装取引を伴うもの－資金循環取引）」及び「6．売上の架空計上（仮装取引を伴うもの－資金循環取引以外）」の事例を参照のこと。

3．原価及び費用の未計上・過少計上

(1) 手口の概要

売上高に対応する売上原価は、費用収益対応の原則に基づき、当該売上高が計上される期の売上原価として計上しなければならず[145]、また、販売費及び一般管理費等の費用は、発生主義の原則に基づき当該費用が発生した期に計上しなければならない[146]。

不正会計の手口としての「費用の未計上・過少計上」は、このような実際に発生した売上原価及び販売費及び一般管理費等（以下、「実原価等」という。）の一部又は全部について、当該実原価等の発生に係る会計事実を認識せずに、これに係る会計処理を行わずに簿外としてしまう不正会計の手口である。

なお、「費用の未計上・過少計上」を手口とする不正会計が行われた場合には、多くの場合、支払い等の関係から翌期には実原価等が計上されるため、期間損益計算の適正性に係る瑕疵は残るものの翌期以降においては実原価等が簿外となっている点については治癒されることになる。したがって、当該手口を毎期継続的に用いる場合には、年々その影響額が大きくなるものの手口の性質から金額的な限度があるものと考えられる。

---

145 企業会計原則 第二損益計算書原則 三Ｃ
146 企業会計原則 第二損益計算書原則 一Ａ

（2） 発見の端緒と調査方法

1 端緒としての違和感

・支払手形・買掛金等の支払債務の著しい減少

　当該手口は、当期に発生した実原価等について、発生に係る会計処理を行わないことにより当該実原価等に係る支払債務とともに簿外にしてしまうため、貸借対照表上はその兆候が表れにくい手口である。

　その上で、想定し得る貸借対照表上の兆候としては、支払手形、買掛金及び未払金等の支払債務の減少という形で表れる可能性が考えられる。当該支払債務の著増減によりその兆候が把握できる程度に一時期に多額の実原価等及び当該実原価等に係る支払債務を簿外にしてしまうことは実務上困難であると思われるが、事実は小説より奇なりであることから、このような兆候を把握した場合には、当該手口の可能性を想定することとなる。

・売上原価率・売上高販管費率等の変化

　当該手口は、貸借対照表上にその兆候が表れにくいが、一方で、損益計算書の損益項目から算定した売上原価率や売上高販管費率等の変化としてその兆候が表れる可能性がある。ただし、例えば、当期の業績が悪化したことから、前期と同様の売上原価率・売上高販管費率等を確保するために当期の実原価等を簿外にした場合には、これらの比率は前年同期と同じになるため端緒としての違和感が得にくくなる。

　もちろん、実態に即して判断した場合に、本来であれば、当該比率が悪化するであろう要因を把握していたところ、実際に当該比率を算定すると前年同期と同程度であったということであれば、この事実が端緒としての違和感となる。すなわち、実態と数字（比率）との乖離である。したがって、単に数字（比率）の比較のみではなく、その実態と比率との比較を行うことが重要となる。すなわち財務分析を手段として不正会計の兆候を把握するためにはまずは実態を把握することが重要となる。

2 結論としての納得感

　財務分析等により「原価及び費用の未計上・過少計上」を手口とする不正会計の兆候を把握した場合には、結論としての納得感を得るために、不正会計の兆候

が事実か否かを見極めるための事実確認を行うこことなる。

・**支払債務の減少原因の把握**

　支払債務の著しい減少という貸借対照表上の兆候を把握した場合には、実原価等の月次での発生状況や支払債務等の月次ベースでの残高の推移等を把握し、併せて会社の実態及び具体的な証憑類等に基づき当該減少要因について把握することとなる。

・**債務に係る残高確認等の実施**

　一部債務等の過少計上の疑義が生じた場合には、取引先等に対する債務に係る残高確認等の実施の要否を検討することとなる。

・**売上原価率等の比率の変動に係る詳細分析**

　会社の実態と併せて判断した場合に違和感が生じる売上原価率及び売上高販管費率等の比率の変動を把握した場合には、当該比率の変動要因を詳細に分析するとともに、当該変動要因を裏付ける証憑類を確認することとなる。

(3)　事例

「費用の未計上・過少計上」を手口とした主な不正会計の事例は、以下のとおりである。

・**東日カーライフグループ事案**（課徴金事例集平成20年6月・事例31）

> 当社の子会社は、売上原価や営業費等の各種費用について、その計上を翌期以降に繰り延べたり、その一部を不算入としたりするなどして、売上原価並びに販売費及び一般管理費を過少に計上した。

※会計監査人である監査法人による会計監査において、子会社間の債権債務の額の差異についての指摘が発覚の端緒となった[147]。

※本件は、連結子会社において会計関連のシステムの不具合を契機に手作業による修正等、不適切な経理処理から誤った子会社の財務諸表が作成・報告され、不適切な開示の原因となった[148]。

・真柄建設事案（課徴金事例集平成21年6月・事例37）

> (1) 当社のA支店では、工事原価を市場価格よりも相当に低い単価で見積もり、それをもとに一定の粗利益率を確保するとした工事予算額を厳守させたため、
> ① 工事進行基準が適用される工事において、総工事原価が過少に見積もられることにより、工事進捗率が高くなり売上が過大に計上されたほか、赤字工事にもかかわらず黒字工事として工事損失引当金の計上を回避した。
> ② 工事予算額を超過しそうな工事案件の工事原価を過少に計上し、計上しなかった工事原価を簿外で繰り延べ、翌期以降の別の工事案件に付け替えること（工事原価の付替え）等により、利益を過大に計上した。
> (2) また、工事進行基準が適用される工事において、実際発生原価を過大に計上することにより工事進捗率を嵩上げし、売上を過大に計上した。

※平成19年12月3日に大阪支店長より、当該支店の過去の工事において不適切な原価処理がなされている旨の報告により発覚[149]。
※原価の未計上に係る具体的な手口は、「不適切な原価処理に関する社内調査委員会の中間調査結果の報告について」（真柄建設株式会社、平成20年2月4日）を参照のこと。

・日本ビクター、JVC・ケンウッド・ホールディングス事案（課徴金事例集平成23年6月・事例23）

> (1) 費用（損失）の過少計上
> 　当社では、海外販売子会社における製品販売において、在庫補償及び営業関係費を計上しており、この費用の計上は、当該製品の売上計上後に社内決裁を経てから行われた。
> 　しかし、幾つかの海外販売子会社においては、①利益目標の達成への固執、②営業関係費の管理不十分等の理由から、発生した在庫補償及び営業関係費の計上を行っていないものが認められた。

147　「株式会社東京証券取引所への「改善報告書」の提出について」（株式会社東日カーライフグループ、平成19年2月9日）添付の「改善報告書」。
148　「株式会社東京証券取引所への「改善報告書」の提出について」（株式会社東日カーライフグループ、平成19年2月9日）添付の「改善報告書」。
149　「業績に影響を与える事象の発生並びに第66期半期報告書提出遅延について」（真柄建設株式会社、平成19年12月20日）

> また、当社の一部事業部等においても、経理担当者が利益目標達成のため、意図的に販売促進費等の費用を過少計上していた。

※手口の詳細については「調査委員会報告と過年度決算の訂正概要、平成22年3月期第3四半期の四半期報告書の提出遅延および監理銘柄（確認中）指定の見込みに関するお知らせ」（JVC・ケンウッド・ホールディングス株式会社、平成22年2月8日）参照のこと。

・メルシャン事案（課徴金事例集平成23年6月・事例26）

> (2) 棚卸資産の過大計上
> 　当社の水産飼料事業部は、養殖業者からの取引に係るクレーム対応などの目的で、養殖業者等に対して当社の棚卸資産（飼料）を無償で提供していたが、これに係る会計処理を行わず、棚卸資産を過大に計上していたものである。

※手口の詳細については、「第三者委員会の報告について」（キリンホールディングス株式会社（注：メルシャンは、キリンホールディングスの連結子会社であったためキリンホールディングス第三者委員会として調査を実施）、平成22年11月5日）を参照のこと。

・日本産業ホールディングズ事案（課徴金事例集平成24年7月・事例23）

> 3 事案の概要
> 　当社の連結子会社であり、コンピュータソフトウェアの開発・販売事業を行っていたA社は、メール広告配信事業（依頼主の意向に沿うサイト上に広告を掲載し、更にA社が管理・運営する携帯電話向けサイトに会員登録をした者に対して、メールにより広告を配信する事業）を展開する計画を有していたため、ソフトウェア（広告メール配信ソフト）の開発を、名目上の業務委託先の一つであるB社に依頼した。
> 　B社から購入した当該ソフトウェアの取得原価は3,000万円相当であったが、A社は、メール広告配信事業における業務委託費名目の支出を、資産に付け替えて利益をかさ上げするために、価格を6,000万円とする虚偽の見積書をB社に作成させた。この際A社は、B社の同業他社に依頼して6,000万円を上回る価格の相見積りを作成させ、ソフトウェアの資産価値が妥当であるかの様に装った。

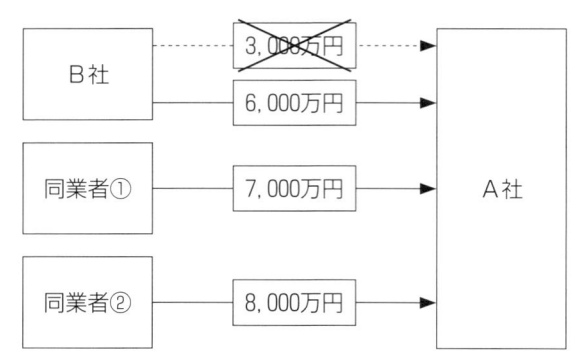

```
┌─────┐      3,000万円
│ B社 │┄┄┄┄┄┄┄┄┄┄┄┄┄▶
└─────┘ ─── 6,000万円 ───▶
┌───────┐                    ┌─────┐
│同業者①│─── 7,000万円 ───▶│ A社 │
└───────┘                    └─────┘
┌───────┐
│同業者②│─── 8,000万円 ───▶
└───────┘
```
(※図中の「3,000万円」には×印が付されている)

4　不適正な会計処理
(1) ソフトウェア資産の過大計上及び一般管理費の過少計上

　　A社がB社から購入したソフトウェアは、当局の調査の結果、資産計上されたうちの3,000万円は、業務委託先に支払われた金額の一部を、ソフトウェアに上乗せした実態のない資産であった。

　　実際の原価である3,000万円のソフトウェアについては、その実在性が認められたが、このソフトウェアを事業に利用した形跡や、事業に係る契約締結時等の事実はなく、また、将来の収益獲得が確実であると認められることを立証できる証憑もなかった。

　　ソフトウェアについては「研究開発費及びソフトウェアの会計処理に関する実務指針」によって、「ソフトウェアの利用により、将来の収益獲得又は費用削減が確実と認められる場合は無形固定資産に計上し、確実であると認められない場合又は確実であるかどうか不明な場合には、費用処理する」ものとされており、A社がB社から購入したソフトウェアは、本来、一般管理費（研究開発費）として期間費用処理すべきものであった。

　　その結果、ソフトウェア資産の過大計上及び一般管理費の過少計上により、四半期純損益が過大計上された。

(2) 関係会社株式持分及び持分法投資損益の過大計上

　　(1)のほか、当社は、当社の持分法適用会社に係る関係会社株式持分及び持分法投資損益を計算誤り等によって過大計上した。

※手口の詳細については「社外調査委員会の調査報告書受領に関するお知らせ」（日本産業ホールディングズ株式会社、平成22年10月12日）を参照のこと。

・京王ズホールディングス事案（課徴金事例集平成24年7月・事例24）

> 3　事案の概要
> (3)　当社は、A（注：当社代表取締役）の知人であるCの紹介で、投資事業組合に対する新株予約権の発行により、資金調達を行った。
> 　　その後、当社は、上記資金調達のアレンジメントフィー（アレンジャーに支払う手数料）の支払をCから要求されたため、当社は、Cと協議し、当社の連結子会社が、Cが指定した会社からソフトウェアを購入したように装い、当社の連結子会社から代金を支払うことにした。当社の連結子会社が支払った代金は、ソフトウェア仮勘定として資産計上された。
> 4　不適正な会計処理
> (3)　架空のソフトウェア資産計上による費用の過少計上
> 　　当社は、本来、手数料とすべきCへのアレンジメントフィーの支払いを、架空のソフトウェア購入費として、会計上、ソフトウェア資産を計上し、手数料を過少計上した。

※手口の詳細については「第三者調査委員会による最終報告書の公表について」（株式会社京王ズホールディングス、平成23年11月17日）を参照のこと。

4．評価損の不計上・過少計上

1　手口の概要

　不正会計の手口としての「評価損の不計上・過少計上」は、棚卸資産や有価証券等の資産に係る評価損を計上しない、あるいは、過少計上することにより、損益計算書上の利益を水増しする方法である。なお、ここでは架空資産としての棚卸資産や有価証券等ではなく、実際の資産としての棚卸資産及び有価証券等を前提とする。

　当該手口は、故意により、期末時点等における当該資産に係る評価損の発生という会計事実を①認識しないことにより当該資産の評価損の計上に係る会計処理を行わない、あるいは②過少に認識することにより当該資産の評価損の計上に係る会計処理を過少に行うというものである。

　以下、棚卸資産及び有価証券に係る評価基準について説明する。

【棚卸資産に係る評価基準】

　棚卸資産とは、商品、製品、半製品、原材料、仕掛品等の資産であり、企業がその営業目的を達成するために所有し、かつ、売却を予定する資産のほか、売却を予定しない資産であっても、販売活動及び一般管理活動において短期間に消費される事務用消耗品費等も含まれる[150]。不正会計の手口としての「評価損の不計上・過少計上」との関係でいえば、評価損の有無を認識すべき期末時点等の当該資産の評価に際して、当該資産に係る帳簿価額と比較すべき正味売却価額等に恣意的な価額を用いることによって「評価損の不計上・過少計上」が行われることから、当該正味売却価額の算定等に不正行為等が存在することとなる。例えば、販売用不動産であれば、不動産鑑定士と共謀の上、恣意的な算定方法での鑑定を依頼した場合の不動産鑑定評価額等である。

・通常の販売目で保有する棚卸資産の評価基準

　「通常の販売目的（販売するための製造目的を含む。）で保有する棚卸資産」の評価基準は、取得価額をもって貸借対照表価額とし、期末における正味売却価額[151]が取得原価よりも下落している場合には、当該正味売却価額をもって貸借対照表価額とする。原価法を原則として、期末時点での収益性の低下に基づく簿価切下を行う方法[152]である。

　当該収益性の低下に係る損益については、①収益性の低下による簿価切下額は「売上原価」とするが、②棚卸資産の製造に関連し不可避的に発生すると認められるときには「製造原価」とし、さらに③収益性の低下に基づく簿価切下額が臨時の事象[153]に起因し、かつ、多額である場合には「特別損失」に計上する[154]。なお、特別損失計上をした場合には、洗替え法を適用していても当該簿

150　企業会計基準第9号「棚卸資産の評価に関する会計基準」（企業会計基準委員会、平成18年7月5日）第3項

151　「正味売却価額」とは、売価（購買市場と売却市場とが区別される場合における売却市場の時価）から見積追加製造原価及び見積販売直接経費を控除したものをいう（企業会計基準第9号「棚卸資産の評価に関する会計基準」（企業会計基準委員会、平成18年7月5日）第5項）。

152　前期に計上した簿価切下額の戻入れに関しては、当期に戻入れを行う方法（洗替え法）と行わない方法（切放し法）のいずれかの方法を棚卸資産の種類ごとに選択できる（企業会計基準第9号「棚卸資産の評価に関する会計基準」（企業会計基準委員会、平成18年7月5日）第14項）。

153　「臨時の事象」とは、例えば、①重要な事業部門の廃止、②災害損失の発生等をいう（企業会計基準第9号「棚卸資産の評価に関する会計基準」（企業会計基準委員会、平成18年7月5日）第17項）。

価切下額の戻入れをおこなってはならない[155]。

・販売用不動産の評価基準

販売用不動産も上記通常の販売目的で保有する棚卸資産として取り扱われるが[156]、当該販売用不動産に係る「正味売却価額」の取扱いについては、監査・保証実務委員会報告第69号「販売用不動産等の評価に関する監査上の取扱い」（日本公認会計士協会、平成12年7月6日）を参照のこと。

・工事契約等に係る未成工事支出金及び受注制作のソフトウェア

工事契約等に係る未成工事支出金及び受注制作のソフトウェアも棚卸資産に含まれるが[157]、当該資産に係る評価損の計上に関しては、工事損失引当金等[158]の適用がされている場合には、当基準の適用はない[159]。

・営業循環過程から外れた滞留又は処分見込等の棚卸資産

営業循環過程から外れた滞留又は処分見込等の棚卸資産については、合理的に算定された価額によることが困難な場合には、正味売却価額まで切り下げる方法に代えて、その状況に応じ、①帳簿価額を処分見込額（ゼロ又は備忘価額を含む。）まで切り下げる方法、②一定の回転期間を超える場合、規則的に帳簿価額を切り下げる方法により収益性の低下の事実を適切に反映するよう処理することとなる[160]。

・原材料等

製造業における原材料のように再調達原価の方が把握しやすく、正味売却価額が当該再調達原価に歩調を合わせて動くと想定される場合には、継続して適

---

154 企業会計基準第9号「棚卸資産の評価に関する会計基準」（企業会計基準委員会、平成18年7月5日）第17項。
155 企業会計基準第9号「棚卸資産の評価に関する会計基準」（企業会計基準委員会、平成18年7月5日）第17項。
156 企業会計基準第9号「棚卸資産の評価に関する会計基準」（企業会計基準委員会、平成18年7月5日）第32項。
157 企業会計基準第9号「棚卸資産の評価に関する会計基準」（企業会計基準委員会、平成18年7月5日）第31項。
158 企業会計基準第15号「工事契約に関する会計基準」（企業会計基準委員会、平成19年12月27日）第19項。
159 企業会計基準第9号「棚卸資産の評価に関する会計基準」（企業会計基準委員会、平成18年7月5日）第27項。
160 企業会計基準第9号「棚卸資産の評価に関する会計基準」（企業会計基準委員会、平成18年7月5日）第9項。

用することを条件として、再調達原価（最終仕入原価を含む。）によることができる[161]。

・市場販売目的ソフトウェア

　市場販売目的ソフトウェア[162]については、ソフトウェア又はソフトウェア仮勘定等で無形固定資産として計上された製品マスターの制作原価（適正な原価計算による取得価額）[163]について、最も合理的と考えられる減価償却の方法により費用計上することなる[164]。

・売買目的有価証券

　売買目的有価証券[165]については、次の「有価証券に係る評価基準」にて説明する。

【有価証券に係る評価基準】

　有価証券には、①売買目的有価証券、②満期保有目的の債券、③子会社株式及び関連会社株式、④その他有価証券がある[166]。

　以下、それぞれの有価証券の評価基準について説明するが、不正会計の手口としての「評価損の不計上・過少計上」との関係でいえば、③子会社株式及び関係会社株式、④その他の有価証券のうち時価の把握が極めて困難と認められる有価証券に係る評価損の算定が特に問題となる。

・売買目的有価証券

　売買目的有価証券とは、時価の変動により利益を得ることを目的として保有する有価証券であり、時価をもって貸借対照表価額として、評価差額は当期の損益として処理する[167]。

161　企業会計基準第9号「棚卸資産の評価に関する会計基準」（企業会計基準委員会、平成18年7月5日）第10項

162　企業会計基準第9号「棚卸資産の評価に関する会計基準」（企業会計基準委員会、平成18年7月5日）第27項

163　会計制度委員会報告第12号「研究開発費及びソフトウェアの会計処理に関する実務指針」（日本公認会計士協会、平成11年3月31日）第10項

164　会計制度委員会報告第12号「研究開発費及びソフトウェアの会計処理に関する実務指針」（日本公認会計士協会、平成11年3月31日）第18項

165　企業会計基準第9号「棚卸資産の評価に関する会計基準」（企業会計基準委員会、平成18年7月5日）第27項

166　企業会計基準第10号「金融商品に関する会計基準」（企業会計基準委員会、平成20年3月10日最終改正）第15項－第18項

・満期保有目的の債券

　満期保有目的の債券とは、満期まで所有する意図をもって保有する社債のその他の債券をいい、原則として取得価額をもって貸借対照表価額とする[168]。ただし、時価を把握することが困難と認められるもの以外の満期保有目的の債券について、時価が著しく下落したときは、回復する見込があると認められる場合を除き、時価をもって貸借対照表価額とし、評価差額は当期の損失として処理しなければならない[169]。

・子会社株式及び関連会社株式

　子会社株式及び関連会社株式は、取得原価をもって貸借対照表価額とする[170]。ただし、時価を把握することが困難と認められるもの以外の子会社株式及び関連会社株式について、時価が著しく下落したときは、回復する見込があると認められる場合を除き、時価をもって貸借対照表価額とし、評価差額は当期の損失として処理しなければならない[171]。

　また、時価の把握が極めて困難と認められる株式については、発行会社の財政状態の悪化により実質価額が著しく低下したときは、相当の減額をなし、評価差額は当期の損失として処理しなければならない[172]。なお、実質価額が「著しく低下したとき」とは、少なくとも株式の実質価額が取得原価に比べて50％程度以上低下した場合をいう[173]。ただし、時価を把握することが極めて困難と認められる株式の実質価額について、回復可能性が十分な証拠によって裏付けられる場合には、期末において相当の減額をしないことも認められる[174]。

167　企業会計基準第10号「金融商品に関する会計基準」（企業会計基準委員会、平成20年3月10日最終改正）第15項
168　企業会計基準第10号「金融商品に関する会計基準」（企業会計基準委員会、平成20年3月10日最終改正）第16項
169　企業会計基準第10号「金融商品に関する会計基準」（企業会計基準委員会、平成20年3月10日最終改正）第20項
170　企業会計基準第10号「金融商品に関する会計基準」（企業会計基準委員会、平成20年3月10日最終改正）第17項
171　企業会計基準第10号「金融商品に関する会計基準」（企業会計基準委員会、平成20年3月10日最終改正）第20項
172　企業会計基準第10号「金融商品に関する会計基準」（企業会計基準委員会、平成20年3月10日最終改正）第21項
173　会計制度委員会報告第14号「金融商品会計に関する実務指針」（日本公認会計士協会、平成23年3月29日最終改正）第92項

・その他有価証券

　その他の有価証券とは、売買目的有価証券、満期保有目的の債券、子会社株式及び関連会社株式以外の有価証券をいい、時価をもって貸借対照表価額とし、評価差額は洗い替え方式に基づき、①評価差額の合計額（税効果会計適用額）を純資産の部に計上する、②時価が取得原価を上回る銘柄に係る評価差額（税効果会計適用額）は純資産の部に計上し、時価が取得原価を下回る銘柄に係る評価差額は当期の損失として処理することとなる[175]。ただし、時価の把握が困難と認められるもの以外のその他有価証券について、時価が著しく下落したときは、回復する見込があると認められる場合を除き、時価をもって貸借対照表価額とし、評価差額は当期の損失として処理しなければならない[176]。

（2）発見の端緒と調査方法

1 端緒としての違和感

　不正会計の手口としての「評価損の不計上・過少計上」は、貸借対照表上の資産である棚卸資産又は有価証券等に係る評価損の不計上・過少計上である。

　したがって、端緒を把握するためには、貸借対照表に計上されている棚卸資産又は有価証券等に着目し、棚卸資産又は有価証券等の計上額の総資産に占める割合が高い場合、ないしはその計上額が毎期の損益の状況と比較して重要性がある場合には、注意が必要となる。

・棚卸資産又は有価証券等の計上額の総資産に占める割合が高い場合

　棚卸資産又は有価証券等の計上額の総資産に占める割合が高い場合には、当該会社における重要な資産といえる。このような特定の資産が重要な資産となる場合には、仮装取引を伴う架空売上の計上が想定されることとなるが、併せて当該資産に係る評価損の不計上・過少計上の可能性も想定すべきである。

---

[174] 会計制度委員会報告第14号「金融商品会計に関する実務指針」（日本公認会計士協会、平成23年3月29日最終改正）第92項
[175] 企業会計基準第10号「金融商品に関する会計基準」（企業会計基準委員会、平成20年3月10日最終改正）第18項
[176] 企業会計基準第10号「金融商品に関する会計基準」（企業会計基準委員会、平成20年3月10日最終改正）第20項

反対に、棚卸資産又は有価証券等の貸借対照表計上額が僅少である場合には、評価損の不計上・過少計上が行われていたとしてもその影響は軽微となる可能性が高く、また、適正な開示という観点でもその与える影響は少ないと思料される。そもそも、そのような影響が軽微である場合には、不正会計の動機も想定しにくいことから、当該手口が行われている可能性が低いと考えられる。

　また、棚卸資産又は有価証券等の計上額が年々増加している場合にも注意が必要である。売上高等の推移等と併せて判断することとなるが、会社の実態から判断して、当該資産の増加が実態と合わない場合には、滞留資産等の存在や当該滞留資産等に係る評価損の不計上・過少計上の疑義が生じることとなる。

・**棚卸資産又は有価証券等の計上額が損益の状況と比較して金額的重要性がある場合**

　棚卸資産又は有価証券等の貸借対照表計上額の総資産に占める割合が高いとはいえない場合であっても、損益の状況と比較して当該残高に金額的重要性がある場合には注意が必要である。

　例えば、総資産が1,000億円に対して、当該資産の計上額が10億円の場合には、総資産に占める割合は1％であり、重要性は高くないと判断されるが、当期純利益が数千万円の水準であった場合には、当該資産に係る評価損を計上することで、当期の損益が黒字から赤字に転落することとなる。このような場合には、不正会計の動機が潜在的に窺えることから、総資産に占める割合が高くない場合であっても、損益の状況と比較して、当該資産の金額的重要性が高い場合には注意が必要である。

2　**結論としての納得感**

　財務分析等により「評価損の不計上・過少計上」を手口とする不正会計の兆候を把握した場合には、結論としての納得感を得るために、不正会計の兆候が事実か否かを見極めるための事実確認を行うこことなる。

　当該手口による不正会計が行われた場合には、棚卸資産又は有価証券等の資産が過大計上となっていることから、資産計上の根拠となる評価額等の根拠の合理性がその事実解明のための糸口となる。

・**棚卸資産について**

棚卸資産については、まずは、棚卸資産の種別毎の評価基準及びその内訳を把握することととなる。

特に評価基準に関して、正味売却価額等に恣意性が入る余地があると認められる場合には、当該正味売却価額等の算定等の合理的な根拠の有無を確認すべきである。また、正味売却価額の算定が困難な滞留資産や販売用不動産等については、特に注意が必要であることから、滞留資産の有無及び当該滞留資産に係る期末評価の状況や、販売用不動産等に係る期末評価の状況について検証することとなる。

例えば、販売用不動産等の正味売却価額の合理性の判断に当たっては、①開発計画及び販売計画において採用した仮定の適切性、②その実現可能性並びに③開発主体及び販売主体の実績などについて慎重に検討する必要がある[177]。なお、この際の手続きとしては、単に担当者等の話を聞くだけで「慎重に検討」したとするのではなく、それぞれの適切性や実現可能性等について、担当者等の説明に加えて、その説明を裏付けることとなる合理的な根拠等の有無及びその合理性について客観的に検証する必要がある。

また、販売用不動産等の正味売却価額算定に係る販売見込額の基礎となる土地の評価額について、不動産鑑定士による鑑定評価が用いられることがあるが、このような場合には、不動産鑑定士の採用した方法、仮定及びそれらの適用の適切性・合理性を理解し、その業務の結果が証拠として十分かつ適切であるか否かを検討する必要がある[178]。不動産鑑定士等の鑑定評価「自体」をもって合理性の根拠とするのではなく、当該鑑定評価の内容を検討し、根拠とするに値する内容であるかの検討が必要ということである。特に不正会計が行われる場合には、不動産鑑定士等の共謀や極めて限定的な条件下での評価等の恣意的な評価の依頼[179]、あるいは鑑定評価書の偽造・変造等の可能性があることから、このような可能性を前提に検討することが必要となる[180]。

---

[177] 監査・保証実務委員会報告第69号「販売用不動産等の評価に関する監査上の取扱い」(日本公認会計士協会、平成21年2月17日最終改正)「2.(3) 正味売却価額の客観性」参照
[178] 監査・保証実務委員会報告第69号「販売用不動産等の評価に関する監査上の取扱い」(日本公認会計士協会、平成21年2月17日最終改正)「2.(4) 専門家の業務の利用」参照

・有価証券について

　有価証券に係る評価損の不計上・過少計上については、①子会社株式及び関係会社株式、②その他の有価証券のうち時価の把握が極めて困難と認められる有価証券に係る評価損の算定が特に問題となる。

　例えば、株式については、実質価額が著しく低下したとしても、事業計画等を入手して回復可能性を判定できる場合には、評価損の計上をしなくても良いことになっているが[181]、子会社株式及び関係会社株式に係る評価損の要否に関して、これを悪用する場合も想定できる。なお、この場合の回復可能性の根拠となる事業計画等については、実行可能で合理的なものでなければならず、回復可能性の判定では、原則として概ね5年以内に回復すると見込まれる金額を上限として行うものとし、また、回復可能性は毎期見直すことが必要であり、その後の実績が事業計画等を下回った場合など、事業計画等に基づく業績回復が予定どおり進まないことが判明したときは、その期末において減損処理（評価損の計上）の要否を検討しなければならない[182]。

　したがって、このような場合においての留意事項としては、当該事業計画等を根拠として、不正会計の手口としての「評価損の不計上・過少計上」が行われることを防ぐためにも、特に事業計画等の実行可能性及び合理性の判断について、単に担当者等の話を聞くだけで判断するのではなく、担当者等の説明に

179　不正会計の事例ではないが、国土交通省が平成23年8月26日に不動産鑑定士及び不動産鑑定業者への行政処分等を行った際の処分理由において、①重要な評価条件を鑑定評価書に記載しなかった、②ドラフトとして鑑定評価額等を依頼者に示した後に依頼者側とのやりとりを経て鑑定評価の内容を大幅に変更した理由について、合理的な説明ができない、③対象不動産のほとんどについて自ら実査しなかった、④鑑定評価書に多数の誤り、極めて説明不足の箇所がみられる、⑤本社の不動産鑑定士として、他の不動産鑑定士に対し、依頼者からの評価条件を正確に伝達せず、また、ドラフト提出後の依頼者側のやりとりをもとに行うべき範囲を逸脱した指示を行った、⑥鑑定評価書の中に、対象不動産の実査を不動産鑑定士の資格を有する者が行っていないものがあるとした（国土交通省報道発表資料「不動産鑑定士及び不動産鑑定業者への行政処分について」（平成23年8月26日））
180　不動産鑑定士の鑑定評価が悪用された例として、証券取引等監視委員会が平成23年8月2日に不動産等の現物出資による架空増資による偽計（金商法第158条）の疑いで告発をしたNESTAGE事件がある。
181　会計制度委員会報告第14号「金融商品会計に関する実務指針」（日本公認会計士協会、平成23年3月29日最終改正）第92項
182　会計制度委員会報告第14号「金融商品会計に関する実務指針」（日本公認会計士協会、平成23年3月29日最終改正）第285項

加えて、その説明を裏付けることとなる事業計画等の実行可能性や、合理性に係る事業計画立案の前提等の重要な仮定に係る適切性等について、合理的な根拠等の有無及びその合理性について客観的に検証する必要がある。

（3） 事例

「評価損の不計上・過少計上」を手口とした不正会計の主な事例は、以下のとおりである。

【棚卸資産評価損等の不計上・過少計上】

・平和奥田事案（課徴金事例集平成21年6月・事例38）

> （2） 不動産事業支出金の不適正な計上
>   当社は、不良資産化した不動産事業支出金（土地代金、業務委託料等）について減損処理を行っていなかった。

※虚偽記載を理由として平成20年8月15日に大阪証券取引所市場第二部上場廃止[183]
※手口の詳細については「不適正な会計処理等に伴う過年度決算修正に関する外部調査委員会 内部調査委員会の最終報告並びに当社の対応について」（平和奥田株式会社、平成20年5月2日）を参照のこと。

・アルデプロ事案（課徴金事例集平成22年6月・事例30）

> （1） 当社は、不動産の売却について、売却先から不動産を仕入れ、差額を現金で決済する契約を予定していたが、契約の直前に売却先の資金の用意が困難になったことから、仕入物件と売却物件とをほぼ同額であるとして取引することとした。このため、本来は交換取引とすべきところ、当社は決済の当日に当社から仕入代金として引出した資金を、そのまま当社の口座に入金して売却先から代金支払いがあったように装っていた。これにより、売上の過大計上を行った。
>   なお、交換取引により保有する物件については、簿価と時価との差額につき評価損を計上すべきところ、当社は、他社への売却等を装うことなどにより評価損の計上を回避した。

---

183 「上場廃止等の決定に関するお知らせ」（平和奥田株式会社、平成20年7月15日）

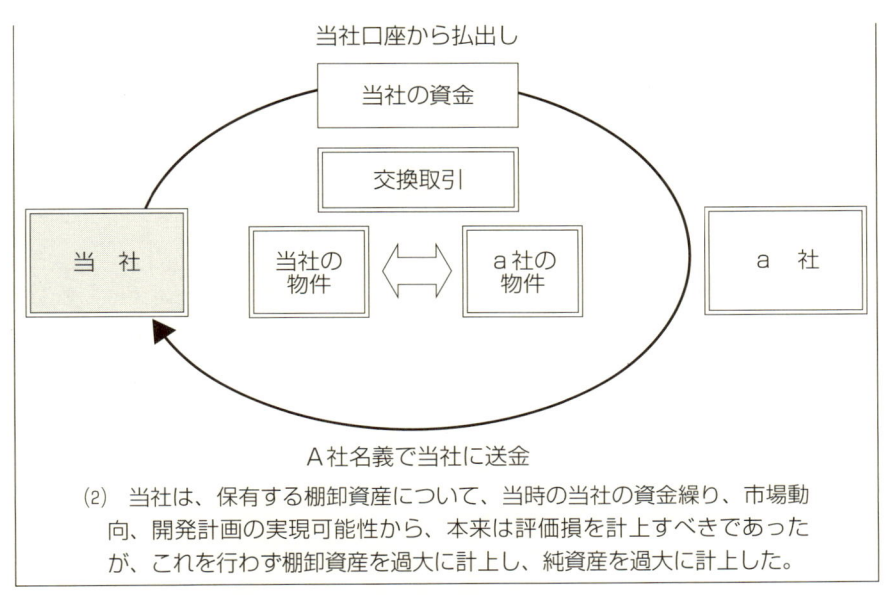

```
        当社口座から払出し
         ┌─────────┐
         │  当社の資金  │
         └─────────┘
         ┌─────────┐
         │   交換取引   │
         └─────────┘
┌───┐  ┌─────┐ ⇔ ┌─────┐   ┌───┐
│当社│  │当社の │   │a社の │   │a 社│
│   │  │ 物件 │   │ 物件 │   │   │
└───┘  └─────┘   └─────┘   └───┘
        A社名義で当社に送金
```

(2) 当社は、保有する棚卸資産について、当時の当社の資金繰り、市場動向、開発計画の実現可能性から、本来は評価損を計上すべきであったが、これを行わず棚卸資産を過大に計上し、純資産を過大に計上した。

※手口の詳細については「調査委員会の調査報告および過年度決算の修正ならびに当社第22回定時株主総会招集ご通知に関するお知らせ」（株式会社アルデプロ、平成21年10月23日）を参照。

・日本ビクター、JVC・ケンウッド・ホールディングス事案（課徴金事例集平成23年6月・事例23）

> (2) 貸倒引当金、貸倒損失及び棚卸資産引当金（評価損）の過少計上
> 当社の幾つかの海外販売子会社では、
> ①各販売拠点において適切な貸倒引当金基準及び在庫評価基準等が作成されていないなどの理由により、売掛金及び棚卸資産の適切な評価がなされていなかったこと
> ②利益目標達成のため、意図的に売掛債権の回収可能性や棚卸資産の評価を過大に見積もるなどして、当該損失の計上を行わなかったこと
> から、売掛債権に係る貸倒引当金や貸倒損失、棚卸資産に係る引当金（評価損）を過少に計上していたものである。

※手口の詳細については「調査委員会報告と過年度決算の訂正概要、平成22年3月期第3四半期の四半期報告書の提出遅延および監理銘柄（確認中）指定の見込みに関するお知らせ」（JVC・ケンウッド・ホールディングス株式会社、平成22年2月8日）参照のこと。

第4章　不正会計の手口とその発見方法

・メルシャン事案（課徴金事例集平成23年6月・事例26）

> (2) 棚卸資産の過大計上
> 　　　　　　　　（略）
> 　同様に、当社の水産飼料事業部は、長期滞留により収益性が低下している棚卸資産について、会計基準に基づき適正に評価損を計上すべきところ、これを行わず、棚卸資産を過大に計上していた。

※手口の詳細については「第三者委員会の報告について」（キリンホールディングス株式会社（注：メルシャンは、キリンホールディングスの連結子会社であったためキリンホールディングス第三者委員会として調査を実施）、平成22年11月5日）を参照のこと。

【有価証券評価損の不計上・過少計上】
・三洋電機事案（課徴金事例集平成20年6月・事例36）

> 　関係会社株式について、「金融商品に関する会計基準」（企業会計基準第10号）及び「金融商品会計に関する実務指針」（日本公認会計士協会　会計制度委員会報告第14号）によれば、子会社・関連会社（以下「関係会社」という。）の株式の実質価額が取得原価に比べて50％程度以下に低下した場合（以下、「50％基準」という。）には減損処理をしなければならないとされている。ただし、概ね5年以内に実質価額が取得原価まで回復する見込みが十分な証拠によって裏付けられる場合には、減損処理をしないことも認められる。
> 　しかしながら、当社は、減損処理の要否を判定するに当たり、全ての関係会社を検討の対象とすべきところ、全ての関係会社の財務計数を把握していなかったため、月次連結決算の対象会社等のみを対象としていた。また、関係会社の純資産額（実質価額）を算定するに当たり、孫会社を有する全ての関係会社について間接投資損益を考慮すべきところ、一部の関係会社についてしか考慮していなかった。さらに、50％基準に該当しても、含み損が少額な関係会社は、回復可能性を検討することなく、重要性が低いとして減損処理を見送っていた。この結果、当社は、貸借対照表において関係会社株式を過大に計上していた。

※当該減損処理に関して、三洋電機では、独自の減損処理の方針を策定・適用していた。詳細については、「過年度決算調査委員会調査報告書について」（三洋電機株式会社、平成19年12月25日）を参照のこと。

・ユニバーサルソリューションシステムズ事案（課徴金事例集平成23年6月・事例24）

> (2) 非上場株式評価損の過少計上及び投資有価証券の過大計上
> 　　当社は、保有する非上場のＡ社株式の実質価額が著しく下落し、またＡ社の超過収益力も既に毀損したとの認識を有していたことから、Ａ社株式につき減損処理を行う必要があった。Ａ社株式の減損処理に際しては、Ａ社の株式が市場で流通していないことから、Ａ社の直近期の純資産を基準にして評価損を計上する必要があった。
> 　　しかし、当社は、決算作業の過程で、Ａ社の株主総会招集通知を入手し、当該招集通知には、Ａ社が新たに行う予定である株式募集に係る払込金額の下限価額が記載されていたことから、当該下限価額をもってＡ社株式の評価額を算定し、簿価との差額について評価損を計上することで、本来の純資産額に基づいて評価額を算定する方法よりも、評価損を過少に計上していた。
> 　　これにより、Ａ社は、翌期以降においても評価損を計上せず、引き続きＡ社株式の評価額を過大に計上した。

※手口の詳細については「社外調査委員会の調査報告書に関するお知らせ」（ユニバーサルソリューションシステムズ株式会社、平成22年4月19日）を参照のこと。

5．引当金・減価償却費の不計上・過少計上

(1) 手口の概要

　不正会計の手口としての「引当金・減価償却費の不計上・過少計上」は、売上債権や貸付金等に係る貸倒引当金や賞与引当金、退職給付引当金、返品調整引当金、製品保証引当金、修繕引当金、子会社株式等に対する投資損失引当金等の引当金[184]及び固定資産等に係る減価償却費を計上しない、あるいは、過少計上することにより、損益計算書上の利益を水増しする方法である。なお、ここでは架空資産としての売上債権や貸付金、固定資産等ではなく、実際の資産を前提とする。
　当該手口は、故意により、期末時点等における引当金・減価償却費の発生とい

184 　工事損失引当金・受注損失引当金については、「第三部　不正会計 – 早期発見とその対応　第4章　不正会計の手口とその発見方法　3　売上高の過大計上　3．売上の前倒し・水増し計上（工事進行基準の不適切な適用）」を参照のこと。

う会計事実を①認識しないことにより引当金・減価償却費の計上に係る会計処理を行わない、あるいは②過少に認識することにより引当金・減価償却費の計上に係る会計処理を過少に行うというものである。

ここでは、主として売上債権や貸付金に係る貸倒引当金について説明する。

・引当金

　引当金とは、①将来の特定の費用又は損失であって、②その発生が当期以前の事象に起因し、③発生の可能性が高く、かつ、④その金額を合理的に見積もることができる場合には、当期の負担に属する金額を当期の費用又は損失として引当金に繰り入れ、当該引当金の残高を貸借対照表の負債の部又は資産の部に記載するものをいう（企業会計原則注解18）。なお、発生の可能性の低い偶発事象に係る費用又は損失については、引当金を計上することができない（同注解18）。したがって、このような要件を満たす場合には、当期の費用又は損失として引当金計上をしなければならないこととなる。

・貸倒引当金

　受取手形、売掛金、貸付金その他の債権の貸借対照表価額は、取得原価から貸倒見積高に基づいて算定された貸倒引当金を控除した金額とする[185]。貸倒見積高の算定にあたっては、債務者の財政状態及び経営成績等に応じて、債権を以下のとおり区分する[186]。

債権区分	内容
一般債権	経営状態に重大な問題が生じていない債務者に対する債権
貸倒懸念債権	経営破綻の状態には至っていないが、債務の弁済に①重大な問題が生じているか又は②生じる可能性が高い債務者に対する債権
破産更生債権等	経営破綻又は実質的に経営破綻に陥っている債務者に対する債権

　ここで、貸倒懸念債権に関して、債務の弁済に「重大な問題が生じている」

---

[185] 企業会計基準第10号「金融商品に関する会計基準」（企業会計基準委員会、平成20年3月10日最終改正）第14項
[186] 企業会計基準第10号「金融商品に関する会計基準」（企業会計基準委員会、平成20年3月10日最終改正）第27項

とは、現に債務の弁済が概ね1年以上延滞している場合のほか、弁済期間の延長又は弁済の一時棚上げ及び元金又は利息の一部を免除するなど債務者に対し弁済条件の大幅な緩和を行っている場合が含まれる[187]。また、債務の弁済に「重大な問題が生じる可能性が高い」とは、業況が低調ないし不安定、又は財務内容に問題があり、過去の経営成績又は経営改善計画の実現可能性を考慮しても債務の一部を条件どおりに弁済できない可能性の高いことをいう[188]。さらに、「財務内容に問題がある」とは、現に債務超過である場合のみならず、債務者が有する債権の回収可能性や資産の含み損を考慮すると実質的に債務超過の状態に陥っている状況を含む[189]。

破産更生債権に関して、「経営破綻に陥っている債務者」とは、法的、形式的な経営破綻の事実が発生している債務者をいい、例えば、破産、清算、会社整理、会社更生、民事再生、手形交換所における取引停止処分等の事由が生じている債務者である[190]。また、「実質的に経営破綻に陥っている債務者」とは、法的、形式的な経営破綻の事実は発生していないものの、深刻な経営難の状態にあり、再建の見通しがない状態にあると認められる債務者である[191]。

このような債権区分に応じた債権の貸倒見積高の算定方法は、以下のとおりとなる[192]。

187 　会計制度委員会報告第14号「金融商品会計に関する実務指針」（日本公認会計士協会、平成23年3月29日最終改正）第112項
188 　会計制度委員会報告第14号「金融商品会計に関する実務指針」（日本公認会計士協会、平成23年3月29日最終改正）第112項
189 　会計制度委員会報告第14号「金融商品会計に関する実務指針」（日本公認会計士協会、平成23年3月29日最終改正）第112項
190 　会計制度委員会報告第14号「金融商品会計に関する実務指針」（日本公認会計士協会、平成23年3月29日最終改正）第116項
191 　会計制度委員会報告第14号「金融商品会計に関する実務指針」（日本公認会計士協会、平成23年3月29日最終改正）第116項
192 　企業会計基準第10号「金融商品に関する会計基準」（企業会計基準委員会、平成20年3月10日最終改正）第28項

債権区分	算定方法
一般債権	債権全体又は同種・同類の債権ごとに、債権の状況に応じて求めた過去の貸倒実績率等合理的な基準により貸倒見積高を算定する。
貸倒懸念債権	債権の状況に応じて、次のいずれかの方法により貸倒見積高を算定する。ただし、同一の債権については、債務者の財政状態及び経営成績の状況等が変化しない限り、同一の方法を継続して適用する。 ① 債権額から担保の処分見込額及び保証による回収見込額を減額し、その残額について債務者の財政状態及び経営成績を考慮して貸倒見積高を算定する方法（財務内容評価法） ② 債権の元本の回収及び利息の受取りに係るキャッシュ・フローを合理的に見積もることができる債権については、債権の元本及び利息について元本の回収及び利息の受取りが、見込まれるときから当期末までの期間にわたり当初の約定利子率で割り引いた金額の総額と債権の帳簿価額との差額を貸倒見積高とする方法（キャッシュ・フロー見積法）
破産更生債権等	債権額から担保の処分見込額及び保証による回収見込額を減額し、その残額を貸倒見積高とする。

このうち、財務内容評価法を採用する場合の留意点は、以下のとおりである[193]。

債務者の支払能力の総合的判断	債務者の支払能力は、①債務者の経営状態、②債務超過の程度、③延滞の期間、④事業活動の状況、⑤銀行等金融機関及び親会社の支援状況、⑥再建計画の実現可能性、⑦今後の収益及び資金繰りの見通し、⑧その他債権回収に関係のある一切の定量的・定性的要因を考慮することにより判断される。
担保の処分見込額	担保には、預金及び市場性のある有価証券など信用度、流通性の高い優良な担保をはじめ、不動産、財団等処分に時間を要するものまで様々であるが、担保の処分見込額を求めるに当たっては、合理的に算定した担保の時価に基づくとともに、①当該担保の信用度、②流通性及び③時価の変動の可能性を考慮する必要がある。
保証による回収見込額	保証人の資産状況等から保証人が保証能力を有しているか否かを判断するとともに、個人にあっては保証意思の確認、法人にあっては、保証契約など保証履行の確実性について検討する必要がある
担保の処分見込額及び保証による回収見込額	定期的に担保の評価や保証人の資産状況等について見直しを行う必要がある。

---

193 会計制度委員会報告第14号「金融商品会計に関する実務指針」（日本公認会計士協会、平成23年3月29日最終改正）第114項

(2) 発見の端緒と調査方法

1 端緒としての違和感

不正会計の手口としての「引当金・減価償却費の不計上・過少計上」は、期末等の時点における事実に基づき、将来の特定の費用又は損失であって、当期以前の事象に起因し、発生の可能性が高く、かつ、その金額を合理的に見積もることができる場合には、当期の負担に属する金額を当期の費用又は損失として引当金に繰り入れ、当該引当金の残高を貸借対照表の負債の部又は資産の部に計上しなければならないところ、当該事実を故意に認識しないことにより、当該事実に係る引当金を計上しない、あるいは過少に計上する手口であり、また、固定資産に係る減価償却費を故意に計上しない、あるいは過少に計上する手口である。

したがって、当該手口による不正会計の端緒を把握するためには、引当金であれば、引当金計上が必要となる事実をいかに把握するかが問題となり、減価償却費であれば、減価償却が必要であるにもかかわらず減価償却を行っていない固定資産等の把握が問題となる。

【貸倒引当金】

・売上債権、貸付金及び未収入金等の債権の残高推移

貸倒引当金は、貸借対諸表の資産として計上されている売上債権、貸付金及び未収入金等に係る引当金であることから、不正会計の手口としての「引当金の不計上・過少計上」の端緒が比較的把握しやすい引当金である。

売上債権、貸付金及び未収入金等の期末時点等の残高の総資産に占める割合が高い場合や、残高の推移が増加傾向にある場合には、その他の不正会計の手口を想定するとともに、「引当金の不計上・過少計上」の可能性も併せて想定することとなる。

なお、総資産に占める割合が高い、ないしは残高の推移が増加傾向にある資産が、①売上債権の場合は、「売上の前倒し計上」、「売上の架空計上（伝票等のみ）」等が、②貸付金や未収入金の場合は、「売上の架空計上（仮装取引を伴うもの－資金循環取引）」、「売上の架空計上（仮装取引を伴うもの－資金循環取引以外）」及び「架空増資（見せ金）」等が想定されることとなるが、併せて実取引に係る売上債権及びその他の債権に係る「貸倒引当金の不計上・過少計上」も

想定する必要がある。

　その上で、さらに財務分析等や基礎的な事実確認等を行うことにより、より具体的に想定される手口を限定する、あるいは、複数の手口の可能性を想定し、具体的な事実解明を行うこととなる。

・貸倒引当金の計上回避のための仮装取引の可能性

　実取引に基づく債権を前提とするならば、当初は、実取引に伴い計上された売上債権、貸付金及び未収入金等であったところ、その後の経済環境や相手先の経営状況等の変化により、当該債権の回収可能性が乏しくなったことから、当該債権に係る貸倒引当金の計上を避けるため、当該債権の回収を装った仮装取引が行われることが想定される。

　当該仮装取引には、①資金取引を伴う場合と②資金取引を伴わない場合があり、これらについては、「売上の架空計上（仮装取引を伴うもの－資金循環取引以外）」の場合に同じであるが、①資金取引を伴う場合には、当該仮装取引に係る原資を支出した際に何らかの資産が計上されること、②資金取引を伴わない場合には、当該売上債権等の減少を伴う特殊な取引が行われることとなる。このため、その他の資産の増加や売上債権等の減少を伴う取引の把握が、「貸倒引当金の不計上・過少計上」の発見の端緒となり得る場合がある。

【その他の引当金】

・引当金の計上状況の把握

　貸倒引当金以外の引当金に係る「引当金の不計上・過少計上」に関しては、すでに貸借対照表において計上されているその他の引当金の把握が端緒となり得る。そして、当該引当金の性格や算定の過程の見積りの要素の影響の程度、当該引当金の損益に与える影響の程度等を総合的に勘案し、必要と思料される場合には、さらにその具体的な計算過程に係る合理的な根拠の有無及び合理性について検証することとなる。

・会社の実態に基づき引当金の計上が必要と思われる事実の把握

　その他、会社の実態に基づき引当金の計上が必要と思われる事実を把握した場合であって、当該事実に係る引当金が計上されていない場合には、「引当金の不計上・過少計上」の把握の端緒となる。

【減価償却費】
・建設仮勘定の推移の把握

　多くの場合、すでに有形固定資産等として計上されている減価償却を必要とする資産科目に関しては、減価償却の必要性が認識されていることから、後は当該減価償却計算過程の正確性、適切性等の問題となる。

　「減価償却の不計上・過少計上」の観点で特に注意が必要なのは、「建設仮勘定」である。建設仮勘定は、営業の用に供する目的の有形固定資産を建設した場合における支出等（手付金、資材、資材購入のための前渡金等）について、当該有形固定資産が完成するまでの間、一時的に計上する勘定科目であり、完成し実際に使用される時点で適切な資産に振り替えられることとなる[194]。そして、この本勘定への振替前の「建設仮勘定」の状態では、減価償却が行われないことから、故意に減価償却費の計上を避けるため、本勘定への振替が行われない場合が想定できる。

　したがって、建設仮勘定残高の総資産に占める割合が高い、ないし建設仮勘定の残高の推移が増加傾向にある場合には、その他の手口の可能性と併せて「減価償却費の不計上・過少計上」の可能性も想定することとなる。

② 結論としての納得感

　財務分析等により「引当金・減価償却費の不計上・過少計上」を手口とする不正会計の兆候を把握した場合には、結論としての納得感を得るために、不正会計の兆候が事実か否かを見極めるための事実確認を行うこことなる。

【引当金】
・貸倒引当金の対象債権に係る債権区分の妥当性

　貸倒引当金の算定においては、まず、対象となる債権の債権区分を行うが、当該債権区分の判断に恣意性が入ることから、貸倒引当金の対象債権区分ごとの内訳明細を入手するととも、対象債権の債権区分の判断に係る合理的な根拠の有無及び当該根拠の適切性について検証することとなる。

---

[194] 安藤英義・新田忠誓・伊藤邦雄・廣本敏郎編『会計学大辞典第五版』（中央経済社、平成19年5月）427頁

- **貸倒引当金の貸倒見積高の算定に係る見積り事項の妥当性の検証**

 貸倒引当金の算定においては、貸倒見積高の算定が必要となるが、この貸倒見積高の算定過程においても恣意性が入る余地があることから、当該算定過程における見積項目等に係る合理的な根拠の有無及び当該根拠の適切性について検証することとなる。

- **引当金計上に係る見積り事項の妥当性の検証**

 貸倒引当金以外の引当金においてもその算定過程に恣意性が入る余地がある。したがって、それぞれの引当金の算定過程における見積項目等に係る合理的な根拠の有無及び当該根拠の適切性について検証することとなる。

- **引当金の計上を要すると思料される事実に係る検討**

 会社の実態において、引当金の計上を要すると思料される事実を把握した場合は、当該事実に係る引当金の計上の要否の判断に係る合理的な根拠の有無、及び当該根拠の適切性について検証することとなる。

【減価償却費】

- **建設仮勘定の内訳の検証**

 建設仮勘定の残高が多額となる場合には、当該建設仮勘定の内訳を入手するとともに、それぞれの滞留期間を把握する。滞留期間が長期間にわたっている場合には、当該建設仮勘定に係る工事等の進捗を確認するとともに、必要がある場合には、現物確認・現場確認の手続きを実施すべきである。

 また、工事等が未了であっても滞留期間が長期化している場合には、すでに損失処理しなければならない状況も想定できることから、当該工事等が未了の原因を把握するとともに、同じく現物確認・現場確認等の手続きの実施を検討すべきである。

(1) 事例

「引当金・減価償却費の不計上・過少計上」を手口とした主な不正会計の事例は、以下のとおりである。

【貸倒引当金、関係会社損失引当金の不計上・過少計上】

・三洋電機事案（課徴金事例集平成20年6月・事例36）

> また、関係会社損失引当金については、一般に、債務超過の関係会社に対する貸付金について、金融商品に関する会計基準等に従い関係会社の財政状況及び経営成績等を考慮のうえ、債務超過額を上限として貸倒引当金を計上し、貸付金額を超えて債務超過額がある場合には、当該超過額について関係会社損失引当金を計上することとなる。
> しかし、当社は、貸倒引当金及び関係会社損失引当金の検討にあたり、債務超過に陥っている全ての関係会社を引当金の検討対象とすべきところ、当社が重要と判断した債務超過の関係会社しか引当金の検討をしていなかった。このため、貸借対照表において貸倒引当金及び関係会社損失引当金を過少に計上していた。

※手口の詳細については「過年度決算調査委員会調査報告書について」（三洋電機株式会社、平成19年12月25日）を参照のこと。

・平和奥田事案（課徴金事例集平成21年6月・事例38）

> （略）
> (4) 延滞債権への貸倒引当金の不適切な処理
>   迂回資金により延滞債権等の回収を装うこと等により貸倒引当金の計上を回避した。

※虚偽記載を理由として平成20年8月15日に大阪証券取引所市場第二部上場廃止[195]
※手口の詳細については「不適正な会計処理等に伴う過年度決算修正に関する外部調査委員会 内部調査委員会の最終報告並びに当社の対応について」（平和奥田株式会社、平成20年5月2日）を参照のこと。

---

195 「上場廃止等の決定に関するお知らせ」（平和奥田株式会社、平成20年7月15日）

・トラステックスホールディングス事案（課徴金事例集平成21年6月・事例40）

> 当社は、貨物運送業務の委託先である委託事業主に貨物軽自動車を販売して売上を計上するとともに、その多くの場合、委託事業主は、当社が債務保証契約を締結している信販会社との間でオートローンを組んでいたが、
> (1) 省略
> (2) 委託事業主に対するオートローン求償債権に係る貸倒不処理
>   当社は、委託事業主がオートローン債務の返済を遅延したため、当社が信販会社に代位弁済し取得した求償債権について、所在不明などにより委託事業主からの回収可能性が乏しいにもかかわらず、委託事業主との間の返済方法等に係る合意書を偽造することにより、貸倒損失等を過少に計上するとともに、長期未収入金等を過大に計上した。
> (3) 委託事業主名での入金偽装等による貸倒引当金の計上回避
>   当社は、偽造合意書に基づき資産計上された長期未収入金等について、返済が行われていないときには所定の貸倒引当金を計上する必要があるところ、委託事業主名で返済金相当額を当社に入金することにより、あたかも委託事業主が返済しているかのように装い、貸倒引当金の計上を回避した。

※虚偽記載を理由として平成21年1月13日に大阪証券取引所市場第二部上場廃止[196]
※手口の詳細については「不適切な会計処理に関する特別調査委員会の最終報告について」（トラステックスホールディングス株式会社、平成20年11月20日）を参照のこと。

---

196 「上場廃止等の決定に関するお知らせ」（トラステックスホールディングス株式会社、平成21年1月13日）

・ゼンテック・テクノロジー・ジャパン事案（課徴金事例集平成21年6月・事例50）

> (2) 実態のない事業譲渡に基づく「のれん」の計上
>   当社は、主要取引先であるX社からの売上債権の支払いが滞るようになったため、売掛金や貸付金等の債権を被担保債権としてX社の商標登録、売掛金、製品在庫に対する担保権を実行したが、その実行によって回収できなかった売上債権について、本来であれば貸倒損失を計上すべきところ、X社の事業に係るノウハウ等を引き継いで実質的に事業譲受けが行われたとして、実際には事業譲受けが行われていなかったにも関わらず、「のれん」を計上し、損失計上を回避することで利益を過大に計上した。
> (3) 貸倒引当金の計上回避
>   当社は、回収可能性に疑義がある売上債権について、
>   ① 実態のない債権譲渡契約書を作成して他の会社に譲渡したように装ったり、
>   ② 債務保証契約書を不正に作成して優良企業が債務保証したかのように装う
>   ことにより、貸倒引当金の計上を回避した。

※手口の詳細については「不適切な会計処理に関する調査委員会の最終報告について」（株式会社ゼンテック・テクノロジー・ジャパン、平成21年2月17日）を参照のこと。

・アルデプロ事案（課徴金事例集平成22年6月・事例30）

> (5) 当社は、不動産開発事業に対する出資金とその配当について、長期未回収状態が続いたため、出資金に対する引当金等の計上等を回避する目的で、当社の役員の資金を用いて当社出資金の回収と配当金の支払が行われたように装うことで、引当金の計上を回避した。
>   そして、後日、当社役員が支出した資金について、当社の資金が出資先と実質的に同一の会社を経由して当社役員に返済されている。

※手口の詳細については「調査委員会の調査報告および過年度決算の修正ならびに当社第22回定時株主総会招集ご通知に関するお知らせ」（株式会社アルデプロ、平成21年10月23日）を参照のこと。

・フタバ産業事案（課徴金事例集平成22年6月・事例34）

> (5) 当社が出資するa社から、当社の執行役員らに金融支援の要請があり、当該執行役員らは、正式な決裁手続を経ることなく、当社及び当社の子会社等を通じて資金を貸し付けたが、必要な引当処理等を行っていなかった。
> 　また、当社が実質的に保有するa社の議決権や、a社に対するこのような融資の実態に照らせば、当社は、a社を実質的に支配しているにもかかわらず、子会社と認識せず、子会社としての会計処理をしていなかった。

・ＳＢＲ事案（課徴金事例集平成22年6月・事例35）

> (1) 立替金事業（取引先の中小企業等が有する売掛金の早期資金化及び買掛金の一時立替払を行うことで、一定額の手数料を得る事業）において、立替債権の回収が滞り、延滞債権が増加することで債権管理上早期の回収を求められること、また、業績が悪化することを懸念し、延滞債権の顕在化に過敏になっていたこと等から、当社（立替金事業を行っていた担当部署）は、本来であれば、与信の継続ができない取引先に対して、
> 　① 追加の信用供与を行って資金を提供し、あるいは、
> 　② 当該取引先の関係会社への新規立替を装って資金を迂回して提供
> することにより、当該資金を用いて支払期日の到来した立替債権の返済に充てることで、債権の回収を装い、本来貸倒引当金を計上すべき延滞債権について、貸倒引当金の計上を回避（過少に計上）していた。

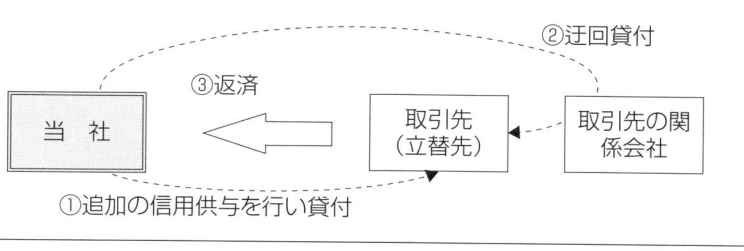

```
                                          ②迂回貸付
              ③返済          ┌──────┐        ┌──────┐
 ┌──────┐  ←──────  │ 取引先 │ ←──── │取引先の│
 │ 当 社 │              │(立替先)│        │関係会社│
 └──────┘              └──────┘        └──────┘
       ①追加の信用供与を行い貸付
```

※手口の詳細については「外部調査委員会による調査報告書のご報告について」（株式会社ＳＢＲ、平成21年7月8日）を参照のこと。

・モジュレ事案（課徴金事例集平成22年6月・事例36）

(1) 当社役員は、コンピュータ（サーバー）の取得に係る取引に関して、a社から、購入代金の一部について、a社の取引先の支払に充てることを依頼され、将来のa社との取引拡大を期待して、当該依頼を受けることとした。

そして、コンピュータ（サーバー）の購入価格にa社の取引先への支払分を上乗せして購入し、協力会社から当社役員に当該上乗せ分の金額を還流させ、a社の取引先に支払った。このように、コンピュータ（サーバー）の購入価格に上乗せした金額については、コンピュータ（サーバー）の取得原価として会計処理することは適当ではなく、当社役員に対する貸付金として処理することが妥当と考えられるが、当該貸付金に対して見積もられる貸倒引当金が計上されていなかった。

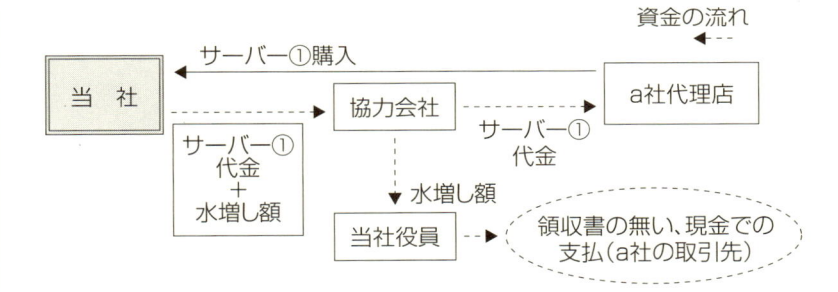

```
                                              資金の流れ ←--
         ←―― サーバー①購入 ――
┌─────┐                    ┌─────┐           ┌──────┐
│ 当 社 │ ――――――――――→ │協力会社│ ――――――→ │a社代理店│
└─────┘                    └─────┘  サーバー① └──────┘
         ┌─────┐              │      代金
         │サーバー①│             ↓ 水増し額
         │ 代 金  │           ┌─────┐      ╭──────────╮
         │   ＋   │           │当社役員 │ ――→ │領収書の無い、現金での│
         │水増し額│           └─────┘      │支払（a社の取引先）  │
         └─────┘                            ╰──────────╯
```

(2) また、当社は、別のコンピュータ（サーバー）の取得に係る取引に関して、当社役員の知人が経営しており、その保有するソフトウェアに注目していた会社（b社という。）から金融支援の要請を受け、同社が将来のビジネスパートナーとなることを期待して、当該要請に応じることとした。

そして、金融支援に当たっては、b社を経由してコンピュータ（サーバー）を購入することとし、その際、金融支援相当額として実勢の購入価格より高い価格で購入することで、b社への金融支援を行った。よって、金融支援相当額については、b社への貸付金として処理すべきものであり、当該貸付金に対して見積もられる貸倒引当金が計上されていなかった。

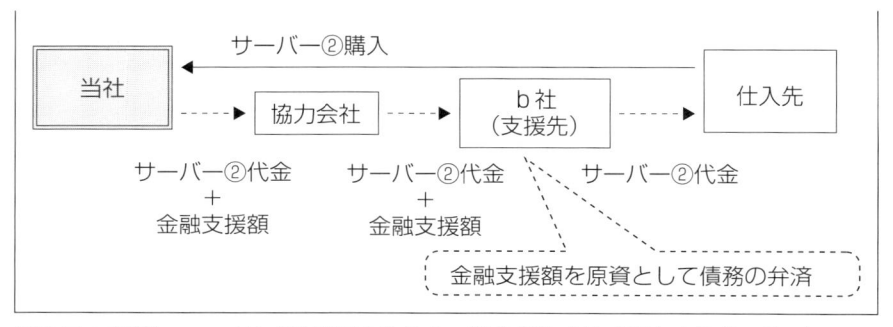

```
                サーバー②購入
    ┌─────┐◄──────────────┌─────┐         ┌─────┐         ┌─────┐
    │ 当社 │                │協力会社│ ──────► │ b社  │ ──────► │仕入先│
    └─────┘ ─ ─ ─ ─ ─ ─ ─► └─────┘         │(支援先)│         └─────┘
                                            └─────┘
     サーバー②代金      サーバー②代金        サーバー②代金
        ＋                ＋
      金融支援額         金融支援額
                                    ┌ ─ ─ ─ ─ ─ ─ ─ ─ ─ ─ ─ ─ ─ ─ ─ ─ ─ ┐
                                      金融支援額を原資として債務の弁済
                                    └ ─ ─ ─ ─ ─ ─ ─ ─ ─ ─ ─ ─ ─ ─ ─ ─ ─ ┘
```

※手口の詳細については「外部調査委員会の調査報告書及び過年度決算の訂正について」(モジュレ株式会社、平成22年1月8日)を参照のこと。

・日本ビクター、JVC・ケンウッド・ホールディングス事案（課徴金事例集平成23年6月・事例23）

> (2) 貸倒引当金、貸倒損失及び棚卸資産引当金（評価損）の過少計上
> 　当社の幾つかの海外販売子会社では、
> ① 各販売拠点において適切な貸倒引当金基準及び在庫評価基準等が作成されていないなどの理由により、売掛金及び棚卸資産の適切な評価がなされていなかったこと
> ② 利益目標達成のため、意図的に売掛債権の回収可能性や棚卸資産の評価を過大に見積もるなどして、当該損失の計上を行わなかったこと
> から、売掛債権に係る貸倒引当金や貸倒損失、棚卸資産に係る引当金（評価損）を過少に計上していたものである。

※手口の詳細については「調査委員会報告と過年度決算の訂正概要、平成22年3月期第3四半期の四半期報告書の提出遅延および監理銘柄（確認中）指定の見込みに関するお知らせ」(JVC・ケンウッド・ホールディングス株式会社、平成22年2月8日)を参照のこと。

・リミックスポイント事案（課徴金事例集平成23年6月・事例29）

> 貸倒引当金の過少計上
> 　当社は、当社代表取締役の知人が経営するA社から資金支援の依頼を受けたが、当社は貸金業務を事業内容としていないことから、貸付けによる当該資金支援はできないが、当社の業務であるソフトウェア関係の取引であれば協力できるとA社に伝えた。
> 　そこで、A社は、A社がB社に委託し、既に完了しているデータ入力業務について、当社がA社とB社との間に入る形で発注するので、B社からの仕入として、A社に代わってB社に業務委託料を支払うよう当社に依頼した。
> 　そして、当社はこれを了承し、B社に対してデータ入力業務の代金を支払い、これをB社に対する仕入として計上するとともに、A社に対する売上と、この売上に係る売掛金を計上した。
> 　しかし、上記取引の実態は、A社のB社に対する債務を、当社が代わりに返済するために捏造した架空の取引であり、当社のB社への支払についても、実態はA社のB社に対する債務を当社が立替払いしたものであった。
> 　この実質上の立替金については、A社は資金繰りに窮して返済が滞るなどの状況にあり、経営実態等から回収は困難であったことから、第A期中間期において、未回収の全額について貸倒引当金を計上する必要があったが、当社は売掛金として計上したままで、実質上の立替金に対して貸倒引当金を計上していなかった。
>
> ```
>    データ入力の発注                業務委託料名目の支払
>     （架空取引）    →  当社  →     （実質上の立替）
>
>       A社    ←────────── B社
>                  債務
> ```

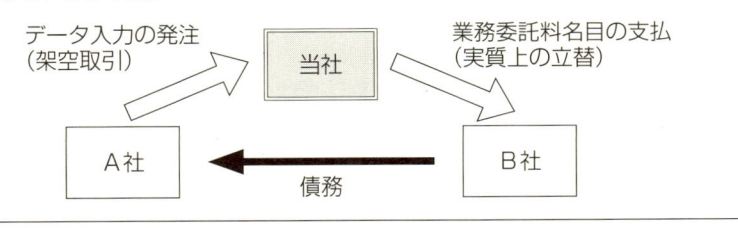

※手口の詳細については「調査委員会の調査結果報告及び過年度決算の訂正について」（株式会社リミックスポイント、平成22年5月14日）を参照のこと。

・リンコーコーポレーション事案（課徴金事例集平成23年6月・事例30）

(1) 前渡金に係る損失の不計上及び貸倒引当金の過少計上

　当社の子会社A社は、機械の販売会社であるB社の海外窓口として、B社から機械（製袋機）を仕入れ、それを海外の顧客に販売していたが、その際、B社との取決めにより、海外販売先との販売契約が締結された段階で、当該機械の製造資金に充てることを前提に、契約金額の90％相当の金額を、手形を振り出すことによりB社に資金を前渡ししていた。

　しかし、A社は、B社の業績が悪化し、当該前渡金をB社が自己の資金繰りに流用し、機械が製造されていないことを第A期末までに知った。このため、A社は、販売契約先から損害賠償請求を受けることを回避するため、B社に別途資金支援を行い、これを前渡金名目で追加計上するとともに、B社に機械を製造させることにした。

　本件について、本来A社は、

① 従前からの前渡金については、B社が資金を流用していたことを知り、もはや当該前渡金では機械を製造することはできないと認識した時点で損失として処理すべきであるところ、これを行わず、

② 前渡金名目で追加計上した資金については、本来はB社に対する支援目的で支出したものであることから、金銭債権（貸付金）と認められるところ、当社は、その支出時点で既に回収が困難なことを認識していたにもかかわらず、追加で支払った資金について貸倒引当金を計上しなかった。

(2) 貸倒引当金の過少計上

　A社は、機械（製袋機）の国内向け販売に当たり、C社から機械を仕入れ、B社に販売するという取引を行っていたが、当該取引において、B社が、A社への債務（買掛金）の返済に充てるべき資金を自己の資金繰りに流用するなどしたことから、A社のB社に対する売掛債権の回収が困難になった。A社は、そのような状況を認識していたにもかかわらず、B社に対する売掛債権について貸倒引当金を計上しなかった。

(3) 貸倒引当金の過少計上

　A社は、製袋機を製造するC社に対して、海外企業から機械部品（製袋機の部品）を輸入して販売する取引を行っていたが、B社の資金繰りの悪化に伴い、B社に製袋機の受注や資金繰り等の実質的な業務運営を依存していたC社に対するA社の売掛債権も回収が困難になった。A社は、そのような状況を認識していたにもかかわらず、C社に対する売掛債権について貸倒引当金を計上しなかった。

【機械の輸出取引】

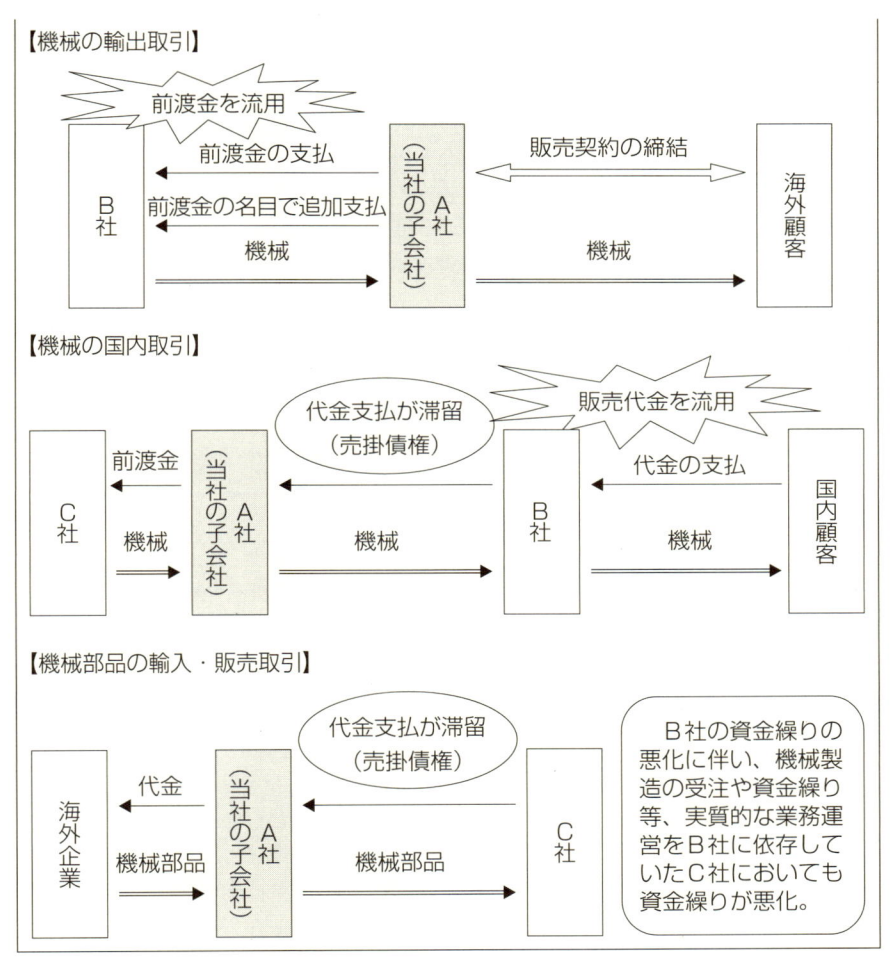

B社 ←前渡金の支払― (当社の子会社)A社 ←販売契約の締結→ 海外顧客
前渡金を流用
B社 ←前渡金の名目で追加支払― A社
B社 ―機械→ A社 ―機械→ 海外顧客

【機械の国内取引】

C社 ←前渡金― (当社の子会社)A社 ←機械― B社 ←代金の支払― 国内顧客
C社 ―機械→ A社 ―機械→ B社 ―機械→ 国内顧客
代金支払が滞留（売掛債権）
販売代金を流用

【機械部品の輸入・販売取引】

海外企業 ←代金― (当社の子会社)A社 ←機械部品― C社
海外企業 ―機械部品→ A社
代金支払が滞留（売掛債権）

B社の資金繰りの悪化に伴い、機械製造の受注や資金繰り等、実質的な業務運営をB社に依存していたC社においても資金繰りが悪化。

※手口の詳細については「当社連結子会社における不適切な経理処理に関する調査結果等について及び当社代表取締役会長辞任のお知らせ」（株式会社リンコーコーポレーション、平成22年9月10日）を参照のこと。

・ディー・ディー・エス事案（課徴金事例集平成24年7月・事例18）

(1) 当社は、指紋認証機器等の販売や、ソフトウェアの受託開発を主な事業としていた。当社は、海外投資の失敗や、販売事業に係る売掛金の回収不能によって、多額の損失発生が見込まれる状況にあった。

(2) 当社は、A社に指紋認証機器を掛けで販売した。当社は、この売掛金を回収するに当たりA社の資金繰りが逼迫していたことから、A社への支援として、A社から指紋認証機器等を購入するよう、当社の取引先であるB社に依頼した。

　　B社は、依頼に応じ、A社から指紋認証機器等を購入した。A社は、B社から支払われた販売代金を当社に支払うことにより、当社はA社から売掛金を回収した。

　　当社は、売掛金の回収に協力したB社に対して、回収に要した資金を補填するため、B社に虚偽の見積書や預かり証などを作成させるなどして、当社がB社から棚卸資産を購入したかのように装って手形を振り出し、資金を補填していた。

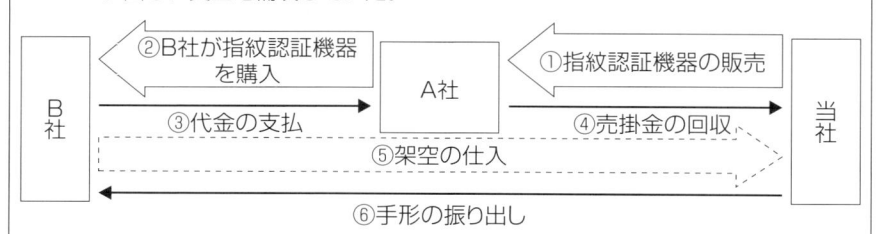

```
                  ②B社が指紋認証機器
                      を購入              ①指紋認証機器の販売
   ┌───┐  ←──────────  ┌───┐  ←──────────  ┌───┐
   │ B │        ③代金の支払        │ A │        ④売掛金の回収        │ 当 │
   │ 社 │  ──────────→  │ 社 │  ──────────→  │ 社 │
   │   │           ⑤架空の仕入                              │   │
   │   │  ←──────────────────────────────────  │   │
   │   │           ⑥手形の振り出し                          │   │
   └───┘  ──────────────────────────────────→  └───┘
```

(3) 当社は、上記棚卸資産の取得取引だけでは、B社に対する資金補填に足りなかったため、B社を通じて、当社の子会社から携帯電話部品を仕入取引先に販売するに当たり、虚偽の証憑を作成するなどしてB社から検査装置を仕入れたかのように偽装して、B社に手形を振り出した。

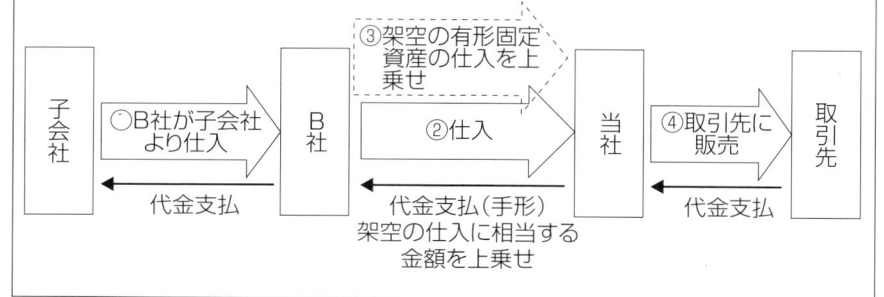

```
                                    ③架空の有形固定
                                     資産の仕入を上
                                        乗せ
   ┌───┐  ①B社が子会社  ┌───┐    ②仕入    ┌───┐  ④取引先に  ┌───┐
   │ 子 │    より仕入    │ B │  ──────→  │ 当 │    販売    │ 取 │
   │ 会 │  ──────→  │ 社 │            │ 社 │  ──────→  │ 引 │
   │ 社 │                │   │            │   │            │ 先 │
   └───┘   代金支払    └───┘ 代金支払(手形)└───┘   代金支払   └───┘
                              架空の仕入に相当する
                                 金額を上乗せ
```

※手口の詳細については「(訂正)「過年度決算短信、四半期決算短信、有価証券報告書、四半期報告書及び有価証券届出書の訂正について」の訂正について」(株式会社ディー・ディー・エス、平成22年11月19日)を参照のこと。

・SBIネットシステムズ事案(課徴金事例集平成24年7月・事例19)

(1) 情報セキュリティ製品の販売、ライセンス許諾を主な事業としていた当社は、東証マザーズ市場に上場後、2期連続で赤字となっていた。また、多額の社債を発行していたこともあり、当社は、赤字決算回避に対する重圧から、以下(2)、(3)、(4)に挙げる行為を行った。
(2) 省略
(3) 省略
(4) 当社は、D社に対し貸付けを行っていたが、D社は資金繰りが悪化していた。当社は、返済期限を延長したが、その後も返済はなされず、事業年度末が迫っても依然として返済の目途が立っていなかった。貸倒引当金を計上することを危惧した当社は、当社が出資していた投資事業組合の組合員からD社へ資金を貸し付け、その資金を一旦当社へ返済させた後、あらためて当社からD社に同額の貸付けを行い、返済が行われたかのように見せかけた。

※手口の詳細については「外部調査委員会調査報告書の受領に関するお知らせ」(SBIネットシステムズ株式会社、平成22年12月10日)を参照のこと。

・fonfun事案(課徴金事例集平成24年7月・事例22)

3 事案の概要
(1) 当社の経営方針をめぐり、当時、当社の代表取締役であったAと、当社の大株主Bは対立していた。Bの当社への影響力を排除したいと考えていたAは、Bが保有する当社株式を手放す意向であるとの情報を得たことにより、知人である会社経営者Cに依頼し、Bが保有する当社株式を、Cに取得させようと考えた。
　Aの依頼に対してCは了解したが、Cが行うD社からの借入れだけでは資金が不足していたため、Aは、当社株式の取得資金に充てる目的で、C及びCが影響力を持つ法人(以下Cグループという。)に対して、ソフトウェアの開発委託等の名目等で、当社から資金を支出した。Cグループは、これらの資金によりBが保有する当社株式を全て取得した。

Aは当社の資金をCグループへ支出し、CグループはD社からの借入金と合わせてBから当社株式を購入した。

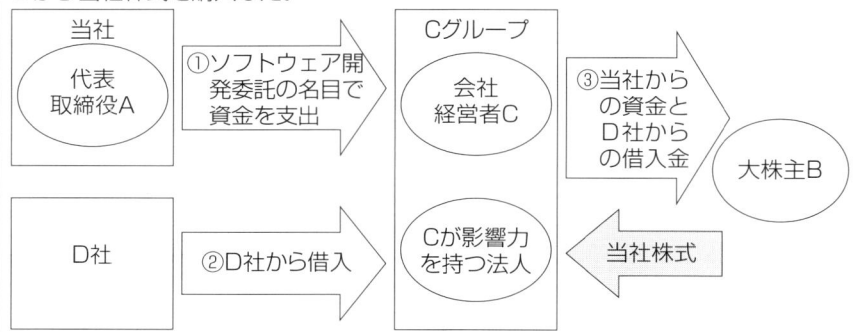

```
┌─────────────┐                      ┌─────────────┐
│  当社       │ ①ソフトウェア開      │  Cグループ  │ ③当社から
│  代表       │ 発委託の名目で       │  会社       │  の資金と
│  取締役A    │ 資金を支出           │  経営者C    │  D社から
└─────────────┘ ──────────→         └─────────────┘  の借入金  ┌─────────┐
                                                      ─────→    │ 大株主B │
┌─────────────┐                      ┌─────────────┐            └─────────┘
│             │                      │ Cが影響力   │  当社株式
│  D社        │ ②D社から借入         │ を持つ法人  │ ←─────
└─────────────┘ ──────────→         └─────────────┘
```

(2) その後、AはCから、資金繰りの悪化により、Cグループが株式取得の為に借り入れた資金の返済が困難になったとの知らせを受けた。

そこでAは、これらの状況を解決するため、再び当社の資金をCグループに提供することでこの問題を解決するとともに、最終的にCグループが保有する当社株式について、自分と当時の当社執行役員3名の名義によって当社株式を取得することを考えた。

当社は、Aの知人が経営するE社へ、ソフトウェアの開発委託等の名目で資金を支払い、この資金は、E社からA及び執行役員3名に提供された。

その後、A及び執行役員3名の名義により、当社株式の取得証拠金等の名目で、当該資金をCグループに支払い、CグループはD社からの借入金を返済した。

また、これにより、A及び元執行役員3名は、Cグループが保有する当社株式を取得した。

① Cは、資金繰りの悪化により、株式取得のため借り入れていた資金の返済が困難になっていることをAに相談した。

```
┌─────────────┐                              ┌─────────────┐
│ 会社経営者C │                              │             │
│ (資金繰り  │ ──────────────→             │ 代表取締役A │
│  悪化)     │                              │             │
└─────────────┘                              └─────────────┘
```

② Aは、再び当社の資金をCグループに提供することで、この問題を解決するとともに、最終的にCグループが保有する株式について、自分と当時の当社執行役員3名の名義によって当社株式を取得することを考えた。
当社は、会社Eへ、ソフトウェアの開発委託等の名目で資金を支払い、この資金は会社EからA及び執行役員3名に提供された。
その後、Aらの名義により、当該資金をCグループに支払い、Aらは、Cグループが保有する当社株式を取得した。

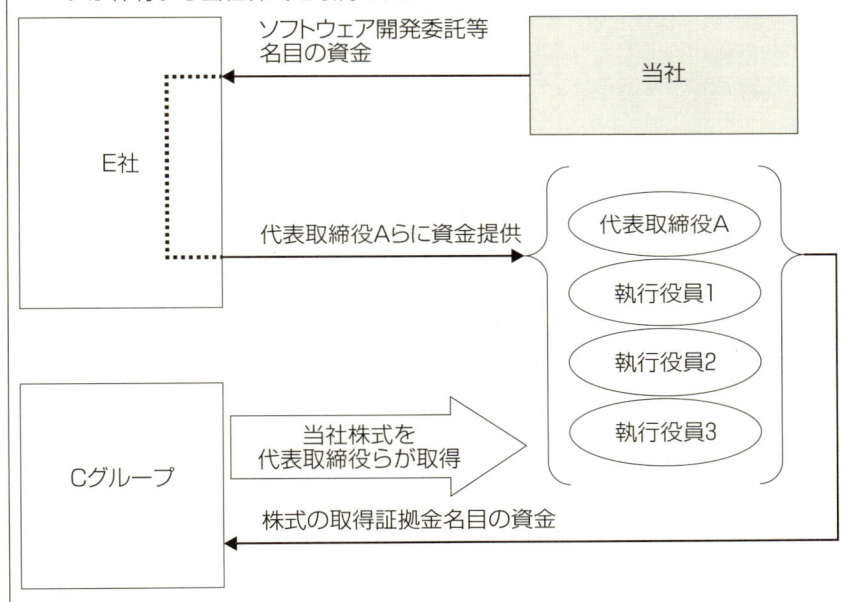

```
当社 ──ソフトウェア開発委託等名目の資金──→ E社
E社 ──代表取締役Aらに資金提供──→ 代表取締役A／執行役員1／執行役員2／執行役員3
Cグループ ──当社株式を代表取締役らが取得──→ 代表取締役ら
代表取締役ら ──株式の取得証拠金名目の資金──→ Cグループ
```

4 不適正な会計処理
(1) 貸倒引当金の過少計上
　　当社は、E社へのソフトウェアの開発委託名目等の支出について、ソフトウェア仮勘定として資産計上したが、当該ソフトウェアについて開発委託等が行われた事実は認められず、当該資金はCグループの借入金返済や、A及び執行役員3名による当社株式の取得代金に当てられることを目的として、Aが主導し、かつ、これらの者への出金であることを隠して行ったものであり、当社としてこれらの者に利益供与を容認した認識はなかったことから、会計処理上、当該支出はAに対する債権として長期未収入金を認識すべきものであった。
　　当該債権について、当社には具体的な回収計画がなく、また、Aらへの支出については事実を隠していたことを踏まえると、当時、Aに返済意思があったとは認められず、更に、Aには回収の対象となる明確な資力も認められなかったことから、回収が見込めないものとして、当該長期未収入金の全額に対して貸倒引当金を計上すべきところ、当

社はこれを行わなかった。
(2) 債務保証損失引当金の不計上
　　当社は、Ｃグループが他社から行った借入れについて、Ａの独断により債務保証を行っていたが、当社は、Ｃの資金繰りが悪化して当該借入金の返済が不可能になったことをＣから伝えられており、Ｃグループに代わって当該債務保証を履行する可能性が高いこと及び当該履行に伴う求償債権が回収不能となる可能性が高いことを認識していたにもかかわらず、債務保証損失引当金の計上を行わなかった。

※手口の詳細については「第三者調査委員会の調査結果に関するお知らせ」（株式会社ｆｏｎｆｕｎ、平成23年３月１日）を参照のこと。

・京王ズホールディングス事案（課徴金事例集平成24年７月・事例24）

3　事案の概要
(1)　当社の代表取締役であったＡは、当社が計上した架空売上の回収偽装に用いる資金の捻出や、Ａ自身の株式投資及び個人事業の資金に利用することなどを目的として、当社から、
① 架空の取引先に対する長期貸付金等の名目による出金や、
② 会計処理を経ない簿外での出金、
③ 既存又は架空の取引先に対する架空工事の発注に伴う工事代金等の名目での出金
などを行い、不正に資金を流出させていた。これらの不正な資金流出のために、当社は、見積書や預り書等の証憑を偽造していた。
　　また、当社は、Ａとの間で金銭消費貸借契約を締結して、Ａに資金を貸し付けていたが、上記の不正な手段で流出させた資金を含めて、当社において具体的な債権の回収計画はなかった。
4　不適正な会計処理
(1) 貸倒引当金繰入額の過少計上
　　当社のＡに対する債権は、発生当時から当社において具体的な回収計画がなく、また、Ａも具体的な返済計画がないことに加え、継続的に不正行為の隠蔽や証憑偽造などが行われており、Ａに返済意思があったとは認められない。これらのことから、当社は、回収不能となる可能性が高いものとして貸倒引当金を計上すべきであった。

※手口の詳細については「第三者調査委員会による最終報告書の公表について」（株式会社京王ズホールディングス、平成23年11月17日）を参照のこと。

【退職給付引当金の不計上・過少計上】

・東日本ハウス事案（課徴金事例集平成20年6月・事例33）

> 当社は、退職給付制度について、信託銀行に退職給付債務の数理計算業務を委託していたところ、退職給付制度を改定した際、信託銀行に提出した退職給付債務額等の算定の基礎となるデータの一部に誤りがあった。そして、信託銀行が、当該データを使用して退職給付債務額を計算したため、退職給付債務の額が過少に計算され、退職給付債務の額から年金資産の額を控除して計算する退職給付引当金が過少に計上された。

※課徴金事案の第1号事案

【債務保証損失引当金の不計上・過少計上】

・デザインエクスチェンジ事案（課徴金事例集平成23年6月・事例25）

> (2) 債務保証損失引当金の不計上
> 当社は、当社の取引先であるA社の資金繰りが悪化したことから、第A期に、A社の借入金の担保として当社の約束手形を振り出し、A社から借入先のB社に裏書譲渡させることで、A社借入金に対して実質的な債務保証を行った。その後、A社の借入金の返済が不能となったことから、当該決算期後に、B社との間で金銭消費貸借契約を締結するなどして、当社がA社に代わって当該借入金の債務を負うこととした。
> 当社は、第A期において、当該債務保証に係る引当金を計上していないが、修正後発事象として、本件債務保証の発生時期である第A期において、債務保証損失に係る引当金を計上する必要があった。

※手口の詳細については「第三者調査委員会の調査報告と過年度決算の訂正概要のお知らせ」（デザインエクスチェンジ株式会社、平成22年9月10日）を参照のこと。

【減価償却費の不計上・過少計上】

・日特建設事案（課徴金事例集平成20年6月・事例32）

> 当社の連結子会社の役員は、利益を過大に計上するため、当該連結子会社について、①リース資産の減価償却費の過少計上、②リース収入（売上）の架空計上を行うとともに、その見合いとして架空のリース資産を計上した。そして、同役員は、監査法人の監査にあたり、リース資産台帳の該当ページを抜き取り、リース資産の架空計上を隠蔽していた。

※子会社役員からの報告により発覚。

・フタバ産業事案（課徴金事例集平成22年6月・事例34）

> (1) マフラー等の製品生産のための金型等を製作した場合、その製作に要した労務費・材料費などの製造原価は、製品の量産開始時までは建設仮勘定に計上し、量産開始時に固定資産に振り替えて減価償却を開始することとされていたが、量産を開始したにもかかわらず、固定資産への振替処理を行わずに建設仮勘定に計上したままとなっていた。

※本件発覚の端緒は、監査法人からの指摘であった[197]。本件手口の詳細については、「社内調査委員会の調査報告書について」（フタバ産業株式会社、平成21年3月10日）を参照のこと。

6．減損損失の不計上・過少計上

(1) 手口の概要

　不正会計の手口としての「減損損失の不計上・過少計上」は、固定資産に係る減損損失を計上しない、あるいは、過少計上することにより、損益計算書上の利益を水増しする方法である。なお、ここでは架空資産としての固定資産ではなく、実際の資産としての固定資産を前提とする。また、固定資産以外のその他の資産に係る減損処理に関しては、「評価損の不計上・過少計上」において取り扱う。

　当該手口は、故意に、①期末時点等における固定資産の減損に係る兆候を把握しない、あるいは、②減損の兆候を把握した場合であっても減損損失を認識しない、ないしは過少に認識することにより、固定資産の減損損失の計上に係る会計処理を行わない、あるいは過少に計上するというものである。

　以下、固定資産の減損に係る会計処理の概要について説明する。

・固定資産の減損に係る会計処理

　固定資産に係る資産又は資産グループに①減損の兆候（減損が生じている可能性を示す事象）の有無を把握し、②減損の兆候がある場合には、減損損失を認識するかどうかの判定を行い、③さらに認識すべき減損損失がある場合には、

---

197 「過年度決算訂正の可能性に関するお知らせ」（フタバ産業株式会社、平成20年10月15日）

当該減損損失の額を測定し、④当該減損損失を原則として特別損失として計上する[198]。

・減損の兆候

　減損の兆候とは、例えば、次の事象が考えられる[199]。

① 資産又は資産グループが使用されている営業活動から生じる損益又はキャッシュ・フローが継続してマイナスとなっているか、あるいは、継続してマイナスとなる見込みであること
② 資産又は資産グループが使用されている範囲又は方法について、当該資産又は資産グループの回収可能性額を著しく低下させる変化が生じたか、あるいは生じる見込みであること
③ 資産又は資産グループが使用されている事業に関連して、経営環境が著しく悪化したか、あるいは、悪化する見込であること[200]
④ 資産又は資産グループの市場価格が著しく下落したこと

・減損損失の認識

　減損の兆候がある資産又は資産グループについての減損損失を認識するかどうかの判定は、資産又は資産グループから得られる割引前将来キャッシュ・フローの総額と帳簿価額を比較することによって行い、資産又は資産グループから得られる割引前将来キャッシュ・フローの総額が帳簿価額を下回る場合には、減損損失を認識する[201]。

・減損損失の測定

　減損損失を認識すべきであると判定された資産又は資産グループについては、帳簿価額を回収可能価額まで減額し、当該減少額を減損損失として当期の損失とする[202]。

---

198 「固定資産の減損に係る会計基準」（企業会計審議会、平成14年8月9日）
199 「固定資産の減損に係る会計基準」（企業会計審議会、平成14年8月9日）「二　1.減損の兆候」
200 資産又は資産グループが使用される範囲又は方法について生ずる当該資産又は資産グループの回収可能額を著しく低下させる変化とは、資産又は資産グループが使用されている事業を廃止又は再編成すること、当初の予定よりも著しく早期に資産又は資産グループを処分すること、資産又は資産グループを当初の予定とは異なる用途に転用すること、資産又は資産グループが遊休状態になったこと等をいう（固定資産の減損に係る会計基準注解（企業会計審議会、平成14年8月9日）注2）。
201 「固定資産の減損に係る会計基準」（企業会計審議会、平成14年8月9日）「二　2.減損損失の認識」

・のれんについて

　のれんを認識した取引において取得された事業の単位が複数である場合には、のれんの帳簿価額を合理的な基準に基づき分割し、分割されたそれぞれののれんに減損の兆候がある場合に、減損損失を認識するかどうかの判定は、のれんが帰属する事業に関連する複数の資産グループにのれんを加えた、より大きな単位で行う。

　のれんを含む、より大きな単位について減損損失を認識するかどうかを判定するに際しては、のれんを含まない各資産グループにおいて算定された減損損失控除前の帳簿価額にのれんの帳簿価額を加えた金額と、割引前将来キャッシュ・フローの総額とを比較するが、この場合に、のれんを加えることによって算定される減損損失の増加額は、原則として、のれんに配分する。

　のれんの帳簿価額を当該のれんが帰属する事業に関連する資産グループに合理的な基準で配分することができる場合には、のれんの帳簿価額を各資産グループに配分したうえで減損損失を認識するかどうかを判定することができる。この場合に、各資産グループについて認識された減損損失は、のれんに優先的に配分し、残額は、帳簿価額に基づく比例配分等の合理的な方法により、当該資産グループの各構成資産に配分する[203]。

（2）発見の端緒と調査方法

1 端緒としての違和感

　不正会計の手口としての「減損損失の不計上・過少計上」は、期末等の時点における事実に基づき、固定資産に係る減損の兆候の把握、減損損失の認識及び減損損失の測定を行った結果、当該固定資産に係る減損損失を計上しなければならないところ、当該事実を故意に認識しないことにより、固定資産に係る減損損失を計上しない、あるいは過少に計上する手口である。

　したがって、当該手口による不正会計の端緒を把握するためには、固定資産等

---

202 「固定資産の減損に係る会計基準」（企業会計審議会、平成14年8月9日）「二　3．減損損失の測定」
203 以上、「固定資産の減損に係る会計基準」（企業会計審議会、平成14年8月9日）「二　8．のれんの取扱い」

の残高について検討することにより行われることとなる。

・多額の固定資産の計上

　固定資産の期末時点等の残高の総資産に占める割合が高い場合や、残高の推移が増加傾向にある場合には、その他の不正会計の手口を想定するとともに、「減損損失の不計上・過少計上」の可能性も併せて想定することとなる。

　具体的には、固定資産の総資産に占める割合が高い、ないしは残高の推移が増加傾向にある場合は、「売上の架空計上（仮装取引を伴うもの−資金循環取引）」、「売上の架空計上（仮装取引を伴うもの−資金循環取引以外)」等が想定されることとなるが、併せて固定資産に係る「減損損失の不計上・過少計上」も想定する必要がある。

　その上で、さらに財務分析等や基礎的な事実確認等を行うことにより、より具体的に想定される手口を限定する、あるいは、複数の手口の可能性を想定し、具体的な事実解明を行うこととなる。

・多額ののれんの計上

　のれんの場合も固定資産の場合と同様に、その期末時点等の残高の総資産に占める割合が高い場合や、残高の推移が増加傾向にある場合には、その他の不正会計の手口を想定するとともに、「減損損失の不計上・過少計上」の可能性も併せて想定することとなる。

　具体的には、のれんの総資産に占める割合が高い、ないしは残高の推移が増加傾向にある場合は、「売上の架空計上（仮装取引を伴うもの−資金循環取引）」、「売上の架空計上（仮装取引を伴うもの−資金循環取引以外)」等が想定されるが、併せてのれんに係る「減損損失の不計上・過少計上」も想定する必要がある。

　その上で、さらに財務分析等や基礎的な事実確認等を行うことにより、より具体的に想定される手口を限定する、あるいは、複数の手口の可能性を想定し、具体的な事実解明を行うこととなる。

2　結論としての納得感

　財務分析等により「減損損失の不計上・過少計上」を手口とする不正会計の兆候を把握した場合には、結論としての納得感を得るために、不正会計の兆候が事実か否かを見極めるための事実確認を行うこことなる。

・固定資産（含むのれん）に係る減損損失の把握及び計算過程の検証

　固定資産（含むのれん）に係る減損損失の不計上・過少計上が行われる場合、基本的は、減損の兆候の把握、減損損失の認識及びその測定の過程で、恣意的にその認識及び算定がされることになる。

　したがって、こられの算定過程等に係る根拠の有無を把握するとともに、当該根拠の適切性について検証することとなる。

（3）　事例

「減損損失の不計上・過少計上」を手口とした主な不正会計の事例は、以下のとおりである。

【有形固定資産に係る減損損失の不計上・過少計上】

・東日カーライフグループ事案（課徴金事例集平成20年6月・事例31）

> 　また、固定資産（営業所建物等）の減損処理について、上記の不正経理（注：子会社における売上原価及び販売費及び一般管理費の過少計上）を把握しないまま立てた事業計画に基づき、十分な将来利益あるいはキャッシュフローが見込めると判断し、減損の兆候はないものとして、減損損失を計上していなかった。

・日本ビクター、JVC・ケンウッド・ホールディングス事案（課徴金事例集平成23年6月・事例23）

> （3）　減損損失の不計上
> 　当社は、固定資産（建物、金型、機械等）についての減損の兆候を判断する際に、販売子会社における不適正な会計処理を適切に把握していなかったことから、減損の兆候の認識が遅れ、本来計上すべき減損損失が計上されなかった。

※手口の詳細については「調査委員会報告と過年度決算の訂正概要、平成22年3月期第3四半期の四半期報告書の提出遅延および監理銘柄（確認中）指定の見込みに関するお知らせ」（JVC・ケンウッド・ホールディングス株式会社、平成22年2月8日）を参照のこと。

【のれんに係る減損損失の不計上・過少計上】

・メビックス、エムスリー事案（課徴金事例集平成23年6月・事例21）

> (2) のれんの過大計上
> 　B社（注：エムスリー）は、A社（注：メビックス）を連結子会社化したことに伴い、第B期第1四半期以降の連結財務諸表において、A社株式の取得価額（買収金額）とA社の純資産額の持分相当額との差額をのれんとして資産計上していた。
> 　この買収金額は、A社の訂正前の財務諸表（注：売上の前倒し計上）を前提として算出されていたため、過大なものとなっていたが、B社は、A社による上記不適正な会計処理が発覚した際に、A社株式の評価額を減少させずに、A社の純資産額分を減少し、他方で、のれんの金額を増加させる訂正報告を行っていた。
> 　しかし、B社は、A社による不適正な会計処理が発覚した時点で、A社株式の買収金額はA社の企業価値に比して過大であり、A社の超過収益力を含む企業価値は毀損していたと認識していたことから、個別財務諸表上は子会社であるA社株式の評価減を行う必要があり、また、連結財務諸表上はのれんに係る減損（評価損）損失を計上する必要があった。

※手口の詳細については「当社子会社メビックス株式会社の過去決算に係る調査結果について」（エムスリー株式会社、平成22年4月21日）を参照のこと。

【その他資産に係る減損損失の不計上・過少計上】

・デザインエクスチェンジ事案（課徴金事例集平成23年6月・事例25）

> (1) 減損損失の過少計上、著作権の過大計上
> 　当社は、当社が保有するコンテンツ資産（著作権）について、第A＋1期に取得価額の50％の減損処理を行っているが、当該コンテンツ資産については、①当該コンテンツ関連事業が第A期以降2期連続で赤字であり、②今後収益が獲得できる合理的な事業計画もなく、また、③当該コンテンツが当社債務の担保として供されており、早期に売却できる可能性も乏しいことなどから、当該資産に使用価値及び回収可能額を認めることはできず、第A＋1期末において全額を減損処理すべきであった。
> 　また、同様に、当社の上記以外の長期前払費用（技術使用許諾料及びプロジェクト運営費）等の資産についても、今後収益が獲得できる合理的な事業計画がないなどから、減損処理を行うべきであったにもかかわらず、これを行っていなかった。

※手口の詳細については「第三者調査委員会の調査報告と過年度決算の訂正概要のお知らせ」(デザインエクスチェンジ株式会社、平成22年9月10日)を参照のこと。

7．特別損失の不計上・過少計上

(1) 手口の概要

不正会計の手口としての「特別損失の不計上・過少計上」は、特別損失[204]として当期の期間損益に帰属させなければならない事実が発生したにもかかわらず、故意に、当該事実を認識せずに損失を計上しない、あるいは、当該事実の発生は認識したが過少に損失計上することにより、損益計算書の利益を水増しする方法である。

(2) 発見の端緒と調査方法

① 端緒としての違和感

特別損失は、売上原価及び販売費及び一般管理費等の通常の営業活動に伴い発生する費用以外の費用であって、当期に発生した事実に基づき認識・計上すべき臨時かつ巨額の損失である。

したがって、「特別損失の不計上・過少計上」は、基本的には特別損失の簿外処理であり、それゆえに財務諸表上の兆候として表れにくい手口である。したがって、当該手口の端緒を把握するためには、会社の実態をいかに把握するかという点に尽きることとなる。

なお、特別損失が計上されている場合であっても、当期の損益や財政状態の状況によっては、過少計上の疑義が生じることがある。例えば、継続企業の前提に関する注記を避けるため(重要な当期純損失の計上)、ないしは債務超過を避けるため等の不正会計の動機が存在すると思料される状況においては、「特別損失の過少計上」の可能性に留意すべきである。

---

[204] 特別損失については、「第三部 不正会計－早期発見とその対応 第3章 財務諸表を利用した不正会計の端緒の把握 3 主な資産の読み方 5．その他 (2) 損益から読む」を参照のこと。

2 結論としての納得感

　財務分析等により「特別損失の不計上・過少計上」を手口とする不正会計の兆候を把握した場合には、結論としての納得感を得るために、不正会計の兆候が事実か否かを見極めるための事実確認を行うこことなる。

・特別損失として計上すべき事実の把握

　会社の実態を把握する中で、特別損失として計上すべき事実を把握した場合には、当該事実の詳細、特別損失計上の要否、その判断に係る合理的根拠の有無及び当該根拠の適切性について検証することとなる。

・特別損失の過少計上

　損益計算書上、特別損失が計上されていたとしても、不正会計の動機（赤字の回避、継続企業前提に関する注記の回避、債務超過の回避等）から当該特別損失の計上が過少になされることが思料される場合には、当該特別損失に係る計上額の妥当性について検証することとなる。

(3) 事例

・アスキーソリューションズ事案（課徴金事例集平成20年6月・事例25）

> 　更に、当社は、大型システム開発プロジェクトに関して、顧客との折り合いが合わず、顧客から契約解除通知を受けたにもかかわらず、当該プロジェクトに係る仕掛品を特別損失として費用に計上せず、棚卸資産として計上し続け、棚卸資産が過大に計上された。

※当該手口の詳細については「過年度決算の一部訂正並びに平成20年3月期（第26期）半期報告書提出遅延に関するお知らせ」（株式会社アスキーソリュージョンズ、平成19年12月27日）を参照のこと。

・プラコー事案（課徴金事例集平成21年6月・事例49）

> (2) クレーム賠償金に係る不適正な処理
> 当社は、取引先A社から、販売した機械の品質等についてクレームを受け、実質的な賠償金としてA社にP円を支払うこと等を合意した。
> しかし、本来であれば「クレーム賠償金」としてP円全額を損失処理すべきところ、当社は、A社との間で実態のない技術提供契約を締結したとして試験研究費の名目でQ円を、A社から新たな設備を購入したとして設備の名目でR円をそれぞれ計上し、適切な会計処理を行わなかった（賠償金P円＝試験研究費名目Q円＋設備名目R円）。

・東京日産コンピュータシステム事案（平成23年6月課徴金事例集・事例28）

> ソフトウェア仮勘定に係る除却損失の過少計上
> 当社は、当社の販売管理システムを刷新するため、第A期の3期前に、A社に対して当該システムの開発を委託したが、A社による開発作業が遅延する一方で、当社はA社からの契約期間の延長や開発費用の増額に応じてきた。
> その後、A社が経営不振に陥ったため、当社は当該システムが完成しないことを懸念し、第A期中に、別の会社にこれまでの開発の成果物の検証を依頼したところ、A社の作業には基本設計等に問題が多く、システムとしての妥当性・正当性が確認できないとの報告がなされた。このため、当社は、A社によるシステム開発を断念し、新たに別の会社にシステム開発委託を変更するなどの方針を決定し、改めてシステム開発を全面的にやり直し、第A期の2期後に当該システムを完成させた。
> 当社は、第A期の会計処理において、A社等に対して支払ったシステム開発費用をソフトウェア仮勘定として資産計上していたが、このシステム開発は上記のとおりの状況にあり、この開発について資産としての価値は認められず、このため、当該ソフトウェア仮勘定について、その全額を除却する必要があったにもかかわらず、当社はこれを行わず、利益を過大に計上していた。

※当該手口の詳細については「第三者調査委員会調査報告書の調査報告と過年度決算の訂正概要のお知らせ」（東京日産コンピュータシステム株式会社、平成23年1月12日）を参照のこと。

5 連結はずし

　連結はずしもまた不正会計の手口として典型的なものである。

　不正会計の手口としての「連結はずし」は、基本的には、故意に、連結損益計算書の利益の水増し及び連結貸借対照表の債務超過の回避等を目的として、連結の範囲に含めるべき子会社又は関連会社を連結の範囲に含めないという方法により行われる。

　連結はずしの本質は、実質的な子会社等が有する損失等のリスク、ないしは親会社の損失等のリスクが、連結はずしが行われることにより、ないしは連結外の子会社等を利用して損失をとばすことにより、親会社の連結財務諸表に反映されなくなるということである。

　ここでは、連結はずしが行われる場合の手口としての
① 連結の範囲
② 子会社売却
③ 損失とばし
について説明する。

1．連結の範囲

(1) 手口の概要

　不正会計の手口としての「連結はずし」のうち「連結の範囲」は、一般に公正に妥当と認められた企業会計の基準に基づき子会社及び関係会社を判定し、連結の範囲を決定するところ、これを故意に、連結の範囲の決定に係る一般に公正妥当と認められた企業会計の基準等に基づかず恣意的に決定することにより、連結損益計算書の利益の水増し等をする方法である。

　以下、ここでは、子会社の判定に関する基準の概要について説明する。

・**親会社・子会社について**

　　親会社とは、他の企業の財務及び営業又は事業の方針を決定する機関（株主総会その他これに準ずる機関をいう。以下、「意思決定機関」という。）を支配して

いる企業をいい、子会社とは、当該他の企業をいう。親会社及び子会社又は子会社が、他の企業の意思決定機関を支配している場合における当該他の企業も、その親会社の子会社とみなす[205]。

・**他の企業の意思決定機関を実質的に支配している企業**

子会社の判定に係る「他の企業の意思決定機関を実質的に支配している企業」の判定基準は、原則として持株基準を採用しており、当該持株割合（自己の所有する当該子会社株式に係る持株（議決権）割合について、①50％超、②40％以上、50％以下、③40％未満）の区分に応じて、その他の支配要件と併せて判断することとなっており、その具体的な判定基準は、以下のとおりであるが、財務上又は営業上若しくは事業上の関係からみて他の企業の意思決定機関を支配していないことが明らかであると認められる企業は、この限りではない[206]。

① 自己の計算で所有する当該子会社に係る議決権割合が50％超の場合

他の企業（更生会社、破産会社その他これらに準ずる企業であって、かつ、有効な支配従属関係が存在しないと認められる企業を除く。以下に同じ。）の議決権の50％超を自己の計算において所有している企業

② 自己の計算で所有する当該子会社に係る議決権割合が40％以上、50％以下の場合

他の企業の議決権の40％以上、50％以下を自己の計算において所有している企業であって、かつ、次のいずれかの要件に該当する企業

ア 自己及び緊密な者又は同意している者とを合わせた議決権割合が50％超

自己の計算において所有している議決権と、自己と出資、人事、資金、技術、取引等において緊密な関係があることにより自己の意思と同一の内容の議決権を行使すると認められる者（以下、「緊密な者」という。）及び自己の意思と同一の内容の議決権を行使することに同意している者（以下、「同意している者」という。）が所有している議決権とを合せて、他の企業の

---

[205] 企業会計基準第22号「連結財務諸表に関する会計基準」（企業会計基準委員会、平成23年3月25日最終改正）第6項、財務諸表等規則第8条第3項
[206] 企業会計基準第22号「連結財務諸表に関する会計基準」（企業会計基準委員会、平成23年3月25日最終改正）第7項、財務諸表等規則第8条第4項

議決権の過半数を占めていること
　イ　役員要件
　　　役員若しくは使用人である者、又はこれらであった者で自己が他の企業の財務及び営業又は事業の方針の決定に関して影響を与えることができる者が、当該他の企業の取締役会その他これに準ずる機関の構成員の過半数を占めていること
　ウ　契約要件
　　　他の企業の重要な財務及び営業又は事業の方針の決定を支配する契約等が存在すること
　エ　資金調達要件
　　　他の企業の資金調達額（貸借対照表の負債の部に計上されているもの）の総額の過半について融資（債務の保証及び担保の提供を含む。以下同じ。）を行っていること（自己と出資、人事、資金、技術、取引等において緊密な関係にある者が行う融資の額を合せて資金調達額の総額の過半となる場合を含む。）
　オ　バスケット条項
　　　その他他の企業の意思決定機関を支配していることが推測される事実が存在すること
③　自己及び緊密な者又は同意している者の計算で所有する当該子会社に係る議決権割合が50％超の場合
　　自己の計算において所有している議決権（当該議決権を所有していない場合を含む。）と、緊密な者及び同意している者が所有している議決権とを合わせて、他の企業の議決権の過半数を占めている企業であって、かつ、上記の②のイからオまでのいずれかの要件に該当する企業

・緊密な者
　緊密な者とは、自己と出資、人事、資金、技術、取引等において緊密な関係があることにより自己の意思と同一の内容の議決権を行使すると認められる者をいう[207]。緊密な者に該当するかどうかについては、企業会計基準適用指針第22号「連結財務諸表における子会社及び関連会社の範囲の決定に関する適用指

針」（企業会計基準委員会、平成23年3月25日最終改正）（以下、「適用指針第22号」という。）第9項において、以下のとおり示している。

> 9．緊密な者に該当するかどうか両者の関係に至った経緯、両者の関係状況の内容、過去の議決権の行使の状況、自己の商号との類似性等を踏まえ、実質的に判断する。例えば、次に掲げる者は一般的に緊密な者に該当するものと考えられる。
> (1) 自己（自己の子会社を含む。以下(7)までについて同じ。）が議決権の100分の20以上を所有している企業
> (2) 自己の役員又は自己の役員が議決権の過半数を所有している企業
> (3) 自己の役員若しくは使用人である者、又はこれらであった者で自己が他の会社等の財務及び営業又は事業の方針の決定に関して影響を与えることができる者が、取締役会その他これに準ずる機関の構成員の過半数を占めている当該他の企業
> (4) 自己の役員若しくは使用人である者、又はこれらであった者で自己が他の企業の財務及び営業又は事業の方針の決定に関して影響を与えることができる者が、代表権のある役員として派遣されており、かつ、取締役会その他これに準ずる機関の構成員の相当数（過半数に満たない場合を含む。）を占めている当該他の企業
> (5) 自己が資金調達額（貸借対照表の負債の部に計上されているもの）の総額の概ね過半について融資（債務保証及び担保の提供を含む。以下同じ。）を行っている企業（金融機関が通常の取引として融資を行っている企業を除く。）
> (6) 自己が技術援助契約等を締結しており、当該契約の終了により、事業の継続に重要な影響を及ぼすこととなる企業
> (7) 自己との間の営業取引契約に関し、自己に対する事業依存度が著しく大きいこと又はフランチャイズ契約等により自己に対し著しく事業上の拘束を受けることになる企業
>
> なお、上記以外の者であっても、出資、人事、資金、技術、取引等における両者の関係状況からみて、自己の意思と同一の内容の議決権を行使すると認められる者は、「緊密な者」に該当することに留意する必要がある。
>
> また、自己と緊密な関係にあった企業であっても、その後、出資、人事、資金、技術、取引等の関係について見直しが行われ、自己の意思と同一の内容の議決権を行使するとは認められない場合には、緊密な者に該当しない。

---

207 企業会計基準第22号「連結財務諸表に関する会計基準」（企業会計基準委員会、平成23年3月25日最終改正）第7項、財務諸表等規則第8条第4項

この他、「連結財務諸表における子会社及び関連会社の範囲の決定に関する監査上の留意点についてのＱ＆Ａ」（日本公認会計士協会監査・保証実務委員会、平成24年3月22日最終改正）（以下、「連結範囲Ｑ＆Ａ」という。）Ｑ6においては、

> また、出資に関して自己が議決権の100分の20以上を所有していないが関連会社に該当している会社や自己の役員の親族等についても、一般的には、「緊密な者」に該当するものと解されます。

とする。

なお、連結の範囲の検討の対象となる事業体が、投資事業組合である場合の緊密な者に関しては、実務対応報告第20号「投資事業組合に対する支配力基準及び影響力基準の適用に関する実務上の取扱い」（企業会計基準委員会、平成23年3月25日最終改正）（以下、「実務対応報告第20号」という。）Ｑ1において、以下のとおりとする。

> 緊密な関係の有無については、両者の関係に至った経緯、両者の関係状況の内容、過去の業務執行の権限の行使の状況、自己の商号との類似性等を踏まえ、実質的に判断する。さらに緊密な者には、これまで自己と関係がない場合でも、自己と投資事業組合、緊密な者に該当すると考えられる者との関係状況からみて、自己の意思と同一の内容の業務執行の権限を行使すると認められる者を含み、また、企業以外に、出資者である会社の役員若しくは使用人である者、又はこれらであった者など、当該出資者である会社の意向に沿って当該出資事業組合の業務執行の権限を行使すると認められる個人を含むことに留意する必要がある。

さらに、投資事業組合の業務執行組合員に係る緊密な者の判定に当たっては、連結範囲Ｑ＆ＡのＱ18において、以下の留意点を示している。

> 以下のようなケースの場合は、業務執行組合員が、企業の「緊密な者」及び「同意している者」となる可能性があるため、監査上、留意する必要があります。
> (1) 企業の代表権のある役員やその他の役員（これらであったものを含む。）が設立した会社又は組合が、企業が投資する投資事業組合の業務執行者又は資金拠出者となる例
> (2) 形式的な業務執行者として、弁護士や会計事務所等が就任している例

> 特に、(1)の代表権のある役員やその他の役員が設立した会社又は組合が、企業が投資する投資事業組合の業務執行者又は資金拠出者となるケースなどにおいては、代表権のある役員の個人としての取引と企業の取引の峻別が難しく、監査上のリスクがより高くなると判断されるため、慎重な対応が必要となります。

・**同意している者**

同意している者とは、自己の意思と同一の内容の議決権を行使することに同意している者をいう[208]。同意している者に該当するかどうかについては、適用指針第22号第10項において、以下のとおり示している。

> 同意している者は、契約や合意等により、自己の意思と同一内容の議決権を行使することに同意していると認められる者が該当する。

この他、連結範囲Q&AのQ6においては、

> (2) 「同意している者」に該当するか否かの判断に当たっては、必ずしも文書によって同意していることが条件ではなく、財務諸表提出会社との関係状況の内容等から実質的に判断することが必要です。

とする。

なお、連結の範囲の検討の対象となる事業体が、投資事業組合である場合の同意している者に関しては、実務対応報告第20号のQ1において、以下のとおりとする。

> また、「同意している者」とは、自己の意思と同一の内容の業務執行の権限を行使することに同意していると認められる者(個人を含む。)をいう。

なお、投資事業組合の業務執行組合員に係る同意している者の判定に当たっての連結範囲Q&Aにおける留意点は、緊密な者に同じである。

---

208 企業会計基準第22号「連結財務諸表に関する会計基準」(企業会計基準委員会、平成23年3月25日最終改正)第7項、財務諸表等規則第8条第4項

（2） 発見の端緒と調査方法
1 端緒としての違和感

不正会計の手口としての「連結の範囲」に係る連結はずしは、連結の範囲の判定に係る会計基準の恣意的な適用、ないしは、当該基準に該当しない実態を仮装するための仮装行為等を伴う方法により行われる。

財務諸表等に表れる当該手口の兆候は、以下のとおりである。

・**貸付金について**

「連結の範囲」に係る連結はずしが行われる場合、赤字子会社や債務超過の子会社を連結の範囲に含めないことにより連結損益計算書の利益の水増しや連結貸借対照表の債務超過の回避等を目的として行われる。

この場合、連結はずしの対象となる実質子会社においては、業績や財政状態等が悪化していることから、資金繰りの状況も悪化していることが多い。したがって、親会社からの資金調達に実質的に依存している場合が多く、例えば、連結子会社を経由して、あるいは直接に実質的な子会社に対して資金の貸付けを行っていることがある。この場合、親会社の貸借対照表においては、多額の貸付金が計上されることとなる[209]。

なお、多額の貸付金の計上は、「架空売上の計上（仮装取引を伴うもの－資金循環取引）」、「架空売上の計上（仮装取引を伴うもの－資金循環取引以外）」、「引当金の不計上・過少計上」及び「背任的支出」等の不正会計の手口が想定されることから、当該手口と併せて不正会計の可能性を前提に、さらに詳細な財務分析等を行うこととなる。

・**関連当事者との取引**

関連当事者との取引に係る注記も当該手口の端緒となり得るものである[210]。多額の営業取引や資金取引等が行われている関連当事者がある場合には、当該手口を想定し、さらに詳細な検討を行うこととなる。

---

[209] サンビシ事件では、貸借対照表上の貸付金残高は、期末においては、一時的に返済されていたことから、その計上額はその他の資産と比較して多額ではなかったが、期中においては、多額の貸付金残高が計上されていた。

[210] サンビシ事件では、関連当事者との取引に係る注記において、連結はずしの対象となった実質子会社に対する多額の貸付取引が記載されていた。

・会社の実態に基づく判断

　その他会社の実態等に基づき、実質的な子会社であると思料される会社がある場合には、当該手口を想定し、さらに詳細な検討を行うこととなる。

② 結論としての納得感

　財務分析等により「連結の範囲」に係る連結はずしを手口とする不正会計の兆候を把握した場合には、結論としての納得感を得るために、不正会計の兆候が事実か否かを見極めるための事実確認を行うこことなる。

　なお、見極めのポイントとしては、子会社と想定される会社が破綻した場合に、何らかの損失が親会社に生じるかどうか、すなわち、親会社における損失リスクが、当該会社に移転されているか否かということが一つの重要な見極めのポイントとして挙げることができる。

・基準適用の適切性について

　多額の資金の貸付先や重要な関連当事者等であって連結子会社となっていない会社について、当該会社に係る株主構成、取締役会等の意思決定機関の構成、重要な契約の有無、資金調達の状況、財政状態及び経営成績及びその他の参考となる事項等を把握し、当該会社が子会社等に該当するか否かについての検討を行う。

・緊密な者、同意している者について

　親会社の所有する実質子会社の議決権割合が50％以下である場合においては、実質子会社のその他の株主について、緊密な者又は同意している者に該当するか否かが、連結の範囲の決定に当たって重要となる。したがって、実質子会社のその他の株主が、緊密な者及び同意している者に該当するか否かは、適用指針第22号等の基準において例示されている項目の内容等の趣旨に鑑み、必ずしも文言にとらわれることなく、実質的な判断が求められることとなる。

　また、不正会計の場合、これらの例示に該当する実態がないように装うための仮装行為等の可能性が想定されることから、会社及び当該実質子会社の財政状態及び経営成績等や不正会計の動機の有無等を考慮したうえで、慎重な対応が求められることとなる。

　例えば、実質子会社のその他の株主に関して、実態は緊密な者又は同意して

いる者であるにもかかわらず、親会社との関係がない者の名義借りをしているような場合や、自己の計算で保有している議決権に関してダミー会社に保有させることによりその実態を明らかにしない場合等も考えられることから、見極めの判断に当たって必要な場合には、当該その他の株主に対するヒアリング等の実施も検討すべきである。

なお、この場合、その他の株主に対するヒアリングの実施に関して、会社が抵抗する場合には、不正会計の発覚を避けるための抵抗である場合も想定されることから、安易に会社の主張を受け入れず、その結論に関して納得感が得られるまで調査を実施することが大事である。

・その他の留意事項

その他、親会社が所有する実質子会社の議決権割合がゼロの場合、ゼロ連結となることから連結損益計算書に与える影響が軽微だとして安易に判断してはならない。当該実質子会社が、多額の債務超過の状態である場合には、親会社の連結貸借対照表に重要な影響を与える場合があることに留意すべきである。

(3) 事例

不正会計の手口としての「連結はずし（連結の範囲）」を手口とした主な過去の事例は、以下のとおりである。

なお、犯則（刑事）事件としては、カネボウ事件、ライブドア事件、サンビシ事件がある。

・日興コーディアルグループ事案（課徴金事例集平成20年6月・事例28）

○ 子会社がその株式のすべてを所有して実質的に支配している孫会社を、連結の範囲に含めなかったことについて

　当社（A株式会社）は、その連結子会社B社が株式の全部を保有する孫会社C社を通じてK社を買収したところ、「連結財務諸表における子会社及び関連会社の範囲の決定に関する監査上の取扱い」（日本公認会計士協会監査委員会報告第60号）2⑹⑥において「財務諸表提出会社であるベンチャーキャピタルが営業取引としての投資育成目的で他の会社の株式を所有している場合には、支配していることに該当する要件を満たすこともあるが、その場合であっても、当該株式所有そのものが営業の目的を達成するためであり、傘下に入れる目的で行われていないことが明らかにされたときには、子会社に該当しないものとして取り扱うことができる。」（以下「VC条項」という。）とされているとして、C社をA社の連結の範囲に含めていなかった。しかし、連結財務諸表の用語、様式及び作成方法に関する規則第5条第1項は、「連結財務諸表提出会社は、そのすべての子会社を連結の範囲に含めなければならない。」と規定し、財務諸表等の用語、様式及び作成方法に関する規則（以下「財務諸表等規則」という。）第8条第3項は、「この規則において『親会社』とは、他の会社等…の財務及び営業又は事業の方針を決定する機関…を支配している会社等をいい、『子会社』とは、当該他の会社等をいう。…子会社が、他の会社等の意思決定機関を支配している場合における当該他の会社等も、その親会社の子会社とみなす。」と規定している。そして、同条第4項第1号は、「他の会社等の意思決定機関を支配している会社」に該当する場合として「他の会社等の議決権の過半数を自己の計算において所有している会社」を掲げている。したがって、本件のように、子会社B社が孫会社C社の株式の全部を保有している場合には、原則として、当該孫会社C社は連結の範囲に含まれる。

　なお、財務諸表等規則第8条第4項但書は、「財務上又は営業上若しくは事業上の関係からみて他の会社等の意思決定機関を支配していないことが明らかであると認められる会社は、この限りでない。」と規定し、他の会社の議決権の過半数を自己の計算において所有している場合であっても、これを連結の範囲に含めないことができる場合を定めているが、①C社は事務所も従業員もいないペーパーカンパニーであり、②C社の役員は全てB社の役職員が兼務しており、③C社はK社を買収するためにB社に利用されていたことなど、C社の実態に照らせば、B社がC社の意思決定機関を支配していたことは明らかであり、財務諸表等規則第8条第4項但書は適用されない。

ＶＣ条項は、財務諸表等規則第8条第4項但書が規定する「財務上又は営業上若しくは事業上の関係からみて他の会社等の意思決定機関を支配していないことが明らかであると認められる」場合の1つの例として、「財務諸表提出会社がベンチャーキャピタルであり、株式保有に伴う議決権の所有が意思決定機関の支配に該当していても、実質的に支配していないと考えられる場合を示したもの」（「新しい連結財務諸表制度解説」（日本公認会計士協会編）62頁）にすぎない。連結の範囲に含めるか否かは、判定の対象となる会社それぞれに、その意思決定機関を実質的に支配しているか否かを個別に検討するものであり、前述のとおり本件のＣ社の実態に照らせば、Ｂ社がＣ社の意思決定機関を支配していたと認められるため、Ａ社はＣ社を連結の範囲に含めなければならないと認定したものである。

〇　孫会社が発行し子会社が保有していた他社株券償還特約付社債券の発行日を偽るなどして子会社の会計帳簿等を作成し、本来計上できない当該社債券の評価益を計上したことについて
　他社株券償還特約付社債券（Exchangeable Bond、以下「ＥＢ債」という。）とは、あらかじめ定められた日において、所定の条件を満たす場合には、現金で償還されるのではなく、所定の銘柄の株券で償還される条項が付された社債券のことをいう。Ｃ社からＢ社に発行された本件ＥＢ債は、①取得者であるＢ社はいつでも一定の交換価格でＫ社の株式と交換できる権利（コールオプション）を保有し、②発行者であるＣ社は満期償還日に現金で償還するか、Ｋ社の株式で償還するかを選択できる権利（プットオプション）を保有するものであるところ、このようなＥＢ債については、金融商品会計基準上、それに組み込まれたデリバティブたるオプション部分を区分して時価評価し、評価差額を当期の損益として処理することになる。Ｃ社は、本件ＥＢ債がＸ日に発行されたとし、本件ＥＢ債とＫ株式との交換価額をＸ日の2日前のＫ株式の株価Ｐ円と設定していたところ、Ｂ社の決算期にはＫ株式の株価がＱ円まで上昇したことから、その差額をもとに本件ＥＢ債の評価益を計上した。しかし、調査の結果、本件ＥＢ債のスキームが最終的に決定されたのはＸ日ではなく、Ｋ株式の株価がＱ円近くまで上昇した後のＹ日頃であることが判明し、本件ＥＢ債評価益の計上が過大であると認められた。すなわち、Ｋ株式の株価が上昇した後にＥＢ債のスキームを最終的に決定しながら、本件ＥＢ債の評価益を計上するために、あたかも株価が上昇する前のＸ日にＥＢ債を発行したかのように発行日を遡って設定して会計帳簿等を作成し、本来計上できないＥＢ債評価益を不正に利益に計上したと認定したものである。

・トラステックスホールディングス事案（課徴金事例集平成21年6月・事例40）

> 　　当社は、貨物運送業務の委託先である委託事業主に貨物軽自動車を販売して売上を計上するとともに、その多くの場合、委託事業主は、当社が債務保証契約を締結している信販会社との間でオートローンを組んでいたが、
>
> (1)～(3)　省略
> (4)　連結対象とすべき会社等の連結対象からの除外
> 　　このほか、当社が業務提携等の契約を締結し、不適正な会計処理にも利用していた会社等について、当社の従業員が代表取締役に就任するなど、当社が実質的に支配し、連結対象にすべきものと認められるにもかかわらず、当社と直接の資本関係がないとして、連結の対象から除外していた。

※虚偽記載を理由として平成21年1月13日に大阪証券取引所市場第二部上場廃止[211]。手口の詳細については、「不適切な会計処理に関する特別調査委員会の最終報告について」（トラステックスホールディングス株式会社、平成20年11月20日）を参照のこと。

・フタバ産業事案（課徴金事例集平成22年6月・事例34）

> (5)　当社が出資するａ社から、当社の執行役員らに金融支援の要請があり、当該執行役員らは、正式な決裁手続を経ることなく、当社及び当社の子会社等を通じて資金を貸し付けたが、必要な引当処理等を行っていなかった。
> 　　また、当社が実質的に保有するａ社の議決権や、ａ社に対するこのような融資の実態に照らせば、当社は、ａ社を実質的に支配しているにもかかわらず、子会社と認識せず、子会社としての会計処理をしていなかった。

211　「上場廃止等の決定に関するお知らせ」（トラステックスホールディングス株式会社、平成21年1月13日）

・ビックカメラ事案（課徴金事例集平成22年6月・事例37）

> 当社は、
> ① a社について、当社の緊密者である前会長がその議決権のすべてを保有するとともに、同社の資金調達の大半について前会長が担保を提供し、さらに同社のすべての業務を当社が行う等、当社がa社の意思決定機関を支配しているにもかかわらず、出資者を当社とは無関係の第三者に装うことにより、a社が子会社に該当しないこととし、
> ② 当社の本店ビル及び本部ビルに係る不動産流動化スキームにおいて、当社のリスク負担割合について、その子会社であるa社が負うリスクを加えず、概ね5％の範囲内であるとして売却処理（オフバランス取引）を行うことにより、
> ③ 同スキームの終了に伴い、匿名組合清算配当金が発生することなく、これを当社の特別利益として計上することはできないにもかかわらず、匿名組合清算配当金が発生し、特別利益として計上することができる場合に該当するとして、匿名組合清算配当金を特別利益として過大に計上するなどしていたものである。

※手口の詳細については「調査委員会の調査報告（概要）および再発防止策の公表について」（株式会社ビックカメラ、平成21年2月20日）を参照のこと。

2．子会社売却

(1) 手口の概要

　不正会計の手口としての「子会社売却」による連結はずしは、子会社株式の売却を装うことにより、当該子会社を連結の範囲からはずす方法である。

　当該手口は、親会社と子会社株式の売却先との間で、①売却先の株式取得資金について親会社が負担すること、②売却先が金融機関等から株式取得資金を資金調達する際に親会社が担保の提供を行うことや債務保証をすること等を前提に当該子会社株式に係る売買取引が行われている場合である。また、売却先には、単に名義を借りるだけの場合と、ダミー会社等を利用する場合等が考えられる。

　この場合には、仮装取引であることの発覚を避けるため、「①売却先の株式取得資金について親会社が負担した場合」には、当該資金は、多くの場合、何らかの資産科目で支出され、当該資産が貨幣性資産である場合には、売却先は単なる

名義貸しないしはダミー会社であることから、その回収可能性はなく、資産性に問題があり、本来は貸倒引当金等の計上が必要となる。また、当該資産が費用性資産である場合には、単なる架空資産であり、本来は支出時に全額損失計上すべきものとなる。さらに、「②売却先が金融機関等から株式取得資金を資金調達する際に親会社が担保の提供を行うことや債務保証をすること等を前提に当該子会社株式に係る売買取引が行われている場合」は、売却先が金融機関等に対して当該債務を返済する場合には、親会社が当該返済原資を負担することとなり、結果として上記①の場合と同じとなる。

すなわち、このような子会社株式の売却は、連結グループから実質的な損失リスクが何ら排除されておらず、単に当該実質子会社を連結の範囲からはずすための仮装取引となる。

(2) 発見の端緒と調査方法

1 端緒としての違和感

当該手口は、子会社株式の売却という事実が端緒となり得ることから、端緒の把握が容易な不正会計の手口である。ただし、すべての子会社株式の売却取引が不正会計の手口と想定できるわけではないことに留意すべきである。

当該取引に係る違和感は、実質子会社が①継続的に赤字会社である場合、②債務超過会社である場合等であって、本来は、このような会社の買い手がいないと思われるにもかかわらず、連結グループとは独立した第三者としての買い手が現れることにある。

また、当該子会社株式の売却による親会社における財政状態及び経営成績等に与える影響を把握することにより、当該手口のよる不正会計の動機の有無の把握もまた当該手口に係る端緒となる。

2 結論としての納得感

財務分析等により「子会社売却」を手口とする不正会計の兆候を把握した場合には、結論としての納得感を得るために、不正会計の兆候が事実か否かを見極めるための事実確認を行うこことなる。

当該手口の端緒は、子会社株式の売却という事実であることから、当該売却先

に関して、株主構成、役員構成、財政状態及び経営成績等の状況と併せて、当該子会社株式取得の理由及び当該理由の合理性等について検証することとなる。

また、当該売却先の選定に係る親会社の意思決定の過程の把握もまた当該手口に係る事実解明の端緒となり得る。

(3) 事例

当該手口による過去の不正会計事例はないが、今後、このような手口による不正会計が生じる可能性は十分にあり得ることから、このような兆候を把握した場合には、慎重に対応する必要がある。

3．損失飛ばし

(1) 手口の概要

不正会計の手口としての「損失飛ばし」による連結はずしは、親会社の保有する資産等に係る含み損失を実質子会社等に移転することにより、連結グループとしての財務諸表等から当該含み損失を簿外処理してしまう方法である。

当該手口が行われる場合には、含み損等を有する資産を実質子会社等に移転するための方法として、資金取引を利用した仮装取引が行われることが多い。

(2) 発見の端緒と調査方法

1 端緒としての違和感

不正会計の手口としての「損失飛ばし」による連結はずしは、基本的には、「連結の範囲」による連結はずしとの併せて行われることが多い。

また、含み損失を有する資産を実質子会社等へ移転する場合には、当該資産の売却取引を仮装することから、多くの場合、資金取引を利用した仮装取引を伴うこととなる。

したがって、当該手口の場合、含み損を有する資産が簿外化され、実質子会社が連結範囲からはずれていることから、基本的には財務諸表にその兆候が表れにくい手口の一つである。ただし、資金取引を伴う資産の売却取引が仮装され、新たに取得した資産が貸借対照表に計上されることから、当該資産の増加が端緒の

一つになり得る可能性がある。また、この場合には、新たな資産に関しては、時価の算定が困難な資産が取得されることが多い。

このように、①評価に問題のある資産の売却及び②時価の算定が困難な資産の取得という事実が、時間的に接近したタイミングで行われた場合には、当該手口の可能性を疑うこととなる。

② **結論としての納得感**

財務分析等により「損失飛ばし」による連結はずしを手口とする不正会計の兆候を把握した場合には、結論としての納得感を得るために、不正会計の兆候が事実か否かを見極めるための事実確認を行うこことなる。

当該手口の端緒は、①評価に問題のある資産の売却及び②時価の算定が困難な資産の取得という事実が、時間的に接近したタイミングで行われたという事実の把握であることから、当該取引を把握した場合には、それぞれの取引の合理性、取引先の属性、当該取引の決定に係る意思決定の過程等の当該取引に係る詳細について検討することとなる。

(3) 事例

犯則事件・刑事事件では、山一證券事件、オリンパス事件がある。

6 資本の過大計上（架空増資等）

不公正ファイナンスとの関係で特に用いられる不正会計の手口が資本の過大計上（架空増資等）である。

ここでは、
① 架空増資（見せ金）
② 架空増資（現物出資）
について説明する。

1．架空増資（見せ金）

(1) 手口の概要

　不正会計の手口としての「架空増資（見せ金）」は、第三者割当による新株及び新株予約権（以下、「新株等」という。）の発行による資金調達を装い、その実態は、払込資金名目で振り込まれた資金を新株等の引受先に還流させる、あるいは、当該払込資金に自己資金を用いる等して、あたかも資本金等が増加したかのように装う手口である。

　当該手口は、資本金等の増加を装うことにより、主に債務超過の回避又は解消を目的として行われる手口である。

　当該手口が行われる場合の新株等の引受先は、当該会社の役員及び会社関係者の他、一時的な資金の提供者となる金主等であり、これらの者は、一時的な資金負担は行うものの、当該資金は新株の発行後に回収され、また、入手した新株を市場等において売却し、金利相当としての高利の利得を得ることとなる。

　当該手口に係る払込資金として会社資金を流用した場合には、当該新株の入手者（会社経営者等）は、当該新株を市場等で売却することにより得られた売却代金を、自らの利得又はその他の不正会計に係る仮装取引の原資とするものである。この場合、新株の引受先には、当然のことながら、名義借り又はダミー会社等が利用されることとなる。

　なお、当該手口に類似する新株等の発行としては、同じく債務超過の回避又は解消を目的として行われる第三者割当増資等の新株発行等であって、いわゆるＭＳＣＢやそれ以外の新株発行等に係る発行価格を市場価格よりディスカウントした価格で発行する方法等がある。この場合にあっては、新株の引受先は、その得られた新株を市場等において短期に売買してしまうという点では、当該手口に類似するのであるが、新株の発行に係る払込資金は、見せ金である当該手口とは異なり、会社の運転資金等として費消される点で違いがある。

（2） 発見の端緒と調査方法

1 端緒としての違和感

　不正会計の手口としての「架空増資（見せ金）」は、その手段として、第三者割当による新株等の発行を伴うことから、当該新株等の発行がその端緒となり得る。

　もちろん、すべての新株等の発行について、当該手口による不正会計が疑われるわけではなく、新株等の発行会社が債務超過、又は債務超過の可能性が高い場合には、債務超過の回避又は解消という不正会計の動機が潜在的に存在することから、当該手口による不正会計の可能性を疑うこととなる。

　なお、当該手口の端緒としての違和感は、本来であれば、第三者割当増資等による新株等の発行を行う場合には、引受先としては、当該会社が、新株等の発行により調達した資金をもって事業の拡大あるいは新規事業への参入等による企業価値の増大により、自ら引き受けた株式等の価値の増大を期待することとなる。

　これに対して、当該手口が行われる場合の会社の多くは、事業活動に係る資金調達さえも困難である状況であり、通常、このような会社の第三者割当増資等を引き受ける先はない。かつ、当該手口に係る引受先は、新株等の発行後、短期間のうちに当該新株を市場において売却してしまうことから、通常の第三者割当増資等とは異なるという点で違和感が生じることとなる。

　また、新株等の引受けに係る払込み金名目で振り込まれた資金は、引受先等に還流させるため、資金の貸付け、有価証券の取得、その他資産の取得等の名目で支出されることとなる。また、当該資金が会社の自己資金であった場合には、当該自己資金を支出する際に、同じく貸付金等の名目で支出され、増資前後の特定の資産の増加が当該手口の端緒ともなり得る。

　したがって、当該手口に関しては、第三者割当による新株等の発行という事実や当該発行会社の財政状態及び割当先の当該新株等の保有状況及び当該調達資金の使途等から判断して、その端緒とすることとなる。

2 結論としての納得感

　財務分析等により「架空増資（見せ金）」を手口とする不正会計の兆候を把握した場合には、結論としての納得感を得るために、不正会計の兆候が事実か否かを見極めるための事実確認を行うこことなる。

当該手口が行われる場合、新株等の発行により調達した資金が会社の事業活動に係る資金として費消されることなく、資金の貸付け、有価証券の取得、その他資産の取得等の名目で支出され、社外に流出することとなる。この結果、会社の貸借対照表上、貸付金、有価証券及びその他の資産等が資産計上されるが、当該資産は、新株等の発行に係る払込み金を引受人等に還流させるための名目として計上された資産であり、架空資産となる。なお、実際に当該支出に係る対価としての資産等を受ける場合もあるが、当該資産の受け取りは、当該手口の発覚を避けるための仮装取引であり、実際には資産としての価値が当該支出の対価としては、著しく低いものとなる。例えば、資金の貸付名目で行われた場合には、貸付金が資産計上されることとなるが、当該貸付金の回収可能性は全くないのであるが、これについては、不正会計の実行者らは様々な理由を付けることとなる。

　したがって、これらの資産の実在性及び資産性等について検証するとともに、当該資産の取得に係る取引の相手先、取引の経緯、当該取引に係る意思決定の過程等について、当該手口の可能性を前提に慎重に検討することとなる。

　以上のとおり、当該手口による不正会計か否かの見極めのための事実確認は、第三者割当による新株等の発行により調達した資金の使途の解明に尽きるといえる。

（3）事例

　当該手口による不正会計の事例はないが、かつては、架空増資として公正証書原本等不実記載罪（刑法第157条）[212]として事件化されていたところ、近年においては、当該手口の証券市場に与える影響に鑑み、金融商品取引法違反（偽計）（金商法第158条）として立件される傾向にある。過去に偽計として刑事事件化された事件は、以下のとおりである。

212　現在では、架空増資は、商業登記簿のオンライン化に伴い、電磁的記録不正作出及び供用罪（刑法第161条の2）として処罰されることとなる。

第4章　不正会計の手口とその発見方法　325

・ペイントハウス事件（平成21年7月14日告発）[213]

> ㈱ペイントハウスが発行する新株式を犯則嫌疑者が実質的に統括管理していた投資事業組合名義で取得するに際し、真実は、同組合が払い込む金額の大半は、直ちに社外に流出させるものであるのに、その情を秘し、あたかも当該払込みによって相応の資本充実が図られたものであるかのような虚偽の真実を公表させた。

・ユニオンホールディングス事件（平成21年12月24日告発）[214]

> ユニオンホールディングス㈱の発行予定の新株等を売却するため、同社の第三者割当増資につき、ＩＡＢＪａｐａｎ株式会社は、第三者割当増資の払込金等を実際に拠出する資力がないのに同社が、実際に資金拠出するかのような虚偽の事実を公表し、同社名義で払い込む第三者割当増資の払込金の一部は見せ金に過ぎないのに、払込が実際にあったかのように仮装した上、第三者割当増資等の資本増強が行われたかのような虚偽の事実を公表した。

・トランスデジタル事件（平成22年3月26日告発）[215]

> トランスデジタル㈱は、新株予約権について、その行使に係る払込みを仮装した上、その情を秘し、適法な新株予約権の行使による新株の発行が行われた旨の虚偽の事実を公表した。

213　証券取引等監視委員会編『証券取引等監視委員会の活動状況』（大蔵財務協会、平成23年9月）317頁
214　証券取引等監視委員会編『証券取引等監視委員会の活動状況』（大蔵財務協会、平成23年9月）319頁
215　証券取引等監視委員会編『証券取引等監視委員会の活動状況』（大蔵財務協会、平成23年9月）320頁

・セラーテムテクノロジー事件（平成24年3月26日告発）[216]

> 　犯則嫌疑者両名は、大阪証券取引所に上場する犯則嫌疑法人株式会社セラーテムテクノロジーの浮動株時価総額が過少で上場廃止基準に抵触するおそれがあったことから、中国に本店を置く北京誠信能環科技有限公司（以下「北京誠信」という。）との間で実質的に株式交換を行うなどして、北京誠信を実質的に完全子会社化し、犯則嫌疑法人の株価の上昇を図るとともに、北京誠信株主らに犯則嫌疑法人の発行済株式の過半数を取得させるなどして、その経営支配権を北京誠信株主らに掌握させるスキームの実施をもくろんだ。しかしながら、同スキームは、北京誠信による「裏口上場」とみなされ、犯則嫌疑法人の株券が上場廃止基準に抵触することを危惧し、今度は新たに調達する資金で北京誠信を買収して実質的に完全子会社化したかのように偽装するスキームを企てた。
> 　すなわち、犯則嫌疑者両名は、共謀の上、犯則嫌疑法人の業務に関し、同法人の株価の上昇を図る目的で、真実は、北京誠信株主らが、北京誠信を実質的に完全子会社化した犯則嫌疑法人の発行済株式の過半数を取得するなどの方法により、同法人の経営支配権を掌握するスキームであったにもかかわらず、その実態を隠し、平成21年11月13日から12月9日までの間に、犯則嫌疑法人の自己資金7億5000万円を、いずれも北京誠信株主らが実質的に支配する True Honour Group Ltd.（以下「THG」という。）及び WEALTH CHIME INDUSTRIAL LIMITED（以下「WCI」という。）並びに犯則嫌疑法人の三社間で2回循環させる方法により、犯則嫌疑法人が WCI を割当先とする第三者割当増資によって調達した約15億円の資金で THG 等を介して北京誠信を買収したかのように偽装した。
> 　加えて、それらの情を秘し、東京証券取引所の適時開示情報伝達システムである TDnet により、平成21年11月13日、犯則嫌疑法人の取締役会が、WCI を割当先とする第三者割当増資を実施して約15億円の資金を調達し、その調達資金全てを北京誠信を実質的に完全子会社化するための買収資金に充当することを決議した旨の虚偽の事実を公表し、さらに、平成21年12月16日、犯則嫌疑法人において前記第三者割当増資に係る約15億円の払込手続が完了し、これにより北京誠信の実質的な完全子会社化が実現できることとなった旨の虚偽の事実を公表し、もって、有価証券の相場の変動を図る目的をもって、偽計を用いたものである。

216　証券取引等監視委員会ホームページ「株式会社セラーテムテクノロジー株券に係る偽計事件の告発について」(http://www.fsa.go.jp/sesc/news/c_2012/2012/20120326-1.htm)

2．架空増資（現物出資）

(1) 手口の概要

　不正会計の手口としての「架空増資（現物出資）」は、第三者割当増資による新株の発行を装い、金銭の払込みに代えて、現物出資による募集を行い、その実態は、資産価値の著しく乏しい現物出資財産を受け入れることにより、あたかも発行した新株に見合う資本金等が増加したかのように装う手口である。

　当該手口は、「架空増資（見せ金）」と同様に、資本金等の増加を装うことにより、主に債務超過の回避又は解消を目的として行われる手口である。

　当該手口に用いられる現物出資財産の多くは、建物や土地等の不動産であり、不動産鑑定士による不動産鑑定評価を悪用した手口となる。

(2) 発見の端緒と調査方法

① 端緒としての違和感

　不正会計の手口としての「架空増資（現物出資）」は、その手段として、現物出資による第三者割当増資が用いられることから、当該第三者割当増資の実施がその端緒となり得る。

　もちろん、すべての現物出資による第三者割当増資について、当該手口による不正会計が疑われるわけではなく、「架空増資（見せ金）」の場合と同様に、第三者割当増資を行った会社が債務超過、又は債務超過の可能性が高い場合には、債務超過の回避又は解消という不正会計の動機が潜在的に存在することから、当該手口による不正会計の可能性を疑うこととなる。

　なお、当該手口の端緒としての違和感は、業績が悪化しており、運転資金の調達もままならない状況の会社が、資金調達の手段としての第三者割当増資を行うに際して、出資財産を金銭とせず、敢えて金銭以外の財産を出資財産とするところにある。業績が悪化し、資金繰りが苦しい中、資金調達の手段としての第三者割当増資を実施するにもかかわらず、当該増資に係る出資財産について金銭以外の財産をもってするということは、資金調達以外の目的、すなわち、債務超過の解消又は回避を目的として実施された第三割当増資である可能性が高いというこ

とである。もちろん、この場合であっても、現物出資財産の価値が新株の発行価額に見合うのであれば、問題はないのであるが、債務超過のリスクのある会社の新株の引き受けについて、それだけの価値のある資産を現物出資してまで引き受ける引受先が果たしてどの程度いるかは疑義のあるところである。

しがって、現物出資による第三者割当増資の実施という事実を把握した場合には、当該事実を端緒に、当該手口の可能性を想定し事実確認を行うこととなる。

②　結論としての納得感

財務分析等により「架空増資（現物出資）」を手口とする不正会計の兆候を把握した場合には、結論としての納得感を得るために、不正会計の兆候が事実か否かを見極めるための事実確認を行うこことなる。

当該手口が行われる場合、現物出資財産として、建物や土地等の不動産が用いられることが多い。また、不動産を現物出資財産とする現物出資による増資を行う場合には、必ず不動産鑑定士による鑑定評価が行われることから（会社法第207条第9項第4号）、当該鑑定評価書を入手し、当該内容を検討することとなる。なお、当該鑑定評価に関しては、必ずしも不動産鑑定士が、内容虚偽の鑑定評価書を作成するわけではなく、多くの場合、不正行為実行者らから様々な制約的条件を付された状況下で鑑定評価書を作成することにより、現物出資財産の実態とかけ離れた価値の算定がなされることとなる。したがって、当該鑑定評価書におけるそのような制約的条件等の有無の把握が重要となる。

当該手口に係る端緒を把握した場合には、現物出資財産の実在性及び資産性等について、現物出資財産である不動産に係る鑑定評価書等の内容を検証するとともに、当該資産の取得に係る取引の相手先、取引の経緯、当該取引に係る意思決定の過程等について、当該手口の可能性を前提に慎重に検討することとなる。

また、当該現物出資財産の現物確認も重要な事実確認のための手段である。

以上のとおり、当該手口による不正会計か否かの見極めのための事実確認としては、現物出資財産の価値の実態の解明に尽きるといえる。

（3）　事例

当該手口による不正会計の事例はないが、「架空増資（見せ金）」と同様に、当

該手口の証券市場に与える影響に鑑み、金融商品取引法違反（偽計）（金商法第158条）として立件される傾向にある。過去に偽計として刑事事件化された事件は、以下のとおりである。

・ＮＥＳＴＡＧＥ事件（平成23年８月２日告発）[217]

> 犯則嫌疑者７名は、ジャスダック証券取引所が開設する有価証券市場に株券を上場していた犯則嫌疑法人株式会社ＮＥＳＴＡＧＥ（以下「ＮＥＳＴＡＧＥ」という。）が、その平成22年２月期決算において、前期に続いて債務超過になり、上場廃止基準に抵触するおそれがあったことなどから、クロスビズ株式会社（以下「クロスビズ」という。）を引受人とする現物出資を含む第三者割当増資を行って債務超過を解消するとともに、ＮＥＳＴＡＧＥの株価をつり上げることを企て、共謀の上、同社の業務及び財産に関し、同社の株券の発行のため、及び、同社の株価をつり上げる目的で、宿泊施設等であった土地及び建物３物件につき、真実は、募集株式の払込金額として予定していた12億円に相当する価値がなく、同金額に相当する現物出資財産として適正な鑑定評価及びその価額が相当であることの証明を受けられないものであったにもかかわらず、平成22年１月22日から同年２月５日ころまでの間、実現可能な具体的な事業計画もないまま、水増しした客室数及び収容人数等に基づいて上記３物件の鑑定評価額が合計13億円である旨の鑑定評価書を作成するなどして、上記３物件の価値を過大評価した上、同月10日、株式会社東京証券取引所が提供する適時開示情報伝達システムであるＴＤｎｅｔにより、ＮＥＳＴＡＧＥの取締役会が、同月26日を現物出資財産給付期日とし、クロスビズを割当先として、上記３物件の現物出資により発行価額総額12億円のＡ種優先株式1200株を発行することを決議した旨公表するに際し、上記３物件について、募集株式の払込金額12億円に相当する現物出資財産として適正な鑑定評価及びその価額が相当であることの証明を受けており、同金額に相当する価値のある不動産が現物出資として給付される旨の虚偽の内容を含む公表を行い、もって有価証券の取引のため、及び、有価証券の相場の変動を図る目的をもって、偽計を用いたものである。

217　証券取引等監視委員会ホームページ「株式会社ＮＥＳＴＡＧＥ関係者らによる現物出資制度を悪用した偽計事件の告発について」（http://www.fsa.go.jp/sesc/news/c_2011/2011/20110802-2.htm）

・アイ・シー・エフ事件（平成20年3月5日告発）[218]

> ㈱アイ・シー・エフ（現：㈱オーベン）の株券の取引のため、会社役員の1名が実質的に支配する会社の企業価値を過大に評価し、虚偽の事実の公表等を行った。

※架空増資（現物出資）の例ではないが、株式交換に係る株式の価値算定を悪用した点で、架空増資（現物出資）に類似の事例である。

7 役員・従業員不正に起因する不正会計

　役員・従業員の不正に起因して不正会計が生じることがある。多くの場合は、役員・従業員の不正の結果としての不正会計となるが、その場合であっても課徴金が課せられることがある。また、当該不正を行った役員・従業員が会社法違反（特別背任）、刑法違反（業務上横領）等で逮捕・起訴に至ることがある。
　ここでは、
　① 背任的支出
　② その他
について説明する。

1．背任的支出

(1) 手口の概要

　不正会計の手口としての「背任的支出」は、取締役等による不正行為の結果としての不正会計である。
　株式会社の取締役、監査役、執行役等が、①自己若しくは第三者の利益を図り又は株式会社に損害を与える目的で、②その任務に背く行為をし、③株式会社に財産上の損害を加えたときは、10年以下の懲役若しくは1,000万円以下の罰金、又はこれらの併科となる（会社法第960条第1項）。これを取締役等の特別背任罪という。ここでは、当該構成要件に該当する取締役等による会社資金の違法な支出

218　証券取引等監視委員会編『証券取引等監視委員会の活動状況』（大蔵財務協会、平成23年9月）313頁

を「背任的支出」という。

　背任的支出は、取締役等が取締役等としての自己の任務に背き、会社の資金を自己又は第三者の利益のために支出し、これにより会社財産に損害を与える支出となる。この背任的支出は、取締役等の不正行為の発覚を避けるため、会計処理上、①対価のない費用科目での支出（コンサルティング等に係る支払報酬名目、清掃料名目等）又は②対価のない資産科目での支出（貸付金名目、その他の資産名目）等で処理されることとなる。

　費用科目で支出された場合には、表示区分の問題はあるものの、期間損益の観点では、当期の損益に与える影響はない。しかし、資産科目で支出された場合には、その実態は、取締役等による不正な支出という「損失」を資産科目に付け替えただけのものであることから、結果、財務諸表上、資産の過大計上、損失の過少計上という不正会計の原因となる。

(2)　発見の端緒と調査方法
1　端緒としての違和感

　取締役等による背任的支出が行われた場合、①費用科目で支出された場合には、損益計算書において、架空費用の計上が、②資産科目で支出された場合には、貸借対照表において架空資産の計上がなされることとなる。

　当該手口に係る端緒としての違和感は、不明な費用支出、不明な資産の計上に係る事実を把握した場合に、当該手口の可能性を想定することとなる。

　なお、その他の不正会計に係る手口に関しては、基本的には、貸借対照表にその兆候が表れるところ、当該手口に関しては、損益計算書における販売費及び一般管理費の費目として計上されることがあるため、当該手口に係る端緒を把握する場合には、損益計算書も重要となる。

2　結論としての納得感

　財務分析等により「背任的支出」を手口とする不正会計の兆候を把握した場合には、結論としての納得感を得るために、不正会計の兆候が事実か否かを見極めるための事実確認を行うこことなる。

　当該手口の端緒は、不明な費用支出又は不明な資産の計上に係る事実の把握等

であることから、このような事実を把握した場合には、当該費用の支出又は資産の取得に係る取引の内容、当該取引に至った経緯及びその意思決定過程の把握、資産の実在性の検証（現物確認等）についての事実確認を行うこととなる。

（3） 事例

不正会計の手口としての「背任的支出」の主な過去の事例は、以下のとおりである。

なお、犯則事件・刑事事件及び課徴金事案とはなっていないが、大王製紙事件に係る元会長に対する貸付金は、当該背任的支出に該当する事例である。また、過去の犯則事件・刑事事件のうちサンビシ事件に係る虚偽記載の原因は、元社長個人のデリバティブ取引に係る資金としての会社資金の流用であり、本質的には元社長の背任的支出に係る不正会計の事例であるが、併せて実質子会社の連結はずしを行っていたことから、連結はずしに係る不正会計事例となっている。

・ローソンエンターメディア事案（課徴金事例集平成23年6月・事例27）

(1) 貸倒引当金の不計上

当社は、興行元から依頼を受けてコンサート等のチケット販売を行っていたが、興行元への当該チケット代金の支払いは、興行終了後となることが業界慣例となっていたため、チケット販売から興行終了までの数か月間、当社に当該チケット代金が一時的に留まることになっていた。

当社の役員は、この興行元に支払わなければならないチケット代金について、取引先であったA社からの提案により、支払までの間、A社に当該チケット代金を投資運用させた上で、A社から興行元へ支払わせることとした。

しかし、その後、A社において投資運用が失敗し、A社から興行元に対するチケット代金等の支払が滞るようになったため、当社の役員は、当社の取締役会に付議することなく、当社の資金によって興行元に対するチケット代金の支払を立て替えたり、又はA社に支払代金を貸し付けたりした。

このA社に対するチケット支払代金の立替えや貸付けは、本来は、A社に対する貸付金等として計上し、回収見込のない債権として、貸倒

引当金を計上すべきところ、当社役員は、上記事実が露見することを免れるため、営業未払金のマイナス勘定として処理し、本来計上すべき貸倒引当金を計上していなかった。

● 通常のチケット委託販売

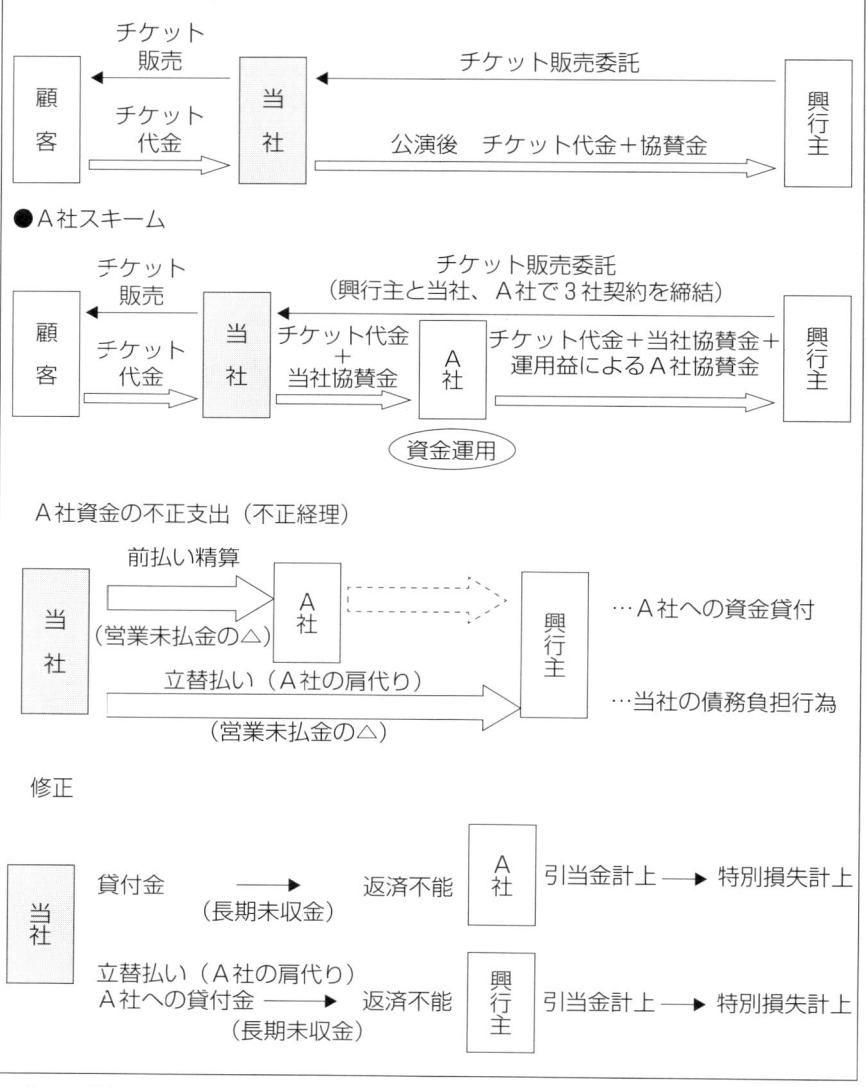

```
顧客 ←チケット販売― 当社 ←――チケット販売委託―――― 興行主
    ―チケット代金→       ――公演後 チケット代金＋協賛金――→
```

● A社スキーム

```
                     チケット販売委託
                （興行主と当社、A社で3社契約を締結）
顧客 ←チケット販売― 当社 ―チケット代金＋当社協賛金→ A社 ―チケット代金＋当社協賛金＋運用益によるA社協賛金→ 興行主
    ―チケット代金→                    （資金運用）
```

A社資金の不正支出（不正経理）

```
当社 ―前払い精算→ A社 ┈┈┈→ 興行主  …A社への資金貸付
    （営業未払金の△）
    ―――立替払い（A社の肩代り）―――→ 興行主  …当社の債務負担行為
         （営業未払金の△）
```

修正

```
当社 貸付金―――→（長期未収金）返済不能 A社 ―引当金計上→ 特別損失計上

    立替払い（A社の肩代り）
    A社への貸付金―→（長期未収金）返済不能 興行主 ―引当金計上→ 特別損失計上
```

※ 手口の詳細については「ローソンエンターメディア元取締役による不正行為に関する

第三者委員会最終報告について」(株式会社ローソン・株式会社ローソンエンターメディア、平成22年4月12日)を参照のこと。
※本事案は、ローソンエンターメディア元取締役の不法行為(特別背任容疑で逮捕・起訴)を原因とする不正会計の事例である。

2．その他

(1) 手口の概要

役員・従業員不正に起因するその他の不正会計の手口となる不正行為としては、現金横領(架空経費、架空請求、架空給与)、ラッピング(スキミング)、在庫及びその他の資産横領等の業務上横領[219]やキックバック(汚職)等が挙げられる。

これらの多くは内部統制上の問題として発生する不正行為である。

(2) 発見の端緒と調査方法

① 端緒としての違和感

当該手口は、財務諸表等にその兆候が表れにくい手口であり、内部通報、内部監査等の過程において把握される場合が多い。

② 結論としての納得感

当該手口に係る端緒は、内部通報及び内部監査等の端緒情報となることが多いことから、当該端緒情報に基づき、当該事実関係に係る確認を行うこととなる。

(3) 事例

当該手口による不正会計の事例はないが、業務上横領事件は多く発生しており、財務諸表に重要な影響を与える場合には、課徴金事案の対象となる可能性がある。

8　組み合わせとしての手口

以上、不正会計に係る様々な手口について説明したが、多くの会計不正の場

---

[219] 業務上横領とは、業務上自己の占有する他人の物を不法に領得することによって成立する犯罪であり、10年以下の懲役となる(刑法第253条)。

第4章　不正会計の手口とその発見方法　　335

合、複数の手口が行われることとなる。

　したがって、財務諸表等から不正会計の兆候を把握した場合には、当該手口の組み合わせとして行われている可能性を十分考慮したうえで、事実確認すべき事項を検討することとなる。

第5章 早期発見のための仕組み

　不正会計は、企業内容等について不適正な開示を行うことにより、自己責任の原則に基づき行われる投資者の投資判断を歪め、公正な価格形成の実現を阻害することによって、また、一部の不正会計の発覚により日本の証券市場全体の信頼性を失墜させることにより、国民経済の健全な発展及び投資者の保護の実現を妨げるものである。

　また、不正会計による真実とは異なる開示情報を利用する株主を始めとする取引先、金融機関及び当該会社における従業員等のステークホルダーに不測の損害を負わせるものであり、さらには、不正会計を行った会社自体もその発覚により上場廃止のリスクのほか、様々なレピュテーション・リスクが生じるとともに、事業の継続が困難な状況に陥ることとなる。

　したがって、不正会計を生じさせないことが大事なのであるが、不正会計の予防のためのシステムである内部統制及びコーポレート・ガバナンスにおいては、「ヒト」が運用する限り固有の限界を有しており、不正会計の完全な予防はあり得ないのが現実である。

　このため、まずは不正会計の予防のための有効な内部統制の整備・運用及び有効なコーポレート・ガバナンスの構築を前提にした上で、不正会計の影響が少ない段階で早期に発見するということが大事となる。ここでは、以下、このような観点に基づき、不正会計の早期発見のための仕組みについて説明する。

1　総論

　ここでは、内部統制、内部監査、内部通報制度、監査役監査及び公認会計士等による会計監査等の既存のシステムを前提に、不正会計の早期発見という観点で

「できることは何か」について考えてみたい。

現状においても内部監査、監査役監査、公認会計士等による会計監査において不正会計の芽としての端緒を把握し、事実解明を行い、適切に対応しているケースは当然にあり、既存のシステムにおいても不正会計に対して有効に機能することは可能であると考える。しかしながら、不正会計は、犯則事件及び課徴金事案に限っても毎年のように生じており、また、不適切な会計処理等の適時開示は後を絶たない状況にある。

したがって、今後、それぞれの会社において、不正会計の芽が密かに芽生えてしまった場合に、それを取り返しのつかない状況にまで大きく育ててしまう前に早期に発見するためには、どのような視点を既存のシステムに組み込めば良いかについて考えてみたい。既存のシステムを前提に、これらをより良くするという意味での、不正会計発見のための「視点」の組み込みである。

2 内部統制における視点

1．「不正会計を発見するための内部統制」という考え方

不正会計の予防という観点でいえば、内部統制の目的の一つとして「財務報告の信頼性の確保」が挙げられており、有効な内部統制の整備・運用による不正会計の予防が、内部統制制度自体に期待されているものと解される[220]。

しかし、内部統制は、それ自体に「ヒト」が運用するものであるという固有の限界を有している。この内部統制の固有の限界である人的な要因での内部統制の無機能化が、不正会計の主な発生原因となっている。したがって、どのような内部統制制度を整備・運用したとしても不正会計の完全な予防はあり得ないことから、不正会計を早期に発見するための内部統制上の仕組みが必要となる。

財務報告の信頼を確保するための内部統制のプロセスとして、①統制環境、②リスク評価と対応、③統制活動、④情報と伝達、⑤モニタリング（監視活動）及

---

[220]「財務報告に係る内部統制の評価及び監査の基準」（企業会計審議会、平成19年2月15日）「Ⅰ.1.内部統制の定義（目的）」

び⑥IT（情報技術への対応）の6つの基本的要素に係る全社的な内部統制及び業務プロセスに係る内部統制が整備・運用されることになるが、要は、職務分掌規程及び職務権限規程等に基づく「権限と責任」を中心に、その他の業務に係る手続きを定めた諸規定に基づく内部牽制組織の整備及び内部牽制手続の実施に財務報告の信頼性が依拠しているものと考える。すなわち、この内部牽制組織の整備及び内部牽制手続きの実施により不正の「発生」の可能性を低下させることにより、全体的な財務報告の信頼性を確保し、不正会計の予防に資することになるのである。

　しかし、すでに述べたように、内部統制の固有の限界があることから、意図的に内部牽制組織及び内部牽制手続きを逸脱することにより、不正が生じることとなる。もちろん、内部監査等によるモニタリング機能が、これらの内部牽制手続きの実施状況及び遵守状況のチェックを行うのであるが、このような意図的な不正行為は、証憑類の変造、偽造、隠蔽、内部関係者及び外部関係者との共謀等によりその発覚が困難となる。

　それでは、このような不正、特に不正会計の原因となる不正行為に対しては、内部統制は無力となるのであろうか。確かに、共謀等による内部統制の無機能化による不正に対しては、内部統制は無力であるとも考えられよう。しかしながら、上記の視点での内部統制の仕組みは、内部牽制手続を中心とした個々の手続きの確かさに依拠した考え方であるともいえる。すなわち、一つ一つの手続きが証憑類に基づき、また、権限者の承認に基づき、適正に行われていることをもって「全体」も正しいという発想である。

　しかし、この発想では、偽造や共謀が行われる意図的な不正行為に対しては無力となる可能性が高い。そして、不正会計の原因となる不正行為は、動機は様々であるものの、その目的は「不正会計」であり、不正行為の結果が財務諸表等の財務数値に反映されることとなるのである。

　したがって、不正行為の結果が、財務諸表等の財務数値に反映されるのであれば、これを利用して不正会計の早期発見を行う仕組みを、内部統制に組み込むことができないかというのがここでの問題提起である。すなわち、従来の内部牽制機能を中心とした不正の「予防」を主たる目的とした内部統制制度に係る固有の

限界を補完するための方法として、不正の「発見」を主たる目的とした内部統制制度を構築すべきであると考える。これには、内部統制の固有の限界に起因する不正発生リスクを最小化するとともに、万が一、不正が発生した場合の当該不正の早期発見に資することとなる。

2．財務数値を利用した不正会計発見のための内部統制

　会社においては、様々な財務数値が作成され、集約されている。それは、会社の規模によって異なるが、例えば、大規模の会社であれば、事業部別の月次の財務数値や子会社の四半期ないしは月次の財務数値が、制度開示及び内部管理に対応するために集められている。また、規模の小さい会社では、子会社はなく、事業部別の財務数値だけであるかもしれないし、又は事業の数が少なければ、全社の月次の財務数値だけであるかもしれない。いずれにしても、会社においては、事業部門別の月次の財務数値であったり、子会社の四半期の試算表であったり、何かしらの財務数値が存在するのであり、これらを利用して不正会計発見の端緒とするための内部統制機能を職務としていずれかの部門に帰属させることは不正会計の早期発見の観点では有用である。

　このような観点での不正発見は、従来においても、例えば、経理部等において月次決算や四半期決算、年度決算等における決算業務の過程で子会社や事業部門の財務数値に係る異常点等に気づき、不正会計が発覚する場合もあった。しかし、これは経理部等に与えられ職責ではなく、本来の業務を行う過程においてたまたま見つかっただけである。そうではなく、職務として規程に定めて、手続きを規定し、すべての財務数値を担当部署に集め、そこで各種の財務数値を検討し、不正会計の兆候の有無を確認するのである。

　例えば、子会社における不正会計は、連結財務諸表を作成することで親会社の不正会計の原因となる。そして、親会社は、連結財務諸表を作成するために必ず子会社の財務諸表を入手するのであるが、その目的は、連結財務諸表作成目的であり、必ずしも子会社における不正会計の発見を目的とするものではない。もちろん、子会社においては、監査法人等による会計監査を受けているから問題がないことを前提にしている場合もあろう。しかし、財務諸表の作成責任は会社にあ

り、虚偽表示のない財務諸表を作成すべきはまずは会社なのである。

したがって、親会社として連結子会社等に係る不正会計の有無を検討するための内部統制の構築を検討すべきと考える。具体的には、不正会計の兆候の有無を検討するという目的で、子会社等から集めた財務諸表等に対して財務分析等を行う作業を特定の部署（内部監査室、経営企画室、経理部等）の職務として定め、当該業務（不正会計の有無を検討する）を行える能力（問題意識・知識・経験）を有する者を配置する等である。これにより不正会計の端緒を発見する機能を内部統制の一環として設けるのである。

なお、財務諸表等に対する分析から不正会計の兆候の有無を検討する方法について、「第三部　不正会計―早期発見とその対応」を参照して欲しい。

3．有効な内部通報制度の整備・運用

不正会計の早期発見の観点では、有効な内部通報制度の整備・運用が必要である。内部通報制度については、「第二部　不正会計－原因と予防　第2章　不正会計の予防　4　不正会計の予防のためのセーフティネット　2．内部通報制度について」において説明したとおりであるが、内部統制の固有の限界を前提に、不正会計が生じる可能性を想定した早期発見の仕組みとしての内部通報制度が必要となる。

不正会計の早期発見に当たっては、まずは、不正会計に係る端緒情報をどのように得るかが重要となることから、そのような観点で有効な内部通報制度の整備・運用が重要となる。

3　監査役監査における視点

上場会社における監査役監査においては、主に取締役の職務の執行に係る適法性監査が中心となる。そして、上場会社においては、公認会計士等の会計監査人による監査が行われていることから、不正会計の観点では会計監査人の監査に依拠する場合が多いであろう。

しかし、財務諸表等の作成責任は、経営者にあり、そして、その経営者が適正な財務諸表等の作成を行うための内部統制制度等を構築し、これを有効に運用し

ているか否かについては、取締役の職務の執行を監査する監査役監査においても重要な監査対象となる。また、不正会計の発生は、内部統制制度の枠外での取締役等の違法な行為に起因するものであり、経営者不正を原因とする不正会計自体が取締役による違法な職務の執行であることから、不正会計の発見もまた監査役の監査の範囲に含まれると考える。

もちろん、不正会計の発見が監査役監査において期待されるとしても、監査役監査において会計監査と同様の手続きを行うことは、会社法等の制度上の趣旨からも求められるものではない。

重要なのは、経営者不正に起因する不正会計が生じた場合には、当該不正会計の原因が取締役の違法な職務の執行の結果であり、また、不正会計を行うこと自体が取締役の違法な職務の執行であるということである。したがって、監査役は、取締役の職務の執行に係る監査という視点から不正会計の発見を求められることとなり、また、会計監査人は、財務諸表等に係る会計監査という視点から不正会計の発見を求められることとなるのである[221]。

したがって、監査役は、会計監査人との連携を図る中で、取締役の職務の執行の適法性に係る監査において、不正会計の発見も視野に入れ行うこととなるが、その際に、不正会計の兆候が財務諸表等にどのように表れるのかを「知る」ことにより、その兆候が取締役のどのような職務の執行の結果かを把握し、役職員に対する質問・調査権限（会社法第381条第2項）を行使することにより当該不正会計の兆候に係る事実確認等を行うことが期待される。

また、不正会計の予防の観点からは、取締役は、上場会社として適正な財務報告を行うための開示制度の整備・運用状況を確立する必要があるが、当該取締役の職務執行の妥当性についても監査役の監査の対象となるのであり、その意味でも監査役監査には不正会計の予防及び早期発見に資することが求められているのである[222]。

221　公認会計士等の会計監査において、会社で生じるすべての不正の発見が求められるものではないことはいうまでもない。しかし、財務諸表の適正性に関する意見を表明するための会計監査において、財務諸表の適正性に影響を与える不正を発見しなければならないこともまたいうまでもないことである。

4 会計監査における視点

1．会計監査と不正会計

　公認会計士等による監査証明制度は、証券市場における公正な価格形成の実現を支える二本柱である企業内容等に係る「適正な開示」及び「公正な取引」のうちの「適正な開示」の実効性を確保するための重要な制度であり、まさに適正な開示制度を支える柱ともいえるものである。

　公認会計士等による監査証明制度は、企業が作成する財務諸表等の財務計算に関する書類が、一般に公正妥当と認められた企業会計の基準に準拠して適正に作成されているか否かについて監査を行い、意見を表明するものである。したがって、監査対象となった財務計算に関する書類に関して、公認会計士等による適正意見が表明されていた場合には、投資者等の当該開示情報の利用者は、当該財務計算に関する書類が、企業内容等について適正に開示していると判断することになる。

　しかし、過去の不正会計の事件等においては、監査報告書において適正意見が表明されているにもかかわらず、不正会計が発覚するケースがほとんどである。このような状況において、公認会計士等による監査の目的は、財務計算に関する書類に係る適正性に関する意見表明であって、不正の発見が目的ではないという。また、財務計算に関する書類に係る作成責任は経営者にあり、そもそもは不正を防ぐ責任が経営者にあるという。

　確かに財務諸表の作成責任は、経営者にあり、また、金商法における監査証明制度は不正発見を目的とする制度ではない。

　しかし、監査の目的は、「経営者の作成した財務諸表が、一般に公正妥当と認められる企業会計の基準に準拠して、企業の財政状態、経営成績及びキャッ

222　例えば、不正会計の早期発見という観点での不正会計の端緒を把握するための内部通報制度の充実化を図るために外部窓口を設置しようとした場合に、経営者らがそれらに反対していた場合には、当該取締役の職務の執行に問題があると考えられる。

シュ・フローの状況をすべて重要な点において適正に表示しているかどうかについて、監査人が自ら入手した監査証拠に基づいて判断した結果を意見として表明することにある」とし、さらに「財務諸表の表示が適正である旨の監査人の意見は、財務諸表には、全体として重要な虚偽の表示がないということについて、合理的な保証を得たとの監査人の判断を含んでいる」とする[223]。

ゆえに、公認会計士等による監査において、財務諸表等の適正性に影響を与える不正会計は、当然に発見しなければならず、また、監査に対する社会的な期待もそのような不正会計を発見することを監査に期待しているのである[224]。

もちろん、その会社内で生じているすべての不正を発見することは、公認会計士等の監査の目的ではないのは当然のことである。財務諸表の適正性に重大な影響を与えない不正に関してまで、その発見を会計監査に求められているわけではない。しかし、財務諸表の適正性に重大な影響を与える不正の発見は、当然に監査の目的となるのである。なぜなら、そうでなければ、財務諸表の適正性に関する意見は表明できないからである。

したがって、財務報告の適正性に影響のある不正は当然に監査の対象となるのであり、「不正の発見は監査の目的ではない」などは、「不正」の定義を意図的に矮小化した詭弁にしか過ぎないのである。

2．平時の監査と有事の監査

不正会計の歴史は古い[225]。昭和30年代後半の山陽特殊製鋼事件等を始めとして、最近ではオリンパス事件等まで、なぜこのような不正会計が後を絶たないの

---

[223] 「監査基準」（企業会計審議会）「第一 監査の目的」。
[224] 監査の目的は不正発見ではないという論者は、不正発見に関する社会的な期待は、監査と社会とにある期待ギャップであるという。しかし、監査の目的からしても自明のとおり、そのような期待ギャップは存在しないのである。また、監査証明制度は、社会の要請に応えるために設けられた「制度」であり、社会の要請から乖離して独自の存在価値を「制度」自体が、ないしは制度の運用者が生み出すことはナンセンスである。もし、社会の要請に応えられない制度であるのであれば、それは制度自体の欠陥であり、その欠陥を治癒するための働きかけをすべきであろう。それができないのであれば、極論、制度自体が不要という結論に行きつく。ましてや、制度の実態と社会の期待とにギャップがあるがゆえに、当該期待ギャップを埋めるべく社会の意識を変えるというのは、制度ありきの話であり、本末転倒な議論である。
[225] 不正会計の歴史については、「第四部 不正会計－事例からの検討 第1章 犯則事件・刑事事件 1 過去の犯則事件・刑事事件」を参照のこと。

であろうか。その原因には様々な要因があるのであろうが、監査との関係でいえば、一ついえることは、監査人である公認会計士が過去の不正会計の事例を活かしきれていないことにある。

　もちろん、それには理由がある。不正会計が後を絶たないといっても上場会社約3,800社弱の中で、犯則事件となるのは年に1、2件であり、課徴金事案も年に10数件である。その割合は少なく、問題となるのは上場会社のうちのわずかである。したがって、不正会計に直面した経験のある公認会計士もわずかであり、多くの公認会計士は、不正会計の経験をすることなく、その会計士人生を終えることの方が圧倒的に多いと思われる。もちろん、不正会計の発覚する前に、監査の指導的機能を発揮することにより、正しい財務諸表に修正させたうえで、開示している例も多くあるのだと思う。そして、それが本来の健全な監査制度の在り方である考える。

　しかし、残念なことに、不正会計は、毎年のように発覚する。そして、証券市場の信頼性を確保するためには、例え1件であっても不正会計を起こしてはならないのである。その1件が氷山の一角であると思われてしまうことにより、市場の信頼性は失墜するのである。

　では、過去の不正会計の事例を活かしきれていいないということは、どういうことか。それは、一言でいえば、監査の場面において、平時から有事への発想の切り替えができていないということである。不正会計は有事である。しかしながら、その不正会計が行われている上場会社は、約3,800社の上場会社のうち、仮にそのうち1％だとしても約38社である。他の多くは不正会計が行われていない平時の会社である。

　そうであるならば、多くの場合は、平時の発想で監査手続を実施することになる。それは制度上も何ら問題のないことである。しかし、いったん不正会計の兆候を把握したら、有事の発想に切り替え監査手続を実施しなければならない。なぜなら、それは、不正会計の実行者らが監査証拠となり得る証憑類等に係る偽造・変造、隠蔽、虚偽の説明等を行うからである。平時の監査は、被監査会社との間の信頼関係で成り立つところがある。しかし、有事においては、その信頼関係はなくなったのである。したがって、有事において平時の発想で、会社の提出

する資料や説明等を前提に監査を行った場合には、不正会計の発見には至らない。この発想の平時から有事への切り替えは、過去の事例から手口や状況を学ぶことによって意識的に行えることができるのである。

　例えば、資金循環取引を手口とする架空売上の計上の場合、架空資産である棚卸資産が計上される。そして、この棚卸資産は多くの場合、外部倉庫に保管されている。ここで、平時の発想でいえば、外部倉庫から直接確認としての保管証明を入手することで事足りるであろう。しかし、不正会計の兆候を把握した場合において、すなわち、有事においては、当該保管証明さえも偽造・変造・外部倉庫との共謀等の可能性を念頭に監査手続を実施することが求められるのであり、その場合においては、直接に現物を確認するという監査手続のみが、当該不正会計に係る監査リスクに対応できる手続となるのである。架空資産の疑いは、現物をみることによってしか、その疑いを払拭できないのである。もちろん、当該資産に係る現物確認等の実施に至るまでは、会社側からの相当の抵抗があると想定されるし、また、実際に現物確認等の手続きを実施するに至ったとしても、その現物等について偽装行為等が行われている可能性もまた想定できるのであり、その手続きの実施の過程においては慎重な判断が求められることにはなる。しかし、その過程で、会社側が観念をすれば、その実態が明らかになるが、多くの場合、会社側の強い抵抗により、監査人側が観念してしまうこととなり、その結果が、過去の多くの不正会計を許してしまった原因の一つなのである。

　もちろん、監査人側が観念したといっても、明確な不正会計の事実を把握しながら観念したのではなく、会社側からの強い抵抗に「心が折れ」、監査人としての納得感が得られないまま、会社側の主張を安易に受け入れるとともに、外部倉庫の保管証明を入手したから良いか、内部証拠との間には不整合はないから良いか、在庫は仕掛品であり、現物を確認したとしても正確な評価はわからないから良いかという、損失を処理したから良いか等の自らを正当化する理由を探すとともに、「ま、いいか」との結論に至るのである。

　これらは、平時の発想に基づき生じる現象である。あくまでも有事であることを意識し、不正会計であるか否かの見極めのための監査手続においては、妥協を許さず、徹底的に行うことだけが不正会計の発見に至るのである。

これらは、過去の不正会計の事件・事案を知ることによって、監査人自らの問題意識・経験・知識を醸成する。そして、いざ有事という場面に直面した時に、自らの判断の揺るぎのない根拠となるのであり、これにより不正会計の発見に至るのである。

3．「監査の限界」と「監査の失敗」について

会計監査も制度である限りにおいては、固有の限界を有することになる。この「監査の限界」については、①監査制度の固有の限界としての「監査の限界」及び②不正会計の性格に起因する「監査の限界」がある。

しかしながら、監査制度が制度であるがゆえに有する固有の限界は、「ヒト」に起因する「監査の失敗」に他ならないと考える。

（1） 監査制度の固有の限界としての「監査の限界」

公認会計士等による監査は、監査人と被監査会社との間で締結される監査契約に基づき行われる監査であり、監査の前提として被監査会社の協力があって成り立つものであるとする。そして、法律に基づく強制調査権等を有しない公認会計士等は、被監査会社が不正会計を行い、事実の隠蔽、証憑類の偽造・変造、虚偽の説明等を行った場合には、当該不正会計の発見は困難であるとし、これを「監査の限界」とする。

金商法に基づく監査証明制度は、証券市場における公正な価格形成を実現するための適正な開示制度の実効性を確保することを目的として、上場会社の適正な企業内容等の開示の信頼性を担保するための制度であり、その前提として、上場会社が不適正な開示を行おうとした場合に監査の指導的機能及び批判的機能の発揮により適正な開示を確保しようとするものである。

このような目的の監査証明制度にあって、監査人の監査は、上場会社である被監査会社の協力があってはじめて成り立つものであり、会社が協力しない場合、すなわち、不正会計を行い、これを隠蔽しようとした場合には、これは監査の限界であるとするならば、公認会計士等による監査の意味は果たしてどこにあるのであろうか。

監査に期待されている役割は、上場会社が適正な開示を行っているかどうかを、上場会社とは独立の第三者である公認会計士等が監査を行うことによって証明しようとするものであり、不適正な開示の最たるものである不正会計は、会社の協力が得られない限り、その発見は難しいとするのであれば、全く意味のない制度となってしまう。そもそも、不正会計を行っている上場会社は、その不正会計の発覚を避けるため隠蔽しようとするのは当たり前の話であり、会社の協力がないと発見できないというのでは、本末転倒であり、社会の納得が得られない。

　特に投資者の投資判断に影響を与えるような重大な不正会計は、その兆候もまた財務諸表に表れるのである。ゆえに、その発見を会計・監査の職業的専門家である公認会計士による監査に社会は期待するのである。その社会的な期待に応えられない理由として、監査制度は、被監査会社の協力が前提であり、固有の「監査の限界」を有するのであるなどという抗弁や、ましてや、その社会の期待に対して、期待ギャップがあるなどという抗弁は、全くの無意味であり、制度としての自殺行為としか考えられない。

　公認会計士法第1条では、公認会計士の使命として「公認会計士は、監査及び会計の専門家として、独立した立場において、財務書類その他の財務に関する情報の信頼性を確保することにより、会社等の公正な事業活動、投資者及び債権者の保護等を図り、もつて国民経済の健全な発展に寄与することを使命とする」とする。公認会計士は、自らの社会的使命を強く自覚すべきである。

(2)　不正会計の性格に起因する「監査の限界」と「監査の失敗」

　経営者等が意図的に不正会計を目的とする不正行為を行い、当該不正行為の発覚を避けるために、「完璧」な隠蔽・偽造・共謀等を行い、かつ、当該事実に係る情報が洩れないように完全にコントロールできた場合には、その不正行為の発見は困難となる。これを「監査の限界」とする。

　一方で、監査人の監査において、公認会計士の故意又は過失により重大な虚偽記載の発見に至らなかった場合が「監査の失敗」となる。すなわち、監査人が共犯等であった場合や公認会計士の実施した監査手続等が不十分であった場合等であり、ある意味、監査人の資質・能力に帰結する。過去の犯則事件・刑事事件と

しての不正会計事件は、そのほとんどが「監査の失敗」である。不正会計事件の後、監査人であった公認会計士等の多くが日本公認会計士協会あるいは金融庁から懲戒処分を受けるが、これらは当該監査人に懲戒処分を受けるだけの理由があるということである。すなわち、監査の失敗なのである。

　この「監査の限界」と「監査の失敗」は、その境界が難しいという。果たして、本当にそうなのであろうか。

　ここで、「監査の限界」とは、不正会計に係る仮装行為等について、完璧な隠蔽・偽造・共謀等を行い、当該事実に係る情報を完全に不正行為の実行者らがコントロールできた場合の理論上の限界と考える。すなわち、不正会計の端緒の把握が不可能な完全犯罪としての不正会計を前提とした「監査の限界」である。これに対して、現実の世界において、実際に「重大な事項に係る」不正会計が行われた場合に、当該不正会計を発見できなかった場合が「監査の失敗」であると考える。

　このように考えた場合、多くの経済取引が行われる企業活動において、不正会計に係る仮装取引等を行う場合に、その他の正常な企業活動とすべて整合性をとりつつ、また、多くの取引先との関係を有しながら、かつ、多くの従業員の目に触れる可能性がある状況において、完全犯罪としての不正会計を行うことは、不可能なのである。したがって、現実の世界においては、完全犯罪としての不正会計はあり得ず、そのような完全犯罪を前提とする「監査の限界」もまたあり得ないのである。すなわち、財務諸表に重大な影響を与える不正会計が行われていたにもかかわらず、その不正会計を発見できなかった場合は、これはどのように理由をつけたところで「監査の失敗」でしかないのである。

　もちろん、財務諸表等に与える影響が軽微な「不正会計」が発見できないことは当然にあるであろう。しかし、それは財務諸表に与える影響が軽微だからである。もし、財務諸表に与える影響が重大な不正会計であれば、それは必ず不正会計の兆候が財務諸表に表れるのである。そうであるにもかかわらず、その不正会計が発見できないというのは、監査人が当該不正会計に関して故意であったかは、あるいは程度の差はあるものの過失があったことによる「監査の失敗」に他ならないのである。

もちろん、この見解に対して、異論もあるであろう。しかし、過去の不正会計の事件、特に犯則・刑事事件となった不正会計事件において、その事実解明の端緒がなかった事件はないといっても過言ではない。必ずどこかにその綻びが生じているのである。そして、それは、海辺の砂浜で小さな砂粒を探し出せという話ではない。財務諸表に重大な影響を与える不正会計であればあるほど、必ずその兆候がまた財務諸表に表れるのである。そして、不正会計の兆候の本当の意味に気付けば、事実解明のための綻びもまたみえてくるのである。

　もし、監査人にそこまで求めるのが酷だというのであれば、監査制度が社会的信用を得ることはないであろう。社会的信用を得られない制度は無用となる。財務諸表に重大な影響を与える不正会計を発見できない理由を非現実的な前提でしか成り立たない「監査の限界」のせいにするのは止めた方が良い。

（3）不正会計と公認会計士等による監査

　「監査の限界」が論じられる際に、常に疑問にあるのが、公認会計士等による監査は、本当に不正会計に対して無力なのかということである。もし、そうであるならば、監査制度は不要となる。監査制度があってもなくても不正会計は防げないからである。

　しかし、実際の監査実務において、監査の指導的機能及び批判的機能の発揮により、不正会計を発見し、正しく修正させたうえで、適正な開示を行っている例は、その性質上、表面化しないだけで多くあると考える。

　したがって、公認会計士等による監査は、不正会計に対して決して無力ではないのであり、そうであるにもかかわらず、少なからず不正会計が発覚してしまうのは、監査の限界ゆえではなく、単なる監査の失敗なのである。

　もちろん、不正会計、特に財務諸表等に重要な影響を与える不正会計は、その兆候もまた財務諸表に表れるとはいえ、時間的制約のある法定監査においては、不正会計を行っている会社の監査に対する非協力的な態度により、監査の実施において様々な困難や難しい判断を伴うことまでは否定しない。監査の時間切れを狙ったような資料の不提出や事実解明のための十分な時間がない場合等があることもまた事実であろう。このような状況において、不正会計を発見し、適切な対

応を行うことは非常に困難な作業であることは想像に難くない。

しかし、だからいって、不正会計を発見できない理由を「監査の限界」であるとか、期待ギャップであるとするのは疑問がある。

監査は、何も期末監査ばかりではなく、監査計画の立案から始まり、監査意見の表明まで一年近くの時間を有するのである。また、不正会計の兆候を把握できたのであれば、監査の批判的機能による不適正意見、意見の不表明等の対応や、また、監査役や金融庁に対する法令違反等事実の通知（金商法第193条の3）による対応も不正会計に対する対応策としての選択肢となり得るのである。もちろん、それぞれの選択肢においては、上場廃止に影響があったり、監査契約上の問題があったり、様々な難しい判断を伴う選択肢であることは否定しない。しかし、そのような難しい判断を伴うからこそ、職業的専門家としての公認会計士制度があるのではないだろう。

要は、不正会計、それも財務諸表に重大な影響を与えるような不正会計が行われていたにもかかわらず、公認会計士等が「適正意見」を表明してしまうというのが、最悪のケースとなる。「監査の失敗」である。「監査の失敗」であるからこそ、問題点を明らかにし、改善策を講じなければならないのである。そして、社会的信頼を得られる監査制度を作り上げていかなければならないのである。

このような状況において、当該原因を「監査の限界」であるとするのは、思考停止であり、これは絶対に避けなければならない。思考停止にある限りにおいては、監査制度の発展は望めない上に、社会の納得を得られることはない。制度があくまでも社会的要請に基づいて設けられるものである限りにおいては、社会の期待に応えられない制度は、どのような抗弁をしたところで、制度として意味がないのである。「監査の限界」などという職業的専門家だけでしたり顔で語られるギルド的な発想は、一歩引いて俯瞰してみてみれば、誰も信じてはいないのである。社会的期待に応えられない制度に対しては、誰も何も期待をしなくなる。そうならないように、「監査の失敗」は「監査の失敗」として認め、それに対して適切な対応をとるべきである。

そこに「監査の限界」論を持ち出すことは、せっかく機能しているその他の上場会社の監査自体の意義さえをも貶めるものであるということを自覚すべきである。

4．監査計画からの視点

　財務諸表等に重大な影響を与える不正会計が行われていた場合、その兆候は必ず財務諸表に表れる。したがって、監査において、不正会計を発見できるか否かは、監査計画立案時に不正会計の兆候を把握できるかどうかにかかっているといっても過言ではない。

　不正会計の兆候に関しては、内部告発やマスコミ報道により把握できる場合もあるが、ここでは、そのような端緒情報がないことを前提とする。なお、不正会計に係る具体的な端緒情報を得ていた場合には、監査計画の立案に際して、有事の発想に基づいた深度ある監査手続きを計画し、当該手続を実施することとなる。

・潜在的な不正会計に係る動機の把握

　　監査計画立案時においては、被監査会社における潜在的な不正会計の動機の有無を把握しなければならない。経営成績に関する経営者に対するプレッシャーの有無、金融機関等の取引先との関係に影響を与える継続企業の前提に関する注記の要否又は財務制限条項抵触の可能性、上場廃止基準との関係における債務超過の回避又は解消の有無等である。このような不正会計の動機が潜在的に存在する場合には、損益計算書等に係る不正会計の手口の可能性や架空増資等を手段とする不公正ファイナンスが行われる可能性があることとなる。これらの可能性がある場合には、以下の財務諸表に係る分析的手続を行うに当たって、まずは不正会計の可能性を前提に行うこととなる[226]。

・分析手続による不正会計のスキームの想定

　　不正会計の兆候を把握できるか否かは、財務諸表に係る分析的手続によって、会計不正のスキームを想定できるか否かがその分水嶺となる。

　　例えば、監査計画立案時に、被監査会社の資産のうち棚卸資産の計上額が年々増加しており、総資産に占める割合も高かったとする。この場合、当該棚卸資産は、重要な資産となることから、監査計画においても当該資産に係る実

---

[226]　「ワンマン経営者が連続収益を強く指示する企業風土や業界特有の帳合取引等不透明な取引慣行の存在等を監査リスクと捉え、当該リスクを軽減させる監査手続を計画・実施する必要がある」（日本公認会計士協会監査業務審査会「監査提言集」平成22年7月1日）

在性等を中心に期中及び期末等に係る監査手続を決めることとなる。そして、当該棚卸資産に係る監査手続を実施する過程で不正の兆候を把握した場合には、さらに深度ある監査手続を実施すべきとする。

しかし、このような監査では、不正会計の兆候を把握することは、監査の過程で「たまたま」把握した場合は別として、基本的には難しいと考えられる。なぜなら、そのような観点で実施する監査手続自体が、平時の発想による監査手続の実施であり、不正会計という有事の場面では、不正会計を行っている被監査会社による事実の隠蔽、証憑類の偽造・変造、虚偽の説明等により監査手続実施の効果がなくなってしまうのである。

したがって、不正会計の兆候を把握するためには、まずは監査計画立案時において、財務諸表に係る分析的手続により不正会計の兆候を把握しなければならないのである。特に資産の動きから把握するのである。本書では、その具体的な方法について、「第三部 不正会計－早期発見とその対応」において説明するとともに、「第四部 不正会計－事例からの検討」において過去の不正会計事例に基づき具体的に説明した。

先ほどの例でいえば、棚卸資産の計上額が年々増加しており、総資産に占める割合も高い場合には、当該資産が不正会計に用いられている可能性が思料されることから、不正会計の可能性を前提に、その他の売上高及び損益の状況及びキャッシュ・フローの状況と併せて、具体的な不正会計の手口を想定することが不正会計の兆候の把握となる。そして、当該不正会計の兆候が真実であるか否かの見極めのための事実確認としての深度ある監査手続を実施するのである。例えば、このような場合においては、不正会計の手口として資金循環取引が想定され、当該棚卸資産が架空資産である可能性が極めて高いことから、当該棚卸資産の実物を確認するという監査手続が、重要な監査手続の一つとなる。したがって、当該棚卸資産が仕掛品であり、かつ、外部倉庫に保管されているということであれば、平時の発想で単に外部倉庫から保管証明を入手するという監査手続で済ませるのではなく、保管証明さえも偽造される可能性をも想定内とし、外部倉庫での実地棚卸の立会又は現物確認という監査手続を事前に計画しなければならないのである。

以上のことから、監査計画立案時において、潜在的な不正会計の動機を把握できるか否か、具体的な不正会計のスキームを想定できるか否かが、不正会計を発見できるか否かの分水嶺となることを十分に理解し、監査計画の立案を行うべきであると考える。

5．監査手続からの視点

　監査計画立案時において、不正会計の兆候を把握した場合には、以下の視点に基づいて監査手続を実施しなければならない。

・**不正会計を想定した深度ある監査手続**

　監査計画立案時等において、不正会計の兆候を把握し、当該不正会計の兆候から想定される不正会計のスキームを前提にした監査手続を実施する場合には、深度ある監査手続を実施しなければならない。

　ここでの深度ある監査手続とは、単に実施する監査手続を増やすことや、試査の範囲を広げるという意味ではなく、「不正会計の見極めのための監査手続の実施」ということである。もちろん、その結果、監査手続を増やしたり、試査の範囲を広げたりすることがあるかもしれないが、大事なのは、不正会計の見極めのための監査手続を実施しているということを意識した上で当該監査手続を実施するということである。

　例えば、資金循環取引を手口とする不正会計が行われている場合には、損益計算書上の利益を水増しするために、「棚卸資産」等の名目で多額の架空資産が計上されることとなる。このため、当該不正会計に係る兆候を把握した場合には、「棚卸資産」の実在性を検証することが、不正会計であるか否かの見極めを行うために最も重要となる。

　この際に平時の感覚でいえば、当該「棚卸資産」が外部倉庫に保管されているとするならば、外部倉庫による保管証明を入手することで当該「棚卸資産」の実在性を検証したことになってしまう。しかし、本当に資金循環取引を手口とする不正会計が行われている場合には、外部倉庫による保管証明を偽造・変造、ないしは外部倉庫と共謀の上、内容虚偽の保管証明の作成等様々な仮装行為が行われることは想像に難くない。

したがって、不正会計の兆候を把握した場合には、当該不正会計に係る手口を想定し、当該手口に係る事実関係を見極めるための監査手続を行わなければならず、この場合にはあっては、架空資産として想定される「棚卸資産」の「現物」を確認することが、実施すべき「深度ある監査手続」となるのである。

すなわち、深度ある監査手続とは、不正会計を想定した有事において、当該不正会計であるか否かを見極めるための監査手続であるということであり、当該監査手続の意味を理解しなければならない。もちろん、監査手続の意味は、公認会計士であれば、十分に理解しているところではあるが、ここでの「監査手続」の意味とは、当該監査手続を不正会計か否かの見極めのために行っているという意味の理解である。したがって、このためには、不正会計の手口に係る理解、不正会計のスキームに係る理解等が前提となってはじめて当該監査手続の意味が理解できることとなる。ゆえに当該監査手続を行った結果、不正会計か否かの見極めの判断が可能となるのである。

不正会計という有事の場面において、平時の発想で、深度ある監査手続として単に形式的な手続きを実施したことが監査において不正会計が発見できない本質的な原因であると考える。

・**監査手続における納得感**

不正会計の発見に当たっては、「端緒としての違和感」及び「結論としての納得感」が大事であることはすでに説明したとおりであるが、これは公認会計士等による監査においても同じである。

法定監査においては、被監査会社の協力に基づいて監査を行うことになるが、監査が法定の期日等をその時間的制約とした中で行われていることから、当該被監査会社において不正会計を行っている場合には、監査の時間切れを意図した資料の提出の遅延・不提出、曖昧な説明・回答等が行われることが想定される。

この際に、監査人として、時間的制約を優先することにより、監査手続に係る結論に関して、安易に妥協してしまうことは絶対に避けるべきである。特に監査リスクが高い項目に係る監査手続きに関して、被監査会社担当者の時間稼ぎの様な言動が見受けられる場合には、慎重な対応が求められることとなる。

また、被監査会社が不正会計を行っている場合には、監査人の質問等に対して、曖昧な回答、抽象的な回答、裏付のない回答等を行う場合が想定される。このような場合において、被監査会社の主張を安易に受け入れるのではなく、その回答の根拠としての監査証拠を求めるとともに、当該監査証拠の適切性を慎重に判断しなければならない。

　いずれにしても結論としての納得感を得るための監査手続の実施において、監査意見の根拠となる監査証拠を得られないまま、時間的な制約等を理由に、安易に被監査会社の主張等を受け入れ、監査意見の表明に係る判断を行うことは厳に慎まなければならない[227]。

・不正会計と損失処理

　監査上の判断として、「損失処理」をもって良しとする傾向がある。売掛金、貸付金、固定資産等の資産に関して、最終的に損失処理さえ行えば、とりあえずは、問題が解決するとする考え方である。

　しかし、本当にそれで良いのであろうか。この発想の前提としては、貸借対照表の資産の実在性の観点と、損益計算書における適正な期間損益計算とを切り離していることにあると考える。

　貸借対照表上に資産性に疑義のある資産が計上されていた場合、当該資産は架空資産である可能性が考えられる。そして、架空資産が計上されている場合には、不正会計が行われている可能性が高いのである。

　例えば、多額の回収不能な売掛金が計上されていたことから、当該売掛金の発生の原因となった売上取引に係る十分な検証を行わないまま、当該売掛金に係る損失処理を行うことで良しとする。実際には、架空売上の計上に伴い発生した架空売掛金であったにもかかわらずである。本当は、当該取引の妥当性を検証し、又は、当該取引の実在性の検証をすることで、当該取引が架空売上等の架空取引であったことが判明した可能性があったにもかかわらずである。

　不正会計の多くは、期間損益計算の適正性を歪めることとなる。そして、不正会計の結果としての臘が貸借対照表に計上される。監査において、この不正

---

[227]「監査手続は、監査人として納得感を得るまで追求することが大切である」（日本公認会計士協会監査業務審査会「監査提言集」平成22年7月1日）

会計の結果としての膿を損失処理したとしても、不正会計により歪められた期間損益計算に係る瑕疵は治癒されないのである。むしろ正すべきは期間損益計算上の歪みなのである。その結果、後日になって不正会計が発覚し、過年度の決算の訂正等が行われることとなるのである。その時は、監査人は何をしていたのかという批判を受けることとなる。

したがって、損失処理が必要と考えられる資産があった場合には、会社と折衝して当該資産について損失処理させるのが監査人の役割なのではない。そのような資産を把握した場合に、当該資産が不正会計の手段として用いられていた可能性を想定するのである。これが不正会計の発見の端緒となり得るのである。損失処理を安易に受け入れ、これを単なる資産の評価の問題に矮小化してはいけない[228]。

例えば、多額ののれんが計上されていた場合に、減損処理をさせることも必要ではあるが、それ以前に、多額ののれんが計上されることとなった原因を解明するとともに、多額ののれんが計上される原因となる不正会計の手口（仮装取引の原資、特別背任的支出等）の可能性を想定し、当該想定が事実であるか否かの見極めのための監査手続を実施しなければならないのである。これを単に、子会社株式取得時の評価が高いことを原因とし、株式の評価は一物百価であることから、監査上の問題ではないとする。しかし、この場合にあっては、のれんの減損処理に注力するのではなく、多額ののれんの発生原因が、不正会計に係る仮装取引の原資として支出された場合や第三者等の利得を図るための背任的支出である可能性を想定して、当該株式取得時の算定過程の妥当性及びその合理的根拠の有無、当該根拠の適切性まで踏み込んで監査手続を実施すべきであり、それが「深度ある監査手続」となるのである。

・監査手続の実施の過程で不正会計の兆候を把握した場合

監査計画時に不正会計の兆候を把握し、想定される不正会計のスキームを前提に実施すべき監査手続を計画し、監査時に当該監査手続を有事の発想で行うことが深度ある監査手続きとなる。

---

228 「損失処理することと監査上のリスクが解消することとは別の問題である」（日本公認会計士協会監査業務審査会「監査提言集」平成22年7月1日）

しかし、すべての監査においてこのような監査が可能となるわけではない。

監査計画立案時においては、不正会計の兆候が把握できなかった場合も考えられる。

この場合、監査実施時において、不正会計の兆候となる事実を把握した場合には、この時点で有事の発想に切り替え、当該事実から想定される不正会計のスキームを検討し、当該不正会計のスキームに係る事実関係の見極めのための監査手続を検討し、実施することとなる。これが、不正の兆候を把握した場合の深度ある監査手続の実施となる。

5 その他

本書では、基本的に、証券市場の公正性の確保の観点から、不正会計の予防及び早期発見について説明している。特に不正会計の早期発見のための財務諸表の見方は、事業部管理、子会社管理等の場面においても有用であると考える。

しかし、これは内部管理目的、内部監査目的のみに有用なものではない。例えば、資産の保全という観点からいえば、金融機関における融資先に係る財務分析、取引先に対する与信としての財務分析等、様々な場面において応用できるものである。融資先の不正会計の事件としては、最近では、林原事件[229]やＵ．Ｆ．Ｏ事件[230]等の非上場会社である融資先において不正会計が行われていた事件が相次いだ。

このようなことからも、融資先や得意先の財務諸表を入手し、不正会計の兆候を把握し、当該兆候に係る事実関係を明らかにすることによって、不正会計を早期に発見し、適切な対応を行うことにより、自社の資産を保全することもまた重要であると考える。

---

[229] 岡山に本社を置く非上場のバイオメーカー。平成23年2月に会社更生手続開始の申立て。負債総額は約1300億円以上とみられている。長期間にわたって不正会計が行われていたとされている。中国銀行等と取引があった。

[230] 東京に本社を置く非上場の服飾メーカー。平成22年3月に民事再生手続開始の申立て。設立以来不正会計を行っていたとされ、また、民事再生手続に際しても不正会計を行っていたため、元社長が民事再生法違反で大阪地検に逮捕される事件となった。

第6章 不正会計への対応

　ここでは、不正会計が発覚した場合の対応について説明する。不正会計は、まずはその予防が大事なのであるが、その次には、万が一不正会計が生じてしまった場合に、当該不正会計の事実を早期に発見し、迅速に対応を行うことが重要となる。これにより証券市場に与える影響を最小限に止めるとともに、社内の改善策等を適切に行い上場会社としての適格性を有することを明らかにしていく必要がある。

1　不正会計の発覚

　不正会計の発覚の端緒となるものには、様々なものがあると考えられる。ここでは、①社内における端緒と②社外における端緒に大別し、それぞれの概要について説明する。

1．社内における端緒

(1)　財務分析等による不正会計の兆候の把握
　社内における様々な財務情報を利用して、当該財務情報に係る財務分析を行うことによって不正会計の兆候を把握することができる。不正会計の早期発見という観点では、このような社内の財務情報に係る財務分析を手続きとする内部統制手続きの構築が有用であると考える。

(2)　内部通報
　内部通報制度は、それが有効に機能する限りにおいては、社内における従業員等からの不正会計に関する端緒情報を収集する上で有用な制度となる。したがっ

て、不正会計の早期発見の観点では、この内部通報制度の充実化を図ることが大事となる。

（3） 内部監査

　内部監査とは、組織体の経営目標の効果的な達成に役立つことを目的として、合法性と合理性の観点から公正かつ独立の立場で、経営諸活動の遂行状況を検討・評価し、これに基づいて意見を述べ、助言・勧告を行う監査業務、及び特定の経営諸活動の支援を行う診断業務である[231]。

　このような内部監査部門の実施する内部監査によって不正会計の端緒が把握される場合がある。

（4） 監査役による監査

　監査役は、取締役の職務の執行を監査する株式会社の機関であり（会社法第381条第1項、第327条第3項等）、いつでも取締役及びその他の使用人等に対して事業の報告を求め、又は会社の業務及び財産の状況の調査を行うことができ（同条第2項）、その職務を行うため必要があるときは、子会社に対しても事業の報告を求め、又はその子会社の業務及び財産の状況を調査することができる（同条第3項）。

　この監査役の監査において不正会計の端緒を把握する場合もある。

（5） 会計監査

　上場会社は、有価証券報告書等の開示書類に掲載する財務計算に関する書類及び内部統制報告書について、当該上場会社と独立の第三者である公認会計士等の監査証明を受けなければならない（金商法第193条の2第1項）。

　この公認会計士等の監査において不正会計の端緒が把握される場合がある。

---

[231] 内部監査基準（社団法人日本内部監査協会、昭和16年改訂）

(6) その他社内調査等

滞留債権に係る社内調査、特定の事業部門における多額の損失計上に係る社内調査、支配株主の異動による経営陣の交代に伴う社内調査等の様々な目的による社内調査の過程において不正会計の端緒が把握される場合がある。

2．社外における端緒

(1) マスコミ等

マスコミ等による報道は社外における不正会計発覚の端緒の一つとなる。

この場合、内部関係者等による内部告発がもとになっている場合が多い。マスコミ等の報道による不正会計の発覚は、事態が急変することから、社内での対応が間に合わない場合が多く、対応の不手際によりさらに事態を悪化させる危険性が高いことから、できる限りこのような不正会計の発覚は避けるべきである。

このためには、内部告発に至る前に内部通報制度等に沿って処理できるように、有効な内部通報制度の整備・運用が重要となる。

(2) 税務調査

税務当局による調査も不正会計発覚の端緒の一つとなる。

税務当局による調査の場合、役員及び従業員等の横領、背任的行為等に基づく不正会計の発覚が多いと思料されるが、ペーパーカンパニーやダミー会社等を利用した仮装取引を伴う不正会計も発覚しやすいと考えられる。

(3) 取引先からの問い合わせ

取引先からの問い合わせもまた不正会計発覚の端緒となろう。

特に資金循環取引等の通常の取引を装い、取引先を協力会社として利用した場合、決済資金の不足等により資金循環が回らなくなることにより、当該取引先から代金の支払い等に係る問い合わせが行われ不正会計が発覚することとなる。

(4) 証券取引等監視委員会の調査

証券取引等監視委員会の調査が不正会計発覚の端緒となる場合がある。

証券取引等監視委員会は、独自の調査又は内部関係者等からの情報提供を受けて、不正会計の端緒を把握し、調査を行う。

(5) その他

その他、インターネット上の様々なサイトやブログにおいて、独自の財務分析や「噂」等から不正会計発覚の端緒が発覚する場合がある。

また、会社が買収対象会社になることによって、デュー・ディリジェンスが行われ、これにより不正会計が発覚する場合もある。

2 社内調査の実施

不正会計の端緒を把握した場合には、迅速かつ適切な対応を行うことが重要となる。速やかに問題点を明らかにし、今後の改善策の策定及びその実行に行うことにより事態の悪化を最小限度に止めることが可能となる。

この場合、端緒情報の性質、内容、確度によっては、その対応が異なる。

特に端緒情報の確度及び端緒情報の内容が経営者不正か、従業員不正かによってその対応は大きく異なってくる。

1．端緒情報の見極め

(1) 端緒情報の確度が低い場合

端緒情報の確度が高い又は真実である可能性が高いと認められない場合、ここでは、端緒情報の確度が低い場合として考える。

この場合、当該端緒情報に関して、迅速に対応することは、調査資源等の観点から必ずしも適切な対応ではないと考える。ただし、この端緒情報の確度の見極めは、実際問題として非常に難しい問題であり、簡単に判断がつくようなものでもない。また、一見、その内容の信頼性の程度が不明な場合であっても、真実である場合も当然に想定し得ることである。

したがって、①明らかに端緒情報の内容が真実である、ないしは真実である可能性が高いと判断できる場合、又は、②明らかに端緒情報の内容等が虚偽である

と判断できる場合を除き、まずは端緒情報が真実であった場合の影響の程度を想定し、仮に真実であった場合、社会的な影響及び社内における影響が大きいと想定できるような端緒情報に関しては、当該端緒情報の真偽についての見極めの判断をすることとなる。この際、当該端緒情報の真偽の見極めが可能となる事実が何であるかを検討し、当該事実に係る事実確認を行い、端緒情報の真偽を見極めることとなる。

(2) 端緒情報の確度が高い場合

端緒情報の確度が高い場合又は真実である可能性が高いと認められる場合には、迅速かつ適切な対応を行うことが、その影響を最小限に止める唯一の方法となる。不正会計の可能性がある限りにおいては、まずは当該事実関係を解明することにより、問題点を明らかにし、当該問題点に対する対応及び改善策等を講じることが何よりも重要となる。

この際、間違っても、会社を守るために事実を隠蔽するという判断を行ってはならない。事実を隠蔽することによって、一時的には何事もなかったかのようすることができるかもしれないが、現実は、不正会計という問題を抱え込むことによって状況は悪化し続けるのである。そして、悪化した状況で当該事実が発覚した場合には、状況の悪化に加えて、隠蔽したことによって会社に致命的な影響を与えることとなるのである。

ゆえに不正会計に係る確度の高い端緒情報を把握した場合には、何よりも迅速な対応が事態の悪化を最小限に止めることを肝に銘ずるべきである。

2．端緒情報の内容

ここでは、端緒情報の確度が高い場合を前提に説明する。

(1) 従業員不正の場合

把握した不正会計に係る端緒情報の内容が、従業員不正に起因するものであった場合には、速やかに社内の調査体制を整え、事実関係の解明に当たることとなる。これにより、その影響を最小限に止めることが可能となる。

（2） 経営者不正の場合

　把握した不正会計に係る端緒情報の内容が、経営者不正に起因するものであった場合には、従業員不正の場合と比較してその対応は極めて困難となる。机上論的な対応でいえば、把握した端緒情報の内容が経営者不正に係るものであることから、①監査役又は監査役会（以下、「監査役等」という。）への情報提供、②社外取締役への情報提供、③内部通報制度を利用した情報提供、④監査法人への情報提供等が考えられる。そして、これらのいずれかが機能することにより、当該経営者不正に起因する不正会計に対して、迅速かつ適切に対応することが、従業員不正に起因する不正会計の場合と同様に、事態の悪化を最小限に止められる唯一の方法となる。しかし、この際、すべてのコーポレート・ガバナンスに係る機関が機能不全に陥っていた場合には、ある意味、究極の選択を迫られることとなる。

　このまま不正会計が発覚しないことを祈りつつこの事実をなかったことにするか、それとも不正会計をそのままにすることは社会的な悪性が極めて高いことから、公益通報者保護法に即した通報やマスコミ等への内部告発を行ってでもその事実を明らかにするかという選択である。又は、このような会社に愛想を尽かして退職するかである。

　しかし、不正会計に係る端緒を把握したにもかかわらず、何事もなかったことすることや、会社を退職してしまうという選択肢は、結果として、不正会計を黙認することとなり、その時点で不正会計を止めさせなかったという意味では、未だ不正会計を続け、投資者及びその他の利害関係者の判断を誤らせているという意味で罪は深くなる。一方で、公益通報者保護法に即した通報やマスコミ等への内部告発は、事態を一気に悪化させ、最悪会社が潰れてしまう可能性さえもあるものであり、自分の人生ばかりではなく、会社の同僚、先輩、後輩の人生にまで大きく影響させる可能性がある。

　このような状況において、経営者を中心とするコーポレート・ガバナンスは機能不全に陥っており、経営陣は事実を隠蔽しようとしていることから、この事実が発覚することはないのではないか、また、このまま隠し続けていれば、いつかは業績が回復し、不正会計もなくなるのではないかという思いが大きくなるのであるが、このような状況で自らも不利益を被るかもしれない選択をできるのかと

いうことが問われることとなる。

　しかし、不正・不祥事が発覚した場合には、その時点で適切な対応を行うことが、不正・不祥事による被害を最小限に止めることができる唯一の方法なのである。特に不正会計は、それが継続されることにより、会社の実態を反映しない開示が行われ続け、会社の財政状態や経営成績等の実態の把握ができないまま状況はますます悪化し、会社財産の毀損が続くことになる。これに対して、不正会計が発覚した時点で、事実を明らかにし、迅速かつ適切な対応を行うことで、会社財産の毀損等の被害は最小限で済むこととなり、例え、上場廃止や民事再生法等の適用を受けたとしてもスポンサーがつく可能性は高くなる。そして、その後の事業の展開次第では再上場することも可能なのであり、実際にそのような会社は何社もある。

　事実の隠蔽による一時的な延命策を「会社を守る」という意味に解釈し、事実は発覚せず、いつかは業績も良くなり不正会計もなくなるという淡い期待、いや、幻想を抱くことにより、現実逃避をした結果、結局のところ迎えるのは、事実の発覚に伴うさらに悲惨な状況である。この結果、株主を含めた投資者、取引先、金融機関、そして、従業員等に不測の多大なる損害を与え、取り返しのつかない状態となる。

　もちろん、だからといって単なる理屈では済まない問題であり、すぐに結論が出る答えでもない。

　しかし、不正会計の歴史を顧みれば、古くは昭和30年代後半の山陽特殊製鋼事件等から、日本熱学工業事件、不二サッシ事件等の多くの不正会計事件が発覚し、その後も不正会計は後を絶たず、カネボウ事件、西武鉄道事件、ライブドア事件、そして、近年では、オリンパス事件等へと続いているのである。過去の不正会計事件の多くは、コーポレート・ガバナンスが無機能化している中で、経営者らが中心となり、従業員を巻き込んで不正会計が行われており、その不正会計の存在に少なからぬ人数の従業員も気が付いていたのである。

　残念ながら今後も不正会計が生じる可能性はある。したがって、自らがいつ不正会計に巻き込まれるかわからないのであり、そのような時にどのような対応をすべきか、答えが簡単に出ない問いだからこそ、日頃から考え続けなければなら

ない問題であると考える。そして、その問題意識が、内部統制及びコーポレート・ガバナンスのより良い在り方へとつながるのである。

3．調査方法及び調査担当部署等

(1) 従業員不正の場合

　従業員不正に起因する不正会計に係る調査の場合には、社内の内部監査担当部門等の調査のほか、社内調査チーム等を設けて調査を行うこととなる。社内調査チームの選定にあたっては、社内の内部監査部門、法務部門、経理部門、システム部門等から選任するとともに、外部の専門家（弁護士、公認会計士、公認不正検査士、ＩＴ専門家等）の利用も検討する必要があろう。

　特に、調査に係る事実解明及び証拠保全の観点からサーバーやパソコン上のデータの保存、復元等を行う必要がある場合には、デジタルフォレンジックの技術を有する外部の専門家をメンバーに入れる必要がある。

(2) 経営者不正の場合

　経営者不正に起因する不正会計の調査の場合には、原則として、社外の専門家等から構成される第三者委員会を設置することとなる。

　不正会計の原因が経営者不正にある場合、社内調査委員会を設置した場合には、投資者、証券取引所、当局及びその他利害関係者からは、経営者からの圧力等により当該社内調査委員会の結論が恣意的に歪められている疑いをもたれることから、会社の信頼回復をできるだけ早期に図るのであれば、第三者委員会を設置すべきである。

　そもそも、経営者不正を起こすような経営者の指揮下にある社内調査委員会の結論は、その信憑性が乏しいと言わざるを得ず、また、経営者自らその潔白を証明しようとするのであれば、やはり会社及び経営者等と利害関係のない第三者の調査によるべきである。

　第三者委員会の設置に当たっては、日本弁護士連合会「企業不祥事における第三者委員会ガイドライン」（平成22年12月17日改訂）を参考とすべきである。不正会計の原因となった経営者不正等の内容によっては、必ずしも当該ガイドライン

のすべてを遵守する必要がない場合もあるが、第三者委員会設置の際の拠るべき基準となるものであり、当該ガイドラインの趣旨等に基づいた第三者委員会の設置が、会社の信頼回復のための第一歩となる。

4．証拠の保全

　不正会計に係る不正調査にあたっては、その後の調査報告書としての調査内容の公表や、訴訟対応、証券取引等監視委員会及び警察等の当局による調査・捜査対応の観点から、不正行為に係る仮装取引等に係る偽造・変造等の作為を行ったと思料される原始証憑類の収集・保存及びサーバー上のメールデータを含む各種データの保存及び復元による証拠等の保全を図らなければならない。

5．関係者等へのヒアリングの実施

　不正調査においては、関係者に対するヒアリングの実施が、実態の解明に当たって極めて重要となる。したがって、事前準備は当然のことながら、そのヒアリングの方法等には十分配慮して行うべきである。この際の留意点としては、多くのものがありここではその詳細についての説明は省くが[232]、ヒアリングが成功するか否かは、ヒアリング相手にいかに多くの事実を語らせることであり、そして、その裏付けとなる事実を確認することであると考える。

　調査側のストーリーを押し付けるような確認するのではなく、あくまでも調査側は簡潔な問いかけを基本とし、これに対するヒアリング相手の話をできるだけ多く引き出すのである。仮にヒアリング相手が嘘の説明をしていたことがわかったとしても、できるだけ多くの嘘の説明をさせることにより、当該供述内容が嘘であることを、事実をもって抗弁することにより、ヒアリング相手を観念させ、真実を語らせるのである。

　そして、ヒアリングの際には、単に話を聞くだけではなく、その話の裏付けとなる証憑類等の証拠となる事実をできるだけ多く確認することが重要である。

---

[232] ヒアリングの実施等については、小林総合法律事務所編『詳説不正調査の法律問題』（弘文堂、平成23年5月）に詳しい。

6．調査報告書等の作成

不正会計に係る不正調査にあたっては、その後の調査報告書としての調査内容の公表や、訴訟対応、証券取引等監視委員会及び警察等の当局による調査・捜査対応の観点から、調査報告書の作成が求められる。

当該内容は、少なくとも取引所による虚偽記載審査において求められる内容であることが必要である。なお、虚偽記載審査の内容については、「第五部　不正会計－市場規律の強化への取り組み　第２章　証券取引所の取り組み　３　上場廃止に関する事項　２．虚偽記載審査について」を参照のこと。

3　証券取引所への報告

不正会計が発覚した場合には、その概要を把握した段階で速やかに証券取引所に報告し、その概要及び第三者委員会等の設置の状況等について説明を行うことが必要である[233]。

4　開示関係

１．適時開示

不正会計が発覚し、当該事実に係る概要を把握した場合には、速やかに適時開示を行わなければならない。当該適時開示の内容等については、証券取引所への事前相談等において検討することとなるが、一般的には、①不適切な会計処理の把握について、②過年度決算の訂正の可能性について、③第三者委員会等の設置について、④過年度決算の訂正及び第三者委員会等の調査報告について等、不正会計に係る事実解明の過程において、適時にその状況等について開示することになる。

---

233 「上場管理業務について－虚偽記載審査の解説－」（東京証券取引所自主規制法人上場管理部、平成22年８月）３頁

2．法定開示書類に係る提出期限までの提出

　有価証券報告書は、毎事業年度経過後3か月以内に（金商法第24条第1項）、四半期報告書は、各四半期終了後45日以内に（金商法第24条の4の7第1項、金商法施行令第4条の2の10第3項）管轄財務局長に提出しなければならない。

　なお、やむを得ない理由により当該期間内に提出できないと認められる場合には、内閣府令で定めるところにより、あらかじめ内閣総理大臣の承認を受けた期間内に提出することとなる（企業内容等の開示に関する内閣府令第15条の2、同第17条の15の2）。

　そして、この提出期限の経過後1か月以内に、有価証券報告書及び四半期報告書を提出できなかった場合には、上場廃止事由となる（東京証券取引所有価証券上場規程第601条第（10）号）ことから、不正会計が発覚した後、有価証券報告書及び四半期報告書の提出期限を念頭に、早急に当該事実について解明し、当期における影響額を把握するとともに過年度決算の訂正に関する作業を行わなければならないこととなる。

3．税務処理

　不正会計に係る法人税の過大申告については、確定申告書に記載された各事業年度の所得の金額が当該事業年度の課税標準とされるべき所得の金額を超えている場合は、その超える金額のうちに事実を仮装して経理したところに基づくものがあるときは、税務署長は、当該事業年度の所得に対する法人税につき、当該事実を仮装して経理した内国法人が当該事業年度後の各事業年度において当該事実に係る修正の経理をし、かつ、当該修正の経理をした事業年度の確定申告書を提出するまでの間は、更正をしないことができる（法人税法第129条第1項）こととなっている。

　これは税務面からの仮装経理（不正会計）を抑止する趣旨であると考えられる。

　なお、更正の請求ができる期間が、平成23年12月2日以後に法定申告期限が到来する法人税について、法定申告期限から5年（改正前1年）に延長された（国税通則法第23条第1項）。

5　調査・捜査機関への対応

　不正会計の発覚の端緒が証券取引等監視委員会による調査であった場合や、会社が不適切な会計処理等に係る適時開示を行ったことを受けて、証券取引等監視委員会の調査が入った場合には、速やかに適切な対応を行う必要がある。

　特に平成23年7月から証券取引等監視委員会において、適正な開示制度の実効性を確保するため開示検査権限（金商法第26条）の積極的活用を目的として、従来の課徴金・開示検査課から開示検査課を分離・新設したことから、今後、開示検査課による調査が増加すると思料される状況である。したがって、開示検査課の調査が入った場合には、不正会計を行っていた場合にはいうまでもなく、不正会計を行っていない場合であっても、当該課による調査に積極的に協力することにより、自らの開示内容の適正性を明らかにすることが大事となる。

　なお、開示検査に関して、報告及び資料の不提出又は虚偽報告等（金商法第205条第5号）、検査の拒否又は忌避等（金商法第205条第6号）を行った場合には、それぞれ6月以下の懲役若しくは50万円以下の罰金、又はこれの併科とする罰則規定が設けられている。

第四部

不正会計
事例からの検討

第四部では、犯則事件としての不正会計事例及び課徴金事案としての不正会計事例を紹介するとともに、いくつかの事例に基づき不正会計の発見としての「端緒としての違和感」及び「結論としての納得感」を得るための具体的な方法等について説明する。どのように財務諸表をみていくのか、どのような点が違和感となり得るのか、また、不正会計の兆候を把握した場合には、どのような観点で事実関係を明らかにしていくのかを具体的に説明する。

第1章 犯則事件・刑事事件

1 過去の犯則事件・刑事事件

　戦後の日本における開示制度の歴史は、金融商品取引法の前身である証券取引法が昭和23年に制定され、その後、昭和26年に会計制度監査が確立された後[234]、昭和32年に実質的な財務諸表監査が導入された[235]。そして、この昭和26年から昭和32年にかけては、日本の高度経済成長の始まりである神武景気を迎えたのち、景気の後退期に入ったものの続く昭和33年から昭和36年にかけて岩戸景気となり、昭和30年代の日本経済のピークに達し、この間、企業も相次ぐ設備投資を行った時代であった。ところが、昭和37年の秋頃から景気が後退し、日本経済は、次の昭和40年から昭和45年にかけてのいざなぎ景気までの間、不況の谷間に落ち込んだのである[236]。

　この不況が始まった昭和37年以降、倒産企業が相次ぎ、山陽特殊製鋼事件（昭和39年）、サンウェーブ事件（昭和39年・民事）、徳島製油事件（昭和43年・民事）の大型粉飾事件が発覚することとなった。これを受けて、大蔵省、日本公認会計士協会等が対応を行い、監査基準等の改訂、監査法人制度の設立等の制度改正が行われたのである。

　しかし、その後も、興人事件（昭和50年・民事）、不二サッシ工業・不二サッシ販売事件（昭和53年）、リッカー事件（昭和60年）、大光相互銀行事件（昭和60年）、日東あられ事件（平成4年）等の犯則事件が後を絶たない状況であった。

234　篠藤涼子グラシエラ「日本における財務諸表監査制度の導入過程に関する一考察」経済学研究59－4（北海道大学、平成22年3月）83（637）－89（643）頁
235　日本公認会計士協会当協会編『粉飾決算』（第一法規、昭和49年3月）13頁
236　日本公認会計士協会当協会編『粉飾決算』（第一法規、昭和49年3月）13頁

さらに、平成に入り、平成4年に証券取引等監視委員会が設立されてからは、平成24年7月末現在で25件（発行体ベース）の告発事件があり、その概要は、以下のとおりである[237]。

事件名 告発日	概要
アイペック事件 平成6年5月17日	株式会社アイペックは、関連会社を利用した架空売上の計上等により粉飾経理を行い、虚偽の記載をした有価証券報告書を提出した。
山一證券事件 平成10年3月20日	山一證券株式会社は、有価証券の含み損を国内・海外のペーパーカンパニー等に飛ばしを行うことで隠蔽し、虚偽の記載をした有価証券報告書を提出した。
日本長期信用銀行事件 平成11年6月30日	株式会社日本長期信用銀行は、関連親密企業への融資に関して適正な引当・償却を行わないことにより粉飾経理を行い、虚偽の記載をした有価証券報告書を提出した（無罪判決）。
日本債券信用銀行事件 平成11年8月13日	株式会社日本債券信用銀行は、取立不能と見込まれる貸出金に関して適正な引当・償却を行わないことにより粉飾経理を行い、虚偽の記載をした有価証券報告書を提出した（無罪判決）
ヤクルト本社事件 平成11年12月27日	株式会社ヤクルト本社は、プリンストン債が償還済みであるという事実を隠蔽し、資産及び収益を過大に計上する方法で、虚偽の記載をした半期報告書を提出した。
テスコン事件 平成12年1月31日	株式会社テスコンは、架空売上の計上により粉飾経理を行い、虚偽の記載をした有価証券報告書を提出した。
フットワークエクスプレス事件 平成13年12月20日 平成14年6月7日	フットワークエクスプレス株式会社の役員及び公認会計士等は、架空収益の計上等により粉飾経理を行い、虚偽の記載のある有価証券報告書を提出した。
ナナボシ事件 平成14年6月28日	株式会社ナナボシは、平成10年3月期、平成11年3月期、平成12年3月期及び平成13年3月期決算において、架空工事の

---

[237] 証券取引等監視委員会編『証券取引等監視委員会の活動状況 平成23年』（一般財団法人大蔵財務協会、平成23年9月）

	平成14年9月6日	受注工事代金の計上により粉飾経理を行い、虚偽の記載のある有価証券報告書を提出した。
エムティーシーアイ事件 平成14年12月16日		株式会社エムティーシーアイは、架空資産を計上するなど虚偽の記載のある貸借対照表を掲載した有価証券報告書を提出した。その後の公募増資にあたり、上記貸借対照表を掲載した有価証券届出書を提出した。
ケイビー事件 平成15年3月24日		株式会社ケイビーは、架空売上を計上するなどの方法により粉飾経理を行い、虚偽の記載のある有価証券報告書を提出した。
キャッツ事件 平成16年3月29日		株式会社キャッツは、同社役員への貸付金を消費寄託契約に基づく預け金として計上した虚偽の記載ある半期報告書を提出し、また、同社が保有する株式の取得価格を水増しして計上した虚偽の記載ある有価証券報告書を提出した。
森本組事件 平成16年6月22日		株式会社森本組は、完成工事総利益及び当期未処理損失をそれぞれ粉飾するなどした虚偽の記載のある有価証券報告書を提出した。
メディア・リンクス事件 平成16年12月9日		株式会社メディア・リンクスは、架空売上及び架空仕入れを計上するなどの方法により粉飾経理を行い、虚偽の記載のある有価証券報告書を提出した。
西武鉄道事件 平成17年3月22日		西武鉄道株式会社は、株式会社コクドの所有に係る西武鉄道株式につき、発行済み株式総数に対する所有割合を少なく記載するなどし、重要な事項につき虚偽の記載のある有価証券報告書を提出した。
カネボウ事件 平成17年8月17日 平成17年9月30日		カネボウ株式会社は、大量の不良在庫等を抱え、業績が悪化していた子会社を連結決算からはずすなどの方法により、虚偽の記載のある有価証券報告書を提出したものであり、また、公認会計士としてカネボウの監査業務を行った際、大量の不良在庫等を抱え、業績が悪化していた子会社を連結決算の対象からはずすなどの方法により、虚偽の記載をした有価証券報告書を提出した。
ライブドア事件 平成18年3月13日		株式会社ライブドアは、売上計上の認められない自社株売却益の売上高への計上等により、虚偽の記載をした有価証券報

平成18年3月30日	告書を提出したものである。また、公認会計士や監査の実質的責任者としてライブドアの監査業務を行った際、売上計上の認められない自社株式売却益を売上高への計上等により、虚偽の記載をした有価証券報告書を提出した。
サンビシ事件 平成19年2月6日	サンビシ株式会社は、連結子会社があるにも関わらずこれがないとする等の虚偽の記載をした有価証券報告書を提出した。
アクセス事件 平成20年6月16日	株式会社アクセスは、架空売上を計上するなど、虚偽の記載のある損益計算書等を掲載した有価証券報告書を提出した
アイ・エックス・アイ事件 平成20年6月17日	株式会社アイ・エックス・アイは、架空売上を計上するなど、虚偽の記載のある損益計算書を掲載した有価証券報告書を提出し、その後の公募増資にあたり、上記有価証券報告書をとじ込んだ有価証券届出書を提出した。
オー・エイチ・ティー事件 平成20年12月24日	株式会社オー・エイチ・ティーは、架空売上を計上するなど虚偽の記載のある連結損益計算書等を掲載した有価証券報告書を提出（2期）し、その後の新株予約権付社債募集を行うにあたり、虚偽の有価証券報告書をとじ込んだ有価証券届出書を提出した。
プロデュース事件 平成21年3月25日 平成21年4月28日	株式会社プロデュースは、上場に伴う株式の募集等を行うに際し、架空売上を計上するなど虚偽の記載のある損益計算書等を掲載した有価証券届出書及び有価証券報告書を提出（2期）し、その後の株式募集を行うにあたり虚偽の有価証券報告書を参照すべき旨を記載した有価証券届出書を提出した。
ニイウスコー事件 平成22年3月2日 平成22年3月19日	ニイウスコー株式会社は、架空売上を計上するなど虚偽の記載のある連結損益計算書等を掲載した有価証券報告書を提出し、その後の株式募集等を行うにあたり虚偽の有価証券報告書を参照すべき旨を記載した有価証券届出書を提出した。
エフオーアイ事件 平成22年10月6日	株式会社エフオーアイは、上場に伴う株式の募集等を行うに際し、架空売上高を計上する方法により、虚偽の記載のある連結損益計算書を掲載した有価証券届出書を提出した。
富士バイオメディックス事件[238] 平成23年5月27日	株式会社富士バイオメディックスは、架空売上を計上するなど虚偽の記載のある連結損益計算書及び架空の出資金を計上するなど虚偽の記載のある連結貸借対照表を掲載した有価証

	券報告書等を提出した。
オリンパス事件[239] 平成24年3月6日 平成24年3月28日	オリンパス株式会社は、損失を抱えた金融商品を簿外処理するとともに架空ののれん代を計上するなどの方法により虚偽の記載のある連結貸借表を掲載した有価証券報告書を提出した。

なお、この他、平成4年以降、証券取引等監視委員会が告発していない虚偽記載事件としてヤオハン・ジャパン事件（平成10年11月）及びサワコー・コーポレーション事件（平成13年12月）がある。

2 事件の概要

ここでは、上記の事件のうち、いくつかの事件について、その概要を説明するとともに、各社の財務諸表等から不正会計発見のための「端緒としての違和感」がどのように得られるか、そして、不正会計の端緒が得られたとしたならば「結論としての納得感」をどのように得るかについて説明する。

1．メディア・リンクス事件

(1) 事件の概要

株式会社メディア・リンクス（以下、「メディア・リンクス」という。）は、大阪市に本社をおく、大阪証券取引所ヘラクレス市場上場会社（証券コード：2748）であり、情報処理システムの販売・サービス提供を行うシステム事業等を行っていたが、平成16年5月1日に大阪証券取引所の適時開示規則違反（情報開示の遅延）により上場廃止となった[240]。その後、同年10月にはメディア・リンクスの元社長がインサイダー取引（金商法第166条）で逮捕・起訴されるとともに、メディア・リンクスの虚偽の業務発表に関与したとして会社役員が風説の流布（金商法第158

---

238 証券取引等監視委員会ウェブサイト（http://www.fsa.go.jp/sesc/news/c_2011/2011/20110527-2.htm）参照
239 証券取引等監視委員会ウェブサイト（http://www.fsa.go.jp/sesc/news/c_2012/2012/20120306-1.htm）他参照
240 「㈱メディア・リンクス株式の上場廃止等の決定」（大阪証券取引所、平成16年3月31日）

条)の容疑で逮捕・起訴され、さらに同年11月にはメディア・リンクスの元社長が有価証券報告書の虚偽記載（金商法第197条第1項）で逮捕・起訴された事件である[241]。

メディア・リンクスの主な沿革は、以下のとおりである[242]。

年月	沿革
平成5年3月	大阪市に有限会社リンクスを設立し、システム事業を開始。
同 年12月	株式会社リンクスに組織変更
平成13年2月	コンピュータグラフィックコンテンツ及びゲームソフト制作を行う株式会社メディア・リンクスの全株式を取得し、子会社（連結子会社）化
同 年4月	子会社である旧株式会社メディア・リンクスを吸収合併
同 年6月	株式会社メディア・リンクスに商号変更
平成14年10月	ナスダック・ジャパン市場へ上場
平成15年6月	2日に公表した平成15年3月期の連結決算において、仕掛品のソフトウェアが不良在庫になるおそれがあるとみて、棚卸資産評価損11億6,300万円を計上した結果、最終損益が9億8,300万円の赤字（前期1億2,300万円の黒字）となり、2億200万円の債務超過となった旨公表[243]。
同 年同月	9日に、棚卸資産の評価を巡って対立した新日本監査法人との契約を解除し、公認会計士みのり共同事務所に会計監査人交代の旨公表[244]

---

[241] メディア・リンクス事件は、資金循環取引による不正会計が大きく取り上げられることとなった発端となった事件であり、この事件を受けて、日本公認会計士協会から平成17年3月11日付でIT業界における特殊な取引検討プロジェクトチーム報告「情報サービス産業における監査上の諸問題について」が公表されている。さらに平成18年3月30日付で企業会計基準委員会から実対応報告第17号「ソフトウェア取引の収益の会計処理に関する実務上の取扱い」が公表されている。しかし、その後も多くの課徴金事案のほか、犯則事件であるアイ・エックス・アイ事件、プロデュース事件、ニイウスコー事件と資金循環取引による不正会計が後を絶たず、平成23年9月には日本公認会計士協会から会長通牒平成23年第3号「循環取引等不適切な会計処理への監査上の対応等について」が公表されるに至っている状況である。
[242] 主にメディア・リンクスの有価証券報告書を参照した。その他、メディア・リンクスに係る新聞報道及び適時開示情報等を参照した。
[243] 平成15年6月3日付日本経済新聞朝刊

同　年同月	16日に、2日に公表した平成15年3月期の連結最終損益を9億8,300万円の赤字から6,600万円の黒字に訂正し、債務超過が解消されることとなった旨公表[245]。
同　年10月	21日に、メディア・リンクスの社長が、知人男性に同社の株券等を担保に会社の資金繰りを依頼したところ、同人が預かった株券を無断で売却したため、暴力団との関係を示して同人を脅かしていたとして、警視庁中央署に暴力行為法違反で逮捕された[246]。
同　年11月	1日に、東京地検が、メディア・リンクスの社長を暴力行為法違反（集団的脅迫）により略式起訴し、社長は罰金15万円の略式命令を受けた[247]。
同　年12月	17日に、大阪証券取引所が、メディア・リンクス株を監理ポストに割り当て[248]。
同　年12月	18日に、メディア・リンクスが二度目の不渡りを出して事実上の銀行取引停止になった[249]。
平成16年5月	1日に、メディア・リンクスが上場廃止[250]。

（2）端緒としての違和感

1　財務分析

A　資金循環取引の兆候について

メディア・リンクスは、平成16年5月1日に上場廃止となり、平成16年3月期の有価証券報告書は提出されていないことから、開示された直近の平成15年3月期の有価証券報告書を基に検討する。

まず、メディア・リンクスの平成15年3月期の有価証券報告書に掲載されている【主要な経営指標等の推移】をみると以下のとおりであった（メディア・リンクス－図1）。

244　平成15年6月10日付日本経済新聞朝刊
245　平成15年6月17日付日本経済新聞朝刊
246　平成15年10月21日付日本経済新聞夕刊
247　平成15年11月2日付日本経済新聞朝刊
248　平成15年12月18日付日本経済新聞朝刊
249　平成15年10月18日付日本経済新聞夕刊
250　平成16年5月1日付日本経済新聞朝刊

メディア・リンクス－図１　株式会社メディア・リンクス「有価証券報告書（平成15年３月期）」

１　【主要な経営指標等の推移】
（１）　連結経営指標等

回次	第６期	第７期	第８期	第９期	第10期
決算年月	平成11年３月	平成12年３月	平成13年３月	平成14年３月	平成15年３月
売上高　　　　（千円）	－	－	2,047,182	6,551,815	16,863,656
経常利益　　　（千円）	－	－	29,102	275,198	342,642
当期純利益　　（千円）	－	－	11,133	123,190	66,240
純資産額　　　（千円）	－	－	314,758	462,531	848,284
純資産額　　　（千円）	－	－	2,938,408	4,665,289	11,612,671
１株当たり純資産額　（円）	－	－	127,350.58	183,544.32	18,219.16
１株当たり当期純利益（円）	－	－	6,541.24	48,974.46	1,639.33
潜在株式調整後１株当たり当期純利益（円）	－	－	－	－	1,622.07
自己資本比率　　（％）	－	－	10.5	9.9	7.3
自己資本利益率　（％）	－	－	5.0	31.7	7.8
株価収益率　　　（倍）	－	－	－	－	18.3
営業活動によるキャッシュ・フロー（千円）	－	－	△400,141	△218,241	△4,474,464
投資活動によるキャッシュ・フロー（千円）	－	－	△593,220	△479,111	109,565
財務活動によるキャッシュ・フロー（千円）	－	－	1,618,639	254,844	5,126,147
現金及び現金同等物の期末残高　　（千円）	－	－	711,844	269,336	1,030,583
従業員数　　　　（名）	－	－	24	41	65

（注）　1　売上高には消費税等は含まれておりません。
　　　　2　連結財務諸表は第８期より作成しております。

　メディア・リンクスの平成13年３月期から平成15年３月期までの売上高の推移は、大幅な増加傾向にあり、毎年、売上高が３倍近く増加している状況であった。この結果、平成13年３月期では約20億円であった売上高が、平成15年３月期には約168億円と３年間で８倍以上に増加している。これに対して当期

純利益は、黒字ではあるものの売上高と比較してそれほど増加はしてない状況であった。

キャッシュ・フローの状況は、営業ＣＦは毎期マイナスとなっており、特に平成15年３月期では約44億円のマイナスと前期である平成14年３月期の約２億円のマイナスと比較してそのマイナス額が大幅に増加している。そして、この営業ＣＦのマイナスを埋めるべく財務ＣＦが多額のプラスとなっている。

この営業ＣＦのマイナスと財務ＣＦのマイナスの理由をメディア・リンクスの平成15年３月期の連結キャッシュ・フロー計算書で把握すると以下のとおりであった（メディア・リンクス－図２）。

メディア・リンクスの平成15年３月期の連結キャッシュ・フロー計算書をみると、まず営業ＣＦのマイナス約44億円の主たる理由は、①売上債権の増加額約23億円、②棚卸資産の増加額　約39億円であった。一方、財務ＣＦのプラス約51億円の主たる理由は、①短期借入金の純増加額約39億円、②長期借入による収入９億円（返済による支出を含まず）、③株式の発行による収入約３億円であった。

なお、棚卸資産については、財務諸表上の記載は「たな卸資産」であるが、本書では、以下、「棚卸資産」として表記する（以下、同じ。）

したがって、メディア・リンクスでは、平成15年３月期においては、短期借入金等の金融機関等からの借り入れを主に資金調達を行い、当該資金を棚卸資産の取得等に充てたとする状況であった。

さらに、メディア・リンクスの平成15年３月期の連結貸借対照表から主な資産を把握すると、以下のとおりであった（メディア・リンクス－図３）。

メディア・リンクスの平成15年３月期の連結貸借対照表をみると、流動資産の構成比は97.8％であり、資産のほとんどが流動資産であることがわかる。

そして、流動資産のうち、「現金及び預金」、「受取手形及び売掛金」及び「棚卸資産」が主な資産となっており、特に「受取手形及び売掛金」及び「棚卸資産」が前期と比較しても大幅に増加していることがわかる。

以上のことから、メディア・リンクスの平成15年３月期の財務諸表からは、①損益が黒字、②営業ＣＦがマイナス、③資産（棚卸資産）が増加しており、

メディア・リンクスー図2 株式会社メディア・リンクス「有価証券報告書（平成15年3月期）」

④ 【連結キャッシュ・フロー計算書】

区分	注記番号	前連結会計年度 （自　平成13年4月1日 至　平成14年3月31日） 金額（千円）	当連結会計年度 （自　平成14年4月1日 至　平成15年3月31日） 金額（千円）
I　営業活動によるキャッシュ・フロー			
1　税金等調整前当期純利益		250,707	180,678
2　減価償却費		18,507	33,763
3　連結調整勘定償却額		23,091	―
4　たな卸資産評価損		17,291	28,394
5　賃貸借契約解約損		―	16,659
6　貸倒引当金の増減額(減少：△)		△9,493	4,675
7　賞与引当金の増減額(減少：△)		2,679	△10,521
8　退職給付引当金の増加額		760	498
9　受取利息		△2,433	△11,404
10　支払利息		57,468	103,707
11　固定資産除却損		20	26,387
12　売上債権の増加額		△503,257	△2,365,074
13　たな卸資産の増加額		△1,107,252	△3,906,213
14　仕入債務の増加額		1,046,134	1,735,410
15　未払消費税等の増加額		―	24,273
16　その他		53,228	△33,456
小計		△152,547	△4,172,222
17　利息の受取額		2,433	11,404
18　利息の支払額		△60,649	△105,322
19　法人税等の支払額		△7,478	△207,824
営業活動によるキャッシュ・フロー		△218,241	△4,474,464
（略）			
投資活動によるキャッシュ・フロー		△479,111	109,565
III　財務活動によるキャッシュ・フロー			
1　短期借入金の純増加額		786,400	3,987,040
2　割賦債務の増加による収入		37,170	―
3　割賦債務の返済による支出		△31,878	△13,298
4　長期借入れによる収入		―	900,000
5　長期借入金の返済による支出		△557,577	△138,785
6　株式の発行による収入		23,729	305,959
7　社債の発行による収入		―	97,900

8	社債の償還による支出		△3,000	△92
9	配当金の支払額		—	△12,577
	財務活動によるキャッシュ・フロー		254,844	5,126,147
Ⅳ	現金及び現金同等物の増減額 (減少：△)		△442,508	761,247
Ⅴ	現金及び現金同等物の期首残高		711,844	269,336
Ⅵ	現金及び現金同等物の期末残高		269,336	1,030,583

メディア・リンクス―図3 株式会社メディア・リンクス「有価証券報告書（平成15年3月期）」

① 【連結貸借対照表】

区分	注記番号	前連結会計年度 （平成14年3月31日）		当連結会計年度 （平成15年3月31日）	
		金額（千円）	構成比(%)	金額（千円）	構成比(%)
（資産の部）					
Ⅰ 流動資産					
1 現金及び預金	※1	1,433,803		2,081,821	
2 受取手形及び売掛金	※4	1,739,106		4,104,180	
3 たな卸資産		1,163,795		5,098,341	
4 繰延税金資産		20,840		16,464	
5 その他		19,417		64,719	
貸倒引当金		△4,024		△8,550	
流動資産合計		4,372,938	93.7	11,356,977	97.8
Ⅱ 固定資産					
1 有形固定資産					
（1）建物及び構築物		39,552		42,340	
減価償却累計額		8,122	31,430	17,125	25,215
（2）工具、器具及び備品		29,084		35,979	
減価償却累計額		8,446	20,638	15,783	20,196
有形固定資産合計			52,069	1.1	45,411	0.4
2 無形固定資産					
（1）営業権		5,130		—	
（2）その他		42,016		25,389	
無形固定資産合計			47,148	1.0	25,389	0.2

資金循環取引を手口とする不正会計の兆候が把握でき、メディア・リンクスにおいては、短期借入金等により調達した資金を原資として、資金循環取引を行っていた疑義が生じることとなる。

また、メディア・リンクスの平成14年3月期の連結キャッシュ・フロー計算書をみると（メディア・リンクス－図2）、平成14年3月期の営業ＣＦは約2億円のマイナスであり、平成15年3月期の営業ＣＦのマイナス約44億円と比較するとマイナス額は小さくなっているが、その内訳である「棚卸資産の増加額」は約11億円のマイナスであり、平成14年3月期から資金循環取引を手口とする不正会計が行われていた可能性が思料される状況であった。

　なお、平成14年3月期の連結貸借対照表における棚卸資産の計上額は約11億円であり（メディア・リンクス－図3）、当該期に係る営業ＣＦの状況と併せて判断すると、平成14年3月期から著しく棚卸資産が増加していたことがわかる。

Ｂ　棚卸資産について

　以上のことから、メディア・リンクスの平成15年3月期において、資金循環取引を手口とする不正会計の兆候が把握できた。ここで、資金循環取引に係る原資を捻出するために利用されたと思料される「棚卸資産」の内容について、以下、検討することとする。

　まずメディア・リンクスの平成15年3月期における連結貸借対照表（メディア・リンクス－図4）においては、

　　棚卸資産　5,098,341千円

であったところ、メディア・リンクスの単体の財務諸表（メディア・リンクス－図5）においては、

　　商品　　　　　24,742千円
　　未着品　　5,071,376千円
　　仕掛品　　　　　 892千円
　　貯蔵品　　　　 1,330千円
　　　　合計　5,098,340千円

であり、メディア・リンクスの平成15年3月期の連結貸借対照表に計上されていた棚卸資産は、ほぼすべてがメディア・リンクス本体において計上されていた棚卸資産であり、その内訳は主に「未着品」であったことがわかる。

　この「未着品」の内訳について、メディア・リンクスの平成15年3月期の有価証券報告書に掲載されている【主な資産及び負債の内容】で確認すると

メディア・リンクス－図4　株式会社メディア・リンクス「有価証券報告書（平成15年3月期）」

1　【連結財務諸表等】
　（1）【連結財務諸表】
　　①【連結貸借対照表】

区分	注記番号	前連結会計年度 （平成14年3月31日）		当連結会計年度 （平成15年3月31日）	
		金額（千円）	構成比（％）	金額（千円）	構成比（％）
（資産の部）					
Ⅰ　流動資産					
1　現金及び預金	※1	1,433,803		2,081,821	
2　受取手形及び売掛金	※4	1,739,106		4,104,180	
3　たな卸資産		1,163,795		5,098,341	
4　繰延税金資産		20,840		16,464	
5　その他		19,417		64,719	
貸倒引当金		△4,024		△8,550	
流動資産合計		4,372,938	93.7	11,356,977	97.8

「ネットワーク機器等」であったことがわかる（メディア・リンクス－図6）。

　ここで、「未着品」勘定は、一般的に「遠隔地で買い付けて運送途中にある商品を処理する勘定」[251]であり、「このような商品は貨物証券又は船荷証券の入手によって買付けが確定し所有権が買い手に移ったとしても、運送中であるため品質や数量を現物で確認できない」[252]という性格を有する。「そこで、買い手の手許商品と区別するために、未着品勘定に借記しておき、商品が到着して検収を終えてから、仕入勘定あるいは商品勘定に振り替える」[253]ものである。メディア・リンクスの主な事業であるシステム事業（情報機器・ソフトウェアの販売及び情報サービスの提供）からすると特殊な勘定科目であったと思料される。

　さらに、当該未着品については、メディア・リンクスの平成15年3月期の損益計算書をみると、「期末商品棚卸高」として24,742千円が計上されているだ

251　安藤英義等編集代表『会計学大辞典第五版』（中央経済社、平成19年5月）1268頁
252　安藤英義等編集代表『会計学大辞典第五版』（中央経済社、平成19年5月）1268頁
253　安藤英義等編集代表『会計学大辞典第五版』（中央経済社、平成19年5月）1268頁

メディア・リンクス－図5 株式会社メディア・リンクス「有価証券報告書（平成15年3月期）」

区分	注記番号	第9期（平成14年3月31日）		第10期（平成15年3月31日）	
		金額（千円）	構成比（％）	金額（千円）	構成比（％）
（資産の部）					
Ⅰ 流動資産					
1 現金及び預金	※2	1,419,267		2,068,623	
2 受取手形	※6	180,931		979,320	
3 売掛金		1,502,523		3,090,232	
4 商品		66,248		24,742	
5 未着品		1,086,188		5,071,376	
6 仕掛品		10,341		892	
7 貯蔵品		1,016		1,330	
8 前渡金		－		4,790	

メディア・リンクス－図6 株式会社メディア・リンクス「有価証券報告書（平成15年3月期）」

（2）【主な資産及び負債の内容】
　①　資産の部
　　a　現金及び預金

（略）

　　e　未着品

区分	金額（千円）
ネットワーク機器等	5,071,376
合計	5,071,376

けであることから（メディア・リンクス－図7）、「未着品」の仕入取引に関しては、損益計算書上、「当期商品仕入高」として計上されておらず、期中における会計処理は、「未着品／買掛金」のような仕訳を行い、当該未着品がエンド

ユーザー等において、検収等がなされた時点をもって「当期商品仕入／未着品」としていた思料される。

しかし、メディア・リンクスの事業がシステム事業（情報機器・ソフトウェアの販売及び情報サービスの提供）であること及びメディア・リンクスの財務諸表上に資金循環取引の兆候が表れていたことを考えると、これは会計処理上の建前の話であり、実際には「未着品」がエンドユーザー等においてあたかも検収されたかのように装っていたものと思料されることとなる。

以上のことから、メディア・リンクスの連結財務諸表等からは、メディア・リンクスにおいては、資金循環取引を手口とする不正会計の兆候が表れていたところ、その具体的な手口として、資金循環取引に係る原資を「未着品」の仕入名目で支出し、架空売上の計上を行った際にこれに対応する原価を当該「未着品」勘定から「当期商品仕入高」に振り替えていた可能性が読み取れる。

② その他

その他の端緒としての違和感としては、①継続企業の前提に関する注記及び

メディア・リンクス―図7　株式会社メディア・リンクス「有価証券報告書（平成15年3月期）」

② 【損益計算書】

区分	注記番号	第9期 (自 平成13年4月1日 至 平成14年3月31日)			第10期 (自 平成14年4月1日 至 平成15年3月31日)		
		金額（千円）		百分率（％）	金額（千円）		百分率（％）
Ⅰ　売上高			6,301,880	100.0		16,511,134	100.0
Ⅱ　売上原価							
1　期首商品たな卸高		73,834			66,248		
2　当期商品仕入高		4,807,749			14,879,693		
3　当期製品製造原価	※2	699,248			407,449		
合計		5,580,832			15,353,392		
4　他勘定振替高	※1	17,776			28,394		
5　期末商品たな卸高		66,248	5,496,806	87.2	24,742	15,300,255	92.7
売上総利益			805,074	12.8		1,210,879	7.3

②棚卸評価損の計上に係る会計監査人との対立が挙げられる。

A 継続企業の前提に関する注記について

　メディア・リンクスの平成15年3月期の有価証券報告書には、以下のとおり、継続企業の前提に関する注記が付されていた（メディア・リンクス－図8）。

　継続企業の前提に関する注記については、「第三部　不正会計－早期発見とその対応　第3章　財務諸表を利用した不正会計の端緒の把握　2端緒把握のための視点　3．全体の状況を把握する　（2）不正会計の動機の存在の検討　②継続企業の前提に関する注記の可能性」において説明したとおり、継続企業の前提に関する注記の記載の要否をめぐって不正会計の動機が存在する可能性がある。したがって、この点を端緒にメディア・リンクスの不正会計発見のための財務分析を行うことも考えられる。

B 棚卸資産評価損の計上に係る会計監査人との対立

　メディア・リンクスでは、平成15年6月2日に同社の平成15年3月期決算は、棚卸資産の評価損約11億円を特別損失に計上した結果、約2億円の債務超過に陥ることとなった旨を公表した[254]。この棚卸資産に係る多額の評価損の計上を把握した時点で過去の不正会計の歪みを損失計上した可能性が思料される

メディア・リンクス－図8　株式会社メディア・リンクス「有価証券報告書（平成15年3月期）」

継続企業の前提に重要な疑義を抱かせる事象又は状況
　第10期（自　平成14年4月1日　至　平成15年3月31日）
　当連結会計年度のおける、当社グループの連結キャッシュ・フロー計算書において、重要なマイナスの営業キャッシュ・フロー（4,474,464千円）が発生しております。これは、当社システム事業の急拡大に伴い、仕入れによる支払が先行することにより、前期に比し、多額の未着品および売掛金が増大したことによります。当該状況により、会社の継続企業の前提に関する重大な疑義が生じています。
　財務諸表の提出会社である当社は、当該状況を解消すべく未着品の売却を進めており、平成15年6月15日現在の未着品残高は、期末日5,071,376千円から3,017,458千円減少し、2,053,917千円となっております。また、当第11期の資金収支計画において、営業キャッシュ・フローの黒字化を計画しております。財務諸表は、継続企業を前提として作成されており、このような重要な疑義の影響を財務諸表には反映しておりません。

---

[254] 平成15年6月3日付日本経済新聞朝刊

状況であった[255]。

　また、その一週間後の同月9日に、棚卸資産の評価を巡って意見が対立した新日本監査法人との監査契約を解消し、公認会計士みのり共同事務所に会計監査人を交代した[256]。会計監査人の交代は、通常、定時株主総会において行われるところ、決算期末日を過ぎ、会計監査もほぼ終わった時点での会計監査人の交代は異例であり、このイレギュラーな会計監査人の交代もまた不正会計の存在を窺わせる状況であった。

　さらに、その後の同月16日には、約11億円であった棚卸資産評価損が約2,800百万円に修正し、平成15年3月期の債務超過が回避されたことを公表した[257]。この時点でいわゆるオピニオンショッピングの疑義があり、相当に怪しい、すなわち、不正会計の疑いが濃厚であるという感覚を持つこととなろう。

　以上のことから、メディア・リンクスにおいては、平成15年3月期決算の過程において、多額の棚卸資産評価損の計上及び債務超過、公認会計士等の異動[258]及び債務超過の回避[259]と不正会計の発見の端緒となり得べき事実が次々と生じていた状況であった。

（3）　結論としての納得感

　以上のことから、メディア・リンクスの有価証券報告書からは、メディア・リンクスにおいては、平成14年3月期から資金循環取引を手口とする不正会計を行っていた可能性が疑われるところである。

　その想定される具体的な手口は、短期借入金等により調達した資金を資金循環取引の原資として、当該資金を「未着品」に係る買掛債務の決済名目で支出し、

255　「第三部　不正会計－早期発見とその対応　第3章　財務諸表を利用した不正会計の端緒の把握　3　主な資産の読み方　5．その他　（2）損益から読む　①特別損失」を参照のこと。
256　平成15年6月10日付日本経済新聞朝刊
257　平成15年6月17日付日本経済新聞朝刊
258　「第三部　不正会計－早期発見とその対応　Ⅲ　財務諸表を利用した不正会計の端緒の把握　2　端緒発見のための視点　（3）全体の状況を把握する　ア　財務分析の前提となる基本情報の把握　（カ）会計監査人の異動状況」を参照のこと。
259　「第三部　不正会計－早期発見とその対応　Ⅲ　財務諸表を利用した不正会計の端緒の把握　2　端緒発見のための視点　（3）全体の状況を把握する　イ　不正会計の動機の存在の検討　（ア）債務超過の可能性」を参照のこと。

当該資金を架空売上に係る架空売掛金の回収名目でメディア・リンクスに還流させるとともに、連結損益計算書等上の利益の水増しのため、架空資産である「未着品」を資産計上していたと思料される状況であった。

この結果、メディア・リンクスの平成15年3月期の連結貸借対照表においては、総資産に占める流動資産の構成比が97.8％となるほどの多額の「受取手形及び売掛金」と「棚卸資産」が計上されており（メディア・リンクス－図3）、そして、この「棚卸資産」のほとんどが「未着品」であったことが判明した（メディア・リンクス－図5）。

したがって、以下、メディア・リンクスの財務諸表等に係る分析を端緒に得られた違和感に基づき、結論としての納得感を得るために、この不正会計の疑義が真実であるか否かを見極めるための事実確認について説明する。

1 棚卸資産の実在性について

上記のとおり、メディア・リンクスの有価証券報告書の分析の結果、メディア・リンクスにおいては、資金循環取引を手口とする不正会計を行っていた疑いがあること、そして、当該仮装取引により計上された「未着品」を棚卸資産として計上していた疑いがあることが読み取れる。

したがって、実際に不正会計が行われていたか否かについての事実関係を見極めるためには、メディア・リンクスの貸借対照表に計上されている棚卸資産である「未着品」の実在性を検証することがもっとも基本的な確認事項となる（メディア・リンクス－図5）。なぜなら、当該未着品は、資金循環取引の原資を支出するための未着品仕入を装った仮装取引により計上された資産であり、取引の実態を伴わない架空資産である可能性が極めて高いからである。

この「未着品」勘定は、情報処理システムの販売・サービスの提供を行うシステム事業等を営むメディア・リンクスのような会社においては、特殊な勘定科目であると考えられる。前記のとおり、「未着品」勘定は、一般的に「遠隔地で買い付けて運送途中にある商品を処理する勘定」[260]であり、「このような商品は貨物証券又は船荷証券の入手によって買付けが確定し所有権が買い手に移ったとして

---

260 安藤英義等編集代表『会計学大辞典第五版』（中央経済社、平成19年5月）1268頁

も、運送中であるため品質や数量を現物で確認できない」[261]という性格を有する。「そこで、買い手の手許商品と区別するために、未着品勘定に借記しておき、商品が到着して検収を終えてから、仕入勘定あるいは商品勘定に振り替える」[262]こととなるものである。

したがって、当該未着品に関して、現物確認等を行うとした場合、会社担当者からは運送途中であることを理由として、当該未着品に係る現物確認等の実施は、「不可能」である旨の抗弁が想定される。

しかし、よくよく考えてみれば、メディア・リンクスの事業の実態から想定すれば、期末時点又は現物確認等の実施時点において、必ずどこかに当該「未着品」が保管されているはずである。例えば、平成15年3月期のメディア・リンクスの連結売上高は168億円であり、これに対して平成15年3月期末の連結貸借対照表上の棚卸資産は64億円である。棚卸資産の回転期間（売上高ベース）は約4.57か月（＝64億円÷（168億円÷12か月）であり、相当長期間にわたって未着品勘定として計上されており、未着品勘定の本来の性質から考えると常に「未着品」が搬送途中にあることになってしまう。しかし、これが正しいとするならば、メディア・リンクスにおける未着品勘定は、例えば、海外に外注し、その搬送（船便等）に長期間を要する性質を有するものとなるが、メディア・リンクスの有価証券報告書等からはそのような実態は読み取れない。

また、外注先は国内であるが、当該外注先において仕掛状態であるから、「未着品」としたということであれば、その場合は、メディア・リンクスにおいては未納品・未検収であることから買掛債務は発生しないこととなり、これはすでに買掛金やキャッシュ・フロー等が発生している状況からみてもおかしい。さらに国内の外注先で保管してもらっており、その後、エンドユーザーに直送することから、外注先保管分を「未着品」としたというのであれば、運送途中で品質や数量を現物で確認できないわけではないので、これもおかしいということになる。

このようにメディア・リンクスの事業の実態から鑑みるに、メディア・リンクスにおいて「未着品」勘定がそれほどまでに多額に計上される合理的な理由が見

---

[261] 安藤英義等編集代表『会計学大辞典第五版』（中央経済社、平成19年5月）1268頁
[262] 安藤英義等編集代表『会計学大辞典第五版』（中央経済社、平成19年5月）1268頁

当たらないのである。

　そして、さらには、メディア・リンクスの平成15年3月期の有価証券報告書に記載されている前記の継続企業の前提に関する注記においても、

> 当連結会計年度における、当社グループの連結キャッシュ・フロー計算書において、重要なマイナスの営業キャッシュ・フロー（4,474,464千円）が発生しております。これは、当社システム事業の急拡大に伴い、<u>仕入れによる支払が先行すること</u>により、前期に比し、<u>多額の未着品および売掛金が増大した</u>ことによります。当該状況により、継続企業の前提に関する重大な疑義が生じています。連結財務諸表の提出会社である当社は、<u>当該状況を解消すべく未着品の売却を進めており</u>、平成15年6月15日現在の棚卸資産勘定に含まれる未着品残高は、期末日5,071,376千円から3,017,458千円減少し、2,053,917千円となっております。また、当社第11期の資産収支計画において、営業キャッシュ・フローの黒字化を計画しております。

と記載されており（下線部筆者）、特に「当社システム事業の急拡大に伴い、仕入れによる支払いが先行すること」による「（重要なマイナスの営業キャッシュ・フローという）当該状況を解消すべく未着品の売却を進めており」としている。

　当該記載内容については、いくつか解釈できるところではあるが、メディア・リンクスの営業形態は、パートナー営業という方法が採られており、また、当該パートナー営業による売上高が全売上高の68.5％を占めている（メディア・リンクスー図9）ことから考えると、①未着品はパートナー営業に係る売上取引に関連するものであると思料される状況にもかかわらず、②メディア・リンクスが未着品の売却について積極的に進めているとしており、違和感を持たざるを得ない内容となっている。すなわち、仮に当該未着品がパートナー営業に関するものであり、エンドユーザーに対して、直送されるものであるがゆえに「未着品」勘定を用いていたのであれば、それは、すでに売先が確定しているものであると考えられる。したがって、この場合には、営業ＣＦの改善策として「未着品の売却について積極的に進める」というのは、未だ売先が決まっていないのではという疑問が生じるところである。当該未着品がパートナー営業に関するものであるにもかかわらず、エンドユーザーが確定していない場合であって、かつ、エンドユーザーをメディア・リンクスが探さなければならない状況であれば、そもそもパートナー営業の趣旨が変わってきてしまう。すなわち、パートナー営業とは、架空売上に係る実態を隠すための隠れ蓑であって、単なる名目に過ぎない可能性が生

メディア・リンクス－図9　株式会社メディア・リンクス「有価証券報告書（平成15年3月期）」

3　【事業の内容】
(1)　事業内容について
　当社グループは、株式会社メディア・リンクス（以下、当社）及び子会社1社（㈱シスコ二一世紀）の2社から構成されており、情報処理システムの販売・サービス提供を行うシステム事業とコンピュータスクールの運営並びに人材派遣・業務請負を行うヒューマンサービス事業を行っております。
　これらは事業の種類別セグメントと同一区分であり、事業内容は次のとおりであります。
① システム事業
　システム事業は、情報機器・ソフトウェアの販売及び情報サービスの提供から構成されております。情報機器等の販売においては、パーソナル……
　　　　　　　　　　　　　　（略）
(2)　営業形態について
　当社の営業形態の特徴として、販売面におけるパートナー営業（※3）政策が挙げられます。当社は、パートナー企業との連携を強化し、パートナー企業の営業力の活用及び情報を共有化することにより事業の展開を図っております。当社は、これらと並行的にエンドユーザーに対しても独自に営業活動を展開しておりますが、一次納入先としてはパートナー企業となることが多く、当該パートナー企業に対する売上高が、全売上高の68.5％（平成15年3月期実績）を占めております。
　（※3）　パートナー営業
　パートナー営業とは、当社がエンドユーザーに直接販売するのではなく、協力な販売ネットワークを有する大手SI企業や専門分野において強みをもつ企業（これらを総称してパートナー企業という。）に対し営業活動を行い、パートナー企業を通じてエンドユーザーに販売することをいいます。
　当社グループの事業の系統図は次のとおりであります。

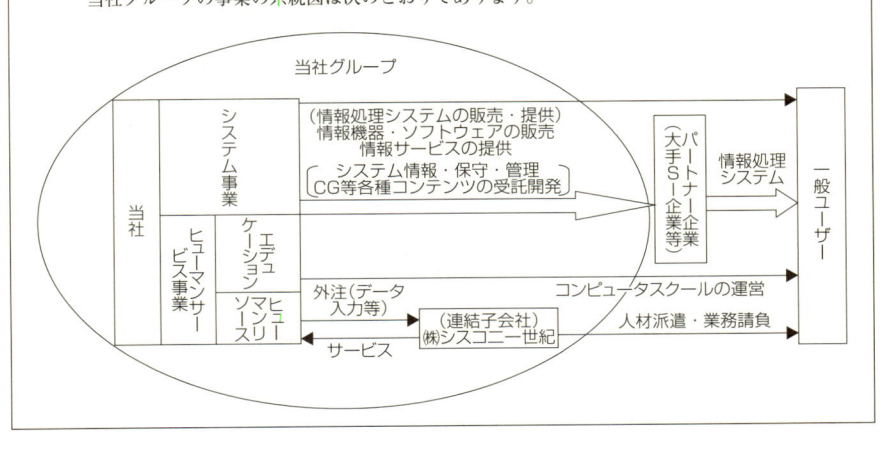

じてくる。
　また、仮に当該未着品が、営業のために納期を短くする目的で、未受注のもの

に対して先行して仕入れたものであるならば、当該未着品に係る直送先は確定しておらず、一旦は自社ないし外部倉庫に保管せざるを得ない状況のものであるはずである。なぜなら、上記のとおり、メディア・リンクスにおける棚卸資産の回転期間は売上高ベースで約4.57か月となっており、棚卸資産のほとんどが未着品であることから、4か月以上も未着品が運送中であることになってしまうが、実際にそのようなことはあり得ないと考えられる。したがって、そうであるならば、すでにメディア・リンクスとしては納品が済んでいることとなるが、その場合には「未着品」ではなく、「商品」等として計上しなければならないと考える。

以上のことから、メディア・リンクスにおいては、パートナー営業により受注した売上取引に係る仕入商品等は、エンドユーザー等に直送されるということを理由に「未着品」勘定を用いたと思料される状況である。しかし、実際には、継続企業の前提に関する注記において記載しているように、エンドユーザーが確定していない先行仕入であり、そうであるならば、すでに納品を終え、「商品」勘定等で計上しなければならないはずである。約4か月を超えて搬送中ということは現実的ではない。また、発注しただけで商品等は未だ仕入先にあるということであれば、常識的な感覚からは、さらに疑問が生じることとなる。売り先も決まっていない商品を仕入れ、しかも、当該商品は、未だ仕入先に保管してあり、代金だけは支払っているということになるからである。

したがって、メディア・リンクスにおける「未着品」勘定については、有価証券報告書の記載内容からその実態を想定するに整合性等に非常に疑義が生じるところである。ゆえに、期末時点においても「未着品」勘定にしなければならなかった理由は、当該「未着品」が資金循環取引に係る架空資産であり、実物がないからに他ならないと考えられる。

したがって、メディア・リンクスにおける「未着品」は、上記の未着品の定義とは異なるものであり、単なる架空資産計上のために用いられた勘定科目であったと思料される状況である。

このため、不正会計か否かの見極めのためには、まずは「未着品」に係る現物確認等が必要となるが、これに対しては、会社担当者による一般的な「未着品」

勘定の性格を理由として、現物確認等が不可能であるとの抗弁が想定されるところである。しかし、上記のとおり、具体的にメディア・リンクスの実態と照らし合わせながら、その可否を検討していくことにより、会社担当者の抗弁の矛盾を明らかにできるものと考える。

なお、この際に必要な視点は、当該「未着品」勘定が資金循環取引を手口とする不正会計に利用されているのではないかという不正会計の可能性の観点であり、これがないと会社担当者の抗弁に騙されてしまう可能性がある。

2 売上取引に係るエンドユーザーの把握

その他、売上取引に関連する観点で事実解明を図ろうとした場合には、各売上取引に係るエンドユーザーを明らかにできるかどうかが、当該取引が架空取引であるか否かの見極めのポイントであると考える。

資金循環取引は架空取引であり、実態のない取引なのであるが、資金循環取引に係る協力会社においては、多くの場合、当該取引について不正な取引としての認識はなく[263]、正常な取引としてこれを行っている。なぜなら、様々な業界において、外形的には循環取引と変わらない取引、すなわち、単に伝票上だけの処理と資金決済だけで取引が行われ実際にモノが自社を経由しない（直送）取引等が、実取引として行われており、協力会社においてもそれが架空取引か実取引かの区別が簡単にはできないからである。

このためこれらの協力会社に対するヒアリングや売上債権等に係る残高確認等を実施したとしても正常な取引として行っていた旨の回答が得られるだけで、不正会計の端緒を得られない場合が多いと考えられる。ただし、協力会社に対するヒアリングが決して無意味ではないのは、協力会社に対してヒアリング等を行った場合に①協力会社においては、モノは実際には確認しない、ないしは役務等のサービスの提供もしないこと（これによって実際に財貨又は用役の提供がないことが判明する）、②売買代金の決済関係（資金循環取引の多くは協力会社の預金口座に入金された資金を用いて支払いに充てられることから、この事実の把握によって資金循環取引である可能性が高くなる）、③当該取引に係る指示が誰からだされているのか

---

263 仮に協力会社が架空取引であることを認識した上で「協力」していた場合には、当該協力会社も共犯ないしは幇助犯になる可能性がある。

（これによって不正会計に係る仮装取引の実行行為者や指示命令関係が明らかとなる）等に係る事実確認できるからである。これらの情報は、不正会計の事実解明にあたっては有用な情報となり得る。

　しかし、それだけでは、不正会計の確たる証拠が得られない。そこで資金循環取引の特質、すなわち、自社の仕入取引が最終的には自社の売上取引につながってしまうという性質から、本来の正常な取引であればあるべき「エンドユーザー」を明らかにできるかどうかが、当該取引が架空取引であるか否かの見極めのポイントとなろう。

　メディア・リンクスにおいては、前記のとおり「パートナー営業」という営業形態をとっていた（メディア・リンクス－図９）。このパートナー営業とは、「当社（メディア・リンクス）がエンドユーザーに直接販売するのではなく、強力な販売ネットワークを有する大手ＳＩ企業や専門分野において強みをもつ企業（これらを総称してパートナー企業という。）に対し営業活動を行い、パートナー企業を通じてエンドユーザーに販売すること」としている。しかし、たとえパートナー営業をしていたとしても、エンドユーザー等における仕様が確定しない限りは、メディア・リンスにおいてもその販売する情報機器・ソフトウェア等の構成が確定しない。したがって、メディア・リンクスにおける売上取引に係る証憑類（注文書等）においてもエンドユーザー等は明らかになっていた可能性があると思料される。もし、パートナー営業であることを理由にエンドユーザーが明らかになっていない場合には、メディア・リンクスの財務諸表に係る財務分析の結果と併せて判断すると極めて不正会計の疑いが強い状況であったものと思料されるのである。

　ところで、過去において事件化された資金循環取引を手口とする不正会計を行っていた会社の多くは、情報システム産業や半導体製造装置の製造等を業とする会社であった。そのような業種・業態においては、その生産形態は、個別受注生産となっており、特別の仕様等が決められている。したがって、エンドユーザーが明らかになっていなければ仕様が定まらないのであり、エンドユーザーが決まっているのは当然のことである。仮にエンドユーザーが決まっていなければ、そもそもその売上取引の経済合理性に疑義が生じるところであり、また、エンドユーザーが決まっているのであれば、当該エンドユーザーに照会を行うこと

により事実確認ができることとなる。

　もちろん、様々な守秘義務や自社の信用問題への波及等を懸念して、このような取引に係る照会が実際の調査上は、困難であるとの考え方もあろう。しかし、不正会計の疑義が生じた限りにおいては、事態はすでに「有事」であり、その見極めをするための方法として、エンドユーザーに対する取引に係る照会が有効であるのであれば、最初からそれは無理だという理由を考えるのではなく、それをできるための方法をまずは考えるべきであろう。

③　その他の事実確認の方法

　当該手口に係るその他の事実確認の方法については、「第三部　不正会計－早期発見とその対応　第4章　不正会計の手口とその発見方法　3 売上高の過大計上　5．売上の架空計上（仮装取引を伴うもの－資金循環取引）」を参照のこと。

2．サンビシ事件

(1)　事件の概要

　サンビシ株式会社（以下、「サンビシ」という。）は、愛知県小坂井町に本社をおく、名古屋証券取引所市場第二部上場会社（証券コード：2808）であり、明治29年創業の老舗の醤油製造会社であったが、平成17年10月28日に名古屋地方裁判所に民事再生手続き開始の申立てを行った。この原因となったのは、サンビシ社長が同じく社長を兼務するサンビシ商事株式会社（以下、「サンビシ商事」という。）が設立した資金運用会社であるサンビシエイ・エム・エスが、デリバティブ取引（日経平均225先物）により約60億円近い損失を計上し、名古屋地方裁判所に同日、破産手続き開始の申立てを行ったことに伴い、サンビシもサンビシ商事への貸付債権の大半が回収不能となり、平成17年9月期（中間期）に約20億円の債務超過となり経営が行き詰まったためであった[264]。

　なお、サンビシにおいては、サンビシ商事及びサンビシエイ・エム・エスのいずれも連結子会社とはせず、この結果、サンビシは連結財務諸表を作成・開示していなかったことから、愛知県警及び証券取引等監視委員会による証券取引法違

264　平成17年10月29日付日本経済新聞朝刊

反(虚偽記載)事件として平成19年1月17日に同社社長らの逮捕に至った[265]。

サンビシでは、実質的な子会社を連結の範囲からはずことにより、デリバティブ取引から生じた損失を隠すとともに、貸借対照表上、多額のサンビシ商事に対する貸付金を実態より少なく見せかけるために、3月の決算期の直前の2月頃にサンビシ商事からサンビシに貸付金を返済させ、決算期を越した後にサンビシからサンビシ商事に対して、再び同規模の貸し付けを実行していた[266]。この結果、サンビシの貸借対照表においては、サンビシ商事に対する貸付金残高は、平成15年3月期で4億円、平成16年3月期及び平成17年3月期でそれぞれ7億円と記載し、実質的な子会社への多額の貸付金の存在を隠していた。

サンビシの主な沿革は、以下のとおりである[267]。

年月	沿革
明治29年12月	愛知県宝飯郡豊秋村(現小坂井町)に三河醤油合資会社を設立創業
大正9年5月	三河醤油合資会社を三河醤油株式会社(資本金500千円)に組織変更
昭和35年4月	サンビシ食品株式会社(現サンビシ商事株式会社)を設立、卸売部門を分離移管
昭和36年11月	サンビシ株式会社に商号変更
昭和37年7月	株式を名古屋証券取引所市場第2部へ上場
平成17年10月	名古屋地方裁判所に対して民事再生手続き開始の申立て
平成19年1月	17日、金融商品取引法違反(有価証券報告書の虚偽記載)の疑いで、サンビシ元社長等を逮捕[268]
平成19年5月	7日、名古屋地裁がサンビシの元社長に懲役1年6カ月(執行猶予4年)、元財務担当常務に懲役1年(執行猶予3年)を言い渡した[269]。

---

265 平成19年1月17日付朝日新聞夕刊
266 平成19年1月18日付朝日新聞朝刊
267 主にサンビシの有価証券報告書を参照した。その他、サンビシに係る新聞報道及び適時開示情報等を参照した。
268 平成19年1月17日付朝日新聞夕刊
269 平成19年5月8日付朝日新聞朝刊

(2) 端緒としての違和感

① 財務分析

A 現預金残高について

　サンビシは、平成17年10月28日に名古屋地方裁判所に対して民事再生手続き開始の申立てを行ったが、その直前期である平成17年3月期の有価証券報告書に掲載されている【主要な経営指標等の推移】をみると、以下のとおりであった（**サンビシー図1**）。

　サンビシにおいては、売上高は、やや減少傾向にあるものの概ね50億円前後で推移をし、当期純利益は、概ね増加傾向となっており、特に平成15年3月期以降は、金額的には多額ではないものの前期比では大幅に増加をしているといっても良い状況であった。キャッシュ・フローの状況は、各キャッシュ・フローともプラスとマイナスが不規則に続く状況であった（**サンビシー図1**）。

　したがって、【主要な経営指標等の推移】からは特に不正会計の存在を示す状況が認められるものではないが、この中で気になるのが「現金及び現金同等物の期末残高」である。サンビシの「現金及び現金同等物の期末残高」は、平成14年3月期に10億円を超えた以降、平成17年3月期においては、売上高の86.4％相当の38億5,500万円となっており、これは当該期の純資産額24億8,400万円よりも多い。

　この「現金及び現金同等物の期末残高」の増加の主な原因は、投資ＣＦと財務ＣＦの状況から推測するに、平成13年3月期及び平成14年3月期の財務活動により調達した資金であると思料され、サンビシにおいては、当該資金を一時的に投資活動にて運用し、平成15年3月期から平成17年3月期の間に現金化することにより回収したものと思料される状況であった。

　ここでサンビシの平成17年3月期の貸借対諸表でサンビシの資産構成を確認すると、サンビシの資産のうち「現金及び預金」が最も多額に計上されている資産であった（**サンビシー図2**）。さらに、サンビシにおける資金調達側である負債及び資本の状況をみると、平成17年3月期におけるサンビシの負債及び自己資本の状況は、

サンビシー図1　サンビシ株式会社「有価証券報告書（平成17年3月期）」

第一部【企業情報】
第1　【企業の概況】
　1　【主要な経営指標等の推移】
　　提出会社の状況

回次	第82期	第83期	第84期	第85期	第86期
決算年月	平成13年3月	平成14年3月	平成15年3月	平成16年3月	平成17年3月
売上高　　　　　　（百万円）	4,890	5,287	4,870	4,806	4,463
経常利益　　　　　（百万円）	152	237	213	273	237
当期純利益　　　　（百万円）	67	6	109	152	237
持分法を適用した場合の投資利益　　（百万円）	―	―	―	―	―
資本金　　　　　　（百万円）	392	392	392	392	392
発行済株式総数　　（千株）	5,280	5,280	5,280	5,280	5,280
純資産額　　　　　（百万円）	1,980	1,882	2,012	2,491	2,484
純資産額　　　　　（百万円）	11,087	12,245	11,773	12,600	12,245
1株当たり純資産額　（円）	374.92	356.68	380.07	472.39	471.71
1株当たり配当額（うち1株当たり中間配当額）（円）	6.5 (―)	6.5 (―)	6.5 (―)	6.5 (―)	7.0 (―)
1株当たり当期純利益金額（円）	12.72	1.16	19.11	28.90	45.03
潜在株式調整後1株当たり当期純利益金額　（円）	―	―	―	―	―
自己資本比率　　　（％）	17.9	15.4	17.1	19.8	20.3
自己資本利益率　　（％）	3.4	0.3	5.6	6.8	9.5
株価収益率　　　　（倍）	21.1	215.9	12.0	8.2	5.9
配当性向　　　　　（％）	51.1	559.2	34.0	22.5	15.5
営業活動によるキャッシュ・フロー（百万円）	△100	497	618	△118	246
投資活動によるキャッシュ・フロー（百万円）	△3,002	△701	664	193	1,992
財務活動によるキャッシュ・フロー（百万円）	2,293	1,281	△603	210	△537
現金及び現金同等物の期末残高　　（百万円）	111	1,188	1,868	2,154	3,855
従業員数　　　　　（人）	67	65	63	60	61

（注）1．当社は連結財務諸表を作成しておりませんので、連結会計年度に係る主要な経営指標等の推移については記載しておりません。
　　　2．売上高には、消費税等は含まれておりません。

負債総額　　97億6,051万円（負債比率79.7％）
　自己資本　　24億8,413万円（自己比率20.3％）
であり、負債のうち主なものは、
　短期借入金　　　　　　　　　43億5,000万円
　一年以内返済予定長期借入金　 6億6,568万円
　長期借入金　　　　　　　　　23億7,345万円
　社債　　　　　　　　　　　　10億6,000万円
　　　　　　　　　　合計　　84億4,913万円

と、負債総額のうち86.6％（＝84億4,913万円÷97億6,051万円）が長・短借入金及び社債等の資金調達関係の負債であった（**サンビシー図３**）。

　すなわち、サンビシでは、金融機関等からの借入金や社債の発行により資金調達をする一方、その調達した資金の多くを現預金として保有していたことになり、当該取引の経済合理性という観点から違和感が生じるところである。

サンビシー図2　サンビシ株式会社「有価証券報告書（平成17年3月期）」

① 【貸借対照表】

区分	注記番号	前事業年度（平成16年3月31日現在）金額（千円）	構成比（％）	当事業年度（平成17年3月31日現在）金額（千円）	構成比（％）
（資産の部）					
Ⅰ　流動資産					
1．現金及び預金		2,238,585		3,939,809	
2．受取手形		45,327		110,454	
3．売掛金		1,218,308		1,178,829	
4．有価証券		119,333		9,999	
5．製品		102,895		113,290	
6．原材料		44,985		50,761	
7．仕掛品		232,437		230,417	
8．販売用不動産		935,002		887,018	
9．貯蔵品		5,056		6,593	
10．短期貸付金		700,000		700,000	
11．繰延税金資産		14,266		52,425	
12．その他		44,094		52,542	
流動資産合計		5,700,289	45.2	7,332,139	59.9
Ⅱ　固定資産					
（1）有形固定資産	※1				
1．建物	※3	1,709,452		1,676,491	
2．構築物		6,050		3,150	
3．機械及び装置	※2	433,791		337,349	
4．車両及び運搬具		12,230		10,092	
5．工具・器具及び備品		17,974		31,142	
6．土地	※3	1,497,329		1,497,329	
有形固定資産合計		3,676,827	29.2	3,555,554	29.1
（2）無形固定資産					
1．借地権		15,378		15,378	
2．電話加入権		2,334		2,334	
無形固定資産合計		17,712	0.2	17,712	01
（3）投資その他の資産					
1．投資有価証券		2,615,680		1,201,263	
2．出資金		501,424		1,424	
3．長期前払費用		11,218		9,058	
4．繰延税金資産		—		39,746	

5．その他		83,747		92,914		
貸倒引当金		△10,600		△10,400		
投資その他の資産合計		3,201,469	25.4	1,333,405	10.9	
固定資産合計		6,896,008	54.8	4,906,671	40.1	
Ⅲ　繰延資産						
1．社債発行費		4,091		5,846		
繰延資産合計		4,091	0.0	5,846	0.0	
資産合計		12,600,388	100.0	12,244,655	100.0	

サンビシ―図3　サンビシ株式会社「有価証券報告書（平成17年3月期）」

区分	注記番号	前事業年度 （平成16年3月31日現在）		当事業年度 （平成17年3月31日現在）	
		金額（千円）	構成比（％）	金額（千円）	構成比（％）
（負債の部）					
Ⅰ　流動負債					
1．支払手形		26,020		20,189	
2．買掛金		351,424		348,589	
3．短期借入金		5,350,000		4,350,000	
4．1年以内返済予定の長期借入金		708,560		665,680	
5．未払金		203,129		243,321	
6．未払法人税等		42,902		168,321	
7．未払費用		14,455		13,790	
8．前受金		―		51,421	
9．預り金		3,618		3,746	
10．賞与引当金		24,486		22,884	
流動負債合計		6,724,594	53.3	5,887,941	48.1
Ⅱ　固定負債					
1．長期借入金		2,091,930		2,373,450	
2．社債		800,000		1,060,000	
3．預り保証金		79,625		78,110	
4．退職給付引当金		130,503		127,318	
5．役員退職慰労引当金		155,100		233,700	
6．繰延税金負債		127,902		―	
固定負債合計		3,385,061	26.9	3,872,578	31.6
負債合計		10,109,655	80.2	9,760,519	79.7

（資本の部）							
Ⅰ 資本金	※4		392,000	3.2		392,000	3.2
Ⅱ 資本剰余金							
1．資本準備金		200,052			200,052		
資本剰余金合計			200,052	1.6		200,052	1.6
Ⅲ 利益剰余金							
1．利益準備金		98,000			98,000		
2．任意積立金							
（1）特定資産買換特別積立金		3,461			3,455		
（2）固定資産圧縮積立金		2,979			2,595		
（3）特別償却準備金		11,633			7,587		
（4）配当引当積立金		50,000			50,000		
（5）別途積立金		1,180,000			1,280,000		
3．当期末処分利益		197,224			296,750		
利益剰余金合計			1,543,298	12.2		1,738,387	14.2
Ⅳ その他有価証券評価差額金			357,164	2.8		137,089	1.3
Ⅴ 自己株式	※6		△1,781	△0.0		△3,392	△0.0
資本合計			2,490,733	19.8		2,484,136	20.3
負債・資本合計			12,600,388	100.0		12,244,655	100.0

B　関連当事者との取引について

　さらにサンビシの平成17年3月期の有価証券報告書において、特徴的な内容が関連当事者との取引に関する注記である。

　この関連当事者との取引に関する注記によると、平成16年3月期においては、サンビシの法人主要株主であり、食料品等の卸販売を営むサンビシ商事に対して、期中において、資金の貸付78億5,000万円、資金の返済75億5,000万円を行っていたと記載されている。また、翌期の平成17年3月期においても、期中において資金の貸付64億5,000万円、資金の返済64億5,000万円がなされていたことがわかる（**サンビシ－図4**）。

　なお、当該注記に関しては、平成17年3月において、サンビシ商事の保有するサンビシ株式の所有割合が、前期の10.3％から0.2％となったことから、サンビシ商事は、サンビシの法人主要株主ではなくなったもののサンビシの代表

サンビシー図4　サンビシ株式会社「有価証券報告書（平成17年3月期）」

【関連当事者との取引】
第85期（自平成15年4月1日　至平成16年3月31日）
（1）　親会社及び法人主要株主等

属性	会社等の名称	住所	資本金又は出資金（百万円）	事業の内容又は職業	議決権等の所有（被所有）割合	関係内容 役員の兼任等	関係内容 事業上の関係	取引の内容	取引金額（百万円）	科目	期末残高（百万円）
法人主要株主	サンビシ商事㈱	愛知県豊橋市	20	食料品等の卸売販売	（被所有）直接10.3％	兼任 3	当社製品の販売	資金の貸付	7,850	貸付金	700
								資金の返済	7,550		
								利息の受取	96	—	—
								当社製品の販売	1,829	売掛金	835
								保証債務	270		

取引条件及び取引条件の決定方針等
（注）1．取引金額には消費税等が含まれておらず、期末残高には消費税等が含まれております。
　　　2．資金の貸付については、貸付利率は市場金利を勘案して利率を合理的に決定しております。なお、担保は受け入れておりません。
　　　3．当社製品の販売については、市場価格を勘案して一般的取引条件と同様に決定しております。
　　　4．サンビシ商事㈱の銀行借入（270百万円）につき、当社が債務保証を行ったものであります。なお、担保資産の受入れ、保証料の収受はありません。
　　　5．サンビシ商事㈱の代表取締役　■■■■■　は、サンビシ㈱の代表取締役を兼任しており、役員及びその近親者と属性が重複しております。

第86期（自平成16年4月1日　至平成17年3月31日）
役員及び個人主要株主等

属性	氏名	住所	資本金又は出資金（百万円）	事業の内容又は職業	議決権等の所有（被所有）割合	関係内容 役員の兼任等	関係内容 事業上の関係	取引の内容	取引金額（百万円）	科目	期末残高（百万円）
役員およびその近親者	■■■■	—	—	当社取締役相談役	（被所有）直接7.4％	—	—	土地の賃借	7	—	—
	■■■■	—	—	当社代表取締役社長サンビシ商事株代表取締役社長	（被所有）直接0.2％	—	—	サンビシ商事㈱への資金の貸付	6,450	貸付金	700
								サンビシ商事㈱からの送金の返済	6,450		
								サンビシ商事㈱からの利息の受取	105		
								サンビシ商事㈱への当社製品の販売	1,736	売掛金	827
								サンビシ商事㈱に対する保証債務	270	—	—

取引条件及び取引条件の決定方針等
（注）1．取引金額には消費税等が含まれておらず、期末残高には消費税等が含まれております。
　　　2．土地の賃借については、近隣の取引実勢に基づいて、賃借料金額を決定しております。
　　　3．資金の貸付については、貸付利率は市場金利を勘案して利率を合理的に決定しております。なお、担保は受け入れておりません。
　　　4．■■■■■が第三者（サンビシ商事㈱）の代表者として行った取引であり、価格等は一般的取引条件によっております。
　　　5．サンビシ商事㈱の銀行借入（270百万円）につき、当社が債務保証を行ったものであります。なお、担保資産の受入れ、保証料の収受はありません。

取締役がサンビシ商事の代表取締役を兼務していたことから、当該役員に係る注記として開示されている。

 以上、サンビシの資産・負債構成及び関連当事者との取引に関する注記等から判断すると、サンビシは、金融機関からの借入金や社債の発行により調達した資金や投資有価証券を売却した資金を、期中においては、サンビシ商事に貸し付け、そして、期末までにそれらを回収し、期末時点ではその多くを現預金として保有していたと思料される状況であったことが判明した。

 このような状況において、①なぜ、サンビシは、自ら資金調達を行ってサンビシ商事に対して、このような貸し付けを行うのか、②食料品等の卸販売を営むサンビシ商事はこの資金を何に使っていたのかについて、③そもそもこの資金取引スキームは何のためにあるのか等について違和感が生じるところである。

 前記【主要な経営指標等の推移】(**サンビシー図１**)のとおり、サンビシの平成17年３月期の売上高は、44億6,300万円であった。仮にサンビシ商事において仕入代金等の決済が先行することから、サンビシ商事が、当該決済資金をサンビシから調達していたとしても年間でサンビシの売上高を超える仕入を行っていたとするならば、サンビシ商事はサンビシよりも事業規模が大きいことになり、サンビシ商事独自での資金調達の可能性も考えられるところである。

 また、サンビシが上場会社であることから、資金調達面で有利であったとするならば、子会社でもないサンビシ商事に対して、上場会社であるサンビシが資金調達を行い、金利負担をしながらもサンビシ商事の仕入資金を調達するということは、その経済合理性等について株主等に説明することは難しいと考えられる。なお、サンビシがサンビシ商事から受け取っていた受取利息は、当該関連当事者との取引に関する注記によれば、平成17年３月期では、１億500万円であったが(**サンビシー図４**)、サンビシの損益計算書上の支払利息は、１億3,483万円であった。いずれにしても、当該資金取引のスキームは、その経済合理性等に違和感が生じるところである。

C　連結の範囲について

 上記のサンビシの平成17年３月期の有価証券報告書に記載されている関連当事者との取引に関する注記(**サンビシー図４**)について、さらに詳細に読み込

んでいくと、サンビシの連結の範囲に関して、以下の疑義が生じる。

この関連当事者との取引に関する注記によれば（**サンビシー図4**）、

① サンビシの代表取締役がサンビシ商事の代表取締役を兼務している
② サンビシ商事の事業が食料品等の卸販売であるところ、サンビシはサンビシ商事に対して製品の売上17億3,600万円（平成17年3月期）を計上している（サンビシの売上高に占める割合は約38.9％）
③ サンビシは、期中において、サンビシ商事に対して多額の資金の貸付取引を行っていることから、サンビシ商事の資金繰りは、サンビシに依存している可能性がある
④ サンビシは、サンビシ商事の借入債務に対して債務保証を行っている

ことや、さらには、

⑤ 商号にいずれも「サンビシ」を使用している
⑥ サンビシの沿革から、サンビシ商事は、もともと昭和35年4月に「サンビシ食品株式会社（現サンビシ商事株式会社）を設立し、卸売部門を分離移管」した会社であった

こと等から、サンビシ商事は、サンビシの実質的な子会社であった可能性が思料される状況であった。

ここで、持株基準の観点から、サンビシのサンビシ商事の所有株式数についてみると、平成17年3月期末時点におけるサンビシのサンビシ商事株式の所有株式数は950株（貸借対照表計上額475千円）であり、帳簿価額は500円／株（＝475千円÷950株）であった（**サンビシー図5**）。

なお、サンビシの関連当事者との取引に関する注記によれば（**サンビシー図4**）、サンビシ商事の資本金は20,000千円である。したがって、①サンビシ商事の設立は、昭和35年4月であり、サンビシ商事における株式の発行は平成13年商法改正前の額面株式の発行であったと思料され、かつ、②サンビシ商事における新株等の発行が額面発行であったと想定した場合には、サンビシ商事の発行済み株式総数は、40,000株（＝20,000千円÷500円／株）であったと想定され、この結果、サンビシのサンビシ商事株式の所有割合は、2.375％（＝950株÷40,000株）であったと推察される。

サンビシー図5　サンビシ株式会社「有価証券報告書（平成17年3月期）」

⑤【附属明細表】
【有価証券明細表】
【株式】

			銘柄	株式数（株）	貸借対照表計上額（千円）
投資有価証券	その他有価証券		あいち研醸社	23,805	1,190
			あいち醸造食品	36,000	1,800
			睦物産	6,660	333
			総合開発機構	2,000	1,000
			ジュトク	2,000	100
			醤油会館	229	115
			サンビシ商事	950	475
			ユニー	31,906	41,095
			ユーストア	2,000	1,930
			ヤマナカ	2,100	2,562
			サガミチェーン	4,107	3,959
			サークルケイサンクス	950	2,342
			トーカン	1,000	1,345
			菱食	2,000	467
			伊藤忠食品	100	7,020
			イオン	3,000	5,433
			計	118,807	71,166

　したがって、持株基準からは直ちにサンビシ商事はサンビシの連結子会社等であったとは言えない状況ではあるが、サンビシ商事の株主がサンビシの緊密な者等であった場合には、上記の状況に鑑み、支配力基準に基づき、サンビシ商事は、サンビシの子会社であった可能性が十分に思料される状況であった。

　しかしながら、サンビシでは、連結子会社等はないとして連結財務諸表を作成せず、単体の財務諸表だけの開示となっている。

　したがって、①サンビシの財政状態が、期末時点では、サンビシが借入金等で調達した資金を多額の現預金で保有するという状況であったこと、②期中においては、当該資金を用いてサンビシとサンビシ商事との間の貸付金名目の不

自然な資金取引が行われていると思料されること、③サンビシ商事の属性から、サンビシ商事はサンビシの実質的な子会社であると思料される状況であること等から、サンビシにおいては、サンビシ商事を連結の範囲からはずすために、連結はずしによる不正会計を行っていた疑義が生じることとなる。

なお、「連結はずし」の観点では、基本的には、子会社と想定される会社が破たんした場合に、発行体に何らかの損失が生じるかどうかが、一つの見極めのポイントと考えられる。したがって、サンビシにおいては、サンビシ商事との間で貸付金の名目の多額の資金取引が行われているところ、期末時点では、その多くが回収されているが、期中において、サンビシ商事が破たんした場合には、当該貸付金が回収不能になる可能性が考えられる。有価証券報告書等の開示書類においては、当該貸付金の貸付名目等が不明なため、期中の当該資金取引の状況について把握できないが、平成17年3月期の期中においては、担保の受け入れもせずに約64億円もの多額の資金取引が行われている状況であったところ（**サンビシ−図4**）、サンビシの平成16年9月中間期に係る有価証券報告書に掲載されている貸借対照表においては、貸付金残高は7億円であったことから、上期・下期それぞれで貸付−回収が行われていると思料される状況である。したがって、期中においては、最大で、年間の資金取引額の半分の約32億円の程度の貸付金残高となっていた可能性が思料され、これが全額回収不能となるおそれがあったと思料される状況である。

したがって、このようなリスクがある限りにおいては、サンビシ商事を連結の範囲からはずすための連結はずしが行われていたのではないかとの疑義が生じることとなる。

なお、サンビシ商事がサンビシの子会社に該当するかどうかは、平成17年当時においては、連結財務諸表原則や監査委員会報告第60号「連結財務諸表における子会社及び関連会社の範囲の決定に関する監査上の取扱い」等の諸基準に照らして具体的に判断すべきところであるが、ここでは、端緒としての違和感としての観点で説明をした。

(3) 結論としての納得感

　以上のことから、サンビシの有価証券報告書からは、サンビシにおいては、平成17年3月期において、連結はずしを手口とする不正会計を行っていた疑義があることが判明した。

　この疑義は、①サンビシ商事の代表取締役をサンビシの代表取締役が兼務していること、②サンビシ商事は、サンビシの販売子会社であると思料されること、③サンビシとサンビシ商事との間に多額の資金取引があること等から外形的に持株基準は満たしていないものの、支配力基準に基づきサンビシの子会社に該当する可能性があるというものである。

　特にサンビシとサンビシ商事との間の資金取引は、平成17年3月期中においては、総額約64億円とサンビシの財政状態等から判断すると極めて多額の資金取引となっており、期末時点では当該資金取引は一定の残高を除き回収されているものの、期中においてサンビシ商事が破たんした場合には、そのリスクをサンビシが負う可能性が高く、ゆえに当該リスクをサンビシの財務諸表等上に顕在化させないために連結はずしが行われていた可能性があると思料される状況であった。

　ここでは、サンビシの有価証券報告書に係る分析を端緒に得られた違和感に基づき、結論としての納得感を得るために、この不正会計の疑義が真実であるか否かを見極めるために行うべき事実確認の内容について説明する

1　連結の範囲の確認

　サンビシ商事がサンビシの子会社であったか否かについては、具体的には、連結会計に係る会計基準等に基づいて判断されることとなる。

　ここでは、当該基準等への具体的な当てはめのための事実関係等が不明であることから、見極めのための判断にあたっての以下のポイントについて説明する。

・サンビシ商事の株主の状況について

　　サンビシ商事がサンビシの子会社であるか否かについては、①サンビシがサンビシ商事の議決権の過半数を所有しているか否か（財務諸表等規則第8条第4項第1号）、②サンビシがサンビシ商事の議決権の40％以上、50以下を所有しており、かつ、所定の要件のいずれかに該当するか否か（財務諸表等規則第8条第4項第2号）、③サンビシが、サンビシの緊密な者ないしは同意している者の所

有する議決権と合せてサンビシ商事の議決権の過半数を占めており、かつ、所定の要件のいずれかに該当するか否かで判断することとなる[270]。

したがって、まずはサンビシ商事の株主及び当該株主の属性を把握する必要がある。前記のとおり、サンビシの保有するサンビシ商事株式の割合は、約2.375％程度であったと思料される状況であった。このため、サンビシ商事の株主のうち、サンビシ以外の株主の属性が、サンビシの緊密な者又は同意している者に該当するか否かがその見極めのため事実確認となる。

この際、サンビシが期中において多額の貸付取引を行っており、かつ、役員の状況・取引の状況等においても実質的な子会社であると思料されるサンビシ商事を連結の範囲から意図的にはずしているという疑義に基づいてサンビシ商事の株主の属性について判断しなければならないということを留意する必要がある。すなわち、連結はずしという不正会計の可能性が想定された状況においては、すでに有事であり、その場合においては、各株主の属性についての判断を形式的に行うのではなく、実質的にその事実確認の作業を行わなければならないということである。

不正会計を前提にした場合には、当該不正会計に係る実行者は、不正会計が発覚しないように、又は、会計監査人である公認会計士等を欺くために様々な偽装行為を行っている可能性があるのであり、ゆえに、その事実確認を行う際には、基本（原本確認、現物確認、数字の検証等）に忠実に行うとともに、会社担当者の説明等を安易に信じることなく、その根拠について、合理的な説明を求めるとともに、当該説明等を裏付ける証憑類等を確認しなければならない。

したがって、緊密な者及び同意している者等の判断に関しても、単に会社担当者からのヒアリングだけで結論を出すのではなく、当該株主に対して確認を行う等の積極的な事実確認を行うことが求められることとなる。定性的な事項については、その判断が難しい場合も想定されることから、連結はずしという不正会計の疑義を念頭に慎重にその判断を行うことが求められる。

270　連結の範囲に関する具体的な内容については、「第三部 不正会計－早期発見とその対応　第4章 不正会計の手口とその発見方法　5 連結はずし　1．連結の範囲　（1）手口の概要」を参照のこと。

・実質的支配の有無について

　上記のとおり、連結の範囲に関しては、議決権に係る割合とともに所定の要件を満たしているか否かがその判断基準となる。

　他の会社等の財務及び営業又は事業の方針を決定する機関である株主総会等の意思決定機関を実質的に支配しているか否かについては、議決権の所有割合とともに、①役員等が他の会社等の取締役会等の構成員の過半を占めていること、②他の会社等の重要な財務及び営業又は事業の方針の決定を支配する契約等が存在すること、③他の会社等の資金調達額の総額の過半について融資を行っていること、④その他他の会社等の意思決定機関を支配していることが推測される事実が存在することのいずれかを満たしていることが必要となる。

　サンビシにおいては、サンビシ商事に対して期中において多額の貸付名目での資金取引を行っており、③に該当する可能性があること、さらにサンビシの代表取締役がサンビシ商事の代表取締役を兼務していること、サンビシ商事においては商号に「サンビシ」を用いていること、サンビシ商事の設立経緯等に鑑み、サンビシ商事がサンビシの販売子会社である可能性があること等からも④に該当する可能性があると考えられる。

　以上のことから、少なくとも当該事実に関して、その経緯や状況等に係る事実関係を具体的に調査することにより、事実解明を行う必要がある。

・会計監査の状況について（参考）

　サンビシの会計監査人は、ビーエー東京監査法人であったところ、平成19年11月22日に金融庁長官が、ビーエー監査法人に対し業務の一部の停止1か月、公認会計士2名に対して業務停止6か月の処分を行った。

　当該処分の理由は、以下のとおりであった[271]。

271　公認会計士・監査審査会「公認会計士・監査審査会の活動状況」（平成20年8月）27頁－29頁

サンビシは、グループ会社の株主の名義を偽装するなどの方法により、本来連結すべき子会社を連結せず、子会社がないので連結財務諸表を作成していないとする重大な虚偽又は脱漏のある財務書類を添付した有価証券報告書を当該財務局へ提出した。
　本財務書類に関し、当該業務執行社員の行った証券取引法に基づく監査証明については、以下の問題が認められた。

① 公認会計士1名は、過年度に行ったサンビシに関する連結の判断のみに依拠し、関係会社に対する調査を行わなかったことから、子会社間の株式持合等を考慮すれば、有限会社サンビシエイ・エム・エスが子会社に該当する要件を満たしているということに気が付かず、連結の必要性の検討を行わなかった。
　　また、平成16年12月に当該持合関係に気が付いたものの、サンビシより持合関係を解消させる等の説明があったことにより、当該有限会社を連結しないことを容認し、サンビシの同社に対する実質的な支配力の検討を怠った。
　　さらに、監査調書の査閲を怠り、監査補助者が、サンビシと関係会社間の貸付金について、通常の取引では考えられない取引が行われている旨の指摘を行っていたことに気が付かず、サンビシの関係会社に対する実質的な支配力の検討を行わなかった。
② 公認会計士1名は、各担当者が監査調書に記載した指摘事項をとりまとめるのみで、自らはその内容についての判断を行っていなかったことから、上記のとおり、もう一方の業務執行社員が連結に関する判断を行っていないことに気が付かず、自らも連結の範囲の判定を行わないまま監査意見を表明した。
　　また、監査補助者の指摘について、もう一方の業務執行社員と協議をしなかったため、期末の貸付金残高に影響がないため問題がないと判断し、法人の審査会へ指摘事項を付議せず、自らも連結の範囲の判定を行わないまま監査意見を表明した。

　以上のように、客観的に当該事案をみた場合には、ある意味、通常では信じ難い状況となっているのである。しかし、実際の監査の現場において、何の問題意識もなく監査が行われていたとは考えにくい。上記の指摘事項にも記載が

あるとおり、監査業務従事者に問題意識はあるのだが、不正会計の場合、監査人の問題意識に基づく質問等に対して、実行者である会社担当者らは、それに対する回答を行う過程で、不正会計の発覚を防ぐために監査人の判断を徐々に枝葉の問題に誘導し、監査人はその幹を見失い、誤った判断を行ってしまうのである。それはどのような監査人にも起こり得る現象である。それがゆえに公認会計士等による監査が行われているにもかかわらず不正会計が後を絶たないのである。これを避ける唯一の方法は、監査人が不正会計の兆候を把握した際に単に勘定科目の問題として認識するのではなく、不正会計全体のスキームを想定し、これに基づき判断を行っていくことであると考える。これにより枝葉の問題に陥ることなく全体を俯瞰した判断が行えるのである。すなわち、有事の発想での監査の実施である。

また、上記の指摘事項にあるように監査人の判断として「期末の貸付金残高に影響がないため問題がないと判断」したとあるが、これは大きな落とし穴であることに気付くべきである。多くの会計監査人の判断として、「損失として処理をすれば良い」、「期末残高に影響がなければ良い」と安易に思考停止に陥ることにより、問題の本質（不正会計の全体像の把握等）から遠ざかっていくのである。本事案を例にすれば、問題の本質は、期末の貸付金残高の問題ではなく、サンビシ商事に対する貸付取引の妥当性、ひいては、連結はずしを手口とする不正会計の疑義をどのように解消するかということであったのである。

2 貸付金の確認

本件の中心となる端緒としての違和感の一つとして、サンビシとサンビシ商事との不透明な貸付取引がある。

サンビシの平成17年3月期の貸借対照表に計上されている貸付金残高は7億円であり、それ自体が、異常な残高であるとまではいえない。しかし、関連当事者との取引に関する注記からは、同期中において約64億円もの貸付及び返済があったことがわかる（**サンビシー図4**）。これはサンビシの年間の売上高が約50億前後、純資産の額が約20億円程度であること（**サンビシー図1**）から考えると、不自然な取引であり、また、もし、当該資金取引がサンビシ商事の資金繰りのためであれば、そもそもサンビシ商事が連結の範囲からはずれている状況に疑義が生

じることとなる。

　なお、上記の金融庁による監査法人の処分に係る指摘事項においては、「監査補助者が、サンビシと関係会社間の貸付金について、通常の取引では考えられない取引が行われている旨の指摘を行っていた」としており、当該貸付取引に関しては、当然に監査の過程で把握可能な不正会計の端緒であったのである。

　監査の観点で付言すれば、貸付金に問題があると把握した場合であっても、単に期末残高に係る回収可能性等の問題に矮小化してしまった場合には、その本質が見えてこない。重要なのは、このような貸付取引がなぜ行われているのか、その使途は何であるのか、また、その貸付先が、①サンビシの代表取締役が同じく代表取締役を兼務し、②実質的にサンビシの製品を販売する販売会社であり、③商号に「サンビシ」を用いているにもかかわらずなぜ連結の範囲からはずれているかのということについて、「不正」を見据えての監査が実施できたか否かということであり、これが不正会計発見の分水嶺となる。

　ここで、サンビシが平成17年10月28日に民事再生手続き開始の申立てをした後、同年12月28日に東海財務局に提出した半期報告書に掲載された貸借対諸表をみると、平成17年9月末時点では、「短期貸付金」が39億3,900万円と、前期末である平成17年3月期末の7億円と比較して大幅に増加したことがわかる（**サンビシー図6**）。また、同時に平成17年9月末時点では、貸倒引当金が46億2,343万円と多額に計上されており、当該貸倒引当金については、同半期報告書に記載された継続企業の前提に関する注記から、サンビシ商事に対する売掛金及び貸付金に係る貸倒引当金であったことがわかる（**サンビシー図7**）。

　サンビシ商事の子会社であったサンビシエイ・エム・エスが、デリバティブ取引により約60億円近い損失を計上し、破産手続き開始の申立てを行った結果、サンビシにおいてもサンビシ商事への貸付債権等が実質的に回収不能となったことからの貸倒引当金の計上であった。

　このことからわかるのは、サンビシのサンビシ商事に対する貸し付けの実態は、サンビシエイ・エム・エスでのデリバティブ取引等に係る運用資金であり、サンビシエイ・エム・エスの破産による損失がサンビシに及んだ点のみで判断すれば、サンビシ商事、サンビシエイ・エム・エスのいずれもサンビシの実質的な

サンビシー図6　サンビシ株式会社「半期報告書（平成17年9月期）」

1【中間財務諸表等】
（1）【中間財務諸表】
①【中間貸借対照表】

区分	注記番号	前中間会計期間末 （平成16年9月30日現在）		当中間会計期間末 （平成17年9月30日現在）		前事業年度の要約貸借対照表 （平成17年3月31日現在）	
		金額（千円）	構成比（％）	金額（千円）	構成比（％）	金額（千円）	構成比（％）
(資産の部)							
Ⅰ　流動資産							
1．現金及び預金		1,710,765		1,418,877		3,939,809	
2．受取手形		42,099		43,178		110,454	
3．売掛金		1,197,394		1,035,244		1,178,829	
4．有価証券		231,959		―		9,999	
5．製品		109,575		114,596		113,290	
6．原材料		49,569		46,427		50,761	
7．仕掛品		218,752		219,281		230,417	
8．販売用不動産		935,782		522,704		887,018	
9．貯蔵品		5,299		3,640		6,593	
10．短期貸付金		700,000		3,939,000		700,000	
11．繰延税金資産		12,638				52,425	
12．その他		67,463		67,303		52,542	
13．貸倒引当金		―		△4,623,433		―	
流動資産合計			5,281,295	44.1	2,786,816	40.2	7,332,139	59.9
Ⅱ　固定資産							
（1）有形固定資産	※1						
1．建物	※2	1,687,170		1,648,103		1,676,491	
2．構築物		5,734		2,928		3,150	
3．機械及び装置		392,730		307,138		337,349	

子会社であったものと考えられる。

なお、期末の貸付金残高が増加していなかった理由については、「前社長らは、3月の決算期直前の2月ごろ、商事からの貸付金を返済させ、決算を済ませた後、再び同規模の貸し付けをしていた」[272]とのことであり、それがゆえに監査上も問題点としての把握は行えていたと考えられる。

272　平成19年1月18日付朝日新聞朝刊

サンビシー図7　サンビシ株式会社「半期報告書（平成17年9月期）」

項目	前中間会計期間 （自　平成16年4月1日 　至　平成16年9月30日）	当中間会計期間 （自　平成17年4月1日 　至　平成17年9月30日）	前事業年度 （自　平成16年4月1日 　至　平成17年3月31日）
1．継続企業の前提に重要な疑義を抱かせる事象又は状況	―――――	当社前社長■■■■■が代表取締役を兼務していたサンビシ商事株式会社の子会社が、資金運用において多額の損失を生じサンビシ商事株式会社の同子会社に対する債権の回収が困難となったため、平成17年10月28日に破産手続開始の申立てを名古屋地方裁判所に行い同11月7日に破産手続開始となりました。これを受けて当社は同社向け債権並びに債務保証に対する引当金49億円を計上することとなりました。 　また、当社は上記事態を受け、不良債権を整理して再建を図る必要性が生じた事から、平成17年10月28日、名古屋地方裁判所に対して民事再生手続開始の申立てを行いました。 　平成17年11月21日に名古屋地方裁判所から民事再生手続開始決定がなされていますが、現在、再生計画案は作成中であります。 　今後、再生計画案は、名古屋地方裁判所に提出、受理された後、裁判所の認可を得た上で遂行されることになりますが、現時点では再生計画案は未確定であります。 　本財務諸表の作成にあたっては継続企業を前提とした会計方針を採用しております。	―――――

3．アイ・エックス・アイ事件

（1） 事件の概要

　株式会社アイ・エックス・アイ（以下、「ＩＸＩ」という。）は、大阪市に本社をおく、大阪証券取引所ナスダック・ジャパン市場上場会社（証券コード：4313）であり、システム開発等を主たる事業として営んでいた。本事件は、元社長らが資金循環取引による架空売上の計上等を手口とする不正会計を行い、平成20年6月18日に元社長ら3名が、証券取引法違反（虚偽有価証券報告書提出罪）の罪で起訴された事件である。

　ＩＸＩの主な沿革は、以下のとおりである[273]。

年月	沿革
平成元年7月	株式会社ジーベックスユニオンとして設立
平成9年12月	株式会社イチネンの子会社となり、商号を株式会社イチネン・ジーベックスに変更
平成11年7月	商号を株式会社アイ・エックス・アイに変更
平成14年3月	大阪証券取引所ナスダック・ジャパン市場（現ヘラクレス市場）（証券コード；4313）に上場
平成16年3月	東京証券取引所市場第二部へ株式上場
平成17年8月	株式会社インターネット総合研究所（以下、「ＩＲＩ」という。）の子会社となる
平成18年12月	28日、会計監査人からの営業取引に係る調査の申し入れのため、半期報告書の提出期限までには提出できる見込みのないことを開示（「第19期半期報告書の提出遅延についてのお知らせ」）。
平成19年1月	4日、平成19年3月期の中間決算である平成18年9月期に係る半期報告書について、その提出期限である平成19年1月4日までに提出できる見込みのないことを開示（「第19期半期報告書の提出が遅延することについてのお知らせ」を適時開示）。
平成19年1月	19日、社内調査委員会及び社外専門家による調査の中間報告の結果、営業部門の取締役及び部長クラスの者により社内ルールを逸脱した

273　主にＩＸＩの有価証券報告書を参照した。その他、ＩＸＩに係る新聞報道及び適時開示情報等を参照した。

	取引(会社決裁を受けない発注処理)が行われていたこと及び複数の取締役が関与した循環取引が行われていた可能性について示唆(「第19期半期報告書提出遅延に関する調査の状況についてのお知らせ」)。
平成19年1月	21日、平成19年1月21日に大阪地方裁判所に民事再生手続開始を申し立てた旨を開示(「民事再生手続の申立てに関するお知らせとお詫び」)。
平成19年1月	29日、同日午後1時に大阪地方裁判所から民事再生手続開始決定を受けた旨開示(「再生手続開始決定のお知らせ」)。
平成19年2月	21日、平成19年2月22日に上場廃止となる旨開示(「上場廃止のお知らせとお詫び」)。
平成19年2月	22日、上場廃止。
平成19年2月	28日、大阪地検特捜部及び証券取引等監視委員会が証券取引法違反(有価証券報告書の虚偽記載)等の疑いでIXI等に強制調査[274]。
平成20年5月	29日、大阪地検特捜部が、IXI元社長ら4人を証券取引法違反の容疑で逮捕[275]。
平成20年6月	18日、大阪地検特捜部が、IXI元社長ら3名を証券取引法違反の罪で起訴[276]。

(2) 端緒としての違和感

1 財務分析

A 資金循環取引の兆候について

　上記のとおり、IXIは、監査法人の会計監査の過程での問題把握を端緒に、平成19年1月21日に大阪地方裁判所に対して民事再生手続開始の申立てを行うに至ったが、その直前期である平成18年3月期の有価証券報報告書に掲載されている【主要な経営指標等の推移】をみると、以下のとおりであった。

---

[274] 平成19年2月28日付日本経済新聞夕刊
[275] 平成20年5月29日付日本経済新聞夕刊
[276] 平成20年6月19日付日本経済新聞朝刊

IXI−図1　株式会社アイ・エックス・アイ「有価証券報告書（平成18年3月期）」

第一部　【企業情報】
第1　【企業の概況】
　1　【主要な経営指導等の推移】
　　（1）　逗結経営指標等

回次		第14期	第15期	第16期	第17期	第18期
決算年月		平成14年3月	平成15年3月	平成16年3月	平成17年3月	平成18年3月
売上高	（千円）	2,591,122	5,524,977	11,346,650	17,628,588	40,335,129
経常利益	（千円）	559,878	652,587	878,340	1,389,052	3,275,693
当期純利益	（千円）	302,392	345,299	499,275	770,238	1,785,785
純資産額	（千円）	1,508,450	1,810,334	4,638,807	5,286,804	12,375,246
総資産額	（千円）	3,703,243	4,399,993	6,847,118	10,563,226	19,999,880
1株当たり純資産額	（円）	419,655.30	99,222.29	208,201.64	79,124.87	164,335.61
1株当たり当期純利益金額	（円）	107,117.70	18,432.23	26,164.95	11,219.25	26,026.56
潜在株式調整後1株当たり当期純利益金額	（円）	107,051.83	18,300.93	26,019.66	11,164.30	25,823.61
自己資本比率	（％）	40.7	41.1	67.8	50.0	61.9
自己資本利益率	（％）	30.19	20.8	15.5	15.5	20.2
株価収益率	（倍）	23.71	5.53	26.45	27.10	29.85
営業活動によるキャッシュ・フロー	（千円）	△142,345	△527,726	412,321	784,123	△1,370,585
投資活動によるキャッシュ・フロー	（千円）	△624,606	△479,372	△664,839	△1,186,298	△1,547,595
財務活動によるキャッシュ・フロー	（千円）	698,411	876,673	2,370,282	816,413	4,592,725
現金及び現金同等物の期末残高	（千円）	357,786	227,519	2,343,659	2,758,758	4,432,209
従業員数	（人）	53	60	66	99	130

（注）　1．売上高には、消費税等は含まれておりません。
　　　　2．第15期から、1株当たり純資産額、1株当たり当期純利益金額及び潜在株式調整後1株当たり当期純利益金

　　IXIの平成14年3月期から平成18年3月期までの売上高の推移は、大幅な増加傾向にあり、毎年、売上高が倍増している状況であった。この結果、平成14年3月期では約25億円であった売上高が、平成18年3月期には約403億円と5年間で15倍以上に増加している。そして、当期純利益も売上高ほどではないが、増加傾向にあり、平成14年3月期では約3億円程度であったところ、平成18年3月期には約17億円と6倍程度に増加している（IXI−図1）。

キャッシュ・フローの状況については、営業ＣＦは、プラスとマイナスが不規則に続いているが、財務ＣＦはプラスで、投資ＣＦはマイナスとなっており、財務活動により調達した資金を営業活動ないしは投資活動に投下している状況が窺われる（ＩＸＩ－図１）。

　なお、財務ＣＦに関して、平成16年３月期及び平成18年３月期に多額の黒字となっているが、当該黒字の理由は、ＩＸＩの平成18年３月期の有価証券報告書の第４【提出会社の状況】の１【株式等の状況】の（３）【発行済株式総数、資本金等の推移】から、増資による資金調達であったことがわかる（ＩＸＩ－図２）。

　このうち平成16年３月期の増資は、東京証券取引所市場第二部への上場の際に行った公募増資であり、平成18年３月期における増資は、当時、親会社であったＩＲＩに対する第三者割当増資であった（ＩＸＩ－図２）。

　さらに、ＩＸＩのキャッシュ・フローの状況を詳細に把握するために、ＩＸＩの平成17年３月期及び平成18年３月期のキャッシュ・フロー計算書をみると、以下のとおりであった（ＩＸＩ－図３）。

ＩＸＩ－図２　株式会社アイ・エックス・アイ「有価証券報告書（平成18年３月期）」

第４　【提出会社の状況】
　１　【株式等の状況】
　　(1)　【株式の総数等】
　　　①　【株式の総数】

種類	会社が発行する株式の総数（株）
普通株式	165,000
計	165,000

（略）

(3) 【発行済株式総数、資本金等の推移】

年月日	発行済株式総数増減数（株）	発行済株式総数残高（株）	資本金増減額（千円）	資本金残高（千円）	資本準備金増減額（千円）	資本準備金残高（千円）
平成13円6月1日（注）1	1,579.5	2,794.5	21,375	139,725	△21,375	86,975
(略)						
平成15年7月31日（注）5	60	18,192.5	780	414,585	780	553,835
平成16年3月18日（注）6	4,000	22,192.5	1,187,672	1,602,257	1,187,668	1,741,503
平成16年6月18日（注）7	44,385	66,577.5	—	1,602,257	—	1,741,503
平成16年7月13日（注）8	30	66,607.5	130	1,602,387	129	1,741,632
平成16年12月10日（注）8	30	66,637.5	130	1,602,517	129	1,741,762
平成17年4月1日〜平成18年2月28日（注）9	555	67,192.5	36,075	1,638,592	36,075	1,777,837
平成18年3月16日（注）10	8,000	75,192.5	2,590,000	4,228,592	2,716,000	4,493,837
平成18年3月31日（注）9	18	75,210.5	1,170	4,229,762	1,170	4,495,007

(略)

6．平成16年3月18日付東京証券取引所市場第二部への上場に際し、平成16年3月17日を払込期日とした公募増資（発行新株式数4,000株、1株当たり発行価額593,835円、発行価額中資本組入れ額296,918円）により、発行済株式総数が4,000株、資本金が1,187,672千円、資本準備金が1,187,668千円増加しております。

7．株式分割 1：3

(略)

10．一般募集 4,000株、発行価額647,500円、資本組入れ額323,750円
　　第三者割当 4,000株、割当先 株式会社インターネット総合研究所、発行価格679,000円、発行価額647,500円、資本組入れ額323,750円
　　割当先である株式会社インターネット総合研究所に対して発行価格で第三者割当を行い、発行価格と発行価額の差額は資本に組入れない額としております。

11．平成18年4月1日から平成18年5月31日までの間に、新株予約権の権利行使により、発行済株式総数が12株、資本金780千円及び資本準備金780千円がそれぞれ増加しております。

IXI－図3　株式会社アイ・エックス・アイ「有価証券報告書（平成18年3月期）」

④ 【連結キャッシュ・フロー計算書】

科目	注記番号	前連結会計年度 （自　平成16年4月1日 至　平成17年3月31日） 金額（千円）	当連結会計年度 （自　平成17年4月1日 至　平成18年3月31日） 金額（千円）
Ⅰ　営業活動によるキャッシュ・フロー			
税金等調整前当期純利益		1,395,443	3,275,031
減価償却費		510,779	302,868
連結調整勘定償却額		5,401	11,802
役員退職慰労引当金の増減（△）		16,500	20,200
受取利息及び受取配当金		△169	△207
支払利息		23,978	31,454
役員賞与の支払額		△20,000	△24,000
売上債権の増（△）減		△1,378,746	△3,076,997
たな卸資産の増（△）減		△1,081,746	△3,380,896
仕入債務の増減（△）		1,692,464	2,385,951
その他		128,738	△68,998
小計		1,292,644	△523,791
利息及び配当金の受取額		169	207
利息の支払額		△23,826	△31,533
法人税等の支払額		△484,864	△815,468
営業活動によるキャッシュ・フロー		784,123	△1,370,585
Ⅱ　投資活動によるキャッシュ・フロー			
有形固定資産の取得による支出		△1,073,053	△1,476,315
有形固定資産の売却による収入		―	148
無形固定資産の取得による支出		△85,469	△54,155
投資有価証券の取得による支出		△671	△20,767
投資有価証券の売却による収入		―	10,000
子会社株式の取得による支出		―	△1,000
その他		△27,103	△5,506
投資活動によるキャッシュ・フロー		△1,186,298	△1,547,595
Ⅲ　財務活動によるキャッシュ・フロー			
短期借入金の純増減額		1,095,040	△519,600
長期借入金の返済による支出		△176,269	△181,740
配当金の支払による支出		△70,989	△53,210
自己株式取得による支出		△31,856	―
増資による収入		520	5,347,276
財務活動によるキャッシュ・フロー		816,413	4,592,725
Ⅳ　現金及び現金同等物に係る換算差額		54	△1,092
Ⅴ　現金及び現金同等物の増減額		414,293	1,673,451
Ⅵ　現金及び現金同等物の期首残高		2,343,659	2,758,758
Ⅶ　新規連結に伴う現金及び現金同等物の増加額		806	―
Ⅷ　現金及び現金同等物の期末残高		2,758,758	4,432,209

平成18年3月期においては、営業ＣＦが約13億円のマイナスであり、その主な原因は、売上債権の増加による約30億円のマイナス、棚卸資産の増加による約33億円のマイナスとなっている（ＩＸＩ－図3）。

　また、投資ＣＦは、約15億円のマイナスとなっており、その主な原因は、有形固定資産の取得による支出約14億円のマイナスであったことがわかる（ＩＸＩ－図3）。なお、当該マイナスの原因は、航空機の取得に係る建設仮勘定の計上であった（ＩＸＩ－図4－1、図4－2）。

ＩＸＩ－図4－1　株式会社アイ・エックス・アイ「有価証券報告書（平成18年3月期）」

1　【連結財務諸表等】
　(1)　【連結財務諸表】
　　　①　【連結貸借対照表】

科目	注記番号	前連結会計年度 （平成17年3月31日） 金額（千円）	構成比（％）	当連結会計年度 （平成18年3月31日） 金額（千円）	構成比（％）
(資産の部)					
Ⅰ　流動資産					
		（略）			
Ⅱ　固定資産					
（1）有形固定資産					
1．建物附属設備		31,059		32,060	
減価償却累計額		△5,174　25,884		△9,246　22,813	
2．航空機		1,143,666		1,143,666	
減価償却累計額		△10,721　1,132,944		△139,384　1,004,282	
3．器具備品		58,549		70,620	
減価償却累計額		△24,058　34,491		△37,144　33,475	
4．建設仮勘定		－		1,461,929	
有形固定資産合計		1,193,321		2,522,500	

【IXI-図4-2　株式会社アイ・エックス・アイ「有価証券報告書（平成18年3月期）」】

第3　【設備の状況】
1　【設備投資等の概要】
　　当連結会計年度に実施した設備投資総額は、1,530,470千円であり、その主なものは航空事業における航空機の取得費用（1,457,737千円）などであります。
　　なお、当連結会計年度において重要な設備の除却、売却等はありません。

2　【主要な設備の状況】
(1)　提出会社
(略)
(2)　国内子会社

平成18年3月31日現在

会社名	事業所名（所在地）	事業の種類別セグメントの名称	設備の内容	帳簿価額			従業員数（名）
				航空機（千円）	建設仮勘定（千円）	合計（千円）	
株式会社グローバルウイングス	本社（大阪市淀川区）	航空事業	航空機	1,004,282	―	1,004,282	4
株式会社グローバルウイングス	本社（大阪市淀川区）	航空事業	航空機	―	1,282,086	1,282,086	4

(注)　上記のほか「建設仮勘定」には、平成18年6月購入予定の航空機に対する手付金等175,651千円があります。

　そして、財務活動によるキャッシュ・フローは、約45億円のプラスとなっており（IXI-図3）、その主な原因は、IRIを割当先とする第三者割当増資による収入約53億円であることはすでに把握したとおりである。

　このようなキャッシュ・フローの状況を前提にIXIの平成18年3月期の連結貸借対照表（資産の部）をみると以下のとおりであった（IXI-図5）。

　IXIの平成18年3月期の連結貸借対照表（資産の部）をみると、流動資産が約169億円と全体の約85％を占めており、そのうち、現金及び預金が約44億円、受取手形及び売掛金が約59億円、棚卸資産が約64億円であり、その合計は約168億円と流動資産はほぼこれらの資産で構成されていることがわかる。なお、受取手形及び売掛金と棚卸資産との合計額は、123億5,333万円（＝59億2,016万円＋64億3,317万円）であり、総資産の61.8％（＝123億5,333万円÷199億9,988万円）を占めている（IXI-図5）。

IXI-図5　株式会社アイ・エックス・アイ「有価証券報告書（平成18年3月期）」

1 【連結財務諸表等】
　(1) 【連結財務諸表】
　　① 【連結貸借対照表】

科目	注記番号	前連結会計年度（平成17年3月31日）金額（千円）		構成比（％）	当連結会計年度（平成18年3月31日）金額（千円）		構成比（％）
（資産の部）							
Ⅰ　流動資産							
1．現金及び預金			2,778,758			4,452,209	
2．受取手形及び売掛金			2,843,164			5,920,161	
3．たな卸資産			3,052,280			6,433,176	
4．繰延税金資産			38,195			95,451	
5．その他			28,857			94,156	
貸倒引当金			△2,800			△5,400	
流動資産合計			8,738,456	82.7		16,989,756	85.0
Ⅱ　固定資産							
(1) 有形固定資産							
1．建物附属設備		31,059			32,060		
減価償却累計額		△5,174	25,884		△9,246	22,813	
2．航空機		1,143,666			1,143,666		
減価償却累計額		△10,721	1,132,944		△139,384	1,004,282	
3．器具備品		58,549			70,620		
減価償却累計額		△24,058	34,491		△37,144	33,475	
4．建設仮勘定			―			1,461,929	
有形固定資産合計			1,193,321			2,522,500	
(2) 無形固定資産							
1．電話加入権			1,817			1,817	
2．ソフトウェア			252,296			150,161	
3．連結調整勘定			48,609			37,807	
無形固定資産合計			302,723			189,786	
(3) 投資その他の資産							
1．投資有価証券			38,438			49,571	
2．差入保証金			63,976			62,663	
3．繰延税金資産			179,861			119,732	
4．その他			40,658			47,477	
貸倒引当金			△5,600			△5,800	
投資その他の資産合計			317,335			273,644	
固定資産合計			1,813,379	17.2		2,985,931	14.9
Ⅲ　繰延資産							
新株発行費			11,390			24,192	
繰延資産合計			11,390	0.1		24,192	0.1
資産合計			10,563,226	100.0		19,999,880	100.0

ＩＸＩの単体の貸借対照表をみると、「仕掛品」として約64億円が計上されており、連結貸借対照表に計上されている「棚卸資産」のほぼすべてが単体の「仕掛品」であったことがわかる（ＩＸＩ－図６）。

　以上のことから、ＩＸＩは、①直近５年間は増収増益であり、しかもその伸び率はかなり高く、また、②平成18年３月期のキャッシュ・フローの状況は、営業ＣＦはマイナスであり、③その主な原因は、売上債権及び棚卸資産の増加であり、当該売上債権及び棚卸資産の総資産に占める割合は61.8％にもなることが判明した。

　これは、ＩＸＩの財務諸表上、いわゆる資金循環取引の三徴候[277]である①損益が黒、②営業ＣＦがマイナス、③資産（売上債権と棚卸資産）の増加が表れているといえよう。さらに、ＩＸＩの平成18年３月期の財務ＣＦは、増資により約53億円もの多額のプラスとなっており、増資により調達した資金を循環取引

ＩＸＩ－図６　株式会社アイ・エックス・アイ「有価証券報告書（平成18年３月期）」

2 【財務諸表等】 (1) 【財務諸表】 ① 【貸借対照表】					
科目	注記番号	前事業年度 (平成17年３月31日)		当事業年度 (平成18年３月31日)	
		金額（千円）	構成比 (％)	金額（千円）	構成比 (％)
（資産の部）					
Ⅰ　流動資産					
１．現金及び預金		2,755,003		4,402,818	
２．売掛金		2,818,474		5,895,323	
３．仕掛品		3,051,768		6,431,472	
４．前払費用		16,689		22,548	
５．繰延税金資産		38,195		95,451	
６．関係会社短期貸付金		1,070,618		2,947,590	
７．その他		8,344		7,071	
貸倒引当金		△2,800		△39,400	
流動資産合計		9,756,295	92.4	19,762,877	97.1

[277]　「第三部　不正会計－早期発見とその対応　第４章　不正会計の手口とその発見方法　３売上の過大計上　５．売上の架空計上（仮装取引を伴うもの－資金循環取引）」を参照。

の原資としていた状況が窺われる。

　なお、ＩＸＩの平成17年３月期の営業ＣＦの状況は、約８億円のプラスではあるが、営業ＣＦの内容をみると、売上債権の増加によるマイナスが約13億円、棚卸資産の増加によるマイナスが約10億円となっており、実態としては、いわゆる資金循環取引の三徴候が表れているものと考えられ、平成17年３月期から資金循環取引を手口とする不正会計の疑義があるといえよう。

　Ｂ　棚卸資産について

　ＩＸＩの平成18年３月期の単体の財務諸表に係る売上原価明細書（ＩＸＩ－図７）からは、売上原価の９割以上が「外注費」であること及び主な資産・負債の内訳からは、貸借対照表に計上されている棚卸資産の内訳は、すべてが「情報サービス仕掛品」であったことがわかる（ＩＸＩ－図８）。

　以上のことから、ＩＸＩでは、平成18年３月期において、資金循環取引を手口とする不正会計を行っていた疑義があり、その方法として、架空売掛金の回収原資を「外注費」名目で支出していた可能性があること及び当該架空外注費を「情報サービス仕掛品」として計上することにより損益計算書上の利益を水増し計上していた可能性が思料される状況であったといえる。

（３）　結論としての納得感

　以上のことから、ＩＸＩの有価証券報告書からは、ＩＸＩにおいては、平成17年３月期から資金循環取引を手口とする不正会計を行っていた疑義が生じるところである。想定される具体的な手口は、第三者割当増資により調達した資金を資金循環取引の原資として、当該資金を「外注費」に係る買掛債務の決済名目で支出し、当該資金を架空売上に係る架空売掛金の回収名目でＩＸＩに還流させるとともに、損益計算書の利益の水増しのため、外注費等の架空原価を「情報サービス仕掛品」として資産計上していたと思料される状況であった。

　この結果、ＩＸＩの平成18年３月期の連結貸借対照表においては、総資産に占める流動資産の構成比が85.0％となるほどの多額の「受取手形及び売掛金」と「棚卸資産」が計上されていた（ＩＸＩ－図５）。この「棚卸資産」は主に「情報サービス仕掛品」であった（ＩＸＩ－図８）。

IXI-図7　株式会社アイ・エックス・アイ「有価証券報告書（平成18年3月期）」

売上原価明細書
　（イ）　情報サービス売上原価明細書

科目	注記番号	前事業年度 （自　平成16年4月1日 至　平成17年3月31日）		当事業年度 （自　平成17年4月1日 至　平成18年3月31日）	
		金額（千円）	構成比（%）	金額（千円）	構成比（%）
Ⅰ　労務費		381,688	2.3	464,377	1.2
Ⅱ　外注費		15,433,072	93.9	38,165,618	98.0
Ⅲ　経費	※1	630,386	3.8	326,162	0.8
当期総製造費用		16,445,147	100.0	38,956,157	100.0
期首仕掛金たな卸高		1,970,533		3,051,768	
合計		18,415,681		42,007,926	
他勘定振替高	※2	31,368		45,656	
期末仕掛品たな卸高		3,051,768		6,431,472	
売上原価		15,332,543		35,530,797	

IXI-図8　株式会社アイ・エックス・アイ「有価証券報告書（平成18年3月期）」

(2)　【主な資産及び負債の内容】
　①　現金及び預金

現金	金額（千円）
現金	871

（略）

　③　仕掛品

品目	金額（千円）
情報サービス仕掛品	6,431,472
合計	6,431,472

　以下、IXIの連結財務諸表等に係る財務分析を端緒に得られた違和感に基づき、結論としての納得感を得るために、この不正会計の疑義が真実であるか否かを見極めるための事実確認について説明する。

1 　棚卸資産の実在性について
　上記のとおり、IXIの有価証券報告書からは、IXIにおいて、資金循環取

引を手口とする不正会計の疑義があること、その結果、当該仮装取引により計上された架空外注費等を「情報サービス仕掛品」として棚卸資産に付け替えていた疑いがあることが読み取れる。

したがって、不正会計が実際に行われていたか否かの見極めのための事実確認の方法として、ⅠｘⅠの貸借対照表に計上されている棚卸資産である「情報サービス仕掛品」の実在性の検証がある（ⅠｘⅠ－図６）。

当該仕掛品に係る現物確認等を行う場合には、すでに不正会計の兆候を把握した状況であることから、平時の発想から有事の発想へ切り替える必要がある。

例えば、当該仕掛品が、外部倉庫に保管されているとする場合には、当該外部倉庫による保管証明を入手するだけでは、不正会計に係る見極めのための事実確認としては事足りず、実際に現物を確認することのみが、見極めのための方法であることを認識すべきである。なぜなら、資金循環取引を手口とする不正会計の場合、当該仕掛品は、架空資産である可能性が高いことから、実際に当該仕掛品の現物を確認することは不可能なのであるが、当該仕掛品の現物確認等の手続きを進める中で、不正行為実行者による真実の告白、不正会計の証拠等の把握等の不正会計の事実を解明する端緒が得られるからである。これを外部倉庫の保管証明で代替した場合には、不正行為実行者らがその発覚から逃れる機会を作るだけになってしまう。

また、当該仕掛品の現物確認等を実行しようとする過程において、不正行為実行者らの抵抗があるものと思料される。当該仕掛品は、架空資産である可能性が高いことから、資産計上されている仕掛品に相当する現物は存在しないと考えられ、存在しない仕掛品に係る現物確認は不可能であることから、把握した不正会計の兆候が真実であればあるほど、不正行為実行者らの当該仕掛品に係る現物確認の実施に対する抵抗は強くなる。したがって、相手が抵抗すればするほど、不正会計である可能性が高くなるのである。

なお、架空資産である仕掛品等の実在性の検証に係るその他の留意事項については、「第三部 不正会計－早期発見とその対応　第４章 不正会計の手口とその発見方法　３売上の過大計上　５．売上の架空計上（仮装取引を伴うもの－資金循環取引）（２）発見の端緒と調査方法　②結論としての納得感」の「棚卸資産の

実在性について」を参照のこと。

2 外注先への取引の確認

　ＩＸＩの貸借対照表に計上されている仕掛品である「情報サービス仕掛品」の主な原価内訳は、「外注費」であり、当期総製造費用に占める外注費の割合は、平成18年3月期で98.0％であり、金額としては、381億6,561万円と多額となっていた（ＩＸＩ－図7）。

　しかし、当該外注費は、資金循環取引に係る原資を支出する際の名目に用いられただけの架空外注費であると思料される状況である。

　したがって、当該取引が架空であるか否かの見極めのための事実確認として、外注費に係る外注先への取引の確認の実施が考えられる。この場合には、単に取引の有無の確認に止まるのではなく、外注作業の内容等について具体的な事実確認を行うこととなる。外注先への確認を行う場合の主な留意事項については、「第三部 不正会計－早期発見とその対応　第4章 不正会計の手口とその発見方法　3売上の過大計上　5．売上の架空計上（仮装取引を伴うもの－資金循環取引）（2）発見の端緒と調査方法　2結論としての納得感」の「外注費に係る外注先への確認」を参照のこと。

　なお、ＩＸＩの事業の系統図からは外注先の位置付けは不明となっている（ＩＸＩ－図11）。

IXI-図11　株式会社アイ・エックス・アイ「有価証券報告書（平成18年3月期）」

> 3　【事業の内容】
> 　当社グループは、当社及び子会社4社で構成され、最新のIT技術を利用・導入したビジネスモデルやシステム構築に関するコンサルタント業務を中心に、コンピュータ機器の販売、LAN工事などを含めた情報サービス関連の事業を展開しております。
> 　前連結会計年度において、航空事業に進出いたしました。現在は事業立ち上げ期にあり、当面は、新規顧客の獲得等事業を成功させることに注力いたします。
> 　また、当社はIP技術をコアとした、IPネットワーク事業を展開する株式会社インターネット総合研究所の連結子会社であります。
> 　なお、次の3部門は「第5　経理の状況　1．（1）　連結財務諸表　注記」に掲げる事業の種類別セグメント情報の区分と同一であります。
>
> 　当社の事業内容は以下のとおりであります。
> (1)　情報サービス事業
> 　①　eコンサルティング※1
> 　　当社は、顧客同質化型のコンサルティング※2を提供しております。
> 　　　　　　　　　　　　　（略）
>
> (事業系統図)
> 　事業系統図は以下のとおりであります。
>
> ［事業系統図省略］

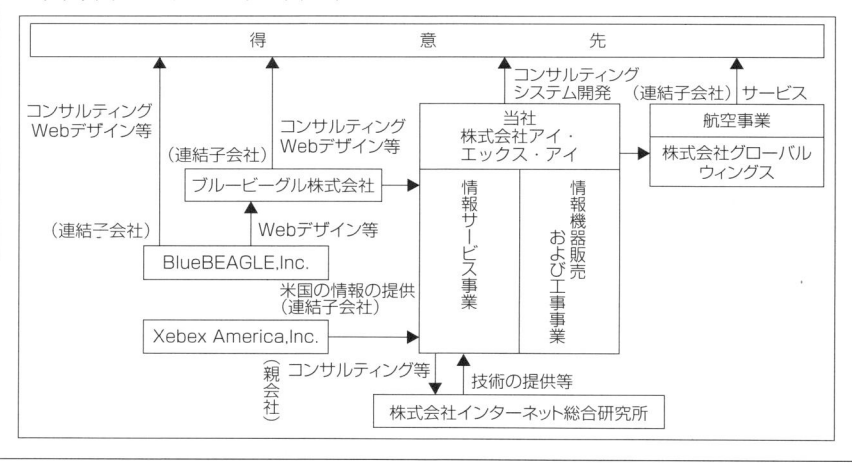

　本来であれば、多額の外注費を計上していることから、事業の系統図に主要な外注先等の開示があっても良いのであるが、このような点も不正会計の端緒としての違和感につながる部分であろう。

③　売上取引に係るエンドユーザーの把握

　その他、各売上取引に係るエンドユーザーを明らかにできるかどうかが、当該取引が架空取引であるか否かの見極めのポイントであると考える。

この点に関しては、前記「第四部 不正会計－事例からの検討 第1章 犯則事件・刑事事件 2 事件の概要 1．メディア・リンクス事件 （3）結論としての納得感 ②売上取引に係るエンドユーザーの把握」及び「第三部 不正会計－早期発見とその対応 第4章 不正会計の手口とその発見方法 3 売上高の過大計上 5．売上の架空計上（仮装取引を伴うもの－資金循環取引）（2）発見の端緒と調査方法 ②結論としての納得感」の「売上取引に係るエンドユーザーの把握」を参照のこと。

④ その他の事実確認の方法

当該手口に係るその他の事実確認の方法については、「第三部 不正会計－早期発見とその対応 第4章 不正会計の手口とその発見方法 3 売上高の過大計上 5．売上の架空計上（仮装取引を伴うもの－資金循環取引）」を参照のこと。

⑤ その他参考事項

平成20年6月23日に民事再生手続中のIXIから近畿財務局長に提出された平成18年3月期に係る有価証券報告書の訂正報告書を基にIXIの訂正前後の財務諸表について比較すると以下のとおりであった。

IXIの訂正前と訂正後の連結損益計算書を比較すると、「売上高」及び「売上原価」が、公表ベースの金額と比較して、訂正後は大幅に減少しており、そのほとんどが資金循環取引等により計上された架空売上高及び架空売上原価であった思料される状況である。そして、「売上総利益」は、「売上総損失」となり、実態は粗利の段階から損失を計上していた状態であったことがわかる（IXI－図9－1、IXI－図9－2）。

なお、「売上高」の訂正前と訂正後の差額を比較すると以下のとおりであった。

	平成17年3月期	平成18年3月期
訂正前	17,628,588千円	40,335,129千円
訂正後	874,788千円	1,189,929千円
差額	16,753,800千円	39,145,200千円

この差額は、各期の架空売上高の計上額となるが、平成18年3月期は、平成17

IXI－図9－1　株式会社アイ・エックス・アイ「有価証券報告書（平成18年3月期）」

② 【連結損益計算書】

科目	注記番号	前連結会計年度 （自　平成16年4月1日 　至　平成17年3月31日）		当連結会計年度 （自　平成17年4月1日 　至　平成18年3月31日）	
		金額（千円）	百分比（％）	金額（千円）	百分比（％）
Ⅰ　売上高		17,628,588	100.0	40,335,129	100.0
Ⅱ　売上原価	※2	15,459,066	87.7	35,976,510	89.2
売上総利益		2,169,521	12.3	4,358,619	10.8
Ⅲ　販売費及び一般管理費	※2				

IXI－図9－2　株式会社アイ・エックス・アイ「訂正有価証券報告書（平成18年3月期）」

② 【連結損益計算書】

科目	注記番号	前連結会計年度 （自　平成16年4月1日 　至　平成17年3月31日）		当連結会計年度 （自　平成17年4月1日 　至　平成18年3月31日）	
		金額（千円）	百分比（％）	金額（千円）	百分比（％）
Ⅰ　売上高		874,788	100.0	1,189,929	100.0
Ⅱ　売上原価	※2	1,460,896	167.0	1,539,499	129.4
売上総損失		586,108	△67.0	349,569	△29.4
Ⅲ　販売費及び一般管理費	※2				

年3月期と比較して倍以上に増加していたこと及び各期の売上高に占める架空売上高の割合は9割を超える状況であったことがわかる。

　さらに「売上原価」の訂正前と訂正後の差額を比較すると、以下のとおりであった。

	平成17年3月期	平成18年3月期
訂正前	15,459,066千円	35,976,510千円
訂正後	1,460,869千円	1,539,499千円
差額	13,998,197千円	34,437,011千円

この差額は、各期の架空売上原価の計上額となるが、売上高同様、平成18年3月期は、平成17年3月期と比較して倍以上に増加していたことがわかる。また、各期の売上原価に占める架空売上原価の割合は9割を超える状況であったことがわかる。

　流動資産の部においては、「受取手形及び売掛金」及び「棚卸資産」が、公表ベースの金額と比較して、訂正後は大幅に減少しており、そのほとんどが資金循環取引等により計上された架空資産であったことがわかる（ⅠⅩⅠ－図10－1、ⅠⅩⅠ－図10－2）。

　「受取手形及び売掛金」の訂正前と訂正後の計上額を比較すると、以下のとおりである。

	平成17年3月期	平成18年3月期
訂正前	2,843,164千円	5,920,161千円
訂正後	252,289千円	148,101千円
差額	2,590,875千円	5,772,060千円

　この差額は、各期において、架空売上が年々増加する中で、架空売上に係る架空の「受取手形及び売掛金」も年々増加していた状況を示している。

　なお、各期の「受取手形及び売掛金」の期末残高の9割以上が架空売上債権であるが、当該売上債権に対する事実確認から不正会計の事実を明らかにするのは難しい状況であったと思料される。もちろん、当該取引に係る注文書、発注書、仕様指図書、請求書等の証憑類の精査を行うことにより、取引に係る手続き、担当者、押印の状況等から事実解明を行える可能性はあるものの、売上計上額の9割以上が架空である場合には、逆に架空売上を計上することが「業務」の一環と化している状況であり、証憑類等の「有無」に係る精査からは、その事実解明が困難であったものと思料される。また、売上債権に係る残高確認しても、得意先である各社においては、架空取引であると認識していない場合が多く、当該得意先に残高確認のほか、ヒアリング等を実施したとしてもその事実解明は困難であったものと思料される。ただし、資金循環取引の疑義がある中で、売上取引に関連して、その事実解明を図ろうした場合には、前記「③売上取引に係るエンド

|X|−図10−1　株式会社アイ・エックス・アイ「有価証券報告書（平成18年3月期）」

1 【連結財務諸表等】
　(1) 【連結財務諸表】
　　　① 【連結貸借対照表】

科目	注記番号	前連結会計年度（平成17年3月31日）		当連結会計年度（平成18年3月31日）	
		金額（千円）	構成比（％）	金額（千円）	構成比（％）
(資産の部)					
Ⅰ　流動資産					
1．現金及び預金		2,778,758		4,452,209	
2．受取手形及び売掛金		2,843,164		5,920,161	
3．たな卸資産		3,052,280		6,433,176	
4．繰延税金資産		38,195		95,451	
5．その他		28,857		94,156	
貸倒引当金		△2,800		△5,400	
流動資産合計		8,738,456	82.7	16,989,756	85.0

|X|−図10−2　株式会社アイ・エックス・アイ「訂正有価証券報告書（平成18年3月期）」

1 【連結財務諸表等】
　(1) 【連結財務諸表】
　　　① 【連結貸借対照表】

科目	注記番号	前連結会計年度（平成17年3月31日）		当連結会計年度（平成18年3月31日）	
		金額（千円）	構成比（％）	金額（千円）	構成比（％）
(資産の部)					
Ⅰ　流動資産					
1．現金及び預金		2,778,758		4,452,209	
2．受取手形及び売掛金		252,289		148,101	
3．たな卸資産		56,495		61,661	
4．その他		28,857		94,156	
貸倒引当金		△2,800		△5,400	
流動資産合計		3,113,600	49.1	4,750,729	45.8

ユーザーの把握」のとおり、売上取引に係るエンドユーザーを明らかにし、当該エンドユーザーに対して取引に係る照会を行うことは、当該売上取引が架空取引であるか否かの見極めのために有用であると考える。

さらに「棚卸資産」の訂正前と訂正後の計上額を比較すると、以下のとおりである。

	平成17年3月期	平成18年3月期
訂正前	3,052,280千円	6,433,176千円
訂正後	56,495千円	61,661千円
差額	2,995,785千円	6,371,515千円

この差額は、各期において計上された架空利益の累積額の概算額を示している。

すなわち、資金循環取引は、架空売掛金の回収を装うために、当該架空売掛金よりも多額の資金を仕入名目等で支出し架空仕入を計上するとともに、当該資金を売掛金の回収を装って自社に還流させる不正会計の手口であり、当該資金循環取引に係る架空仕入の計上額が、常に架空売掛金（＝架空売上）の計上額よりも大きくなるという意味で、本質的に赤字のスキームとなる。このため、損益計算書上の利益を計上するために、売上原価（＝架空仕入）等を棚卸資産等の資産に付け替えることにより、架空資産を計上し、利益の水増しを行うのである。

したがって、利益の付け替えのために計上された架空資産（費用性資産＝棚卸資産、有形固定資産、無形固定資産（ソフトウェア等、のれん等））の総額が、過去の不正会計により計上された架空利益の累積額に近くなるのである。

上記のとおり、ＩＸＩの訂正前と訂正後の連結貸借対照表を比較すると、少なくとも平成17年3月期及び平成18年3月期の連結貸借対照表において資産計上されていた「棚卸資産」のうち9割以上が架空資産であったと思料される状況であった。したがって、ＩＸＩの連結財務諸表等から資金循環取引を手口とする不正会計の端緒を把握できたとするならば、その端緒情報に基づき事実解明を行う場合には、この「棚卸資産」の実在性の検証が最も効果的であったと考えられる。もちろん、当該棚卸資産の実在性の検証の方法としての現物確認等を行うに当たっては、不正行為実行者らによる抵抗、虚偽説明、偽装行為等が当然の如く

あったものと考えるべきであり、それゆえに簡単にはいかなかったであろうことは想像に難くはない。

しかし、ＩＸＩの連結財務諸表等のように資金循環取引を手口とする不正会計の兆候がある中で、その見極めのための事実確認として棚卸資産の実在性を現物確認等により検証しようとした時に、会社担当者等から様々な抵抗があった場合には、さらに不正会計の疑義が強まるのである。

不正会計を行っていない場合であっても、臨時に棚卸資産に係る現物確認等を行おうとした場合には、会社担当者の作業負担が増えること等から、それなりの抵抗があることが想定される。しかし、棚卸資産自体に問題があるわけではないので、結果的には、棚卸資産の現物確認等は実現できると考えられる。

これに対して資金循環取引を手口とする不正会計を行っていた場合には、会社担当者は、当該棚卸資産に係る現物確認等の実施を妨害しようとするであろう。なぜなら、棚卸資産の多くは、資金循環取引により計上された架空原価を利益の水増しのために、棚卸資産等に付け替えた架空資産であることから、実物はなく、そもそも現物確認等が不可能だからである。すなわち、棚卸資産が実在するか否かがまさに不正会計であるか否かの見極めとなり、当該棚卸資産に係る現物確認等を行うとした場合に、会社担当者が抵抗すればするほど、不正会計の疑いが強くなるのである。

なお、資金循環取引を手口とする不正会計が行われていた場合であって、棚卸資産の現物確認等が実現できた場合であっても、会社担当者は、架空資産の発覚を避けるために、①代替品を準備する、②実物が入っているものを一部だけ準備し、残りは空箱の場合、③仕掛品等の評価を偽る等の仮装行為及び偽装行為等を行うことが想定されるため、入念な事前準備とともに慎重に現物確認等を行う必要があるのはいうまでもない。

以上、ＩＸＩの連結損益計算書に計上されていた架空売上原価と架空棚卸資産についてみてきたが、これらの計上額の合計額は、以下のとおりである。

	平成17年3月期	平成18年3月期
架空売上原価	13,998,197千円	34,437,011千円
架空棚卸資産	2,995,785千円	6,371,515千円
合計	16,993,982千円	40,808,526千円

　この金額は、平成18年3月期に計上した資金循環取引に係る仕入（外注費）名目で計上した架空取引の金額及び前期以前に計上した架空取引のうち資産に付け替えた架空取引の合計額（以下、「架空取引（外注費）」）となる。

	平成17年3月期	平成18年3月期
架空売上高	16,753,800千円	39,145,200千円

　これに対してIXIの連結損益計算書に計上されていた架空売上高を比較すると、架空取引（外注費）の金額が架空売上高よりも大きくなっている。これは、資金循環取引の一つの特徴であり、架空売掛金の回収を装うために循環させる資金は、間に入る協力会社に支払う手数料相当額分だけ多く資金を流さざるを得ないことから、つねに架空仕入の合計額が架空売上の合計額よりも大きくなるのである。このため、毎期、架空仕入の一部を資産に付け替えることによって、売上原価等を少なくし、利益の水増しを図るのである。

(4) その他

　IXI事件に関連して、親会社であったIRI（東京証券取引所マザーズ市場）もIXIの不正会計に関連して平成19年6月24日付で上場廃止となっている。

　IRIは、平成17年8月に株式の公開買付けによりIXIを子会社化した。平成17年3月期においては、すでにIXIは不正会計を行っていたことから、TOBに際して、財務デュー・ディリジェンス等を行い、不正会計の発見がなされていれば、IRIの上場廃止も回避できた可能性は考えられるところであろう。もちろん、IXIの当時の会計監査人は、大手監査法人であり、大手監査法人による監査を受けていたことから、実際に詳細なデュー・ディリジェンスを行うことは現実的ではなかったのかもしれないが、例え監査法人による会計監査を行われ

ていたとしても、不正会計の観点での財務分析を行い、不正会計の疑義が生じるような場合には、何らかの手当てをする必要があるというのは、今後の教訓の一つにはなるであろう。

4．プロデュース事件

(1) 事件の概要

　株式会社プロデュース（以下、「プロデュース」という。）は、新潟県長岡市に本社をおく、ジャスダック市場上場会社（証券コード：6263）であり、製造装置等の製造・販売を主たる事業として営んでいた。本事件は、プロデュースの元社長らが資金循環取引による架空売上の計上等を手口とする不正会計を行い、さいたま地方検察庁が、平成21年3月25日にプロデュースの前社長及び前専務を、同年4月28日にプロデュースの会計監査人であった公認会計士をそれぞれ証券取引法違反（虚偽有価証券報告書提出罪）の罪でさいたま地方裁判所に対して起訴した事件である[278]。

　プロデュースの主な沿革は、以下のとおりである[279]。

年月	沿革
平成4年3月	新潟県長岡市にカスタマイズ事業の設計業務を目的として、有限会社プロデュースを出資金3,000千円にて設立
平成5年4月	カスタマイズ事業の設計業務を受託開始
平成8年4月	株式会社に組織変更し、株式会社プロデュースとなる 3Dアプリケーション事業の受託開始／チップ部品の外部電極塗布装置の開発・製造開始
平成15年7月	東京都新宿区にて東京支社を開設
平成15年12月	ファンクションアナライズ事業の受託開始 新潟県長岡市にて長岡工場の稼働を開始
平成16年5月	長野県松本市にて松本工場の稼働を開始

---

[278] 事案の概要については、証券取引等監視委員会による「告発の現場から（6）生きた会社の隠れた粉飾の摘発」(http://www.fsa.go.jp/sesc/actions/actions_menu02.htm) を参照のこと。
[279] 主にプロデュースの有価証券報告書（平成19年6月期）を参照した。その他、プロデュースに係る報道記事等を参照した。

平成17年9月	本社所在地を長岡工場へ移転
平成17年10月	東京支社を東京都千代田区へ移転
平成17年12月	ジャスダック証券取引所に株式を上場
平成18年9月	新潟県見附市にて見附工場の稼働を開始
平成18年3月	愛知県名古屋市に名古屋事務所を開設
平成20年8月	ジャスダックより2008年度ＩＲ優良会社表彰（不正会計判明後、ジャスダックが表彰を取消）
平成20年9月	18日に、本社等において証券取引等監視委員会が金融商品取引法違反（虚偽有価証券報告書提出罪）の容疑で強制調査を実施[280]
平成20年9月	19日に、「証券取引等監視委員会による調査に関するお知らせ」を適時開示
平成20年9月	26日に、新潟地裁に民事再生手続開始の申立て[281]
平成20年10月	27日、ジャスダック市場上場廃止[282]
平成21年3月	5日に、さいたま地検特別刑事部が、前社長ら4名を金融商品取引法違反（虚偽有価証券報告書提出罪）の容疑で逮捕[283]
平成21年3月	25日に、さいたま地検特別刑事部が、証券取引法違反の罪で前社長及び前専務を起訴、他2名は処分保留（うち1名は金融商品取引法違反（内部者取引）で再逮捕）[284]
平成21年4月	9日に、さいたま地検特別刑事は、プロデュースの会計監査人であった公認会計士を証券取引法違反（虚偽有価証券報告書提出罪）の容疑で逮捕、同社の元社長及び元専務を同容疑で再逮捕[285]
平成21年4月	28日に、さいたま地検は、さいたま地裁に対し、証券取引法違反（虚偽有価証券報告書提出罪）の罪でプロデュースの元社長、元専務を追起訴、公認会計士を起訴[286]
平成21年8月	5日に、さいたま地裁は、プロデュース元社長に懲役3年、罰金1千万円を、元専務に懲役2年6月（執行猶予4年）の判決を言い渡した[287]
平成24年1月	31日に、さいたま地裁は、プロデュースの会計監査を行っていた公認会計士に懲役3年6月の実刑判決を言い渡した

280　平成20年9月20日付新潟日報朝刊
281　平成20年9月27日付日経新聞朝刊
282　「上場廃止に伴う当社株券の取り扱いについて」（株式会社プロデュース、平成20年10月16日）
283　平成21年3月5日付日経新聞夕刊
284　平成21年3月26日付日経新聞朝刊
285　平成21年4月9日付日経新聞夕刊
286　平成21年4月29日付日経新聞朝刊
287　平成21年8月5日付日経新聞夕刊

（２）　端緒としての違和感

1　財務分析

A　資金循環取引の兆候について

　上記のとおり、プロデュースは、平成20年9月18日に証券取引等監視委員会による強制調査を受けたことにより不正会計の存在が発覚し、平成20年6月期の有価証券報告書が提出されなかったことから、その直前期である平成19年6月期の有価証券報告書に掲載されている【主要な経営指標等の推移】をみると、以下のとおりであった（プロデュース－図1）。

　プロデュースの平成15年6月期から平成19年6月期までの売上高の推移は、大幅な増加傾向にあり、毎年、売上高がほぼ倍増している状況であった。この結果、平成15年6月期では約10億円であった売上高が、平成19年6月期には約97億円と5年間で概ね10倍に増加している。そして、当期純利益も大幅に増加傾向にあり、平成15年6月期では約1千2百万円程度であったところ、平成19年6月期には約7億8千万円と65倍にも増加している。

　キャッシュ・フローの状況は、営業ＣＦは、平成17年6月以降は、マイナスとなっており、マイナス額は年々増加している状況である。また、投資ＣＦは平成16年6月以降マイナスで、営業ＣＦ同様にマイナス額が年々増加する傾向にある。これに対して財務ＣＦは平成16年6月期以降、継続してプラスであり、プラス額は年々増加している状況である。

　次にプロデュースのキャッシュ・フローの状況を把握するために、プロデュースの平成18年6月期及び平成19年6月期のキャッシュ・フロー計算書をみる（プロデュース－図2）。

　プロデュースのキャッシュ・フロー計算書をみると、営業ＣＦのマイナスの主な原因は、「たな卸資産の増減額（増加：△）」であり、平成18年6月は18億3,278万円のマイナス、平成19年6月期は18億7,943万円のマイナスであった。

　また、投資ＣＦのマイナスの原因は、主として、「有形固定資産の取得による支出」であり、平成18年6月期は6億1,765万円のマイナス、平成19年6月期は15億492万円のマイナスであった。

　そして、財務ＣＦのプラスの原因は、平成18年6月期においては、「株式の

プロデュース－図１　株式会社プロデュース「有価証券報告書（平成19年6月期）」

第一部　【企業情報】
第１　【企業の概況】
　１　【主要な経営指標等の推移】
　　　提出会社の状況

回次		第12期	第13期	第14期	第15期	第16期
決算年月		平成15年6月	平成16年6月	平成17年6月	平成18年6月	平成19年6月
売上高	（千円）	1,000,731	1,872,179	3,109,763	5,885,618	9,704,000
経常利益	（千円）	25,348	117,541	212,119	594,109	1,205,818
当期純利益	（千円）	12,022	69,541	107,319	410,606	780,471
持分法を適用した場合の投資利益	（千円）	－	－	－	－	－
資本金	（千円）	185,300	274,050	504,529	1,331,029	1,340,154
発行済株式総数	（株）	7,786	8,516	10,205	25,042	50,668
純資産額	（千円）	380,991	628,033	1,196,311	3,623,968	4,414,350
総資産額	（千円）	650,214	1,564,112	1,923,487	5,430,440	8,982,988
１株当たり純資産額	（円）	48,932.93	73,747.45	117,227.95	144,715.61	87,123.06
１株当たり配当額 （内、１株当たり中間配当額）	（円）	－ （－）	－ （－）	－ （－）	－ （－）	－ （－）
１株当たり当期純利益金額	（円）	1,715.32	8,025.83	11,871.62	17,986.20	15,551.88
潜在株式調整後１株当たり当期純利益金額	（円）	－	－	－	17,190.99	15,020.90
自己資本比率	（％）	58.6	40.2	62.2	66.7	49.1
自己資本利益率	（％）	4.2	13.8	11.8	17.0	19.4
株価収益率	（倍）	－	－	－	78.84	46.04
配当性向	（％）	－	－	－	－	－
営業活動によるキャッシュ・フロー	（千円）	－	153,842	△142,769	△859,824	△967,813
投資活動によるキャッシュ・フロー	（千円）	－	△406,821	△196,193	△681,172	△1,413,719
財務活動によるキャッシュ・フロー	（千円）	－	364,126	401,976	1,885,954	2,466,308
現金及び現金同等物の期末残高	（千円）	－	204,239	267,252	611,920	696,791
従業員数 （外、平均臨時雇用者数）	（人）	43 (5)	49 (15)	60 (16)	89 (15)	161 (20)

プロデュース-図2　株式会社プロデュース「有価証券報告書（平成19年6月期）」

④【キャッシュ・フロー計算書】

科目	注記番号	前事業年度 （自　平成17年7月1日 至　平成18年6月30日） 金額（千円）	当事業年度 （自　平成18年7月1日 至　平成19年6月30日） 金額（千円）
Ⅰ　営業活動によるキャッシュ・フロー			
税引前当期純利益		694,202	1,223,761
減価償却費		141,164	204,402
新株発行費		17,475	―
役員退職慰労引当金の増減額（減少：△）		6,684	6,609
貸倒引当金の増減額（減少：△）		2,700	6,075
受取利息及び受取配当金		△8	△26
支払利息		2,854	17,039
為替差損益（差益：△）		289	△96
前期損益修正益		―	△10,517
助成金収入		―	△259,156
投資有価証券評価損		―	31,001
棚卸資産評価損		―	204,928
固定資産評価損		―	20,800
売上債権の増減額（増加：△）		△685,380	△248,617
たな卸資産の増減額（増加：△）		△1,832,789	△1,879,434
未収消費税等の増減額（増加：△）		△52,152	12,196
仕入債務の増減額（減少：△）		769,397	295,700
前受金の増減額（減少：△）		229,416	△160,840
未払消費税等の増減額（減少：△）		△7,128	―
未払金の増減額（減少：△）		8,067	839
未払費用の増減額（減少：△）		8,230	36,932
預り金の増減額（減少：△）		△11,056	10,416
その他		△26,503	△146,111
小計		△734,534	△634,094

科目	注記番号	前事業年度 （自　平成17年7月1日 至　平成18年6月30日） 金額（千円）	当事業年度 （自　平成18年7月1日 至　平成19年6月30日） 金額（千円）
利息及び配当金の受取額		8	26
利息の支払額		△2,758	△16,987
法人税等の支払額		△122,539	△316,757

	営業活動によるキャッシュ・フロー		△859,824	△967,813
II	投資活動によるキャッシュ・フロー			
	定期預金の預入による支出		△2	△7
	定期預金の払戻による収入		10,000	—
	投資有価証券の取得による支出		△60,000	△186,000
	有形固定資産の取得による支出		△617,656	△1,504,921
	無形固定資産の取得による支出		△11,189	△43,685
	助成金による収入		—	303,642
	その他		△2,324	17,252
	投資活動によるキャッシュ・フロー		△681,172	△1,413,719
III	財務活動によるキャッシュ・フロー			
	短期借入金の純増減額		△60,000	2,150,000
	長期借入金の借入れによる収入		50,000	400,000
	長期借入金の返済による支出		△103,620	△101,942
	株式の発行による収入		1,999,574	18,250
	財務活動によるキャッシュ・フロー		1,885,954	2,466,308
IV	現金及び現金同等物に係る換算差額		△289	96
V	現金及び現金同等物の増加額		344,667	84,871
VI	現金及び現金同等物の期首残高		267,252	611,920
VII	現金及び現金同等物の期末残高	※	611,920	696,791

発行による収入」であり、金額は19億9,957万円のプラス、平成19年6月期においては、「短期借入金の純増減額」であり、金額は21億5,000万円のプラスであった。

　ここで、さらに営業ＣＦのマイナスの主たる要因であった「棚卸資産」について貸借対照表で確認する（プロデュース-図3）。

　プロデュースの貸借対照表をみると、棚卸資産としての「仕掛品」が総資産の約41.6％（＝3,734,855千円÷8,982,988千円）（平成19年6月期）を占めていることがわかる。また、その他の主な資産としては、「売掛金」及び「建物」が金額的に多額に計上されていることがわかる。

　以上のことから、プロデュースの財務諸表からは「損益が黒、営業ＣＦがマイナス、資産（棚卸資産）の増加」という、いわゆる資金循環取引の三徴候が表れており、また、財務ＣＦもプラスであることから、増資又は金融機関から

プロデュース－図３　株式会社プロデュース「有価証券報告書（平成19年６月期）」

【財務諸表等】
(1) 【財務諸表】
　① 【貸借対照表】

区分	注記番号	前事業年度（平成18年６月30日）金額（千円）		構成比（％）	当事業年度（平成19年６月30日）金額（千円）		構成比（％）
（資産の部）							
Ⅰ　流動資産							
１　現金及び預金	※５		623,634			708,513	
２　受取手形	※４		476,554			63,437	
３　売掛金			947,126			1,608,860	
４　原材料			49,712			21,153	
５　仕掛品			2,031,789			3,734,855	
６　前払費用			8,212			8,838	
７　未収入金			45,097			111,385	
８　未収消費税等			52,152			39,955	
９　繰延税金資産			19,506			32,817	
10　その他			1,477			3,214	
貸倒引当金			△5,000			△11,075	
流動資産合計			4,250,263	78.3		6,321,957	70.4
Ⅱ　固定資産							
１　有形固定資産							
(1)　建物	※１	307,393			1,312,708		
減価償却累計額		76,661	230,731		132,086	1,180,621	
(2)　構築物		35,696			66,465		
減価償却累計額		7,831	27,865		14,210	52,254	
(3)　機械及び装置		469,977			563,675		
減価償却累計額		139,889	330,088		258,816	304,859	
(4)　車両及び運搬具		3,555			8,134		
減価償却累計額		3,118	436		4,878	3,255	
(5)　工具器具及び備品		25,319			53,183		
減価償却累計額		16,500	8,818		27,845	25,338	
(6)　土地	※１		347,538			479,938	
(7)　建設仮勘定			140,944			349,366	
有形固定資産合計			1,086,423	20.0		2,395,635	26.6

第四部　不正会計－事例からの検討

区分	注記番号	前事業年度 （平成18年6月30日）		当事業年度 （平成19年6月30日）	
		金額（千円）	構成比（％）	金額（千円）	構成比（％）
2　無形固定資産					
(1)　特許権		11,527		9,462	
(2)　ソフトウェア		17,521		32,277	
(3)　その他		595		595	
無形固定資産合計		29,645	0.5	42,325	0.5
3　投資その他の資産					
(1)　投資有価証券		60,000		200,998	
(2)　出資金		6		7	
(3)　長期前払費用		634		274	
(4)　その他		3,467		21,790	
投資その他の資産合計		64,108	1.2	223,070	2.5
固定資産合計		1,180,177	21.7	2,661,030	29.6
資産合計		5,430,440	100.0	8,982,988	100.0

の調達した資金を原資として、「架空売上の計上（仮装取引を伴うもの－資金循環取引）」を手口とする不正会計が行われている疑義が生じるところである。

　なお、当該兆候は、平成17年6月期から表れており、当該期から当該手口による不正会計の可能性が考えられる状況となっている。

B　棚卸資産について

　プロデュースの財務諸表においては、「架空売上の計上（仮装取引を伴うもの－資金循環取引）」を手口とする不正会計の兆候が表れていた。当該手口は、資金循環取引の原資を支出する際に取引名目で資金を支出することから、その特徴として、当該手口による不正会計が行われた場合、特定の資産が多額に計上されることとなる。

　プロデュースの貸借対照表における主な資産は、棚卸資産としての「仕掛品」であり、営業ＣＦの状況等と併せて判断した場合、プロデュースにおける架空資産として計上された資産は、当該仕掛品であると思料される状況である。そこで、この仕掛品について、プロデュースの有価証券報告書に掲載されている「主な資産および負債の内訳」からその内容を把握する（**プロデュース－図４**）。

【主な資産および負債の内容】の「ホ．仕掛品」をみると、仕掛品の内訳は、主にプロデュースの製品である「検査装置」及び「膜生成・塗布装置」等に係る仕掛品であることがわかる。

そこで、さらに、当該仕掛品の原価構成を、製造原価明細書で確認する（プロデュース－図5）。

プロデュースの平成19年6月期の有価証券報告書に掲載されている損益計算書に添付された製造原価明細書をみると、プロデュースの製造する製品に係る原価構成の多くは「経費」であり、概ね当期製造費用の85％前後を占めていることがわかる（プロデュース－図5）。さらに、当該製造原価明細書の注記から、「経費」の多くは、「外注加工費」であり、外注加工費の当期総製造費用に占める割合は、平成19年6月で81.7％（＝7,946,558千円÷9,721,314千円）であった。

したがって、プロデュースの不正会計の手口は、資金循環取引に係る原資を支出する際に、外注費の支払名目で支出していたと思料される。そして、当該外注費は、原価計算を行った結果、期末時点では仕掛品として計上することによって、損益計算書上の利益を水増ししていたと思料される状況であった。

プロデュース－図4　株式会社プロデュース「有価証券報告書（平成19年6月期）」

(2)【主な資産および負債の内容】 　①　流動資産 　　イ．現金及び預金 　　　　　　　　　　　（略） 　　ホ．仕掛品	
区分	金額（千円）
検査装置	1,785,986
膜生成・塗布装置	1,001,799
複合装置	512,738
成型機	233,732
その他	200,597
計	3,734,855

プロデュース－図5　株式会社プロデュース「有価証券報告書（平成19年6月期）」

製造原価明細書

区分	注記番号	前事業年度 （自　平成17年7月1日 　至　平成18年6月30日）		当事業年度 （自　平成18年7月1日 　至　平成19年6月30日）	
		金額（千円）	構成比（％）	金額（千円）	構成比（％）
Ⅰ　材料費		873,168	12.9	1,045,294	10.8
Ⅱ　労務費		228,773	3.4	350,542	3.6
Ⅲ　経費	※1	5,659,205	83.7	8,325,477	85.6
当期総製造費用		6,761,146	100.0	9,721,314	100.0
期首仕掛品たな卸高		240,016		2,031,789	
合計		7,001,163		11,753,104	
期末仕掛品たな卸高		2,031,789		3,734,855	
他勘定振替高	※2	241,103		501,035	
当期製品製造原価		4,728,269		7,517,214	

原価計算の方法
　原価計算の方法は、実際個別原価計算を用いております。
（注）※1．主な内訳は次のとおりであります。

項目	前事業年度 （自　平成17年7月1日 　至　平成18年6月30日）	当事業年度 （自　平成18年7月1日 　至　平成19年6月30日）
外注加工費（千円）	5,398,196	7,946,558
減価償却費（千円）	129,452	165,034

C　増資について

　平成18年6月期のキャッシュ・フロー計算書における財務ＣＦは、18億8,595万円のプラスであったが、当該プラスの主な要因は、「株式の発行による収入」の19億9,957万円であった（プロデュース図2）。

　当該株式の発行について、有価証券報告書に掲載されている【株式の状況等】を確認する（プロデュース図－6）。

　平成18年6月期の財務ＣＦのプラスの原因は、平成17年12月13日に実施した有償一般募集（ブックビルディング方式による募集）であり、これは、プロデュース株式をジャスダック市場に上場する際に行った増資である。

プロデュースー図6　株式会社プロデュース「有価証券報告書（平成19年6月期）」

第4【提出会社の状況】
 1　【株式等の状況】
  (1)【株式の総数等】
   ①　株式の総数
（略）

  (4)【発行済株式総数、資本金等の推移】

年月日	発行済株式総数増減数（株）	発行済株式総残高（株）	資本金増減額（千円）	資本金残高（千円）	資本準備金増減額（千円）	資本準備金残高（千円）
平成14年12月27日（注）1	440	3,658	55,000	150,300	55,000	105,000
（略）						
平成17年6月30日（注）12	599	10,205	12,479	504,529	12,478	459,228
平成17年8月27日（注）13	10,205	20,410	—	504,529	—	459,228
平成17年12月13日（注）14	4,000	24,410	731,000	1,235,529	1,054,600	1,513,828
平成18年1月16日（注）15	500	24,910	91,375	1,326,904	131,825	1,645,653
平成17年7月1日〜平成18年6月30日（注）16	132	25,042	4,125	1,331,029	4,125	1,649,778
平成18年7月1日（注）17	25,042	50,084	—	1,331,029	—	1,649,778

（略）

 12　新株予約権権利行使による増加　普通株式　発行価格41,667円　資本組入額20,834円
 13　株式分割　1：2
 14　有償一般募集（ブックビルディング方式による募集）
　　　発行価格　　　480,000円
　　　発行価額　　　365,500円
　　　資本組入額　　182,750円
　　　払込金総額　1,785,600千円
 15　有償第三者割当（オーバーアロットメントによる売出しに関連した第三者割当増資）
　　　発行価格　　　365,500円
　　　資本組入額　　182,750円
　　　割当先　大和証券エスエムビーシー株式会社
 16　新株予約権権利行使による増加　普通株式　発行価格62,500円　資本組入額31,250円
 17　株式分割　1：2

すなわち、プロデュースは、新規上場に際して行った増資による調達資金を原資として資金循環取引を手口とする不正会計を行っていた可能性が思料される状況であった。

② その他
A 事業系統図について

プロデュースの有価証券報告書に掲載される【事業の内容】において、プロデュースの事業系統図が記載されている（プロデュース図－7）。

プロデュース－図7　株式会社プロデュース「有価証券報告書（平成19年6月期）」

3【事業の内容】
　当社は、本社のある新潟県長岡市において、工作機械メーカーの制御設計の業務受託から事業を開始しております。その後、制御設計の業務だけでなく製造装置の一括受注をおこなうこと等により事業を拡大してまいりましたが、更なる事業拡大のため、「新しい価値を創造し具現化する企業となること」を経営理念に掲げ、「3Dアプリケーション技術（注1）」を確立いたしました。
　現在、当社の事業区分は、（1）液体を任意に三次元で固形物に付着させる技術である「3Dアプリケーション技術」に基づき、主に6種の工法からなる要素技術を用いた装置の開発、製造および販売、コンサルティングならびに消耗品販売をおこなう「3Dアプリケーション事業」、（2）独自の特殊機能分析技術をベースとして、電子デバイス等の部品を「一回で絶対値の評価が出来る」、「一回で多機能の分析が出来る」、「一つの装置アセンブリから出荷梱包までが出来る」、「一回で複数の特性の評価が出来る」および「一回で多項目の検査が出来る」のコンセプトのもと、これらの機能を有した検査装置等の開発、製造および販売、コンサルティングならびに消耗品販売をおこなう「ファンクションアナライズ事業」、（3）時代変化への自社技術の方向性確認のためのアンテナ事業として、ユーザーの個々のニーズに合わせて開発と設計・製作までを一貫した装置の開発、製造および販売をおこなうことを中心とした「カスタマイズ事業」から構成されております。
　（注1）「3Dアプリケーション技術」とは、三次元立体塗布技術のことで、液体をニーズに応じて、厚くも薄くも、広範囲にも微細にも自在に塗布
（略）
　当社の事業系統図は次のとおりであります。

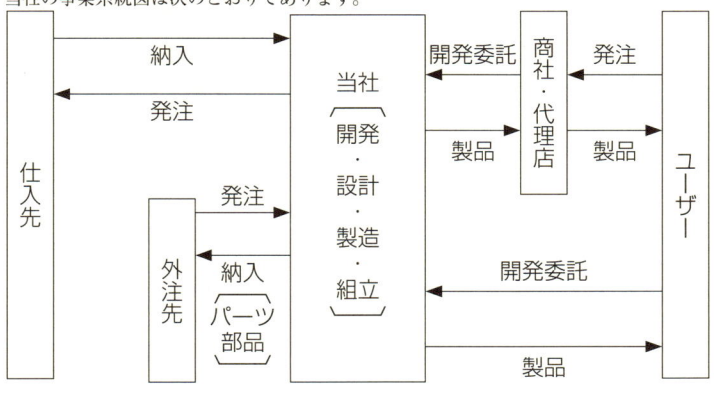

この事業系統図によれば、売上関係では、商社・代理店を経由して販売するルートとユーザーに直接販売するルートがあり、仕入関係では、パーツ部品等に関して外注先を利用していることがわかる。

B 事業等のリスク

プロデュースの有価証券報告書に掲載される【事業等のリスク】において、プロデュースの事業の状況、経理の状況等に関する事項のうち、リスク要因となる可能性があると考えられる主な事項等として、「生産体制について」及び「売掛債権について」が記載されている（プロデュース図-8）。

プロデュース-図8　株式会社プロデュース「有価証券報告書（平成19年6月期）」

4【事業等のリスク】
　有価証券報告書に記載した事業の状況、経理の状況等に関する事項のうち、リスク要因となる可能性があると考えられる主な事項およびその他投資者の判断に重要な影響を及ぼす可能性のある事項には、以下のようなものがあります。
　なお、文中の将来に関する事項は、当事業年度末日（平成19年6月30日）現在において当社が判断したものであります。

① 開発型企業として開発重視の事業展開について
　　当社の製品は、創造的な技術に基づくもので、今後も継続して魅力のある製品開発をおこなう
（略）
④ 生産体制について
　　当社では、製造工程の一部を積極的に協力外注先へ外注しており、当事業年度の総製造費用に占める外注加工費の割合は81.7％と高くなっております。協力外注先とは、良好で継続的な取引関係を維持しておりますが、何らかの事情によって協力外注先との取引に支障をきたすこととなった場合には、当社の事業および経営成績に影響を及ぼす可能性があります。

⑤ 知的財産権について
　　当社は、3Dアプリケーション事業に関連する「チップへの電極塗布」にかかる特許権を登
（略）
⑦ 売掛債権について
　　当社のカスタマイズ事業は、ユーザーからの要求に応じて、製品ごとに開発・製造を行うこと、また3Dアプリケーション事業、ファンクションアナライズ事業においても、ユーザーの要求する仕様によりある程度のカスタマイズが必要なことから、受注から納品までの期間が6ヶ月を超える案件も多くあります。また、検収後ユーザーに対する売掛債権の回収までに要する期間も、通常1ヶ月から6ヶ月程度かかります。
　　このように受注から売掛債権の回収までが長期となっている一方で仕入債務の支払いは経常的に発生することから、たな卸資産の状況、製品の検収の状況により、当社の財政状態およびキャッシュ・フローに影響を及ぼす可能性があります。

⑧ 自然災害、事故にかかるリスクについて
　　当社は、新潟県に2工場と1事務所、長野県に1工場を設置し、また東京都に1支社、愛知

「④生産体制について」では、プロデュースにおける外注費の割合が高いのは、製造工程の一部を積極的に協力外注先へ外注しているためと説明している。また、プロデュースにおける仕掛品の次に金額的重要性が高い資産である売掛債権について、検収後の債権回収まで、通常1か月から6か月程度かかる旨を記載している。なお、当該記載内容から、プロデュースの収益計上基準に問題がある可能性が思料されるところである。

C　中間決算短信の訂正

プロデュースでは、平成19年3月23日付で「「平成19年6月期中間決算短信（非連結）」の訂正に関するお知らせ」を開示し、その中で「訂正の理由」と「訂正が生じた背景と今後の対策」を記載している。

「訂正の理由」としては売上の計上時期及びソフトウェア仮勘定の資産性の問題について監査法人から指摘を受け、結果、当該指摘を受け入れて修正を行ったとしている。

また、「訂正が生じた背景と今後の対策」としては、以下のとおり記載していた。

ここでは、売上取引のうち、「対象相手先が継続取引先であり、一部の案件について回収条件の正式な書面での確認を行わず、メールや打合せ議事録などで確認しただけで済ませていた」取引があるとしている。このことは、プロデュースの売上取引のうち回収条件が恣意的に決定されているものがあることを意味するものであり、架空売掛金が計上されている場合には、このような回収期日等が決まっていないとする方が、監査人等に対する説明が容易であったものと思料される。当該適時開示の内容からも、プロデュースにおける架空売上の計上等の不正会計の兆候が把握できる。

D　監査法人の交代

プロデュースでは、平成19年5月14日に「会計監査人の退任並びに一時会計監査人の選任に関するお知らせ」として、会計監査人である監査法人の交代に係る適時開示を行っている。

当該適時開示においては、監査人交代の理由について、特に明記していないものの、プロデュースは、6月決算の会社であり、期末月の前月において監査

人の交代が行われるのは異例であり、また、前記のとおり平成19年３月23日付の適時開示において、「「平成19年６月期中間決算短信（非連結）」の訂正に関するお知らせ」として、売上取引の修正を行っていることから、プロデュースと監査人との間で、会計上の問題が生じていた可能性が思料されるところであり、この点でもプロデュースにおいて不正会計が行われていた疑いが生じるところである。

（３）　結論としての納得感

　以上のことから、プロデュースの有価証券報告書等の分析を行うことにより、プロデュースにおいては、遅くとも平成17年６月期から資金循環取引を手口とする不正会計を行っていた疑義が生じるところである。

　想定される具体的な手口は、ジャスダック市場に上場する際に行った新株の発行により調達した資金及び金融機関等から借り入れた資金を資金循環取引の原資として、当該資金を「外注費」に係る買掛債務の決済名目で支出し、当該資金を架空売上に係る架空売掛金の回収名目でプロデュースに還流させるとともに、損益計算書の利益の水増しのため、外注費等の架空原価を「仕掛品」として資産計上していたと思料される状況であった。

　この結果、プロデュースの平成19年６月期の貸借対照表においては、総資産に占める流動資産の構成比が70.4％となるほどの多額の「仕掛品」及び「売掛金」が計上されており、そのうち「仕掛品」の計上額は、総資産の約41.6％を占めていた（プロデュース－図３）。この「仕掛品」の内訳は、プロデュースの製品に係る仕掛品であった（プロデュース－図４）。

　以下、プロデュースの財務諸表等に係る財務分析を端緒に得られた違和感に基づき、結論としての納得感を得るために、この不正会計の疑義が真実であるか否かを見極めるための事実確認の方法について説明する。

１　棚卸資産の実在性について

　プロデュースの有価証券報告書を分析した結果、プロデュースにおいては、資金循環取引を手口とする不正会計を行っていた疑いがあること、その結果、当該仮装取引により計上された架空外注費等を「仕掛品」として棚卸資産に付け替え

て計上していた疑いがあることが読み取れる。

　したがって、実際に不正会計が行われていたか否かについての事実関係の見極めを行う場合には、基本的には、プロデュースの貸借対照表に計上されている棚卸資産である「仕掛品」の実在性を検証することとなる（プロデュース－図3）。

　なお、架空資産である仕掛品等の実在性の検証に係るその他の留意事項については、「第三部　不正会計－早期発見とその対応　第4章　不正会計の手口とその発見方法　3売上高の過大計上　5．売上の架空計上（仮装取引を伴うもの－資金循環取引）（2）発見の端緒と調査方法　②結論としての納得感」の「棚卸資産の実在性について」を参照のこと。

② **外注加工費について**

　プロデュースの貸借対照表に計上されている仕掛品の主な原価内訳は、「外注加工費」であり、当期総製造費用に占める経費の割合は、平成19年6月期で81.7％であり、金額としては、79億4,655万円と多額となっていた（プロデュース－図5）。

　しかし、当該外注加工費は、資金循環取引に係る原資を支出する際の名目に用いられただけであり、その実態は架空外注加工費であると思料されることから、当該取引が架空であるか否かの見極めのための事実確認として、外注費に係る外注先への取引の確認の実施が考えられる。この場合には、単に取引の有無の確認に止まるのではなく、外注作業の内容及び外注作業中の在庫等について具体的な事実確認を行うこととなる。外注先への確認を行う場合の主な留意事項については、「第三部　不正会計－早期発見とその対応　第4章　不正会計の手口とその発見方法　3売上高の過大計上　5．売上の架空計上（仮装取引を伴うもの－資金循環取引）（2）発見の端緒と調査方法　②結論としての納得感」の「外注費に係る外注先への確認」を参照のこと。

③ **売上取引に係るエンドユーザーの把握**

　売上取引関連では、売上取引に係るエンドユーザーを明らかにできるかどうかが、当該取引が架空取引であるか否かの見極めのポイントであると考える。

　なお、プロデュースの事業系統図（プロデュース－図7）に記載のとおり、プロデュースの販売ルートは、①商社・代理店を経由してユーザーに販売するルート

と②ユーザーに直接販売するルートがある。資金循環取引を行う場合には、商社・代理店ルート名目で行われていると思料されるため、当該ルートに係るエンドユーザーを把握し、当該エンドユーザーに対して取引の確認を行うこととなる。

この売上取引に係るエンドユーザーの把握に係る留意事項については、「第三部 不正会計－早期発見とその対応 第4章 不正会計の手口とその発見方法 3売上高の過大計上 ５．売上の架空計上（仮装取引を伴うもの－資金循環取引）（２）発見の端緒と調査方法 ②結論としての納得感」の「売上取引に係るエンドユーザーの把握」を参照のこと。

④ その他の事実確認の方法

当該手口に係るその他の事実確認の方法については、「第三部 不正会計－早期発見とその対応 第4章 不正会計の手口とその発見方法 3売上高の過大計上 ５．売上の架空計上（仮装取引を伴うもの－資金循環取引）」を参照のこと。

5．エフオーアイ事件

(1) 事件の概要

株式会社エフオーアイ（以下、「エフオーアイ」という。）は、神奈川県相模原市に本社をおく、東京証券取引所マザーズ市場上場会社（証券コード：6253）であり、半導体製造装置の製造・販売を主たる事業として営んでいた。本事件は、エフオーアイが平成21年11月20日に東京証券取引所マザーズ市場に上場した6か月後の平成22年5月13日に証券取引等監視委員会の強制調査がエフオーアイに対して行われ、さいたま地方検察庁が、同年10月6日に元社長及び元専務を金融商品取引法違反（虚偽有価証券届出書提出罪）で起訴し、さらに同月27日には元社長及び元専務を金融商品取引法違反（偽計）で追起訴した事件である。

本事件は、エフオーアイがマザーズ市場上場に際して提出した有価証券届出書に掲載されていた連結損益計算書上の売上高が約118億5,000万円であったところ、実際には3億1,900万円しかなく、ほぼ架空売上高であったものである[288]。

エフオーアイの主な沿革は、以下のとおりである[289]。

年月	沿革
平成6年10月	神奈川県川崎市高津区に半導体製造装置の開発・販売を目的とした株式会社エフオーアイ（資本金1,000万円）を設立
平成8年4月	中小企業創造活動促進法の認定を受ける
平成9年3月	株式会社神戸製鋼所と共同で、300mmシリコンウェハ用絶縁膜エッチング装置開発に着手
平成10年8月	富士通VLSI株式会社とのOEM契約を締結
平成12年3月	株式会社神戸製鋼所との共同開発契約を解消。当社単独で研究開発を再開
平成12年9月	業容拡大のため神奈川県川崎市麻生区に本店を移転、テクノロジーセンターを開設
平成14年5月	中華民国（以下台湾）に100％出資子会社を設立
平成16年3月	業容拡大のため東京都町田市にテクノロジーセンターを開設
平成16年10月	大韓民国（以下韓国）に100％出資の子会社であるFOI KOREA CORPORATIONを設立
平成16年11月	業容拡大のため神奈川県相模原市に本店を移転
平成17年1月	町田テクノロジーセンターを閉鎖し、本社に統合
平成17年3月	富士通VLSI株式会社とのOEM契約を解消
平成18年10月	米国に100％出資の子会社であるFOI TECHNOLOGIES CORPORATIONを設立
平成21年11月	20日、東京証券取引所マザーズ市場に上場
平成22年5月	12日、証券取引等監視委員会による強制調査[290]
平成22年5月	21日、東京地裁に対し破産手続開始の申立て[291]
平成22年6月	15日、東京証券取引所マザーズ市場上場廃止
平成22年9月	15日、さいたま地検が、元社長を金融商品取引法違反（虚偽有価証券届出書提出罪）の容疑で逮捕[292]
平成22年9月	16日、さいたま地検が、元専務及び元取締役の2名を金融商品取引法違反（虚偽有価証券届出書提出罪）の容疑で逮捕[293]
平成22年10月	6日、さいたま地検が、元社長及び元専務を金融商品取引法違反（虚偽有価証券届出書提出罪）の罪で起訴（元取締役は処分保留で釈放）、同日、元社長及び元専務を金融商品取引法違反（偽計）で再逮捕[294]
平成22年10月	27日、さいたま地検が、元社長及び元専務を金融商品取引法違反（偽

	計)の罪で追起訴[295]
平成24年2月	29日、さいたま地裁が、元社長に対し懲役3年、元専務に対し懲役3年の実刑判決[296]

(2) 端緒としての違和感

1 財務分析

A 架空売上の計上の兆候について

　上記のとおり、エフオーアイは、平成21年11月20日に東京証券取引所マザーズ市場に上場後、翌年の平成22年5月12日に証券取引等監視委員会による強制調査を受けたことにより不正会計が発覚し、有価証券報告書を一度も提出することなく、同年6月15日に上場廃止となったことから、上場時の有価証券届出書に掲載されている【主要な経営指標等の推移】をみると、以下のとおりであった（エフオーアイ-図1）。

　ここで、エフオーアイの「（1）連結経営指標等」と「（2）提出会社の経営指標等」とを比較すると売上高と当期純損益については、大きな差異がないことから、以下、売上高及び当期純損益の推移については、「（2）提出会社の経営指標等」を参照することとする。

　エフオーアイの平成17年3月期から平成21年3月期までの売上高の推移は、大幅な増加傾向にあり、毎年、売上高が20億円程度増加している状況であった。この結果、平成17年3月期では約31億円であった売上高が、平成19年6月期には約118億円と5年間で概ね3倍以上に増加している。これに対して

---

[288] 平成23年1月15日付日本経済新聞朝刊
[289] 主にエフオーアイの有価証券届出書を参照した。その他、エフオーアイに係る報道記事等を参照した。
[290] 「金融商品取引法違反容疑による証券取引等監視委員会の強制捜査に関するお知らせ」（株式会社エフオーアイ、平成22年5月12日）
[291] 「破産手続開始の申立て及び保全管理命令に関するお知らせ」（株式会社エフオーアイ、平成22年5月21日）
[292] 平成22年9月16日付日本経済新聞朝刊
[293] 平成22年9月17日付日本経済新聞朝刊
[294] 平成22年10月7日付日本経済新聞朝刊
[295] 平成22年10月27日付日本経済新聞朝刊
[296] 平成24年3月1日付日本経済新聞朝刊

エフオーアイー図1　株式会社エフオーアイ「有価証券届出書」

1 【主要な経営指標等の推移】
(1) 連結経営指標等

回次		第11期	第12期	第13期	第14期	第15期
決算年月		平成17年3月	平成18年3月	平成19年3月	平成20年3月	平成21年3月
売上高	(千円)	―	―	―	9,496,817	11,855,960
経常利益	(千円)	―	―	―	1,297,251	2,016,144
当期純利益	(千円)	―	―	―	806,605	530,071
純資産額	(千円)	―	―	―	11,483,413	13,797,596
総資産額	(千円)	―	―	―	22,896,107	29,177,829
1株当たり純資産額	(円)	―	―	―	73,749.86	810.75
1株当たり当期純利益金額	(円)	―	―	―	5,723.77	32.33
潜在株式調整後1株当たり当期純利益金額	(円)	―	―	―	―	―
自己資本比率	(%)	―	―	―	50.1	47.2
自己資本利益率	(%)	―	―	―	7.3	4.2
株価収益率	(倍)	―	―	―	―	―
営業活動によるキャッシュフロー	(千円)	―	―	―	△3,995,770	△3,550,656
投資活動によるキャッシュフロー	(千円)	―	―	―	△58,676	△91,606
財務活動によるキャッシュフロー	(千円)	―	―	―	1,631,485	4,868,879
現金及び現金同等物の期末残高	(千円)	―	―	―	1,325,748	2,546,997
従業員数〔外、平均臨時雇用者数〕	(名)	―〔―〕	―〔―〕	―〔―〕	156〔2〕	193〔3〕

(注) 1　売上高には、消費税等は含まれておりません。

(略)

(2) 提出会社の経営指標等

回次		第11期	第12期	第13期	第14期	第15期
決算年月		平成17年3月	平成18年3月	平成19年3月	平成20年3月	平成21年3月
売上高	(千円)	3,138,985	4,825,416	7,053,976	9,496,817	11,855,960
経常利益	(千円)	83,188	776,099	1,129,130	1,288,123	2,011,001
当期純利益又は当期純損失(△)	(千円)	△2,435	519,097	697,082	793,084	523,585
資本金	(千円)	3,066,900	3,066,900	5,062,125	5,115,125	6,009,533
発行済株式総数 普通株式	(株)	66,100	66,100	98,200	155,4552	16,982,000
A種優先株式	(株)	31,542	31,542	31,542	―	―
B種優先株式	(株)	5,710	5,710	5,710	―	―
純資産額	(千円)	5,430,567	5,949,665	10,654,321	11,556,132	13,879,107
純資産額	(千円)	11,231,023	11,528,588	20,342,243	22,972,328	29,261,191
1株当たり純資産額	(円)	52,544.39	57,567.01	78,575.42	74,217.65	815.55
1株当たり配当額	(円)	―	―	―	―	―
1株当たり		△26.26	5,022.62	6,102.38	5,627.83	31.93

当期純利益金額又は当期純損失金額（△）	（円）					
潜在株式調整後1株当たり当期純利益金額	（円）	—	—	—	—	—
自己資本比率	（％）	48.4	51.6	52.3	50.2	47.3
自己資本利益率	（％）	—	9.1	8.4	7.2	4.1
株価収益率	（倍）	—	—	—	—	—
配当性向	（％）	—	—	—	—	—
従業員数〔外、平均臨時雇用者数〕	（名）	61〔0〕	95〔3〕	122〔1〕	143〔2〕	177〔3〕

（注）1　売上高には、消費税等は含まれておりません。

　当期純利益は、平成17年3月期では約2百万円程度の赤字であったものの、平成18年3月期以降は、概ね5億円から8億円の間で推移している状況であった。

　キャッシュ・フローの状況については、「（1）連結経営指標等」を参照すると、営業ＣＦは、平成20年3月期及び平成21年3月期とも40億円近いマイナスとなっている。これに対して財務ＣＦは平成20年3月期及び平成21年3月期とも大幅なプラスとなっているが、上場直前期である平成21年3月期においては、約48億円もの多額のプラスとなっている状況であった。なお、投資ＣＦに関しては、特に指摘すべき状況はなかった。

　次にエフオーアイのキャッシュ・フローの状況を把握するために、エフオーアイの平成20年3月期及び平成21年3月期の連結キャッシュ・フロー計算書を確認する（エフオーアイー図2）。

　エフオーアイの連結キャッシュ・フロー計算書をみると、営業ＣＦのマイナスの主な原因は、「売上債権の増減額（△は増加）」であり、平成20年3月は47億8,341万円のマイナス、平成21年3月期は46億8,590万円のマイナスであった。

　そして、財務ＣＦのプラスの主な原因は、平成20年3月期においては、「長期借入れによる収入」であり、金額は31億円のプラス、平成21年3月期においては、「短期借入金の純増減額（△は減少）」の31億2,600万円のプラス、「長期借入れによる収入」の15億円のプラス及び「株式の発行による収入」の17億5,607万円のプラスであった。

　ここで、さらに営業ＣＦのマイナスの主たる要因であった「売上債権」についてエフオーアイの連結貸借対照表で確認する（エフオーアイー図3）。

エフオーアイ－図2　株式会社エフオーアイ「有価証券届出書」

④【連結キャッシュ・フロー計算書】　　　　　　　　　　　　　　　　（単位：千円）

	前連結会計年度 (自　平成19年4月1日 至　平成20年3月31日)	当連結会計年度 (自　平成20年4月1日 至　平成21年3月31日)
営業活動によるキャッシュ・フロー		
税金等調整前当期純利益	1,323,055	1,436,644
減価償却費	166,618	111,607
引当金の増減額（△は減少）	65,701	601,508
受取利息及び受取配当金	△4,545	△3,661
支払利息	232,784	341,325
為替差損益（△は益）	14,451	△301
固定資産除売却損益（△は益）	5,456	―
売上債権の増減額（△は増加）	△4,783,417	△4,685,902
たな卸資産の増減額（△は増加）	△794,547	△744,814
仕入債務の増減額（△は減少）	108,465	△61,078
その他	715,311	236,261
小計	△2,950,665	△2,768,411
利息及び配当金の受取額	4,498	3,463
利息の支払額	△221,333	△328,599
法人税等の支払額	△828,270	△457,109
営業活動によるキャッシュ・フロー	△3,995,770	△3,550,656
投資活動によるキャッシュ・フロー		
定期預金の預入による支出	△34,591	△83,859
有形固定資産の取得による支出	△13,311	△9,583
貸付けによる支出	△3,793	△4,879
貸付金の回収による収入	5,107	5,393
その他	△12,087	1,322
投資活動によるキャッシュ・フロー	△58,676	△91,606
財務活動によるキャッシュ・フロー		
短期借入金の純増減額（△は減少）	△1,752,000	3,126,000
長期借入れによる収入	3,100,000	1,500,000
長期借入金の返済による支出	△246,475	△1,411,960
社債の発行による収入	479,960	―
社債の償還による支出	△50,000	△100,000
株式の発行による収入	100,000	1,756,071
その他	―	△1,231
財務活動によるキャッシュ・フロー	1,631,485	4,868,879
現金及び現金同等物に係る換算差額	△20,534	△5,367
現金及び現金同等物の増減額（△は減少）	△2,443,497	1,221,249
現金及び現金同等物の期首残高	3,769,245	1,325,748
現金及び現金同等物の期末残高	1,325,748	2,546,997

エフオーアイ―図3　株式会社エフオーアイ「有価証券届出書」

1　【連結財務諸表等】
　(1)　【連結財務諸表】
　　①　【連結貸借対照表】

(単位：千円)

	前連結会計年度 (平成20年3月31日)	当連結会計年度 (平成21年3月31日)
資産の部		
流動資産		
現金及び預金	※1　1,360,111	※1　2,661,860
売掛金	18,211,895	22,895,952
仕掛品	2,580,948	3,325,763
繰延税金資産	119,775	165,481
その他	165,464	363,371
貸倒引当金	―	△579,500
流動資産合計	22,438,195	28,832,928
固定資産		
有形固定資産		
建物及び構築物	85,272	89,684
減価償却累計額	△30,055	△39,721
建物及び構築物（純額）	55,216	49,962
機械装置及び運搬具	600,052	600,883
減価償却累計額	△369,872	△454,804
機械装置及び運搬具（純額）	230,180	146,079
その他	160,455	168,977
減価償却累計額	△137,993	△144,193
その他（純額）	22,461	24,783
有形固定資産合計	307,858	220,826
無形固定資産		
ソフトウエア	17,301	11,444
その他	178	1,858
無形固定資産合計	17,480	13,302
投資その他の資産		
長期前払費用	9,135	3,552
繰延税金資産	27,358	16,062
その他	96,079	91,157
投資その他の資産合計	132,572	110,772
固定資産合計	457,912	344,900
資産合計	22,896,107	29,177,829

エフオーアイの連結貸借対照表をみると、「売掛金」が総資産の約78.5％（＝22,895,952千円÷29,177,829千円）（平成21年3月期）を占めており、売掛金がエフオーアイにおける主な資産であることがわかる。

　なお、平成21年3月期の売掛金残高228億9,595万円は、当該期における売上高（連結）118億5,596万円の倍近い金額となっている（エフオーアイー図1）。

　また、売掛金以外のその他の主な資産としては、「仕掛品」が33億2,576万円と金額的に多額に計上されていることがわかる。

　以上のことから、エフオーアイの連結財務諸表からは、いわゆる資金循環取引の三徴候も認められるところであるが、売掛金が極めて多額に計上されていること、「仕掛品」も比較的多額に計上されていること及び多額の資金調達を行っている状況等から「架空売上の計上（仮装取引を伴うもの－資金循環取引以外）」を手口とする不正会計の可能性が考えられることとなる。

　資金循環取引の場合には、仮装取引に係る原資を支出する際の名目に用いられた資産が多額に計上されることに特徴がある。そして、当該資産の多くは、棚卸資産やソフトウェア等の費用性資産となる。これに対して、エフオーアイの場合は、貨幣性資産である売掛金が極めて多額に計上されていることから、基本的には、架空売上を計上したものの当該架空売上に係る売掛金（架空）の回収が行われていないことから、単なる伝票処理だけによる架空売上の疑義が生じるところである。しかし、エフオーアイが上場に係る主幹事証券会社等による引受審査及び証券取引所による上場審査を経て上場していることから、当該売掛金に係る回収実績を装った可能性が高く、この結果、棚卸資産も多額に計上されているものと思料される状況である。ゆえに「架空売上の計上（仮装取引を伴うもの－資金循環取引以外）」を手口とする不正会計の可能性が考えられることとなる。

　なお、当該兆候については、エフオーアイの有価証券届出書に掲載されている【提出会社及び連動子会社の最近の財務諸表】を確認すると（エフオーアイー図4）、平成17年3月期から売掛金及び仕掛品とも多額に計上されており、平成17年3月期頃から不正会計が行われていた可能性が考えられる状況となっている。

エフオーアイ図4　株式会社エフオーアイ「有価証券届出書」

1 【貸借対照表】

区分	注記番号	第11期（平成17年3月31日）		第12期（平成18年3月31日）		第13期（平成19年3月31日）	
		金額（千円）	構成比（％）	金額（千円）	構成比（％）	金額（千円）	構成比（％）
（資産の部）							
1　流動資産							
1　現金及び預金	※3	3,393,869		855,272		3,746,699	
2　売掛金	※5	4,630,727		7,787,691		13,430,261	
3　製品		200,535		―		―	
4　仕掛品		2,288,485		1,524,005		1,786,401	
5　前払費用		128,017		110,209		74,252	
6　繰延税金		223,652		76,208		98,509	
7　その他		26,232		52,188		79,747	
流動資産合計		10,891,519	97.0	10,405,576	90.3	19,215,872	94.5

B　売掛金について

　エフオーアイの重要な資産である売掛金について、さらに詳細を把握する。

　エフオーアイの貸借対照表（単体）をみると、売掛金の計上額は、228億9,595万円であり、連結貸借対照表の売掛金の計上額と一致しており、エフオーアイの売掛金は単体で計上されているものと思料される状況であった（**エフオーアイ図5**）。

　さらに、エフオーアイの損益計算書（単体）を確認すると、平成21年3月期の売上高は、118億5,596万円であり、当該期の売上高の倍近い売掛金が残高として計上されていたことがわかる（**エフオーアイ図6**）。

　このことは、全体として売掛金が2年近く回収されていないことを意味する。

　そこで、エフオーアイの売掛金に係る滞留期間をエフオーアイの有価証券届出書に掲載されている【主な資産及び負債の内容】の「ｂ売掛金」で確認すると、売掛金の滞留期間は、633日となっており、概ね2年近く滞留していることがわかる（**エフオーアイ図7**）。

　なお、2年近い売掛金の滞留期間は、一般的には、極めて長期であり、異常ともいえる状況である。

　売掛金の滞留期間が長期間となっていることについて、エフオーアイの有価証券届出書に掲載される【事業等のリスク】において、以下のように記載されている（**エフオーアイ図8**）。

エフオーアイー図5　株式会社エフオーアイ「有価証券届出書」

2 【財務諸表等】
　(1) 【財務諸表】
　　② 【貸借対照表】

(単位：千円)

	前事業年度 （平成20年3月31日）	当事業年度 （平成21年3月31日）
資産の部		
流動資産		
現金及び預金	1,328,194	2,630,336
売掛金	18,211,895	22,895,952
仕掛品	2,580,948	3,325,763
前払費用	64,800	88,781
繰延税金資産	118,713	164,453
その他	99,738	273,601
貸倒引当金	―	△579,500
流動資産合計	22,404,289	28,799,388
固定資産		
有形固定資産		
建物	80,697	86,101
減価償却累計額	△25,992	△36,350
建物（純額）	54,705	49,751

エフオーアイー図6　株式会社エフオーアイ「有価証券届出書」

② 【連結損益計算書】

(単位：千円)

	前連結会計年度 (自　平成19年4月1日 至　平成20年3月31日)	当前連結会計年度 (自　平成20年4月1日 至　平成21年3月31日)
売上高	9,496,817	11,855,960
売上原価	5,522,466	7,015,515
売上総利益	3,974,350	4,840,444
販売費及び一般管理費	※2※3 2,163,959	※2※3 2,365,728
営業利益	1,810,391	2,474,715
営業外収益		
受取利息	4,545	3,661
為替差益	—	43,098
還付加算金	1,161	1,237
その他	1,004	4,118
営業外収益合計	6,711	52,116
営業外費用		
支払利息	232,784	341,325
資金調達費用	233,831	133,693
社債発行費	20,039	—
その他	33,195	35,668
営業外費用合計	519,850	510,687
経常利益	1,297,251	2,016,144
特別利益		
流動化債権回収手数料	31,260	—
特別利益合計	31,260	—
特別損失		
固定資産除却額	※4 5,456	—
貸倒引当金繰入額	—	579,500
特別損失合計	5,456	579,500
税金等調整前当期純利益	1,323,055	1,436,644
法人税、住民税及び事業税	552,121	942,148
法人税等調整額	△35,670	△35,575
法人税等合計	516,450	906,573
当期純利益	806,605	530,071

エフオーアイ―図7　株式会社エフオーアイ「有価証券届出書」

(2) 【主な資産及び負債の内容】（平成21年3月31日現在）
① 資産の部
　a　現金及び預金

区分	金額（千円）
現金	685

(略)

　b　売掛金
　　イ　相手先別内訳

相手先	金額（千円）
Rexchip Electronics Corp	4,455,000
Nanya Technology Corporation	3,910,000
Semiconductor Manufacturing International Corporation	3,170,983
Taiwan Semiconductor Manufacturing Company	2,940,000
Powerchip Semiconductor Corp.	2,319,600
その他	6,100,369
計	22,895,952

　　ロ　売掛金の発生及び回収並びに滞留状況

前期繰越高（千円）(A)	当期発生高（千円）(B)	当期回収高（千円）(C)	次期繰越高（千円）(D)	回収率（％） $\dfrac{(C)}{(A)+(B)}\times 100$	滞留期間（日） $\dfrac{\dfrac{(A)+(D)}{2}}{\dfrac{(B)}{365}}$
18,211,895	11,856,164	7,172,107	22,895,952	23.9	633

（注）　消費税等の会計処理は税抜方式を採用しておりますが、上記金額には消費税等が含まれております。

エフオーアイ―図8　株式会社エフオーアイ「有価証券届出書」

4【事業等のリスク】

　本書に記載した事業の状況、経理の状況等に関する事項のうち、投資者の判断に重要な影響を及ぼす可能性のある事項には、以下のようなものがあります。

　また、必ずしも上記のリスク要因に該当しない事項についても、投資者の投資判断上重要であると考えられる事項については、投資者に対する積極的な情報開示の観点から開示しておりますが、以下の記載事項は、当社株式への投資に関連するリスクを全て網羅するものではありません。

　また、当該グループは、これらのリスク発生の可能性を認識した上で、リスク発生の回避に努め、また、発生したリスクに可能な限り対処する方針でありますが、当社株式に対する投資判断は、以下の記載事項及び本書中の本項以外の記載内容を慎重に検討した上で行われる必要があります。

　なお、文中の将来に関する事項は、本書提出日（平成21年10月16日）現在において、当社グループが判断したものであります。

(1)　半導体業界の特徴とその影響

(略)

(3)　財務に関するリスク

①売掛金回収期間の長期化

　当社グループが販売する製品は、設置される顧客の生産ラインにより「初号機」と「リピート機」に分類できます。「初号機」は新設量産ライン向けの製品販売であり、当初、良品歩留率が数％からスタートし、目標歩留率を確保するまでのプロセス・インテグレーション期間が長期化することが一般的であります。また、「初号機」を販売する際の売掛金回収は、技術検収完了後の回収が標準であるため、設置完了基準による売上計上から売掛金回収まで概ね1年6ヶ月から2年6ヶ月の期間を要する傾向があります。これに対して、「リピート機」を販売する際の売掛金回収は、一般的に、出荷後60日程度で70～80％の売掛金回収が可能となり、売上計上から売掛金全額の回収が6ヶ月程度で完了する傾向があります。

　当社グループは、独自の技術による製品を開発し、自社製品の販売を開始してからの期間も比較的短く、売上高の大半が「初号機」であるため、売掛金回収期間は次の表のとおり長期となっており、売掛金額が売上高に比べて多額であります。（「初号機」比率、「リピート機」比率は、当期における当社製品売上合計に対する各金額の割合を記載しております。）

回次	第11期	第12期	第13期	第14期	第15期
決算年月	平成17年3月期	平成18年3月期	平成19年3月期	平成20年3月期	平成21年3月期
売上高（千円）	3,138,985	4,825,416	7,053,976	9,496,817	11,855,960
期末売掛金額（千円）	4,630,727	7,787,691	13,430,261	18,211,895	22,895,952
売掛金回収期間（年）	1.5	1.6	1.9	1.9	1.9
「初号機」比率（％）	100.0	95.1	90.0	70.9	60.4
「リピート機」比率（％）	―	4.9	10.0	29.1	39.6

(注)　1　平成17年3月期、平成18年3月期及び平成19年3月期の財務諸表につきましては、監査を受けておりません。

　　　2　平成20年3月期及び平成21年3月期については連結財務諸表に基づき記載しており、平成17年3月期、平成18年3月期及び平成19年3月期については提出会社の財務諸表に基づき記載しております。

　今後については、「初号機」販売に係る売掛債権の回収を進めるとともに、過去に「初号機」販売を行った顧客への「リピート機」販売を進めることにより、売掛金回収期間の短縮化に取り組んで参ります。

> しかし、今後も市況悪化が継続し、顧客の財政状態が著しく悪化するなど当初想定していたとおりに「初号機」販売に係る売掛債権の回収が進まない場合や「リピート機」販売比率が向上しない場合、又は、半導体加工技術の微細化が進むことにより、プロセス・インテグレーション期間が想定以上に長期化した場合には、当社グループの運転資金が減少する等、当社グループの財政状態及び経営成績に影響を及ぼす可能性があります。

　ここでは、「①売掛金回収期間の長期化」として、「新設量産ライン向けの製品販売であり、当初、良品歩留率が数％からスタートし、目標歩留率を確保するまでのプロセス・インテグレーション期間が長期化することが一般的」である「初号期」の売掛金回収が、「技術検収完了後の回収が標準」であり、「設置完了基準による売上計上から売掛金回収まで概ね1年6か月から2年6か月の期間を要する傾向」にあるためとしている。

　ここで、エフオーアイの収益計上基準が、「設置完了基準」を採用していることがわかる。当該基準の詳細については不明であるものの、当該基準は、エフオーアイが得意先の工場等において、エフオーアイの製品である半導体製造装置を設置した時点をもって収益を計上する基準であると推察される。

　しかし、一方で当該売上取引に係る対価である売掛金は、得意先の工場での設置から約1年6か月から2年6か月後の技術検収完了後であるとする。

　なお、当該技術検収に長期間を要する理由として、エフオーアイの有価証券届出書に掲載される【事業の内容】において、以下のとおり説明している（エフオーアイ図9）。

エフオーアイー図9　株式会社エフオーアイ「有価証券届出書」

3 【事業の内容】
　当社グループは、当社及び連結子会社3社（東來科技股?　有限公司、FOI KOREA CORPORATION、FOI TECHNOLOGIES CORPORATION）の計4社で構成され、半導体（※1）製造装置の要素技術の研究開発・製品開発・製造・販売を主たる事業としております。
　当社は、平成6年10月、プラズマ技術（※2）を応用した装置の研究開発を目的に設立いたしました。平成8年に300mmシリコンウェハ（※3）用絶縁膜エッチング（※4）装置及び装置に搭載するプラズマ源（※5）等の設計概要を確立し、平成9年から3年間にわたる株式会社神戸製鋼所との共同開発により、プラズマ要素技術の開発、複数の試作機開発、製品開発を行いました。しかし、平成12年3月に株式会社神戸製鋼所が当該共同開発を含む半導体事業全般から撤退したため、当該共同開発に関連して共同で保有していた特許は、名義変更を経て当社単独保有となりました。共同開発契約を解消した後、当社単独で当該開発を継続し、平成12年12月、初の当社製品となる300mmシリコンウェハ用絶縁膜エッチング装置の製品開発を完了し、販売を開始いたしました。

（略）
(3)　当社グループ製品の販売プロセスについて
①半導本デバイスメーカーの設備投資行動との関連について
　当社グループの事業は、半導体デバイスメーカーの設備投資と密接な関係があります。半導体製造は新規生産ラインの建設から各工程への装置導入、初期製造を経て、コンピュータ、通信機器等の一般消費者向けエレクトロニクス製品に搭載される半導体製品を製造・出荷するまでに、数年の期間を要する傾向があります。当社グループの顧客である半導体デバイスメーカーは、過去数年間に新設した生産ラインを増設する投資を行う一方、従来の工程に比べてより集積度の高い半導体製品の製造を目的に、先端の微細加工処理を施す新規生産ラインへの設備投資を行います。また、半導体デバイスメーカーは、新規生産ラインにおいて生産した半導体製品の良品歩留率（※30）が、計画した目標を達成するまでに、一定の期間（プロセス・インテグレーション（※31）期間といい、概ね1年6ヶ月から2年6ヶ月程度と考えられます。）を要するため、数年間に分けて段階的に生産ラインを増設します。
　半導体デバイスメーカーの標準的な設備投資は、上記のように実行され、それに対応して当社グループの製造装置の販売を行います。また、当社グループでは半導体デバイスメーカーの「新規生産ライン」向け製品（以下、「初号機」という。）の場合と、「目標良品歩留率達成後の増設生産ライン」向け製品（以下、「リピート機」という。）の場合とでは、製品の売掛金回収までの期間に大きな相違があるため、両者を区別して記載しております。
②「初号機」
　「初号機」は、半導体デバイスメーカーの新規生産ライン向けの製品であるため、販売後にプロセス・インテグレーション期間を要します。そのため、顧客は工程に必要最低限の製品を導入し、少量の製造・出荷を行いながら良品歩留率の向上を行います。
　当社の製品は、顧客の生産ラインへの設置をもって売上計上を行いますが、「初号機」の売掛金回収条件は、一般的に、技術検収（※32）完了後（概ねプロセス・インテグレーション期間完了と同時期）の回収となっており、売上計上から売掛金回収までの期間はプロセス・インテグレーション期間と同程度（概ね1年6ヶ月から2年6ヶ月）の期間を要します。

③「リピート機」
　「リピート機」は、プロセス・インテグレーション期間終了後の増設生産ライン向けの製品であり、「初号機」と同仕様の製品であります。「リピート機」は、既に目標歩留まりを達成しているため、プロセス・インテグレーション期間がなく、売掛金回収条件は、一般的に、出荷後60日程度で70〜80％の売掛金回収が可能となり、売上計上から売掛金金額の回収が6ヶ月程度で完了する傾向があります。
　下の図は、「初号機」と「リピート機」の売上計上から売掛金回収期間の相違を表したものであ

ります。当社は、現在「初号機」販売比率が高く（平成21年3月期60.4％）、売掛金回収期間が長くなっております（平成21年3月期1.9年）。

販売プロセス
(1) 「初号機」

売上計上～売掛金回収　1年6ヶ月～2年6ヶ月

| 出荷・設置（売上計上） | プロセス・インテグレーション期間 | 売掛金回収 |

(2) 「リピート機」

6ヶ月

| 出荷・設置（売上計上） | 売掛金回収 |

出所：当社作成

　ここでは、「初号機」は、「半導体デバイスメーカーの新規生産ライン向けの製品であるため、販売後にプロセス・インテグレーション期間を要します。そのため、顧客は工程に必要最低限度の製品を導入し、少量の製造・出荷を行いながら良品歩留率の向上を行います。当社の製品は、顧客ラインへの設置をもって売上計上を行いますが、「初号機」の売掛金回収条件は、一般的に、技術検収完了後（概ねプロセス・インテグレーション期間完了と同時期）の回収となっており、売上計上から売掛金回収までの期間はプロセス・インテグレーション期間と同程度（概ね1年6か月から2年6か月）の期間を要します」とする。

　したがって、売掛金の回収期間が長期化するのは、売掛金の回収条件が技術検収完了後であるためであり、エフオーアイの収益計上基準（設置完了基準）の妥当性に疑義が生じるところである。収益の計上基準は、実現主義に基づき①財貨又は役務の提供と②対価の受け取りがその実現要件となる。エフオーアイにおける設置完了基準の場合、未だ技術検収が完了していない時点では、売掛金の回収が行われないことから、②対価の受け取りに関して疑義が生じることとなる。

なお、このことからも、当該売上取引が架空であり、ゆえに売掛金も架空債権であるところ、長期間にわたって回収がされない理由として、このような説明をすることにより、引当金の計上の回避及び不正会計発覚の回避を意図しているものと想定されるところである。
　C　「仕掛品」について
　次に、エフオーアイの資産のうち、売掛金に次いで重要性の高い「仕掛品」について確認する（エフオーアイ図10）。
　エフオーアイの有価証券届出書に掲載される【主な資産及び負債の内容】に記載されている「ｃ　仕掛品」をみると、エフオーアイの製品である半導体製造装置に係る仕掛品であることがわかる（エフオーアイ－図10）。
　さらに、当該仕掛品に係る原価構成をエフオーアイの損益計算書（単体）に添付される製造原価明細書をみると、「材料費」が主な原価であることがわかる（エフオーアイ－図11）。
　以上のことから、エフオーアイの「仕掛品」は、主に「材料費」で構成されるものであることがわかる。
　なお、エフオーアイについては、売掛金の残高が売上高の２倍程度とその他の上場会社等の売掛金と比較して極めて異常な残高となっている。それにもかかわらず、エフオーアイは、東京証券取引所マザーズ市場に上場している。一般的な株式公開に係る主幹事証券会社による引受審査や証券取引所による上場審査等を想定した場合、当該売掛金が架空ないしは回収不能でないことを確認するために、その回収実績を確認していたと想定されるところである。
　したがって、エフオーアイにおける売掛金の計上に関する状況は、多額かつ滞留期間が長期となっていることから、架空売上である可能性が極めて高いのであるが、引受審査等において売掛金の回収実績の確認が行われていたことを想定すると、当該回収実績を仮装するための資金取引を伴う仮装取引が行われている可能性が極めて高いと考えられ、当該仮装取引に係る原資を「材料費」に係る買掛債務の支払い名目で支出したと思料される状況であり、架空原価である当該材料費等を「仕掛品」として資産に付け替えたものと考えられることから、当該仕掛品は、架空資産である可能性が高いと考えられる。

エフオーアイ－図10　株式会社エフオーアイ「有価証券届出書」

(2)【主な資産及び負債の内容】(平成21年3月31日現在)
　①　資産の部
　　a　現金及び預金

区分	金額（千円）
現金	685

(略)

　　c　仕掛品

区分	金額（千円）
エッチング装置	1,743,358
アッシング装置	1,292,153
その他	290,250
計	3,325,763

エフオーアイ－図11　株式会社エフオーアイ「有価証券届出書」

【製造原価明細書】

区分	注記番号	前事業年度 (自　平成19年4月1日 至　平成20年3月31日)		当事業年度 (自　平成20年4月1日 至　平成21年3月31日)	
		金額（千円）	構成比（%）	金額（千円）	構成比（%）
Ⅰ　材料費		5,955,352	91.0	7,359,193	93.2
Ⅱ　労務費		290,144	4.4	277,256	3.5
Ⅲ　経費	※1	302,514	4.6	262,191	3.3
当期総製造費用		6,548,011	100.0	7,898,642	100.0
仕掛品期首たな卸高		1,786,401		2,580,948	
合計		8,334,412		10,479,591	
仕掛品期末たな卸高		2,580,948		3,325,763	
他勘定振替高	※2	407,752		399,255	
当期製品製造原価		5,345,711		6,754,572	

D　資金調達について

エフオーアイのキャッシュ・フローの状況は、営業ＣＦが多額のマイナスであったのに対し、財務ＣＦが多額のプラスとなっている状況であった。

ここでは、エフオーアイの財務ＣＦに係る資金調達の状況について確認する。

・増資について

エフオーアイの上場直前期である平成20年3月期の連結貸借対照表をみると、純資産の部に係る純資産合計が、137億9,759万円であり、その主な内訳は、株主資本の137億8,640万円であり、上場前にすでに多額の資金調達を行っていたことがわかる（エフオーアイ－図12）。

エフオーアイの新株等の発行状況に関して、エフオーアイの有価証券届出書に掲載される【株式等の状況】の【発行済株式総数、資本金等の推移】で確認すると、ベンチャーキャピタルを割当先とする第三者割当増資を行っていたことがわかる（エフオーアイ－図13）。

また、当該記載内容から、エフオーアイにおいては、平成18年12月時点ですでに100億円を超す資本金を調達していたことも確認できる。

ここで、さらにエフオーアイの有価証券届出書に掲載される【株式公開情報】の【株主の状況】から、エフオーアイの有価証券届出書提出日現在での大株主の状況を確認すると、以下のとおりであった（エフオーアイ－図14）。

この大株主の状況からも、エフオーアイの新株等の発行による資金調達の多くは、ベンチャーキャピタルから行っており、このような上場前の早い時期でのベンチャーキャピタル等からの多額の資金調達が、上場へのプレッシャーとなり、不正会計を行った動機であった可能性が想定できる。

エフオーアイー図12　株式会社エフオーアイ「有価証券届出書」

1 【連結財務諸表等】
　(1) 【連結財務諸表】
　　① 【連結貸借対照表】

(単位：千円)

	前連結会計年度 (平成20年3月31日)	当連結会計年度 (平成21年3月31日)
資産の部		
流動資産		
現金及び預金	1,360,111	2,661,860
(略)		

	前連結会計年度 (平成20年3月31日)	当連結会計年度 (平成21年3月31日)
負債の部		
流動負債		
買掛金	660,530	599,374
短期借入金	※2,※3 6,859,760	※2,※3 9,616,730
リース債務	—	2,177
未払法人税等	361,741	859,999
賞与引当金	50,307	48,901
製品保証引当金	154,000	176,500
その他	485,717	871,164
流動負債合計	8,572,055	12,174,846
固定負債		
社債	570,000	470,000
長期借入金	※4 2,267,240	※4 2,724,310
リース債務	—	7,956
その他	3,398	3,120
固定負債合計	2,840,638	3,205,386
負債合計	11,412,694	15,380,233
純資産の部		
株主資本		
資本金	5,115,125	6,009,533
資本剰余金	5,060,625	5,955,033
利益剰余金	1,291,768	1,821,839
株主資本合計	11,467,518	13,786,405
評価・換算差額等		
為替換算調整勘定	△2,955	△18,233
評価・換算差額等合計	△2,955	△18,233
新株予約権	18,849	29,423
純資産合計	11,483,413	13,797,596
負債純資産合計	22,896,107	29,177,829

エフオーアイー図13　株式会社エフオーアイ「有価証券届出書」

第4　【提出会社の状況】
1　【株式等の状況】
　(1)　【株式の総数等】
　　　①　【株式の総数】
（略）
　(4)　【発行済株式総数、資本金等の推移】

年月日	発行済株式総数増減数（株）	発行済株式総数残高（株）	資本金増減額（千円）	資本金残高（千円）	資本準備金増減高（千円）	資本準備金残高（千円）
平成18年12月1日（注）	32,100	135,452	1,998,225	5,065,125	1,998,225	5,009,625
平成19年12月19日（注2、3）	13,500	148,952	33,750	5,098,875	34,425	5,044,050
平成20年1月30日（注3、4）	6,500	155,452	16,250	5,115,125	16,575	5,060,625
平成20年2月1日（注5）	―	155,452	―	5,115,125	―	5,060,625
平成20年8月29日（注6）	14,368	169,820	894,408	6,009,533	894,408	5,955,033
平成21年11月27日（注7）	16,812,180	16,982,000	―	6,009,533	―	5,955,033
平成21年6月26日（注8）	689,300	17,671,300	191,625	6,201,158	190,936	6,145,969
平成21年7月10日（注9）	1,659,000	19,330,300	461,202	6,662,360	459,543	6,605,512
平成21年7月21日（注10）	663,000	19,993,300	184,314	6,846,674	183,651	6,789,163

（注）　1　有償第三者割当：発行株数　普通株式32,100株、発行価格124,500円、資本組入額62,250円
　　　　　主な割当先　モルガン・スタンレー証券株式会社、アント・リード1号投資事業有限責任組合、他22名
　　　2　平成19年12月19日に、新株引受権の行使により、発行済株式総数が13,500株、資本金が33,750千円、資本準備金34,425千円増加しております。
　　　　　行使者：■■■　発行価格：67,500千円　資本組入額：33,750千円
　　　3　新株引受権の行使（平成19年4月1日から平成20年3月31日までの間）により、発行済株式総数が20,000株、資本金が50,000千円、資本準備金が51,000千円増加しております。
　　　4　平成20年1月30日に、新株引受権の行使により、発行済株式総数が6,500株、資本金が16,250千円、資本準備金が16,575千円増加しております。
　　　　　行使者：インベスターインベストメントエフオーアイビーヴィ、他6名　発行価格：32,500千円　資本組入額：16,250千円
　　　5　A優先株式31,542株、B優先株式5,710株は、1：1の割合で全て普通株式に転換されております。
　　　6　有償第三者割当：発行株数　普通株式14,368株、発行価格124,500円、資本組入額62,250円

	主な割当先　イープラネットヴェンチャーズツーエルピー、インベスターインベストメントエフオーアイビーヴィ、他8名　　7　平成20年10月14日開催の取締役会決議により、平成20年11月27日付で1株を100株に株式分割しております。
8	有償第三者割当：発行株数　普通株式689,300株、発行価格555円、資本組入額278円 主な割当先　株式会社カタリスタ、イープラネットヴェンチャーズツーエルピー、新日本実業株式会社、他2名
9	有償第三者割当：発行株数　普通株式1,659,000株、発行価格555円、資本組入額278円 主な割当先　安田企業投資4号投資事業有限責任組合、ミレニア二千投資事業有限責任組合、他14名
10	有償第三者割当：発行株数　普通株式663,000株、発行価格555円、資本組入額278円 主な割当先　インベスターインベストメントエフオーアイビーヴィ、他2名

エフオーアイー図14　株式会社エフオーアイ「有価証券届出書」

第3　【株主の状況】

氏名又は名称	住所	所有株式数（株）	株式総数に対する所有株式数の割合(%)
インベスターインベストメントエフオーアイビーヴィ※1	WTC SCHIPHOL, H-TOWER 4TH FLOOR, SCHIPHOL BOULEVARD 353, 118BJ SCHIPHOL, THE NETHERLANDS	3,465,300	15.90
■■■※1、2	神奈川県横浜市緑区	2,264,000 (504,000)	10.39 (2.31)
アクアリムコ18号投資事業有限責任組合※1	東京都港区西新橋1-5-8	1,175,000	5.39
ミレニア二千投資事業有限責任組合	東京都千代田区丸の内1-9-1	959,800	4.40
モルガン・スタンレー証券株式会社※1、6	東京都渋谷区恵比寿4-20-3	810,000	3.72
TSUNAMI2000-1号投資事業組合※1	神奈川県横浜市港北区新横浜3-6-1	770,000	3.53
イープラネットヴェンチャーズツーエルピー※1	Walker House, 87 Mary Street, George Town, Grand Cayman, KY1-9002, Cayman Islands	582,000	2.67
MVCグローバルジャパンファンドⅡ投資事業組合※1	東京都千代田区大手町1-8-1	517,800	2.38
ヤマトダマシイファンド※1	東京都中央区日本橋2-2-6	420,000	1.93
アント・リード1号投資事業有限責任組合※1	東京都千代田区丸の内1-2-1	400,000	1.84
NTTファイナンス株式会社	東京都港区芝浦1-2-1	370,000	1.70
安田企業投資4号投資事業有限責任組合	東京都千代田区麹町4-2-7	370,000	1.70

■※3	神奈川県横浜市青葉区	360,000 (360,000)	1.65 (1.65)
ワークス投資事業有限責任組合	東京都千代田区丸の内1-9-1	348,500	1.60
新日本実業株式会社	東京都中央区銀座6-6-5	331,200	1.52
みずほ証券株式会社※6	東京都千代田区大手町1-5-1	261,100	1.20
MSIVC2008V投資事業有限責任組合	東京都中央区八重洲2-2-10	260,000	1.19
株式会社カタリスタ	東京都中央区2-12-4	255,000	1.17
■※4	東京都町田市	250,000 (240,000)	1.15 (1.10)
SBIブロードバンドファンド1号投資事業有限責任組合	東京都港区六本木1-6-1	249,000	1.14

・借入金について

　エフオーアイの上場直前期である平成20年3月期の連結貸借対照表をみると、負債の部に、

　　短期借入金　　　96億1,673万円
　　長期借入金　　　27億2,431万円

が計上されており、平成20年3月期末時点において合計で約123億円を超す資金調達を行っていたことがわかる（**エフオーアイー図12**）。

先ほどの増資と合わせると、エフオーアイは、上場前にすでに250億円近い資金調達を行っていたこととなる。

　エフオーアイにおいては、資金取引を伴う仮装取引を行っていた可能性も考えられることから、これらの資金の一部は、仮装取引に係る原資として用いられていたと思料されるが、エフオーアイの平成21年3月期の連結貸借対照表上、仮装取引の結果としての多額の資産計上が仕掛品の約33億円以外見受けられない。エフオーアイの主な資産は売掛金であり、その計上額も約228億円と多額となっているが、当該売掛金は、貨幣性資産であり、資金の支出に伴い計上された資産ではないことから、当該調達資金の使途先とは考えにくい。

　このような観点から、エフオーアイの連結損計算書を確認すると、当該連結損益計算書に計上されている売上原価は、

　　平成20年3月期　　　55億2,246万円

平成21年3月期　　　70億1,551万円

であったことがわかる（**エフオーアイ図6**）。

　これらの売上原価は、実際原価であった可能性が高いと考えられ、当該調達資金の使途先は、エフオーアイの運転資金であったと思料される状況であった。なぜなら、資金循環取引を手口とする不正会計の場合、損益計算書に計上される売上原価の多くは架空原価である可能性が高いと考えられる。これは、資金循環取引の場合には、売掛金の回収を装うことから、多くの場合、滞留期間に顕著な傾向が認められるほどは滞留せず、売掛金の残高は相対的に多額とはならないが、一方で、仮装取引に係る原資を支出する際の名目に用いた資産が多額に計上されることになるのである。これに対して、エフオーアイの場合には、売掛金の計上額が極めて多額となっていることから、当該売掛金の回収を装った仮装取引の割合は小さく、ゆえに架空原価の計上額も相対的に小さくなることから、エフオーアイの売上原価の多くは実原価であり、ベンチャーキャピタル等からの調達資金は運転資金に費消されていたと考えられるところである。

　すなわち、エフオーアイにおいては、実際に半導体製造装置等の製品を製造するものの、実際の売上取引はないことから、架空売上に対応する原価として計上していたと思料される状況であり、実際の製品等は自社の倉庫等に保管することはできないため、外部倉庫等を利用していた可能性が考えられるところである。

　また、ベンチャーキャピタル等からの調達資金は、多額に計上されている借入金等の返済資金に自転車操業的に充てられていた可能性も考えられるところである。

2　その他
　A　**セグメント情報について**
　　エフオーアイの有価証券届出書に掲載されている【主な資産及び負債の内容】の「b　売掛金」のとおり（**エフオーアイ図7**）、エフオーアイの売掛金の主な相手先は、海外の取引先であると思料される状況であった。
　　ここで、エフオーアイの有価証券届出書に掲載されるセグメント情報を確認

すると海外売上高の割合は、99.9％を占めており、そのほぼすべてが海外の取引先に対する売上高とされていることがわかる（**エフオーアイー図15**）。

B　ビジネスモデルについて

　以上のとおり、エフオーアイは、海外の得意先に対して、半導体製造装置を販売し、収益の計上基準として「設置完了基準」を採用していたが、売掛金の回収は、機械設置後の約１年６か月から２年６か月程度のプロセス・インテグレーション期間を経た技術検収完了後に回収されることから、売掛金の滞留期間は、633日間と、売掛金の回収に約２年程度かかるビジネスモデルであった。

　売掛金の回収に２年程度かかるビジネスモデルは、極めて異常な状態であると考えられる。そもそもドッグイヤーともいわれる技術変化の激しい半導体業界において、２年前に製造した半導体製造装置が本格稼働になるという点でも疑問があるところである。また、２年間という期間は、得意先を取り巻く経済環境も大きく変化し、会社の状況の変化も想定される中、売掛金の回収可能性が急激に変化するリスクも想定されることとなる。しかも、当該得意先は主に海外の得意先であることから、売掛金の回収可能性に疑義が生じた場合の回収手段も国内の得意先と比較した場合に、難しい面があることも想定される。これらは、単に売掛金の回収可能性に疑義が生じた時に貸倒引当金を設定するれば良いという会計技術論的な問題ではなく、そもそも、エフオーアイのビジネスモデルが上場企業として適切なのかどうかという問題である。

　このようなエフオーアイのビジネスモデルの一側面をとらえれば、売掛金の回収に長期間を要するからこそ、その間の資金需要のある新興企業に対して資金提供の機会を与えるのが、新興市場の役割であるとする考え方もあるであろう。しかしながら、一方で、エフオーアイのビジネスモデルは、半導体製造業界において売掛金の回収に２年間を要するということは、それだけ売掛金の毀損リスクが高いビジネスであるということを意味するものである。しかも、エフオーアイの売掛金の計上額は、平成20年３月期において、売上高の２倍にまで膨れ上がっている。また、エフオーアイでは、初号機に関してそのようなリスクがあり、リピート機の売掛金の回収期間は概ね６か月であり、今後、リピート機の割合を増やすとするが（**エフオーアイー図８**）、半導体業界の技術変

エフオーアイー図15　株式会社エフオーアイ「有価証券届出書」

(セグメント情報)
【事業の種類別セグメント情報】
前連結会計年度（自　平成19年4月1日　至　平成20年3月31日）及び当連結会計年度（自　平成20年4月1日　至　平成21年3月31日）

　当社及び連結子会社の事業は、半導体製造装置の開発・製造・販売及びそれに付随・関連する技術サービスを提供する半導体製造装置事業のみであり、当該事業以外に事業の種類がないため記載事項はありません。

【所在地別セグメント情報】
前連結会計年度（自　平成19年4月1日　至　平成20年3月31日）及び当連結会計年度（自　平成20年4月1日　至　平成21年3月31日）

　本邦の売上高及び資産の金額は、全セグメントの売上高の合計及び全セグメントの資産の金額の合計額に占める割合がいずれも90％を超えているため、記載を省略しております。

【海外売上高】
前連結会計年度（自　平成19年4月1日　至　平成20年3月31日）

		台湾	韓国	中国	シンガポール	計
Ⅰ	海外売上高（千円）	8,142,492	103,580	1,250,000	36	9,496,108
Ⅱ	連結売上高（千円）	—	—	—	—	9,496,817
Ⅲ	連結売上高に占める海外売上高の割合(％)	85.7	1.1	13.1	0.0	99.9

(注)　1　国又は地域の区分は、国別によっております。
　　　2　海外売上高は、当社及び連結子会社の本邦以外の国又は地域における売上高であります。

当連結会計年度（自　平成20年4月1日　至　平成21年3月31日）

		台湾	韓国	中国	計
Ⅰ	海外売上高（千円）	9,078,698	200,822	2,572,350	11,851,871
Ⅱ	連結売上高（千円）	—	—	—	11,855,960
Ⅲ	連結売上高に占める海外売上高の割合(％)	76.5	1.7	21.7	99.9

(注)　1　国又は地域の区分は、国別によっております。
　　　2　海外売上高は、当社及び連結子会社の本邦以外の国又は地域における売上高であります。

化の状況を鑑みれば、リピート機が増える割合も一定の限度があるものと想定できるはずである。

このことからもエフオーアイの有価証券届出書からは、そもそもエフオーアイのビジネスモデル自体に疑義があり、実態と財務諸表上の数値の間に違和感がある状況となっている[297]。

(3) 結論としての納得感

以上のことから、エフオーアイの有価証券届出書から、エフオーアイにおいては、平成17年3月期から仮装取引を伴う架空売上の計上を手口とする不正会計を行っていた疑義が生じるところである。

想定される手口は、海外の得意先に対する売上として計上した架空売上に係る売掛金について、長期間未回収となる名目を作るとともに、一部の売掛金に係る回収実績を仮装するために、借入金又はベンチャーキャピタル等を割当先とする増資により調達した資金を原資として、材料費に係る支払債務の決済名目でこれを支出し、その上で、当該資金を売掛金の回収名目で自社に還流させるという方法である。

以下、当該不正会計の兆候に係る事実関係の見極めのための方法について説明する。

1 棚卸資産の実在性について

エフオーアイの有価証券届出書を分析した結果、エフオーアイにおいては、仮装取引を伴う架空売上の計上を手口とする不正会計を行っていた疑いがあること、その結果、当該仮装取引により計上された架空材料費等を「仕掛品」として棚卸資産に付け替えて計上していた疑いがあることが読み取れる。

したがって、実際に不正会計が行われていたか否かについての事実関係の見極めを行う場合には、基本的には、エフオーアイの貸借対照表に計上されている棚卸資産である「仕掛品」の実在性を検証することとなる(**エフオーアイ-図3**)。

---

297 「会社のビジネスモデル自体が、社会性や経済合理性の観点から疑義を感じさせる場合がある。会社の前向きな説明や主要顧客の知名度からくる信頼性について先入観を持ちすぎると、ビジネスモデルの不自然さに気付かないリスクがある」(日本公認会計士協会監査業務審査会「監査提言集」平成22年7月1日)

この仕掛品に係る現物確認等の留意事項については、「第三部　不正会計－早期発見とその対応　第4章　不正会計の手口とその発見方法　3売上高の過大計上　6．売上の架空計上（仮装取引を伴うもの－資金循環取引以外）（2）発見の端緒と調査方法　②結論としての納得感」の「棚卸資産の実在性について」に同じである。

② 売上の計上基準について

　本事件は、結局のところ、設置基準による収益の計上を容認したことが根本的な問題であったと考える。この結果、年間の売上高の倍程度にまで売掛金残高が計上されることとなった。すなわち、本来であれば計上されないはずの売上高までが計上されることなり、そのことが、多額の架空売上の計上の原因となったものと思料される。したがって、当該収益の売上基準の妥当性について、会社と検討を重ねることが、不正会計の抑止につながった可能性があったものと考える。

③ その他の事実確認の方法

　当該手口に係るその他の事実確認の方法については、「第三部　不正会計－早期発見とその対応　Ⅳ　不正会計の手口とその発見方法　3売上高の過大計上　6．売上の架空計上（仮装取引を伴うもの－資金循環取引以外）（2）発見の端緒と調査方法　②結論としての納得感」を参照のこと。

④ その他

　新聞報道によれば、本事件の具体的な手口は、以下のとおりである。

・出荷済み製品の外部倉庫での保管

　「平成21年3月期の売上高を約118億円としていたが、当該期に販売した半導体製造装置はわずか数台であり、売れたことになっていたはずの残りの30数台は、東京都内の倉庫に秘密裏に「納品」された」[298]とのことである。

　そうであるならば、エフオーアイの実態は、過去に売上原価として計上した製品原価等は、本来は、製品在庫として資産計上しなければならなかったものと考えられる。そして、製品在庫として計上された後、その後の棚卸資産の評価による評価損計上がなされていたものであったと考えられる。

298　平成22年6月10日付日本経済新聞朝刊

・売上高の水増しの手口

　「売上高の水増しの手口は、主に海外への売上高を装った架空取引であった。韓国や台湾などの海外に実在する半導体メーカーの名前を悪用した。営業担当役員らが自ら海外に出張し、偽造の注文書に捺印をして日本へ送り返すほか、日本にいながら海外から送られてきたかのような巧妙な書類を作り上げていた。また、金のやりとりは、国内外に用意した同社の簿外口座を使い、実在会社の名前で入金を装うなどしていた」[299]とのことである。

・海外の取引先企業の協力者

　「架空の取引が実在するかのように見せかけるため、偽の発注書や検収書を用意し、さらに海外の取引先企業の協力者に謝礼を渡し、会計士から売掛金が帳簿通りか確認を求められた際には、その協力者がつじつまの合った回答していた」[300]とのことである。

・法人登記制度の悪用

　「エフオーアイは、実在する大手電機メーカーと全く同じ社名の会社を別の地域に設立して、同社名義の銀行口座を準備し、この口座と資金のやりとりをし、あたかも大手と取引があるように見せかけていた」[301]とのことである。

299　平成22年6月10日付日本経済新聞朝刊
300　平成22年7月21日付日本経済新聞朝刊
301　平成22年7月21日付日本経済新聞朝刊

第2章 課徴金事案

1 過去の課徴金事案

　過去の課徴金事案は、課徴金制度が設けられた平成17年から現在（平成24年7月末時点）まで56件となっている。なお、証券取引等監視委員会から公表されている課徴金事例集において、「事例の特色」の記載がある事例については、当該事案の概要を併せて記載している。

勧告日	会社名
H18.11.22	東日本ハウス株式会社（ジャスダック） （課徴金事例集平成20年6月・事例33）
H18.12.06	株式会社ＴＴＧ（ジャスダック） （課徴金事例集平成20年6月・事例26）
H18.12.18	株式会社日興コーディアルグループ（東証一部） （課徴金事例集平成20年6月・事例28）
H19.04.17	エー・アンド・アイシステム株式会社（ヘラクレス） （課徴金事例集平成20年6月・事例27）
H19.06.26	ネクストウェア株式会社（ジャスダック） （課徴金事例集平成20年6月・事例24）
H19.07.18	株式会社東日カーライフグループ（東証一部） （課徴金事例集平成20年6月・事例31）
H19.11.20	日特建設株式会社（東証一部） （課徴金事例集平成20年6月・事例32）
H19.12.21	株式会社ネットマークス（東証一部） （課徴金事例集平成20年6月・事例34）
H19.12.25	三洋電機株式会社（東証一部）

	（課徴金事例集平成20年6月・事例36）
H20.02.01	株式会社アスキーソリューションズ（ヘラクレス） （課徴金事例集平成20年6月・事例25）
H20.03.14	丸善株式会社（東証一部） （課徴金事例集平成20年6月・事例29）
H20.04.15	ミサワホーム九州株式会社（福証） （課徴金事例集平成20年6月・事例30）
H20.04.22	株式会社セタ（ジャスダック） （課徴金事例集平成20年6月・事例35）
H20.06.03	株式会社クリムゾン（ジャスダック） （課徴金事例集平成21年6月・事例51）
H20.06.19	株式会社ＩＨＩ（東証一部） （課徴金事例集平成21年6月・事例36）
H20.07.03	真柄建設株式会社（東証一部） （課徴金事例集平成21年6月・事例37）
H20.09.12	平和奥田株式会社（大証二部） （課徴金事例集平成21年6月・事例38）
H20.10.31	株式会社サイバーファーム（ヘラクレス） （課徴金事例集平成21年6月・事例48）
H20.11.11	中道機械株式会社（札証） （課徴金事例集平成21年6月・事例52）
H20.11.21	トラステックスホールディングス株式会社（大証二部） （課徴金事例集平成21年6月・事例40）
H21.01.21	株式会社プラコー（ジャスダック） （課徴金事例集平成21年6月・事例49）
H21.03.24	株式会社アイ・ビー・イーホールディングス（マザーズ） （課徴金事例集平成21年6月・事例43）
H21.04.21	株式会社ゼンテック・テクノロジー・ジャパン（ヘラクレス） （課徴金事例集平成21年6月・事例50）
H21.06.16	ジャパン・デジタル・コンテンツ信託株式会社（マザーズ） （本事例の特色） 本件は、当社が、売上成長と株価上昇を過度に意識していたなかで、当社と複数の会社との間で、架空のコンサルティング料や匿名組合出資を

	通じた不正な資金循環取引を行うことにより、架空売上の計上、無形固定資産の過大計上等不適正な会計処理を行っていたものである（課徴金事例集平成22年6月・事例33）。
H21.06.23	フタバ産業株式会社（東証一部） （本事例の特色） 本件は、当社の経理処理について、建設仮勘定や仕掛品などから、固定資産（減価償却費）や売上原価等への振替処理を適切に行わず、売上原価の過少計上、棚卸資産等の過大計上をしていたものであるほか、当社が出資する子会社に行った金融支援の引当処理や子会社としての会計処理を行わないなどの不適正な会計処理を行っていたものである（課徴金事例集平成22年6月・事例34）。
H21.06.26	株式会社ビックカメラ（東証一部） （本事例の特色） 当社は、 ①a社について、当社の緊密者である前会長がその議決権のすべてを保有するとともに、同社の資金調達の大半について前会長が担保を提供し、さらに同社のすべての業務を当社が行う等、当社がa社の意思決定機関を支配しているにもかかわらず、出資者を当社とは無関係の第三者に装うことにより、a社が子会社に該当しないこととし、 ②当社の本店ビル及び本部ビルに係る不動産流動化スキームにおいて、当社のリスク負担割合について、その子会社であるa社が負うリスクを加えず、概ね5％の範囲内であるとして売却処理（オフバランス取引）を行うことにより、 ③同スキームの終了に伴い、匿名組合清算配当金が発生することなく、これを当社の特別利益として計上することはできないにもかかわらず、匿名組合清算配当金が発生し、特別利益として計上することができる場合に該当するとして、匿名組合清算配当金を特別利益として過大に計上するなど していたものである（課徴金事例集平成22年6月・事例37）。
H21.07.03	株式会社大水（大証二部） （本事例の特色） 本件は、当社営業担当部長が自らの営業成績を上げることを目的に、主に当社と取引先との間に協力会社を介在させ、冷凍魚を用いて循環取引をおこなうことにより、売上高を過大に計上するなどして、不適正な会計処理を行ったものである（課徴金事例集平成22年6月・事例32）。
H21.11.24	株式会社アルデプロ（マザーズ） （本事例の特色）

	本件は、当社が、公表した各期の業績目標の達成を強く意識した営業活動を行う中で、その達成を優先するあまり、売上高と利益を確保するため、本来は交換取引にすぎないものを仕入取引と売却取引が適正に行われたものとして売上計上していたほか、買戻し条件付売買であるにもかかわらず売上計上を行うなどしていたほか、引当金の不計上等の不適正な会計処理を行っていたものである（課徴金事例集平成22年6月・事例30）。
H22.01.29	株式会社ＳＢＲ（ジャスダック） （本事例の特色） 本件は、当社の立替金事業に関して、立替債権の回収を装うことにより、貸倒引当金の計上回避（過少計上）を行っていたほか、立替債権を得意先の関係会社や架空会社に付け替えること等により、架空売上の計上等不適切な会計処理を行っていたものである（課徴金事例集平成22年6月・事例35）。
H22.03.12	株式会社モジュレ（ジャスダック） （本事例の特色） 本件は、当社役員の主導により、コンピュータ（サーバー）の取得に係る取引に関連して、本来のサーバー代金に、他者から依頼を受けた取引先への支払分や金融支援（貸付金）に係る金額を上乗せするなどして実質的な貸付を行うとともに、当該貸付金に対する貸倒引当金を計上しないなどの不適正な会計処理を行っていたものである（課徴金事例集平成22年6月・事例36）。
H22.04.13	株式会社リンク・ワン（マザーズ） （本事例の特色） 本件は、当社が、飲食店の出店に関するエリア営業権の売却取引等に際して、第三者を経由して提供した資金や工事代金に購入資金分を上乗せして提供した資金を用いた循環取引の手法などにより、エリア営業権の購入者の購入代金とすることによって、売上の過大計上を行っていたものである（課徴金事例集平成22年6月・事例31）。
H22.06.18	株式会社リミックスポイント（マザーズ） （本事例の特色） 本件は、Ａ社から資金支援を依頼された当社が、Ａ社と架空の取引を行うことにより、実質的にＡ社の債務について立替払いをしたが、売掛金として計上した立替金をＡ社から回収することが困難であったにもかかわらず、貸倒引当金を計上せず、不適正な会計処理を行ったものである（課徴金事例集平成23年6月・事例29）。
H22.06.21	日本ビクター株式会社（東証一部）、ＪＶＣ・ケンウッド・ホールディ

	ング株式会社（東証一部） （本事例の特色） 本件は、当社の海外販売子会社が利益目標の達成などのために、意図的に費用処理を行わないことや、売掛債権の回収可能性等の評価を過大に見積もることなどにより、当社が製品販売に係る営業費用の過少計上、貸倒引当金等の過少計上、減損損失の不計上など、不適正な会計処理を行ったものである（課徴金事例集平成23年6月・事例23）。
H22.09.17	株式会社シニアコミュニケーション（マザーズ） （本事例の特色） 当社は、マザーズ上場以前から、上場に向けて売上を増加させるため、進行基準を悪用した売上の前倒し計上や、証憑偽造による架空売上の計上など、不適正な会計処理を行っていた。上場後も、不適正な会計処理の隠蔽及び発覚による倒産の回避のために、不適正な会計処理を長期に亘って継続していた（課徴金事例集平成23年6月・事例20）。
H22.10.08	ユニバーサルソリューションシステムズ株式会社（ジャスダック） （本事例の特色） 本件は、当社が、黒字決算を実現するために、顧客に依頼して売上を前倒し計上していた他、保有する非上場株式について評価損を過少に計上するなど、不正な会計処理を行っていたものである（課徴金事例集平成23年6月・事例24）。
H22.11.19	株式会社ディー・ディー・エス（マザーズ） （本事例の特色） 本件は、当社が、取引先に見積書などの虚偽の証憑類を作成させ、当社が取引先から棚卸資産を購入したかのように装い、棚卸資産の架空計上等の不適正な会計処理を行ったものである（課徴金事例集平成24年7月・事例18）。
H22.11.19	株式会社ゼクス（東証一部）
H22.11.24	株式会社ローソンエンタメディア（ジャスダック） （本事例の特色） 本件は、当社の役員が、Ａ社からの提案により、当社が興行元へ支払うチケット販売代金及び協賛金をＡ社に投資運用させることにより、興行主へ支払うための協賛金を増額させようとしていたが、Ａ社が運用に失敗したため、当社の役員は取締役会付議などの正規の手続を得ることなく、当社の資金により興行元への支払を立て替え、また、Ａ社への貸付けを行った。 当社がＡ社に代わって支払った資金及びＡ社へ貸し付けた資金は、本来Ａ社に対する貸付金等の債権として計上し、回収の見込みがない債権と

		して、貸倒引当金を計上すべきところ、当社役員は、上記事実が露見することを免れるため、営業未払金のマイナス勘定として処理し、貸倒引当金の不計上等、不適正な会計処理を行っていたものである（課徴金事例集平成23年6月・事例27）。
H22.12.10		株式会社アクロディア（マザーズ） （本事例の特色） 本件は、当社が設立間もない子会社A社に売上の実績を計上させるために、当社及びA社と複数の会社との間で、架空の売上の計上し、また、子会社A社においてソフトウェアの架空計上を行い、のれんの架空計上を行う等不適正な会計処理を行っていたものである（課徴金事例集平成23年6月・事例22）。
H22.12.10		メビックス株式会社（マザーズ）、エムスリー株式会社（東証一部） （本事例の特色） A社（注：メビックス）の営業部門は、過度な売上予算達成のプレッシャーから、長期に亘っての売上の前倒し計上を行っていたものである。B社（注：エムスリー）は公開買付けによりA社を子会社としたが、A社の不適正な会計処理に伴い、親会社であるB社においても、のれんが過大計上となっていたものである（課徴金事例集平成23年6月・事例21）。
H23.01.12		デザインエクスチェンジ株式会社（マザーズ） （本事例の特色） 本件は、当社が保有するコンテンツ資産等に減損の兆候があるにもかかわらず、その処理を行わず、減損損失を過少に計上したものである。 　また、当社は、取引先A社の債務を保証するために、約束手形を振り出すなどしたが、A社が返済不能となったことから、A社に代わって借入金の債務を負うこととなった。このことから当社は、修正後発事象として債務保証損失に係る引当金を計上すべきであったが行わず、不適正な会計処理を行ったものである（課徴金事例集平成23年6月・事例25）。
H23.02.01		メルシャン株式会社（東証一部） （本事例の特色） 当社の水産飼料事業部は、養殖魚用配合飼料の製造・販売等の事業を行っていたが、同事業部は、以前から、取引先との間で様々な貸し借り関係を築いており、こうした中、業績が相当に悪化していた当該事業部において、架空売上の計上等の不適正な会計処理が行われたものである（課徴金事例集平成23年6月・事例26）。
H23.02.18		株式会社リンコーコーポレーション（東証二部） （本事例の特色）

	本件は、当社の子会社で、国内製の製袋機や外国製ホーロー製品等の輸出入業務を営んでいたＡ社が、貸倒引当金の過少計上等の不適正な会計処理を行っていたものである（課徴金事例集平成23年6月・事例30）。
H23.03.08	東京日産コンピュータシステム株式会社（ジャスダック） （本事例の特色） 本件は、当社が、ソフトウェアとして資産計上していたソフトウェア開発に係る費用について、当初の開発委託先によるシステム開発を断念し、新規の開発委託先による全面的な再構築を実施したにもかかわらず、再構築の方針を決定した時点でソフトウェアの資産価値を検証して適正な会計処理を行うことについての認識が欠けていたことから、本来計上すべき固定資産の除却損を計上せず、不適正な会計処理を行っていたものである（課徴金事例集平成23年6月・事例28）。
H23.04.26	ＳＢＩネットシステム株式会社（マザーズ） （本事例の特色） 本件は、上場後2期連続で赤字となっていた当社が、赤字決算の回避などの目的で、売上の架空計上等の不適正な会計処理を行い、また、これを隠蔽するため、更に不適正な会計処理を継続したものである（課徴金事例集平成24年7月・事例19）。
H23.05.27	株式会社ＤＰＧホールディングス（セントレックス） （本事例の特色） 本件は、当社の子会社が、架空の借入れや、その債務の株式化により水増しされた純資産価額を元にして行った株式交換などによって不適正な会計処理を行ったものである（課徴金事例集平成24年7月・事例20）。
H23.07.15	株式会社東研（ジャスダック） （本事例の特色） 本件は、当社の営業担当者社員が、当社から与えられた売上計画の達成への重圧などから、証憑類を偽造するなどの行為を繰り返し、売上の前倒し計上や売上の取消処理の未済等の不適正な会計処理を行ったものである（課徴金事例集平成24年7月・事例21）。
H23.08.25	株式会社ｆｏｎｆｕｎ（ジャスダック） （本事例の特色） 本件は、当時、当社の代表取締役であったＡが、当社の大株主であり、Ａの経営方針に反対していたＢが所有する当社株式を、知人に取得させる目的で当社の資金を支出したが、当社はこの資金を債権として計上せず、当該債権に対する貸倒引当金の不計上等の不適正な会計処理を行ったものである（課徴金事例集平成24年7月・事例22）。

H23.11.29	日本産業ホールディングズ株式会社（アンビシャス） （本事例の特色） 本件は、当社の連結子会社が取引先に価格をかさ上げした見積書を作成させてソフトウェアを過大計上するとともに、一般管理費の過少計上等の不適正な会計処理を行ったものである（課徴金事例集平成24年7月・事例23）。
H24.01.20	株式会社塩見ホールディングス（大証二部）
H24.01.24	株式会社京王ズホールディングス（マザーズ） （本事例の特色） 本件は、当社の代表取締役が不正な手段でした資金流出について、当社は、これを当社代表取締役に対する債権として認識して、適正に貸倒引当金を計上しなければならなかったが、これを計上しない等の不適正な会計処理を行ったものである（課徴金事例集平成24年7月・事例24）。
H24.01.27	クラウドゲート株式会社（アンビシャス）
H24.04.13	オリンパス株式会社（東証一部）
H24.05.25	スリープログループ株式会社（マザーズ）
H24.05.25	ＲＨインシグノ株式会社（札証）
H24.07.10	株式会社ホッコク（ジャスダック）

2　事案の概要

メビックス事案

（1）　事案の概要

　メビックス株式会社（以下、「メビックス」という。）は、東京都文京区に本社をおく、東京証券取引所マザーズ市場上場会社（証券コード：3780）であり、臨床試験を支援するためのシステム構築、運用及び臨床試験に係る各種業務の受託を主たる事業として営んでいた。メビックスは、平成21年4月にソネット・エムスリー株式会社（現エムスリー株式会社、以下、「エムスリー」という。）（東京証券取引所市場第一部、証券コード：2413）が、メビックスに対するＴＯＢを実施したことから、エムスリーの子会社となり、さらに平成21年7月にメビックスは、エムス

リーの完全子会社となったことを理由として、平成21年8月に東京証券取引所マザーズ市場において上場廃止となった。

本事案は、メビックスがエムスリーの子会社となった後の平成22年3月にメビックスの過去の決算において不正会計が行われていたことが発覚し、平成22年12月に証券取引等監視委員会から金融庁に対し、メビックス及びエムスリーに対する課徴金納付命令勧告が行われた事案である。

メビックスの主な沿革は、以下のとおりである[302]。

年月	沿革
平成13年5月	医療情報システムの企画・開発・販売を目的に株式会社メディカルサポートを設立
平成14年12月	商号をメビックス株式会社に変更、同時に本社を東京都渋谷区に移転
平成15年7月	本社を東京都千代田区神田駿河台に移転
平成15年12月	クリニカルポーター株式会社(連結子会社)を設立
平成16年1月	大阪市中央区南本町に大阪オフィスを開設
平成16年12月	本社を東京都千代田区神田小川町に移転
平成17年1月	大阪オフィスを大阪市中央区今橋に移転
平成17年11月	東京証券取引所マザーズ市場に株式を上場
平成18年8月	本店所在地を東京都文京区に移転
平成18年9月	クリノグラフィ株式会社の株式を取得
平成20年2月	ケルコム株式会社を募集設立
平成21年4月	ソネット・エムスリー株式会社(現・親会社)の当社株式の公開買付け(TOB)による子会社化
平成21年7月	ソネット・エムスリーによるメビックスの完全子会社化
平成21年8月	26日、東京証券取引所マザーズ市場上場廃止
平成22年3月	16日、「当社会社メビックス株式会社の過去決算に係る調査委員会の設置について」(エムスリー)

---

302 主にメビックスの有価証券報告書を参照した。その他、メビックスによる適時開示情報等を参照した。

平成22年4月	21日、「当社子会社メビックス株式会社の過去決算に係る調査結果について」(エムスリー)
平成22年7月	27日、「訴訟の提起に関するお知らせ」(エムスリー) エムスリーによるメビックス旧経営陣に対する損害賠償請求訴訟(約10億円)の提起の決定
平成22年12月	10日、メビックス及びエムスリーに係る有価証券報告書等の虚偽記載に係る課徴金納付命令勧告の発出(証券取引等監視委員会)

(2) 端緒としての違和感

1 財務分析

A 売掛金について

　上記のとおり、メビックスは、平成21年4月にエムスリーによるTOBの結果、エムスリーの子会社となったことから、この時点でエムスリーが把握可能なメビックスの平成20年4月期の有価証券報告書に掲載されている【主要な経営指標等の推移】をみると、以下のとおりであった(メビックス-図1)。

　メビックスの平成16年4月期から平成20年4月期までの売上高の推移は、大幅な増加傾向にあり、平成16年4月期では約2億円であった売上高が、平成20年4月期には約25億円と5年間で概ね12倍以上に増加している。これに対して当期純利益は、平成16年4月期では約2百万円程度の赤字であったものの、平成17年4月期以降は、金額の多寡はあるものの黒字で推移している状況であった。なお、売上高ベースで比較した場合には、連単の差が大きくないことがわかる。

　キャッシュ・フローの状況については、営業CF、投資CF及び財務CFとも特に指摘すべき事項はない。

　この時点では、メビックスに財務数値に特に不正会計の兆候は表れていないことから、ここでメビックスの連結貸借対照表について確認する(メビックス-図2)。

メビックス－図1　メビックス「有価証券報告書（平成20年4月期）」

第一部【企業情報】
第1【企業の概況】
　1【主要な経営指標等の推移】
　　(1)連結経営指標等

回次	第3期	第4期	第5期	第6期	第7期
決算年月	平成16年4月	平成17年4月	平成18年4月	平成19年4月	平成20年4月
売上高　　　　　　　　（千円）	209,161	832,276	1,706,793	2,274,354	2,547,607
経常利益又は経営損失（△）（千円）	△1,724	103,152	405,021	390,760	144,769
当期純利益又は当期純損失（△）　　　　　　　　（千円）	△2,199	70,300	224,120	222,433	57,993
純資産額　　　　　　　（千円）	206,591	360,492	1,951,738	2,233,046	2,340,243
総資産額　　　　　　　（千円）	220,594	610,816	2,431,729	2,692,235	3,084,556
1株当たり純資産額　　（円）	102,795.96	33,893.50	53,989.99	56,765.31	57,944.64
1株当たり当期純利益金額又は1株当たり当期純損失金額（△）	△1,099.83	6,213.74	6,732.50	5,907.54	1,486.58
潜在株式調整後1株当たり当期純利益金額　　　（円）	－	－	5,589.41	5,275.00	1,387.01
自己資本比率　　　　　（％）	93.7	59.0	80.3	81.7	73.6
自己資本利益率　　　　（％）	△1.06	24.79	19.39	10.11	2.59
株価収益率　　　　　　（倍）	－	－	95.06	48.75	59.2
営業活動によるキャッシュ・フロー　　　　　　　　（千円）	△64,402	203,461	45,205	△264,823	96,684
投資活動によるキャッシュ・フロー　　　　　　　　（千円）	△95,968	△47,093	△72,200	△72,475	△114,340
財務活動によるキャッシュ・フロー　　　　　　　　（千円）	1,000	83,600	1,360,448	26,051	46,880
現金及び現金同等物の期末残高　　　　　　　　　（千円）	39,983	279,950	1,613,403	1,302,155	1,331,380
従業員数（外、平均臨時雇用者数）(人)	13 (1)	33 (4)	47 (2)	61 (6)	91 (14)

(注)　1．売上高には、消費税等は含まれておりません。
　　　2．第3期の潜在株式調整後1株当たり当期純利益金額については、潜在株式は存在するものの当期純損失あるため、また、第4期の潜在株式調整後1株当たり当期純利益金額については、新株予約権の残高はありますが、当社株式は非上場であり、かつ店頭登録もしていないため、期中平均株価が把握できませんので記載して

(略)

(2) 提出会社の経営指標等

回次	第3期	第4期	第5期	第6期	第7期
決算年月	平成16年4月	平成17年4月	平成18年4月	平成19年4月	平成20年4月
売上高 （千円）	209,161	780,025	1,671,566	2,185,751	2,388,265
経常利益又は経常損失（△）（千円）	△750	93,539	397,040	367,162	136,153
当期純利益又は当期純損失（△）（千円）	△1,202	63,918	219,617	209,229	62,704
資本金 （千円）	157,000	199,300	773,800	786,826	792,766
発行済株式総数 （株）	2,000	10,400	36,150	38,760	39,177
純資産額 （千円）	207,589	355,108	1,941,850	2,177,131	2,251,716
総資産額 （千円）	221,568	598,720	2,418,501	2,594,951	2,874,863
1株当たり純資産額 （円）	103,294.67	33,375.77	53,716.47	56,169.55	57,475.48
1株当たり配当額 （円）	―	―	―	―	1,250

メビックス－図2　メビックス「有価証券報告書（平成20年4月期）」

1 【連結財務諸表等】
　(1) 【連結財務諸表】
　　① 【連結貸借対照表】

区分	注記番号	前連結会計年度（平成19年4月30日）金額（千円）	構成比（％）	当連結会計年度（平成20年4月30日）金額（千円）	構成比（％）
(資産の部)					
Ⅰ　流動資産					
1．現金及び預金		1,352,155		1,381,380	
2．受取手形及び売掛金		983,892		1,053,556	
3．たな卸資産		33,396		174,016	
4．繰延税金資産		30,961		4,323	
5．その他		79,179		156,995	
流動資産合計		2,479,585	92.1	2,770,272	89.8
Ⅱ　固定資産					
1．有形固定資産					
(1) 建物		17,638		18,388	
減価償却累計額		△1,367	16,271	△2,616	15,772
(2) 工具、器具及び備品		74,791		98,567	
減価償却累計額		△29,326	45,465	△46,272	52,295
(3) 建設仮勘定			―		51,232
有形固定資産合計			61,736		119,300
2．無形固定資産					
(1) ソフトウェア			64,245		90,985

	無形固定資産合計			64,245		90,985
3．	投資その他の資産					
（1）	投資有価証券	※1		18,000		2,000
（2）	繰延税金資産			197		1,315
（3）	その他			68,470		78,691
	投資その他の資産合計			86,668		82,006
	固定資産合計			212,649	7.9	292,293	9.5
Ⅲ	繰延資産					
1．	創立費			―		1,174
2．	開業費			―		20,815
	繰延資産合計			―	―	21,990	0.7
	資産合計			2,692,235	100.0	3,084,556	100.0

　平成20年4月期におけるメビックスの総資産は、約30億円であり、流動資産が約27億円と総資産の89.8％を占めており、そのうち、「現金及び預金」と「受取手形及び売掛金」が主な資産となっていることがわかる（メビックス－図2）。
　ここで、メビックスの貸借対照表（単体）を確認する（メビックス－図3）。
　メビックスの単体の貸借対照表における総資産は、約28億円であり、また、メビックスの主な資産である「現金及び預金」及び「売掛金」も連結財務諸表上の金額と大きな差異がないことから（メビックス－図3）、以下、単体ベースで検討することとする。
　ここで、メビックスの主な資産である売掛金について過去からの金額の推移を把握するため、メビックスの平成18年4月の貸借対照表を確認する（メビックス－図4）。
　「メビックス－図3」及び「メビックス－図4」から売掛金の残高推移を、「メビックス－図1」から売上高（単体）の推移を把握すると、以下のとおりであった（メビックス－図5）。
　メビックスの売掛金残高は、年々増加していることがわかる（メビックス－図5）。なお、併せて売上高も増加傾向にあるため、メビックスの有価証券報告書に掲載される【主な資産及び負債の内容】の「売掛金」から、さらに平成18年4月から平成20年4月期までの売掛金の滞留期間について把握することとする（メビックス－図6、図7、図8）。

メビックスー図3　メビックス「有価証券報告書（平成20年4月期）」

2 【財務諸表等】
(1) 【財務諸表】
① 【貸借対照表】

区分	注記番号	前事業年度 （平成19年4月30日）		当事業年度 （平成20年4月30日）	
		金額（千円）	構成比（％）	金額（千円）	構成比（％）
（資産の部）					
Ⅰ　流動資産					
1．現金及び預金		1,233,536		1,049,505	
2．売掛金		970,772		1,042,193	
3．商品		9,647		4,086	
4．原材料		820		2,251	
5．仕掛品		20,421		141,487	
6．貯蔵品		―		900	
7．前渡金	※1	63,636		77,396	
8．前払費用		13,167		21,022	
9．未収還付法人税等		―		37,184	
10．繰延税金資産		29,199		3,974	
11．その他		2,781		16,228	
流動資産合計		2,343,982	90.3	2,396,233	83.4
Ⅱ　固定資産					
1．有形固定資産					
(1) 建物		17,638		18,388	
減価償却累計額		△1,367	16,271	△2,616	15,772
(2) 工具、器具及び備品		72,176		95,189	
減価償却累計額		△27,972	44,203	△44,562	50,627
(3) 建設仮勘定			―		116
有形固定資産合計			60,474		66,516
2．無形固定資産					
(1) ソフトウェア			64,245		90,985
無形固定資産合計			62,245		90,985
3．投資その他の資産					
(1) 投資有価証券			16,500		500
(2) 関係会社株式			41,500		241,500
(3) 長期前払費用			21		11,895
(4) 繰延税金資産			197		436
(5) 差入保証金			68,028		66,796
投資その他の資産合計			126,248		321,128
固定資産合計			250,968	9.7	478,630	16.6
資産合計			2,594,951	100.0	2,874,863	100.0

メビックスー図4　メビックス「有価証券報告書（平成18年4月期）」

2 【財務諸表等】
 （1）【財務諸表】
  ① 【貸借対照表】

区分	注記番号	前事業年度（平成17年4月30日） 金額（千円）	構成比（％）	当事業年度（平成18年4月30日） 金額（千円）	構成比（％）
(資産の部)					
Ⅰ　流動資産					
1．現金及び預金		305,479		1,658,959	
2．受取手形		－		5,459	
3．売掛金		81,544		491,091	
4．商品		－		1,350	
5．原材料		54		897	
6．仕掛品		60,910		30,593	
7．前渡金		15,097		27,877	
8．前払費用		3,874		7,435	
9．繰延税金資産		12,869		40,079	
10．未収入金	※1	16,472		－	
11．その他		81		1,621	
流動資産合計		500,041	83.5	2,265,398	93.7
Ⅱ　固定資産					
1．有形固定資産					
(1)　建物		2,471		－	
減価償却累計額		△275　2,495		－	
(2)　工具器具備品		21,856		38,251	
減価償却累計額		△7,671　14,214		△10,931　27,322	
有形固定資産合計		16,410	2.8	27,322	1.1
2．無形固定資産					
(1)　特許権		1,300		－	
(2)　ソフトウェア		54,598		59,768	
無形固定資産合計		55,898	9.3	59,768	2.5
3．投資その他の資産					
(1)　関係会社株式		10,000		11,500	
(2)　従業員に対する貸付金		－		43	
(3)　長期前払費用		1,699		253	
(4)　繰延税金資産		456		2,798	
(5)　差入保証金		14,214		54,267	
投資その他の資産合計		26,400	4.4	65,992	2.7
固定資産合計		98,700	16.5	153,103	6.3
資産合計		598,720	100.0	2,418,501	100.0

メビックス―図5

(単位：千円)

	平成17年4月期	平成18年4月期	平成19年4月期	平成20年4月期
売掛金	81,544	491,091	970,772	1,042,193
売上高	780,025	1,671,566	2,185,751	2,388,265

メビックス―図6　メビックス「有価証券報告書（平成18年4月期）」

ハ．売掛金
相手先別内訳

相手先	金額（千円）
日本糖尿病進展抑制研究会	183,645
J-PREDICT	144,490
財団法人日本ワックスマン財団	47,177
財団法人国際協力医学研究振興財団	41,061
メルク・ホエイ株式会社	33,234
その他	41,483
合計	491,091

売掛金の発生及び回収並びに滞留状況

前期繰越高（千円）(A)	当該発生高（千円）(B)	当該回収高（千円）(C)	次期繰越高（千円）(D)	回収率（％） $\dfrac{(C)}{(A)+(B)} \times 100$	滞留期間（日） $\dfrac{\dfrac{(A)+(D)}{2}}{\dfrac{(B)}{365}}$
81,544	1,124,793	715,246	491,091	59.3	92.9

（注）　当期発生高には消費税等が含まれております。

メビックスー図7　メビックス「有価証券報告書（平成19年4月期）」

ロ．売掛金
　相手先別内訳

相手先	金額（千円）
J-PREDICT	194,569
財団法人日本心臓財団	169,155
日本糖尿病進展抑制研究会	160,545
財団法人日本ワックスマン財団	111,740
日本国際消化管運動研究会	105,000
その他	229,763
合計	970,772

売掛金の発生及び回収並びに滞留状況

前期繰越高（千円）	当該発生高（千円）	当該回収高（千円）	次期繰越高（千円）	回収率（％）	滞留期間（日）
(A)	(B)	(C)	(D)	$\dfrac{(C)}{(A)+(B)} \times 100$	$\dfrac{\dfrac{(A)+(D)}{2}}{\dfrac{(B)}{366}}$
491,091	2,038,426	1,558,745	970,772	61.6	131

（注）　当期発生高には消費税等が含まれております。

メビックスー図8　メビックス「有価証券報告書（平成20年4月期）」

ロ．売掛金
　相手先別内訳

相手先	金額（千円）
J-PREDICT	263,794
ASTRO研究会	251,773
インターベンションのエビデンスを創る会	235,327
ボストン・サイエンティフィックジャパン（株）	89,250
日本国際消化管運動研究会	75,000
その他	127,047
合計	1,042,193

売掛金の発生及び回収並びに滞留状況

前期繰越高 (千円) (A)	当期発生高 (千円) (B)	当期回収高 (千円) (C)	次期繰越高 (千円) (D)	回収率（％） $\dfrac{(C)}{(A)+(B)} \times 100$	滞留期間 (日) $\dfrac{\dfrac{(A)+(D)}{2}}{\dfrac{(B)}{366}}$
970,772	2,327,432	2,256,011	1,042,193	68.4	158

（注）当期発生高には消費税等が含まれております。

メビックスの売掛金の滞留期間の推移をみると、

　平成18年4月期　　　92.9日
　平成19年4月期　　　131.0日
　平成20年4月期　　　158.0日

と年々滞留期間が長期化しており（メビックス－図6、図7、図8）、メビックスの売掛金残高の増加は、単に売上高の増加に伴う増加ではなかったことがわかる。

　売掛金の滞留期間の長期化は、「売上の前倒し計上」、「売上の架空計上（伝票等のみ）」及び「貸倒引当金の不計上・過少計上」等の不正会計の兆候であることから、この時点で不正会計の疑義が生じることとなる。

B　前受金の状況について

　さらにメビックスの有価証券報告書に掲載される【事業等のリスク】において、以下の記載がある（メビックス－図9）。

　メビックスの平成20年4月期の有価証券報告書に掲載される【事業等のリスク】において、「仕掛品及び前受金について」として、「相手先と契約締結後一定期間内に相手先より契約総額のうちの一定額を受領する案件が多数存在しておりますが、当社では売上計上していない受領金額については前受金に計上しております」と記載している。そして、「現在の契約形態を前提として、取引受注が増加し契約締結が増加した場合には、前受金が増加し仕掛品も増加します」、「他方、各種臨床試験の開始時期の遅延等により相手先へのサービスの提

メビックスー図9　メビックス「有価証券報告書（平成20年4月期）」

> 4 【事業等のリスク】
> 　以下において、当社グループの事業の状況及び経理の状況等に関する事項のうち、リスク要因となる可能性があると考えられる主な事項及びその他投資者の判断に重要な影響を及ぼすと考えられる事項を記載しております。
> 　当社グループは、これらのリスク発生の可能性を認識した上で、発生の回避及び発生した場合の対応に努める方針でありますが、当社の株式に関する投資判断は、本項及び本書中の本項以外の記載内容も併せて、慎重に検討した上で行われる必要があると考えております。
> 　なお、以下の記載のうち将来に関する事項は、本書提出日現在において当社グループが判断したものであります。
> 　　　　　　　　　　　　　　　（略）
> (4) 当社グループの販売先について
> 　① 販売先が大きく変動することについて
> 　　当社は設立7年の企業であり、安定した販売先を有しておりません。当社の主要マーケットである大規模臨床研究市場では、臨床研究を主催する学会や医師が複数の臨床研究を持続して実施している事例は少なく、当社との取引関係は多くの場合特定期間のスポット的な取引となっております。そのため当社の販売先は大きく変動しております。
> 　　　　　　　　　　　　　　　（略）
> 　③ 仕掛品及び前受金について
> 　　当社グループのエビデンスソリューション事業における売上計上基準は一部の取引に関し部分完成基準を採っております。また、相手先と契約締結後一定期間内に相手先より契約総額のうちの一定額を受領する案件が多数存在しておりますが、当社では売上計上していない受領金額については前受金に計上しております。
> 　　一方、相手先へのサービスの提供が完了する前に発生した原価については仕掛品に計上しており、相手先へのサービスの提供が完了し、部分完成基準によって計上された売上高に対応する原価については、仕掛品を減少させ売上原価に振替計上しております。
> 　　従って、現在の契約形態を前提として、取引受注が増加し契約締結が増加した場合には、前受金が増加し仕掛品も増加します。
> 　　他方、各種臨床試験の開始時期の遅延等により相手先へのサービスの提供が当初の計画どおりに行われない場合には、前受金より売上高への振替計上が滞るため、売上高が計画どおりに計上されず前受金残高が滞留する可能性があります。また、売上原価については、相手先との契約締結及び相手先への役務提供が当初の計画どおりに行われない場合には、仕掛品より売上原価への振替計上が滞るため仕掛品残高が滞留する可能性があり、当社の財政状態及び経営成績に影響を与える可能性があります。

供が当初の計画どおりに行われない場合には、前受金より売上高への振替計上が滞るため、売上高が計画どおりに計上されず前受金残高が滞留する可能性があります」と記載している。

　なお、当該記載により、メビックスのエビデンスソリューション事業における売上計上基準は、一部の取引に関し部分完成基準を採用していることが判明した。

　ここで【事業等のリスク】とは、「事業の状況、経理の状況等に関する事項のうち財政状態、経営成績及びキャッシュ・フローの状況の異常な変動、特定

の取引先・製品・技術等への依存、特有の法的規制・取引慣行・経営方針、重要な訴訟事件等の発生、役員・大株主・関係会社等に関する重要事項等、投資者の判断に重要な影響を及ぼす可能性のある事項」[303]を記載するものであるが、メビックスにおいては、当該事業等のリスクの一つとして、メビックスの事業である臨床試験等が、前受金を受け取るビジネスであること及び当該臨床試験等に関しては、契約締結後において、前受金を受領したにもかかわらず、臨床試験の開始時期が遅延した場合等に当該前受金が滞留する可能性があることを事業等のリスクとして記載している。

なお、この「仕掛品及び前受金について」では、前受金の滞留と同時に仕掛品が滞留する可能性も記載しており、臨床試験等に係る契約が、臨床試験等の開始の遅延等により滞留することから、前受金の増加及び仕掛品の増加が、単純に受注の増加によるものではない場合があること及び当該臨床試験等に係る契約が、開始の遅延等を理由に解消された場合には、当該前受金の返金及び仕掛品の損失処理等のリスクがあることを開示しているものと思料される。

いずれにしても、メビックスにおいては、受注残高の増加に応じて、前受金も増加するビジネスであることがわかる。

ここで、メビックスの前受金残高について、メビックスの連結貸借対照表で確認すると、前受金残高は、

平成17年4月期	136,188千円
平成18年4月期	63,156千円
平成19年4月期	49,557千円
平成20年4月期	41,033千円

で推移しており（**メビックス－図10、図11**）、このことから、メビックスの前受金残高は、増加しておらず、逆に減少している状況であることが判明した。

---

[303] 開示府令第二号様式記載上の注意（33）a

メビックスー図10　メビックス「有価証券報告書（平成18年4月期）」

区分	注記番号	前連結会計年度 (平成17年4月30日)		当連結会計年度 (平成18年4月30日)	
		金額（千円）	構成比（%）	金額（千円）	構成比（%）
（負債の部）					
Ⅰ　流動負債					
1．買掛金		9,450		126,655	
2．未払法人税等		45,800		182,946	
3．未払金		31,429		51,655	
4．前受金		136,188		63,156	
5．その他		27,455		55,576	
流動負債合計		250,323	41.0	479,991	19.7
負債合計		250,323	41.0	479,991	19.7
（資本の部）					
Ⅰ　資本金	※2	199,300	32.6	773,800	31.8
Ⅱ　資本剰余金		137,300	22.5	937,925	38.6
Ⅲ　利益剰余金		23,892	3.9	240,012	9.9
資本合計		360,492	59.0	1,951,738	80.3
負債資本合計		610,816	100.0	2,431,729	100.0

メビックスー図11　メビックス「有価証券報告書（平成20年4月期）」

区分	注記番号	前連結会計年度 (平成19年4月30日)		当連結会計年度 (平成20年4月30日)	
		金額（千円）	構成比（%）	金額（千円）	構成比（%）
（負債の部）					
Ⅰ　流動負債					
1．買掛金		276,036		551,772	
2．未払法人税等		63,621		3,268	
3．未払金		34,616		129,180	
4．前受金		49,557		41,033	
5．その他		35,355		19,057	
流動負債合計		459,189	17.1	744,312	24.1
負債合計		459,189	17.1	744,312	24.1
（純資産の部）					
Ⅰ　株主資本					
1．資本金		786,826	29.2	792,766	25.7
2．資本剰余金		950,950	35.3	956,890	31.0
3．利益剰余金		462,446	17.2	520,440	16.9
株主資本合計		2,200,223	81.7	2,270,097	73.6

Ⅱ	少数株主持分		32,823	1.2	70,146	2.3
	純資産合計		2,233,046	82.9	2,340,243	75.9
	負債純資産合計		2,692,235	100.0	3,084,556	100.0

　ここで、さらにメビックスの受注残高について、メビックスの有価証券報告書に掲載される【生産、受注及び販売の状況】で確認すると、受注残高合計は、

　平成18年4月期　　　3,364,919千円

　平成19年4月期　　　4,061,842千円

　平成20年4月期　　　5,148,127千円

であり（**メビックスー図12、図13**）、このことから、メビックスの受注残高は、毎期大幅な増加となっていることが判明した。

メビックスー図12　メビックス「有価証券報告書（平成19年4月期）」

2【生産、受注及び販売の状況】
　(1)　生産実績
　　　当連結会計年度の生産実績を事業の種類別セグメントごとに示すと、次のとおりであります。

事業の種類別セグメントの名称	当連結会計年度 （自　平成18年5月1日 　至　平成19年4月30日）	前年同期比（％）
エビデンスソリューション事業（千円）	2,158,785	36.6
サイトサポート事業（千円）	49,142	39.5
セルサイエンス事業（千円）	24,965	△72.8
ヘルスケアコミュニケーション事業（千円）	41,460	—
合計（千円）	2,274,351	33.3

（注）1．金額は販売価格によっております。
　　　2．セグメント間の取引については、相殺消去しております。
　　　3．上記の金額には、消費税等は含まれておりません。

(2) 受注状況

当連結会社年度の受注状況を事業の種類別セグメントごとに示すと、次のとおりであります。

事業の種類別セグメントの名称	前連結会計年度 （自　平成17年5月1日 　至　平成18年4月30日）		当連結会計年度 （自　平成18年5月1日 　至　平成19年4月30日）	
	受注高 （千円）	受注残高 （千円）	受注高 （千円）	受注残高 （千円）
エビデンスソリューション事業	3,809,491	3,337,412	2,847,727	4,026,354
サイトサポート事業	38,249	15,547	47,536	13,940
セルサイエンス事業	56,041	11,960	13,005	─
ヘルスケアコミュニケーション事業	─	─	63,007	21,547
合計	3,903,781	3,364,919	2,971,277	4,061,842

（注）1．金額は販売価格によっております。
　　　2．セグメント間の取引については、相殺消去しております。
　　　3．上記の金額には、消費税等は含まれておりません。
　　　4．当社の中核事業であるエビデンスソリューション事業では、顧客が学会、研究会及び大学等が中心であり、手続きが多岐に渡ることを背景に契約までに時間を要する案件も散見されます。一方、顧客は早期に臨床試験を開始したいとのニーズが強く、当社に対し契約を締結することを前提に試験の開始を要請する場合があります。そこで当社では、契約が締結される時期以前より契約が締結されることを前提としてサービス活動を行っておりますので、原価計算を精緻に行う必要性を鑑み、取締役、常勤監査役及び執行役員以上が参加し毎週開催する経営会議において、契約が締結可能であるかどうかを十分協議の上、間違いなく契約できると判断した試験に付き、受注として認識しております。

メビックスー図13　メビックス「有価証券報告書（平成20年4月期）」

2【生産、受注及び販売の状況】
(1) 生産実績

当連結会計年度の生産実績を事業の種類別セグメントごとに示すと、次のとおりであります。

事業の種類別セグメントの名称	当連結会計年度 （自　平成19年5月1日 　至　平成20年4月30日）	前年同期比（％）
エビデンスソリューション事業（千円）	2,354,212	9.1
サイトサポート事業（千円）	54,009	9.9
セルサイエンス事業（千円）	10,695	△57.2
ヘルスケアコミュニケーション事業（千円）	127,972	208.7
合計（千円）	2,546,890	12.0

（注）1．金額は販売価格によっております。
　　　2．セグメント間の取引については、相殺消去しております。
　　　3．上記の金額には、消費税等は含まれておりません。

(2) 受注状況

当連結会社年度の受注状況を事業の種類別セグメントごとに示すと、次のとおりであります。

事業の種類別セグメントの名称	前連結会計年度 （自　平成18年5月1日 　至　平成19年4月30日）		当連結会計年度 （自　平成19年5月1日 　至　平成20年4月30日）	
	受注高 （千円）	受注残高 （千円）	受注高 （千円）	受注残高 （千円）
エビデンスソリューション事業	2,847,727	4,026,354	3,409,204	5,081,346
サイトサポート事業	47,536	13,940	51,211	11,142
セルサイエンス事業	13,005	―	17,395	6,700
ヘルスケアコミュニケーション事業	63,007	21,547	155,364	48,938
合計	2,971,277	4,061,842	3,633,175	5,148,127

（注）1．金額は販売価格によっております。
　　　2．セグメント間の取引については、相殺消去しております。
　　　3．上記の金額には、消費税等は含まれておりません。
　　　4．当社の中核事業であるエビデンスソリューション事業では、顧客が学会、研究会、特定公益法人及び大学等が中心であり、手続きが多岐に渡ることを背景に契約までに時間を要する案件も散見されます。一方、顧客は早期に臨床試験を開始したいとのニーズが強く、当社に対し契約を締結することを前提に試験の開始を要請する場合があります。そこで当社では、契約が締結される時期以前より契約が締結されることを前提としてサービス活動を行っておりますので、原価計算を精緻に行う必要性を鑑み、毎週取締役及び常勤監査役が出席し開催する経営会議において、契約が締結可能であるかどうかを十分協議の上、間違いなく契約できると判断した案件に付き、受注として認識しております。

以上のことから、メビックスにおいては、受注残高が増加した場合には、前受金が増加するビジネスであるにもかかわらず、実際には、受注残高が増加していながらも前受金残高が減少していたことが判明した。

C　売上の前倒し計上の兆候について

以上、メビックスにおいては、売掛金の滞留期間が長期化していること及び前受金については、その事業等のリスクにおいて、受注残高の増加にともない前受金残高が増加する旨記載されているにもかかわらず、実際には、受注残高が大幅に増加していながらも前受金残高は減少傾向にあることが判明した。

このことから、メビックスにおいては、売上の前倒し計上を手口とする不正会計の可能性が極めて高いと思料される状況にあるといえる。

メビックスのエビデンスソリューション事業における売上計上基準は、一部

の取引に関し部分完成基準を採用している（**メビックスー図 9**）が、このエビデンスソリューション事業は、メビックスの主たる事業であった（**メビックスー図12、図13**）。ここでメビックスの部分完成基準の詳細は不明であるが、臨床試験等に係るビジネスであることから、臨床試験等の過程でのフェーズごとに収益の実現を認識し、前受金を売上高に振り替えていたと思料される。

　以上のことを前提に考えた場合、メビックスの臨床試験に係るビジネスモデルは、前受金ビジネスであるところ、実際の受注残高が増えているにもかかわらず、前受金が減少しているということは、本来は、前受金計上すべき前受金残高が、すでに売上に振替計上されてしまった可能性が考えられる。臨床試験等のフェーズ毎の当該臨床試験等に係る外注先の検査報告書や検査結果等を仮装して、売上計上の根拠としていた可能性が想定できよう。そして、さらに未だ前受金を受け取っていない受注分についても売上の前倒し計上を行ったことから、売掛金残高が増加したものと思料される。その結果、売掛金については、売上高の増加以上の増加となり、滞留期間が長期化するという兆候が表れることとなったと考えられる。

　なお、前倒し計上した売上取引に係る前受金については、実際に前受金として入金となった分については、すでに売上計上した取引に係る売掛金の入金として経理処理されることから、前受金残高は増加することなく、減少したものと思料される。

　以上のとおり、メビックスにおいては、メビックスの売掛金及び前受金の状況から、売上の前倒し計上を手口とする不正会計の疑義が生じることとなる。

2　その他
　A　販売先について

　　メビックスの有価証券報告書に掲載される【事業等のリスク】において、「販売先が大きく変動することについて」が記載されている（**メビックスー図14**）。

　　ここでは、メビックスにおいては、「当社の主要マーケットである大規模臨床研究市場では、臨床研究を主宰する学会や医師が複数の臨床研究を継続して実施している事例は少なく、当社との取引関係は多くの場合特定期間のスポット的な取引となっております。そのため当社の販売先は大きく変動しておりま

す。」との記載がある。

メビックスー図14　メビックス「有価証券報告書（平成20年4月期）」

> 4【事業等のリスク】
> 　以下において、当社グループの事業の状況及び経理の状況等に関する事項のうち、リスク要因となる可能性があると考えられる主な事項及びその他投資者の判断に重要な影響を及ぼすと考えられる事項を記載しております。
> 　当社グループは、これらのリスク発生の可能性を認識した上で、発生の回避及び発生した場合の対応に努める方針でありますが、当社の様式に関する投資判断は、本項及び本書中の本項以外の記載内容も併せて、慎重に検討した上で行われる必要があると考えております。
> 　なお、以下の記載のうち将来に関する事項は、本書提出日現在において当社グループが判断したものであります。
> 　　　　　　　　　　　　　　　（略）
> (4) 当社グループの販売先について
> 　① 販売先が大きく変動することについて
> 　　当社は設立7年の企業であり、安定した販売先を有しておりません。当社の主要マーケットである大規模臨床研究市場では、臨床研究を主催する学会や医師が複数の臨床研究を持続して実施している事例は少なく、当社との取引関係は多くの場合特定期間のスポット的な取引となっております。そのため当社の販売先は大きく変動しております。
> 　　当社グループでは顧客満足度を向上させるべくサービス及び従業員の業務の質の向上を図っておりますが、安定した販売先がないため、確実に売上を見込むことができず、売上高が大きく変動する可能性があります。その場合には、当社グループの将来の財政状態及び経営成績に影響を与える可能性があります。

　ここで、メビックスの有価証券報告書に掲載される【生産、受注及び販売の状況】に記載される「販売実績」をみると、平成18年4月以降、毎期、「J－PREDICT」が主な販売先として記載されている（**メビックスー図15、図16**）。

　さらに、メビックスの販売先を、売掛金残高の相手先という観点でみると、毎期、「J－PREDICT」に対する売掛金が計上されている（**メビックスー図6、図7、図8**）。

　以上のことから、メビックスの【事業等のリスク】の記載に係る「販売先が大きく変動することについて」と違和感があるところであり、注意を要する得意先であると考える。

メビックス－図15　メビックス「有価証券報告書（平成18年4月期）」

2【生産、受注及び販売の状況】
(1)　生産実績
　　当連結会計年度の生産実績を事業の種類別セグメントごとに示すと、次のとおりであります。

事業の種類別セグメントの名称	当連結会計年度 （自　平成17年5月1日 　至　平成18年4月30日）	前年同期比 （％）
エビデンスソリューション事業（千円）	1,579,865	215.7

(略)

(3)　販売実績
　　当連結会社年度の販売実績を事業の種類別セグメントごとに示すと、次のとおりであります。

事業の種類別セグメントの名称	当連結会計年度 （自　平成17年5月1日 　至　平成18年4月30日）	前年同期比 （％）
エビデンスソリューション事業（千円）	1,579,865	215.7
サイトサポート事業（千円）	35,227	67.4
セルサイエンス事業（千円）	91,700	192.6
合計（千円）	1,706,793	205.1

(注)　1．セグメント間の取引については、相殺消去しております。
　　　2．最近2連結会計年度の主な相手先別の販売実績及び当該販売実績の総販売実績に対する割合は次のとおりであります。
　　　　なお、相手先は各連結会計年度において販売実績が10％以上の先を記載しておりますが、当該相手先が当該連結会計年度以外の連結会計年度において販売実績があった場合には、販売実績が10％未満の場合の場合も、記載しております。

相手先	前連結会計年度 （自　平成16年5月1日 　至　平成17年4月30日）		当連結会計年度 （自　平成17年5月1日 　至　平成18年4月30日）	
	金額（千円）	割合（％）	金額（千円）	割合（％）
J-PREDICT	―	―	332,371	19.5
財団法人日本ワックスマン財団	364,377	43.8	304,631	17.8
日本糖尿病進展抑制研究会	―	―	174,900	10.2
財団法人日本心臓財団	96,464	11.6	59,173	3.5

　　　3．上記の金額には、消費税等は含まれておりません。

メビックス—図16　メビックス「有価証券報告書（平成20年4月期）」

2【生産、受注及び販売の状況】
(1) 生産実績
　　当連結会計年度の生産実績を事業の種類別セグメントごとに示すと、次のとおりであります。

事業の種類別セグメントの名称	当連結会計年度 （自　平成19年5月1日 　至　平成20年4月30日）	前年同期比 （％）
エビデンスソリューション事業（千円）	2,354,212	9.1

(略)

(3) 販売実績
　　当連結会計年度の販売実績を事業の種類別セグメントごとに示すと、次のとおりであります。

事業の種類別セグメントの名称	当連結会計年度 （自　平成19年5月1日 　至　平成20年4月30日）	前年同期比 （％）
エビデンスソリューション事業（千円）	2,354,212	9.1
サイトサポート事業（千円）	54,009	9.9
セルサイエンス事業（千円）	11,414	△54.3
ヘルスケアコミュニケーション事業（千円）	127,972	208.7
合計（千円）	2,547,607	12.0

(注) 1. セグメント間の取引については、相殺消去しております。
　　 2. 最近2連結会計年度の主な相手先別の販売実績及び当該販売実績の総販売実績に対する割合は次のとおりであります。
　　　　なお、相手先は各連結会計年度において販売実績が10％以上の先を記載しておりますが、当該相手先が当該連結会計年度以外の連結会計年度において販売実績があった場合には、販売実績が10％未満の場合の場合も、記載しております。

相手先	前連結会計年度 （自　平成18年5月1日 　至　平成19年4月30日）		当連結会計年度 （自　平成19年5月1日 　至　平成20年4月30日）	
	金額（千円）	割合（％）	金額（千円）	割合（％）
ASTORO研究会	—	—	655,941	25.8
財団法人国際協力医学研究振興財団	528,800	23.3	393,530	15.5
J-PREDICT	377,080	16.6	313,819	12.3
財団法人日本心臓財団	424,863	18.7	26,213	1.0
財団法人日本ワックスマン財団	309,578	13.6	19,660	0.8

　　 3. 上記の金額には、消費税等は含まれておりません。

B　売上原価の原価構成

　メビックスの有価証券報告書に掲載される損益計算書（単体）に添付される「製造原価明細書」を確認すると、メビックスの主な原価は、経費のうち「業務委託費」であることがわかる（メビックス－図17）。

　したがって、メビックスの臨床試験等に係るビジネスにおいては、得意先から受注を受けるとともに、当該業務を外注先へ業務を委託し、当該外注先での一部又は全部の業務完了をもって、得意先へ当該結果を提供することにより、売上を計上していたものと思料される状況である。

メビックス－図17　メビックス「有価証券報告書（平成20年4月期）」

製造原価明細書

区分	注記番号	前事業年度（自　平成18年5月1日　至　平成19年4月30日）金額（千円）	構成比（％）	当事業年度（自　平成19年5月1日　至　平成20年4月30日）金額（千円）	構成比（％）
Ⅰ　材料費		1,435	0.1	5,127	0.3
Ⅱ　労務費		214,934	17.3	320,883	18.7
Ⅲ　経費	※1	1,026,852	82.6	1,388,515	81.0
当期総製造費用		1,243,222	100.0	1,714,526	100.0
期首仕掛品たな卸高		30,593		20,421	
合計		1,273,816		1,734,947	
期末仕掛品たな卸高		20,421		141,487	
他勘定振替高	※2	6,932		19,371	
当期製品製造原価		1,246,462		1,574,088	

原価計算の方法
　当社の原価計算は、個別原価計算による実質原価計算です。

（注）※1　経費の主な内訳は次のとおりです。

科目	前事業年度	当事業年度
外注費	71,923千円	47,309千円
業務委託費	780,176千円	1,084,324千円
検査委託費	16,141千円	64,564千円

※2　他勘定振替高の内容は次のとおりです。

内容	前事業年度	当事業年度
研究開発費へ振替	6,929千円	18,301千円
その他一般管理費へ振替	2千円	1,069千円

(3) 結論としての納得感

　以上のことから、メビックスの有価証券報告書からは、メビックスにおいては、売掛金の滞留期間の長期化傾向の表れた平成19年4月期から売上の前倒し計上を手口とする不正会計を行っていた疑義が生じるところである。

　想定される手口は、メビックスの主たる事業であるエビデンスソリューション事業において、業務委託先に対する委託業務の一部又は全部の完了に係る証憑類を偽造又は変造し、これに基づき、売上の前倒し計上を行っていたと思料される状況であった。この結果、得意先との契約締結後に受け取る前受金を前倒しで売上高に振り替えるとともに、前受金の受領がされていない契約に関しては、売上の前倒し計上を行うとともに架空の売掛金を計上していたと思料される状況であった。このため、受注残高が増加していたにもかかわらず前受金残高は増加せず、また、売掛金の滞留期間が年々長期化する傾向となった。

　以下、当該不正会計の兆候に係る事実関係の見極めのための方法について説明する。

1 売上取引に係る検証

　本事案は、上記のとおり、売上の前倒し計上を手口とする不正会計の兆候があったこと及びその方法として、主たる事業であるエビデンスソリューション事業において、業務委託先に対する委託業務の一部又は全部の完了に係る証憑類を偽造又は変造し、これに基づき、売上の前倒し計上を行っていたと思料される状況であったことから、当該不正会計の兆候に係る事実関係の見極めのための方法としては、業務委託先に対する取引の確認が最も有効であると考える。

　本事案では、売上高の計上根拠となる事実について、業務委託先の業務の一部又は全部の完了に係る証憑類等が偽造又は変造されている可能性があることから、当該証憑類の比較検討による不正会計の事実解明のための綻びの有無を把握

するとともに、外注先である業務委託先に対して、取引の状況について確認を行うことにより、事実関係の見極めが可能であると考える。

なお、この際には、実務上の担当者を経由した場合には、業務委託先との共謀により、内容虚偽の回答がなされる可能性があることから、業務委託先の経理関係部署等を相手先として確認する等の方法を検討する必要がある。

② その他の事実確認の方法

当該手口に係るその他の事実確認の方法については、「第三部 不正会計-早期発見とその対応 第4章 不正会計の手口とその発見方法 3 売上高の過大計上 1. 売上の前倒し計上」を参照のこと。

③ 不正会計の手口について

本事案に関しては、エムスリーが設置した調査委員会による調査報告書が公表されている[304]。以下、当該調査報告書によると、本事案は、「エムスリーによるメビックスの完全子会社化後、メビックスの従業員からエムスリーへの通報により発覚した。メビックスには内部監査室があり、また「内部通報に関する規則」とそれに伴う制度があったものの、本件会計処理は内部通報の受け手である経営陣自身が主導して行ったものであったこともあり、機能していなかった」とする。

当該調査報告書によれば、不正会計の具体的な手口は、
「大規模臨床試験支援業務に係る売上高の前倒し計上と確認された金額は総額1,200百万円である。これらは、メビックスの従業員による内部告発に基づいて発覚したものであり、担当者が前倒しで売上高を計上する意思をもって行った取引であった。

メビックスが受託する大規模臨床試験支援業務は、通常3-5年程度と長期にわたり、他方、業務委託料は、試験開始の当初に支払われることが通常であった。そのため、メビックスにおいては、売上高の計上基準について社内基準を設け、大規模臨床試験の契約において、特定の時期に役務提供が行われる部分については、役務提供の完了をもって売上高を計上することとしていた。

その際、メビックスは、支援業務を構成する個々の業務(以下「個別業務」とい

---

[304] 「当該子会社メビックス株式会社の過去決算に係る調査結果について」(エムスリー株式会社、平成22年4月21日)に添付の調査報告書参照。

う。）を恣意的に設定し、個別業務についての役務提供が完了しているかのように装う等して、売上計上を行っていた。」
であった。

また、メビックスは、平成22年4月30日に関東財務局長に対して、平成19年4月期及び平成20年4月期に係る有価証券報告書の訂正報告書を提出している。

当該有価証券報告書の訂正報告書に掲載された訂正前の連結貸借対照表及び訂正後の貸借対照表は以下のとおりであった（メビックス－図18）。

平成20年4月期の「受取手形及び売掛金」及び「前受金」の訂正前後の比較を比較すると、以下のとおり訂正後の金額は、訂正前の金額と比較して、「受取手形及び売掛金」は減少し、「前受金」は増加していることがわかる。このことから、本来は前受金計上しなければならないところ、前倒しで売上高に振り替えていたこと及び売上の前倒し計上をすることで架空の売掛金が計上されていたことがわかる。

科目	訂正前	訂正後
受取手形及び売掛金	1,053,556千円	703,126千円
前受金	41,033千円	392,087千円

さらに、訂正後の売掛金の滞留期間を確認すると、売掛金の滞留期間は、平成19年4月期は83.2日、平成20年4月期は89.6日と、訂正前と比較して滞留期間の顕著な長期化はみられない（メビックス－図19、図20）。

また、売掛金の相手先別内訳においては、平成19年4月期及び平成20年4月期ともに「J－PREDICT」に対する売掛金は計上されておらず（メビックス－図19、図20）、当該売掛金は、売上高の前倒しではなく、実取引に基づかない架空取引であった可能性も思料されるところであるが、その詳細については、不明である。

メビックス-図18　メビックス「有価証券報告書の訂正報告書（平成20年４月期）」

1　【連結財務諸表等】
　(1)　【連結財務諸表】
　　　①　【連結貸借対照表】
＜訂正前＞

区分	注記番号	前連結会計年度 （平成19年４月30日）		当連結会計年度 （平成20年４月30日）	
		金額（千円）	構成比（%）	金額（千円）	構成比（%）
（資産の部）					
Ⅰ　流動資産					
1．現金及び預金		1,352,155		1,381,380	
2．受取手形及び売掛金		983,892		1,053,556	
3．たな卸資産		33,396		174,016	
4．繰延現金資産		30,961		4,323	
5．その他		79,179		156,995	
流動資産合計		2,479,585	92.1	2,770,272	89.8
Ⅱ　固定資産					
1．有形固定資産					

（略）

区分	注記番号	前連結会計年度 （平成19年４月30日）		当連結会計年度 （平成20年４月30日）	
		金額（千円）	構成比（%）	金額（千円）	構成比（%）
（負債の部）					
Ⅰ　流動負債					
1．買掛金		276,036		551,772	
2．未払法人税等		63,621		3,268	
3．未払金		34,616		129,180	
4．前受金		49,557		41,033	
5．その他		35,355		19,057	
流動負債合計		459,189	17.1	744,312	24.1
負債合計		459,189	17.1	744,312	24.1
（純資産の部）					

（略）

＜訂正後＞

区分	注記番号	前連結会計年度 （平成19年4月30日）		当連結会計年度 （平成20年4月30日）	
		金額（千円）	構成比（％）	金額（千円）	構成比（％）
（資産の部）					
Ⅰ　流動資産					
1．現金及び預金		1,352,155		1,381,380	
2．受取手形及び売掛金		536,307		703,126	
3．たな卸資産		33,396		164,015	
4．繰延現金資産		1,762		348	
5．その他		89,646		216,312	
流動資産合計		2,013,269	90.5	2,465,183	88.7
Ⅱ　固定資産					
1．有形固定資産					
(1)　建物		17,638		18,388	

（略）

区分	注記番号	前連結会計年度 （平成19年4月30日）		当連結会計年度 （平成20年4月30日）	
		金額（千円）	構成比（％）	金額（千円）	構成比（％）
（負債の部）					
Ⅰ　流動負債					
1．買掛金		147,154		405,729	
2．未払法人税等		63,621		3,268	
3．未払金		49,610		188,778	
4．前受金		325,793		392,087	
5．その他		15,169		19,057	
流動負債合計		601,350	27.0	1,008,921	36.3
負債合計		601,350	27.0	1,008,921	36.3
（純資産の部）					
Ⅰ　株主資本					

メビックス－図19　メビックス「有価証券報告書の訂正報告書（平成19年4月期）」

<訂正後>
相手先別内訳

相手先	金額（千円）
財団法人日本心臓財団	117,558
日本糖尿病進展抑制研究会	160,545
財団法人日本ワックスマン財団	94,871
国際協力医学研究振興財団	41,607
（株）アスクレップ	53,161
その他	55,443
合計	523,187

売掛金の発生及び回収並びに滞留状況

前期繰越高（千円）(A)	当期発生高（千円）(B)	当期回収高（千円）(C)	次期繰越高（千円）(D)	回収率（％） $\dfrac{(C)}{(A)+(B)} \times 100$	滞留期間（日） $\dfrac{\frac{(A)+(D)}{2}}{\frac{(B)}{365}}$
316,970	1,842,511	1,636,294	523,187	75.8	83.2

メビックスー図20　メビックス「有価証券報告書の訂正報告書（平成20年４月期）」

＜訂正後＞
相手先別内訳

相手先	金額（千円）
ASTRO 研究会	251,773
インターペンションのエビデンスを創る会	132,426
ボストン・サイエンティフィックジャパン（株）	89,250
FGID 研究会	144,764
サノフィ・アベンティス（株）	19,731
その他	53,819
合計	691,763

売掛金の発生及び回収並びに滞留状況

前期繰越高（千円）(A)	当期発生高（千円）(B)	当期回収高（千円）(C)	次期繰越高（千円）(D)	回収率（％）$\frac{(C)}{(A)+(B)} \times 100$	滞留期間（日）$\frac{\frac{(A)+(D)}{2}}{\frac{(B)}{366}}$
523,187	2,480,117	2,311,541	691,763	77.0	89.6

（注）当期発生高には消費税等が含まれております。

4 証券取引等監視委員会によるエムスリーに対する課徴金納付命令

　以上のとおり、エムスリーは、不正会計を行っていたメビックスを平成21年4月に実施したTOBにより子会社化したところ、その後のメビックスの不正会計の発覚により、メビックスに対する虚偽記載に係る課徴金納付命令勧告とともに、エムスリーに対してもメビックス株式の取得時ののれんの計上額に係る虚偽記載として課徴金納付命令勧告が行われることとなった。

　ある意味、エムスリーにとっての課徴金勧告は、交通事故にあったようなものである。

　しかし、エムスリーは、平成21年4月において初めてメビックスの株式を取得したのではなく、メビックスが平成17年11月に東京証券取引所マザーズ市場に上場する前の平成17年4月にはメビックスの第三者割当増資の引受先となっており（メビックス－図21）、これによりエムスリーはメビックスの大株主となっていた。

　このような経緯からすると、エムスリーにおいては、メビックスの不正会計の兆候を事前に把握する可能性があったともいえ、その端緒を活かしきれていなかった可能性も考えられる。

メビックス－図21　メビックス「有価証券報告書（平成20年4月期）」

第4【提出会社の状況】
　1【株式当の状況】
　　(1)【株式の総数等】
　　　①【株式の総数】

種類	発行可能株式総数（株）
普通株式	124,800
計	124,800

（略）

(4) 【発行済株式総数、資本金等の推移】

年月日	発行済株式総数増減数（株）	発行済株式総数残高（株）	資本金増減額（株）	資本金残高（千円）	資本準備金増減額（千円）	資本準備金残高（千円）
平成16年5月1日（注）1．	4	2,004	500	157,500	500	95,500
平成16年9月22日（注）2．	8,016	10,020	―	157,500	―	95,500
平成17年4月25日（注）3．	380	10,400	41,800	199,300	41,800	137,300
平成17年7月29日（注）4．	20,800	31,200	―	199,300	―	137,300
平成17年11月17日（注）5．	4,500	35,700	573,750	773,050	799,875	937,175
平成17年5月1日～平成18年4月30日（注）6．	450	36,150	750	773,800	750	937,925
平成18年5月1日～平成19年4月30日（注）6．	2,610	38,760	13,026	786,826	13,025	950,950
平成19年5月1日～平成20年4月30日（注）6．	417	39,177	5,940	792,766	5,939	956,890

（注）1．有償第三者割当
　　　　割当先　（株）三菱化学ビーシーエル
　　　　発行価格　　　250,000円
　　　　資本組入額　　125,000円
（注）2．当社は平成16年9月22日付で株式1株につき5株の株式分割を行っており、発行済株式総数が8,016株増加しております。
（注）3．有償第三者割当
　　　　割当先　ソネット・エムスリー（株）、他6名
　　　　発行価格　　　220,000円
　　　　資本組入額　　110,000円
（注）4．平成17年7月29日付で株式1株につき3株の株式分割を行っており、発行済株式総数が20,800株増加しております。

第五部

不正会計
市場規律の強化への取り組み

第五部では、市場関係者である上場会社、証券取引所、日本証券業協会、日本公認会計士協会及び金融庁・証券取引等監視委員会等による市場規律の強化への取り組みの一環としての不正会計への対応について説明する。

　公正な証券市場の確立は、証券取引所や監督官庁等のみの努力によって得られるものではなく、潜在的な投資者を含めた国民及び多くの市場関係者の日々の絶え間ない努力によって築かれるものである。これらの市場関係者の不正会計等に対する取り組みを知り、理解を深めてもらいたい。

第1章 上場会社の取り組み

　ここでは上場会社における不正会計への取り組みについて説明する。上場会社は、自社の発行する株式を証券市場に上場させており、まさに当時者としての市場関係者の立場を有するものである。

1　証券市場の商品である株式の実態としての上場会社

　証券取引所において売買される株式は、証券市場の商品ともいうべきものである。この証券市場の商品である株式の実態は、いうまでもなく上場会社である株式会社そのものである。ゆえに、証券市場の商品たる株式の品質は、主に上場会社におけるコーポレート・ガバナンスや内部統制に依存することとなる。

　したがって、上場会社のコーポレート・ガバナンスに関わる取締役、監査役等においては、会社を経営していく中で、それぞれが会社法・金商法等で求められる自らの責任を果たすとともに、さらには、証券市場の商品たる株式の品質の維持・向上を図るという視点も併せもってその職務の遂行にあたらなければならない。また、上場会社において内部監査やその他の業務に従事する従業員においても、その業務を通じて、上場会社の品質を維持・管理しているという意味においては、同じである。

　世の中の物事は、それをどの視点で切り取るかによって物事の見え方は異なってくる。その本質は同じであるにも関わらずである。「株式会社」にしても株主を始めとするステークホルダーの視点で切り取った場合には、業績の維持・向上は当然のことながら、併せて株主保護・債権者保護の観点での会社法等の法令等に係る遵守が重要となるであろう。

　また、証券市場の視点で切り取った場合には、証券市場の商品としての「株

式」の質をどのように維持・向上すべきかということが重要となろう。すなわち、証券市場の視点で株式会社を考えた場合には、証券市場における公正な価格形成を実現するために、企業内容等の適正な開示を行える体制が整備・運用されているかどうかが問題となる。制度開示書類である有価証券報告書等を適時に、かつ、適正に作成・提出できる体制か否か、取引所規則に基づく投資者の投資判断に有用な企業内容等に係る重要事実を適時に、かつ、適正に開示できる体制か否か、適正な開示制度を確保すべく会社関係者が公表前に知り得た情報に基づき内部者取引を行えないような情報管理体制になっているかどうか、そして、そもそも、当該開示情報の内容の信頼性を確保すべくコーポレート・ガバナンス及び内部統制が有効に機能するように整備・運用されているかどうかである。

役員不正・従業員不正を問わず、社内における不正は、当該会社の信用、財産等を毀損するものであり、隠れた不正は株式に係る瑕疵として存在することとなる。隠れた瑕疵は、それが発覚するまでは、当然のことながら、開示がなされることはなく、有価証券報告書等の開示書類に掲載される財務諸表にも反映されないことから、これはすべて不正会計の原因となる。したがって、そのような開示情報に係る隠れた瑕疵を予防・早期発見できるコーポレート・ガバナンス及び内部統制制度の整備・運用が求められるのである。

2 商品の品質管理としてのコーポレート・ガバナンスと内部統制

経営者不正・従業員不正は、それが未だ発覚していない状況においては、企業内容等の開示情報に係る隠れたる瑕疵として存在し、投資者は、投資判断に影響を与える経営者不正・従業員不正という重要な事項の存在を知らないまま株式の取引を行うこととなる。したがって、当該瑕疵は、「適正な開示」の実現を阻害するという意味で、証券市場における公正な価格形成の阻害要因となるものである。

株式会社の機関である取締役・監査役については、取締役は、取締役会の機能を通じ業務執行取締役の業務の執行を監督することにより、また、監査役は、取締役の業務の執行を監査することにより、経営者不正の発生を防ぐとともに、そ

の早期発見に努めることとなる。また、取締役は、内部統制を整備・運用することにより、従業員不正を予防し、また、その早期発見に努めることとなる。

このように、コーポレート・ガバナンス及び内部統制が有効に機能することにより、開示情報に係る瑕疵としての経営者不正・従業員不正の予防・早期発見が可能となり、この結果、証券市場における公正な価格形成を実現し、ひいては、金商法の目的である国民経済の健全な発展及び投資者保護に資することとなる。

すなわち、金商法の観点からは、上場会社におけるコーポレート・ガバナンス及び内部統制は、証券市場の商品である「株式」の品質管理としての役割を担うものであり、ゆえに取締役及び監査役の適正な職務の遂行は、公正な証券市場の確立に寄与するのである。

3 不正を許さない企業体質の構築

コーポレート・ガバナンス及び内部統制は、それをいくら教科書的に整備したところで、有効に機能しない限りは、その目的を果たせない。コーポレート・ガバナンス及び内部統制が機能しない原因には、様々なものが考えられるが、その最も本質的なものは、それらの制度の運用が「ヒト」に依存せざるを得ないということであろう。

近年、企業不祥事、特に不正会計が相次いで発覚したことより企業統治の在り方が問題とされている。しかし、現行の会社法等の制度がそれらの不祥事に全くの無力かというとそのようなことは決してない。現行制度であっても運用次第では不祥事に対して有効に機能するのである。逆にどのような制度設計を行ったところで、それを運用する人が悪意を持てば、企業不祥事は当然に起こり得るのである。もちろん、制度的に企業不祥事が起こりにくくする制度設計は、それが可能である限りにおいては、常に検討しなければならないことである。また、制度設計時には想定し得なかった技術的な欠陥もあり得るかもしれない。したがって、そのような観点での諸制度に係る不断の検討は必要であろう。

しかし、それらはあくまでも技術的な問題であり、コーポレート・ガバナンス及び内部統制の機能不全という問題の本質ではない。考えるべきことは、どのよ

うな制度であっても（もちろん、十分に考えられて設計された制度であることが前提となるが）、それを機能させるための運用面での対策である。

経営者としての資質に問題がある者が代表取締役になってしまった時にどのような対応をしなければならないか、また、そもそもそのような者を代表取締役に選任してしまった取締役会の運用面での問題をどのように解決すべきなのか。取締役会の本質である代表取締役の職務の監督及び必要な場面での解職権限の行使ができていないのはなぜか、代表取締役にモノを言えない監査役（会）がいるのはなぜか、このような株式会社の機関の無機能化をどのように改善すべきなのか。それは単に外部の者を取締役、監査役に据えれば済むという話ではない。その場合であっても社外取締役、社外監査役をどのように選び出すのか等々、悩ましい課題は尽きないのである。

突き詰めて考えれば、それはコーポレート・ガバナンスに関わる者の倫理観の問題となろう。しかし、果たしてそのような抽象的・精神的な話で事は解決するのであろうか。おそらくその問いに対する回答は「否」であろう。やはり何らかの実効性を持たせるための制度的な担保が必要となる。とはいえ、完璧な制度設計などは存在しないのである。ここにジレンマが生じることになる。

本書ではその具体的な解決策について検討・提案することがその主たる目的ではない。しかし、あえてその一つの方策を考えれば、それは市場関係者全体の意識の向上を図るほかはないと考える。市場関係者全体で上場会社のコーポレート・ガバナンスの状況に対して、チェックしていくのである。

単に取締役、監査役に対して、倫理観の向上を求めたところで、悪いことをする者はかならず悪いことをするのである。もともとそのような悪いことをするはずではなかった者であっても不正のトライアングルが成立した時に、不正の誘惑に負けてしまう者は負けてしまうのである。また、悪いことをできにくくする制度を設計したところで、その抜け道を必ず作るのである。そうであるならば、常に第三者的な視点で、かつ、それぞれの利害が関係する形で、ステークホルダーが上場会社のコーポレート・ガバナンスの状況をチェックすることが重要であると考える。

上場会社を取り巻く環境は、株主を始めとする多くのステークホルダーによっ

て成り立つところがある。取締役の選任は、株主総会で決議され、その決議に係る株主権の行使は、それぞれの株主が行うところである。また、金融機関や大口の取引先等、経営陣に接する機会のあるステークホルダーもそれぞれの自社の利益を考えた時には、融資先、取引先におけるコーポレート・ガバナンスの体制は重要である。

さらに、会計監査人による監査も適正な開示の確保という観点からより深度のある監査を実施する必要があろう。これは会計監査人のある意味、本当の意味での意識の変革が求められる点である。例えば、会社のコンプライアンス意識の発現として内部通報制度に対する取り組み等の状況もまた内部統制環境の評価として監査の過程に積極的に取り組む等である。

また、金融庁や証券取引等監視委員会等の行政当局による監視も重要となる。特に不正会計の観点では、証券取引等監視委員会事務局開示検査課においては、金商法第26条による開示検査権限を適正に、かつ、積極的に行使していくことが肝要である。

これらはある意味、国政に通じるところがある。政治が良くならない、経済が良くならない等の理由を政治家が悪いというのは簡単である。しかし、それらの政治家を選んでいるのは我々国民なのである。低い投票率の結果、選ばれた国民の代表としての政治家にこの日本の政治を託しているのである。そうであるならば、本当の意味で日本を良くしようと考えるのであれば、我々国民が変わらなければならない。それが民主主義である。その覚悟が求められているのである。

企業統治も同じである。結局のところ、企業不祥事を起こす取締役に会社の経営を任せていたのは、株主を始めとするステークホルダーなのである。もちろん、取締役の不正を知りながら声をあげられなかった従業員も同じである。誤解がないように言えば、だからといってステークホルダーに企業不祥事の責任を押し付けるつもりはない。あくまでも責任を負うべきは、企業不祥事を起こした当事者なのである。これら企業不祥事の再発防止に向けて制度をいじったところで、また、同じことの繰り返しである。完全な再発防止は難しいかもしれないが、そのような取締役に経営を託さないことが重要であり、会社の機関の実効性を確保するための「ヒト」を選び、常に関与し続けることが肝要であると考える。

そのためには、まずは市場関係者としてのステークホルダーの意識の変革が求められるのである。

第2章 証券取引所の取り組み

1 自主規制機関としての証券取引所

　証券取引所[305]は、証券市場を開設し（金商法第2条第16項）、当該市場について、有価証券の売買及び市場デリバティブ取引を公正かつ円滑にし、並びに投資者の保護に資するよう運営することが求められており（金商法第110条）、このような証券市場の運用を確保するための自主規制業務を行う自主規制機関としての性格を有するものである（金商法第84条第1項）。

　社会的インフラである証券市場の公正性の確保にあたっては、法制度としての金商法がその枠組みを成すものであるが、①金融商品取引が専門的かつ技術的であり、複雑であることから、国家機関が規制するよりも、実態に精通している自主規制機関に任せる方が良い規制結果を期待できるということ、②市場規制には、刻々と変化する市場の実情に即応できるような機動性が必要であり、ときには法令レベルの規制だけでは対応が困難な場合があることから、そのような場合には、法令を補完する自主規制機関によるルールが必要となること、そして、③規制の方法も自主規制機関は日々の金融商品取引の流れに沿ってチェックしていくので、規制は効果的かつ的確であること、そして、何よりも重要なことは、④不公正な行為が行われないための予防措置をタイムリーに、また、適切に講じられることから、自主規制機関である証券取引所による自主規制業務が重要となるのである[306]。

　自主規制業務は、以下の業務となる（金商法第84条第2項各号）。

305　金商法上は、「金融商品取引所」であるが、ここでは「証券取引所」として説明する。
306　河本一郎・大武泰南『金融商品取引法読本第2版』（有斐閣、平成23年10月）518頁

①　金融商品、金融指標又はオプションの上場及び上場廃止に関する業務（内閣府令で定めるものを除く。）
②　会員等の法令、法令に基づく行政官庁の処分若しくは定款その他の規則又は取引の信義則の遵守の状況の調査
③　その他取引所金融商品市場における取引の公正を確保するために必要な業務として内閣府令で定めるもの

このうち特に不正会計との関連では、①の「金融商品、金融指標又はオプションの上場及び上場廃止に関する業務」が主となる。

まず、上場に当たっては、証券取引が有価証券等の上場を認めるかどうかの上場審査を行う[307]。すなわち、会社は、その発行する株式を証券取引所に上場させるためには、上場審査を受けなければならないが、まず上場申請を行うにあたって求められる形式要件（有価証券上場規程第205条関係）を満たした上で、実質審査としての上場審査を受けることとなる（有価証券上場規程第207条関係）。

また、上場廃止に当たっては、上場会社が上場会社としての適格性がなくなった場合、証券取引所として上場廃止の判断を行うこととなる。その他、上場廃止に至らないまでも上場会社としての適格性に問題がある場合には、証券取引所の自主規制として様々な対応が採られることとなる。

以下、上場に関する事項、上場廃止に関する事項、そして、その他の上場会社への自主規制の概要について「開示」の観点を中心に説明する。

2　上場に関する事項

1．形式要件

上場申請を行うための要件は、有価証券上場規程第205条において規定されており、株主数（同条第1号）、流通株式（同条第2号）、時価総額（同条第3号）、事業継続年数（同条第4号）、純資産の額（同条第5号）、利益の額又は時価総額

---

[307]　ここでは主として東京証券取引所を前提として説明する。したがって、取引所規則等に関する説明は、すべて東京証券取引所の規程を意味する。

（同条第6号）等が定められているほか、同条第7号において、「虚偽記載又は不適正意見等」として、以下の要件を満たすことが求められている。

a 最近2年間に終了する各事業年度若しくは各連結会計年度の財務諸表等又は各事業年度における四半期会計期間若しくは各連結会計年度における四半期連結会計期間の四半期財務諸表等が記載又は参照される有価証券報告書等に虚偽記載を行っていないこと。

b 最近2年間に終了する各事業年度及び各連結会計年度の財務諸表等に添付される監査報告書（最近1年間に終了する事業年度及び連結会計年度の財務諸表等に添付されるものを除く。）において、公認会計士等の「無限定適正意見」又は「除外事項を付した限定付適正意見」が記載されていること。ただし、施行規則で定める場合は、この限りでない。

c 最近1年間に終了する事業年度及び連結会計年度の財務諸表等に添付される監査報告書並びに最近1年間に終了する事業年度における四半期会計期間及び連結会計年度における四半期連結会計期間の四半期財務諸表等に添付される四半期レビュー報告書において、公認会計士等の「無限定適正意見」又は「無限定の結論」（特定事業会社にあっては、「中間財務諸表等が有用な情報を表示している旨の意見」を含む。）が記載されていること。ただし、施行規則で定める場合は、この限りでない。

d 新規上場申請に係る株券等が国内の他の金融商品取引所に上場されている場合にあっては、次の（a）及び（b）に該当するものでないこと。（a）最近1年間に終了する事業年度に係る内部統制報告書において、「評価結果を表明できない」旨が記載されていること。（b）最近1年間に終了する事業年度に係る内部統制報告書に対する内部統制監査報告書において、「意見の表明をしない」旨が記載されていること。

また、これらの会計監査等を行う公認会計士又は監査法人については、有価証券上場規程第205条（内国会社の形式要件）第7号の2（上場会社監査事務所による監査）において、

最近2年間に終了する各事業年度及び各連結会計年度の財務諸表等並びに最近1年間に終了する事業年度における四半期会計期間及び連結会計年度におけ

る四半期連結会計期間の四半期財務諸表等について、上場会社監査事務所（日本公認会計士協会の上場会社監査事務所登録制度に基づき準登録事務所名簿に登録されている監査事務所（日本公認会計士協会の品質管理レビューを受けた者に限る。）を含む。）（当取引所が適当でないと認める者を除く。）の法第193条の2の規定に準ずる監査又は四半期レビューを受けていること。
が要件となっている。

2．上場審査

上場審査の内容は、主に①企業の継続性及び収益性、②企業経営の健全性、③企業のコーポレート・ガバナンス及び内部管理体制の有効性、④企業内容等の開示の適正性、⑤その他公益又は投資者保護の観点から取引所が必要と認める事項について審査することとなっている（有価証券上場規程第207条（上場審査））。

①企業の継続性及び収益性とは、継続的に事業を営み、かつ、経営成績の見通しが良好なものであること（同条第1号）であり、②企業経営の健全性とは、事業を公正かつ忠実に遂行していること（同条第2号）であり、③企業のコーポレート・ガバナンス及び内部管理体制の有効性とは、コーポレート・ガバナンス及び内部管理体制が適切に整備され、機能していること（同条第3号）であり、④企業内容等の開示の適正性とは、企業内容等の開示を適正に行うことができる状況にあること（同条第4号）である。

このうち「企業内容等の開示の適正性」については、

・経営に重大な影響を与える事実等の会社情報を適正に管理し、投資者に対して適時、適切に開示することができる状況にあること及び内部者取引の未然防止体制が適切に整備、運用されている状況にあること
・新規上場申請書類のうち企業内容の開示に係るものについて、法令等に準じて作成されており、かつ、新規上場申請者及びその企業グループの財政状態及び経営成績、役員・大株主・関係会社等に関する重要事項等の投資者の投資判断に重要な影響を及ぼす可能性のある事項や、主要な事業活動の前提となる事項について適切に記載されていること
・関連当事者その他の特定の者との間の取引行為又は株式の所有割合の調整等

により、新規上場申請者の企業グループの実態の開示を歪めていないこと
・新規上場申請者の企業グループが親会社等を有している場合には、当該親会社等が上場会社であること、ないしは、親会社に関する事実等の会社情報を、投資者に対して適時に開示することに親会社が同意することについて書面による確約していること

が求められる（上場審査等に関するガイドラインの「Ⅱ　株券等の新規上場審査[本則市場]」の「5　（内国会社における企業内容等の開示の適正性）」）。

このうち「経営に重大な影響を与える事実等の会社情報を適正に管理し、投資者に対して適時、適切に開示することができる状況にあること及び内部者取引の未然防止体制が適切に整備、運用されている状況にあること」が上場会社の適格性として特に重要であると考えられ、上場時のみならず上場後も維持すべきことが当然に求められることとなる。

3　上場廃止に関する事項

1．上場廃止基準について

上場廃止については、以下の基準が設けられている[308]。

> (1) 株主数
> 　株主数が、上場会社の事業年度の末日において400人未満である場合において、1年以内に400人以上とならないとき。ただし、施行規則で定める場合はこの限りでない。
> (2) 流通株式
> 　次のaからcまでのいずれかに該当する場合。ただし、施行規則で定める場合はこの限りでない。
> 　a　流通株式の数が、上場会社の事業年度の末日において2,000単位未満である場合において、1年以内に2,000単位以上とならないとき。
> 　b　流通株式の時価総額が、上場会社の事業年度の末日において5億円未満である場合において、1年以内に5億円以上とならないとき。ただし、市況全般が急激

308　株式会社東京証券取引所グループホームページ「有価証券上場規程」第601条より抜粋して掲載

に悪化した場合において、当取引所がこの基準によることが適当でないと認めたときは、当取引所がその都度定めるところによる。
　c　流通株式の数が上場会社の事業年度の末日において上場株券等の数の５％未満である場合であって、上場会社が施行規則で定める日までに当取引所の定める公募、売出し又は数量制限付分売予定書を当取引所に提出しないとき。
(3)　売買高
　次のa又はbに該当する場合。ただし、a又はbに該当後３か月以内に、施行規則で定めるところにより公募、売出し又は立会外分売を行う場合には、この限りでない。
　a　毎年の12月末日以前１年間における上場株券等の月平均売買高が10単位未満である場合
　b　毎月の末日以前３か月間に売買が成立していない場合
(4)　時価総額
　次のa又はbに該当する場合
　a　時価総額が10億円未満である場合において、９か月（事業の現状、今後の展開、事業計画の改善その他当取引所が必要と認める事項を記載した書面を３か月以内に当取引所に提出しない場合にあっては、３か月）以内に10億円以上とならないとき。ただし、市況全般が急激に悪化した場合において、当取引所がこの基準によることが適当でないと認めたときは、当取引所がその都度定めるところによる。
　b　当該株券等に係る時価総額が上場株券等の数に２を乗じて得た数値未満である場合において、３か月以内に当該数値以上とならないとき。
(5)　債務超過
　上場会社がその事業年度の末日に債務超過の状態である場合において、１年以内に債務超過の状態でなくならなかったとき。ただし、当該上場会社が法律の規定に基づく再生手続若しくは更生手続、産活法第２条第25項に規定する特定認証紛争解決手続に基づく事業再生（当該手続が実施された場合における産活法第49条に規定する特例の適用を受ける特定調停手続による場合も含む。）又は私的整理に関するガイドライン研究会による「私的整理に関するガイドライン」に基づく整理を行うことにより、当該１年を経過した日から起算して１年以内に債務超過の状態でなくなることを計画している場合（当取引所が適当と認める場合に限る。）には、２年以内に債務超過の状態でなくならなかったとき。
(6)　銀行取引の停止
　上場会社が発行した手形等が不渡りとなり銀行取引が停止された場合又は停止されることが確実となった場合。
(7)　破産手続、再生手続又は更生手続
　上場会社が法律の規定に基づく会社の破産手続、再生手続若しくは更生手続を必要とするに至った場合又はこれに準ずる状態になった場合。この場合において、施

行規則で定める再建計画の開示を行った場合には、当該再建計画を開示した日の翌日から起算して1か月間の時価総額が10億円以上とならないとき。
(8) 事業活動の停止
上場会社が事業活動を停止した場合又はこれに準ずる状態になった場合
(9) 不適当な合併等
次のa又はbに掲げる場合において、当該a又はbに該当すると当取引所が認めた場合
　a　上場会社が非上場会社の吸収合併又はこれに類するものとして施行規則で定める行為（以下このaにおいて「吸収合併等」という。）を行った場合
　　当該上場会社が実質的な存続会社でないと当取引所が認めた場合において、当該上場会社（吸収合併等の前においては、当事者である非上場会社として施行規則で定める者をいう。）が3年以内に施行規則で定める基準に適合しないとき。
　b　会社が第208条第1号、第3号又は第5号の適用を受けて上場した場合（新設合併、株式移転又は新設分割をする場合における当事者がすべて上場会社である場合を除く。）
　　当該会社について第208条第1号、第3号又は第5号に定める上場会社が実質的な存続会社でないと当取引所が認めた場合において、当該会社（第208条第1号、第3号又は第5号に該当する前においては、審査対象である非上場会社として施行規則で定める者をいう。）が3年以内に施行規則で定める基準に適合しないとき。
(9)の2　支配株主との取引の健全性の毀損
第三者割当により支配株主が異動した場合において、3年以内に支配株主との取引に関する健全性が著しく毀損されていると当取引所が認めるとき。
(10) 有価証券報告書又は四半期報告書の提出遅延
2人以上の公認会計士又は監査法人による監査証明府令第3条第1項の監査報告書又は四半期レビュー報告書（公認会計士又は監査法人に相当する者による監査証明に相当する証明に係る監査報告書又は四半期レビュー報告書を含む。）を添付した有価証券報告書又は四半期報告書を、法第24条第1項又は法第24条の4の7第1項に定める期間の経過後1か月以内（天災地変等、上場会社の責めに帰すべからざる事由によるものである場合は、3か月以内）に、内閣総理大臣等に提出しなかった場合
(11) 虚偽記載又は不適正意見等
次のa又はbに該当する場合
　a　上場会社が有価証券報告書等に虚偽記載を行い、かつ、その影響が重大であると当取引所が認める場合
　b　上場会社の財務諸表等に添付される監査報告書又は四半期財務諸表等に添付される四半期レビュー報告書において、公認会計士等によって、監査報告書については「不適正意見」又は「意見の表明をしない」旨（天災地変等、上場会社の責

めに帰すべからざる事由によるものである場合を除く。以下、このｂにおいて同じ。）が、四半期レビュー報告書については「否定的結論」又は「結論の表明をしない」旨（特定事業会社の場合にあっては、「中間財務諸表等が有用な情報を表示していない意見」又は「意見の表明をしない」旨を含む。）が記載され、かつ、その影響が重大であると当取引所が認める場合

(12) 上場契約違反等

上場会社が上場契約に関する重大な違反を行ったとして施行規則で定める場合、第204条第1項、第211条第1項、第301条第3項、第307条第2項若しくは第312条第3項の規定により提出した宣誓書において宣誓した事項について重大な違反を行った場合又は上場契約の当事者でなくなることとなった場合

(13) 株式事務代行機関への委託

上場会社（第205条第8号ただし書に該当する上場会社を除く。）が株式事務を当取引所の承認する株式事務代行機関に委託しないこととなった場合又は委託しないこととなることが確実となった場合

(14) 株式の譲渡制限

上場会社が当該銘柄に係る株式の譲渡につき制限を行うこととした場合。ただし、施行規則で定める特別の法律の規定に基づき株式の譲渡に関して制限を行う場合であって、かつ、その内容が当取引所の市場における売買を阻害しないものと認められるときは、この限りでない。

(15) 完全子会社化

上場会社が株式交換又は株式移転により他の会社の完全子会社となる場合

(16) 指定振替機関における取扱い

当該銘柄が指定振替機関の振替業における取扱いの対象とならないこととなった場合

(17) 株主の権利の不当な制限

株主の権利内容及びその行使が不当に制限されているとして施行規則で定める場合

(18) 全部取得

上場会社が当該銘柄に係る株式の全部を取得する場合

(19) 反社会的勢力の関与

上場会社が反社会的勢力の関与を受けているものとして施行規則で定める関係を有している事実が判明した場合において、その実態が当取引所の市場に対する株主及び投資者の信頼を著しく毀損したと当取引所が認めるとき

(20) その他

前各号のほか、公益又は投資者保護のため、当取引所が当該銘柄の上場廃止を適当と認めた場合

このうち、債務超過（第5号）、有価証券報告書又は四半期報告書の提出遅延（第10号）、虚偽記載又は不適正意見（第11号）が不正会計を直接又は間接に原因とする上場廃止基準となる。

2．虚偽記載審査について

　上記のとおり、上場会社が有価証券報告書等の開示書類に係る虚偽記載を行った場合には、上場廃止基準に抵触するが、当該基準においては、「上場会社が有価証券報告書等に虚偽記載を行い、かつ、その影響が重大であると当取引所が認める場合」[309]となっている。

　東京証券取引所自主規制法人上場管理部においては、上場管理部において行われる「上場会社による有価証券報告書等の財務諸表等に係る虚偽記載に関して監理銘柄（審査中）への指定を行い、虚偽記載に係る上場廃止その他の措置に係る要件該当性について審査し、とるべき措置を判断する際の一般的な手続き、虚偽記載に係る審査で審査対象となる事項その他留意事項」[310]について解説した「上場管理業務について－虚偽記載審査の解説－」（以下、「虚偽記載審査の解説」という。）を平成22年8月に公表している。

　この虚偽記載審査の解説において、虚偽記載審査に係る審査事項として、以下の項目を掲げている[311]。

309　東京証券取引所有価証券上場規程第601条（上場内国会社の上場廃止基準）第1項第11号a
310　「上場管理業務について－虚偽記載審査の解説－」（東京証券取引所自主規制法人上場管理部、平成22年8月）1頁
311　東京証券取引所自主規制法人上場管理部『上場管理業務について－虚偽記載審査の解説－』（平成22年8月）7頁－10頁の表より加工して掲載

回答が求められる審査事項	留意点
虚偽記載が発覚した経緯	
調査に関する事項	（提出書類等） ・社内又は第三者委員会による調査内容及び調査結果をまとめた書面がある場合には当該書面
調査の目的 　調査実施者 　調査期間 　調査対象・調査手法 　調査過程で行った関係者へのヒアリング・面談の内容及び結果	・虚偽記載への関与や利害関係の疑いがない者による実施が求められます。 ・調査期間が最近5事業年度に満たない場合には、その範囲を適切とする理由が求められます。 ・調査期間は少なくとも訂正期間を含む必要があります。 ・不適切な会計処理等の抽出対象や抽出過程、その絞込みの妥当性（抽出対象以外に不適切な会計処理等が存在しないこと）の説明が求められます。 ・調査の妥当性の観点から、調査のために抽出した対象の金額や件数が取引全体に占める割合等について説明が求められます。 ・網羅性の観点から、ヒアリング・面談対象者の選定理由について説明が求められます。 （提出書類等） ・ヒアリング・面談録
虚偽記載の原因となった行為（以下「原因行為」といいます。）の内容	・取引スキーム、商流・物流、資金の流れ、手口・手法、手順、手続き、金額、実施時期、実施者等の具体的な説明が求められます。 ・虚偽記載が不正や改ざん、隠蔽等により行われたものか、又は、誤謬により行われたものか等について、説明が求められます。 ・上場会社として事実を認定するに至った経緯・理由についても併せて説明が求められます。 （提出書類等） ・取引スキーム図や資金フロー図 ・取締役会議事録や稟議書等の決裁書類、契約書類、経理帳票等関係する一連の書類 ・その他事実を認定するに至った根拠資料等

原因行為に基づき行われた不適切な会計処理の内容	・会計上認められない処理及びその理由の説明が求められます。 （提出書類等） ・訂正前後の仕訳一覧
不適切な会計処理等から適切な会計処理等への訂正方法	・訂正に伴う年度別・原因行為別の数値的影響（件数、取引金額、損益影響金額等）の説明が求められます。 （提出書類等） ・訂正前後の仕訳一覧
原因行為への全関係者の関与状況	・指示者、実行者、黙認していた者又は不知であった者等全関係者の関与状況について、説明が求められます。 ・上場会社として事実を認定するに至った経緯・理由についても併せて説明が求められます。 （提出書類等） ・事実を認定するに至った根拠資料等
関係者の行為が会計的に誤りであったこと及びかかる誤りが財務諸表等に与える影響に関する当時の各関係者の認識の有無	・上場会社として事実を認定するに至った経緯・理由についても併せて説明が求められます。 （提出書類等） ・事実を認定するに至った根拠資料等
各関係者の目的や動機	・金銭の収受等個人的な利得や組織への帰属意識等を踏まえ、各関係者がそれぞれ行為を行った目的や動機等について、説明が求められます。 ・資金調達等のコーポレートアクションや会社が置かれた状況を踏まえ、虚偽記載を行ったことにより達成された利益又は回避された不利益等について、説明が求められます。 ・上場会社として事実を認定するに至った経緯・理由についても併せて説明が求められます。 （提出書類等） ・事実を認定するに至った根拠資料等
内部管理体制等の問題	・関連する規程類（職務分掌規程、稟議規程、経理規程、業務部門マニュアル等）や業務フローチャートに従った具体的な確認、報告、承認等の社内手続きを踏まえ、虚偽記載の原因行為を可能とした内部管理体制上の具体的な不備の状況の説明が求められます。

	・内部管理体制上の不備について、組織・制度の不備の場合には、不備があった理由及びあるべき組織・制度、また、運用の不備の場合には、適切に運用されなかった理由の説明が求められます。 ・虚偽記載の原因行為や不適切な会計処理等をこれまで発見できなかった理由の説明が求められます。 （提出書類等） ・各種規程類、業務記述書、業務フローチャート及び組織図
再発防止策	・認識した内部管理体制等の不備に対応する具体的な再発防止策の内容、実施のスケジュール及び実施状況の説明が求められます。

　虚偽記載審査においては、このような虚偽記載の原因及びその影響等について相当程度詳細な内容の調査が求められていることに留意する必要がある。特に経営者不正等に起因する虚偽記載に係る調査に関しては、会社とは独立の第三者による第三者委員会の設置が求められることとなる。なお、虚偽記載審査の解説においては、第三者委員会の設置に関しては、日本弁護士連合会策定の「企業等不祥事における第三者委員会ガイドライン」を参照する旨推奨している[312]。

　そして、上場廃止の判断については、「虚偽記載審査において、指定上場会社から受領した回答書や資料、ヒアリングの内容等に基づき、虚偽記載の内容、経緯、原因及びその情状その他の事情を総合的に勘案した結果、虚偽記載の影響が重大であると認められる場合」に上場廃止の決定が行われるとする[313]。

312　「上場管理業務について－虚偽記載審査の解説－」（東京証券取引所自主規制法人上場管理部、平成22年8月）10頁注記17参照
313　「上場管理業務について－虚偽記載審査の解説－」（東京証券取引所自主規制法人上場管理部、平成22年8月）6頁

4 その他の上場会社への自主規制

1．特設注意市場銘柄への指定

　特設注意市場銘柄とは、平成19年11月に東京証券取引所において、平成20年2月に大阪証券取引所において新設された特定銘柄の注意喚起に係る制度である。

　東京証券取引所においては、①虚偽記載又は不適正意見等のほか、支配株主との取引の健全性の毀損、上場契約違反等、反社会的勢力の関与、公益又は投資者保護等の事実が生じ、かつ、②当該上場会社の内部管理体制等について改善の必要性が高いと認めるとき、当該上場会社が発行者である上場株券等を特設市場銘柄に指定することとなっている（有価証券上場規程第501条第1項）。

　特設市場銘柄に指定された上場会社は、指定後、1年毎に内部管理体制の状況等について記載した内部管理体制確認書を提出し、当該確認書の内容等について審査を行った結果、問題があると認められない場合には、当該指定が解除されることとなる（有価証券上場規程第501条第2項、第3項）。ただし、3年以内に問題が改善されない場合、ないしは改善される見込みがない場合には、上場契約について重大な違反を行ったものとして上場廃止となる（有価証券上場規程第601条第1項第12号、同施行規則第601条第10項第3号、第4号）。

2．改善報告書

　東京証券取引所においては、上場会社が適時開示に係る規定違反又は企業行動規範の「遵守すべき事項」に違反した場合、改善の必要性が高いと認められるときには、上場会社にその経過及び改善措置を記載した改善報告書の提出を求め、また、当該改善報告書提出後6か月経過後に改善措置の実施状況及び運用状況を記載した改善状況報告書の提出を求めることとなっている（有価証券上場規程第502条、第503条）。

　なお、上場会社が改善報告書の提出をしない場合、改善される見込みがないと東証が認めた場合には上場契約について重大な違反を行ったものとして上場廃止

となる（有価証券上場規程第601条第1項第12号、同施行規則第601条第10項第1号、第2号）。

3．開示注意銘柄

東京証券取引所は、上場会社が、有価証券上場規定に基づく会社情報の開示を直ちに行わない状況にあると認められる場合において、当該事実が開示されていないことを周知させる必要がある場合には、当該上場会社が発行者である上場有価証券の全部又は一部の銘柄を開示注意銘柄に指定し、その旨及び指定の理由を公表することとなっている（有価証券上場規程第506条第1項）。

また、当該上場会社により当該事実が開示された場合又は取引所が改善報告書（有価証券上場規程第502条）の提出を当該上場会社に求めることとした場合は、その指定の解除を行い、その旨及び解除の理由を公表することとなっている（有価証券上場規程第506条第2項）。

4．公表措置

東京証券取引所は、

① 上場会社が会社情報の適時開示等（第4章第2節）の規定に違反したと取引所が認める場合

② 上場会社が遵守すべき事項（第4章第4節第1款）の規定に違反したと取引所が認める場合

③ 上場会社が会社法第331条（取締役の資格等）、第335条（監査役の資格等）、第337条（会計監査人の資格等）又は第400条（委員会等設置会社の委員の選定等）の規定に違反した場合

であって、当取引所が必要と認めるときは、その旨を公表することができる（有価証券上場規程第508条第1項）。

5．上場契約違約金

東京証券取引所は、

① 上場会社が会社情報の適時開示等（第4章第2節）の規定に違反したと取

引所が認める場合
②　上場会社が遵守すべき事項（第4章第4節第1款）の規定に違反したと取引所が認める場合
③　①及び②に掲げる場合のほか、上場会社が有価証券上場規程その他の規則に違反したと取引所が認める場合

において、当該上場会社が取引所の市場に対する株主及び投資者の信頼を毀損したと取引所が認めるときは、当該上場会社に対して、上場契約違約金の支払いを求めることができる。この場合には、取引所はその旨を公表するものとする（有価証券上場規程第509条第1項）。

第3章 日本証券業協会の取り組み

　日本証券業協会は、金商法上の自主規制機関としての「認可金融商品取引業協会」（金商法第67条等）である。認可金融商品取引業協会（以下、「認可協会」という。）は、有価証券の売買その他の取引及びデリバティブ取引等を公正かつ円滑にし、並びに金融商品取引業の健全な発展及び投資者の保護に資することを目的とする法人であり（金商法第67条第1項・第4項）、金融商品取引業者が、内閣総理大臣の認可を受けて設立される法人である（金商法第67条の2第1項・第2項）。

　認可協会は、定款において、協会員又は当該協会員を所属金融商品取引業者等とする金融商品仲介業者が、法令、法令に基づく行政官庁の処分若しくは当該認可協会の定款その他の規則に違反し、又は取引の信義則に背反した場合に、当該協会員に対し、過怠金を課し、定款の定める協会員の権利の停止若しくは制限を命じ、又は除名する旨を定めなければならず（金商法第68条の2）、これにより市場参加者である協会員としての金融商品取引業業者に対して、法令等への遵守を図り、もって市場規律の強化に資することとなる。

　なお、認可協会である日本証券業協会においては、現在、平成22年12月24日に金融庁から公表された「金融資本市場及び金融産業の活性化等のためのアクションプラン」で掲げられた新興市場等の信頼性回復・活性化策への対応を講じているところである。

　特に虚偽記載との関係においては、「上場審査等の信頼性回復」として、「有価証券報告書等の虚偽記載の防止に向けた密度の高い情報共有」について、①上場申請企業と早い段階から接触のある主幹事証券会社と監査人の間で、早期から情報交換を行う枠組につき検討する、②主幹事証券会社、監査人及び取引所の間で、有価証券報告書の虚偽記載等の事例について情報交換を行う枠組につき検討する等の検討項目が指摘されており、これに対して、平成23年12月、証券会社、

証券取引所及び日本公認会計士協会をメンバーとした「有価証券報告書等の虚偽記載に関する情報共有のための連絡会」を設置し、意見交換等を行っている[314]。

---

314 「新興市場等の信頼性回復・活性化に向けた工程表」（日本証券業協会、平成24年5月22日更新）参照。

第4章 日本公認会計士協会の取り組み

　日本公認会計士協会は、公認会計士法に基づき設立される法人であり（公認会計士法第43条第1項・第3項）、公認会計士の品位を保持し、監査証明業務の改善進歩を図るため、会員の指導、連絡及び監督に関する事務を行い、並びに公認会計士及び特定社員の登録に関する事務を行うことをその目的とする（公認会計士法第43条第2項）。

　日本公認会計士協会は、昨今の一連の会計不祥事により、公認会計士監査の信頼性が大きく揺らぎ、その信頼性の確保のための規制のあり方が議論されている中、自主規制団体として、会員に対し監査の品質管理の徹底、倫理規則の整備及び周知徹底等に努めている。

　近年の日本公認会計士協会の不正会計に対する主な取り組みは、以下のとおりである。

日付	主な要件・事案	日本公認会計士協会等の取り組み
H10.03.20	山一證券事件告発	
H11.06.30	日本長期信用銀行事件告発（無罪判決）	
H11.03.13	日本債券信用銀行事件告発（無罪判決）	
H11.11.27	ヤクルト本社事件告発	
H14.01.25		（企業会計審議会） （監査基準の改訂・監査の目的、継続企業の前提等）
H14.06.28	ナナボシ事件告発	
H15.02.24	ケイビー事件告発	
H16.03.29	キャッシュ事件告発	

H16.06.22	森本組事件告発	
H16.12.09	メディア・リンクス事件告発	
H17.03.11		日本公認会計士協会 情報サービス産業における監査上の諸問題について（IT業界における特殊な取引検討プロジェクトチーム報告）
H17.03.15		日本公認会計士協会 ディスクロージャー制度の信頼性確保に向けて監査人の適正な対応等について（会長通牒）
H17.03.22	西武鉄道事件告発	
H17.03.31		日本公認会計士協会 監査リスク（監査基準委員会報告書第28号）
		日本公認会計士協会 企業及び企業環境の理解並びに重要な虚偽表示のリスクの評価（監査基準委員会報告書第29号）
		日本公認会計士協会 評価したリスクに対応する監査人の手続（監査基準委員会報告書第30号）
H17.03.17	カネボウ事件告発	
H17.10.28		（企業会計審議会） （監査基準の改訂：重要な虚偽表示のリスクの評価等）
H18.03.13	ライブドア事件告発	
H18.10.24		日本公認会計士協会 財務諸表の監査における不正への対応（監査基準委員会報告書第35号）
H18.12.18	日興コーディアルグループ事案勧告	
H19.01.15		日本公認会計士協会 重要な虚偽表示のリスクの評価手続（監査・保証実務委員会研究報告第19号）
H19.02.06	サンビシ事件告発	
H19.04.01		日本公認会計士協会 上場会社監査事務所登録制度の運用開始
H19.12.25	三洋電機事案勧告	

H20.06.17	アイ・エックス・アイ事件告発	
H20.06.16	IHI事案勧告	
H20.11.05		日本公認会計士協会 法令違反等事実発見への対応に関するQ＆A（法規委員会研究報告第9号）
H20.12.24	オー・エイチ・ティー事件告発	
H21.03.25	プロデュース事件告発	
H22.03.02	ニイウスコー事件告発	
H22.06.21	日本ビクター事案勧告	
H22.09.17	シニアコミュニケーション事案勧告	
H22.10.06	エフオーアイ事件告発	
H22.11.24	ローソンエンターメディア事案勧告	
H23.09.15		日本公認会計士協会長 循環取引等不適切な会計処理への監査上の対応等について（会長通牒平成23年第3号）
H24.03.06	オリンパス事件告発	
H24.03.22		日本公認会計士協会 不適切な会計処理が発覚した場合の監査人の留意事項について（監査・保証実務委員会研究報告第25号）
H24.03.29		日本公認会計士協会 企業統治の一層の充実へ向けた対応について（共同声明（公益社団法人日本監査役協会））
H24.04.13	オリンパス事案勧告	

※告発・勧告は証券取引等監視委員会によるもの

第5章 当局（金融庁・証券取引等監視委員会）の取り組み

1 金融庁

1．金融庁アクションプラン

　金融庁では、平成22年6月18日閣議決定に係る「新成長戦略」を受けて、「金融資本市場及び金融産業の活性化等のためのアクションプラン」（以下、「アクションプラン」という。）（金融庁、平成22年12月24日）を公表した。

　アクションプランにおいては、今後金融庁として取り組む方策について、①企業等の規模・成長段階に応じた適切な資金供給、②アジアと日本をつなぐ金融、③国民が資産を安心して有効に活用できる環境整備の3つの柱にまとめている。このうち、①企業等の規模・成長段階に応じた適切な資金供給においては、

・中小企業等に対するきめ細やかで円滑な資金供給
・新興企業等に対する適切な成長資金の供給
・機動的な資金供給等

をその方策としている。

　このうち「新興企業等に対する適切な成長資金の供給」の具体的な方策の一つとして「新興市場等の信頼性回復・活性化」を以下のとおり挙げている。

> （1）新興市場等の信頼性回復・活性化
> 　我が国の新興市場は、成長可能性を有する新興企業の資金調達需要に充分に応えているとは言えない状況にある。一方で、最近においても有価証券報告書の虚偽記載等、投資者の信頼を損なう事案が生じている。
> 　こうした中、取り組むべき諸課題について、①新興市場への上場準備に

> 至るまでの枠組みの不足、②上場審査段階における信頼性の不足や負担感の存在、③上場後の企業に対する支援等や企業からの情報発信の不足、④新興市場の位置づけが不明確、との４つの観点から整理した上で、実施すべき９つの事項を別紙のとおり抽出した。
>
> 　今後、各事項の内容の具体化に向け、金融庁に限らず、各取引所、日本証券業協会、日本公認会計士協会等の市場関係者も主体となって検討を行い、具体的な取組の実施期限を明確にした工程表を平成23年前半を目途に作成・公表することを求めることとする。金融庁としても、市場関係者による検討が全体として望ましい方向に進むよう調整を行うこととしており、このため、金融庁及び市場関係者による協議会を設置することとする。

　ここで指摘されている取り組むべき諸課題のうち、②上場審査段階における信頼性の不足や負担感の存在に係る具体的な課題として、不正会計への対応について挙げているところである。

> ２．上場審査等の信頼性回復・負担軽減等
> 　③有価証券報告書等の虚偽記載の防止に向けた密度の高い情報共有
> 　新興市場に対する投資者の信頼性を回復するためには、その入口である上場審査において有価証券報告書等の虚偽記載を防止し、安心して投資を行うことができる環境の整備が重要である。新規上場に当たっては、主幹事証券会社、監査人及び取引所がそれぞれの立場から上場申請企業の審査等を行っているが、三者間の連携の充実に向けた対応が図られるべきである。
> 　このような観点から、以下の取組を実施することにつきどう考えるか。
> ・上場申請企業と早い段階から接触のある主幹事証券会社と監査人の間で、早期から情報交換を行う枠組につき検討する。
> ・主幹事証券会社、監査人及び取引所の間で、有価証券報告書の虚偽記載等の事例について情報交換を行う枠組につき検討する。

２．企業会計審議会監査部会の取り組み

　平成24年５月30日に開催された企業会計審議会第26回監査部会において、不正会計等に対応した監査基準の検討を始めた。概ね１年程度を目途に検討することとしており、不正会計等に対応した監査手続等の検討を行い、公認会計士の行う

監査の規範である監査基準等について所要の見直しを行うこととしている。

2　証券取引等監視委員会

　証券取引等監視委員会は、内閣府設置法第54条及び金融庁設置法第6条等に基づき設置された委員会であり、委員長及び2名の委員で構成される合議制の機関であり、委員会の事務を処理するための事務局が置かれている[315]。証券取引等監視委員会は、平成4年7月に設立され、事務局は、当初、総務検査課及び特別調査課の2課体制であったところ、その後、体制の強化とともに課の新設が行われ、現在（平成24年7月末時点）では、総務課、市場分析審査課、証券検査課、取引調査課、開示検査課及び特別調査課の6課体制となっている。

　なお、平成23年7月1日に、「課徴金・開示検査課」から分離・新設する形で、新たに「開示検査課」が設けられた。証券市場における適正な開示の確保は、課徴金事案の勧告や、犯則事件の告発といった事後的な対応のみならず、事前予防の観点での取り組みが肝要であり、その意味において、開示検査課において、開示検査権限（金商法第26条）の積極的な行使により、開示制度の適正性の確保に向けた取り組みが期待されるところである。

315　証券取引等監視委員会編『証券取引等監視委員会の活動状況平成23年』（一般財団法人大蔵財務協会、平成23年9月）5頁

第6章 その他市場関係者の取り組み

1 日本弁護士連合会

　日本弁護士連合会においては、平成22年7月15日に「企業等不祥事における第三者委員会ガイドライン」（平成22年12月17日改訂）を公表した。

　当該ガイドラインは、企業不祥事等が発生した場合の第三者委員会の設置に係る指針となるものである。

2 不動産鑑定協会・国交省

1．不動産鑑定と市場の公正性

　不公正ファイナンスに係る手口の一つとして現物出資制度を悪用した架空増資がある[316]。株式会社が現物出資による新株の発行を行う際には、募集株式について、金銭以外の財産を出資の目的とする旨並びに当該財産の内容及び価額を定め（会社法第199条第1項第3号）、その後、原則として、遅滞なくこの現物出資財産の価額について、裁判所の選任する検査役の調査を受ける手続きをしなければならない（会社法第207条第1項）。ただし、検査役の調査の例外として、①割当株式が発行済株式総数の10％以下の場合、②現物出資財産の価額の総額が500万円を超えない場合、③現物出資財産が有価証券であってその市場価格を超えない場合、④

316　不動産鑑定士の鑑定評価が悪用された例として、証券取引等監視委員会が平成23年8月2日に不動産等の現物出資による架空増資による偽計（金商法第158条）の疑いで告発をしたNESTAGE事件がある。

現物出資財産の価額が相当であることについて、弁護士、弁護士法人、公認会計士、監査法人、税理士又は税理士法人の証明がある場合には、検査役の調査が不要となっている（会社法第207条第9項各号）。なお、④の弁護士等の証明にあっては、現物出資財産が不動産である場合には、弁護士等の証明に加えて、不動産鑑定士の鑑定評価が必要とされている（会社法第207条第9項第4号）。

当該現物出資制度が悪用される場合には、この会社法第207条第9項第4号が求めている不動産鑑定士の鑑定評価が悪用されることとなる。

現物出資制度を悪用した架空増資は、現物出資財産である不動産等に係る鑑定評価に際して、現実に合わない前提や極めて限定的な方法による鑑定評価を不動産鑑定士に依頼し、実際の価値よりも極めて高い評価結果を算定させることを手段とする。そして、当該評価結果に基づき、発行した新株の価値に見合わない不動産等を受け入れることにより、会社の財務諸表上は、増加した資本金等に見合わない不動産等の資産が計上されることとなり、企業内容等の適正な開示という観点からは投資者の投資判断を誤らせる結果となる。また、公正な取引という観点からも、架空増資により新株を得た割当先等は、これを市場において売却し、利得を得ることとなり、明らかに不公正な取引となる。

したがって、不動産鑑定士の鑑定評価を悪用した現物出資は、適正な開示と公正な取引により実現される公正な価格形成を歪め、公正な証券市場の確立を阻害することとなるのである。

2．国交省・不動産鑑定協会の対応

このような証券市場における不動産鑑定士の鑑定評価の位置付けを周知するため、平成22年8月25日付で国土交通省土地・水資源局地価調査課長により社団法人日本不動産鑑定協会会長宛に「会社法上の現物出資の目的となる不動産の鑑定評価の適正な実施について」（国土鑑第30号）が発出され、この中で「この現物出資の目的となる不動産の価格が、仮に不適切であった場合には、現物出資を受けた会社の財務基盤が損なわれるほか、多数の投資家に損害を与える原因ともなることなどから、現物出資を伴う第三者割当増資が適切に行われているかは、証券取引等監視委員会において重大な関心をもって注視している事項の一つとなって

おり、今般、同監視委員会より、現物出資される財産が不動産である場合の当該不動産にかかる鑑定評価の適正性の確保について要請を受けたところである」としている。

　これを受け、社団法人日本不動産鑑定協会においては、従来から「商法上の現物出資・財産引受・事後設立の目的となる不動産に係る弁護士の証明並びに不動産鑑定評価上の留意点について」（平成4年7月20日付鑑第55号）を発出していたところであったが、改めて、会員宛に平成22年8月26日付で「会社法上の現物出資の目的となる不動産の鑑定評価の適正な実施について（平成22年8月25日付国土交通省地価調査課長通知）」の徹底について（通知）」（鑑129号）を発出し、会員各位に周知するとともに、翌月の平成22年9月より社団法人日本不動産鑑定協会証券化鑑定評価委員会に設置したワーキンググループにより検討を重ね、平成23年8月に、「会社法上の現物出資の目的となる不動産の鑑定評価に関する実務指針」（証券化等鑑定評価特別委員会、平成23年8月30日）を公表した。

　このように、国交省・日本不動産鑑定協会においても、市場規律の強化に向けての取り組みがなされているところである。

■著者略歴

宇澤 亜弓（うざわ・あゆみ）
公認会計士宇澤事務所代表、公認会計士・公認不正検査士
平成2年3月　　関西学院大学法学部法律学科卒業。
平成2年10月　公認会計士第二次試験合格後、大手監査法人にて法定監査（商法・証取法）及び株式公開支援業務等に従事。
平成7年3月　　関西学院大学大学院商学研究科会計学専攻修了。
平成11年4月　警視庁刑事部捜査第二課にて、財務捜査官（警部）として、企業犯罪（特別背任、業務上横領、詐欺等）捜査に従事。
平成16年11月　証券取引等監視委員会事務局特別調査課にて、証券取引特別調査官、主任証券取引特別調査官、開示特別調査統括官として、主に虚偽記載事案の基礎調査（事案の掘り起こし）・本格調査等の犯則調査に従事。
平成23年2月　公認会計士宇澤事務所を開設し、市場規律の強化に取り組む市場関係者等への講演、セミナー等を行うとともに、不正会計の予防・早期発見に係るコンサルティング業務及び不正調査、訴訟関連調査等を主たる業務とする。
平成23年7月　最高検察庁金融証券専門委員会参与（現任）。
平成24年6月　一般社団法人日本公認不正検査士協会（ACFE JAPAN）理事（現任）。

不正会計　早期発見の視点と実務対応

2012年9月25日　初版発行
2013年1月29日　第3刷発行

著　者　　宇澤　亜弓　Ⓒ

発行者　　小泉　定裕

発行所　　株式会社 清文社
　　　　　東京都千代田区内神田1-6-6（MIFビル）
　　　　　〒101-0047　電話 03(6273)7946　FAX 03(3518)0299
　　　　　大阪市北区天満橋2丁目北2-6（大和南森町ビル）
　　　　　〒530-0041　電話 06(6135)4050　FAX 06(6135)4059
　　　　　URL　http://www.skattsei.co.jp/

印刷：亜細亜印刷㈱

■著作権法により無断複写複製は禁止されています。落丁本・乱丁本はお取り替えします。
■本書の内容に関するお問い合わせは編集部までFAX（03-3518-8864）でお願いします。

ISBN978-4-433-54612-0